Dinosaurier

Dinosaurier

DAVID LAMBERT

In Zusammenarbeit mit dem
Natural History Museum, London

coventgarden

coventgarden

Fachliche Beratung
Dr. Angela Milner (Natural History Museum, London)
Dr. Ralph E. Molnar (Queensland Museum, Australien)
Dr. John Ostrom (Peabody Museum, Yale University, USA)

Projektbetreuung
Mary Lindsay

Gestaltung
Jillian Haines

Fotos
Andy Crawford, Lynton Gardiner (USA), Steve Gorton, Colin Keates (Natural History Museum, London), Miguel Pereira (Argentinien), Tim Ridley

Illustrationen
Roby Braun, Simone End, Andrew Hutchinson, Steve Kirk, Janos Marffy, Andrew Robinson, Graham Rosewarne, John Sibbick, John Temperton

Modellbau
Roby Braun, David Donkin, Graham High und Jeremy Hunt (Centaur Studios), John Holmes

Die Deutsche Bibliothek – CIP-Einheitsaufnahme
Ein Titeldatensatz für diese Publikation ist bei Der Deutschen Bibliothek erhältlich.

Titel der englischen Originalausgabe:
The Ultimate Dinosaur Book

Übersetzung Gerald Bosch, Düsseldorf
Satz Filmsatz Schröter GmbH, München
Umschlaggestaltung Mark Thomson, International Design UK Ltd., London

ISBN 3-8310-9016-5

Printed and bound in the Slovak Republic

Besuchen Sie uns im Internet
www.dk.com

INHALT

VORWORT 7

ALLES ÜBER DINOSAURIER 8

WAS IST EIN DINOSAURIER? 10
URSPRUNG UND EVOLUTION 12
DIE ERDE IN DER TRIAS 14
DIE ERDE IM JURA 16
DIE ERDE IN DER KREIDEZEIT 18
ANATOMIE 20
LEBENSWEISE 22
AUSSTERBEN DER DINOSAURIER 24
FOSSILIEN 26
FUNDORTE UND ENTDECKER 28
AUSGRABUNGEN 30
DINOSAURIER IM MUSEUM 32
DINOSAURIERMODELLE 34

DINOSAURIER-PORTRÄTS 36

THEROPODA 38

Bipede Raubsaurier mit vogelartigen Beinen und Füßen, größtenteils mit Reißzähnen oder scharfen Krallen an Fingern oder Zehen.

Herrerasaurus 40
Ceratosaurus 42
Dilophosaurus 44
Coelophysis 46
Carnotaurus 48
Eustreptospondylus 50
Allosaurus 52
Tyrannosaurus 54
Baryonyx 58
Spinosaurus 60
Gallimimus 62
Struthiomimus 64
Oviraptor 66
Troodon 68
Deinonychus 70
Archaeopteryx 74
Avimimus 76
Ornitholestes 78
Compsognathus 80

SAUROPODOMORPHA 82

Hauptsächlich pflanzenfressende quadrupede, zum Teil sehr riesige Dinosaurier mit massigem Rumpf sowie langem Hals und Schwanz.

Anchisaurus 84
Plateosaurus 86
Massospondylus 88
Riojasaurus 90
Cetiosaurus 92
Brachiosaurus 94
Camarasaurus 96
Barosaurus 98
Diplodocus 100
Apatosaurus 102
Mamenchisaurus 104
Saltasaurus 106
Segnosaurus 108

THYREOPHORA 110

Quadrupede Pflanzenfresser, deren Körper durch Platten, Höcker und Stacheln aus Knochen geschützt war.

Scelidosaurus 112
Stegosaurus 114
Kentrosaurus 118
Tuojiangosaurus 120
Edmontonia 122
Sauropelta 124
Minmi 126
Euoplocephalus 128

ORNITHOPODA 130

Bipede und bipede/quadrupede Dinosaurier mit charakteristischem Becken, einem hochspezialisierten Pflanzenfressergebiß und einem Schwanz, der durch verknöcherte Sehnen stabilisiert wurde.

Lesothosaurus 132
Heterodontosaurus 134
Hypsilophodon 136
Iguanodon 138
Ouranosaurus 142
Edmontosaurus 144
Maiasaura 146
Corythosaurus 148
Lambeosaurus 150

MARGINOCEPHALIA 152

Pflanzenfresser, um deren Hinterkopf eine Knochenleiste lief; in diese Gruppe fielen solche Dinosaurier, die Stirn- und Nasenhörner, einen »Papageienschnabel« oder eine verdickte Schädeldecke besaßen.

Pachycephalosaurus 154
Psittacosaurus 156
Protoceratops 158
Centrosaurus 160
Styracosaurus 162
Triceratops 164

LEXIKON DER DINO-SAURIERNAMEN 168

Dieses Verzeichnis enthält alle zur Zeit bekannten Dinosauriernamen.

FACHBEGRIFFE 184

REGISTER 186

DANKSAGUNGEN 192

VORWORT

Dinosaurier gehören heutzutage zu den populärsten und interessantesten Tieren der Erde. Es wird kaum Menschen geben, die noch nie etwas von *Tyrannosaurus* gehört haben. Auf den folgenden Seiten werden neben den bekannten Arten auch viele weniger bekannte Dinosaurier vorgestellt, ja über manche erfährt der Leser vielleicht zum ersten Mal etwas. Der letzte Dinosaurier starb vor 65 Millionen Jahren – das sind etwa 64,7 Millionen Jahre, ehe unsere eigene Art entstand. Warum üben also Tiere, die vor menschlich unvorstellbaren Zeiten gelebt haben, heute eine derartige Faszination auf uns aus? Ein Grund mögen die zahllosen neuen Informationen sein, zu denen wir durch das sorgfältige Studium fossiler Funde gelangt sind. Ein anderer ist vielleicht die enorme Artenvielfalt der Dinosaurier oder auch ihre erfolgreiche Herrschaft während des Mesozoikum. Neue Entdeckungen auf der ganzen Welt, aber auch neue Theorien und Sichtweisen haben zu revolutionären Vorstellungen geführt, wie Dinosaurier lebten und aussahen. Heute haben wir mehr Erkenntnisse über ihr Verhalten und ihr Sozialleben gewonnen und dabei erkannt, daß sie ähnlich lebten wie viele heutige Tiere. Auch ist die Geschichte der Menschheit eng mit dem Schicksal der Dinosaurier verwoben: wären sie nicht ausgestorben, hätten die Säugetiere – also auch wir Menschen – niemals die Herrschaft über die Erde antreten können, und der Mensch existierte heute nicht.

Dr. Angela Milner
Leiterin der Abteilung Fossile Wirbeltiere
des Naturhistorischen Museums London

ALLES ÜBER DINOSAURIER

Dieser Abschnitt behandelt zunächst Ursprung und Evolution der Dinosaurer. Anschließend wird die Welt, in der sie lebten, beschrieben, ihre unterschiedlichen Lebensweisen werden untersucht und schließlich folgen Spekulationen darüber, wie und warum die Dinosaurier ausgestorben sind. Abschließend werden die Vorgänge geschildert, wie ein Fossil entsteht, wie es wissenschaftlich untersucht und restauriert wird. Die langwierige Rekonstruktion vom Fossil bis zum lebensechten Dinosauriermodell wird genau nachgezeichnet.

WAS IST EIN DINOSAURIER?

In weiten Kreisen stellt man sich Dinosaurier oft als riesige, langsame und nicht sehr intelligente Urreptilien vor. Sicherlich gab es einige Arten vom Ausmaß eines Blauwals, doch findet man auch Dinosaurier, die etwa so groß wie ein Huhn waren oder so schnell liefen wie ein Pferd. Dinosaurier kamen als zweibeinige (bipede) oder vierbeinige (quadrupede) Tiere vor, besaßen Klauen und hufähnliche Füße, Reißzähne oder gar kein Gebiß. Manche hatten sogar einen Schnabel. Tatsächlich waren sie mindestens so variabel wie die Säugetiere. Wie diese besaßen Dinosaurier einen charakteristischen Körperbau, der sie von den übrigen Reptilien unterscheidet. Daher wollen einige Paläontologen sie als eigenständige Gruppe von den Reptilien abteilen. Auf den folgenden Seiten werden die zum Teil sehr speziellen morphologischen Besonderheiten der Dinosaurier aufgeführt, anhand derer ein Wissenschaftler das Fossil eines solchen Tieres erkennen kann. (Die aufgeführten, leider unvermeidbaren Fachbegriffe werden im Glossar ab Seite 184 erläutert.)

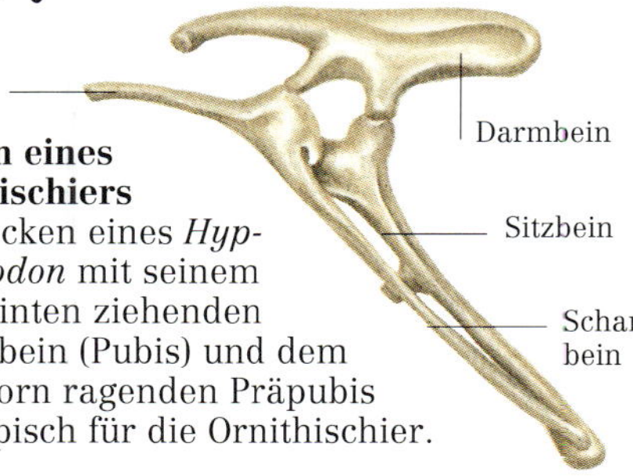

Becken eines Ornithischiers
Das Becken eines *Hypsilophodon* mit seinem nach hinten ziehenden Schambein (Pubis) und dem nach vorn ragenden Präpubis war typisch für die Ornithischier.

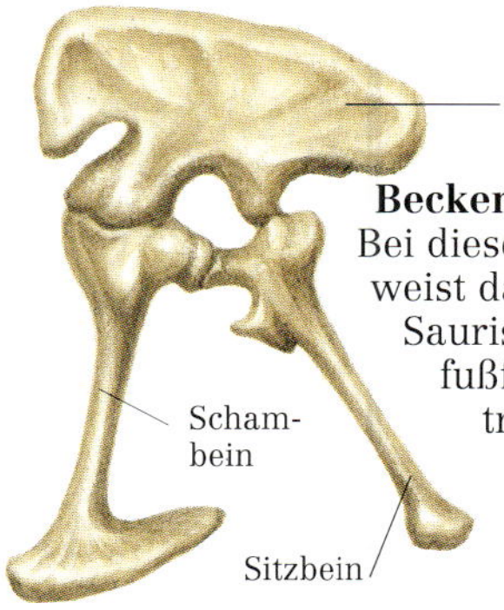

Becken eines Saurischiers
Bei diesem Becken eines *Allosaurus* weist das Schambein wie bei allen Saurischiern nach vorn. Den fußförmigen Schambeinfortsatz trifft man bei einigen Theropoden an. Alle Beckenknochen eines Dinosauriers waren jeweils paarig angelegt.

MERKMALE DER DINOSAURIER

Von diesen Kennzeichen sollen einige auszugsweise vorgestellt werden: Im Schädel liefen zwei paarige Gaumenknochen, die Pflugscharbeine, von der Schnauzenspitze bis etwa zu den Antorbitalfenstern (zwei vor den Augenhöhlen liegende Schädelöffnungen). Mit Ausnahme besonders primitiver Arten war das Becken bei allen Dinosauriern über mindestens drei Sakralwirbel fest mit der Wirbelsäule verbunden. Im Schulterblatt befand sich eine rückwärts gerichtete Gelenkpfanne für den Oberarmknochen (Humerus), dem eine langgestreckte, flache Ansatzleiste für Hals- und Brustmuskeln aufsaß, und an den Händen bestand jeder vierte Finger aus höchstens drei Phalangen (Fingerknochen). Andere morphologische Besonderheiten findet man auch an den Knochen von Becken, Fingern sowie Ober- und Unterschenkeln. Die Hinterbeine der Dinosaurier entwickelten sich so, daß der Körper senkrecht gehalten wurde. Diese Haltung ergab sich aus dem Bau des Oberschenkelknochens (Femur): Dessen oberes Ende bildete einen kugeligen Kopf, der auf einem Hals saß und seitlich in die Hüftgelenkspfanne (Acetabulum) mündete. Daher fiel der Knochenschaft des Femurs senkrecht ab, statt wie bei anderen Reptilien seitlich abzuknicken. Ein Stützwall oberhalb des Acetabulum verhinderte, daß das Femur aus dem Gelenk sprang. Am Oberschenkelknochen saßen noch weitere Vorsprünge, die Umdreher oder Rollhügel (Trochanter), an denen Muskeln ansetzten. Unterhalb der Hüfte war das Kniegelenk so konstruiert, daß das gesamte Bein durchschwingen konnte. Deshalb liefen Dinosaurier eher wie Menschen und nicht wie Eidechsen. Das Schienbein (Tibia) war wesentlich länger als das Wadenbein (Fibula) und besaß auf der Vorderseite eine Kante. Am unteren Ende der Tibia lag eine Grube, die den zapfenförmigen Fortsatz des Sprungbeins (Astragalus) aufnahm. Der hochgelegene Fußknöchel besaß ein einfaches Scharniergelenk, und die ziemlich langen Mittelfußknochen verdeutlichten, daß Dinosaurier Zehengänger waren. Der mittlere Zehenknochen war der längste, und einige Arten besaßen kürzere oder gar keine äußeren Zehen. Bei eng mit den Dinosauriern verwandten Gruppen findet man einige, verständlicherweise aber nicht alle dieser Merkmale.

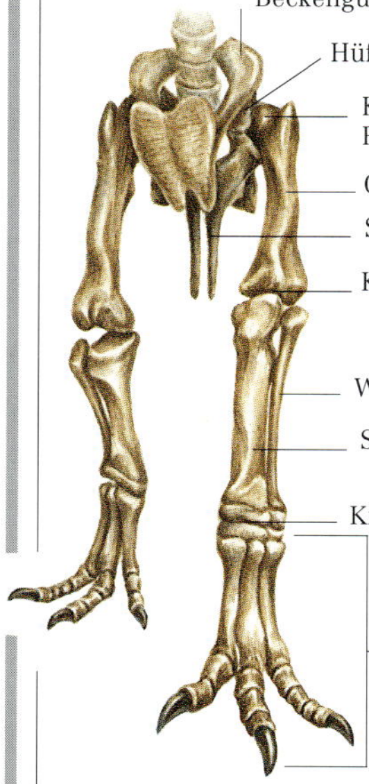

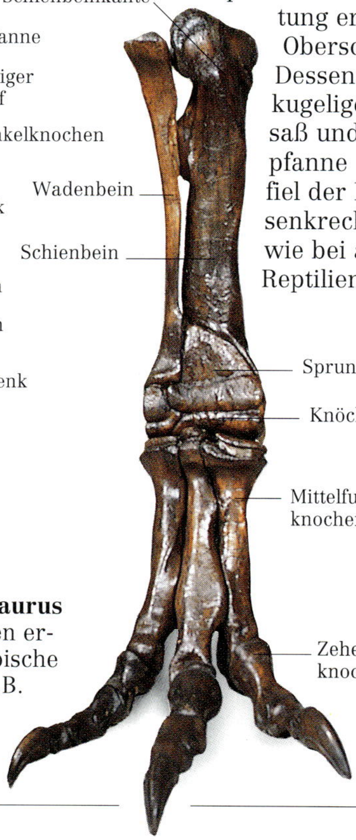

Hinterbein eines Tyrannosaurus
An diesen Hinterbeinknochen erkennt man bereits einige typische Dinosauriermerkmale wie z.B. das reduzierte Wadenbein und den hoch liegenden Fußknöchel.

Körperhaltung und Gangart
Dinosaurier und Elefant gehen völlig aufrecht und daher effektiver als Reptilien, deren Beine beim Laufen leicht gewinkelt (Krokodil) oder stark abgespreizt sind (Eidechse).

Ornithopoden
Auf diesem Bild sieht man einige Tiere der Gattungen *Lambeosaurus, Parasaurolophus* und *Corythosaurus,* allesamt Hadrosaurier (»Entenschnabelsaurier«). Systematisch gehörten sie zur Familie Lambeosauridae, diese zur Unterordnung Ornithopoda, die wiederum der Ordnung Ornithischia zugerechnet wird.

DINOSAURIERGRUPPEN

Dinosaurier werden in zwei große Hauptgruppen unterteilt – in die »echsenhüftigen« Saurischia und die »vogelhüftigen« Ornithischia. Bei den meisten Saurischiern wiesen die Schambeinknochen nach vorn, während diese Beckenknochen bei Ornithischiern parallel zum Sitzbein (Ischium) nach hinten zogen. Allerdings besaßen einige Saurischier auch Becken, die ähnlich denen der Ornithischier gebaut waren; daher gibt es auch noch andere, eindeutigere Unterschiede zwischen beiden Gruppen, z.B. die länglichen Halswirbel der Saurischier oder die sog. Prämaxillarzähne am Schnauzenvorderrand der Ornithischier. Saurischier wurden in die fleischfressenden, bipeden Theropoda und die meist auf allen Vieren laufenden Sauropodomorpha unterteilt, die Pflanzenfresser (herbivor) waren. Die ausschließlich herbivoren Ornithischier gliederten sich in drei Hauptgruppen: die an riesige Laufvögel erinnernden Ornithopoda, die gut gepanzerten Thyreophora sowie die Marginocephalia, die entweder eine dicke Schädeldecke oder kräftige Kopfhörner besaßen. Ein paar kleine, sehr früh entstandene und bipede Ornithischier waren offenbar noch nicht so hoch entwickelt wie die restlichen Vertreter dieser Ordnung.

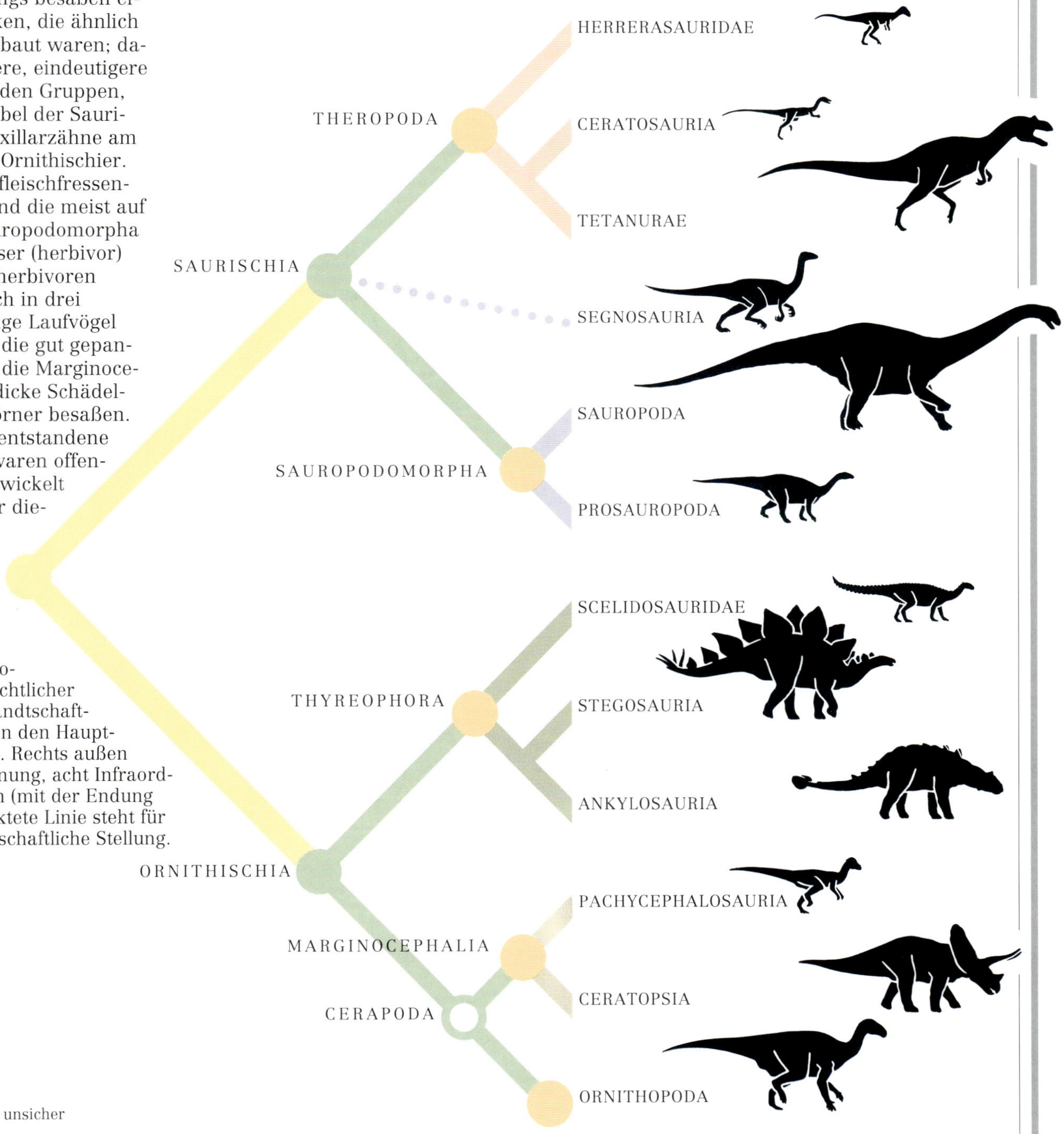

Kladogramm der Dinosaurier
Das rechts abgebildete Kladogramm (entwicklungsgeschichtlicher Stammbaum) gibt die verwandtschaftlichen Beziehungen zwischen den Hauptgruppen der Dinosaurier an. Rechts außen sind insgesamt eine Subordnung, acht Infraordnungen sowie zwei Familien (mit der Endung -dae) abgebildet. Die gepunktete Linie steht für eine ungesicherte verwandtschaftliche Stellung.

Symbole

Ordnung

Subordnung

Zwischengruppe

Verwandtschaftsbezug unsicher

URSPRUNG UND EVOLUTION

Wie alle Lebensformen dieser Erde gehen auch die Dinosaurier auf winzige Meeresorganismen zurück, die vor gut 3,5 Milliarden Jahren entstanden sind. Durch genetische Veränderungen und natürliche Auslese entstanden neue Arten. Im Paläozoikum (vor 570 bis 248 Mio. Jahren) entwickelten sich aus skelettlosen Tieren die ersten Fische, deren Körper von Knochen gestützt wird. Aus den Fischen entstanden dann die Amphibien, die schließlich das Festland eroberten, und diese brachten wiederum die Reptilien hervor. Während der letzten Perioden des Paläozoikums dominierte diese Tiergruppe die terrestrische Fauna, und aus ihnen entwickelten sich u.a. auch die Archosaurier. Archosaurier waren dann schließlich auch die Dinosaurier, jene vorherrschenden Landtiere des Mesozoikums (vor 248 bis 65 Mio. Jahren). Mehrere Wissenschaftler gehen davon aus, daß die Vögel von den Dinosauriern abstammen.

Erdzeitalter
Die Zeitspirale (unten) zeigt die Entwicklung der Erde zu bestimmten Zeiten. Aus den letzten 570 Millionen Jahren liegen ausreichend Fossilien vor, so daß man sie in fest definierte Zeitabschnitte, die geologischen Perioden, einteilen kann. Sieben Tiere stehen jeweils neben den Perioden, in denen sie als vorherrschende Gruppe vorkamen. Das Conodontentier (als erstes »Wirbeltier«), ein Lurch (als erster Tetrapode) und ein frühes Reptil (als erster Amniote) sind stellvertretend für drei Evolutionstrends, die von den Dinosauriern übernommen wurden. Diese werden durch einen Theropoden, einen Sauropoden und einen Ceratopsier repräsentiert.

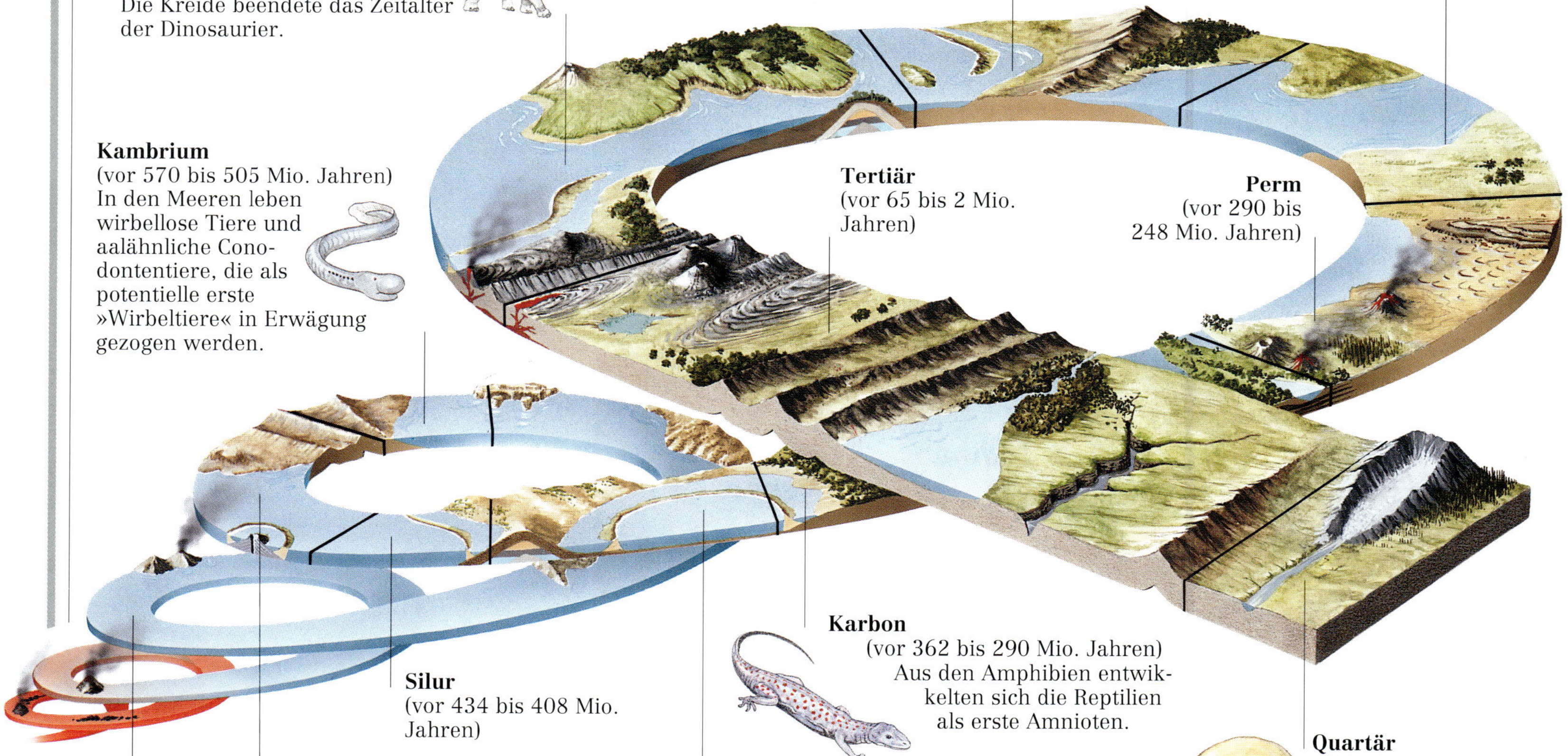

Trias
(vor 248 bis 208 Mio. Jahren) Neue Reptiliengruppen verdrängen die bisherigen Formen. Die Dinosaurier tauchten auf und bildeten viele neue, sehr individuenreiche Arten. Eine solche frühe Form war *Coelophysis,* ein Raubsaurier (Theropode).

Jura
(vor 208 bis 144 Mio. Jahren) Hier war der Höhepunkt der Sauropoden, einer Gruppe riesiger, pflanzenfressender Dinosaurier, wie z.B. *Brachiosaurus.*

Kreide
(vor 144 bis 65 Mio. Jahren) Damals nahm die Zahl der großen Hornsaurier (Ceratopsier) wie z.B. *Triceratops,* aber auch vieler kleiner Säuger zu. Die Kreide beendete das Zeitalter der Dinosaurier.

Kambrium
(vor 570 bis 505 Mio. Jahren) In den Meeren leben wirbellose Tiere und aalähnliche Conodontentiere, die als potentielle erste »Wirbeltiere« in Erwägung gezogen werden.

Tertiär
(vor 65 bis 2 Mio. Jahren)

Perm
(vor 290 bis 248 Mio. Jahren)

Karbon
(vor 362 bis 290 Mio. Jahren) Aus den Amphibien entwikkelten sich die Reptilien als erste Amnioten.

Silur
(vor 434 bis 408 Mio. Jahren)

Ordovizium
(vor 505 bis 438 Mio. Jahren)

Präkambrium
(vor 4,6 Milliarden bis 510 Mio. Jahren)

Devon
(vor 408 bis 362 Mio. Jahren) In dieser Periode entwickelten sich die Amphibien aus Lungenfischen mit muskulösen Flossen.

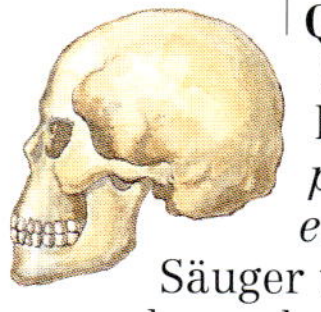

Quartär
(vor 2 Mio. Jahren bis heute) *Homo sapiens* war aus *Homo erectus* entstanden; Säuger und Vögel sind die vorherrschenden Landtiere.

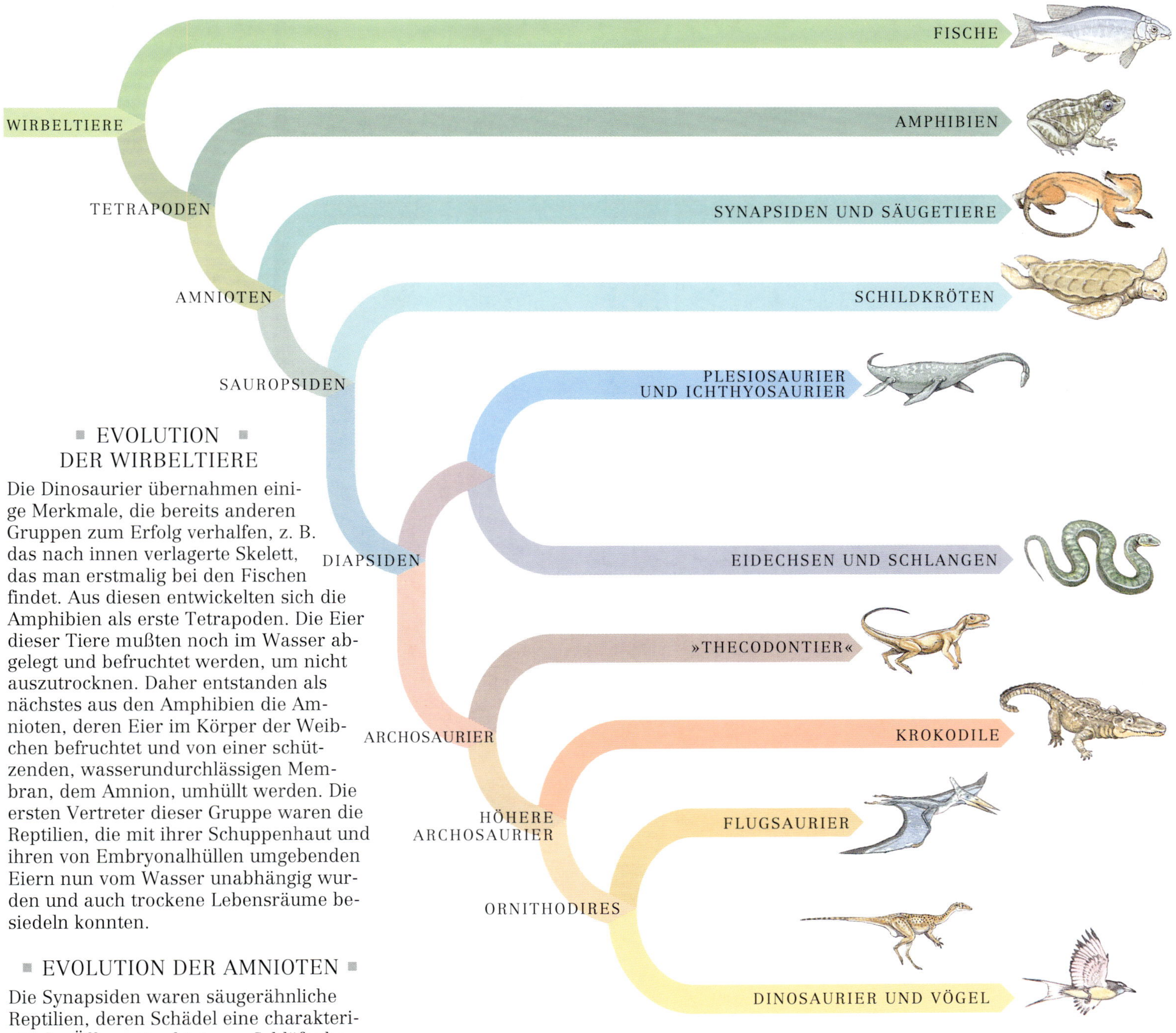

▪ EVOLUTION ▪ DER WIRBELTIERE

Die Dinosaurier übernahmen einige Merkmale, die bereits anderen Gruppen zum Erfolg verhalfen, z. B. das nach innen verlagerte Skelett, das man erstmalig bei den Fischen findet. Aus diesen entwickelten sich die Amphibien als erste Tetrapoden. Die Eier dieser Tiere mußten noch im Wasser abgelegt und befruchtet werden, um nicht auszutrocknen. Daher entstanden als nächstes aus den Amphibien die Amnioten, deren Eier im Körper der Weibchen befruchtet und von einer schützenden, wasserundurchlässigen Membran, dem Amnion, umhüllt werden. Die ersten Vertreter dieser Gruppe waren die Reptilien, die mit ihrer Schuppenhaut und ihren von Embryonalhüllen umgebenden Eiern nun vom Wasser unabhängig wurden und auch trockene Lebensräume besiedeln konnten.

▪ EVOLUTION DER AMNIOTEN ▪

Die Synapsiden waren säugerähnliche Reptilien, deren Schädel eine charakteristische Öffnung im hinteren Schläfenbereich besaß. Sie dominierten die Tierwelt des Perm und starben dann aus. Synapsiden waren die Vorfahren der echten Säugetiere. Zu den Sauropsiden, die zwei Öffnungen im Munddach hatten, gehören die Schildkröten, während sich aus den Diapsiden Plesiosaurier, Ichthyosaurier, Schlangen, Eidechsen, aber auch Archosaurier entwickelten. Bei den Archosauriern gab es noch eine weitere Schädelöffnung vor der Augenhöhle (das Antorbitalfenster), in die evtl. der Gang einer Salzdrüse mündete. Zu den primitiveren Archosauriern gehörten die Thecodontier, eine recht variable Gruppe, die den Dinosauriern und Krokodilen ähnelte. Aus einigen weiterentwickelten Archosauriern entstanden dann zwei weitere Gruppen, die echten Krokodile und die Ornithodires, zu der wiederum Dinosaurier, Flugsaurier und alle Vögel zählen. Diese sind allesamt Zehengänger, besitzen einen Fußknöchel mit einfachem Scharniergelenk, einen Stützwall oberhalb der Hüftgelenkspfanne sowie bestimmte Rollhügel am Oberschenkelknochen (den sog. Vierten Trochanter). Dinosaurier entwickelten zudem typisch gebaute Knochen in folgenden Bereichen: Schädel, Wirbelsäule, Schultergürtel, Oberarm, Hand, Hüfte, Waden und Fußknöchel. Da sich die Knochen der Theropoden und der rezenten Vögel sehr ähneln, könnte man Vögel eigentlich als gefiederte und geflügelte Dinosaurier auffassen.

Entwicklung der Wirbeltiere
Ausgehend von den Fischen (ganz oben), veranschaulicht dieser schematische Stammbaum die Entwicklung der einzelnen Wirbeltiergruppen. Ausgestorbene Entwicklungslinien sind nicht bis zum Ende durchgezogen. Die Gruppen unterhalb der Amphibien gehören zur Klasse der Reptilien, wobei Säugetiere und Vögel traditionell als eigene Klassen aufgefaßt werden. Der Stammbaum ergibt sich, indem man charakteristische Merkmale (Synapomorhien), die von einem gemeinsamen Vorfahren abgeleitet sind, bei fossilen und rezenten Tieren miteinander vergleicht; so kann man entscheiden, welche Organismen zuerst entstanden und eng miteinander verwandt sind.

DIE ERDE IN DER TRIAS

Die Trias (vor 248 bis 208 Millionen Jahren) war die erste Periode des Mesozoikums oder Erdmittelalters, das oft das Zeitalter der Dinosaurier genannt wird. Die gesamte Landmasse war in dem Superkontinent Pangäa vereinigt. Das Klima war überall mild und warm bis heiß. Die Polarregion wurde nicht von Eiskappen bedeckt,doch gab es im Binnenland ausgedehnte Wüstengebiete. Die Blütenpflanzen waren noch nicht entstanden, und in den feucht-tropischen Gebieten wuchsen Nadelgewächse, Palmfarne und Farne. Die Landfauna wurde von Urreptilien dominiert, die an das Trockenklima angepaßt waren. Die Reptilien entwickelten auch Formen, die in der Luft und im Meer lebten. In der Oberen Trias starben viele ältere Reptilien aus, deren Platz von neu entstandenen Gruppen übernommen wurde. Die erfolgreichste Gruppe war wohl die der Dinosaurier.

Dicroidium war ein Farnsamer.

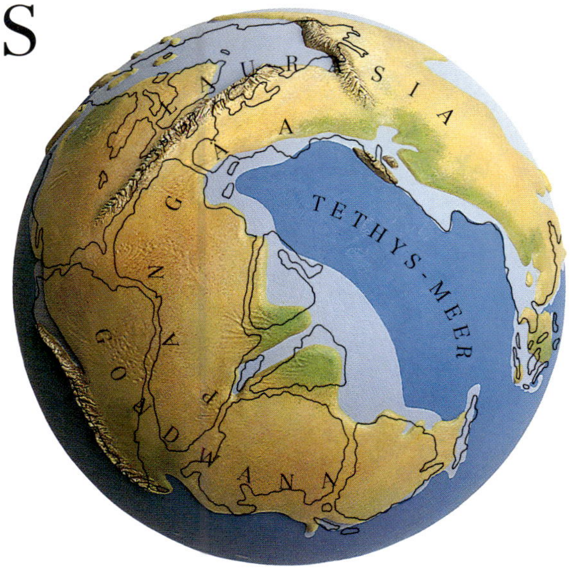

Superkontinent Pangäa
Die schwarzen Umrisse geben die Position der heutigen Kontinente auf dem Superkontinent Pangäa wieder. Obgleich der Nordteil Laurasia und der Südteil Gondwana durch das riesige Tethys-Meer getrennt waren, bestand zwischen beiden eine größere Landbrücke.

DIE GEOGRAPHIE

Laurasia umfaßte die heutigen Kontinente Nordamerika, Europa und zum überwiegenden Teil auch Asien, während zu Gondwana Afrika, Australien, Südamerika, Indien, die Antarktis und die arabische Halbinsel gehörten. Der Südpol lag damals im Meer. Ganz Pangäa schob sich langsam nach Norden. In diesem Superkontinent zeigten sich jedoch schon die ersten »Sollbruchstellen« der Mittleren Trias als Risse, die sich im Osten Nordamerikas, im Nordwesten Afrikas und in West- und Mitteleuropa bildeten.

VEGETATION

Die damaligen Pflanzen Laurasias waren solche Arten, die an das Trockenklima angepaßt waren, wie beispielsweise Ginkgos, Farnsamer, Palmfarne und andere Samenpflanzen. Die größten Bäume stellten die Nadelhölzer, während die Ginkgos lichte Wälder mit mittelgroßen Bäumen bildeten, in deren Unterholz Baumfarne und Farne wuchsen. Bei den Palm- oder Baumfarnen gab es stämmige Kurzformen und Arten mit hohem, schlanken Stamm, die wie Palmen aussahen. Weite, offene Trockengebiete wurden von niedrigen Farnen besiedelt. Auen und Feuchtgebiete waren von ausgedehnten Schachtelhalmdickichten bedeckt, während in den Regionen in Äquatornähe wie auch in anderen Trockengebieten Koniferen und Palmfarne in kleinen Hainen wuchsen. Gondwana wurde von Wäldern aus hochwüchsigen Farnsamern bedeckt. Gegen Ende der Trias wurden die Farne durch Palmfarne, Baumfarne und andere Samenpflanzen verdrängt.

Euparkeria
Der leichte, flinke Archosaurier *Euparkeria* war ein Vorläufer der Krokodile und Dinosaurier und lebte während der Unteren Trias in Südafrika.

LANDFAUNA

Während der Trias regierten eindeutig die Reptilien. Zu den Pflanzenfressern gehörten die etwa nilpferdgroßen Dicynodonten, die gedrungenen, etwa schweinsgroßen Rhynchosaurier sowie säugerähnliche Cynodonten. Letztere stellten auch einige beachtliche Raubtiere (z.B. *Cynognathus*). All diese Reptilien starben während eines mysteriösen Massensterbens aus, und ihre Lebensräume wurden weitgehend von den Thecodontiern übernommen, die dann ebenfalls während einer zweiten »Sterbewelle« verschwanden. Zu den Überlebenden zählten Schildkröten, landlebende Krokodile, Dinosaurier und kleine Säugetiere. Die beiden Hauptgruppen der Dinosaurier (Ornithischier und Saurischier) bildeten sich während der Oberen Trias.

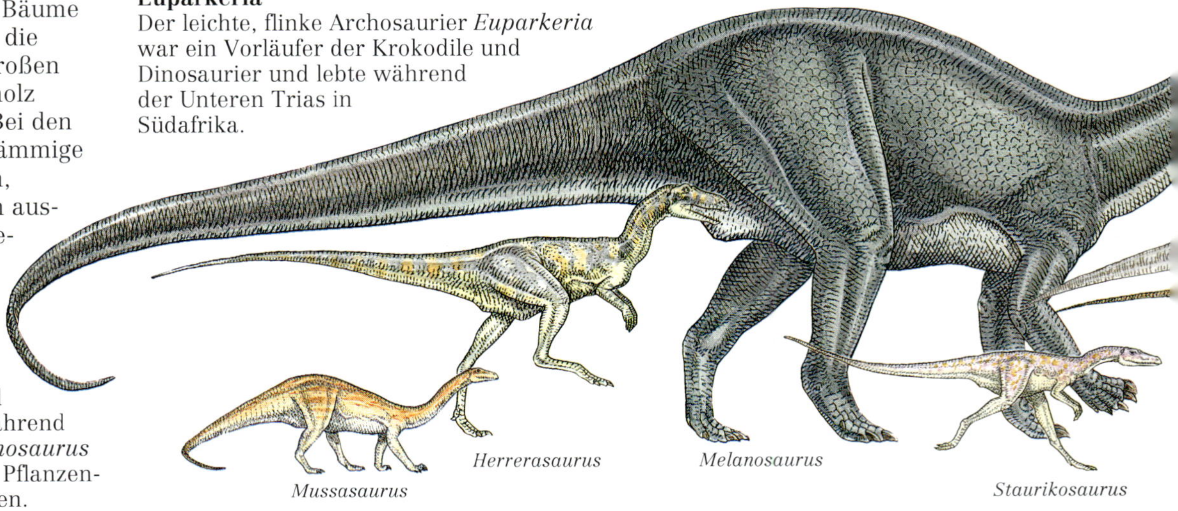

Dinosaurier der Trias
Herrerasaurus, Staurikosaurus und *Coelophysis* waren Raubsaurier, während *Mussasaurus, Melanosaurus, Technosaurus* und *Plateosaurus* charakteristische Pflanzenfresser dieser Periode repräsentierten.

Landschaft in der Trias
In diesem wasserreichen Tal, an das sich im Hintergrund eine Wüste anschließt, wachsen Nadelhölzer, Palmfarne und andere Farne.

Eudimorphodon
Der etwa 1 m lange *Eudimorphodon* aus der Oberen Trias war einer der ersten Flugsaurier. Er lebte im Norden Italiens.

Da die Kontinente noch nicht durch Meere voneinander getrennt waren, konnten sich die Dinosaurier weltweit ausbreiten.

FAUNA DER LUFT

Kleine Reptilien mit ledrigen, schuppenbesetzten Flügeln bewegten sich im Gleitflug zwischen den Bäumen. Diese »Flügel« wurden vermutlich von großen Rippen gestützt; vielleicht handelte es sich aber auch um federbedeckte Schuppen oder Hautsegel, die den Tieren an den Vorder- oder Hinterbeinen wuchsen. Aus diesen Wesen der Oberen Trias entstanden dann die Flugsaurier, die vermutlich Warmblüter waren und eine Art »Fell« besaßen. Flugsaurier waren Reptilien mit großem Schädel, kurzem Rumpf und langen Hautflügeln, die jeweils von einem verlängerten vierten Fingerknochen gestützt wurden. Im Gegensatz zu ihren Vorfahren, die nur durch die Luft gleiten konnten, waren Flugsaurier in der Lage, aus eigenem Antrieb zu fliegen.

MEERESFAUNA

Verschiedene Reptiliengruppen drangen auch in die Flachmeere der Trias vor. Die bis zu 4 m langen Nothosaurier, die sich von Fisch ernährten, besaßen einen kleinen Schädel mit scharfen Zähnen, paddelartige Gliedmaßen sowie einen langen Rumpf und Schwanz. Die an Seehunde erinnernden Placodontier knackten marine Muscheln und Schnecken mit ihren breiten, abgeflachten Backenzähnen auf. Die wie Delphine aussehenden Ichthyosaurier wurden etwa 15 m lang und waren die am besten angepaßten Meeresreptilien.

Plateosaurus
Coelophysis
Technosaurus

DIE ERDE IM JURA

Kontinente im Jura
Die schwarzen Umrisse geben die Position der heutigen Kontinente während des Jura wieder. Mittlerweile sind Meere in Pangäa eingebrochen, und Laurasia und Gondwana beginnen auseinanderzudriften.

Der Jura (vor 208 bis 144 Millionen Jahren) war die mittlere Periode des Mesozoikums. In dieser Zeit begann der Superkontinent Pangäa tatsächlich auseinanderzubrechen; aus großen Grabensystemen in der Erdkruste entstand langsam der Atlantik. Afrika löste sich allmählich von Südamerika, und Indien begann, in Richtung Asien zu driften. Weltweit herrschte warmes Klima, und Monsunwinde brachten den Binnenwüsten Regenfälle. Allmählich breiteten sich Pflanzen über das ehemalige Ödland aus, so daß hier neue »Futterplätze« für die damalige Landfauna entstanden, zu der einige der größten terrestrischen Tiere aller Zeiten zählten. Die ersten, wenn auch kleinen Vögel erschienen, die vermutlich aus kleinen Dinosauriern hervorgegangen waren. In Meeren und Ozeanen tauchten ebenfalls neue Formen auf: große Schwimmreptilien sowie die heutigen, modernen Knochenfische.

Der kleine Säuger *Megazostrodon* war so groß wie eine Spitzmaus.

GEOGRAPHIE

Zu Beginn des Jura waren viele alte Gebirge von der Erosion abgetragen worden, doch als Pangäa auseinanderzubrechen begann, entstanden wieder neue Gebirgszüge. Aus großen Erdspalten, die sich von Südafrika über die Antarktis bis nach Tasmanien zogen, quoll Lava hervor, die zu dicken Basaltschichten erstarrte. In Nordamerika entstanden schubweise neue Gebirgszüge, und zahlreiche Vulkanausbrüche ließen die Anden emporwachsen. Im Verlauf des Jura vereinigte sich Tibet mit Eurasien, und Afrika schob sich gegen Südeuropa vor, wobei große Teile der afrikanischen Scholle abbrachen, die sich später mit der iberischen und der arabischen Halbinsel vereinigten.

VEGETATION

Im Jura waren die Kontinente mit einer wesentlich üppigeren, formenreicheren Vegetation, die global auch einheitlicher aussah, bedeckt als in der Trias. In den Nadelwäldern standen Baumriesen wie z.B. Mammutbäume, Kiefern und Schuppentannen. Häufig waren auch die Ginkgobäume, während die Palmfarne hauptsächlich kleinere Bäume und Sträucher bildeten. In den Nadelwäldern wurde die Strauchschicht von großen Baumfarnen gebildet. Die häufigsten Pflanzen der bodennahen Schicht waren Farne und Schachtelhalme, die äußerst üppig gediehen und vermutlich die Nahrungsgrundlage der Sauropoden darstellten. Heutige Blütenpflanzen gab es noch nicht.

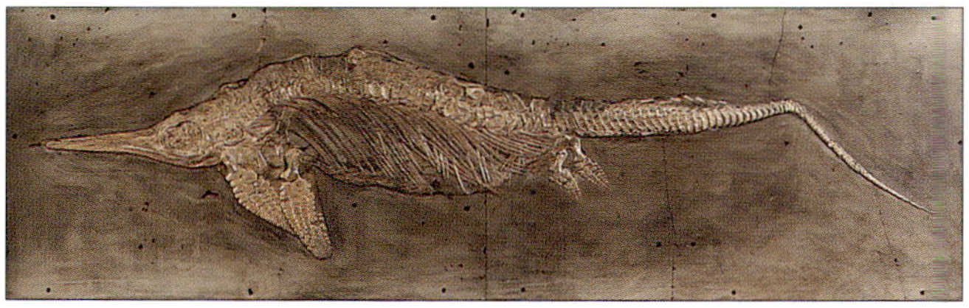

Meeresreptilien
Ichthyosaurus, der sich zeitlebens im Meer aufhielt, war ein schlankes Schwimmreptil mit spitzer Schnauze, paddelförmigen Gliedmaßen und einer langen Schwanzflosse.

LANDFAUNA

Im Unteren Jura waren Prosauropoden, Ornithischier und kleine säugerähnliche Reptilien die vorherrschenden Wirbeltiere. Dies änderte sich im Oberen Jura, als die großen Sauropoden dominierten. Diese Tiere fraßen sowohl Bodenpflanzen als auch hochgelegene Blätter und Zweige. Die Nahrung wurde bei Sauropoden meist durch Magensteine (Gastrolithen) zerkleinert, das Gebiß spielte dabei kaum eine Rolle. Die herbivoren Stegosaurier als zweithäufigste Dinosauriergruppe dieses Zeitabschnitts besaßen einen zahnlosen »Schnabel«; es gab schon die ersten Ankylosaurier und Ornithopoden. Die Raubsaurier jener Zeit waren die Carnosaurier, große Theropoden, sowie kleinere Coelurosaurier und Compsognathiden.

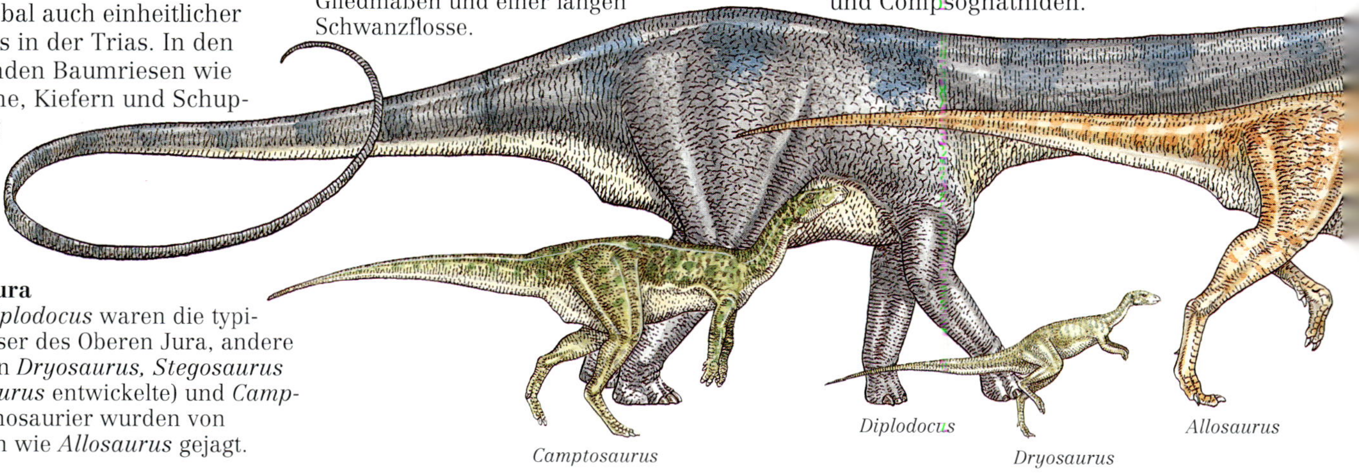

Dinosaurier des Jura
Sauropoden wie *Diplodocus* waren die typischen Pflanzenfresser des Oberen Jura, andere Ornithischier waren *Dryosaurus, Stegosaurus* (der sich *Scelidosaurus* entwickelte) und *Camptosaurus.* Diese Dinosaurier wurden von großen Theropoden wie *Allosaurus* gejagt.

Landschaft im Jura
Das aus Baum- und Palmfarnen bestehende Unterholz wird von hohen Nadelbäumen überragt, die Verwandte der heutigen Schuppentanne sind. Der Boden ist von einer dichten Farn- und Schachtelhalmschicht bedeckt.

Archaeopteryx
Der Urvogel *Archaeopteryx* gilt als Bindeglied zwischen Vögeln und Dinosauriern.

FAUNA DER LUFT

Der Luftraum wurde von Flugsauriern beherrscht, die sich mit Hife ihrer Hautflügel fortbewegten. Vertreter der Ordnung Rhamphorhynchoidea besaßen einen langen Schwanz, der zur Balance und als Höhenruder diente, er fehlte bei der anderen Gruppe, den Pterodactyloidea. Viele Flugsaurier besaßen dornartige, spitze Zähne, mit denen sie Fische aus dem Wasser schnappten. *Archaeopteryx* wies noch einige Theropodenmerkmale wie Zähne, Krallen und Schwanzwirbel auf, doch hatte er auch Federn und Flügel, so daß er durchaus fliegen konnte, die ersten Vögel tauchten auf.

MEERESFAUNA

Im Jura waren Nothosaurier und Placodontier ausgestorben, nur die Ichthyosaurier waren übrig geblieben. Diese lebten nun gemeinsam mit Meereskrokodilen, deren Gliedmaßen in Flossen umgewandelt waren, sowie mit den heute noch vorkommenden Knochenfischen in den Flachmeeren dieser Periode. Weitere Meereswirbeltiere waren die Plesiosaurier mit faßförmigem Rumpf, die wie Seelöwen durch die Gewässer wanderten, sowie Pliosaurier, die eigentlich nur eine kurzhalsige Variante der Plesiosaurier darstellten, jedoch einen großen Kopf mit spitzen Zähnen besaßen. Gegen Ende des Jura begannen Ichthyosaurier und Meereskrokodile zurückzugehen.

Scelidosaurus

Stegosaurus

DIE ERDE IN DER KREIDEZEIT

Die Kreide (vor 144 bis 65 Millionen Jahren) stellte die dritte und letzte Periode des Mesozoikums dar und bedeutete auch das Ende der Dinosaurier. In dieser Zeit lagerten sich mächtige Kalkschichten am Boden jener Flachmeere ab, die Teile Europas und Nordamerikas bedeckten. Laurasia und Gondwana zerbrachen endgültig in die heutigen Kontinente, und durch das Aufeinanderprallen großer Meeres- und Kontinentalschollen entstanden Gebirge wie Rocky Mountains, Alpen und Himalaya. Im Äquatorbereich blieb das Klima warm, wurde jedoch trockener, und die Wälder wurden lichter. In anderen Erdteilen entwickelten sich jahreszeitlich schwankende Witterungen, und die ersten Blütenpflanzen tauchten auf. Die Evolution der Tiere auf den nun isolierten Kontinenten verlief jetzt unabhängig. Diese Entwicklung in der Unterkreide erklärt die erstaunliche Artenfülle bei den Dinosauriern dieser Periode.

Die Kontinente in der Kreide
Die schwarzen Umrisse geben die Lage der heutigen Kontinente während der Oberkreide wieder. Große Bereiche der Kontinente waren damals von Flachmeeren bedeckt.

Diese Magnolie ist noch ein Relikt aus der Kreide.

GEOGRAPHIE

Zu Beginn der Kreide bestand zwischen Ostasien und dem Westen von Nordamerika noch eine Landbrücke, so daß die Tierwelt dieses Gebietes als asiamerikanische Faunenregion bezeichnet wird. Während dieser Periode wurde Nordamerika nach und nach durch ein Flachmeer geteilt, so daß der westliche Teil des Kontinents isoliert wurde und sich eine eigene Dinosaurierfauna entwickelte. Ein weiteres Flachmeer trennte Euramerika (der Osten Nordamerikas, Europa und Grönland) von Asien. Auch auf der Südhalbkugel drifteten Afrika, Australien, Südamerika, Indien und die Antarktis langsam auseinander. Da sich auf diesen Kontinenten die gleichen Dinosaurier wie in Euramerika entwickelten, spricht man hier von der Eurogondwana-Faunenregion.

VEGETATION

Auch in der Unterkreide waren die vorherrschenden Pflanzen alte mesozoische Formen wie Baumfarne, Ginkgos, Nadelbäume und Farne. Doch bald tauchten auch die ersten krautigen Blütenpflanzen auf, die sich von den Tropen in kältere Regionen ausbreiteten und dabei viele neue Sträucher und Kleinbäume hervorbrachten. Gegen Ende der Oberkreide waren Eiche, Ahorn, Walnuß und andere Baumarten Konkurrenten der bisherigen Nadelbäume geworden.

Süßwasserkrokodile
Sarcosuchus war ein 15 m langes Krokodil aus der Unterkreide, das in Afrika und Südamerika lebte.

LANDFAUNA

Gegen Ende der Oberkreide machten die Kleinsäuger eine explosionsartige Artenentwicklung durch – auch die Schlangen hatten sich aus den Eidechsen entwickelt –, doch die domimierenden Landtiere waren nach wie vor die Dinosaurier. Neue Ornithischierfamilien mit hochspezialisiertem Gebiß entstanden. Zahlreicher wurden auch die von Bodenpflanzen lebenden Ankylosaurier, während Stegosaurier verschwanden. Auf den nördlichen Kontinenten starben die Sauropoden ebenfalls aus, obwohl sie im Süden nach wie vor eine dominierende Gruppe darstellten. Die Theropoden der Kreide waren sehr formenreich, die Palette reichte von vogelähnlichen Ornithomimiden bis zu den wohl größten Landraubtieren aller Zeiten, den Tyrannosauriern.

FAUNA DER LUFT

Neben den ersten Bienen, Wespen und winzigen Nachtfaltern gab es auch gewaltige Flugsaurier, die zu den größten Tieren zählen, die je auf diesem Planeten geflogen sind; hierzu zählten z.B. *Quetzalcoatlus* und *Pteranodon.* Neue Funde aus den letzten Jahren

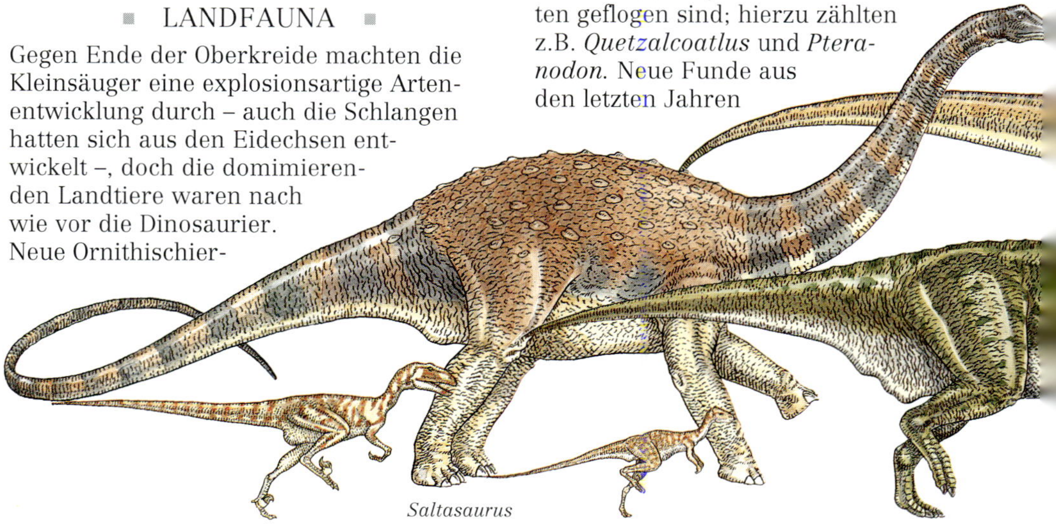

Dinosaurier der Kreidezeit
Herbivore Sauropoden wie *Saltasaurus* wurden durch Ornithischier wie *Hypsilophodon, Iguanodon* und *Torosaurus* abgelöst. Besonders furchterregend waren räuberische Theropoden wie *Tyrannosaurus* und *Deinonychus*.

Landschaft in der Kreidezeit
Dieses stark abgeweidete Flußtal im Westen Nordamerikas wird von zahlreichen Blütenpflanzen, Sträuchern und kleinen Bäumen besiedelt.

Pteranodon
Dieser riesige, zahnlose Flugsaurier hatte eine Spannweite von gut 7 m und segelte wie ein Albatros durch die Luft. *Pteranodon* ernährte sich von Fischen, die er mit seinem langen Schnabel fing.

verdeutlichen, daß auch die Vögel neue Arten bildeten. So besaßen (bereits in der Unterkreide) der kleine *Sinornis* aus China und *Concornis* aus Spanien einen Brustbeinkamm wie moderne Flugvögel, an dem die großen Flugmuskeln ansetzen. Später entstanden flugunfähige Formen, die dafür aber gut laufen oder tauchen konnten. Ein solcher Vogel war der etwa drosselgroße *Mononykus,* der einen Brustbeinkamm, aber auch noch eine Schwanzwirbelsäule wie ein Dinosaurier besaß.

FAUNA DER MEERE UND FLÜSSE

Unter den Wasserbewohner der Kreidezeit gab es viele Wirbeltiere, die auch heute noch leben. Zu den größten Süßwassertieren zählten einige Krokodile sowie die krokodilähnlichen Champsosaurier, während die Meeresschildkröte *Archelon* alle heutigen Vertreter dieser Gruppe an Größe übertraf. Riesige, bis zu 10 m lange Mosasaurier (auch Maasechsen genannt) schwammen durch die Meere, indem sie sich durch Wellenbewegungen mit dem langen Schwanz vorwärts bewegten. Zu den Plesiosauriern mit ihren Paddelflossen zählten u.a. die kurzhalsigen Pliosaurier wie z.B. der riesige *Kronosaurus* mit einem gut 3 m langen Kopf, sowie Vertreter mit langem Hals, die sich von Fisch ernährten, wie beispielsweise *Elasmosaurus.* Während dieser Periode starben die Ichthyosaurier endgültig aus.

Tyrannosaurus

Torosaurus

ANATOMIE

Ein Fossil zeigt natürlich nur das Knochengerüst eines Dinosauriers; die eigentliche Rekonstruktion der Muskeln und inneren Organe erfolgt erst durch den Vergleich mit der Anatomie lebender Krokodile, Vögel und Säugetiere und resultiert aus den Folgerungen und Rückschlüssen aus diesen Untersuchungen. Im Prinzip muß der Körper eines lebendigen Dinosauriers genauso funktioniert haben wie der anderer lebender Wirbeltiere: Das Skelett stützte und hielt die Bewegungsmuskulatur, schützte Gehirn und innere Organe und enthielt das blutbildende Knochenmark. Je nach Lebensweise und Fortbewegungsart fiel die Anatomie bei einzelnen Dinosauriergruppen sehr unterschiedlich aus: Während die schweren Sauropoden dickwandige, kräftige Gliederknochen besaßen, die ihr enormes Gewicht trugen, waren die Knochen bei leichten Dinosauriern hohl und dünnwandig. Durch große fensterartige Aussparungen in den Schädelknochen sowie durch hohle Wirbelkörper wurde bei den großen Theropoden sehr viel Körpergewicht eingespart. Verdauungstrakt, Gebiß und Krallen waren stark von der Ernährungsweise der Dinosaurier abhängig.

SKELETT

Der Kopf bestand aus verschiedenen Schädelknochen und einem beweglichen Unterkiefer. In den Öffnungen des Schädels saßen Augen, Nasengänge und Ansatzstellen für die Kaumuskulatur. Je nach Ernährungsweise besaßen Dinosaurier hochspezialisierte Zähne, die nach Abnutzung immer wieder erneuert wurden. Die Wirbelsäule, die den gesamten Körper stabilisierte, wurde von Hals-, Rumpf-, Sakral- und Schwanzwirbeln gebildet. Die Rippen schützten Herz, Lungen und andere wichtige Organe; bei einigen Dinosauriern fand man zusätzliche Bauchrippen (Gastralia). Die vorderen Gliedmaßen bestanden aus: Schulterblatt und Rabenschnabelknochen, Oberarmknochen, Unterarmknochen, Handwurzelknochen, Mittelhandknochen und Fingerknochen. Die hinteren Gliedmaßen begannen am

TROODON besaß große Augen und ein entsprechend weites Gesichtsfeld.

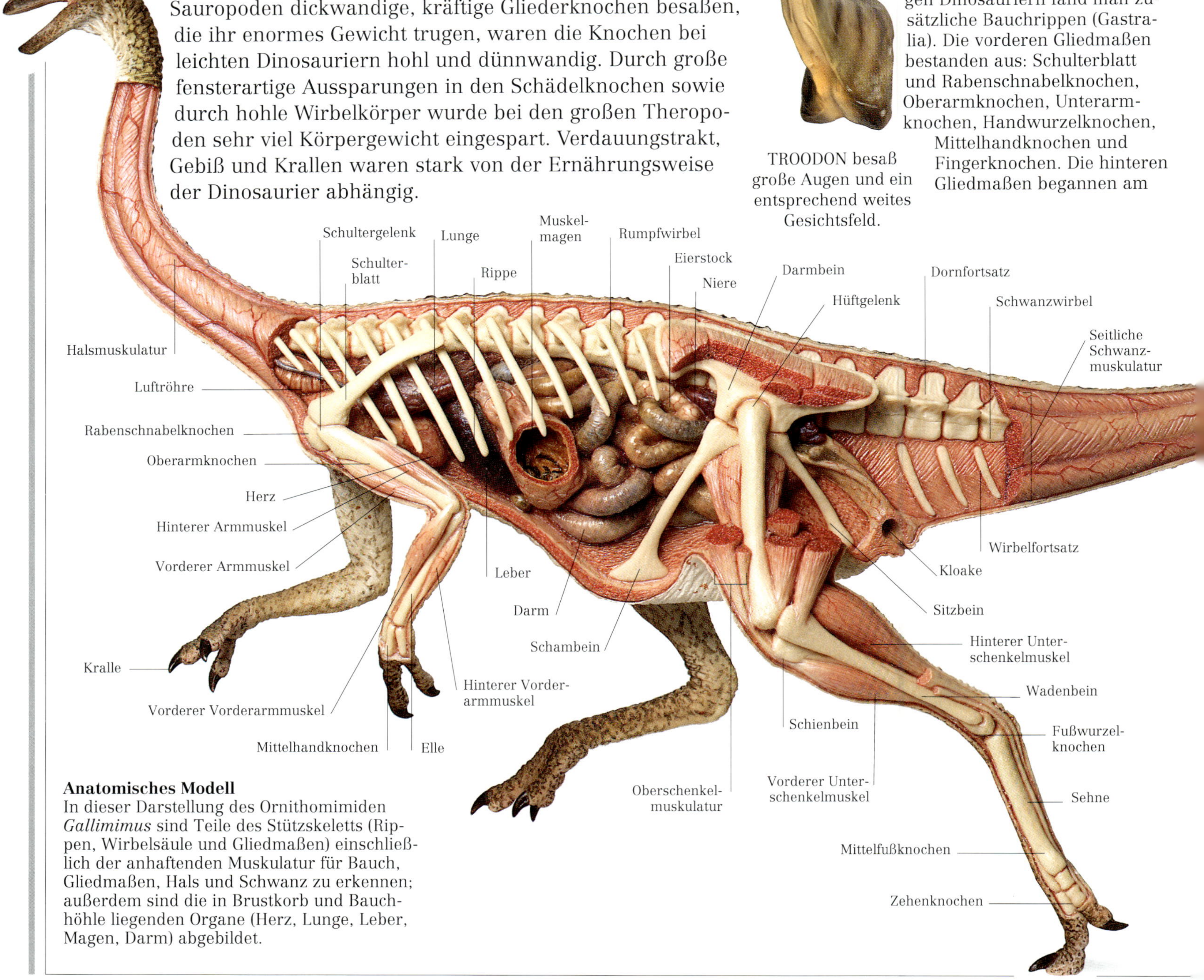

Anatomisches Modell
In dieser Darstellung des Ornithomimiden *Gallimimus* sind Teile des Stützskeletts (Rippen, Wirbelsäule und Gliedmaßen) einschließlich der anhaftenden Muskulatur für Bauch, Gliedmaßen, Hals und Schwanz zu erkennen; außerdem sind die in Brustkorb und Bauchhöhle liegenden Organe (Herz, Lunge, Leber, Magen, Darm) abgebildet.

Schädel
Dieser Schädel gehörte dem Prosauropoden *Plateosaurus,* der ein typisches Pflanzenfressergebiß hatte.

Becken, dessen Knochen fest mit den Sakralwirbeln verbunden sind. Hieran schlossen sich der Oberschenkelknochen, die beiden Unterschenkelknochen, die Fußwurzelknochen, die Mittelfußknochen und Zehenknochen an.

MUSKULATUR UND WEICHTEILE

Die Knochen waren über Sehnen und Bänder miteinander verbunden, und auch die Muskeln setzten über Sehnen am Knochen an. Zur Bewegung der Gliedmaßen arbeiteten bestimmte Muskelgruppen gegen-

einander, indem sie abwechselnd kontrahierten und sich wieder entspannten. Der Verdauungstrakt bestand aus einem spiralig aufgewundenen Darm, der bei fleischfressenden Dinosauriern meist als einfacher Schlauch gestaltet war, bei reinen Pflanzenfressern jedoch kompliziert gebaut und recht voluminös werden konnte, da die Tiere riesige Mengen zellulosehaltiger Pflanzenkost verdauen mußten. Urin, Sperma und Eier wurden über eine gemeinsame Öffnung, die Kloake, aus dem Körper ausgeschieden.

HERZ-KREISLAUFSYSTEM

Herz und Lungen funktionierten entweder wie bei Warmblütern (Säugetieren) oder Kaltblütern (Reptilien). Möglicherweise waren einige Theropoden endotherm (Warmblüter) und besaßen ein Kreislaufsystem, wie man es auch bei Vögeln und Säugetieren antrifft. Sauropoden konnten mit ihren voluminösen Körpern tagsüber genug Hitze speichern, das generell viel wärmere Klima trug zusätzlich dazu bei, daß sie auch nachts nicht zuviel Körperwärme verloren.

NERVENSYSTEM

Die Körperfunktionen wurden durch Nervenreize und auch hormonell gesteuert. Vom Gehirn liefen Impulse über die Nerven an die Muskeln. Einige Sauropoden hatten ein sehr winziges Gehirn, bei manchen kleinen Theropoden hingegen (z.B. *Troodon*) war das Gehirn jedoch schon so groß und kompliziert gebaut wie bei einem Vogel. Der große Theropode *Tyrannosaurus* besaß ein Gehirn, das Muskelbewegungen optimal koordinierte sowie optische Reize und Geruchssignale gut verarbeitete, jedoch war sein Großhirn ziemlich klein.

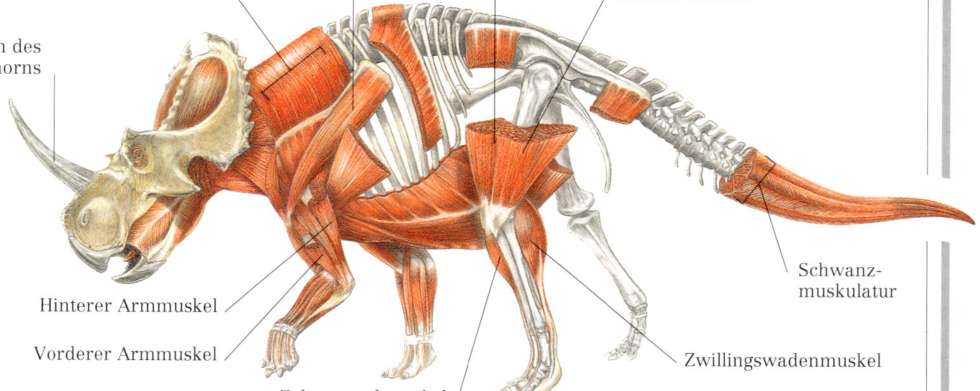

Muskulatur
Ein Skelett des Ceratopsiers *Centrosaurus* wurde in dieser Abbildung mit Muskeln versehen.

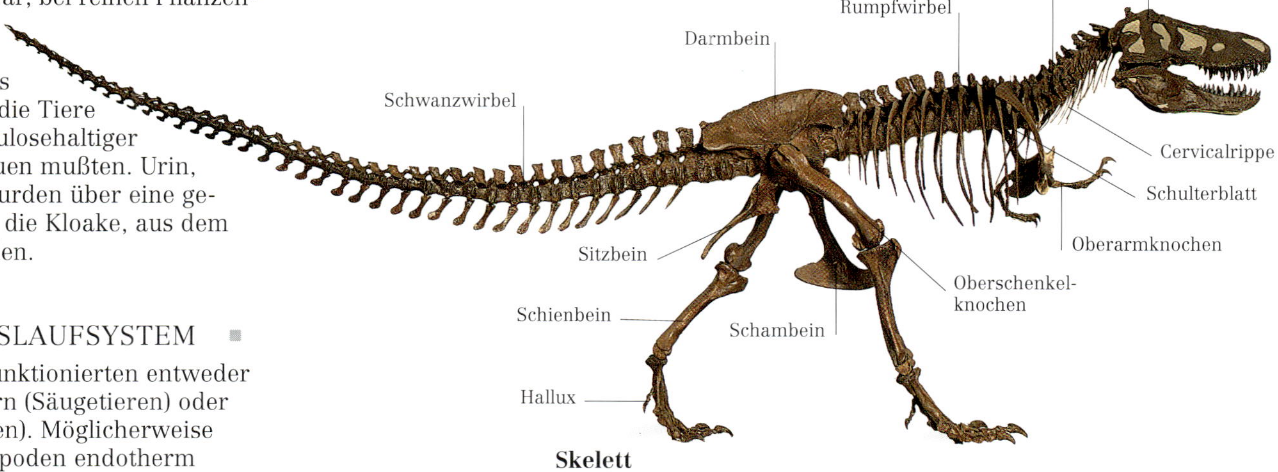

Skelett
Das Skelett des Carnosauriers *Tyrannosaurus* bestand aus vielen unterschiedlich geformten Knochen.

LEBENSWEISE

Dinosaurier besaßen wie heutige Tiere sehr unterschiedliche Lebensweisen. So lebten einige Arten in Herden oder Rudeln, andere hingegen waren Einzelgänger; es gab Pflanzenfresser und carnivore Raubtiere. Die unterschiedlichen Verhaltensformen der Dinosaurier, sich zu ernähren, fortzupflanzen und zu kämpfen, schlugen sich in den Anpassungen ihres Körperbaus nieder.

ERNÄHRUNG

Die meisten Dinosaurier lebten entweder nur herbivor (also von Pflanzen) oder nur carnivor (von Fleisch). Unter den herbivoren Arten rissen solche mit breitem Maul (z.B. *Maiasaura* oder *Euoplocephalus*) die Pflanzen wahllos aus, während Dinosaurier mit spitzer Schnauze (z.B. *Stegosaurus* oder *Edmontonia*) gezielt ganz bestimmte Blätter und Pflanzen auswählten. Auch die Form der Zähne wird die Nahrungswahl beeinflußt haben: Ankylosaurier mit kleinen, weit auseinanderstehenden Zähnen dürften andere Pflanzen abgefressen haben als Ceratopsier mit ihrem hochspezialisierten Schneidegebiß. Welche Pflanzen ein Dinosaurier fraß, hing auch von der Höhe des Tieres ab: Kleinwüchsige Arten wie *Lesothosaurus* oder *Scelidosaurus* weideten meist dicht am Boden vorkommende Pflanzen ab und stellten sich nur selten auf die Hinterbeine, um an höhere Zweige zu gelangen. Allein schon die Größe wie auch der lange Hals der Sauropoden und Prosauropoden bot diesen Dinosauriern den Vorteil, mühelos die Baumkronen abfressen zu können. Carnivore Dinosaurier ernährten sich von diesen Pflanzenfressern oder von anderen Tieren. Große Theropoden (wie *Allosaurus* und *Tyrannosaurus*) konnten sicherlich Dinosaurier jagen, die noch größer waren als sie. Die meisten mittelgroßen Theropoden (z.B. *Deinonychus*) jagten in der Regel ebenfalls Tiere ihrer Größenordnung, doch konnte ein Deinonycherrudel sicherlich auch einen großen Ornithopoden wie etwa *Iguanodon* zur Strekke bringen. Kleine, recht flinke Theropoden wie etwa *Compsognathus* erbeuteten Eidechsen und große Insekten. Ein paar Dinosaurier waren wohl auch ausgesprochene Nahrungsspezialisten: *Baryonyx* mit seiner »Alligatorschnauze« fraß wohl hauptsächlich Fisch, während sich der zahnlose *Oviraptor* von Eiern und Schalentieren ernährte. Segnosaurier lebten vermutlich ausschließlich von Termiten.

ANGRIFF UND VERTEIDIGUNG

Die meisten Theropoden besaßen scharfe Zähne und Krallen, mit denen sie die dicke Schuppenhaut ihrer Opfer durchbohren konnten. Größe und Beweglichkeit eines Raubsauriers entschieden über die Strategie seines Angriffs. Die schweren Tyrannosaurier verfolgten wahrscheinlich eine Herde Pflanzenfresser und fielen dann über Nachzügler her, die mit einem Biß in Kehle oder Nacken getötet wurden.

SCHÄDEL EINES EDMONTOSAURUS

SCHÄDEL EINES ALBERTOSAURUS

Schädel und Gebiß
Während der Edmontosaurierschädel einen zahnlosen Schnabel und große Zahnbatterien zum Zerkauen der Futterpflanzen aufweist, besaß der fleischfressende Albertosaurus einen Schädel mit kräftigen Kieferknochen, in dem große Reiß- und Schneidezähne steckten.

ANGRIFFSSTRATEGIE
Der Carnosaurier Allosaurus greift hier einen größeren Sauropoden (rechts) an. Bei einer solchen Jagd versuchten die Theropoden sehr wahrscheinlich, einzelne Tiere von der Herde zu isolieren, um sie dann töten zu können.

Dromaeosaurier hingegen jagten meist im Rudel und schlitzten ihrer Beute im direkten Angriff mit einer Sichelkralle den Bauch auf. Flinke, leichte Kleintheropoden wie etwa *Ornitholestes* sprinteten hinter einer Eidechse her und packten sie dann mit Zähnen oder Klauen. Die Pflanzenfresser waren ihren Feinden allerdings nicht wehrlos ausgeliefert. Viele Arten schützten sich durch eine dicke, undurchdringliche Haut, die zum Teil noch durch Knochenhöcker und Stacheln geschützt war. Jedoch bewirkte oft schon die enorme Größe vieler Sauropoden, Hadrosaurier und Ceratopsier, daß Theropoden abgeschreckt wurden. Oftmals erlebte ein Theropode sein blaues Wunder, wenn sein vermeintliches Opfer zum Gegenangriff überging: So konnten ihn Prosauropoden, Iguanodonten sowie einige Sauropoden mit ihren großen Daumenkrallen empfindlich verletzen, Diplodociden und Titanosaurier mit ihren peitschenartigen Schwänzen zuschlagen und Ankylosaurier (wie auch *Shunosaurus*) ihm mit ihren morgensternähnlichen, schweren Schwanzkeulen die Beinknochen zerschmettern. Herbivore Dinosaurier, denen derartige Verteidigungswaffen fehlten, behalfen sich auf andere Weise: *Scelidosaurus* rollte sich z.B. wie ein Igel zusammen und bot dem Angreifer nur noch seinen gepanzerten Rücken, und flinke bipede Arten wie die Ornithomimiden oder Hypsilophodonten suchten ihr Heil in einer blitzartigen Flucht.

BRUTPFLEGE

Wie moderne Vögel führten manche Dinosaurier aufwendige Paarungsrituale durch, bauten Nester, legten Eier und betrieben evtl. sogar Brutpflege. Die Männchen vieler Hadrosaurier und Ceratopsier, aber auch einiger Theropoden besaßen an ihrem Schädel Krausen, Kämme oder Hörner, die möglicherweise beim Balzverhalten eine Rolle spielten. Männliche Pachycephalosaurier rammten ihre Schädel gegeneinander, um sich die Herrschaft über einen Harem zu sichern. Die Dinosaurierweibchen legten hartschalige Eier, häufig in Erdoder Sandnester, die dann mit Erde oder Pflanzenteilen bedeckt und von der Sonne (bzw. der Kompostierungswärme) ausgebrütet wurden. Diese muldenförmigen Erdnester wurden oft zu mehreren in einer Nistkolonie angelegt, und einige Arten suchten die einmal angelegten Nistplätze alljährlich wieder auf. Vermutlich wachten die Alttiere einer Art in der Nähe der Nester, damit Eier und geschlüpfte Junge keinen Schaden nahmen. Wahrscheinlich wuchsen die Dinosaurierjungen recht schnell, obgleich einige junge Hadrosaurier von ihren Müttern wohl über mehrere Monate noch gefüttert wurden. Trotz dieser Brutpflege fiel ein großer Teil der Jungen vor Erreichen der Geschlechtsreife einem großen Theropoden zum Opfer.

Nistkolonien
Mehrere Maiasaurier sorgen hier gemeinsam für ihre Nester, Eier und noch nicht flüggen Jungtiere. Solche Gemeinschaftsnistplätze schützten die Hadrosaurier und erhöhten die Überlebenschancen ihres Nachwuchses.

Schutz eines Ankylosauriers
Aus dem Schulterbereich und den Flanken von *Edmontonia* ragten große, spitze Dornen heraus, die den Ankylosaurier vor Angriffen schützten.

Dinosauriereier
Die länglichen Eier, die der kleine Hornsaurier Protoceratops legte, erinnern an riesige Kartoffeln. Jedes Gelege wurde spiralig oder in Kreisform inmitten eines muldenförmigen Nestes abgesetzt, das das Weibchen in den Sand gegraben hatte.

AUSSTERBEN DER DINOSAURIER

Nach einer 150 Millionen Jahre dauernden Herrschaft gab es offenbar nichts, das den Dinosauriern etwas anhaben konnte. Doch bereits 10 Millionen Jahre später waren sie allesamt vom Erdboden verschwunden; mit ihnen verschwanden alle Tiere, die größer als eine Dogge waren, wie z.B. Meereskrokodile, Flugsaurier und Plesiosaurier, allerdings auch viele wirbellose Meerestiere. Über die Ursachen dieses plötzlichen Massensterbens vor 65 Millionen Jahren wird in den letzten Jahren unter Wissenschaftlern sehr heftig diskutiert. Im folgenden werden einige der gängigen, wenn auch zum Teil unglaubwürdigen Theorien vorgestellt, die das Phänomen erklären wollen.

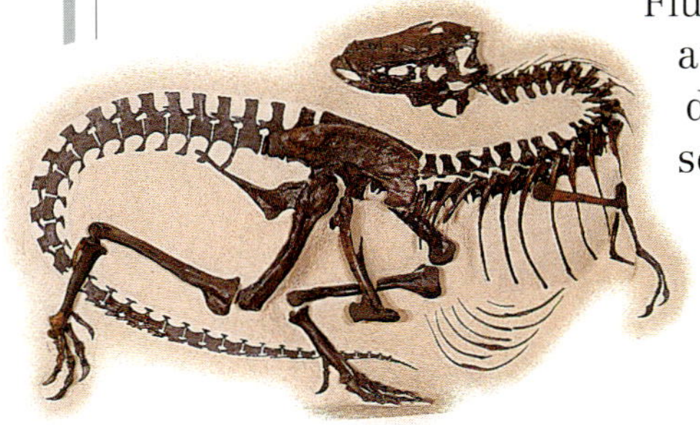

Diese Todeshaltung wurde irrtümlich auf Vergiftung zurückgeführt.

Räuberische Säugetiere
Kleine omnivore Säuger wie das abgebildete Tier könnten häufiger ein Dinosauriernest geplündert haben. Doch wurden auf diese Weise niemals alle Dinosaurier ausgerottet.

SELBSTZERFLEISCHUNG

Die unplausibelste Theorie über diese Katastrophe macht die Dinosaurier selbst für ihren Untergang verantwortlich. So sollen grausame Raubsaurier alle herbivoren Dinosaurier gefressen haben und dann selbst verhungert sein. Einer zweiten Hypothese zufolge mutierten die Dinosaurier in groteske Formen, die nicht mehr lebensfähig waren. Die Hörner tragenden Ceratopsier, die Pachycephalosaurier mit ihrem dicken Schädel oder die mit Stirnkämmen geschmückten Lambeosaurier wurden als unzulängliches Ergebnis einer genetischen Verarmung interpretiert. Gendefekte sollen auch zu dünnwandigen Eischalen und zum Rückgang des Hirnvolumens geführt haben; doch auch diese Thesen sind nicht haltbar.

TOD DURCH ANDERE LEBEWESEN

Eine Gruppe Wissenschaftler glaubt, daß Dinosaurier anderen Lebensformen zum Opfer fielen. Vielleicht entwickelten einige der neuentstandenen Blütenpflanzen starke toxische Substanzen, die die Dinosaurier vergifteten, obgleich hiergegen spricht, daß die Blütenpflanzen und viele neuere Dinosaurierarten eine gemeinsame, aufeinander abgestimmte Evolution durchmachten. Auch könnten tödliche Bakterien oder Viren Seuchen hervorgerufen haben; doch ist es eher unwahrscheinlich, daß eine so variable Gruppe wie die Dinosaurier auf diese Weise vollkommen ausgelöscht wurde. Sicherlich ernährten sich zahlreiche Kleinsäuger von Dinosauriereiern, doch auch Warane fressen die Eier von Krokodilen, ohne daß Krokodile aussterben. Daher scheint keine der genannten Theorien glaubwürdig.

GLOBALE VERÄNDERUNGEN

Möglicherweise bewirkten dramatische Veränderungen des Klimas, der Meere und Landmassen, daß die Dinosaurier und viele andere Tiere ausstarben. Gegen Ende der Oberkreide kam es infolge mehrerer Faktoren (Kontinentaldrift, Entstehung neuer Gebirge, fallender Meeresspiegel) zu solchen Veränderungen. Da viele Flachmeere verschwanden, verloren zahlreiche marine Tiere und Pflanzen ihren Lebensraum. In den äquatorfernen Zonen sanken die Temperaturen, die Unterschiede zwischen Sommer und Winter wurden drastischer, und es entstanden sehr hartblättrige Pflanzen. Falls Dinosaurier tatsächlich Kaltblüter waren, fielen sie nun in eine Lethargie, aus der sie nicht mehr erwachten; selbst ein minimales Absinken der Temperaturen könnte bedeutet haben, daß nur noch Individuen eines einzigen Geschlechts aus den Eiern schlüpften, ihre Vermehrung also nicht mehr möglich war.

Frischgeschlüpfte Orodromäusjunge
Modelle von sozial geprägten Nistkolonien widerlegen die These, streßgeplagte Dinosaurierweibchen hätten nur noch dünnwandige Eier gelegt.

VULKANAUSBRÜCHE

Der Untergang der Dinosaurier könnte durchaus auf Klimaveränderungen zurückzuführen sein, die durch lang anhaltende Vulkanausbrüche ausgelöst wurden. Gegen Ende der Kreide schotteten riesige Lavaströme das indische Hochland von Dekhan auf, wobei gewaltige Mengen Kohlendioxid und gasförmiger Salzsäure in die Atmosphäre gelangten. Diese wurden durch Luftströmungen auf der ganzen Welt verteilt und führten indirekt zu solchen Phänomenen wie Treibhauseffekt, saurem Regen und Zerstörung der Ozonschicht – also zu ähnlichen Vorgängen, die gegenwärtig (wenn auch aus anderen Ursachen) erhebliche Probleme und Sorgen bereiten.

TOD AUS DEM ALL

Das Massensterben gegen Ende der Kreide könnte durch tödliche Strahlung, die nach Einschlag eines Kometen freigesetzt wurde, ausgelöst worden sein; denkbar wäre aber auch eine erhöhte UV-Bestrahlung nach Zusammenbruch des Erdmagnetfeldes, das diese Strahlen normalerweise ins All reflektiert. (Dieser Vorgang, bei dem sich die magnetischen Pole vertauschen, tritt innerhalb sehr großer Zeitspannen periodisch auf.) Wahrscheinlicher ist jedoch, daß ein kleiner bis mittelgroßer Meteorit auf der Erde eingeschlagen ist, bei dessen Aufprall ein gut 200 km breiter Krater entstand und riesige Mengen verdampftes Gestein, Ruß, Staub und Wasserteilchen in die Stratosphäre geschleudert wurden. Die dabei entstandenen Winde verteilten diese Wolken über den ganzen Planeten. Schlagartig wurde es dunkel, die Temperaturen sanken weltweit, die Pflanzen gingen ein, und mit ihnen starben viele Tiere – besonders jene Arten, die für jede Art von »Winterschlaf« zu groß waren. Den Beweis für dieses Katastrophenszenario sieht man in einer dünnen Iridiumschicht, die 1977 von den beiden Amerikanern Luis und Walter Alvarez in Italien entdeckt wurde. Diese Schicht fand sich nicht nur hier, sondern weltweit in gleichaltrigem Gestein. (Iridium ist ansonsten ein eher seltenes Metall, kommt aber oft in Meteoriten vor.) Für einen Kometeneinschlag sprechen auch Funde von »geschocktem« Quarz (charakteristisch verformte Quarzkristalle) sowie bestimmte Fossilien, die belegen, daß die Blütenpflanzen Nordamerikas damals schlagartig zurückgingen. Der Einschlagkrater dieses Meteoriten ist der Chicxulub, ein 1990 vor Mexiko entdeckter Krater mit einem Durchmesser von 180 km. Sehr wahrscheinlich wurden auch andere Fälle von Massensterben durch Kometen ausgelöst.

Gunnarites
Auch Ammoniten wie der abgebildete *Gunnarites* starben zur selben Zeit wie die Dinosaurier aus.

Meteoritenkrater
Der Einschlag eines kleinen Meteoriten hinterließ diesen gewaltigen Krater.

Vulkanausbrüche
Vulkanausbrüche über einen Zeitraum von 500 000 Jahren führten zu einschneidenden Klimaveränderungen.

FOSSILIEN

Wenn ein Landtier stirbt, wird sein Kadaver durch Aasfresser, Bakterien und Witterungseinflüsse meistens völlig abgebaut. Fossilien sind daher eine Ausnahme dieser Regel; sie sind Überreste von Organismen, die durch rasches Bedecken mit Sediment vor dem normalen Zersetzungsprozeß bewahrt wurden. Während die Deckschichten zu hartem Gestein wurden, versteinerten auch diese Überreste und wurden so zu Fossilien. Möglicherweise blieb nur ein Dinosaurier unter Millionen anderer als Fossil erhalten, und vielleicht sind nur ein paar dieser Versteinerungen bisher gefunden worden. Fossile Zähne und Knochen liefern die wichtigsten Informationen über Dinosaurier, doch trugen auch fossile Fußspuren, Exkremente, Eier und Pflanzen einiges zum heutigen Wissensstand bei.

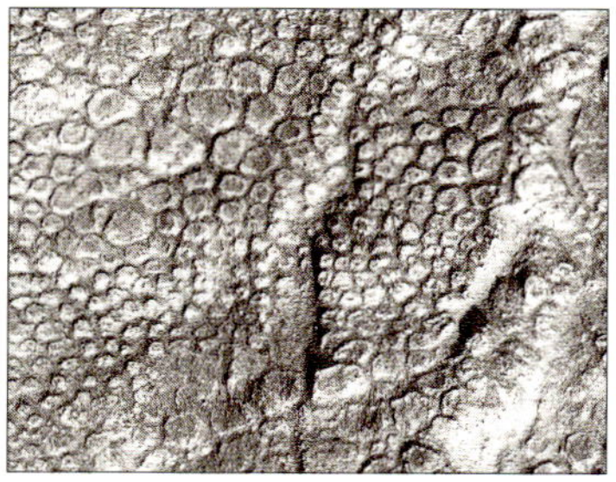

Der versteinerte Abdruck einer Hadrosaurierhaut

1 Lebender Triceratops
Ein *Triceratops* trinkt am Ufer eines Flußes, der sich durch eine lichte Waldlandschaft mit Farnen, Baumfarnen und Tannen windet. Das Ganze spielte sich vor 65 Millionen Jahren ab.

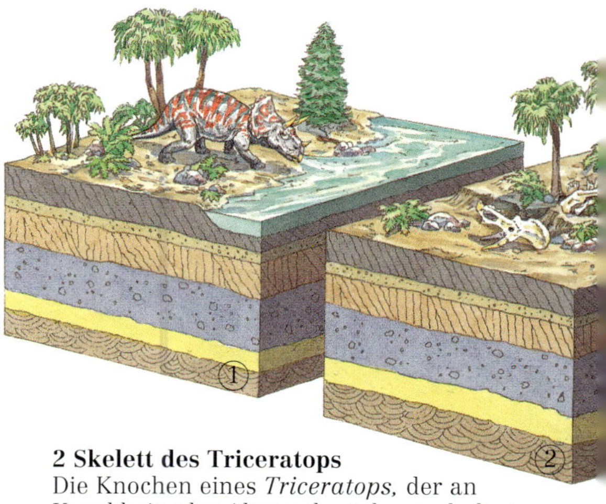

2 Skelett des Triceratops
Die Knochen eines *Triceratops,* der an Krankheit oder Altersschwäche starb, liegen auf dem Boden des mittlerweile trockengefallenen Flußbetts.

ENTSTEHUNG EINES FOSSILS

Eine gute Voraussetzung für ein späteres Fossil ist, wenn das Tier im Wasser, in Gewässernähe oder in Überschwemmungsgebieten stirbt. Die Weichteile zerfallen meist rasch, doch die härteren Knochen und Zähne (gelegentlich auch mumifizierte Hautpartien) bleiben über längere Zeiten erhalten. Generell ist es für eine gute Fossilisation wichtig, daß die Knochen rasch von Schluff, Sand oder anderem Sediment luftdicht bedeckt werden (z.B. durch Überschwemmungen oder Sandstürme), damit den Bakterien, die den Kadaver zersetzen, der hierfür erforderliche Sauerstoff entzogen wird. Bei den anschließenden Vorgängen sickert mineralhaltiges Wasser in die Poren und Hohlräume der Knochen ein, so daß sich diese mit Kalzit, Eisensulfid, Quarz oder sogar Opal füllen. Beim Versteinerungsprozeß erhöhen sich Gewicht und Härte der Knochen. Der Druck der im Laufe der Jahre immer mächtiger werdenden Sedimentschichten, die auf den Knochen liegen, nimmt langsam zu und kann gelegentlich sogar die Fossilien verformen.

IM ERDINNEREN

Allmählich entstanden aus den einzelnen Sedimentenlagen, die vom eigenen Gewicht zusammengepreßt und auf natürliche Weise miteinander verkittet wurden, festes Sedimentgestein. Im Laufe der Jahrmillionen türmte sich in den abfallenden Ebenen und Meeresböden eine Ablagerungsschicht auf die nächste. Unter dem enormen Gewicht der Gesteinslagen brachen dünne Dinosaurierknochen auseinander, während Zähne und robustere Knochen diesem Druck standhielten. Doch die Fossilien der Dinosaurier sollten nicht für alle Zeit in der Erdkruste verborgen bleiben. Einzelne Landschollen, die in ihrer Gesamtheit die Erdkruste bilden, prallten infolge der Plattentektonik zusammen oder schoben sich übereinander. Dabei wurden Felsschichten, die auch Fossilien enthalten, zu Gebirgen aufgefaltet und durch Erosionskräfte abgetragen. Auf diese Weise gelangten Fossilien wieder an die Erdoberfläche.

HOHLFORMEN UND STEINKERNE

Jedoch sind nicht alle fossilen Dinosaurierknochen schwer oder gar vollständig versteinert. Im Dauerfrostgestein Alaskas blieben Knochen, die zwar seit dem Tod der Tiere dunkler geworden waren, chemisch unverändert erhalten. Das Gegenteil kann in porösen Sandböden passieren, wenn saures Grundwasser den Knochen komplett auflöst und nur einen Hohlraum zurückläßt. Falls Mineralien in diese Hohlform eindringen, entsteht ein naturgetreuer Abdruck des aufgelösten Knochens. Wenn Hohlräume in einem Fossil zuerst von Mineralien ausgefüllt, die harten Skeletteile aber erst später aufgelöst werden, erhält man einen sog. Steinkern.

Fährte eines Dinosauriers
Versteinerte Fußspuren, die im Oberkreide-Gestein von Queensland (Australien) gefunden wurden, könnten möglicherweise von einer Massenflucht mehrerer kleiner bipeder Dinosaurier vor einem großen Theropoden zeugen, die vor gut 100 Millionen Jahren stattfand.

Koprolithen
Paläontologen erkannten, daß diese Steine Koprolithen (versteinerte Exkremente) eines Dinosauriers sind. Form, Größe und Inhalt dieser Fossilien liefern Informationen über die Ernährungsweise des jeweiligen Tieres.

3 Das Leben geht weiter
Der Schädel des *Triceratops* liegt unter angeschwemmtem Schluff begraben, während die übrigen Knochen durch Bakterien und Witterungseinflüsse völlig zersetzt wurden.

4 Versteinerung
15 Millionen Jahre nach dem Tod des *Triceratops* haben die gleichen chemischen Substanzen, die den Schluff zu Gestein verkitteten, auch den von Sediment umschlossenen Schädel versteinern lassen. Auf der Erdoberfläche leben mittlerweile Säuger.

Taphonomie
Die in Abbildung 2 dargestellte Szene, die die verstreuten Knochen des Tieres wiedergibt, beruht auf Informationen, die die Taphonomie vermittelt – eine Wissenschaft, die Vorgänge nach dem Tod eines Tieres an dessen Fossil untersucht. Hierbei stellte man fest, daß große, schwere Skelette, die von kräftigen Ligamenten zusammengehalten werden, weniger leicht zerfallen als diejenigen von kleineren Dinosauriern. Kleinere Skelette werden auch häufiger von Aasfressern oder von der Strömung verstreut. Strömungskräfte trennten auch die leichteren Knochen eines *Triceratops* von seinen Skeletteilen. Nur wenige Kleinsaurier, die unter 50 kg wogen, bleiben als vollständiges Skelett erhalten.

5 Eiszeit
Vor 20 000 Jahren zogen Wollhaarmammuts über die eisbedeckten Böden. Infolge geologischer Vorgänge wurden Teile des Gesteins abgetragen, unter dem der Schädel begraben lag.

6 Entdeckung des Fossils
Die Berghänge wurden durch Erosionskräfte wie Sonne, Regen, Eis und Wind abgetragen, so daß tiefer liegende, 65 Millionen Jahre alte Felsschichten ans Tageslicht gelangten. Der Triceratopsschädel wird nun von Paläontologen freigelegt.

Ansammlung fossiler Knochen
Diese Fossilien stammen von einer Coelophysisherde, die vermutlich ertrunken ist.

Fossilien eines Flugsauriers
Während eine Felsplatte die Knochen eines Flugsauriers erhalten hat (unten links), befindet sich in der aufliegenden Gesteinsschicht ein Abdruck dieser Skeletteile (unten rechts).

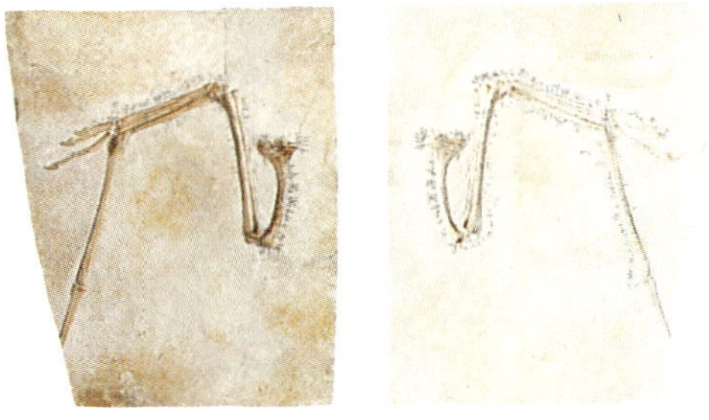

SPURENFOSSILIEN

Hierbei handelt es sich um versteinerte Fährten eines ehemals lebenden Tieres. Solche Ichnofossilien entstehen aus Fußabdrücken in weichem Boden, die später zu Gestein verhärten. Ein charakteristisches, arttypisches Ichnofossil wird als Spurengattung (Ichnogenus) bezeichnet. Aus diesen Fossilien kann man z.B. Größe, Gewicht und Gehweise eines Dinosauriers ablesen; außerdem gibt es eindeutige Spuren einzelner Sauriergruppen (z.B. Theropoden, Sauropoden oder Ornithopoden). Auch die Laufgeschwindigkeit eines Tieres kann man aus dem Abstand der einzelnen Abdrücke einer Fährte berechnen; parallel verlaufende Spuren sind ein denkbarer Hinweis, daß hier eine Herde durchzog. In Nordamerika geht aus einer Fundstätte mit Millionen von Fußabdrücken hervor, daß dort im Oberen Jura große Sauropodenherden eine Küste entlangzogen. Fossilien wie abgebissene Blätter oder Koprolithen (versteinerte Exkremente), deren Inhalt z.T. noch erkennbar ist, liefern Informationen über die Ernährungsweise eines Dinosauriers. Brutverhalten wird durch Fossilien wie zerbrochene Eierschalen (innerhalb eines Nestes) oder noch nicht »flügge« Jungtiere, die im Nest hocken, belegt. Verletzte und wieder verheilte Knochen lassen den Schluß zu, daß Dinosaurier auch Verletzungen auskurieren konnten, während ungewöhnlich angeschwollene Knöchel oder verwachsene Gelenke und Knochen vermuten lassen, daß auch diese Tiere an Knochenkrankheiten litten. Das ehemalige Habitat der Dinosaurier wird durch fossile Holzreste und Blätter sowie durch versteinerte Fluß- und Seebodensedimente dokumentiert.

FUNDORTE UND ENTDECKER

Der englische Naturbeobachter und Geologe William Buckland veröffentlichte 1824 den ersten wissenschaftlichen Artikel über einen Dinosaurier, einen *Megalosaurus*. Im folgenden Jahr beschrieb dann der Landarzt Gideon Mantell Zähne und Knochen eines *Iguanodon*. 1842 prägte der englische Morphologe Sir Richard Owen den Begriff Dinosauria für diese Reptiliengruppe, von denen damals nur wenige Vertreter bekannt waren. 1887 schuf der Londoner Professor Harry Govier Seeley aufgrund der jeweils unterschiedlichen Beckenanatomie der Dinosaurier die beiden Ordnungen Saurischia und Ornithischia. Mit zunehmendem theoretischen Wissensstand nahmen auch die Ausgrabungen zu, und ab der Mitte des 19. Jahrhunderts breitete sich die Suche nach Dinosauriern von Großbritannien ins restliche Europa sowie nach Nord- und Südamerika aus. Seit 1900 wurden auf allen Kontinenten Dinosaurier aus Gesteinsschichten des Mesozoikums ausgegraben, und alljährlich kommen neue Funde hinzu.

EDWARD DRINKER COPE (1840-1897)
Cope beschrieb zahlreiche Dinosauriergattungen, doch weniger als Marsh.

FOSSILER KIEFERKNOCHEN
Der Unterkiefer eines *Megalosaurus* war die Grundlage für die erste wissenschaftliche Beschreibung eines Dinosauriers.

FUNDE IN EUROPA

1837 beschrieb Hermann von Meyer den Prosauropoden *Plateosaurus*, der aus der Trias stammte und bei Nürnberg entdeckt wurde, sowie 1861 den mit Dinosauriern nahe verwandten Urvogel *Archaeopteryx*. 1878 stießen belgische Bergleute in einer Kohlenzeche bei Bernissart auf 29 fast vollkommen erhaltene Iguanodonskelette. Seit 1860 haben Forscher in Südfrankreich zahlreiche Gelege großer Eier entdeckt, die dort während der Oberkreide von Sauropoden gelegt wurden. Generell wurden europaweit zahlreiche Dinosaurier der Oberkreide gefunden, die meisten Funde aus der Unterkreide stammen jedoch aus England.

FUNDE IN DEN USA

Die ersten Dinosaurierfossilien (Knochen und Fußspuren) aus Neuengland blieben zunächst unbeachtet. 1856 benannte der Morphologe Joseph Leidy den Theropoden *Troodon* aufgrund eines fossilen Zahns, und zwei Jahre später gab er einem Dinosaurierskelett aus New Jersey (dem ersten, das in der Neuen Welt klassifiziert wurde) den Namen *Hadrosaurus*. Nachdem man 1877 neue fossile Riesenknochen in Colorado und Wyoming entdeckt hatte, artete die Suche nach Dinosauriern unter Othniel Charles Marsh und Edward Drinker Cope zu einer regelrechten »Dinosaurierjagd« aus. Beide Paläontologen trugen im Wilden Westen eine Art Kleinkrieg um Fossilien von Sauropoden aus, die aus dem Oberjuragestein der Morrison Formation bei Canyon City (Colorado) und Como Bluff (Wyoming) stammten. Über 20 Dinosauriergattungen (u.a. *Apatosaurus* und *Camarasaurus*) wurden von Cope und Marsh benannt. Ab 1900 machten Wissenschaftler wie Henry Fairfield Osborn, William J. Holland und Earl Douglass neue Entdeckungen, und seit Mitte des 20. Jahrhunderts wurden weltweit bedeutende Dinosaurierfunde aus dem gesamten Mesozoikum durch Sankar Chatterjee, David Gillette, John Horner, James Jensen,

OTHNIEL CHARLES MARSH (1831-1899)
Marsh (hintere Reihe Mitte) finanzierte zahlreiche Grabungen im amerikanischen Wilden Westen und benannte mehrere Dutzend Dinosaurier.

Robert Long und John Ostrom gemacht, um nur einige zu nennen. Hierzu zählten beispielsweise *Seismosaurus, Deinonychus* sowie die Nistkolonien von Hadrosauriern. Was die Anzahl gefundener Dinosaurier angeht, so liegen die USA mit etwa 110 gefundenen Gattungen weltweit auf dem ersten Platz.

OST UND WEST IN EINEM TEAM
Der Chinese Dong Zhiming (rechts) und der Kanadier Philip Currie leiteten gemeinsam die erste Expedition in die Gobi.

SHUNOSAURUS
Das Skelett dieses chinesischen Sauropoden gehört zu einem Dutzend oder mehr Dinosaurierfunden aus der sehr fossilienreichen Provinz Szetschuan.

FUNDE IN KANADA

1884 löste der Fund eines *Albertosaurus,* dessen Schädel Joseph Tyrell entdeckt hatte, im Ödland an den Ufern des Red River (Provinz Alberta) eine gewaltige Suche nach Dinosauriern aus, die auch heute noch andauert. Bei einer Expedition suchten Thomas Chesmer Weston und Lawrence Lambe vom Boot aus nach Dinosauriern. 1910 stritt sich Barnum Brown mit Charles Sternberg und dessen Söhnen, die im Auftrag des Canadian Geological Survey gruben, um die besten Fossilien. 1917 wurden die Grabungen eingestellt, bei denen man eine Menge Fossilien von Hadrosauriern und Ceratopsiern aus der Unterkreide gefunden hatte. Seit 1980 haben Philip Currie und andere kanadische Wissenschaftler die Suche wieder aufgenommen, und heute gilt der Dinosaur Provincial Park in Alberta als einer der ergiebigsten Fundorte für Dinosaurier.

FUNDE IN ASIEN

Umfangreiche chinesische Ausgrabungen führte Yang Zhengjan (nach früherer Schreibweise C.C. Young) zwischen 1930 und 1970 durch. Seitdem hat auch sein Kollege Dong Zhiming viele Entdeckungen gemacht, so daß China heute mit 95 bekannten Dinosauriergattungen hinter den USA auf dem 2. Platz liegt. 1922 entdeckte ein amerikanisches Grabungsteam unter Leitung von Roy Chapman Andrews und Walter Granger in der mongolischen Wüste Gobi eines der reichhaltigsten Vorkommen für Dinosaurierfossilien. Seit dieser Zeit haben russische, polnische, mongolische und amerikanische Paläontologen hier gegraben; und selbst in der Wildnis Sibiriens legten russische Forscher Dinosaurierknochen frei.

DINOSAURIER AUS GONDWANA

Zu Beginn des 20. Jahrhunderts wurden auch Dinosaurier in Südamerika, Afrika, Indien und Australien entdeckt – also in Kontinenten, die damals zu Gondwana gehörten. Die meisten südamerikanischen Funde stammen aus Argentinien, während in Brasilien überwiegend Staurikosaurier entdeckt wurden. Bedeutende Funde sind u.a. der bizarre Theropode *Carnotaurus,* der mit einem Rückensegel ausgestattete *Amargasaurus* sowie der besonders primitive Dinosaurier *Eoraptor.* Zahlreiche südamerikanische Gattungen wurden durch den argentinischen Paläontologen José Bonaparte benannt. Die ersten Funde aus Afrika wurden um die Jahrhundertwende gemacht, und bis heute hat man in mindestens 16 Ländern Dinosaurier entdeckt, u.a. sehr frühe Formen in Marokko und Südafrika, Dinosaurier mit Rückensegeln in der Sahara sowie Sauropoden aus dem Oberen Jura in Tansania. Ab 1860 wurde in Indien nach Dinosauriern gegraben, und bis heute hat man hier z.B. einen primitiven Sauropoden, die letzten Stegosaurier und einen riesigen Theropoden gefunden. In Australien wurde erst relativ spät (ab 1980) systematisch nach Dinosauriern gesucht, und als Ausbeute kommen Ralph Molnar, Thomas Rich und andere Paläontologen auf knapp ein Dutzend Gattungen.

NEUE FUNDORTE

In den vergangenen 15 Jahren wurden Dinosaurierfossilien auch an ganz unerwarteten Orten gefunden. So beschreibt Ralph Molnar 1980 den Wirbel eines Theropoden, der auf der Nordinsel Neuseelands entdeckt wurde. Bis 1990 hatte Yoshikazu Hasegawa Bruchstücke von etwa 9 Dinosauriergattungen untersucht, die von den japanischen Hauptinseln Honschu und Kyuschu stammten; 1992 wurde *Wakinusaurus,* ein auf Kyuschu gefundener großer Theropode, durch Yoshihiko Okazaki benannt. In der vergangenen Dekade suchte man auch an beiden Polen nach Dinosauriern. 1985 fanden Teams von der University of California und der University of Alaska im Norden Alaskas zahlreiche Dinosaurierknochen aus der Oberkreide. 1986 entdeckten argentinische Paläontologen einen Dinosaurier in der Antarktis, und zu den jüngsten Funden dieser Region (1993) zählen ein Sauropode und ein Theropode mit Hörnern.

JOSÉ BONAPARTE
Seit Mitte der 60er Jahre brachten die Arbeiten dieses argentinischen Paläontologen wertvolle Informationen über die Dinosaurierfauna Südamerikas. Er beschrieb u.a. *Carnotaurus, Riojasaurus* und *Patagosaurus.*

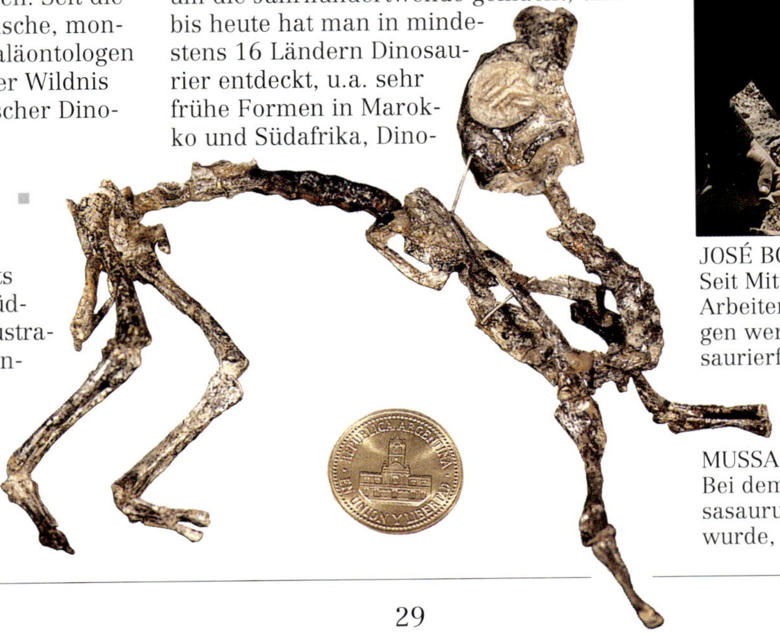

MUSSASAURUS
Bei dem aus Argentinien stammenden Mussasaurus (»Mausechse«), der 1979 bekannt wurde, handelte es sich um ein Jungtier.

AUSGRABUNGEN

Bevor man einen Dinosaurier ausgräbt, muß man zunächst wissen, an welcher Stelle man suchen muß. Hierbei kommen nur Gesteine in Frage, die während des Mesozoikums entstanden sind; außerdem konnten Fossilien auch nur in bestimmten Regionen der Erde mit besonderen geologischen Voraussetzungen entstehen. Gelegentlich finden Amateure per Zufall ein Dinosaurierfossil, doch in der Regel beruht ein solcher Fund ausschließlich auf wissenschaftlicher Überlegung und Vorgehensweise. Auch die Bergungsarbeiten fallen sehr unterschiedlich aus: Manches kleine Fossil konnte schon wenige Minuten nach seiner Entdeckung von seinem Finder allein geborgen werden, während ein großer, schwerer Knochen erst nach wochenlangem Einsatz von zahlreichen Menschen und eines gewaltigen Maschinenparks aus seiner Felskruste befreit werden konnte. Nach der Ausgrabung muß ein Fund genau vermessen und katalogisiert werden; anschließend wird das Fossil sorgfältig verpackt, beschriftet und in ein (oftmals weit entferntes) Museum gebracht.

AUSGRABUNG EINES ANKYLOSAURIERS
Eine polnische Paläontologin säubert vorsichtig mit Messer und Bürste das Vorderteil einer *Saichania;* dieser Ankylosaurier ist vermutlich vor 80 Millionen Jahren während eines Sandsturms in der Wüste Gobi erstickt.

AUSGRABUNGSORTE

Ergiebige Stellen für Dinosaurierfossilien sind mesozoische Gesteine, die meistens aus ehemaligen Land- oder Ufersedimenten hervorgegangen sind. Häufig liegen die Fundorte an Steilhängen oberhalb einer Straße, in Steinbrüchen, auf steilen Felsküsten und Uferbänken. Sehr ergiebige, fossilreiche Regionen stellen Ödländer und Wüsten dar, wie etwa einige Gebiete im amerikanischen Nordwesten, Patagonien sowie Teile der Wüsten Gobi und Sahara. Leider werden wohl viele Gesteinsschichten, die reichlich Dinosaurierfossilien enthalten, niemals »ausgebeutet« werden können, da sie tief unter anderen Felslagen, Gletschern oder Wassermassen begraben liegen, oder durch Hitze, Druck oder Erosionskräfte teilweise oder vollständig zerstört wurden.

ENTDECKUNG EINES DINOSAURIERS

Solche Entdeckungen sind oft eine Frage des Zufalls. So wurde der erste Iguanodonzahn von der Frau eines Arztes inmitten einiger aufgeschütteter Pflastersteine entdeckt. Häufig haben Bauern, Straßenbauarbeiter oder Schwellenleger bedeutende Funde gemacht. Auch einem Amateur und Hobby-Paläontologen, der oft nur

AUSGRABUNG EINER OPISTHOCOLICAUDIA
Sechs Arbeiter schlagen mit Hammer und Spitzhacke die Felskruste ab, die diesen »kopflosen« Sauropoden umgibt.

VOM FELS BEFREIT
Der hier abgebildete *Stegosaurus* wurde mit Hilfe der ebenfalls zu sehenden Geräte freigelegt.

mit einem Hämmerchen ausgerüstet ist, kann das Glück eines Fossilfundes beschert sein: So etwa Joan Wiffen, die den ersten Dinosaurier Neuseelands (einen bisher unbenannten Theropoden) fand, oder William Walker, der Entdecker des *Baryonyx,* oder Vivian und Eddie Jones, die neue Dinosauriergattungen in Colorado fanden. Der weitaus größere Teil der Dinosaurier wurde aber nach langfristiger, sorgfältiger Planung auf Expeditionen entdeckt. Solche Touren wurden in der Regel durch Paläontologen im Auftrag von Museen oder Universitäten durchgeführt.

AUSGRABUNGSMETHODEN

Ein Fossiliensammler wandert bevorzugt an Berghängen entlang oder folgt dem Lauf ehemaliger Flußbetten, wobei er immer nach glänzenden, dunklen oder anderen auffälligen »Steinen« Ausschau hält. Denn hierbei könnte es sich um Fossilfragmente handeln, die aus höher gelegenen Schichten herausgewaschen wurden. Ein vereinzelter Dinosaurierknochen, der aus dem Fels ragt, kann ein Einzelfund, möglicherweise aber auch Teil eines ganzen Skelettes sein, das im Boden verborgen liegt. Mit Spitzhacken und Schaufeln werden lockeres Erdreich und Felstrümmer beiseite geräumt, um an die tiefer gelegenen Knochen zu gelangen. In einigen Wüsten stößt man schon auf Fossilien, wenn man mit der Hand etwas lockeren Sand wegfegt. Schwieriger wird es, wenn große Fossilien von einer Felsmatrix umgeben sind; in solchen Fällen muß man gelegentlich einen halben Hügel wegsprengen oder mit der Planierraupe abtragen. Die Feinarbeit bei der Reinigung wird mit entsprechend kleinerem Werkzeug durchgeführt, z.B. einer Zahnbürste. Häufig werden feine, zerbrechliche Knochen in ihrer Gesteinsmatrix gelassen und als ganzer Felsblock geborgen.

NACHARBEITEN

Wenn das Fossil freigelegt ist, wird es von einem Wissenschaftler numeriert und fotografiert, und sein Fundort wird in einer Karte eingezeichnet. Diese detaillierten Daten helfen den Morphologen bei ihrer späteren Restaurationsarbeit; außerdem liefern sie Informationen darüber, was mit dem Dinosaurier nach seinem Tode passierte. Zum Schutz der Fossilien während des Transports werden bröselige Knochen mit Deckfarbe bestrichen, die sie vor dem Zerfall bewahrt, große Knochen werden hingegen in gipsgetränktes Sackleinen oder in Isolierschaum gehüllt.

AUSGRABUNG EINES COELOPHYSIS
Nachdem Mitarbeiter des Carnegie Museums eine an Coelophysisfossilien reiche Schicht untertunnelt haben, decken sie die Unterseite der Schicht mit Isolierschaum ab.

TRANSPORT EINES COELOPHYSIS
Mitarbeiter des Carnegie Museums befestigen einen Felsblock mit Coelophysisfossilien auf einem Holzschlitten, um ihn dann den Hang hinabzuziehen. Fundort ist der berühmte Ghost Ranch Quarry in New Mexico.

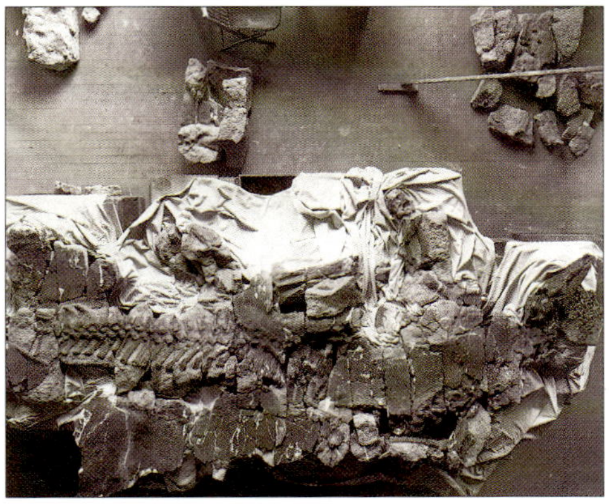

NACH DER AUSGRABUNG
Dicke Steinquader umgaben die Knochen eines Stegosauriers (oben), eher dieser ins Smithsonian Museum kam (links).

DINOSAURIER IM MUSEUM

Die Restaurierung eines Dinosauriers verläuft in mehreren Etappen: Nachdem die Museumspräparatoren das Fossil gereinigt und präpariert haben, vergleicht ein Paläontologe den Knochenbau des Tieres mit dem anderer Dinosaurier. Dabei können markante Unterschiede auf eine völlig neue Art hinweisen. Die Beschreibung des Fossils wird anschließend in einer wissenschaftlichen Zeitschrift veröffentlicht. Nach Abschluß aller Untersuchungen wird das Skelett von Fachleuten zusammengesetzt und als Ausstellungsobjekt vorbereitet. Hier wird dargestellt, wie Sauropodenskelette für ein amerikanisches Museum zu einem »realistischen« Exponat zusammenmontiert werden. Da die internationale Zusammenarbeit gut läuft, werden derartige Exponate auf der ganzen Welt ausgestellt. Allein über 500 Originalexemplare stammen aus dem kanadischen Dinosaur Provincial Park in Alberta, in dem besonders viele komplette erhaltene Dinosaurierskelette gefunden wurden.

Rekonstruktion eines Barosaurierskeletts
Ein besonders beeindruckendes Beispiel für derartige Rekonstruktionen ist dieses Skelett eines Barosauriers, das sich 15 m hoch im Erdgeschoß des American Museum of Natural History erhebt. In den Knochen sitzen Stahlklammern, die das z.T. beachtliche Gewicht der Knochen tragen – obwohl diese bereits aus Leichtplastik oder Fiberglas den Originalen nachmodelliert wurden. Diese Rekonstruktionsweise erwies sich als günstiger als ältere Verfahren, bei denen die ursprünglichen schweren Knochenfossilien auf Gerüste montiert und von diesen gehalten wurden.

IN DER WERKSTATT

Zunächst wird das Fossil in der Museumswerkstatt von seiner Gesteinsmatrix befreit. Der Präparator schneidet anschließend die Schutzhülle weg und verstärkt die frei liegenden, zerbrechlichen Knochen durch chemische Mittel. Das äußere Gestein wird mit Säge, Hammer oder Meißel weggeschlagen; ist dieses weicher als das eigentliche Fossil, wird das sog. Shot-Blasting-Verfahren angewendet, um die Matrix zu entfernen. (Dabei wird das Fossil in einer Stahlkammer mit winzigen Hartplastikkügelchen bombardiert, die mit hoher Geschwindigkeit auf das Objekt aufprallen.) Eine Kalkmatrix wird mit verdünnter Essigsäure weggeätzt, wobei das Fossil unbeschadet bleibt. Abschließend erfolgt die eigentliche, mühselige »Knochenarbeit«, bei der das Fossil – oft unter Zuhilfenahme von Lupe oder Mikroskop – mit Nadeln, Feinbohrern oder Zahnsonden gereinigt wird. Um einen riesigen Dinosaurier wie z.B. *Seismosaurus* vollständig aus einer zementharten Felsschicht zu befreien, kann man leicht bis zu zehn Jahre benötigen. Oft ist es unmöglich, die innere Schädeldecke oder eine Eischale von der Matrix zu trennen; erst über Computertomogramme und Röntgenaufnahmen kann man dann den Gehirnabdruck oder einen im Ei liegenden Embryo erkennen.

MONTAGE EINES ALLOSAURUS
Mehrere Mitarbeiter rücken das Skelett eines Allosauriers zurecht.

VERSCHWEIßEN DER STAHLKLAMMERN
Zum Schutz vor umhersprühenden Funken hält sich ein Schweißer (oben) beim Verschweißen der Stahlklammern, die den inneren Zusammenhalt der Schwanzwirbel dieses Barosaurierskeletts gewährleisten, eine Schutzmaske vors Gesicht.

WISSENSCHAFTLICHE BESCHREIBUNG

Ein Paläontologe vergleicht zunächst die präparierten Knochen des neu entdeckten Dinosauriers mit entsprechenden Knochen bekannter Tiere. Dabei können auffällige, ungewöhnliche Unterschiede auf eine völlig neue Gattung hinweisen. Diese werden von den Wissenschaftlern gezeichnet oder fotografiert, um sie als Illustrationen eines Artikels zu verwenden, in dem die Knochen beschrieben werden. Wichtig sind auch detaillierte Angaben zu Schädel, Zähnen, Gliederknochen und Wirbeln, um eventuelle Rückschlüsse auf Größe, äußere Erscheinung und Verhalten des Dinosauriers zu ermöglichen. Außerdem wird in diesem Artikel ein wissenschaftlicher Name für das Tier vorgeschlagen, der exklusiv für diese Art verwendet wird.

MONTAGE EINES BAROSAURUS
Ein Museumsangestellter bringt von einem Hebekran aus den Schwanz eines Barosauriers in die richtige Position. Beckenknochen und Hinterbeine werden ebenfalls über einen Kran hochgezogen.

REKONSTRUKTION

Sobald sich die Paläontologen über die genaue Anatomie des Dinosauriers einig sind, kann das Tier theoretisch in einer realistischen Pose aufgestellt und im Museum ausgestellt werden. Da die Skelette in den seltensten Fällen bis auf den letzten Wirbel erhalten bleiben, werden fehlende Knochen durch Ersatzteile aus Fiberglas ergänzt. Schwere voll versteinerte Knochen müssen durch Stahlspangen gestützt werden. Heutzutage werden große Dinosaurier meist nur als nachmodellierte Skelette aus Fiberglas ausgestellt, die durch dünne Stahlspangen im Innern zusammengehalten werden.

VERBORGENE SCHÄTZE

Die Dinosaurier, die der Öffentlichkeit zugänglich sind, bilden nur einen kleinen Prozentsatz der tatsächlich gelagerten Fossilien. Beispielsweise lagert das Geologische Museum der Brigham Young University in Provo (Utah) gut 100 Tonnen großer fossiler Knochen, die z.T. noch nicht präpariert sind. In vielen Museumskellern liegen etikettierte Fossilien ähnlich dicht gepackt in Regalen und Schubfächern – teilweise jahrelang, bis sie eines Tages von einem Paläontologen untersucht und vielleicht sogar als völlig neue Art beschrieben werden.

KNOCHENLAGER
In den Kellerregalen des American Museum of Natural History liegen die Knochen von Barosauriern und anderen Dinosauriern.

ARBEIT IM VERBORGENEN

Unser heutiges Wissen über Dinosaurier beruht vielfach auf Arbeiten, die in Universitäten oder Museumswerkstätten stattfanden. Früher konnte man beispielsweise das Alter eines Fossils nur über die relative Altersbestimmung der Schicht, aus der es stammte, ermitteln. Diese Schichten lagern übereinander, wobei die geologisch jüngsten zuoberst waren. Heute läßt sich das Alter eines Dinosauriers auf eine Million Jahre genau über radiometrische Messungen berechnen. Dabei wird die radioaktive Strahlung eines Fossils in einer speziellen Meßapparatur bestimmt. Die Strahlung entsteht durch den radioaktiven, in exakten Abständen erfolgenden Zerfall eines Elementes in ein anderes.

FRÜHERE REKONSTRUKTIONEN
Bei der ersten Montage im Carnegie Museum von Pittsburgh wurde das Skelett eines *Diplodocus* noch von großen Holzböcken abgestützt.

DINOSAURIER-MODELLE

Während bei einer Rekonstruktion fossile Knochen zu einem kompletten Skelett zusammengesetzt werden, muß man bei der Herstellung eines Modells die Knochen mit Muskeln bepacken, um ein möglichst realistisches Bild des Dinosauriers zu erhalten. Hinweise, wie Muskeln und innere Organe eines Sauriers aussahen, erhält man über (sehr seltene) Fossilien von Weichteilen, die Ansatzstellen der Muskulatur an fossilen Knochen und vor allem durch den Vergleich mit lebenden Tieren. Ein Künstler, der solche Modelle schaffen will, muß nicht nur genau zeichnen oder gut modellieren können, sondern auch ein tieferes biologisches Verständnis für Größe, Form und Haltung der Dinosaurier mitbringen. Selbstverständlich muß er die neuesten Daten beim Erstellen der Abbildungen und Modelle berücksichtigen. Auf diese Weise gelingt es einer Handvoll Graphikern und Bildhauern, Dinosauriermodelle ständig zu verbessern.

DEINONYCHUS UND HYPSILOPHODON
Dieses sehr realistische Modell, das in einem taiwanesischen Museum steht, stellt den Angriff des Theropoden *Deinonychus* auf einen am Boden liegenden, vor Furcht erstarrten *Hypsilophodon* dar.

HISTORISCHES MODELL EINES HYPSILOPHODON
Während in älteren Modellen *Hypsilophodon* noch als Dinosaurier zu sehen ist, der in Baumwipfeln hockt, stellt man ihn heute als schnellen Bodenbewohner dar.

Modell eines Gallimimus
Nachfolgend sind die Entstehungsphasen des Modells von *Gallimimus* zu sehen, das in diesem Buch abgebildet ist. Dem Ornithomimiden wurde eine Körperhälfte entfernt, um Einblick in seine Knochen und inneren Organe zu gewährleisten.

EIN MODELL ENTSTEHT

Die Rekonstruktion eines Skeletts bildet die Grundlage, nach der Graphiker und Bidhauer das Modell eines Dinosauriers anfertigen. Die Anatomie heutiger Reptilien, Vögel und Säugetiere dient dabei als Vorlage, um Größe, Form und Lage der Muskeln und inneren Organe eines Dinosauriers abschätzen zu können. Die Struktur der Haut basiert zum Teil auf fossilen Hautabdrücken, in denen man erkennen kann, daß Dinosaurierhaut aus Schuppen bestand, die sich nicht überlappten; zum anderen orientiert man sich an schuppigen Hautpartien von Krokodil- und Vogelbeinen. Die Farbe der Haut bleibt letztlich der Vorstellungskraft des Künstlers überlassen; hier behilft man sich, indem man rezente Tiere zum Vorbild nimmt. Große Dinosaurier waren vielleicht grau wie heutige Elefanten (die wegen ihrer Größe keine Tarnung benötigen); kleinere Saurier hatten möglicherweise ein gesprenkeltes oder gestreiftes Tarnkleid. Aller Wahrscheinlichkeit nach besaßen einige Dinosauriermännchen (zur Paarungszeit oder auch permanent) grell gefärbte Köpfe und Hautpartien. Dies alles kann man beim Bau lebensechter Dinosauriermodelle berücksichtigen. Dank der modernen Computertechnik gibt es heute lebensgroße Dinosauriermodelle, die wie lebendige Tiere mit den Köpfen rollen und markerschütternd brüllen. Im Innern dieser »Dino-Roboter« läßt ein Metallskelett mit Hilfe kleiner Motoren die Muskeln aus Polyurethan spielen; der Körper ist in eine Haut aus Silikonkunststoff gehüllt, die sehr realistisch bemalt wurde. Einige wasserdichte Modelle können sogar im Freien stehen.

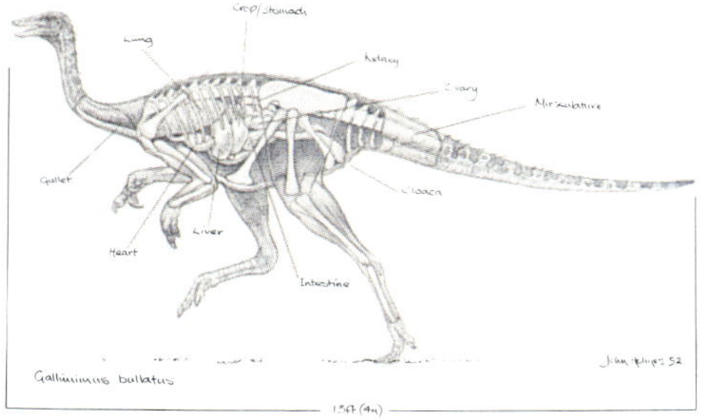

SKIZZE
Die Bleistiftskizze enthält alle Details der inneren Anatomie eines *Gallimimus*. Muskeln und innere Organe wurden denen lebender Tiere nachgebildet.

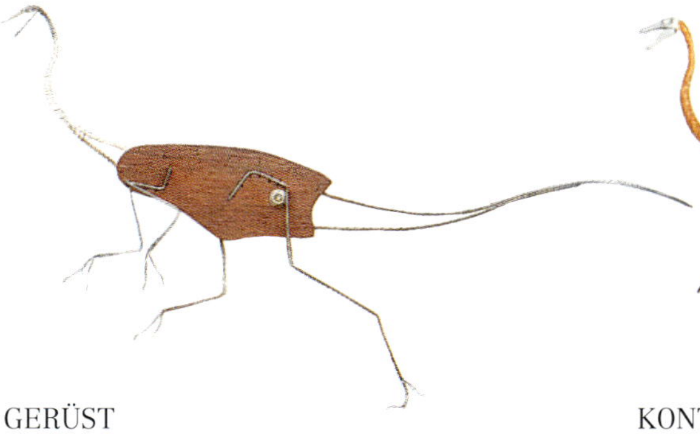

GERÜST
Das Gerüst des Modells wird aus Holz und Draht hergestellt und auf ein rekonstruiertes Pappskelett montiert. Auf diesem Rahmen kreiert der Bildhauer anschließend alle erforderlichen Teile.

KONTUREN
Anschließend formt er Knochen aus Ton und steckt sie in die »geöffnete« Seite des Modells. Hals, Rumpf und Schwanz werden dann mit Scrim (Glasgarngaze) und Modelliermasse ausgestopft und mit Schellack versiegelt.

DINOSAURIER GESTERN UND HEUTE

In heutigen Dinosauriermodellen schlagen sich gängige wissenschaftliche Theorien über Haltung und Verhalten dieser Tiere nieder. So legt beispielsweise ein gerader Oberschenkelknochen mit seitlich abstehendem kugelförmigem Kopf den Verdacht nahe, daß Dinosaurier mit voll aufgerichteten Hinterbeinen liefen – ähnlich wie ein Mensch. Die verknöcherten Sehnen, die die Schwanzwirbel wie ein Korsett umschlossen, beweisen, daß die meisten Ornithischier einen steifen Schwanz besaßen, und eine bestimmte Anordnung der Zähne in ihrem Kiefer deutet darauf hin, daß Ornithischier auch Backentaschen hatten. So mußte das alte Bild selbst bei wohlbekannten Dinosauriern z.T. drastisch revidiert werden. Heute wissen wir, daß *Tyrannosaurus* mit geradem Rücken und erhobenem Schwanz marschierte, daß *Iguanodon* aufgrund seiner verknöcherten Schwanzwirbelsäule diese nicht knicken und deshalb auch nicht wie ein Känguruh hocken konnte, und *Hypsilophodon* vermochte zwar schnell zu laufen, konnte allerdings keinesfalls auf Bäume klettern, wie man früher annahm.

Wie ein Baryonyxkopf entsteht
Der Bildhauer John Holmes mißt an dieser Rekonstruktion eines Baryonyxkopfes ein anatomisches Detail nach. Da man nur einzelne Teile von Schädel und Unterkiefer gefunden hat, müssen vorhandene Lücken entsprechend anderer Theropodenschädel ergänzt werden, bis der gesamte Kopf fertig ist.

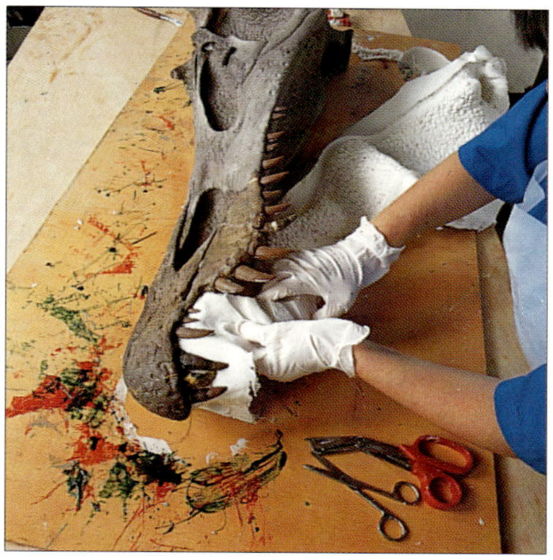

HERSTELLUNG DER GUSSFORM
Zunächst wird der Schädel sorgfältig mit einer dicken Schicht aus flüssigem Silikonkunststoff bedeckt, der nach Zugabe eines Vernetzers hart wird. Nun wird die Plastikform vorsichtig vom Schädel abgezogen (oben). Die nächste Phase besteht aus der Herstellung eines Fiberglasabgusses.

FIBERGLASABGUSS
Mit Hilfe der Plastik-Gußform wird jetzt ein Schädel des *Baryonyx* aus Fiberglas »gegossen«. Die helle Gußform wird mit einer dunklen Deckschicht aus flüssigem Harz bedeckt (oben). Die einzelnen Fiberglasmatten werden schichtweise zwischen Lagen aus flüssigem Harz eingebettet. Insgesamt entsteht ein starrer, doch sehr leichter, naturgetreuer Abdruck des ursprünglichen Schädels.

TONSKULPTUR
Dann wird der Grundriß mit Ton nachmodelliert. Dabei arbeitet der Künstler alle Details in den Ton ein. Anschließend wird anhand der Tonskulptur eine Hohlform aus Plastik angefertigt.

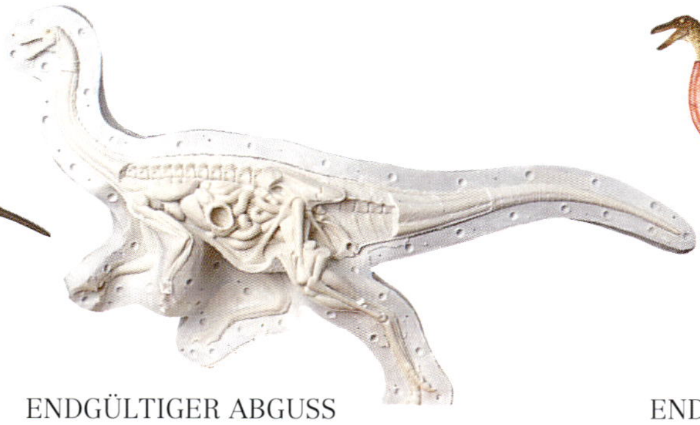

ENDGÜLTIGER ABGUSS
Mit Hilfe der Plastik-Hohlform wird der endgültige Abguß aus einer Mischung von Mineralien und Polyesterharz angefertigt, die durch Glas, Metallspäne und Kohlefasern verstärkt wird.

ENDGÜLTIGE BEMALUNG
In der Schlußphase wird das Modell des *Gallimimus* von Hand bemalt und per Luftstrahl gereinigt. Zwei Glasaugen verleihen dem Dinosaurier dann einen »lebhaften« Blick.

DINOSAURIER-PORTRÄTS

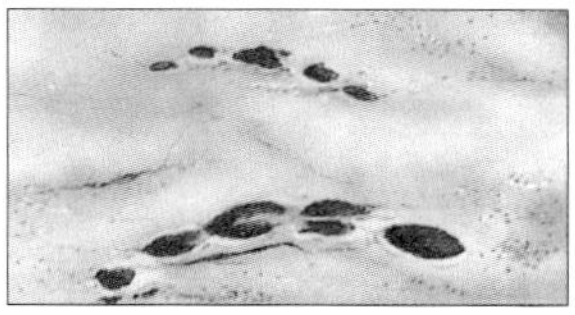

In diesem Kapitel werden in ausführlichen Porträts 55 verschiedene Gattungen, die einen repräsentativen Querschnitt der wichtigsten Dinosauriergruppen bieten, detailliert vorgestellt. Die restaurierten Tiere sind besonders lebensnah nach dem neuesten Stand der Forschung dargestellt. Detailaufnahmen zeigen Schädel, ganze Skelette und andere Exponate, die aus Museen auf der ganzen Welt stammen.

THEROPODA

Zu den bipeden Theropoda (»Raubtierfüßigen«) gehörten alle bekannten carnivoren Dinosaurier. Typische Kennzeichen waren vogelähnliche Merkmale, wie z.B. hohle, dünnwandige Knochen, ein S-förmig gebogener Hals, lange, muskulöse Beine und krallenbewehrte Füße mit drei Zehen und einem erhöhten, rückwärts gerichteten Hallux. Viele Theropoden waren sehr wahrscheinlich Warmblüter, einige können auch Federn besessen haben. Aus den kleinen, frühen Formen entwickelten sich rasch gewaltige Raubsaurier, die z.B. auch große Sauropoden jagten, sowie straußenähnliche Dinosaurier mit zahnlosem »Schnabel«, die als Allesfresser (evtl. auch als reine Pflanzenfresser) gelebt haben. Aus einer Gruppe endothermer, gefiederter Kleintheropoden sind sehr wahrscheinlich die heutigen Vögel entstanden. Es gibt nur wenige erhaltene Fossilien von Theropoden.

Der kleine aggressive Theropode *Gasosaurus* wurde in China gefunden.

PRIMITIVE THEROPODEN

Diesen Dinosauriern fehlten die charakteristischen Merkmale der Tetanurae und Ceratosauria. *Eoraptor* war beispielsweise ein etwa doggengroßer, primitiver Theropode aus Argentinien zur Zeit der Oberen Trias. Die Staurikosauridae waren eine nach der Gattung *Staurikosaurus* benannte Familie, die in Brasilien während der Oberen Trias vorkamen. Die Herrerasauridae waren weltweit von der Oberen Trias bis in den Unteren Jura verbreitet und durch urtümlich gebaute Hinterbeine charakterisiert.

CERATOSAURIA

Ceratosauria waren kleine bis große Theropoden mit einer Einbuchtung im Oberkiefer, einem kammbesetzten Maul, ungewöhnlich gebauten Wirbeln, möglicherweise vier Fingern pro Hand, vogelähnlichen Beckenknochen mit stabartig geformtem Schambein sowie einem körperfern (distal) versteiften Schwanzbereich. Die Noasauridae wurden nach Noasaurus benannt, einem kleinen Dinosaurier der Oberkreide mit retraktiler Daumenkralle. Zu den *Alvarezsauridae* zählte auch die in Argentinien lebende Gattung Alvarezsaurus aus der Oberkreide, die starke Ähnlichkeit mit Ornithomimiden besaß, mit denen sie aber nicht verwandt war. Die Abelisauridae umfaßten etwa neun Gattungen, die durch verschmolzene Fußknöchel und eine ungewöhnliche Schädelanatomie gekennzeichnet sind. Diese großen Theropoden lebten von der Unter- bis zur Oberkreide. Der kleine *Velocisaurus* aus der Oberkreide besaß ungewöhnliche Mittelfußknochen und gehörte zur Familie der Velocisauridae. Die Ceratosauridae waren große Raubsaurier, die nach dem nordamerikanischen *Ceratosaurus* aus dem Oberen Jura benannt sind. Die Coelophysidae waren leichtgebaute Theropoden, die von der Oberen Trias bis in den Unteren Jura weit verbreitet waren. Recht primitive, frühe Theropoden waren die Halticosauridae, die möglicherweise zu den Tetanurae gehörten. Die Megalosauridae waren große Theropoden,

Größenunterschiede
Die Modelle eines riesigen *Allosaurus,* eines mittelgroßen *Gallimimus* sowie eines kleinen *Compsognathus* sind im selben Maßstab abgebildet.

SCHÄDEL EINES DROMAEOSAURUS

SCHÄDEL EINES DROMICEIOMIMUS

SCHÄDEL EINES ALBERTOSAURUS

Schädel dreier Theropoden
Die Unterschiede zwischen den Schädeln eines kleinen, scharfzahnigen *Dromaeosaurus,* eines mit Reißzähnen versehenen *Albertosaurus* und eines zahnlosen, vogelähnlichen *Dromiceiomimus* sind deutlich.

die vom Oberen Jura bis in die Unterkreide gelebt haben dürften. Der in England gefundene *Eustreptospondylus* war ein Theropode aus dem Mittleren Jura.

TETANURAE

Bei dieser Gruppe war der Schwanz in (beinahe) ganzer Länge durch verknöcherte Sehnen stabilisiert. Die Tetanurae werden in zwei weitere Gruppen unterteilt.

Untergruppe Carnosauria

Die Allosauridae waren große Theropoden, die hauptsächlich im Oberen Jura lebten und weltweit vorkamen. Zur Familie der Itemiridae gehörte der kleine *Itemirus* aus der Oberkreide. Der während der Oberkreide in Nordamerika lebende, schlankbeinige *Dryptosaurus* wird den Dryptosauridae zugerechnet. Neun verschiedene Gattungen, die während der Oberkreide in Asien und Nordamerika vorkamen, bildeten die Familie der Tyrannosauridae. Die Aublysodontidae waren kleine Raubsaurier, die während der Ober-

kreide große Dinosaurier jagten. Die großen Spinosauridae kennzeichnete ein charakteristisches Rückensegel; die namengebende Gattung *Spinosaurus* lebte während der Oberkreide in Afrika. Die aus Afrika und Europa stammenden Baryonichidae besaßen einen langen Schädel und hakenartige Daumenkrallen.
Untergruppe Coelurosauria
Die Ornithomimidae waren straußenähnliche Theropoden, die vom Oberen Jura bis in die Oberkreide weit verbreitet waren. Die Deinocheiridae stammten aus Asien und waren möglicherweise große Verwandte der Ornithomimiden. Die ebenfalls aus Asien kommenden Oviraptoridae waren vogelähnliche Dinosaurier mit kurzen, gedrungenen Schädeln und kräftigen Schnäbeln. Die Caenagnathidae waren kleinwüchsige Verwandte der Oviraptoriden und kamen in Asien und Nordamerika vor. Die Elmisauridae lebten in Asien und Nordamerika und waren kleine Theropoden mit vogelähnlichen Füßen. Die enormen Fingerkrallen der in Asien lebenden Therizinosauridae waren wie eine Sichel geformt. Die sehr weit nördlich lebenden Troodontidae waren kleine, intelligente und agile Raubsaurier mit einer retraktilen Zehenkralle. Die Vertreter der Dromaeosauridae waren recht kleine kreidezeitliche Theropoden, die weit im Norden vorkamen und neben einem steifen Schwanz eine mörderische, retraktile Sichelkralle (an der 2. Zehe) besaßen. In der Familie Archaeopterygidae befindet sich auch der bekannte *Archaeopteryx,* ein primitiver Vogel aus dem Oberen Jura. (Einige Wissenschaftler gehen davon aus, daß Vögel generell als Dinosaurier anzusehen sind.) Die Avimimidae bestanden nur aus der einzigen Gattung *Avimimus,* einem zahnlosen, vogelähnlichen Theropoden, der in Asien lebte und gut entwickelte Laufbeine besaß. Die kleinen Vertreter der Coeluridae waren weltweit vom Oberen Jura bis in die Oberkreide verbreitet. Ebenfalls nur eine Gattung *(Compsognathus)* umfaßte die Familie der Compsognathidae; dies war ein sehr kleiner Theropode mit einer zweifingrigen Hand, der während des Oberen Jura in Europa vorkam.

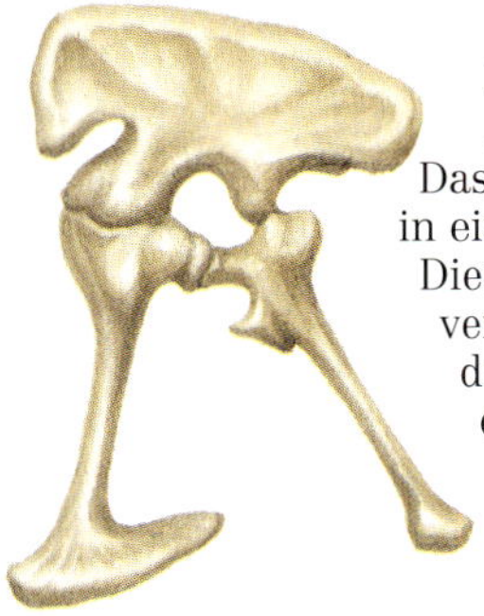

Hüftknochen eines *Allosaurus*
Das lange Schambein endete in einem fußartigen Fortsatz. Diese Knochenkonstruktion verankerte die Muskeln, durch die die Laufbeine des Tieres am Körper gehalten wurden. Beim Liegen fing der »Fuß« einen Teil des Körpergewichts ab.

Stammbaum der Theropoden
Das Diagramm zeigt die denkbaren verwandtschaftlichen Beziehungen zwischen den einzelnen Theropodenfamilien. (Die Endsilbe -idae kennzeichnet eine Familie.) Jede Familie enthält eine oder mehrere Gattungen. Einzelne Gattungen, die keiner Familie zugeordnet werden können, sind kursiv geschrieben. Die Untergruppierungen Tetanurae und Ceratosauria werden kurz im Fließtext beschrieben. Eine wichtige Untergruppe der Tetanurae stellen auch die Maniraptora dar, eine Gruppe von Dinosauriern, aus denen nach Auffassung einiger Wissenschaftler die Vögel hervorgegangen sind. Strenggenommen sind Vögel also Theropoden aus der Unterordnung Tetanurae.

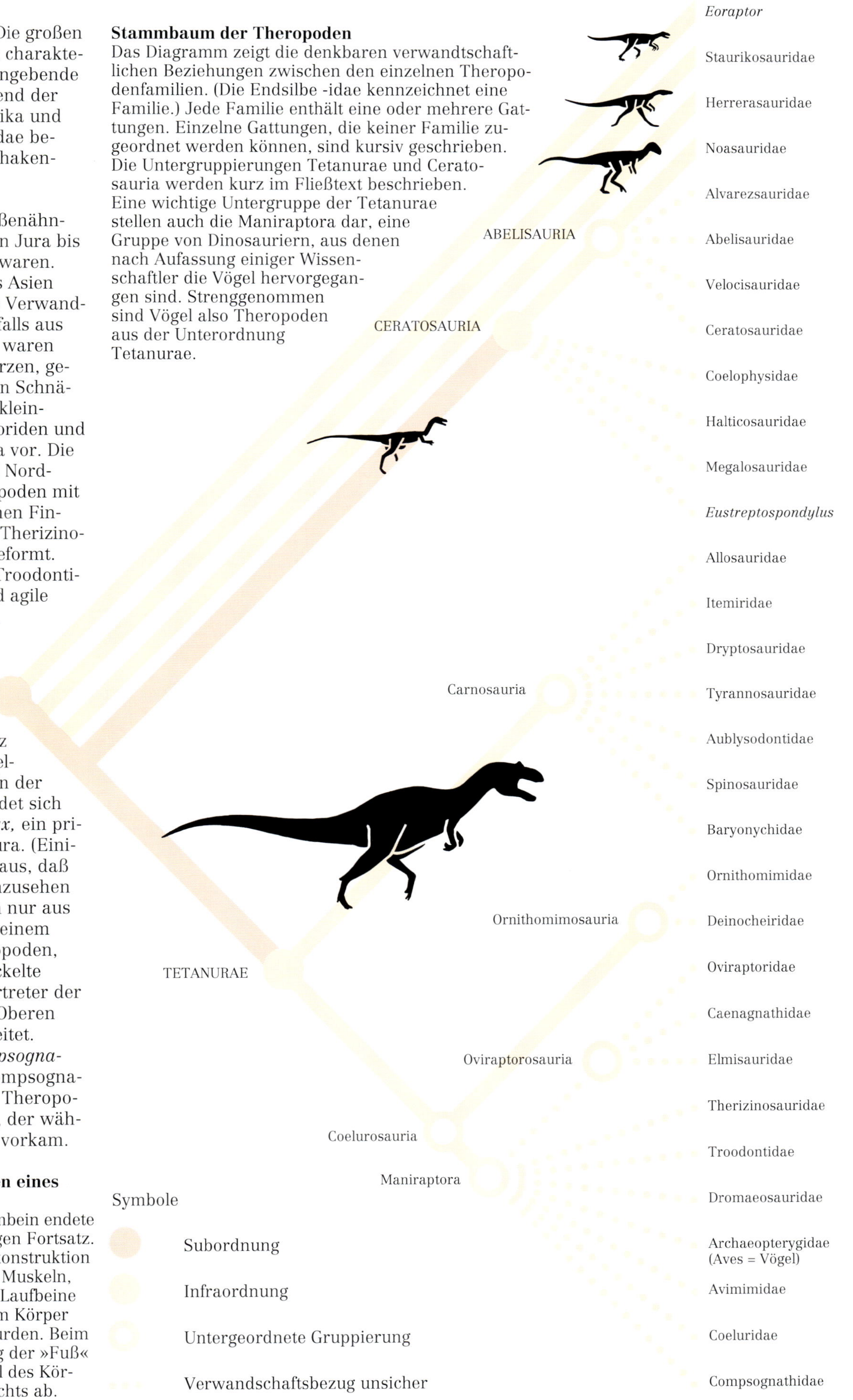

HERRERASAURUS

Herrerasaurus (»Herreras Echse«) erhielt seinen Namen zu Ehren von Victorino Herrera, eines Rancheros aus den Anden, der als erster auf ein Skelett dieses Tieres gestoßen ist. Der mittelgroße, bipede *Herrerasaurus* war ein Theropode und zählt zu den ältesten Dinosauriern. Er besaß scharfe Zähne und Hände mit drei beachtlichen, gebogenen Krallen. Bestimmte anatomische Merkmale an den Bein- und Fußknochen ließen zunächst vermuten, daß *Herrerasaurus* ein weitaus primitiverer Dinosaurier als die Vertreter der beiden Hauptgruppen (Ornithischier und Saurischier) war. Ein später entdeckter Schädel belegte jedoch, daß er ein ähnlich gebautes, in sich bewegliches Kiefergelenk wie einige andere Theropoden besaß. Auf diese Weise konnte *Herrerasaurus* sein Opfer gleichzeitig festhalten und ihm den Todesbiß versetzen.

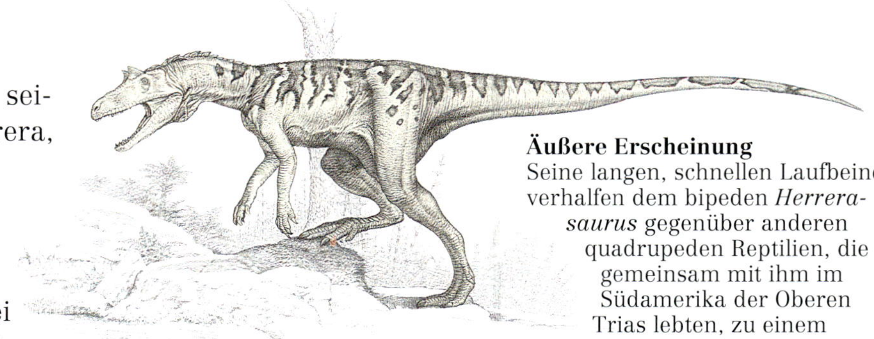

Äußere Erscheinung
Seine langen, schnellen Laufbeine verhalfen dem bipeden *Herrerasaurus* gegenüber anderen quadrupeden Reptilien, die gemeinsam mit ihm im Südamerika der Oberen Trias lebten, zu einem deutlichen Vorteil.

Schädel
Der Schädel des *Herrerasaurus* war lang, schmal und besaß kleine Nasenöffnungen. Dank eines beweglichen Gelenkes im Unterkiefer konnte der Theropode vordere und hintere Hälften gegeneinander bewegen, so daß er beim Zubeißen gleichzeitig seine Beute packen konnte. Ähnliche Kieferverhältnisse findet man bei einigen rezenten Eidechsen.

▪ LEBENSWEISE ▪

Herrerasaurus bewohnte eine Hochlandregion, die in Regenzeiten mit dichter Vegetation überzogen, während der Dürreperioden jedoch meist kahl und wüstenähnlich war. Möglicherweise lauerte er seiner Beute im Hinterhalt auf; vielleicht unternahm er aber auch Jagdzüge in die vereinzelten Uferwälder, um seine Opfer aktiv aufzuspüren, und folgte dabei den Spuren, die diese hinterlassen hatten. Zu seinem Beutespektrum gehörten nicht nur die kleinen herbivoren und ebenfalls bipeden Pisanosaurier, sondern vor allem schwere, auf vier Beinen laufende Reptilien wie z.B. die etwa schweinsgroßen Rhynchosaurier, deren Oberkiefer in einem Schnabel mündete, oder die durch Panzer geschützten Aëtosaurier. *Herrerasaurus* stürzte sich wohl meist abrupt auf die friedlich äsenden Pflanzenfresser und fügte ihnen mit Zähnen und Krallen tödliche Wunden bei. Junge Herrerasaurier könnten sich auch von den Kadavern toter Rhynchosaurier ernährt haben. In der Obertrias gab es noch relativ wenige Theropodenarten, und die meisten Raubtiere jener Zeit waren große krokodilähnliche Rauisuchier. Zweifellos besaßen *Herrerasaurus* und verwandte Arten in ihrem aufrechten Gang, ihren langen Laufbeinen und ihren Greifhänden einen deutlichen Evolutionsvorteil gegenüber anderen carnivoren Reptilien. Als die Rauisuchier schließlich ausgestorben waren, stellten die Theropoden über 150 Millionen Jahre lang die dominierenden Raubtiere.

JAGDSZENE AUS DER OBEREN TRIAS
Zwei junge Herrerasaurier (links) streiten sich mit *Saurosuchus,* einem großen Rauisuchier, um den Kadaver eines Rhynchosauriers, während *Eoraptor* und zwei säugerähnliche Reptilien (rechts) die Auseinandersetzung beobachten.

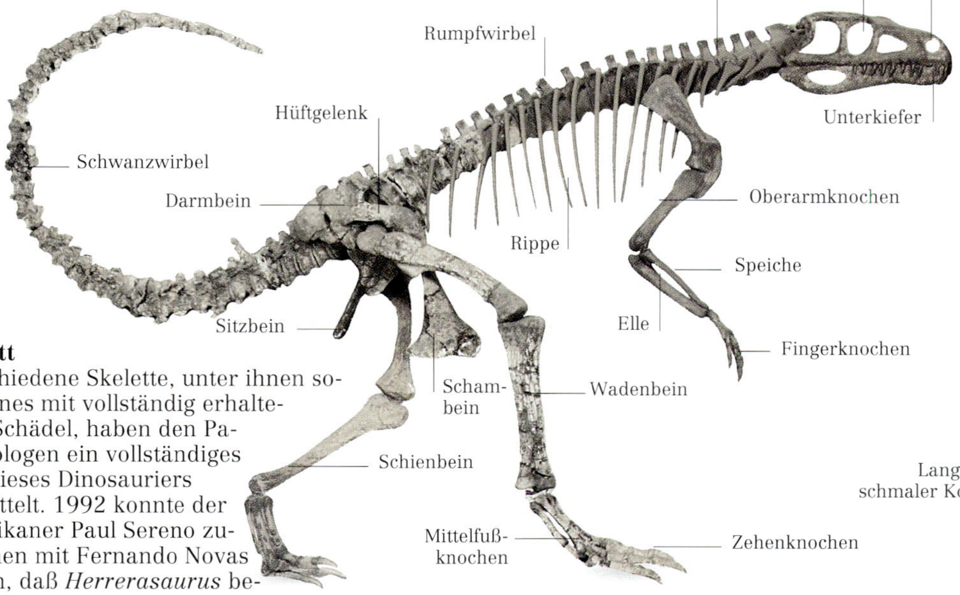

Skelett
Verschiedene Skelette, unter ihnen sogar eines mit vollständig erhaltenem Schädel, haben den Paläontologen ein vollständiges Bild dieses Dinosauriers vermittelt. 1992 konnte der Amerikaner Paul Sereno zusammen mit Fernando Novas zeigen, daß *Herrerasaurus* bereits ein früher Theropode und nicht etwa ein Vorläufer der Ornithischier oder Saurischier war. Die allerersten Dinosaurier müßten demnach bereits früher gelebt haben, also vor rund 230 Millionen Jahren.

Modell
Herrerasaurus war ein früher bipeder Theropode. Er besaß scharfe Zähne und Krallen. Seine Arme waren etwas weniger als halb so lang wie seine muskulösen Hinterbeine, an den ersten drei Fingern saßen lange Krallen, die spitz und gebogen waren und mit denen *Herrerasaurus* seine Beute packen konnte. Vierter und fünfter Finger waren zu Stummeln zurückgebildet. Wie die meisten Theropoden (und auch die Vögel) zeigte bei *Herrerasaurus* der relativ kleine Hallux nach hinten anstatt nach vorne.

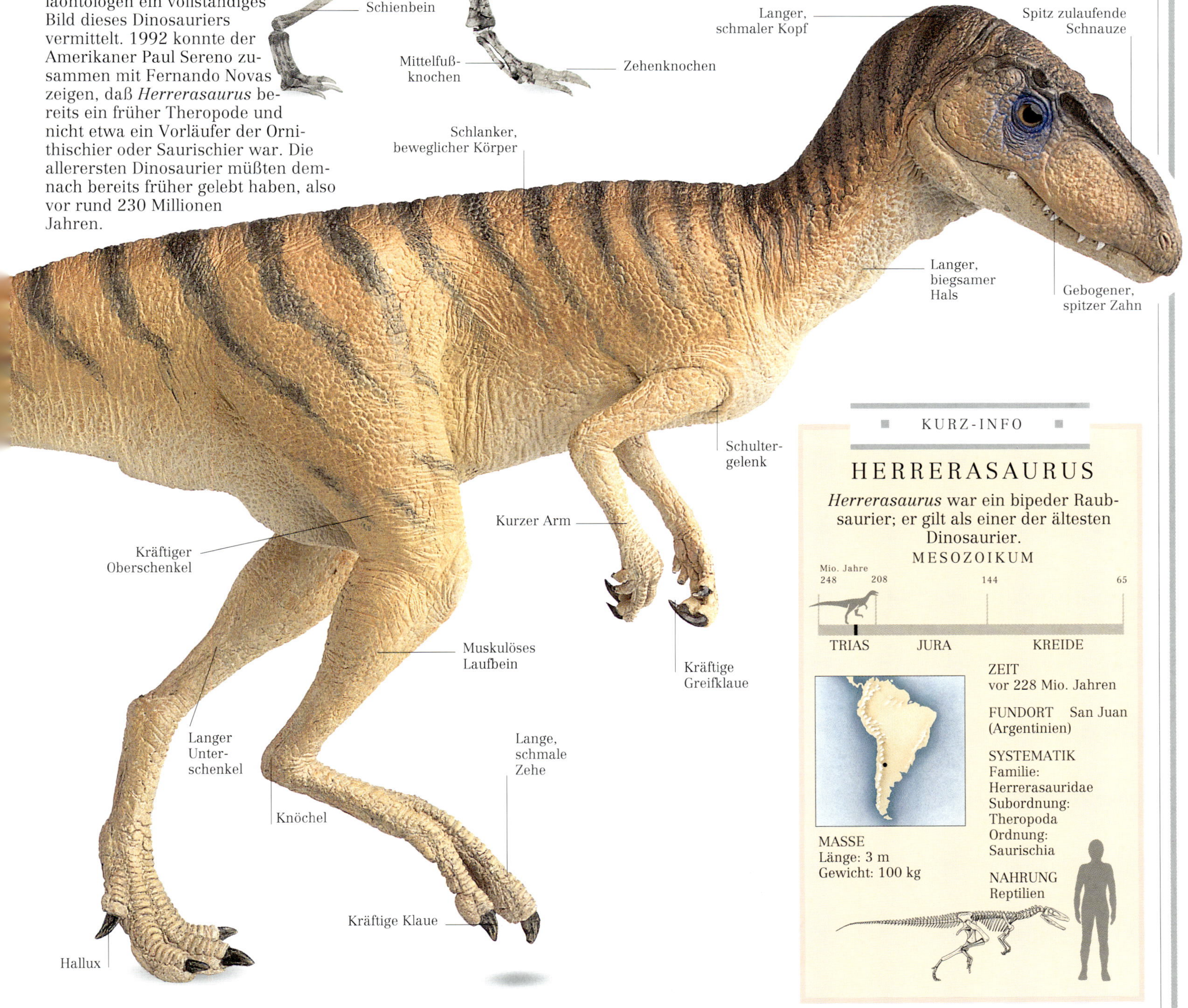

KURZ-INFO

HERRERASAURUS

Herrerasaurus war ein bipeder Raubsaurier; er gilt als einer der ältesten Dinosaurier.

MESOZOIKUM

Mio. Jahre
248
208
144
65
TRIAS
JURA
KREIDE

ZEIT
vor 228 Mio. Jahren

FUNDORT San Juan (Argentinien)

SYSTEMATIK
Familie: Herrerasauridae
Subordnung: Theropoda
Ordnung: Saurischia

MASSE
Länge: 3 m
Gewicht: 100 kg

NAHRUNG
Reptilien

CERATOSAURUS

Der große, aber auch relativ urtümliche *Ceratosaurus* (»Hornechse«) ähnelte in manchen Punkten dem weiter entwickelten Allosaurus. Beide waren große, eindrucksvolle Raubsaurier mit mächtigem Schädel, kräftigen Kiefern und Reißzähnen; beide besaßen Stummelärmchen, einen kurzen, massigen Hals und lange, muskulöse Laufbeine. Dennoch war *Ceratosaurus* von etwas leichterer Statur. Weitere typische Kennzeichen dieses Tieres waren seine ungewöhnlich gebauten Bein- und Beckenknochen, ferner kleine dorsale Knochenplatten sowie ein schwerer Schwanz, der nur im körpernahen Bereich versteift war.

Schädelfragment
Der relativ leichte Schädel bestand aus zahlreichen Knochenstreben und dünnen Deckknochen. Auf der Spitze des Mauls ragte ein einzelnes Horn wie eine Messerklinge empor, auch über den Augen saßen zwei kleinere Hörner. Die Reißzähne des Tieres waren sehr kräftig.

LEBENSWEISE

Aus der Anatomie der Beinknochen geht hervor, daß *Ceratosaurus* blitzartig losspurten konnte, um z.B. einen ebenfalls sehr flinken Dryosauriden zu schlagen. Mit Zähnen und Klauen konnte er sich selbst in so riesige Pflanzenfresser wie *Camptosaurus* oder *Stegosaurus* verbeißen, und möglicherweise tötete und fraß *Ceratosaurus* auch junge oder kranke Sauropoden. Sogar ein gigantischer *Diplodocus* könnte einem Rudel Ceratosaurier zum Opfer gefallen sein; allerdings geht man aufgrund der meist vereinzelt gefundenen Skelette dieses Theropoden davon aus, daß Ceratosaurier nicht gemeinsam auf die Jagd gingen. Einige dieser Fossilien wurden in einem Steinbruch zusammen mit mehreren Allosaurierknochen gefunden; allerdings läßt sich daraus nicht automatisch schließen, daß *Ceratosaurus* insgesamt seltener vorkam. Beide Theropoden bewohnten die Farnsteppen und bewaldeten Flußniederungen, die während des Oberen Jura den Westen Nordamerikas bedeckten. Sehr wahrscheinlich durchzog *Ceratosaurus* auch ähnliche Gegenden in Ostafrika, wie mehrere eindeutig von Ceratosauriern stammende Funde aus Tansania (ein Oberschenkelknochen, ein Schienbeinknochen sowie weitere typische Knochen) belegen. Die Fossilien lassen außerdem den Schluß zu, daß männliche Ceratosaurier möglicherweise größer und kräftiger als ihre Weibchen wurden.

Rückgrat und Vorderbeine
Ceratosaurus besaß ein robustes Rückgrat mit kurzer Halswirbelsäule sowie charakteristisch gebauten Rumpf- und Sakralwirbeln. Die eher plumpen Arme mündeten in Greifhände mit jeweils drei Fingern, an deren Enden Krallen saßen. Bei diesem Skelett fehlt der Daumen.

Kampf der Giganten
Nach dieser Darstellung stürzt sich ein Ceratosaurier brüllend auf einen riesigen *Brachiosaurus*. Allerdings erscheint es höchst unwahrscheinlich, daß ein einzelner *Ceratosaurus* einen so großen Sauropoden angegriffen hat.

ZWEIKAMPF
Zwei Ceratosaurusmännchen stehen Seite an Seite und schlagen mit ihren hörnerbedeckten Schädeln aufeinander ein. Möglicherweise lief ein solcher Konflikt auch weniger brutal ab, wenn nämlich die Männchen ihre Schädel mit typischen Imponier- und Drohgebärden hoben und senkten – ähnlich wie sich einige rezente Eidechsen verhalten.

KURZ-INFO

CERATOSAURUS

Ceratosaurus war ein großer, bipeder Raubsaurier mit messerscharfen Reißzähnen.

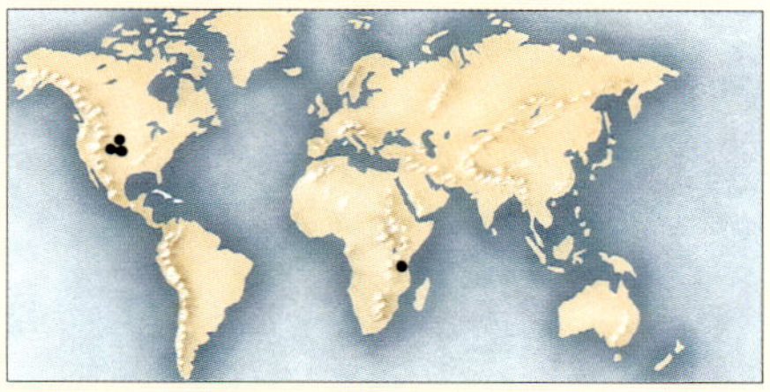

FUNDORT
Mtwara (Tansania)
Colorado, Utah,
Wyoming (USA)

NAHRUNG
Herbivore Dinosaurier

MASSE
Länge: 4,6 bis 6 m
Gewicht: 1 t

SYSTEMATIK
Familie: Ceratosauridae
Infraordnung: Ceratosauria
Subordnung: Theropoda
Ordnung: Saurischia

ZEIT
vor 150 Mio. Jahren

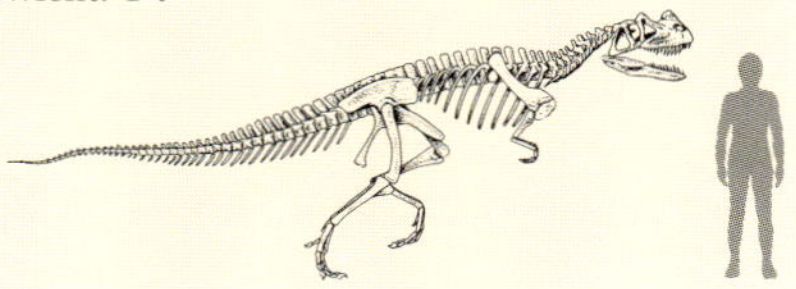

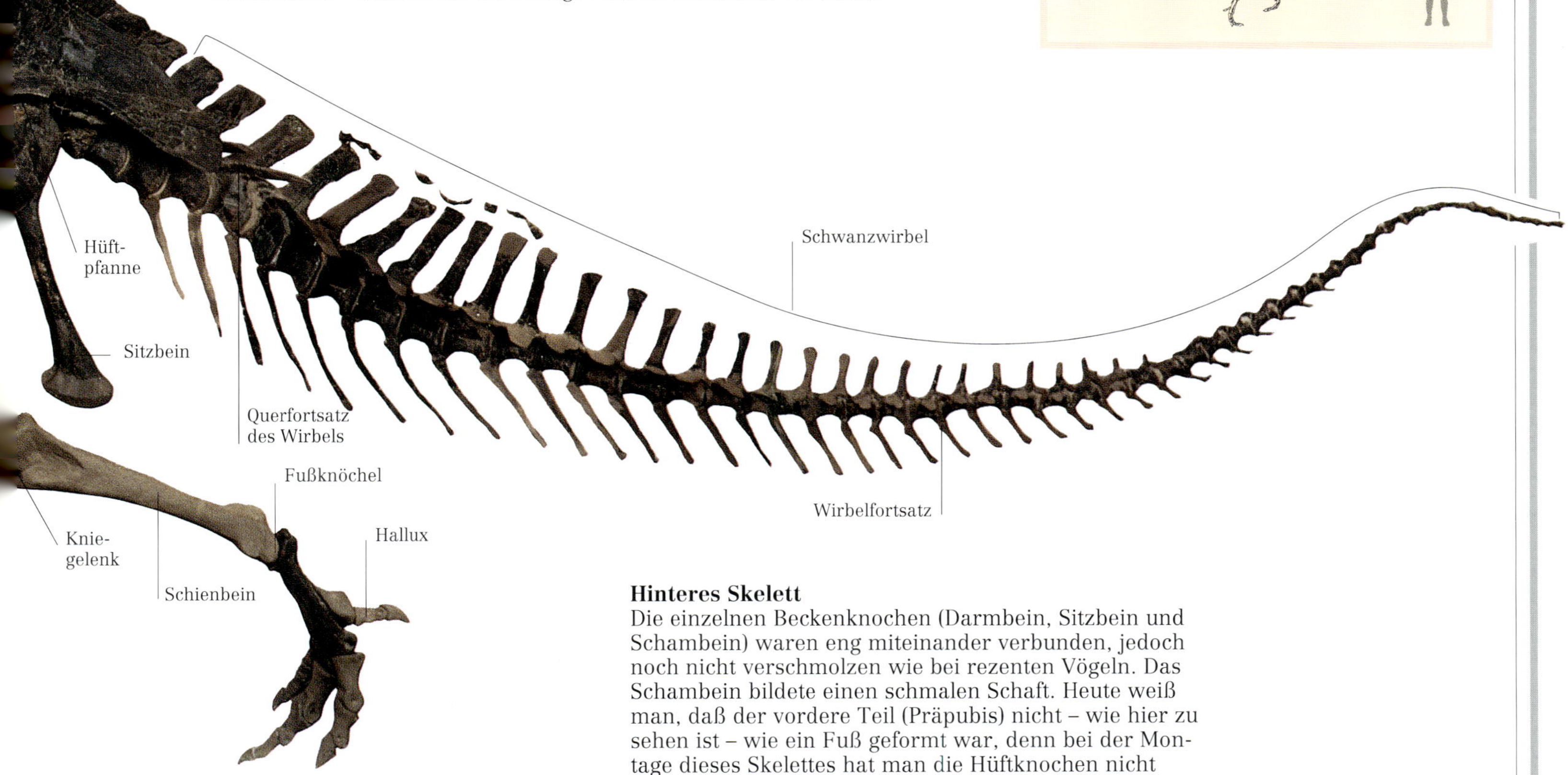

Hinteres Skelett
Die einzelnen Beckenknochen (Darmbein, Sitzbein und Schambein) waren eng miteinander verbunden, jedoch noch nicht verschmolzen wie bei rezenten Vögeln. Das Schambein bildete einen schmalen Schaft. Heute weiß man, daß der vordere Teil (Präpubis) nicht – wie hier zu sehen ist – wie ein Fuß geformt war, denn bei der Montage dieses Skelettes hat man die Hüftknochen nicht ganz korrekt nach dem Becken eines Allosauriers ergänzt. Die Hinterbeine des *Ceratosaurus* waren hingegen kürzer, der Schwanz lang und muskulös.

DILOPHOSAURUS

Dilophosaurus (»Echse mit zwei Kämmen«), der oft auch als der »Schrecken des Unteren Jura« bekannt wird, ist einer der ersten großen Theropoden, von denen ausreichend fossiles Material vorliegt. 1942 wurden teilweise erhaltene Skelette adulter und juveniler Tiere in Arizona gefunden, und gegen Ende der 80er Jahre entdeckte man auch Dilophosaurier in China. Der Theropode war ein leicht gebauter, langgestreckter Jäger, der jedoch nur halb soviel wog wie der mit ihm verwandte *Ceratosaurus*. Vom Körperbau und auch von der Länge des Schwanzes ähnelte er sehr seinem kleineren Verwandten *Coelophysis*. Beide besaßen eine Einbuchtung im Oberkiefer, wie sie für Ceratosaurier charakteristisch war. Einzigartig an *Dilophosaurus* waren zwei parallel verlaufende, knöcherne Stirnkämme, die wie halbe Teller aus dem Schädel herausstanden.

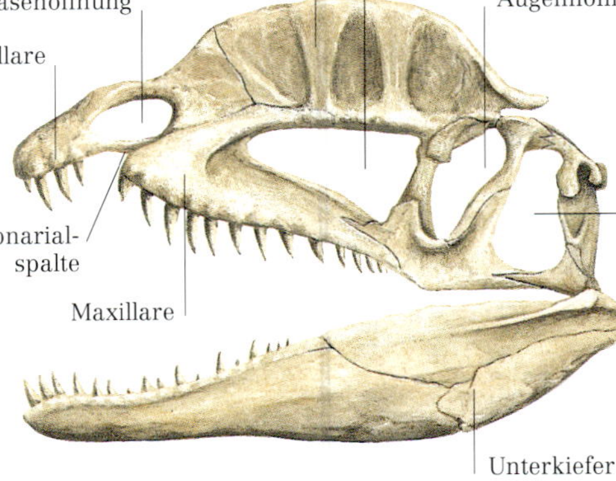

Schädel
Neben dem besonders auffälligen Doppelkamm wies der Schädel eines *Dilophosaurus* noch eine weitere Besonderheit auf: Zwischen den beiden Oberkieferknochen Prämaxillare und Maxillare befand sich eine Einbuchtung, die sog. Subnarialspalte. Diese war bei *Dilophosaurus* besonders deutlich ausgeprägt.

LEBENSWEISE

Lange, krallenbewehrte Laufbeine erlaubten es diesem flinken Raubsaurier, die pflanzenfressenden Dinosaurier, die während des Unteren Jura in Arizona lebten, zu verfolgen. Potentielle Beutetiere waren vermutlich kleine, leicht gepanzerte Scutellosaurier oder größere, etwas plumpere Prosauropoden wie *Massospondylus*. Meist versuchte der Dilophosaurier, seine Opfer rasch und sauber mit seinen messerscharfen Zähnen und Klauen zu töten, da er bei heftiger Gegenwehr seiner Beute Gefahr lief, daß sein schmaler Doppelkamm verletzt wurde. Weil dieser Kopfschmuck äußerst zerbrechlich war, gehen einige Forscher sogar davon aus, daß *Dilophosaurus* sich ausschließlich von Aas ernährte. Nach dieser Ansicht war auch sein Kiefer nicht kräftig genug, einen anderen Saurier totzubeißen – diese These ist allerdings stark umstritten. Wenn überhaupt, so argumentieren ihre Befürworter, habe *Dilophosaurus* seine Opfer getötet, indem er ihnen mit seinen scharfen Krallen die Bauchdecke zerfetzte. Obgleich die Funktion des Doppelkamms als Waffe weiterhin fraglich ist, könnte er zumindest verhindert haben, daß die Männchen innerhalb des Rudels Territorialkämpfe austrugen. (Einige Fossilfunde scheinen eine derartige Gruppenbildung bei Dilophosauriern zu bestätigen.) Möglicherweise gaben bei einem derartigen Zweikampf diejenigen Männchen klein bei, deren Kämme nicht sonderlich groß waren. Sollte dies tatsächlich der Fall gewesen sein, dann waren die Kämme zu Lebzeiten vermutlich leuchtend gefärbt. Sehr wahrscheinlich trugen nur die Männchen diesen aufwendigen Kopfputz.

Drohgebärden
Möglicherweise haben männliche Dilophosaurier versucht, ihre Rivalen durch Drohgebärden einzuschüchtern. Vielleicht haben sie ihren Kopf auch abrupt auf und ab bewegt und dem Gegner dabei die geschwollenen Stirnkämme präsentiert. Ob es wirklich zu richtigen Auseinandersetzungen kam, bleibt fraglich.

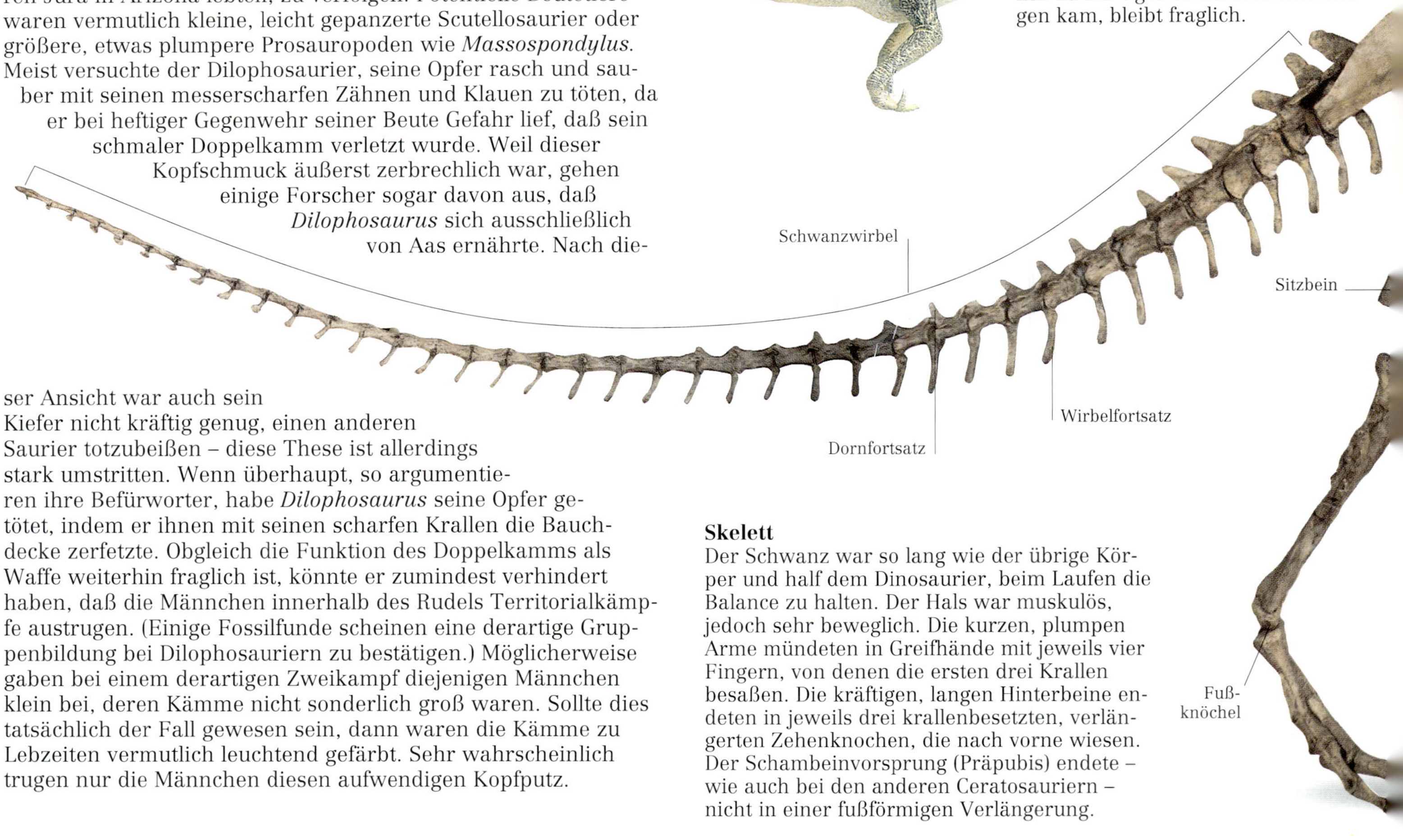

Skelett
Der Schwanz war so lang wie der übrige Körper und half dem Dinosaurier, beim Laufen die Balance zu halten. Der Hals war muskulös, jedoch sehr beweglich. Die kurzen, plumpen Arme mündeten in Greifhände mit jeweils vier Fingern, von denen die ersten drei Krallen besaßen. Die kräftigen, langen Hinterbeine endeten in jeweils drei krallenbesetzten, verlängerten Zehenknochen, die nach vorne wiesen. Der Schambeinvorsprung (Präpubis) endete – wie auch bei den anderen Ceratosauriern – nicht in einer fußförmigen Verlängerung.

KURZ-INFO

DILOPHOSAURUS

Dilophosaurus war ein großer, bipeder Raubsaurier von leichtem Körperbau; charakteristisch waren der lange Schwanz und zwei parallel verlaufenden Stirnkämme aus Knochen.

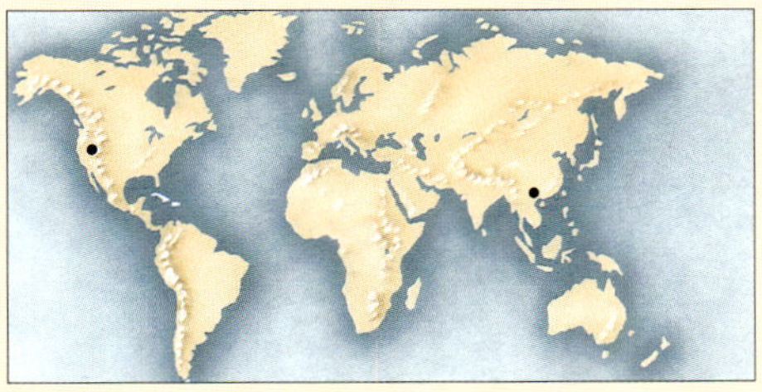

MASSE
Länge: 6 m
Gewicht: 500 kg

ZEIT
vor 200 Mio. Jahren

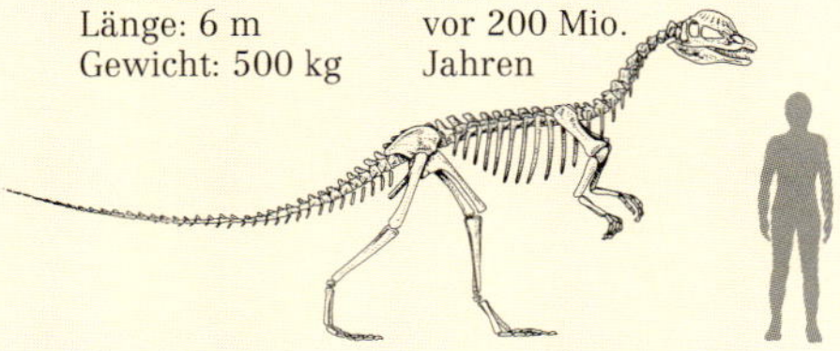

FUNDORT
Yunnan (China)
Arizona (USA)

NAHRUNG
Herbivore Dinosaurier

SYSTEMATIK
Familie: Coelophysidae *(n.d.)*
Infraordnung: Ceratosauria
Subordnung: Theropoda
Ordnung: Saurischia

Erster Fund

Der Navajo-Indianer Jesse Williams führte 1942 ein Wissenschaftlerteam von der University of California an den ersten Fundort eines Dilophosauriers im Norden Arizonas. Der Paläontologe Samuel Welles nahm zuerst an, es handele sich hier um einen Megalosaurier, erst 1970 erhielt der Saurier seinen heutigen Namen.

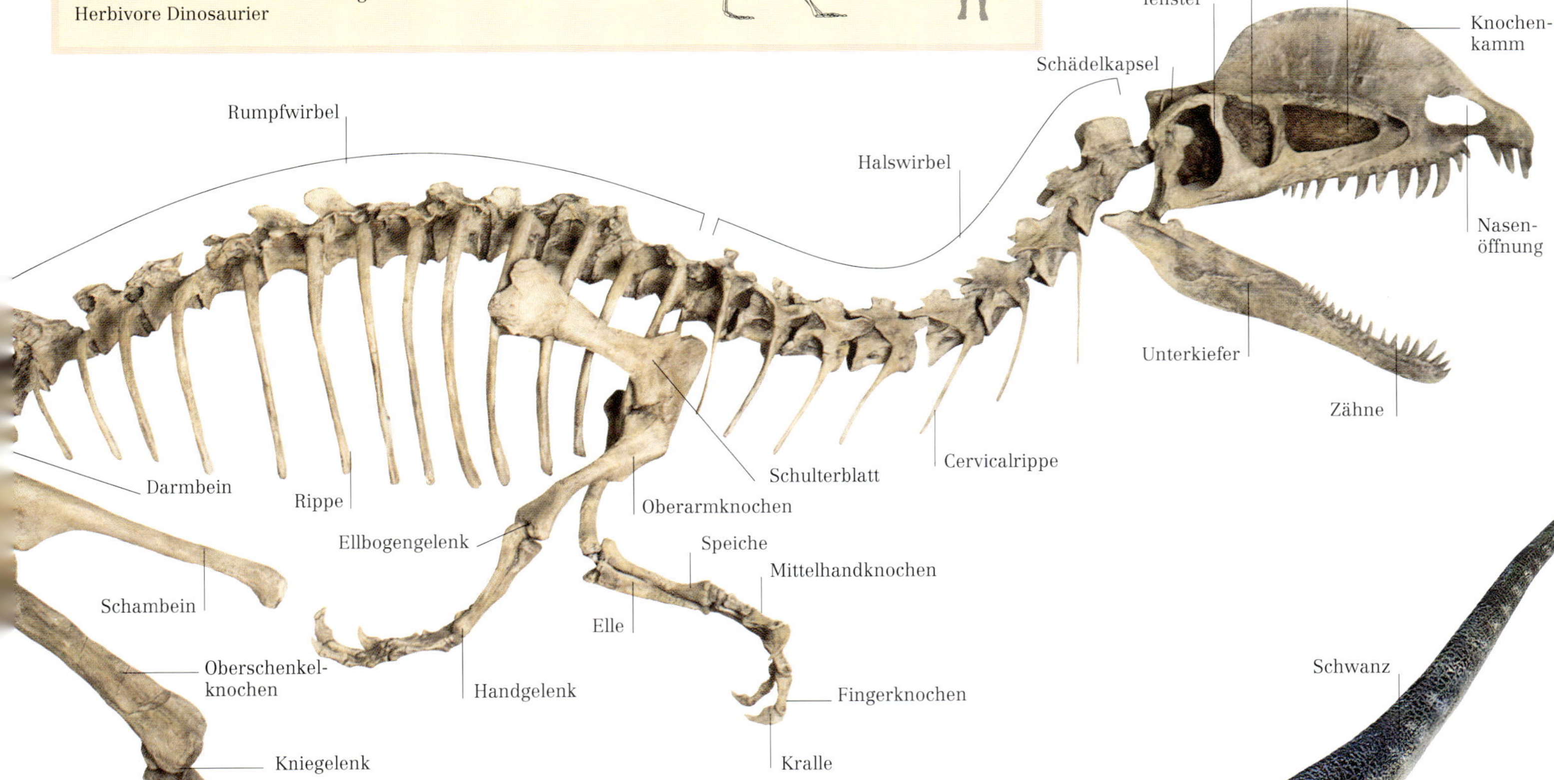

Rekonstruktion
Dieses Modell zeigt ein großes, leicht gebautes Raubtier, das seinem nordamerikanischen Verwandten *Coelophysis* nachempfunden ist. Beide besaßen relativ grazile Hinterbeine und einen schmalen, länglichen Schwanz. Kopf und Hals waren bei *Dilophosaurus* allerdings etwas kürzer und kräftiger, außerdem waren die Zähne in seinem Oberkiefer größer.

COELOPHYSIS

Rekonstruktion
In dieser Abbildung sieht man einen schlanken *Coelophysis* mit leichtem Körperbau, der seine Beute mit kräftigen Laufbeinen über weite Strecken verfolgen konnte. Beim Rennen hielt dieser Theropode Schwanz und Hals gerade gestreckt.

Der Theropode *Coelophysis* (»Hohle Gestalt«) zählt zu den ersten Dinosauriern. Er war wie ein großer, schlanker Vogel gebaut, besaß einen schmalen, storchenähnlichen Schädel, einen S-förmig gebogenen Hals, einen schlanken Rumpf und lange, vogelartige Beine. Einige anatomische Merkmale weisen ebenfalls große Ähnlichkeit mit Vögeln auf: hohle, dünnwandige Knochen sowie die verschmolzenen Knochen im Bereich des Beckens und der unteren Fußknochen. Andererseits besaß *Coelophysis* auch eindeutige Merkmale, die man nicht bei Vögeln antrifft: eine vermutlich schuppenbedeckte Haut, lange, bezahnte Kieferknochen sowie Arme mit dreifingrigen Greifhänden. Der Vorderkörper wurde durch einen langen, für Reptilien typischen Schwanz ausbalanciert.

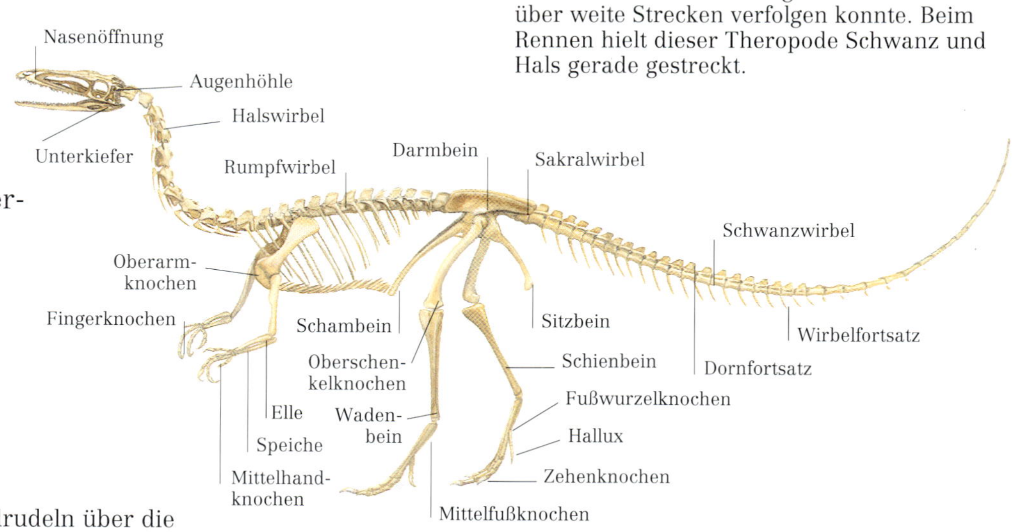

LEBENSWEISE

Coelophysis zog wahrscheinlich in kleinen Jagdrudeln über die roten Sandwüsten, an deren Horizont hier und dort das Grün der Bäume und Farne schimmerte, die das Ufer einzelner Flüsse säumten. Innerhalb eines Rudels gab es unterschiedlich große Tiere, vermutlich waren die Männchen kräftiger und größer als die Weibchen. Wenn beispielsweise eine Eidechse aus ihrem Versteck hervorkam, stürzte sich *Coelophysis* sicherlich sofort auf das Reptil. Mit einem blitzschnellen Vorschießen des Kopfes ergriff der Theropode sein Opfer und hielt es mit den scharfen Zähnen fest. Ähnlich wie ein heutiger Reiher Fische fängt, konnte er kleinere Tiere hochwerfen und verschlingen. Größere Tiere mußte er jedoch mit den Klauen festhalten und mit Hilfe seines Kiefers zerreißen. Die fossilen Knochen eines jungen *Coelophysis* in der Bauchhöhle eines adulten Tieres lassen den Verdacht aufkommen, daß *Coelophysis* gelegentlich auch junge Artgenossen fraß. Im allgemeinen jagte er jedoch hauptsächlich kleine herbivore Dinosaurier wie z.B. *Revueltosaurus* und *Technosaurus*. Der Rudelverband bot diesem kleinen Theropoden sicherlich auch einen gewissen Schutz vor Rauisuchiern, einer Gruppe großer carnivorer Reptilien, oder vor Staurikosauriern. Die größte Gefahr für *Coelophysis* dürften jedoch die Parasuchier gewesen sein, die man früher auch als Phytosaurier bezeichnet hat. Dies waren krokodilähnliche Raubreptilien, die anderen Tieren an Flußufern und Wasserlöchern auflauerten, wenn diese durstig zur Tränke kamen.

VORBEREITUNG FÜR DEN TRANSPORT
In einem Steinbruch in New Mexico (USA) wurde dieser Felsbrocken, der Fossilien eines *Coelophysis* enthält, zum Schutz der Funde eingegipst.

Skelett
In einigen Punkten spiegelt sich im Körperbau von *Coelophysis* bereits die Anatomie der Vögel wider – viele Knochen sind hohl und mehrere Skelettelemente sind sogar fest miteinander verbunden (verschmolzen), so etwa die Sakralwirbel, die Beckenknochen sowie die unteren Fußknochen.

KURZ-INFO

COELOPHYSIS

Coelophysis war ein bipeder Raubsaurier mit kleinem Schädel und hohlen Knochen.

MESOZOIKUM

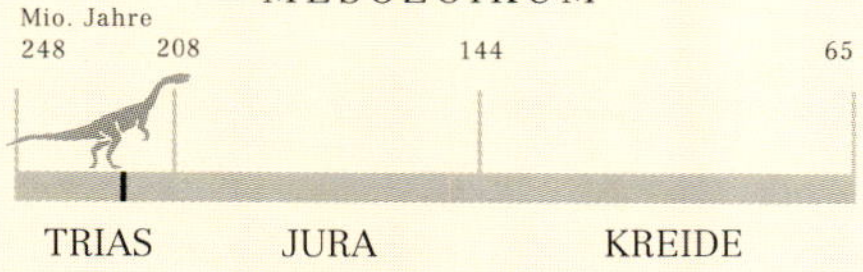

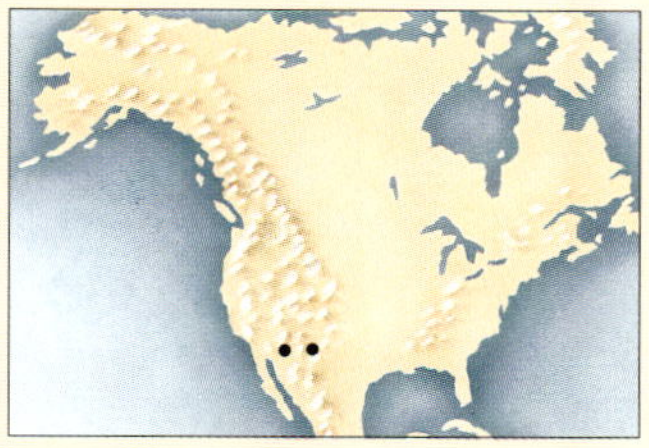

FUNDORT
Arizona, New Mexico (USA)

SYSTEMATIK
Familie: Coelophysidae
Infraordnung: Ceratosauria
Subordnung: Theropoda
Ordnung: Saurischia

ZEIT
vor 225 Mio. Jahren

NAHRUNG
Kleine Wirbeltiere, große Insekten

MASSE
Länge: 3 m
Gewicht: 27 kg

Weitere frühe Theropoden
Zwei etwa amselgroße Theropoden verfolgen ein urzeitliches Fluginsekt. Diese Dinosaurier haben starke Ähnlichkeit mit *Coelophysis,* besaßen jedoch einen verhältnismäßig großen Kopf und größere Augen. Die Fossilien dieser Tiere entdeckte der Paläontologe Paul Olsen in Neuschottland, und zwar in einer Felsschicht aus dem frühen Mesozoikum.

Massensterben
In den 40er Jahren fanden Paläontologen im Norden New Mexicos Hunderte wüst durcheinanderliegender Coelophysisskelette. Offenbar war hier eine ganze Herde in einem Sturzbach ertrunken, der sich in ein ausgetrocknetes Flußbett ergossen hatte.

Skelett in Todeshaltung
Bei diesem gut erhaltenen Fossil kann man deutlich den Kiefer mit den gebogenen Zähnen, aber auch Greifhände, Laufbeine sowie Hals und Schwanz des *Coelophysis* erkennen, der genauso versteinerte, wie er gestorben ist. Möglicherweise handelt es sich bei dem Knochenhaufen in der Bauchhöhle des Tieres um einen jungen *Coelophysis.* Falls dies zuträfe, wäre gelegentlicher Kannibalismus, zumindest bei Adulten, möglich gewesen.

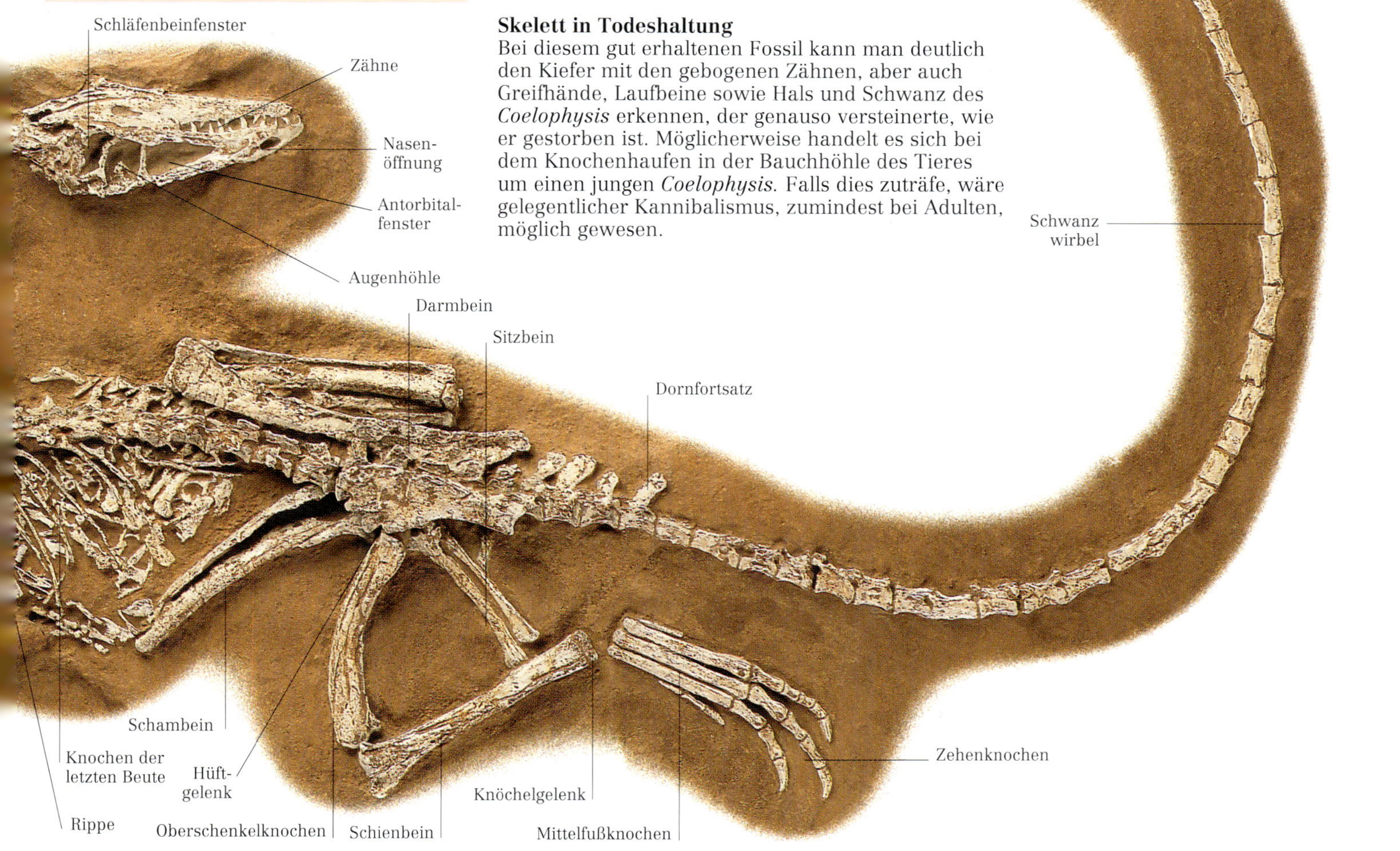

CARNOTAURUS

Äußere Erscheinung
Aufgrund einiger gut erhaltener, fossiler Hautabdrücke weiß man von *Carnotaurus* heute mehr über sein äußeres Bild als von anderen Theropoden. Der Körper war von unzähligen scheibenförmigen Schuppen bedeckt, die sich nicht überlappten. Über Rücken und Seiten erstreckten sich mehrere Reihen ähnlicher Schuppen, die jedoch napfförmig und wesentlich größer waren.

Im Jahr 1985 gab der argentinische Paläontologe José Bonaparte den Fund eines großen, bizarren Dinosauriers bekannt, der keinem bisher beschriebenen ähnelte. *Carnotaurus* (»Fleisch-Stier«) besaß einen »Bullenschädel«, der viel kräftiger und kürzer als bei anderen Theropoden war. Besonders auffällig waren die beiden spitzen Hörner auf der Stirn des Tieres – möglicherweise dienten sie als Stoßwaffen, wenn zwei Männchen miteinander kämpften. Weitere besondere Merkmale waren u.a. seine nach vorn gerichteten Augen, die flügelartigen Fortsätze einiger Wirbel, die Stummelärmchen sowie mehrere Reihen erhabener, napfförmiger Schuppen auf Rücken und Flanken.

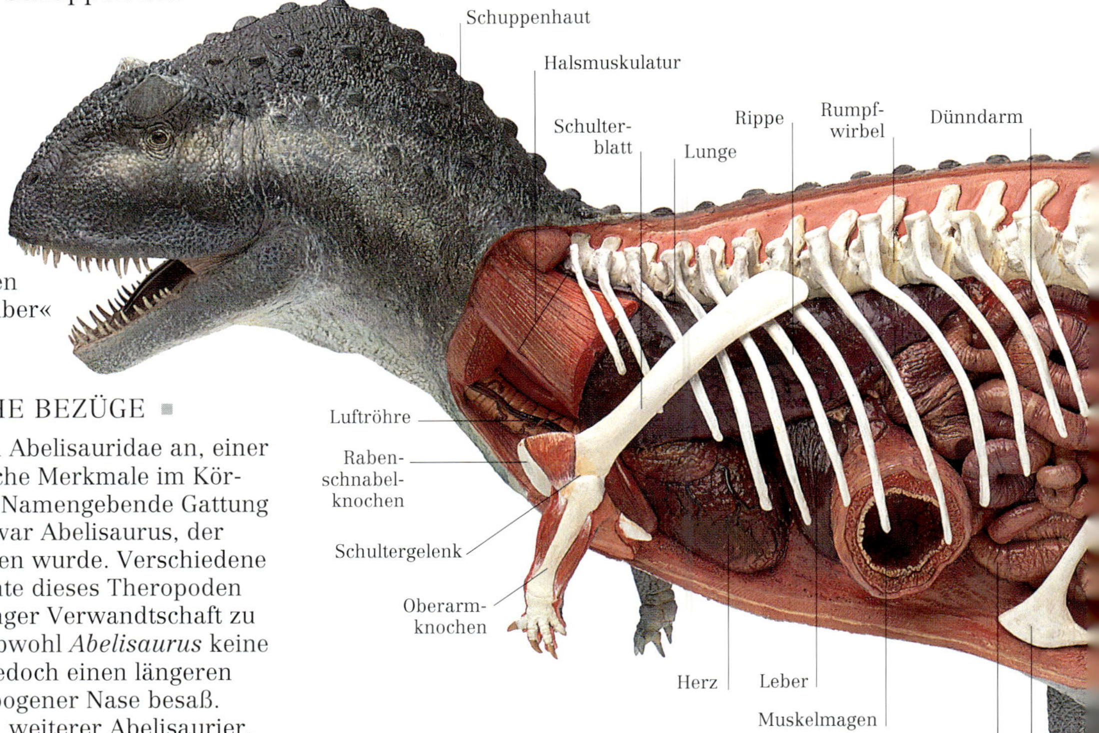

LEBENSWEISE

Carnotaurus lebte zur selben Zeit wie der Sauropode *Chubutisaurus*. Möglicherweise erbeutete *Carnotaurus* junge Chubutisaurier, vielleicht fraß er aber auch Aas. Da er seine kurzen Arme wohl nicht sehr gut bei der Jagd einsetzen konnte, wird er sich buchstäblich »kopfüber« auf seine Beute gestürzt haben.

VERWANDTSCHAFTLICHE BEZÜGE

Carnotaurus gehörte wahrscheinlich den Abelisauridae an, einer Theropodenfamilie, die recht ursprüngliche Merkmale im Körperbau besaß und sehr lange gelebt hat. Namengebende Gattung dieser Gruppe war Abelisaurus, der 1985 beschrieben wurde. Verschiedene Knochenelemente dieses Theropoden stellen ihn in enger Verwandtschaft zu *Carnotaurus,* obwohl *Abelisaurus* keine Hörner, dafür jedoch einen längeren Schädel mit gebogener Nase besaß. 1986 wurde ein weiterer Abelisaurier, *Xenotarsosaurus* (»Echse mit fremdartigem Knöchel«), beschrieben. Auch der bereits 1901 benannte *Genodyctes* erwies sich nach einer erneuten Analyse als südamerikanischer Abelisauride. Kurz darauf stießen mehrere Paläontologen bei verschiedenen Schädeln, die aus Frankreich, Indien und Südamerika stammten, auf typische Merkmale dieser Familie. Allmählich zeichnete sich ein Muster ab, wie es zu dieser globalen Verteilung der Abelisaurier gekommen war: Sehr wahrscheinlich hatten sie sich auf dem südlichen Superkontinent Gondwana ausgebreitet, nachdem sich dieser von Laurasia getrennt hatte. Das örtliche Vorkommen der Abelisauridae in Frankreich könnte mit einer Landbrücke erklärt werden, die kurzfristig zwischen Gondwana und Laurasia bestanden hat.

JOSÉ BONAPARTE
Der argentinische Paläontologe hat zahlreiche Dinosaurier freigelegt und beschrieben, die in seiner Heimat gelebt haben.

Unterkiefer
Angesichts des kräftigen Schädels des *Carnotaurus,* der auch über gut entwickelte Kaumuskeln verfügte, wirkt der Unterkiefer vergleichsweise sehr schmal. Da einem Paläontologen aufgefallen war, daß zudem auch die Zähne des Tieres für einen großen Theropoden auffallend schmal waren, kann man sich nur schwer vorstellen, welche Beute der *Carnotaurus* gejagt hat.

Kopf in der Vorderansicht
Von vorn gesehen, fallen am Kopf eines *Carnotaurus* die kurzen, breiten »Kuhhörner« auf, die seitlich oberhalb der Augen aus der Stirn ragen. Der breite Schädel legt nahe, daß die Nasengänge gut entwickelt waren; möglicherweise konnte der Theropode deshalb gut riechen.

Rekonstruiertes Skelett
Dieses Skelett, das mitten im Schritt erstarrt zu sein scheint, ist eines der imposantesten Exponate im Museo de Ciencias Naturales in Buenos Aires. Diese Rekonstruktion wurde möglich, als man ein Skelett entdeckt hatte, dem nur ein Teil des Schwanzes sowie ein paar Fußknochen fehlten.

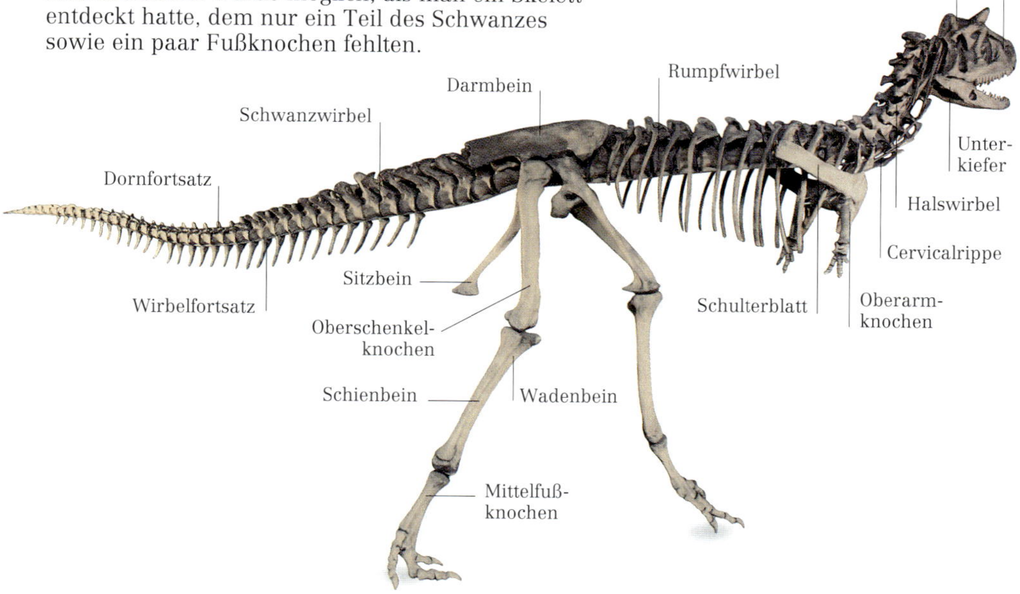

Rekonstruiertes Modell
Das abgebildete Modell, das nach Abgüssen eines Carnotaurusskelettes erstellt wurde, gibt die äußere Gestalt und die inneren Organe dieses sehr merkwürdigen Theropoden wieder. Äußerlich fallen vor allem der kräftige »Bullenschädel« mit den kurzen Hörnern sowie die Stummelarme des Tieres auf; zu den anatomischen Besonderheiten des Skeletts zählen auch die flügelartigen Fortsätze einiger Wirbel.

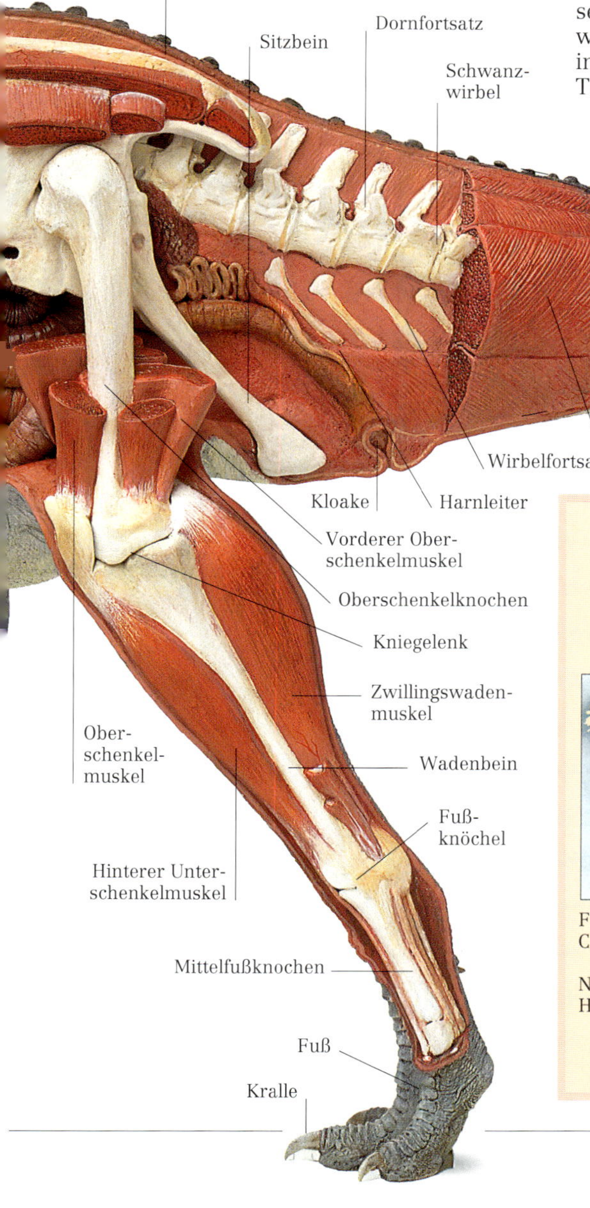

KURZ-INFO

CARNOTAURUS

Carnotaurus war ein großer, bipeder Raubsaurier mit schuppenbedecktem Körper, langen Beinen und kurzen Armen. Auf seinem klobigen Schädel saßen zwei Hörner direkt über den Augen.

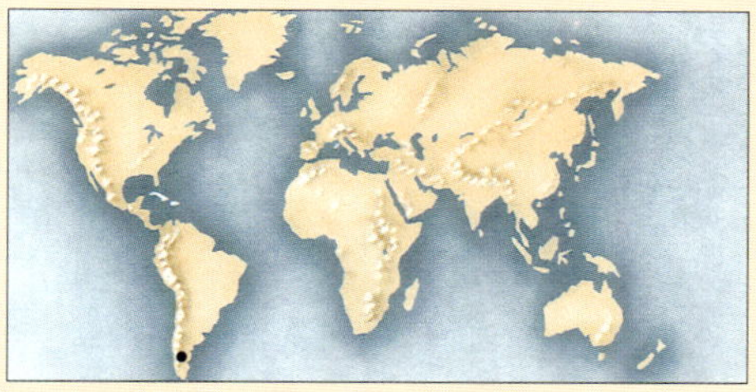

MESOZOIKUM
Mio. Jahre 248 208 144 65
TRIAS JURA KREIDE

MASSE
Länge: 7,6 m
Gewicht: 1 t

ZEIT
vor 97 Mio. Jahren

FUNDORT
Chubut (Argentinien)

NAHRUNG
Herbivore Dinosaurier

SYSTEMATIK
Familie: Abelisauridae
Infraordnung: Ceratosauria
Subordnung: Theropoda
Ordnung: Saurischia

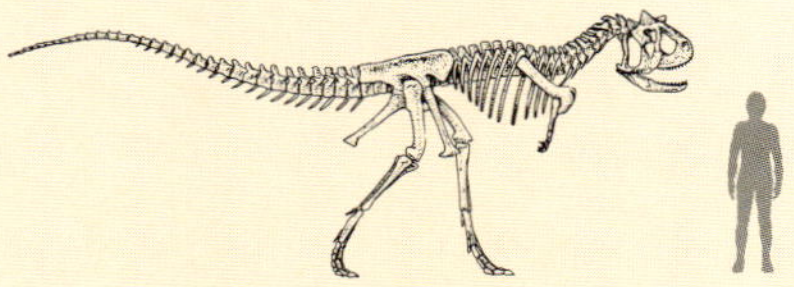

EUSTREPTOSPONDYLUS

Aufgrund eines gut erhaltenen Skelettfundes aus der englischen Grafschaft Oxfordshire war *Eustreptospondylus* (»Gut gebogener Wirbel«) jahrelang einer der bekanntesten großen Theropoden Europas. Der Dinosaurier besaß kurze Arme, dickwandige Beinknochen und große fensterartige Schädelöffnungen, die zur Gewichtseinsparung dienten. Die genaue systematische Einstufung des *Eustreptospondylus* war bisher nicht möglich, der charakteristische Dornfortsatz an einem der Halswirbel sowie eine Leiste auf dem Oberschenkelknochen sind jedoch typische Familienmerkmale eines Carnosauriers.

Schneller Räuber
Diese Abbildung zeigt einen rennenden bipeden *Eustreptospondylus,* der einen anderen Dinosaurier zu verfolgen scheint. Zum Beutespektrum dieses Theropoden gehörten u.a. Cetiosaurier, Hypsilophodonten und Stegosaurier, die alle während des Mittleren Jura in England lebten.

LEBENSWEISE

Zu Zeiten des *Eustreptospondylus* lebten im damaligen England verschiedene herbivore Dinosaurier, die ihm als Beute dienten. Dieser große Raubsaurier war viel größer als beispielsweise der frühe Stegosaurier *Lexovisaurus* oder der ebenfalls frühe Nodosaurier *Sarcolestes;* daher konnten sicherlich bereits junge *Eustreptospondylus* (wie auch das etwa löwengroße Exemplar, das in Oxfordshire gefunden wurde) diese harmlosen, langsamen Ornithischier jagen und töten. Sauropoden wie etwa *Cetiosaurus* und *Cetiosauriscus* waren sicherlich größer als ein ausgewachsener *Eustreptospondylus,* wurden jedoch auch gelegentlich von diesem erbeutet.

SYSTEMATIK

In der ersten Hälfte des 19. Jahrhundert waren nur wenige Dinosaurier entdeckt oder beschrieben worden, und so nahmen die Paläontologen an, in ganz Westeuropa habe es im Jura nur einen einzigen großen Raubsaurier gegeben, dem der Name *Megalosaurus* gegeben wurde. In den folgenden Jahrzehnten kam es oft zu verwirrenden Thesen und Beschreibungen, da viele völlig unterschiedliche Fossilien dieser Art zugerechnet wurden. 1964 zeigte der britische Paläontologe Alick Walker, daß der hier abgebildete Dinosaurier kein Megalosaurier, sondern ein Streptospondylus war – ein Name, der zuvor bereits von anderen Forschern vorgeschlagen worden war. Leider konnte dieser Name nicht zugelassen werden, da man ihn bereits zuvor an eine Krokodilgattung vergeben hatte. Walker setzte daher dem *Streptospondylus* die Vorsilbe *Eu-* (»Gut«) voran, so daß der gültige Gattungsname entstand; zusammen mit dem Artennamen *oxoniensis* (»aus Oxford stammend«) ergab sich der volle Name dieses Theropoden: *Eustreptospondylus oxoniensis*.

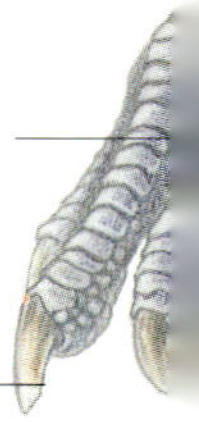

Vogelähnlicher Fuß
Eustreptospondylus besaß den dreizehigen vogelähnlichen Fuß eines Theropoden. Der mittlere der drei Mittelfußknochen verjüngte sich am oberen Ende, was in dieser Abbildung nicht zu erkennen ist. Dieses Merkmal veränderte sich im Laufe der Evolution der Theropoden – zu der Zeit, als *Tyrannosaurus* entstanden war, hatte sich das Pendant dieses Knochens fast völlig zurückgebildet.

KURZ-INFO

EUSTREPTOSPONDYLUS

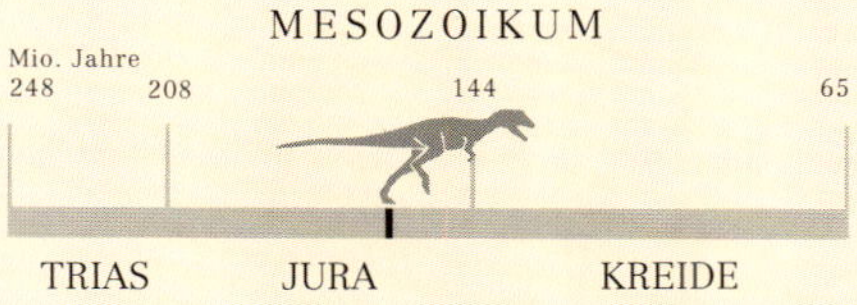

SYSTEMATIK
Familie: Unbekannt
Infraordnung: Ceratosauria
Subordnung: Theropoda
Ordnung: Saurischia

ZEIT
vor 165 Mio. Jahren

NAHRUNG
Herbivore Dinosaurier

Eustreptospondylus war ein bipeder Raubsaurier, dessen großer Kopf mit scharfen Zähnen bewehrt war.

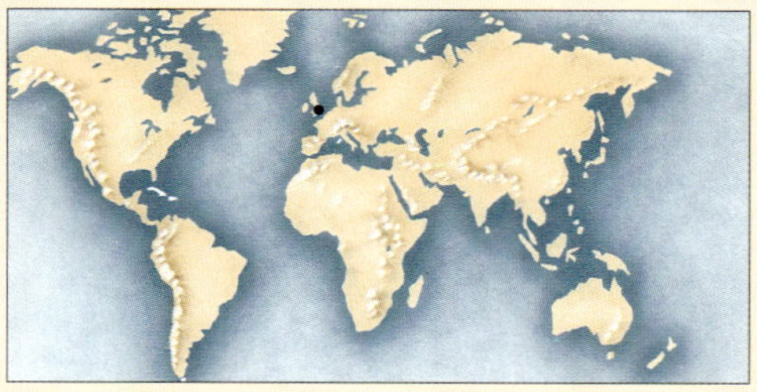

FUNDORT
Buckinghamshire, Oxfordshire (Großbritannien)

MASSE
Länge: 7 m
Gewicht: 220 kg

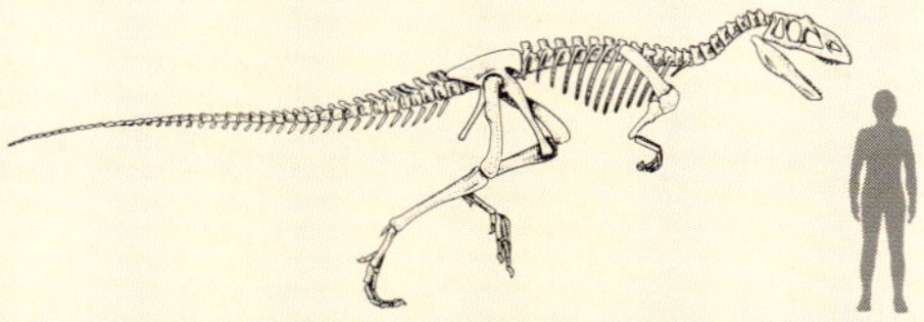

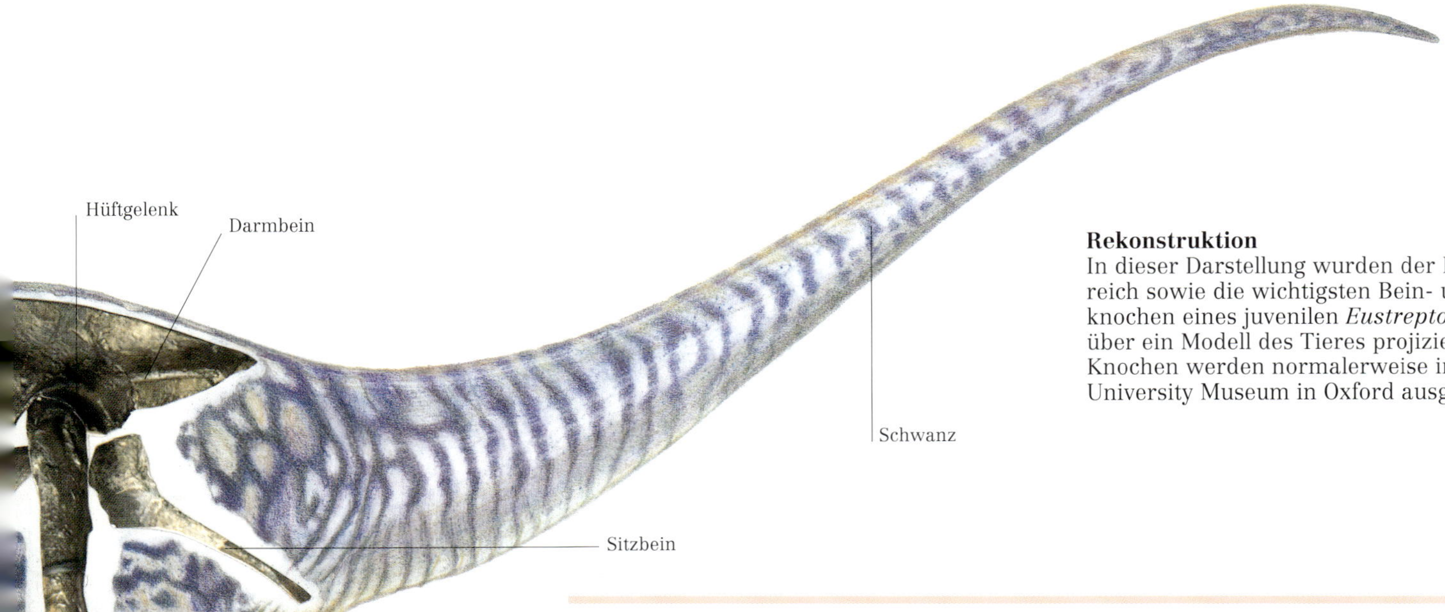
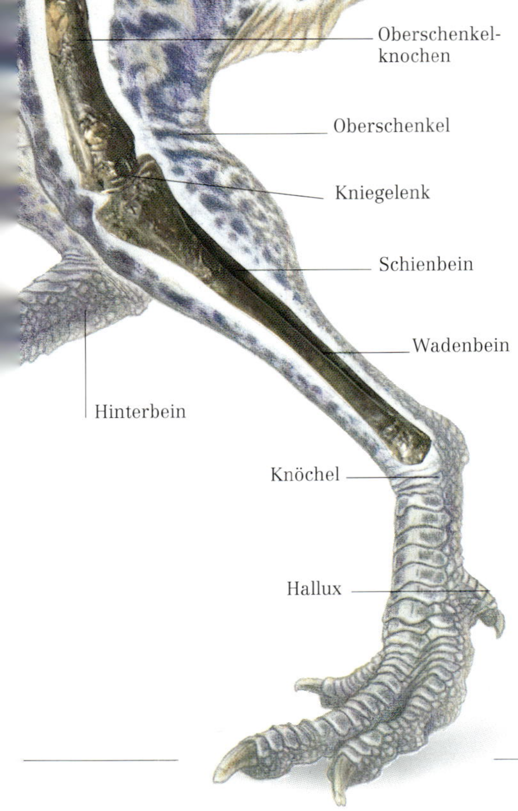

Rekonstruktion
In dieser Darstellung wurden der Beckenbereich sowie die wichtigsten Bein- und Armknochen eines juvenilen *Eustreptospondylus* über ein Modell des Tieres projiziert. Die Knochen werden normalerweise im University Museum in Oxford ausgestellt.

MEGALOSAURUS

Megalosaurus (»Große Echse«) war ein 9 m langer Theropode aus dem Mittleren Jura, der in England gefunden wurde. Die Erstbeschreibung erfolgte 1824 aufgrund eines Unterkieferfragments, das von großen, gebogenen Zähnen nur so strotzte. Da der Begriff *Megalosaurus* auf viele unterschiedliche große Theropoden (deren Identität zumeist unsicher war) angewandt wurde, blieben einige taxonomische Irrtümer über 100 Jahre bestehen.

Kiefer und Zähne
An diesem Kieferfragment sind Ersatzzähne und Zahnzwischenraumknochen (Interdentalplatten) gut zu erkennen.

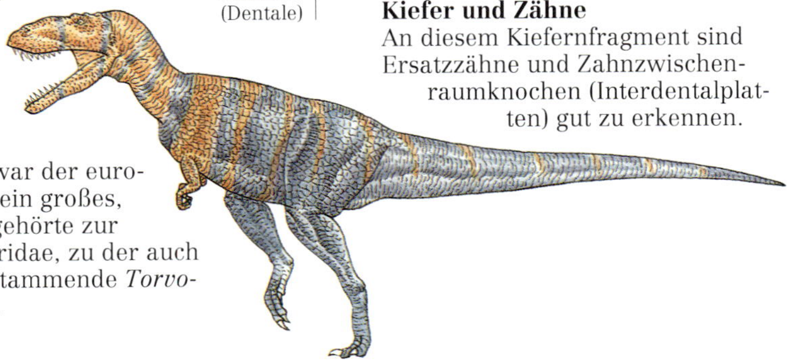

Rekonstruktion
Wie hier zu sehen ist, war der europäische *Megalosaurus* ein großes, kräftiges Raubtier. Er gehörte zur Familie der Megalosauridae, zu der auch der aus Nordamerika stammende *Torvosaurus* gerechnet wird.

ALLOSAURUS

Allosaurus (»Andere Echse«) war einer der größten Vertreter der Theropoden, bevor 50 Millionen Jahre später die Tyrannosauriden auftauchten. Seine langen, muskulösen Hinterbeine trugen den Rumpf, der beinahe so schwer wie ein Elefant war. Der trotz seiner Größe leichte Schädel bestand zumeist aus knöchernen Streben und Balken und besaß Knochenleisten über den Augen. Im Kiefer, der durch Scharniergelenke beweglich war, steckten lange gebogene Sägezähne. An den Kopf schloß sich ein mächtiger, S-förmig gebogener Hals an, und das Gewicht des schweren Vorderkörpers wurde mit einem langen, kräftigen Schwanz ausbalanciert.

Kopf und Schädel
Der große Kopf des *Allosaurus* (oben) war leichter, als er aussah. Denn viele der Schädelknochen (ganz oben) waren wie tragende Balken, die verschiedene fensterähnliche Öffnungen für Augen, Nasengänge und Muskelansätze abtrennten. Auf den kräftigsten Knochen saßen Zähne und Kaumuskeln.

LEBENSWEISE

Allosaurus jagte sehr wahrscheinlich mittelgroße und große pflanzenfressende Dinosaurier. Auf sich allein gestellt, dürfte er wohl Saurier von der Größe eines *Camptosaurus* verfolgt und angegriffen haben. Möglicherweise lauerte *Allosaurus* seiner Beute im Unterholz versteckt auf, um sich dann plötzlich auf einen ahnungslosen Camptosaurier zu stürzen, ihn mit den scharfen Fingerkrallen zu packen und ihm gleichzeitig die messerscharfen Reißzähne in den Hals zu bohren. Schwieriger gestaltete sich die Jagd auf Sauropoden, die viel größer als ein Allosaurier waren. Vielleicht schlossen sich mehrere dieser Theropoden zu einem Rudel zusammen, das dann eine Sauropodenherde umkreiste und einzelne kranke, schwache oder junge Tiere, die zurückgefallen waren, erbeutete. Daher bildeten große Sauropoden wie etwa *Apatosaurus* oder *Diplodocus* Herden, um sich vor den Theropodenrudeln zu schützen. Andere fossile Hinweise, daß *Allosaurus* möglicherweise in Rudel jagte, stammen aus einem Steinbruch in Utah, wo über 10 000 einzelne Fossilien von Allosauriern (Knochen und deren Bruchstücke) gefunden wurden. Meistens fällt die Anzahl der Fossilien pflanzenfressender Dinosaurier höher aus als die von solchen Theropoden, welche Jagd auf sie machten. In diesem Fall scheint *Allosaurus* zahlenmäßig stärker vertreten gewesen zu sein. Interessanterweise fand man hier Allosaurierknochen aller Größen und Altersstufen, sogar von ganz jungen Tieren. Daher nimmt man an, daß hier mehrere Theropoden zusammengekommen waren, um ein paar Sauropoden, die im Sumpf gefangen waren und daher von den Raubtieren leicht überwältigt werden konnten, zu erbeuten. Möglicherweise kam hier auch eine größere Gruppe Allosaurier während einer Naturkatastrophe ums Leben.

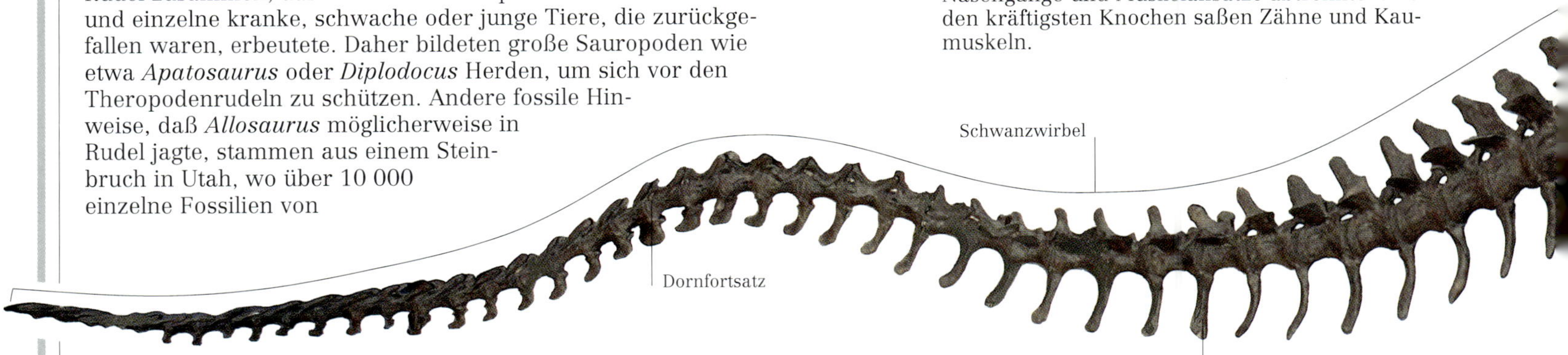

Fuß
Der schuppenbedeckte Fuß eines Allosauriers erinnert mit seinem hochgelegenen Knöchel an das Bein eines riesigen flugunfähigen Vogels. Das gesamte Gewicht lastete auf drei großen Zehen, deren Krallen zu Lebzeiten von einer Hornscheide überzogen waren; der Hallux wies nach hinten.

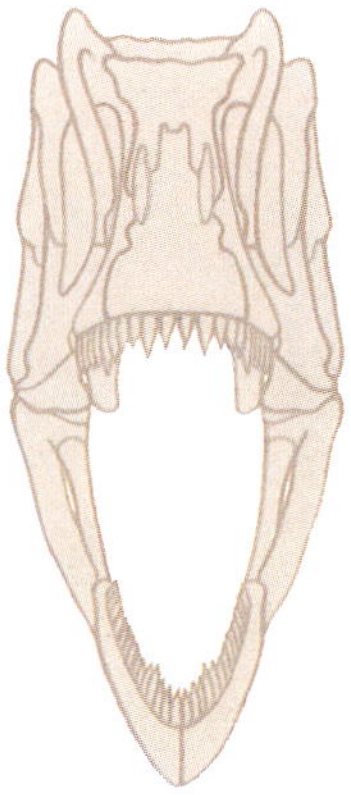

Beweglicher Kiefer
Allosaurus konnte seinen Kiefer weit aufsperren (links) und dann seitlich ausdehnen (unten), um große Fleischbrocken hinunterzuschlingen. Der Carnosaurier riß seinen Opfern das Fleisch aus, indem er den Oberkiefer über den Unterkiefer zog, wobei die messerscharfen Zähne tief in das Gewebe der Beute einschnitten. Besondere Scharniergelenke der Kieferknochen machten diese Bewegungen möglich.

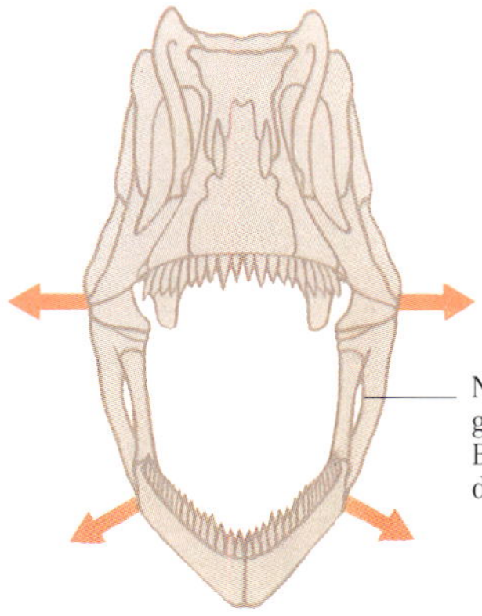

KURZ-INFO

ALLOSAURUS

Allosaurus war ein großer bipeder Raubsaurier. Er besaß einen in sich beweglichen Kiefer mit messerähnlichen Zähnen, einen schweren Rumpf und scharfe Klauen.

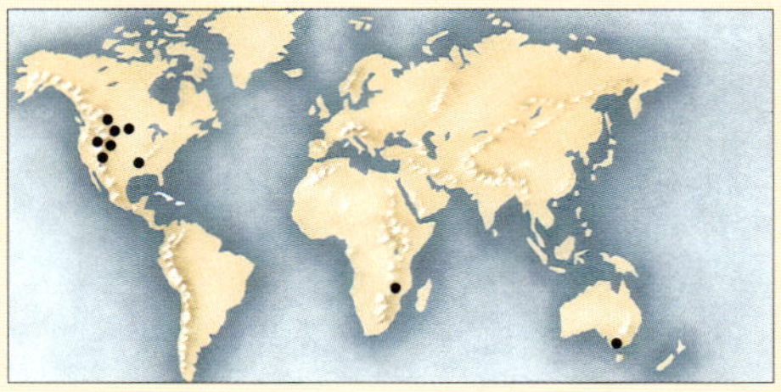

MASSE
Länge: 11 m
Gewicht: bis zu 2 t

ZEIT
vor 156 bis 130 Mio. Jahren

FUNDORT
Victoria (Australien)
Mtwara (Tansania)
Colorado, Montana, New Mexico, Oklahoma, South Dakota, Utah, Wyomimg (USA)

SYSTEMATIK
Familie: Allosauridae
Infraordnung: Tetanurae
Subordnung: Theropoda
Ordnung: Saurischia

NAHRUNG
Herbivore Dinosaurier

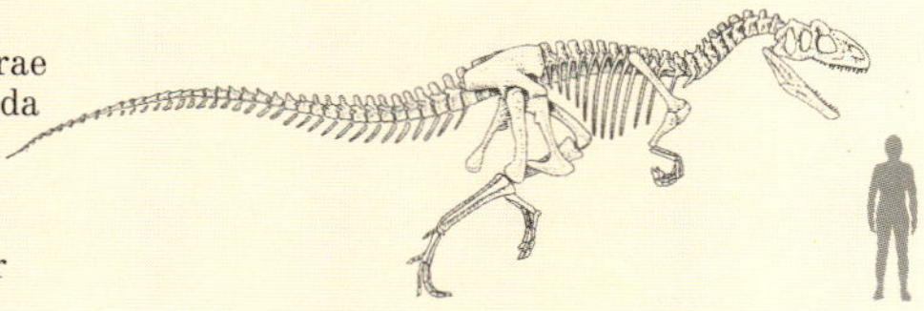

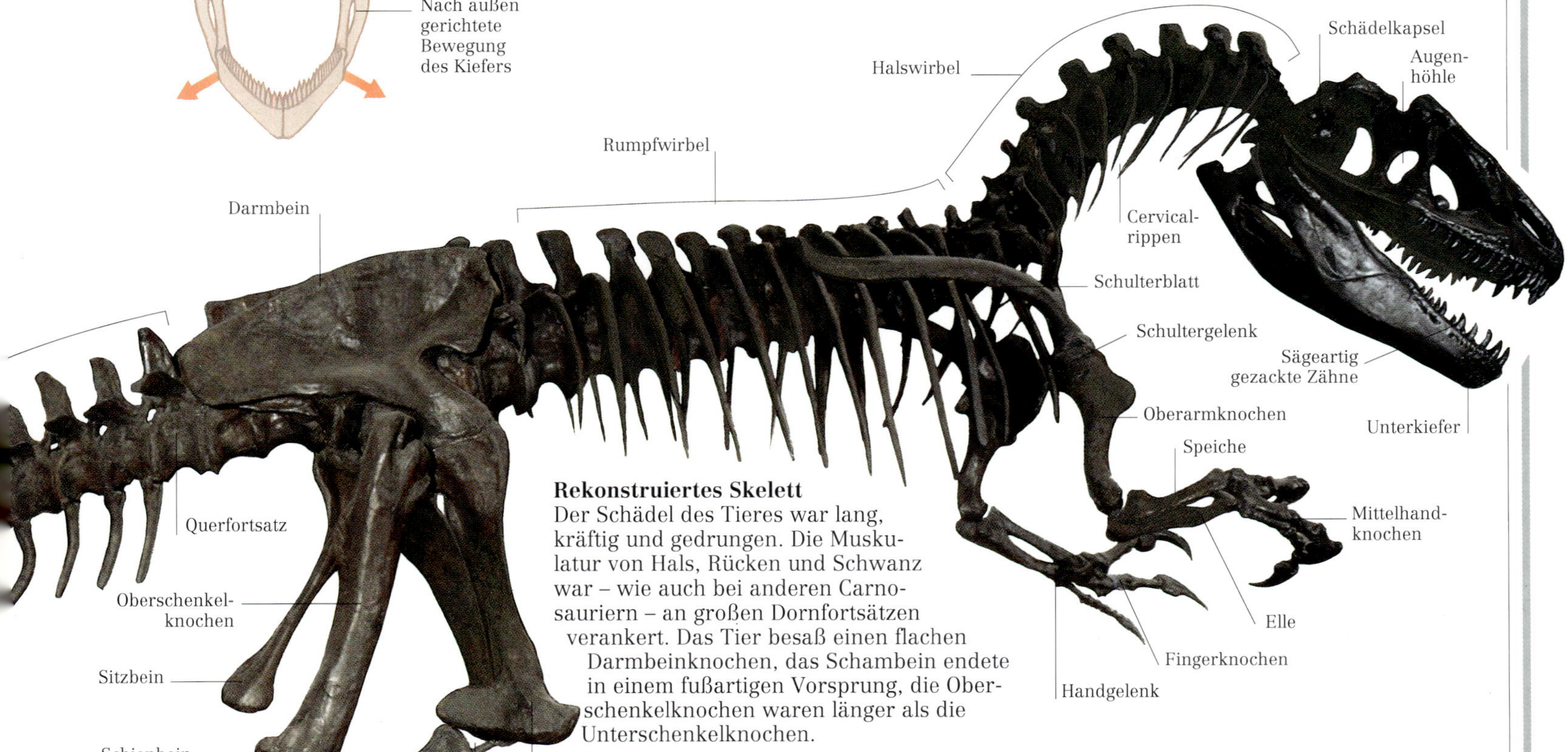

Rekonstruiertes Skelett
Der Schädel des Tieres war lang, kräftig und gedrungen. Die Muskulatur von Hals, Rücken und Schwanz war – wie auch bei anderen Carnosauriern – an großen Dornfortsätzen verankert. Das Tier besaß einen flachen Darmbeinknochen, das Schambein endete in einem fußartigen Vorsprung, die Oberschenkelknochen waren länger als die Unterschenkelknochen.

Fossilienfundorte
Allosaurus wurde 1977 anhand eines in Colorado entdeckten Fundes beschrieben und benannt. Die meisten der 60 später gefundenen Skelette stammten aus dem berühmten Cleveland Lloyd Dinosaur Quarry, einem Steinbruch im US-Staat Utah, weitere wurden in Ostafrika und Südostaustralien gefunden.

Rekonstruktion
Dieses Modell eines *Allosaurus* betont den großen Schädel mit dem weit aufgerissenem Maul, den kräftigen Hals, den kurzen Rücken, den schmalen Bauch und den kräftigen Schwanz. Die kurzen Arme, an denen drei jeweils in Krallen auslaufenden Finger saßen, standen in starkem Kontrast zu den großen, muskulösen Beinen, die das gut 2 t schwere Tier mühelos trugen.

TYRANNOSAURUS

Tyrannosaurus (»Tyrannenechse«) war einer der letzten Vertreter der Theropoden, aber auch einer der größten und stärksten. Ohne Zweifel war dieser bipede Carnosaurier, der soviel wog wie ein Elefant, das größte Landraubtier aller Zeiten. Sein Körper war so breit wie ein Tennis-Court, und er hätte auch bequem in den ersten Stock eines Hauses sehen können. In dem kräftigen Kiefer seines 1,2 m langen Schädels saßen sägeartig gezackte Zähne, und an den Spitzen seiner dreizehigen, an Vogelklauen erinnernden Füße prangten kräftige Klauen. Im Vergleich zu seinen gewaltigen Hinterläufen wirken die kurzen »Armstummel« des Tieres geradezu lächerlich. Trotz seiner Masse besaß *Tyrannosaurus* leichte, hohle Knochen sowie große Schläfenfenster.

Nach vorne gerichteter Kopf
Mit seinen nach vorn gerichteten Augen konnte Tyrannosaurus gut Entfernungen abschätzen, während er sich mit weit aufgerissenem Maul und entblößtem Gebiß auf seine Beute stürzte. Die Spitzen seiner oberen Zähne waren wie Skalpellklingen geformt. Beim Zubeißen riß der Saurier seinen Kopf nach hinten, so daß die messerscharfen Zähne glatt und sauber – wie ein Tranchiermesser – durch das Fleisch nach hinten schnitten.

LEBENSWEISE

Tyrannosaurus stellte den großen Herden der Hadrosaurier und Ceratopsier nach; allein, paarweise oder vielleicht auch im Rudel machte er Jagd auf einzelne kranke, schwache und junge Tiere. Vielleicht lauerte er aber auch seiner Beute aus dem Hinterhalt auf, um sich mit weitgeöffnetem Maul auf sie zu stürzen und nach einer kurzen Verfolgungsjagd (bei einem Spitzentempo von 32 km/h) niederzureißen. Manche Wissenschaftler glauben hingegen, *Tyrannosaurus* sei ein schwerfälliger Aasfresser gewesen. Dagegen spricht, daß kein heute lebendes Landraubtier ausschließlich von Aas lebt. Mit seinen scharfen gezackten Zähnen hätte er spielend auch die dicke Haut einiger Pflanzenfresser durchbohren können, um dann durch ruckartige Kopfbewegungen große Fleischbrocken herauszureißen. Vielleicht spießte er aber auch kleine Saurier mit den Zähnen auf und schlang sie als Ganzes hinunter. Der drastische Unterschied zwischen dem massigen Leib und den »Stummelärmchen« des Tieres gab lange Zeit Rätsel auf. Trotz ihrer scharfen Krallen waren die Arme offenbar zu schwach, um beim Angreifen oder bei der Nahrungsaufnahme verwendet zu werden. Dennoch waren sie sehr muskulös; vielleicht nahmen sie ihre typische Form an, als *Tyrannosaurus* den aufrechten Gang entwickelte, oder aber sie dienten dem Raubtier als Greifhaken, wenn er seine Beute zerfleischte.

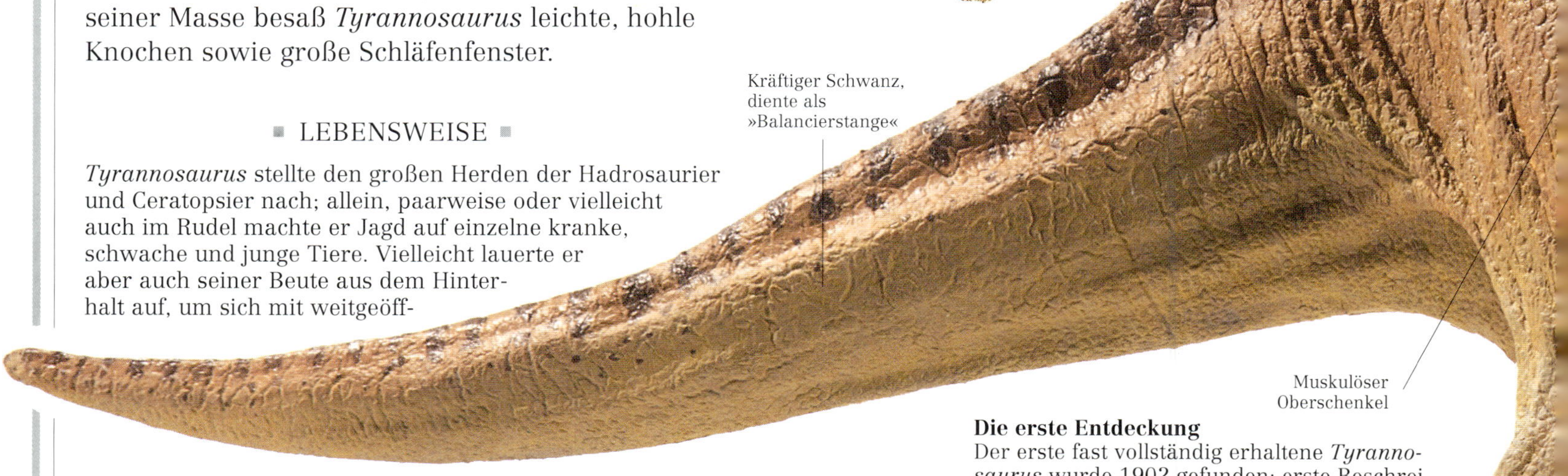

Die erste Entdeckung
Der erste fast vollständig erhaltene *Tyrannosaurus* wurde 1902 gefunden; erste Beschreibung und Namensgebung erfolgten 1905 durch den amerikanischen Paläontologen Henry Fairfield Osborn. Lange Zeit kannte man nur drei teilweise erhaltene Skelette, und erst in den 60er Jahren ergänzten neue Funde die Wissenslücken über die Anatomie dieses Dinosauriers.

KOPFBEWEGUNGEN
Die Stroboskopaufnahme zeigt den Spielraum für Kopfbewegungen, die *Tyrannosaurus* behilflich waren, sein Opfer zu entdecken und zu zerreißen.

Rekonstruktion
Der massige Kopf des *Tyrannosaurus* saß auf einem beweglichen Hals. Seine vorderen Gliedmaßen waren muskulös, doch sehr kurz und mündeten in zwei klauenbewehrte Finger. Rumpf und Brustkorb waren kräftig, und die Hinterbeine, deren Fußknöchel wie bei Vögeln gebaut waren, standen wie zwei Säulen auf dem Boden. An den Füßen trugen alle drei Zehen kräftige Krallen. Mit seinem kräftigen Schwanz balancierte der Saurier das Gewicht von Rumpf und Hals aus.

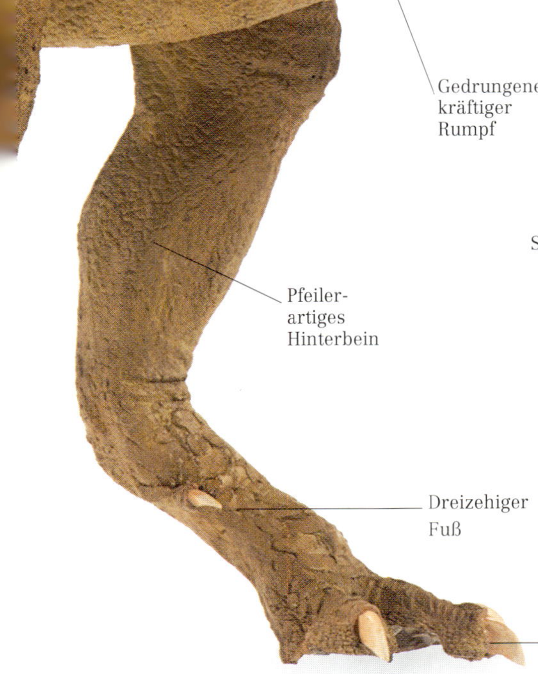

Zahn
Mit einer Länge von 18 cm sahen die größten Zähne des Tieres fast wie die gezackte Klinge eines Steakmessers aus. Die Abnutzung der Zahnkronen läßt auf feste Kost schließen; dies straft die These Lügen, Tyrannosaurier hätten sich nur von verfaultem Fleisch ernährt. Wenn die lange Zahnwurzel mit zunehmendem Alter verfiel, fiel der Zahn aus und wurde durch einen neuen ersetzt.

Hirnabdruck
Dieser Abdruck aus der Schädelkapsel eines *Tyrannosaurus* zeigt, daß er ein langes, schmales Hirn besaß. Da Riechlappen sowie Seh- und Hörnerven gut ausgeprägt waren, kann man davon ausgehen, daß *Tyrannosaurus* hervorragend riechen, sehen und hören konnte.

Schädel
Ein massiger Schädel mit kurzer Schnauze, schmalem Kiefer, hohen Wangenknochen und breiter Hirnkapsel. Da der Unterkiefer ein Zwischengelenk besaß und das Gelenk zwischen linker und rechter Kieferhälfte ebenfalls beweglich war, konnte das Maul sehr weit geöffnet werden.

HERKÖMMLICHE DARSTELLUNGSWEISE
Fälschlicherweise wurde *Tyrannosaurus* früher oft mit steil abfallendem Rücken, breitem Bauch und einem schlängelnden, meist am Boden schleifenden Schwanz dargestellt. Häufig watschelt er dabei auf vierzehigen Füßen, die nach vorne gerichtet sind.

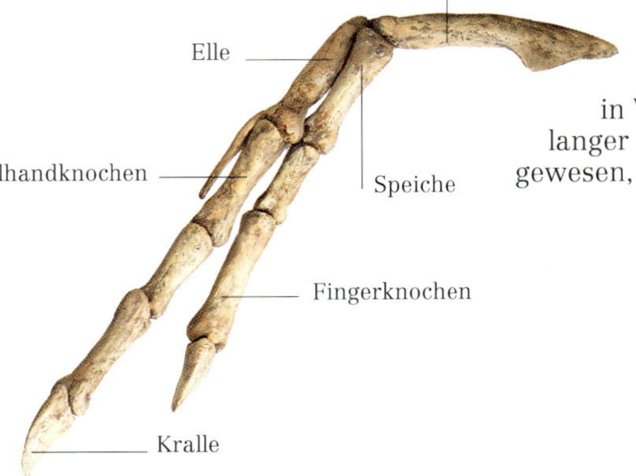

Arm und Hand
Dieser »neu erfundene« Arm stammt aus der Zeit, bevor 1988 der erste vollständige Vorderarm eines Tyrannosauriers (einschließlich der Handknochen) entdeckt wurde. Die Knochen erscheinen schwächer als in Wirklichkeit, denn ein gut mannslanger Arm wäre immerhin kräftig genug gewesen, zwei Menschen hochzuheben.

Neue Rekonstruktionsweise
Heute weiß man, daß *Tyrannosaurus* seinen Rücken gerade und seinen Kopf erhoben hielt, während er sein Körpergewicht mit dem stabilisierten Schwanz ausbalancierte. Der Bauch war ziemlich schmal, der Brustkorb breit, und der Gang insgesamt aufrecht.

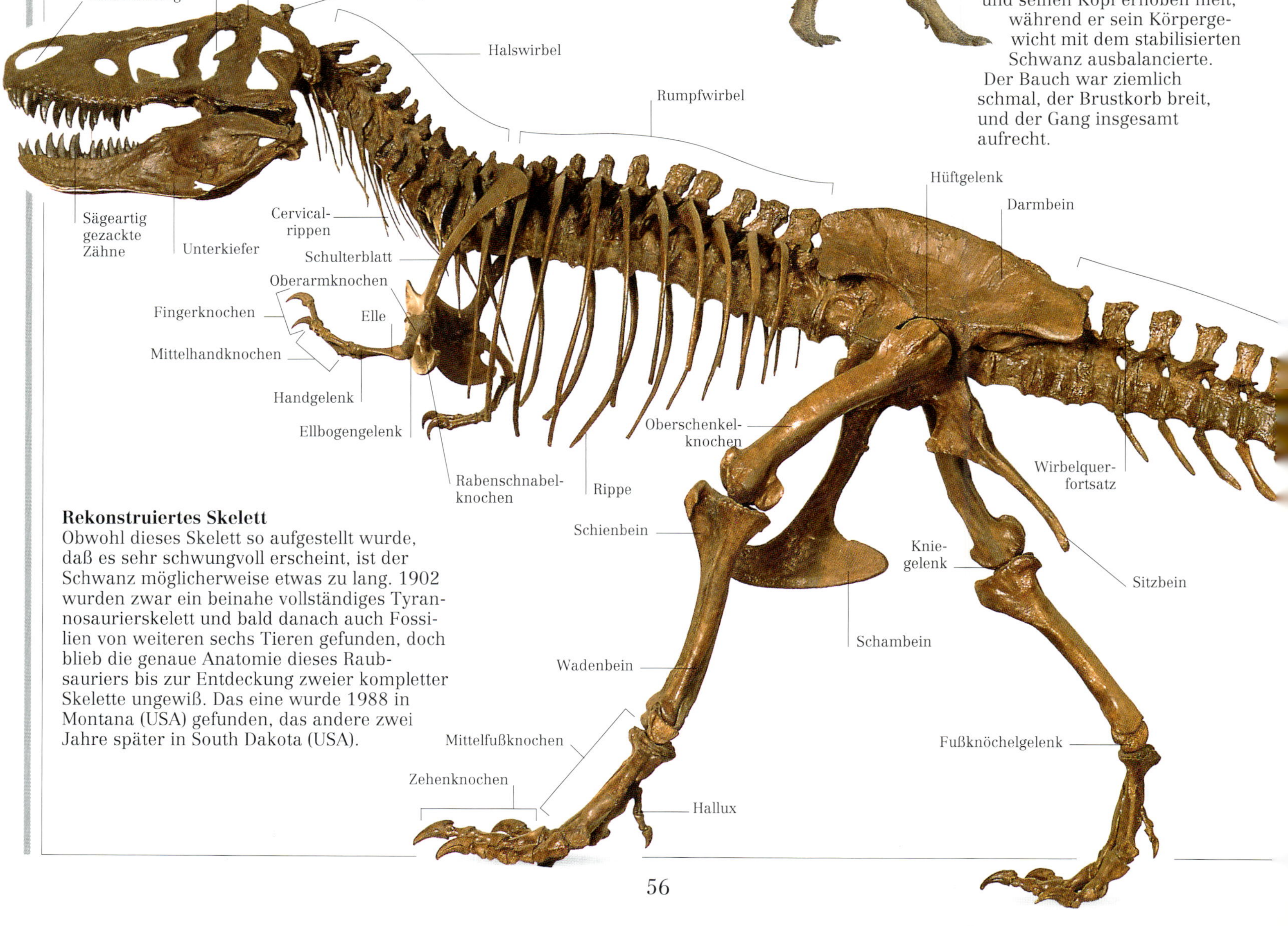

Rekonstruiertes Skelett
Obwohl dieses Skelett so aufgestellt wurde, daß es sehr schwungvoll erscheint, ist der Schwanz möglicherweise etwas zu lang. 1902 wurden zwar ein beinahe vollständiges Tyrannosaurierskelett und bald danach auch Fossilien von weiteren sechs Tieren gefunden, doch blieb die genaue Anatomie dieses Raubsauriers bis zur Entdeckung zweier kompletter Skelette ungewiß. Das eine wurde 1988 in Montana (USA) gefunden, das andere zwei Jahre später in South Dakota (USA).

Hinterbein
Die Wissenschaftler, die dieses Modell vom Bein eines Albertosauriers (einem Tyrannosauriden) anfertigten, rekonstruierten die Lage der Muskeln anhand von Rillen und Leisten auf den Knochen.

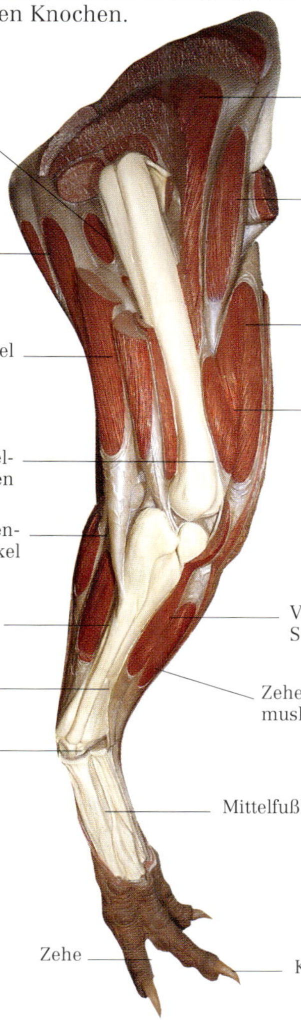

KURZ-INFO

TYRANNOSAURUS

Tyrannosaurus war ein bipedes Raubtier. Als größter Raubsaurier aller Zeiten besaß er riesige Kiefer und scharfe Krallen.

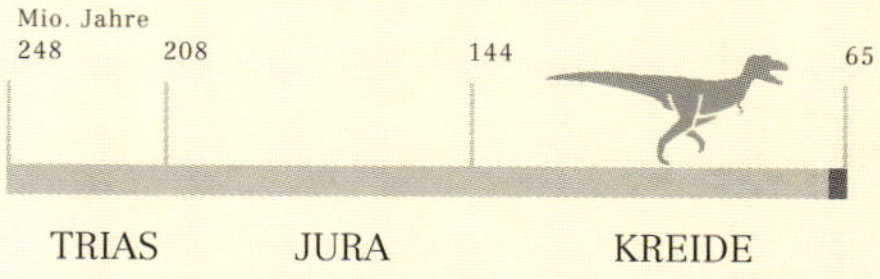

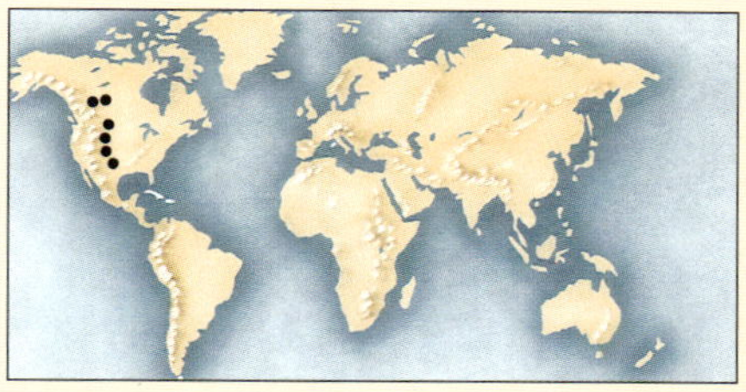

ZEIT
von 68 bis 65 Mio. Jahren

NAHRUNG
Große herbivore Dinosaurier

SYSTEMATIK
Familie: Tyrannosauridae
Infraordnung: Tetanurae
Subordnung: Theropoda
Ordnung: Saurischia

FUNDORT
Alberta, Saskatchewan (Kanada)
Colorado, Montana, New Mexico, South Dakota, Wyoming (USA)

MASSE
Länge: 12 m
Gewicht: 6,4 t

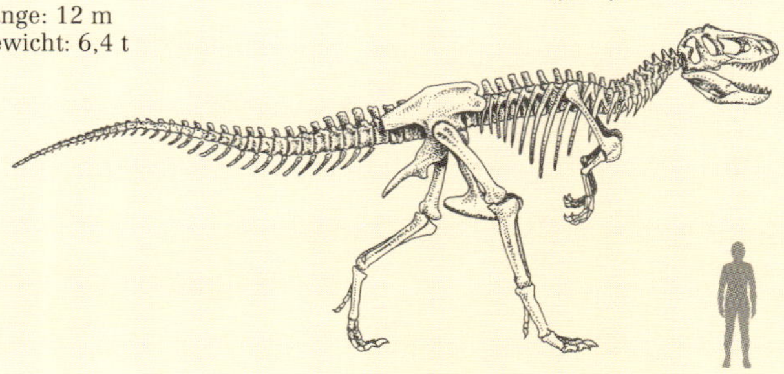

Haltung beim Fressen
Da seine Arme zu kurz waren, um mit ihnen Nahrung zum Maul zu führen, mußte *Tyrannosaurus* den Kopf tief herabbeugen, um z.B. an einem ausgerissenen Knochen nagen zu können. Auch andere große Carnosaurier, die in der Oberkreide lebten und nur »Stummelärmchen« mit zwei Fingern besaßen (beispielsweise *Albertosaurus* und *Tarbosaurus*), verhielten sich so.

BARYONYX

Der Name des *Baryonyx* (»Schwere Kralle«) leitet sich von seinen mörderischen langen Daumenkrallen ab. Durch den zufälligen Fund einer solchen, wie ein Fischerhaken geformten Kralle (1983 in Südengland) stieß man auch auf das einzige bekannte Skelett dieses bizarren Theropoden – eines der am besten erhaltenen Skelette aus dieser Zeit (vor etwa 120 Mio. Jahren). Am ungewöhnlichsten mutet der krokodilähnliche Kiefer des *Baryonyx* an, der lang, schmal und voller spitzer Zähne war. Der Hals des Sauriers war länger und gestreckter als bei anderen großen Theropoden. *Baryonyx* besaß kräftige Arme und Laufbeine und balancierte sein Gewicht mit einem halbstarren Schwanz aus.

Der Hobbysammler William Walker zeigt die Daumenkralle eines *Baryonyx,* die er 1983 in einer Tongrube in der Grafschaft Surrey (UK) gefunden hat.

ZWEI SCHÄDEL IM VERGLEICH

SCHÄDEL EINES BARYONYX

SCHÄDEL EINES KROKODILS

Aufgrund seines länglichen, flachen Kiefers und seiner scharfen, leicht gerundeten Zähne sieht der über 1 m lange Schädel des *Baryonyx* kaum wie ein typischer Theropodenschädel aus; vielmehr erinnert er an den Kopf eines heutigen Krokodils, mit dem dieses Raubtier ideal z.B. zappelnde Fische packen und festhalten kann. Am Baryonyxschädel fallen ferner der geschwungene Oberkiefer sowie die Position der Nasenöffnungen auf – ähnliche Merkmale findet man auch beim Dilophosaurus.

LEBENSWEISE

Baryonyx lebte in einer von mildem Klima beherrschten Flußniederung, die sich von Südengland aus bis nach Nordfrankreich und Belgien zog. Der räuberisch lebende Saurier durchstreifte Baumfarn- und Nadelwälder, farnbedeckte Sumpfgebiete und Dickichte aus Riesenschachtelhalmen, die die Ufer der Sümpfe und Flüsse säumten. Sehr wahrscheinlich watete er auch in seichte Gewässer, wo er große Fische bequem mit seinen Riesenkrallen fangen konnte – ähnlich wie heute in Alaska die Grizzlys an Stromschnellen Lachse »angeln«. Vielleicht kauerte er auch am Ufer nieder und fuhr mit langgestrecktem Hals so lange mit der Schnauze durch die oberen Wasserschichten, bis er einen Fisch gefangen hatte. Für diese Ernährung waren seine lange Schnauze und die dicht stehenden, spitzen Zähne ideale Werkzeuge. Schuppenfunde in der Bauchhöhle eines *Baryonyx* legen nahe, daß auch große Fische (bis 1 m) auf seinem Speiseplan standen. Da man heute aber keine großen Raubtiere kennt, die sich ausschließlich von Fisch ernähren, nehmen Wissenschaftler an, daß *Baryonyx* auch andere Landtiere jagte oder Kadaver anderer Dinosaurier fraß. Die besondere Form der Kiefer waren für einen Aasfresser auch optimal, um tief ins Innere des Kadavers zu gelangen.

Fossiles Skelett
Zur vollständigen Rekonstruktion eines *Baryonyx* müssen fehlende Knochen durch nachmodellierte ersetzt werden. So wurden Teile des Schädels, des Schwanzes, der Rippen, Arme und Beine aufgrund von Informationen aus anderen Theropodenskeletten ergänzt bzw. nach den Knochen der linken Körperhälfte nachmodelliert und anschließend zusammengesetzt.

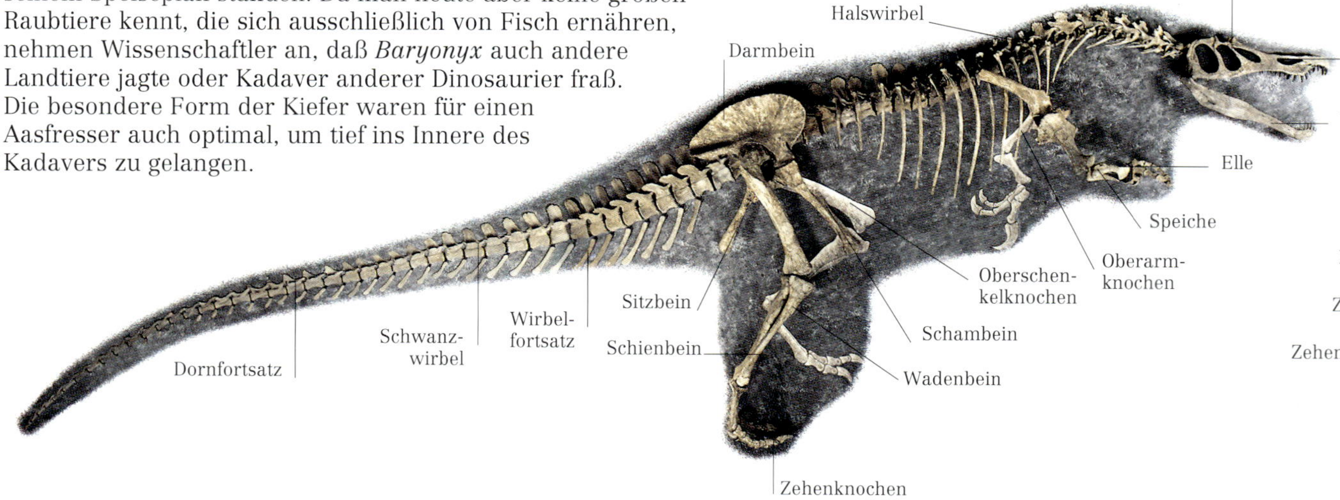

Daumenkralle
Die spitze, gebogene Daumenkralle des *Baryonyx* erinnert an die schweren Haken, mit denen ein Fischer schwere Fische aus dem Wasser hievt. Aus den Bruchstücken einer solchen Kralle, die dem Hobbysammler William Walker aus einer Schluffsteinknolle entgegenfielen, wurde das rechts abgebildete Fossil zusammengesetzt. Sie mag zu Lebzeiten, als sie noch durch eine (nicht fossil erhaltene) Hornkralle verlängert war, gut 35 cm lang gewesen sein.

KURZ-INFO

BARYONYX

Baryonyx war ein großer bipeder Raubsaurier mit langgestrecktem Rumpf, krallenbewehrten Daumen und einer Krokodilschnauze mit vielen spitzen Zähen.

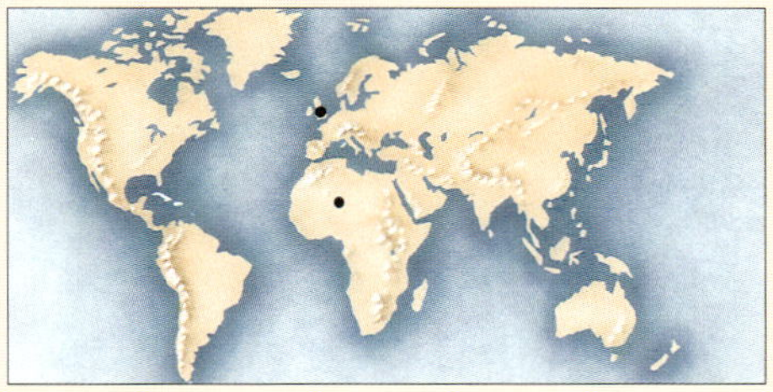

MESOZOIKUM

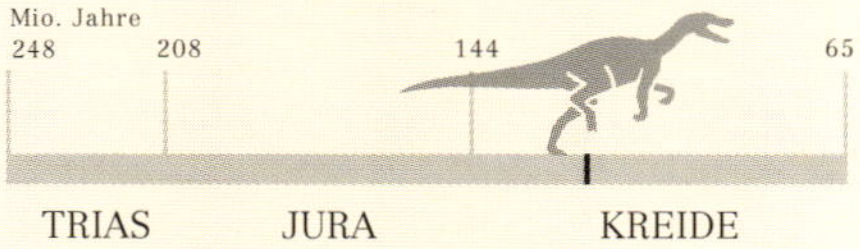

MASSE
Länge: 10,5 m
Gewicht: 2 t

ZEIT
vor 120 Mio. Jahren

FUNDORT
Surrey (England), Niger

NAHRUNG
Fische, Aas

SYSTEMATIK
Familie: Baryonidae
Infraordnung: Tetanurae
Subordnung: Theropoda
Ordnung: Saurischia

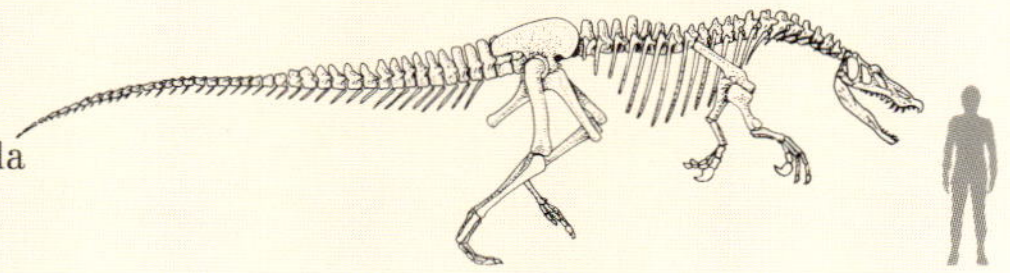

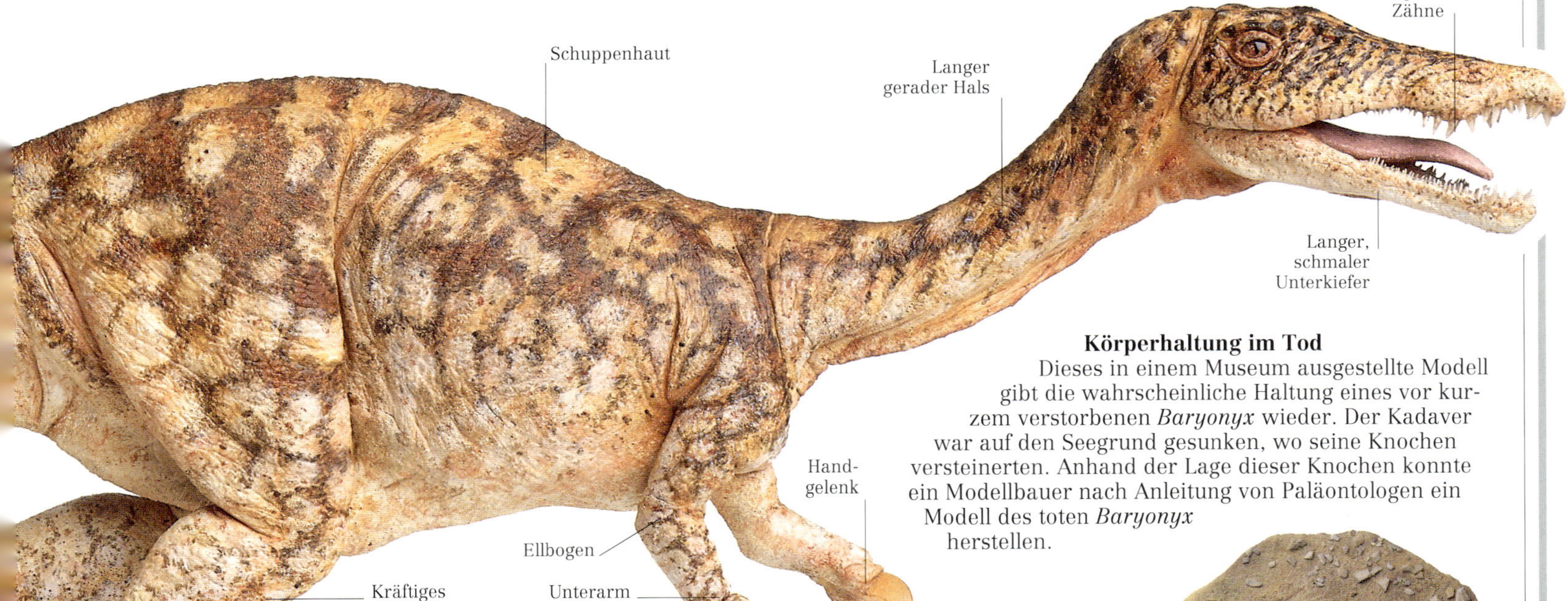

Äußere Erscheinung
Die Hüfthöhe dieses großen Dinosauriers betrug vermutlich 2,5 m. *Baryonyx* lief bei der Jagd sehr wahrscheinlich auf den Hinterbeinen, wobei er den vorwärts gerichteten Kopf und Hals gesenkt hielt und mit dem Schwanz gegenbalancierte. (Andere Theropoden hielten beim Laufen üblicherweise Kopf und Hals s-förmig gebogen.) Mit seinen kräftigen Armen konnte er mühelos Fische fangen und aus dem Wasser schleudern oder Kadaver auseinanderreißen. Vermutlich lief *Baryonyx* niemals auf allen Vieren.

Körperhaltung im Tod
Dieses in einem Museum ausgestellte Modell gibt die wahrscheinliche Haltung eines vor kurzem verstorbenen *Baryonyx* wieder. Der Kadaver war auf den Seegrund gesunken, wo seine Knochen versteinerten. Anhand der Lage dieser Knochen konnte ein Modellbauer nach Anleitung von Paläontologen ein Modell des toten *Baryonyx* herstellen.

SPINOSAURUS

BEIM AUFWÄRMEN
Zwei Spinosaurier stellen sich mit ihrem Rückensegel so auf, daß die Sonnenstrahlen das Blut erwärmen, das durch die Gefäße des Hautsegels zirkuliert.

S*pinosaurus* (»Dornenechse«) war zwar so groß wie *Tyrannosaurus,* jedoch nicht so schwer gebaut. Sein auffälligstes Merkmal war ein großes Hautsegel, das von teilweise bis zu 1,6 m langen, schwertähnlichen Dornfortsätzen getragen wurde, die aus dem Rückgrat des Tieres ragten. Die Handvoll fossiler Reste dieses äußerst bizarren Theropoden fielen einem Bombenangriff während des 2. Weltkriegs zum Opfer. Aufgrund der Überreste von Schädel und Kieferknochen wird vermutet, daß *Spinosaurus* einen langen, flachen Schädel mit einer vorn schräg abfallenden Schnauze besaß. Eine ähnliche Kopfanatomie findet man auch bei Krokodilen und dem Theropoden *Baryonyx.*

BEIM FISCHFANG
Dieser *Spinosaurus* packt einen zappelnden Fisch mit seinem Maul, das ähnliche spitze Zähne wie ein Alligator trug.

▪ LEBENSWEISE ▪

Die genaue Kopfform dieses Dinosauriers war Gegenstand lebhafter Diskussionen. Er soll einen langen, flachen Schädel mit krokodilähnlichen Zähnen besessen haben, der eher zum Erbeuten von Fischen als zum Verschlingen anderer Landtiere geeignet war. *Spinosaurus* soll – ähnlich einem heutigen Reiher – am Ufer der Binnengewässer gestanden und dort große Fische mit seinem Maul gefangen haben, wobei die spitzen, dicht stehenden Zähne die zappelnde Beute durchbohrten und nicht entkommen ließen. Möglicherweise durchwatete er auch seichte Uferzonen, wo er die Fische mit einer langen, spitzen Daumenkralle (wie man sie auch bei *Baryonyx* findet) aus dem Wasser fischte. Da bisher keine derartige Kralle gefunden wurde, ist dies allerdings reine Spekulation. Manche Wissenschaftler bezweifeln, daß *Spinosaurus* und *Baryonyx* der gleichen Familie angehörten; denn trotz vieler Gemeinsamkeiten gibt es auch deutliche Unterschiede zwischen beiden Theropoden. So besaß *Spinosaurus* offenbar weitaus weniger Zähne als *Baryonyx,* was als Indiz auf eine Lebensweise als Aasfresser gewertet wird.

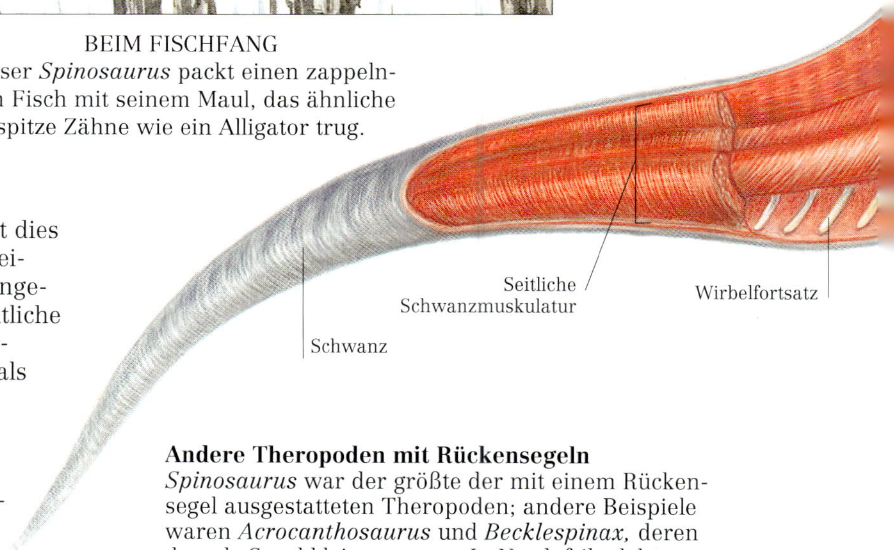

▪ RÜCKENSEGEL ▪

Das große dorsale Hautsegel machte es recht unwahrscheinlich, daß *Spinosaurus* andere große Dinosaurier jagte und tötete, da das Segel leicht bei einem Kampf hätte verletzt werden können. Die genaue Funktion dieses Körperteils wird deshalb noch diskutiert. Falls *Spinosaurus* ein Kaltblüter war, könnte das Segel als eine Art »Sonnenkollektor« gedient haben, das dem Saurier in den kühlen Morgenstunden Wärme lieferte; deshalb war *Spinosaurus* vielleicht aktiver als andere kaltblütige Dinosaurier, die er deshalb zu dieser Tageszeit leichter überwältigen konnte. Möglicherweise wurde das Segel auch bei Kämpfen rivalisierender Männchen verwendet, um dem Gegner zu imponieren.

Andere Theropoden mit Rückensegeln
Spinosaurus war der größte der mit einem Rückensegel ausgestatteten Theropoden; andere Beispiele waren *Acrocanthosaurus* und *Becklespinax,* deren dorsale Segel kleiner waren. In Nordafrika lebten auch noch weitere Dinosaurier mit ähnlichem »Rückenschmuck«, die allerdings nicht zu den Theropoden gezählt werden: der Ornithopode *Ouranosaurus* sowie der Sauropode *Rebbachisaurus.*

KURZ-INFO

SPINOSAURUS

Spinosaurus war ein großer, bipeder Raubsaurier mit großem Rückensegel, das von langen Dornfortsätzen getragen wurde, und mit krokodilähnlichem Kiefer.

MESOZOIKUM

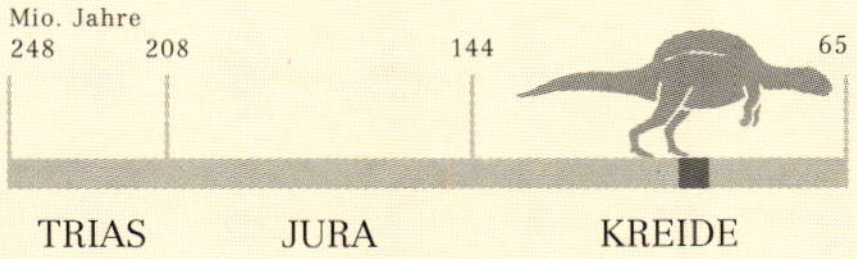

SYSTEMATIK
Familie: Spinosauridae
Infraordnung: Tetanurae
Subordnung: Theropoda
Ordnung: Saurischia

ZEIT
vor 100 bis
95 Mio. Jahren

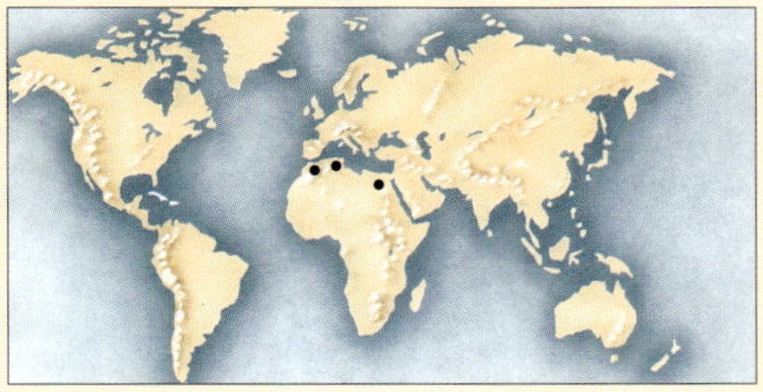

NAHRUNG
Fische, Dinosaurier

FUNDORT
Marsa Matrûh (Ägypten)
Taouz (Marokko)
Tunesien

MASSE
Länge: 15 m
Gewicht: 4 t

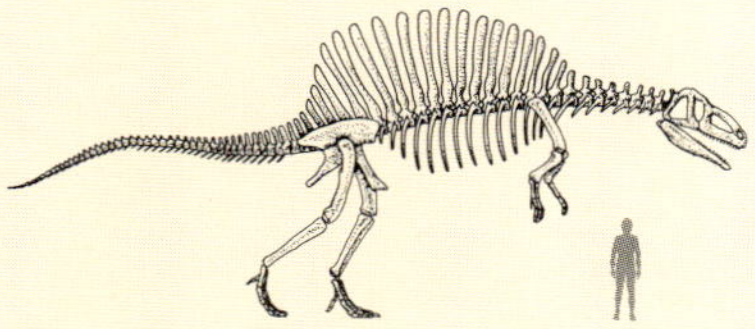

Rekonstruktion
Das Bild dieses Ungetüms mit seinem Rückensegel beruht hauptsächlich auf einer Handvoll Knochen, die 1912 in einer ägyptischen Oase gefunden wurde. 1915 fertigte der deutsche Paläontologe Ernst Stromer von Reichenbach die erste Zeichnung eines *Spinosaurus* an, den er auch beschrieb und benannte. Dieser und andere spärliche Funde lieferten ausreichend Daten, um Länge und Höhe des Segels zu rekonstruieren; der Kopf wird wahrscheinlich flacher gewesen sein, als Stromer angenommen hatte.

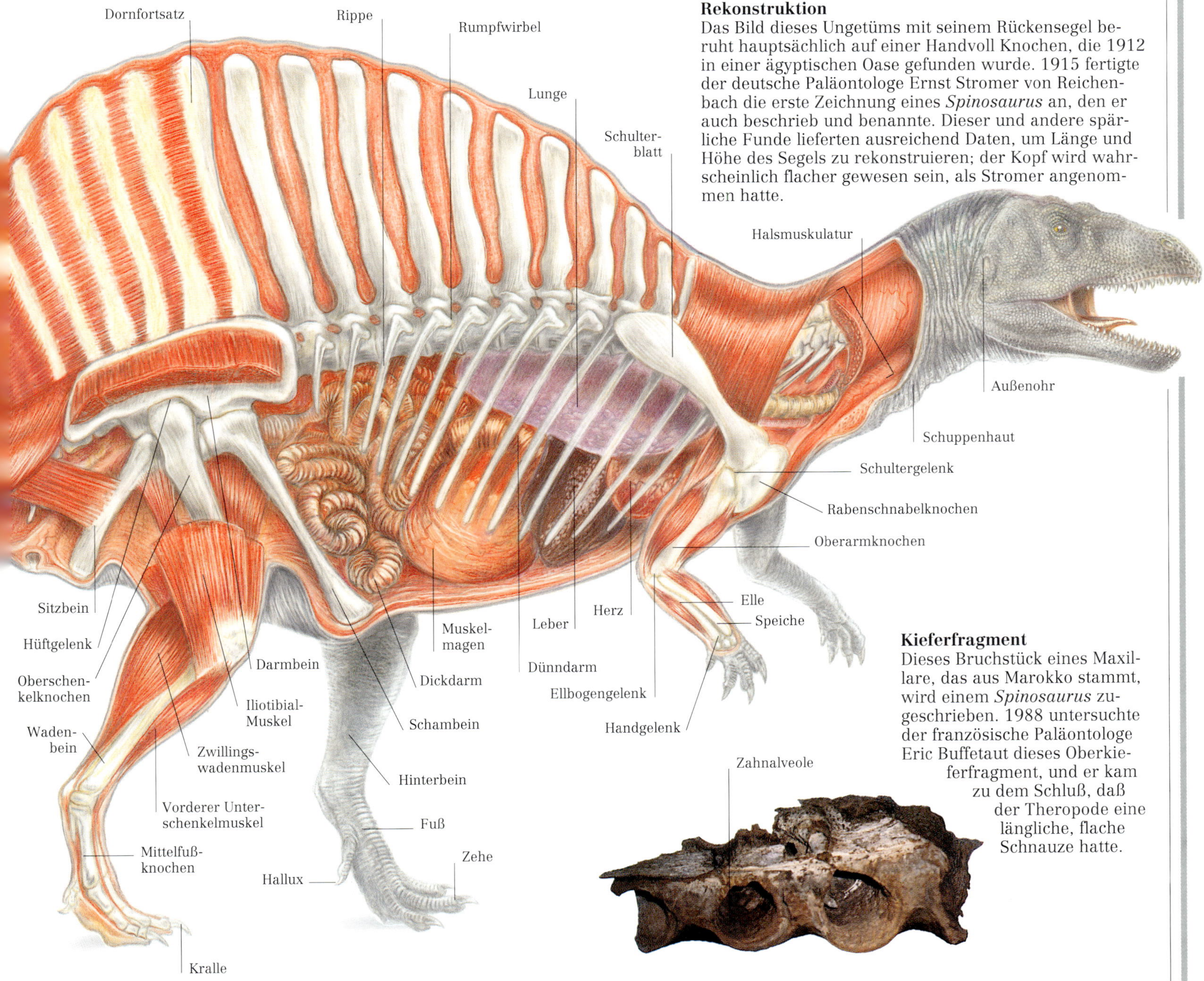

Kieferfragment
Dieses Bruchstück eines Maxillare, das aus Marokko stammt, wird einem *Spinosaurus* zugeschrieben. 1988 untersuchte der französische Paläontologe Eric Buffetaut dieses Oberkieferfragment, und er kam zu dem Schluß, daß der Theropode eine längliche, flache Schnauze hatte.

GALLIMIMUS

Aufgrund von drei fast vollständigen Skeletten, die in der mongolischen Wüste Gobi gefunden wurden, ist *Gallimimus* (»Hühnernachahmer«) der am besten bekannte Ornithomimide. Etwa doppelt so lang wie ein heutiger Strauß, war er der größte Vertreter einer vogelähnlichen Theropodengruppe mit leichtem Knochenbau, die in Afrika, Ostasien und im Westen Nordamerikas lebte. *Gallimimus* besaß einen zahnlosen »Schnabel«, einen schlanken Hals, einen kurzen Rumpf, einen versteiften Schwanz, Hände mit drei Fingern und schlanke Laufbeine.

AUSGRABUNGEN
Bei Grabungen im mongolischen Altan Ula wurde das Becken eines *Gallimimus* freigelegt. Im Zeitraum von 1965 bis 1973 wurden dort mehrere Funde von einem polnisch-mongolischen Forscherteam – zu dem bekannte Paläontologen wie die Polinnen Zofia Kielan-Jaworowska und Halszka Osmolska und der Mongole Rinchen Barsbold zählten – gemacht.

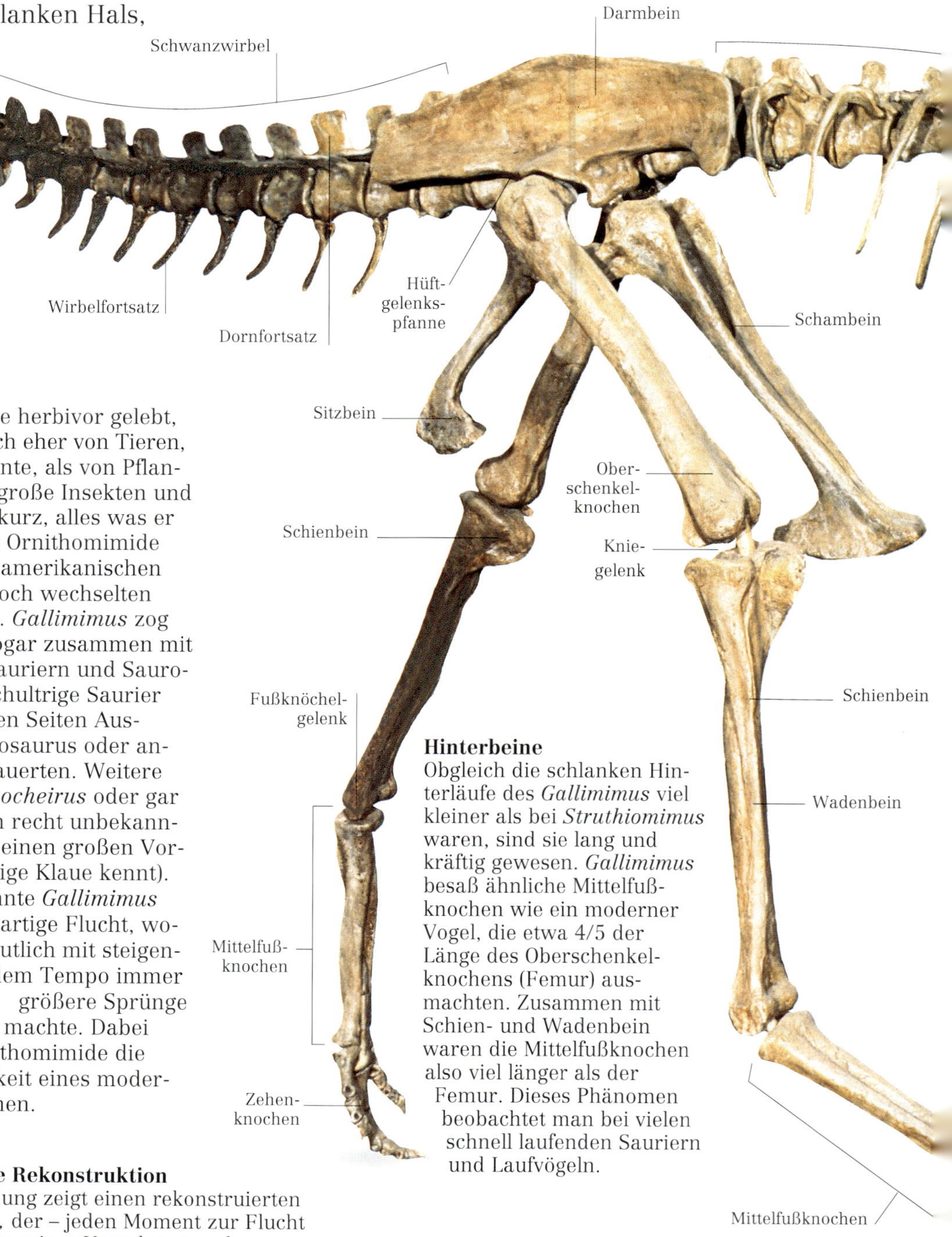

Hinterbeine
Obgleich die schlanken Hinterläufe des *Gallimimus* viel kleiner als bei *Struthiomimus* waren, sind sie lang und kräftig gewesen. *Gallimimus* besaß ähnliche Mittelfußknochen wie ein moderner Vogel, die etwa 4/5 der Länge des Oberschenkelknochens (Femur) ausmachten. Zusammen mit Schien- und Wadenbein waren die Mittelfußknochen also viel länger als der Femur. Dieses Phänomen beobachtet man bei vielen schnell laufenden Sauriern und Laufvögeln.

LEBENSWEISE

Obwohl man früher annahm, *Gallimimus* habe herbivor gelebt, gehen die Forscher heute davon aus, daß er sich eher von Tieren, die er mit seinen Greifhänden gut packen konnte, als von Pflanzen ernährt hat. Sehr wahrscheinlich fraß er große Insekten und deren Larven, aber auch kleine Wirbeltiere – kurz, alles was er ohne zu kauen hinunterschlingen konnte. Der Ornithomimide lebte viel weiter im Binnenland als seine nordamerikanischen Verwandten; dort war das Klima trockener, doch wechselten sich regenreiche Zeiten mit Dürreperioden ab. *Gallimimus* zog an den Ufern der Flüsse entlang – vielleicht sogar zusammen mit Pflanzenfressern wie Hadrosauriern, Ankylosauriern und Sauropoden. Wachsam hielt der schmalschultrige Saurier mit hoch erhobenem Kopf nach allen Seiten Ausschau, ob nicht irgendwo ein Tarbosaurus oder andere Carnosaurier im Hinterhalt lauerten. Weitere Freßfeinde können u.a. auch *Deinocheirus* oder gar *Therizinosaurus* gewesen sein (ein recht unbekannter Theropode, von dem man nur einen großen Vorderarm und eine riesige sichelartige Klaue kennt). Gegen solch robuste Feinde kannte *Gallimimus* nur ein Mittel: eine blitzartige Flucht, wobei er vermutlich mit steigendem Tempo immer größere Sprünge machte. Dabei konnte der Ornithomimide die Laufgeschwindigkeit eines modernen Strauß erreichen.

Lebensechte Rekonstruktion
Diese Abbildung zeigt einen rekonstruierten *Gallimimus*, der – jeden Moment zur Flucht bereit – in seiner Umgebung nach potentiellen Gefahren Ausschau hält.

Körperhaltung im Tod
Sehr oft werden Ornithimimiden mit stark rückwärts gekrümmten Hälsen und Schwänzen gefunden; die Tiere sind sehr wahrscheinlich in der Wüste oder während einer Trockenzeit verdurstet. Die trockene Wüstenluft ließ dann die Bänder, die an der Wirbelsäule saßen, schrumpfen, so daß Hals und Schwanz des Kadavers unnatürlich nach hinten gezogen wurden. Der Wassermangel in der Wüste mag auch ein Grund gewesen sein, warum ihre Skelette so gut erhalten blieben – denn auch Aasfresser, die normalerweise die toten Saurier zerstückelt und ihre Knochen verstreut hätten, brauchen Wasser zum Überleben.

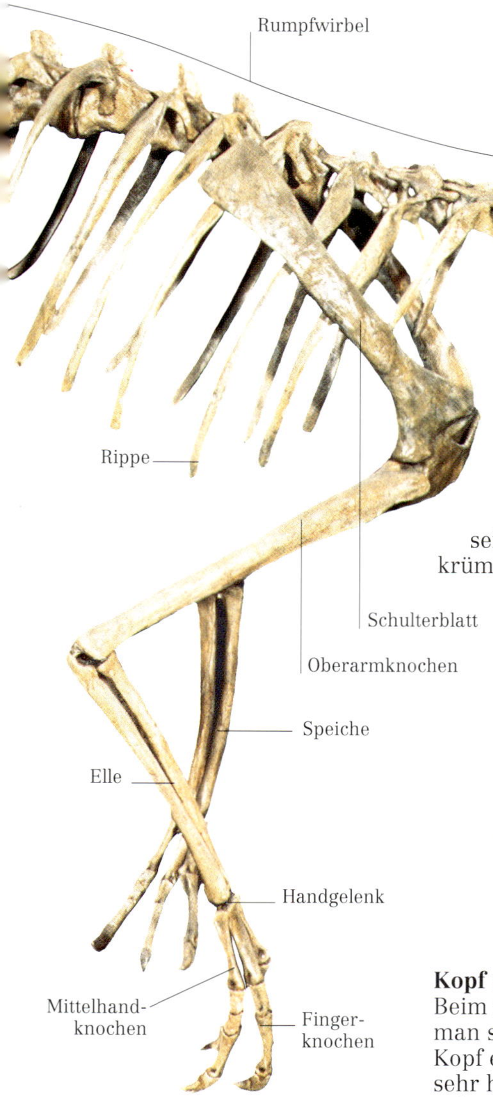

Skelett
Diese beeindruckende Rekonstruktion eines *Gallimimus*-Skeletts kam dank der Fossilien mehrerer Einzeltiere zustande, die im Süden der Mongolei entdeckt wurden. Bei diesen Funden handelt es sich u.a. um drei fast komplette Skelette, einen Schädel mit einigen Skelettteilen sowie um mehrere Knochen verschiedener Tiere. Im Vergleich zu *Struthiomimus* war der Schädel dieses Theropoden kleiner und leichter, seine Hände kürzer und seine Klauen stärker gekrümmt.

Kopf und Hals
Beim näheren Betrachten kann man sehen, wie die Augen am Kopf eines *Gallimimus* sitzen: sehr hoch, doch seitlich im Kopf gelegen, so daß die Tiere nicht stereoskopisch sehen konnten. Deswegen fiel es *Gallimimus* wohl schwer, Entfernungen richtig abzuschätzen. Allerdings erlaubte ihm diese Augenposition zusammen mit seinem sehr drehbaren Hals einen optimalen Panoramablick.

KURZ-INFO

GALLIMIMUS

Gallimimus war ein bipeder Allesfresser mit vogelähnlichem »Schnabel«, Klauen und langen Laufbeinen.

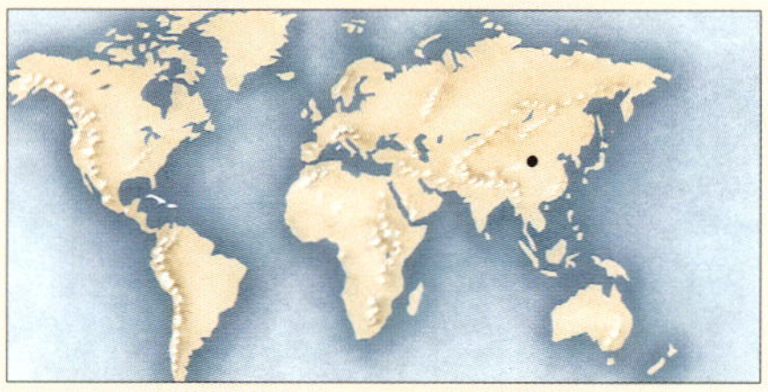

FUNDORT
Omnigov (Mongolei)

ZEIT
vor 73 Mio. Jahren

MASSE
Länge: 6 m

SYSTEMATIK
Familie: Ornithomimidae
Infraordnung: Tetanurae
Subordnung: Theropoda
Ordnung: Saurischia

NAHRUNG
Insekten, kleine Wirbeltiere, evtl. auch Früchte und Blätter

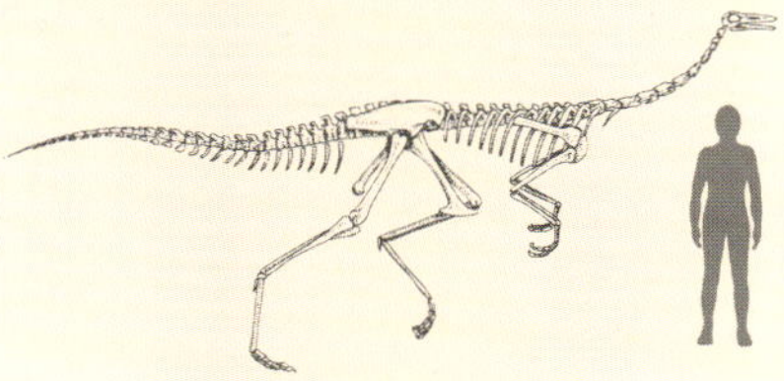

STRUTHIOMIMUS

Struthiomimus (»Straußnachahmer«) ist der bekannteste Vertreter der Ornithomimiden Nordamerikas. Ein in der kanadischen Provinz Alberta gefundenes Skelett macht die Ähnlichkeit mit dem rezenten Strauß *(Struthio)* deutlich. Beide Tiere besitzen einen kleinen Kopf mit großen Augenhöhlen und zahnlosem Schnabel, einen kurzen Rücken, einen langen Hals sowie lange Laufbeine, bei denen das Schienbein länger als der Oberschenkel ist, mit verlängerten Mittelfußknochen sowie drei nach vorn gerichteten Zehen mit Krallen. Im Gegensatz zum Strauß besaß *Struthiomimus* herabbaumelnde Arme mit jeweils drei krallenbewehrten Fingern sowie einen am Ende versteiften Schwanz.

IM MUSEUM
Dieses *Struthiomimus*-Modell steht in einem kanadischen Museum.

LEBENSWEISE

Dieser Dinosaurier zog vermutlich über die weiten offenen Niederungen, die westlich eines großen nordamerikanischen Binnenmeeres lagen. Seine großen Augen gewährten ihm eine gute »Rundum-Sicht«, so daß er nahende Gefahren leicht erkennen konnte. Einen kleinen angriffslustigen Theropoden konnte *Struthiomimus* sicherlich mit ein paar kräftigen Fußtritten in die Flucht schlagen; bei größeren Raubsauriern – etwa einem Tyrannosaurier oder einem Rudel Dromaeosaurier – konnte sich *Struthiomimus* nur auf seine Geschwindigkeit verlassen, da er meist viel schneller als seine Feinde lief. Beim Rennen wird er höchstwahrscheinlich Haken geschlagen haben, um seine Verfolger abzuschütteln; mit seinem Schwanz wird er wohl auch beim Laufen »in der Luft gerudert« haben, um nicht das Gleichgewicht zu verlieren. Manche Forscher nehmen heute an, daß *Struthiomimus* beim Sprinten das Tempo eines galoppierenden Pferdes erreichen konnte. Doch wird es vielleicht gar nicht so oft zu derart überstürzten Fluchtmanövern gekommen sein, da der Ornithomimide generell auf der Hut war.

ERNÄHRUNG

Allgemein nimmt man an, daß *Struthiomimus* beim Fressen nicht sehr wählerisch war. Mit seinen langen Klauen, die denen eines heutigen Faultiers ähneln, konnte er hervorragend Früchte oder dicht belaubte Zweige im Gebüsch oder Unterholz ergreifen, die er dann mit seinem scharfkantigen Hornschnabel abbiß. Über zusätzliche Gelenke im Schädel kann dieser Ornithomimide beide Schnabelhälften beim Zerkleinern separat bewegen – ähnlich wie ein Papagei beim Schälen einer harten Frucht. Wahrscheinlich fraß *Struthiomimus* auch Kleintiere, die im Unterholz lebten, u.a. große Insekten, kleine Eidechsen und spitzmausgroße Säugetiere, die er durch blitzartiges Vorschnellen des Kopfes schnappte.

Schädel
Der 25 cm lange Kopf von *Struthiomimus* war ähnlich geformt und fast so groß wie der eines Straußes. Beide besitzen äußerst dünne Knochen, einen langen, zahnlosen Schnabel, große Augenhöhlen und eine birnenförmige Schädelkapsel. Zu Lebzeiten des Dinosauriers war sein Schnabel durch eine scharfkantige Hornscheide beträchtlich verlängert.

Stellung der Hände
Manche Paläontologen glauben, daß *Struthiomimus* und andere Ornithomimiden ihre Hände beim Laufen anwinkelten und nur bei Bedarf (z.B. beim Ausgraben von Eiern) benutzten. Aufgrund jüngerer Untersuchungen an diesen Handknochen geht man heute jedoch davon aus, daß *Struthiomimus* seine Handteller nach innen drehte.

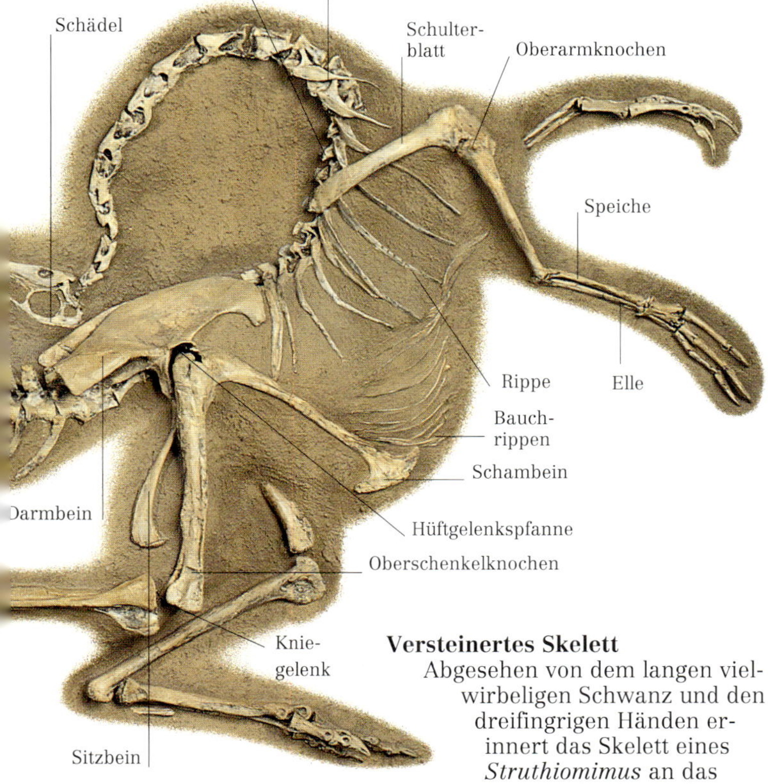

Versteinertes Skelett
Abgesehen von dem langen vielwirbeligen Schwanz und den dreifingrigen Händen erinnert das Skelett eines *Struthiomimus* an das eines großen flugunfähigen Vogels. Nach seinem Tod vertrocknete der Kadaver dieses Tieres, wobei sich die Bänder verkürzten und die Halswirbel dadurch in eine unnatürliche Todesposition gezogen wurden.

KURZ-INFO

STRUTHIOMIMUS

Struthiomimus war ein bipeder Allesfresser. Mit seinen langen Laufbeinen und seinem schlanken Hals erinnert er an einen heutigen Strauß.

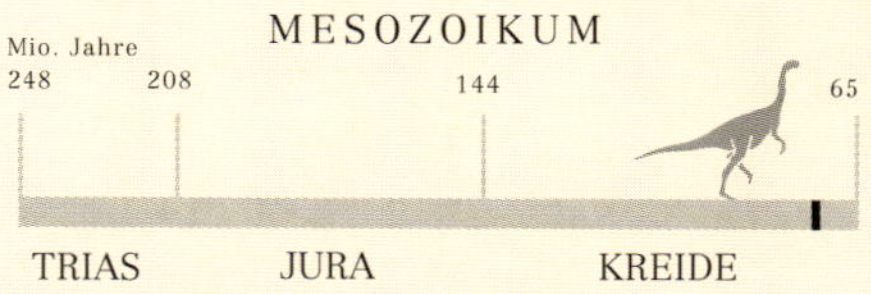

ZEIT
vor 73 Mio. Jahren

NAHRUNG
Kleintiere, Pflanzen

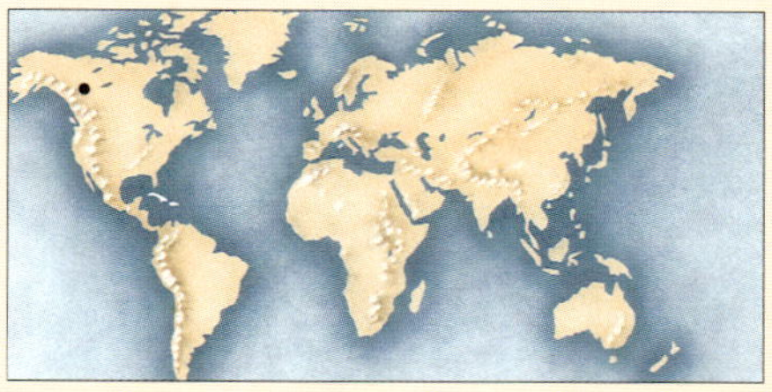

SYSTEMATIK
Familie: Ornithomimidae
Infraordnung: Tetanurae
Subordnung: Theropoda
Ordnung: Saurischia

FUNDORT
Alberta (Kanada)

MASSE
Länge: 4 m
Gewicht: 150 kg

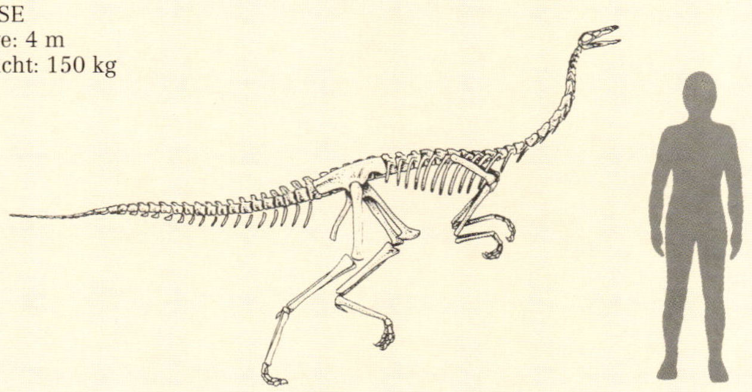

Schneller Sprinter
Aufgrund parallel verlaufender Evolution (Konvergenz) waren der fossile *Struthiomimus* (rechts außen) und der rezente Strauß (rechts) vermutlich gleich starke Sprinter. Nach Abschluß seiner Untersuchungen an Beinknochen kam der amerikanische Paläontologe Dale Russell zu dem Schluß, daß Struthiomimen auf der Flucht Spitzengeschwindigkeiten von 80 km/h erreichten.

OVIRAPTOR

O*viraptor* (»Eierdieb«) war ein vogelähnlicher Theropode mit einem absonderlich geformten Kopf, der in einem kräftigen, aber zahnlosen Hornschnabel endete. Aus dem Gaumendach ragten zwei scharfe knöcherne »Eizähne« heraus, den Schädel krönte ein gewaltiger Kamm. Ansonsten sah *Oviraptor* allerdings wie ein ganz gewöhnlicher Theropode aus: muskulöse Arme, krallenbewehrte dreifingrige Hände, lange Laufbeine mit drei Zehen sowie ein langer, kräftiger Schwanz.

Schädel
Trotz seines kräftigen Aussehens war der Schädel eines *Oviraptor* recht leicht, da viele Schädelelemente nur Knochenstreben waren, die riesige Aussparungen umrahmten, in denen Augen, Nasengänge oder Muskelansätze lagen. Einige der »kammlosen« Schädel, die man für die Fossilien von jungen Oviraptoren gehalten hatte, gehörten den adulten Tieren einer völlig anderen Art an: *Conchoraptor* oder *Ingenia*.

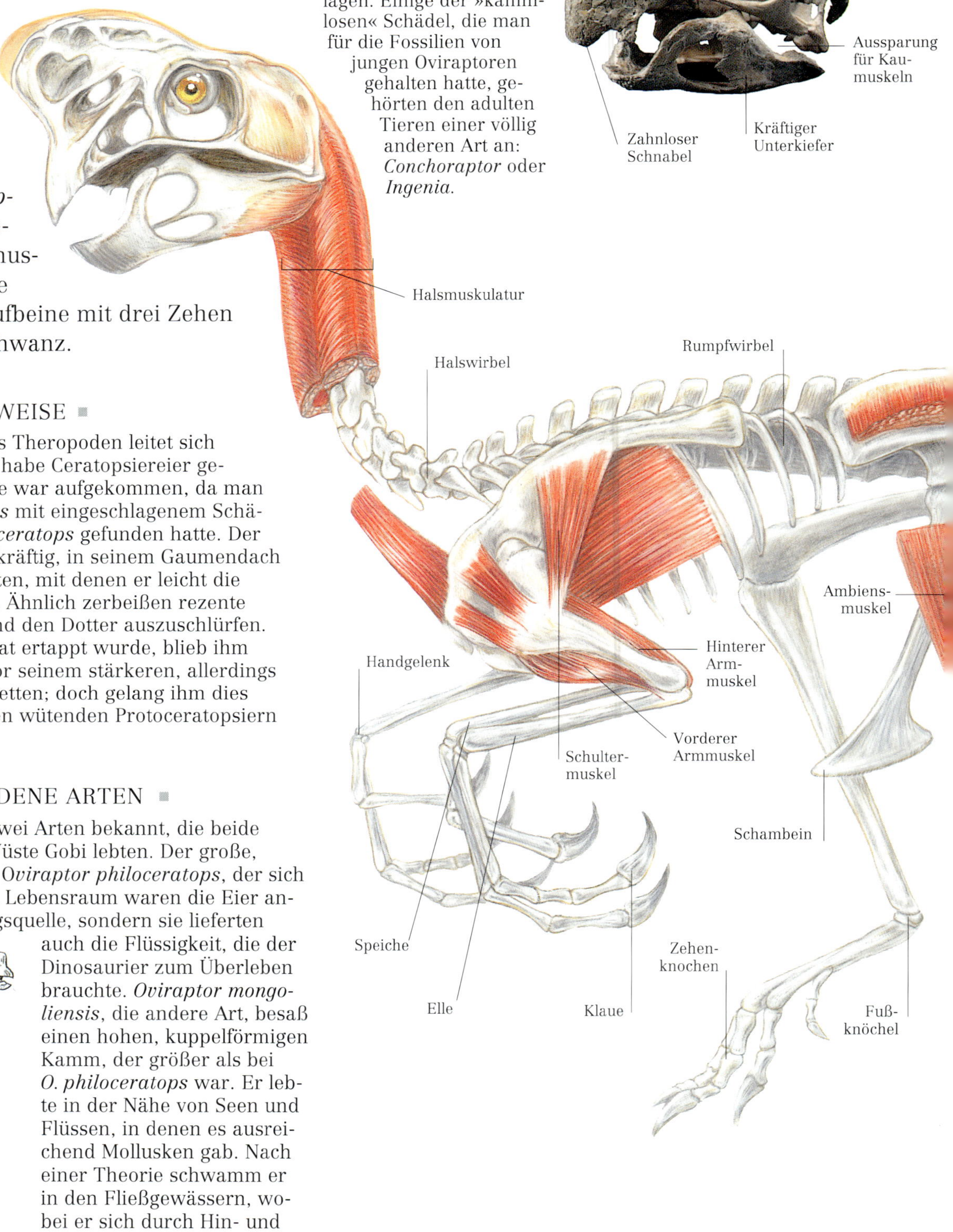

LEBENSWEISE

Der wissenschaftliche Name dieses Theropoden leitet sich von der Vorstellung ab, *Oviraptor* habe Ceratopsiereier gestohlen und gefressen. Diese These war aufgekommen, da man den ersten *Oviraptor philoceratops* mit eingeschlagenem Schädel neben dem Gelege eines *Protoceratops* gefunden hatte. Der Kiefer des Theropoden war recht kräftig, in seinem Gaumendach saßen knöcherne, zahnartige Leisten, mit denen er leicht die harte Eischale zerbrechen konnte. Ähnlich zerbeißen rezente Nattern Vogeleier, um anschließend den Dotter auszuschlürfen. Wenn ein *Oviraptor* auf frischer Tat ertappt wurde, blieb ihm nur eine rasche Flucht, um sich vor seinem stärkeren, allerdings auch recht langsamer Gegner zu retten; doch gelang ihm dies nicht immer, und er wurde von den wütenden Protoceratopsiern zu Tode getrampelt.

ZWEI VERSCHIEDENE ARTEN

Von der Gattung *Oviraptor* sind zwei Arten bekannt, die beide während der Oberkreide in der Wüste Gobi lebten. Der große, rechts abgebildete Theropode ist *Oviraptor philoceratops*, der sich in Halbwüsten aufhielt. In diesem Lebensraum waren die Eier anderer Reptilien nicht nur Nahrungsquelle, sondern sie lieferten auch die Flüssigkeit, die der Dinosaurier zum Überleben brauchte. *Oviraptor mongoliensis*, die andere Art, besaß einen hohen, kuppelförmigen Kamm, der größer als bei *O. philoceratops* war. Er lebte in der Nähe von Seen und Flüssen, in denen es ausreichend Mollusken gab. Nach einer Theorie schwamm er in den Fließgewässern, wobei er sich durch Hin- und Herwedeln des Schwanzes vorwärts bewegte und mit dem Kopf nach Muscheln und Schnecken »gründelte«.

ENTDECKUNG
Oviraptor wurde 1923 während einer Expedition des American Museum of Natural History in der Wüste Gobi gefunden.

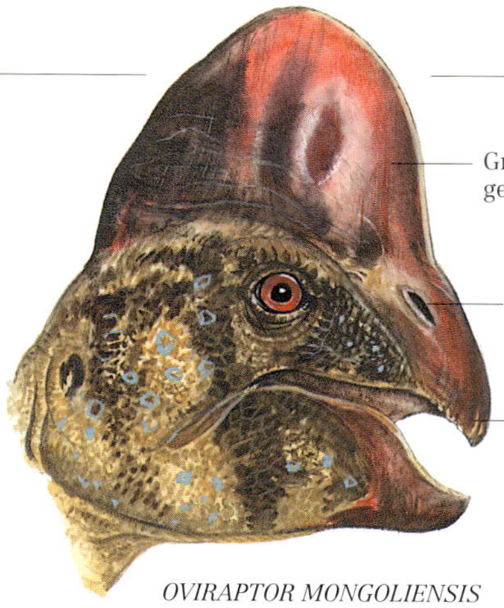

OVIRAPTOR MONGOLIENSIS

INGENIA

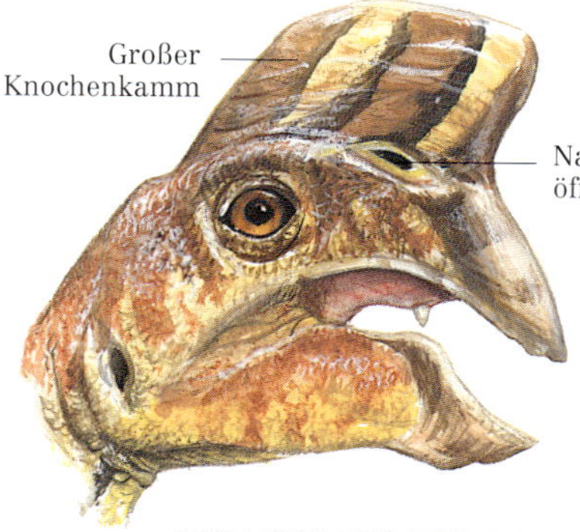

OVIRAPTOR PHILOCERATOPS

Becken, Beine und Schwanz
Wie die meisten Theropoden besaß auch *Oviraptor* ein schmales Becken, und sein Schambein endet in einem fußförmigen Fortsatz. Seine Unterschenkel waren verlängert, und das ganze Körpergewicht wurde von jeweils dreizehigen Füßen getragen. Der recht lange Schwanz bestand aus 40 Wirbeln.

Mehrere Köpfe im Vergleich
Die Köpfe von Männchen der Arten *Oviraptor mongoliensis* oder *Oviraptor philoceratops* waren mit Knochenkämmen geschmückt, die unter einer (evtl. bunt gefärbten) Hornscheide lagen. Von der Form erinnern sie an den Kamm des australischen Helmkasuars, eines rezenten großen Laufvogels, der sich mit seinem Kopfschmuck einen Weg durch das Unterholz bahnt. Vermutlich hatten auch Oviraptoren wie *Ingenia* eine schillernd gefärbte Kopfhaut, allerdings besaßen sie keinen Kamm.

HELMKASUAR

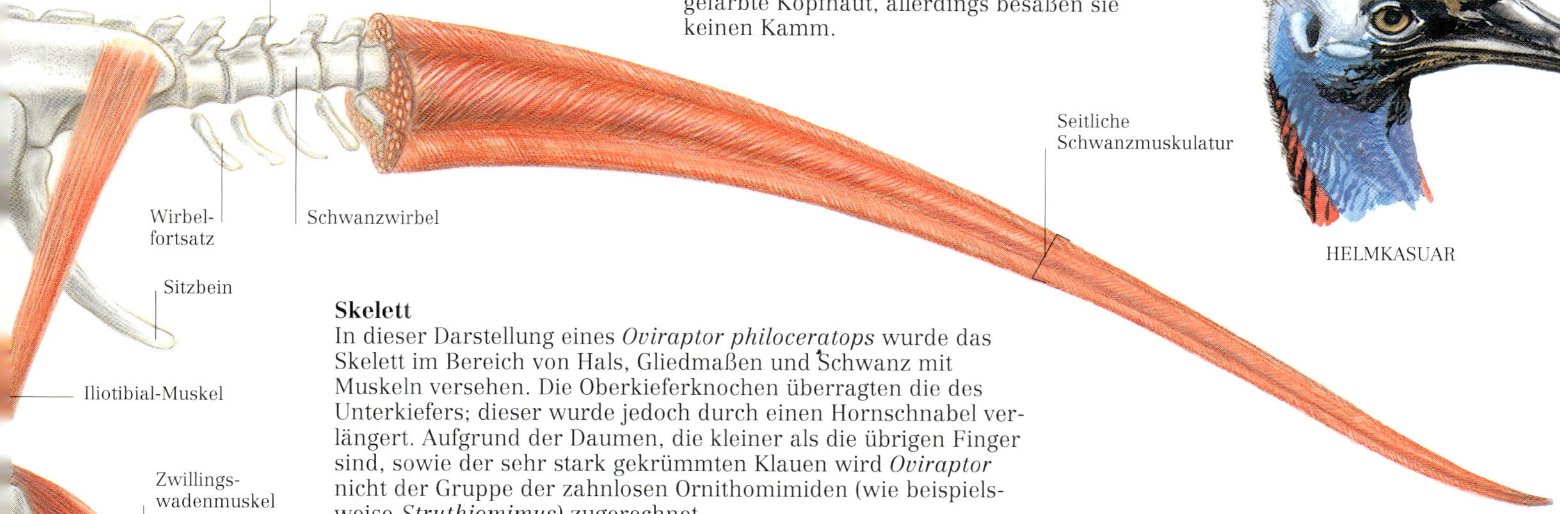

Skelett
In dieser Darstellung eines *Oviraptor philoceratops* wurde das Skelett im Bereich von Hals, Gliedmaßen und Schwanz mit Muskeln versehen. Die Oberkieferknochen überragten die des Unterkiefers; dieser wurde jedoch durch einen Hornschnabel verlängert. Aufgrund der Daumen, die kleiner als die übrigen Finger sind, sowie der sehr stark gekrümmten Klauen wird *Oviraptor* nicht der Gruppe der zahnlosen Ornithomimiden (wie beispielsweise *Struthiomimus*) zugerechnet.

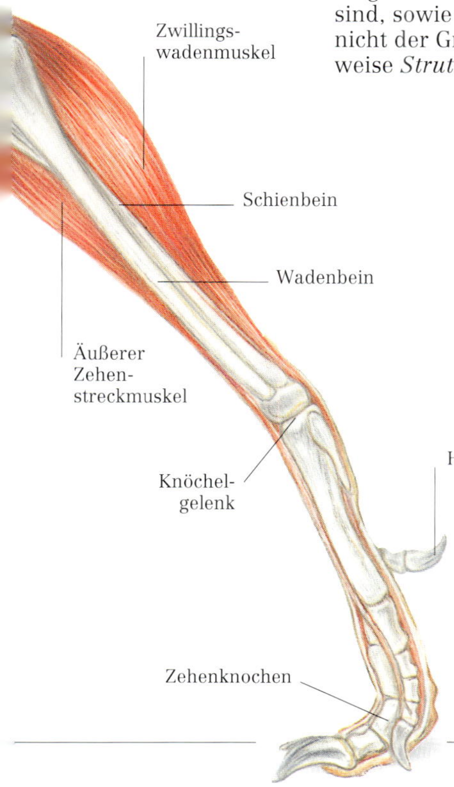

KURZ-INFO

OVIRAPTOR

Oviraptor war ein bipeder, vogelähnlicher Raubsaurier. Er besaß einen kräftigen Schnabel mit zwei »Eizähnen«, kräftige Arme mit gebogenen Klauen sowie einen langen Schwanz.

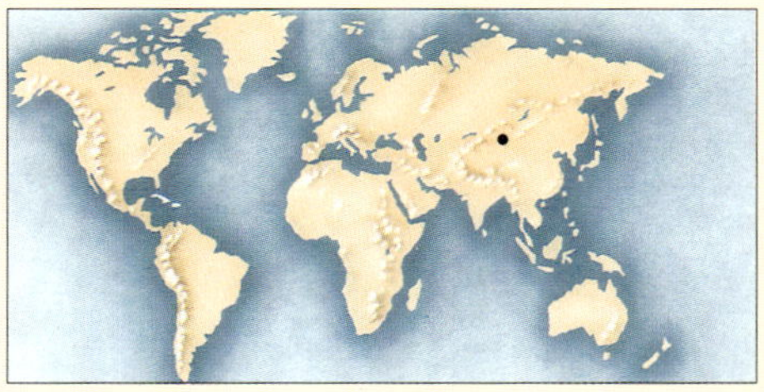

MESOZOIKUM

TRIAS JURA KREIDE

MASSE
Länge: 2 m
Gewicht: 33 kg

ZEIT
vor 83 bis 73 Mio. Jahren

FUNDORT
Ömnögov (Mongolei)

NAHRUNG
Mollusken, Eier

SYSTEMATIK
Familie: Oviraptoridae
Infraordnung: Tetanurae
Subordnung: Theropoda
Ordnung: Saurischia

TROODON

Im Jahr 1856 hatte man einen kleinen, scharfkantigen Zahn gefunden, der die Grundlage für die Beschreibung des etwa putergroßen *Troodon* (»Wunden reißender Zahn«) bildete. Zunächst hatte man *Troodon* für eine Eidechse, später dann für einen Pachycephalosaurier gehalten; diese abwegigen Interpretationen ergaben sich, da bis in die 80er Jahre keine Skeletteile des Theropoden bekannt waren. Aufgrund der dann gefundenen fossilen Knochen stellte sich *Troodon* als ein vogelähnlicher Theropode mit gutem Sehvermögen und vergleichsweise größtem Gehirn aller Dinosaurier dar. Außerdem hatte er krallenbewehrte Greifhände sowie außerordentlich lange, schlanke Beine mit drei Zehen, auf denen das Gewicht ruhte. Ähnlichkeit mit *Deinonychus* bestand in der kräftigen, retraktilen Kralle an der zweiten Zehe; diese Gemeinsamkeit reicht nach Ansicht einiger Paläontologen jedoch nicht aus, beide Arten als eng verwandt zu bezeichnen.

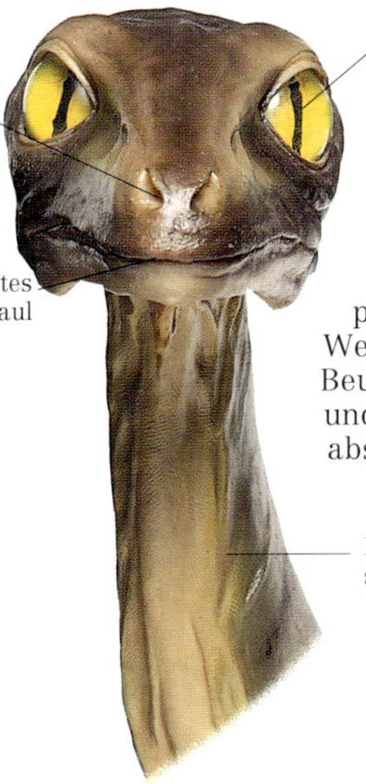

Kopf von vorne
In diesem Modell des vogelähnlichen Kopfes von *Troodon* werden die großen, wachsamen Augen betont. Da sich das Sichtfeld beider Augen überlappte, konnte der Theropode stereoskopisch sehen. Auf diese Weise konnte *Troodon* die Entfernung zu Beutetieren (z.B. rattengroßen Säugern und kleinen Hypsophilodonten) relativ gut abschätzen.

▪ LEBENSWEISE ▪

Aufgrund der Anatomie dieses Theropoden nimmt man an, daß *Troodon* ein dämmerungsaktives Raubtier war, das hauptsächlich kleine Säugetiere jagte. Im Gegensatz zu den meisten anderen Dinosauriern saßen bei *Troodon* die Augen nicht seitlich am Kopf, sondern schauten teilweise nach vorne. Möglicherweise konnte er also (ähnlich wie der Mensch) stereoskopisch sehen und deshalb auch sehr kleine, schnell bewegliche Tiere erkennen und orten. Falls zudem seine Netzhaut einen hohen Anteil Stäbchen (d.h. Photorezeptoren für Schwachlicht) aufwies, besaß *Troodon* einen weiteren Vorteil: Dann konnte er die dämmerungsaktiven Säugetiere, die sich vor den meist tagsüber jagenden (und folglich oft nachtblinden) Theropoden in Sicherheit wähnten, auch bei Nacht sehen und erbeuten.

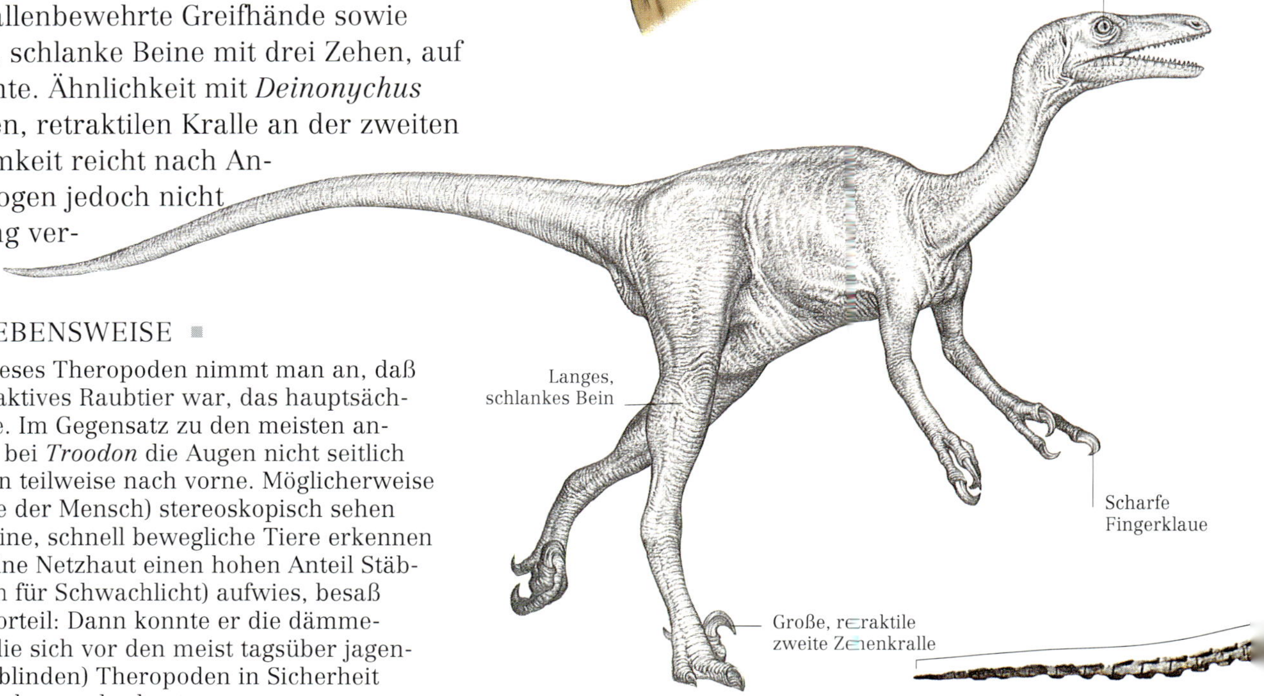

Äußere Erscheinung
Mit seinen langen Beinen konnte *Troodon* weite Schritte machen und vermutlich auch schnell rennen. Beim Laufen hielt er die Kralle der zweiten Zehe wohl nach oben. Theropoden wie *Troodon* gehörten zu den schnellsten Tieren jener Zeit, die vielleicht nur noch von den flinken Avimimiden aus Asien übertroffen wurden.

▪ BEUTESPEKTRUM ▪

Zwischen den Experten wird über diesen Punkt sehr lebhaft diskutiert. Falls *Troodon* z.B. einen Kleinsäuger bemerkte, der gerade Deckung aufsuchte, hätte er ihm nachsetzen und das Tier mit seinen dicht bezahnten Kiefern packen können. Dennoch hätte *Troodon* von seiner Statur her auch größere Beutetiere angreifen und mit den scharfen Krallen seiner vier Extremitäten töten können. Allerdings waren die großen Krallen an seiner zweiten Zehe schwächer entwickelt als bei *Deinonychus,* so daß sich *Troodon* vermutlich nicht auf gleiche Weise wie dieser Dromaeosauride in seine Opfer verbeißen und sie mit den Hinterkrallen aufschlitzen konnte. Wahrscheinlich fiel *Troodon* daher nur kleinere Tiere wie Eidechsen, Schlangen, Säuger und Jungdinosaurier an. Ein weiterer Unterschied zwischen *Deinonychus* und *Troodon* bestand im Aufbau des Schwanzes: dieser wurde bei *Deinonychus* durch knöcherne Sehnen stabilisiert, die bei *Troodon* jedoch fehlten.

Sägezähne
Die kleinen, dreieckigen Sägezähne waren seitlich wie eine Messerklinge abgeplattet und auf ganzer Länge gebogen. Auf der Schneidekante waren sie dicht mit starken, hakenförmigen Dentikeln besetzt. Beide Oberkieferhälfen besaßen jeweils 25 Zähne, die auf ebenfalls je 25 Zähne im Unterkiefer bissen.

KURZ-INFO

TROODON

Troodon war ein bipeder Raubsaurier, der hervorragend sehen konnte und ein relativ großes Gehirn besaß.

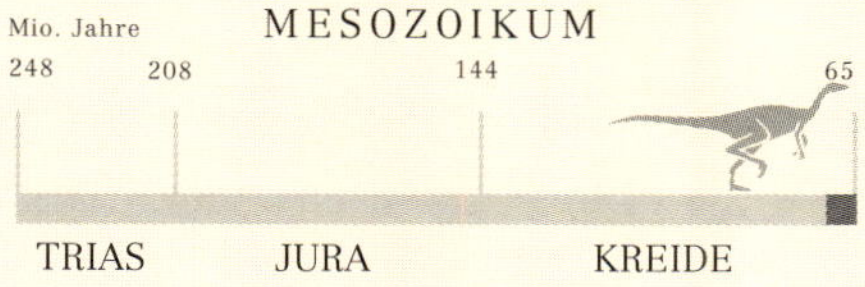

FUNDORT
Alberta (Kanada)
Montana, Wyoming (USA)

NAHRUNG
Kleine Reptilien und Säuger

MASSE
Länge: 2 m

SYSTEMATIK
Familie: Troodontidae
Infraordnung: Tetanurae
Subordnung: Theropoda
Ordnung: Saurischia

ZEIT
vor 73 bis 65 Mio. Jahren

Troodon und der »Dinosauroide«

Zu Beginn der 80er Jahre wartete der amerikanische Paläontologe Dale Russell mit der Hypothese auf, daß sich bei einem eventuellen Überleben der Dinosaurier aus *Troodon* (unten links) möglicherweise ein intelligentes, menschenähnliches Wesen wie der abgebildete »Dinosauroide« (unten rechts) entwickelt haben könnte.

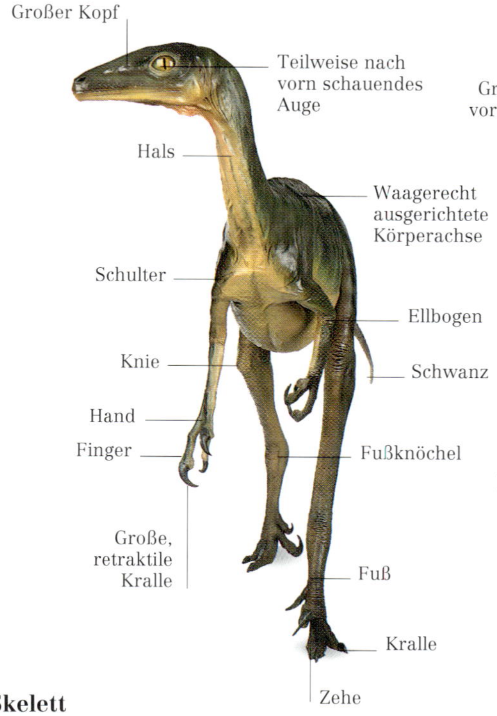

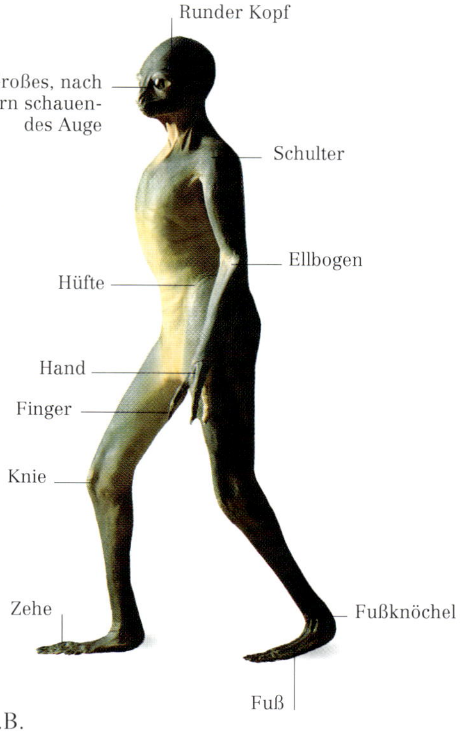

Skelett

Bestimmte Skelett-Elemente bei *Troodon,* wie z.B. Knochen am Schädel und im Handbereich sowie die zweiten Zehenkrallen, die über Gelenke mit den Phalangen verbunden sind, erinnern stark an die Anatomie des berühmten Dramaeosauriers *Deinonychus.* Allerdings war der Schwanz des *Troodon* nicht durch verknöcherte Sehnen versteift.

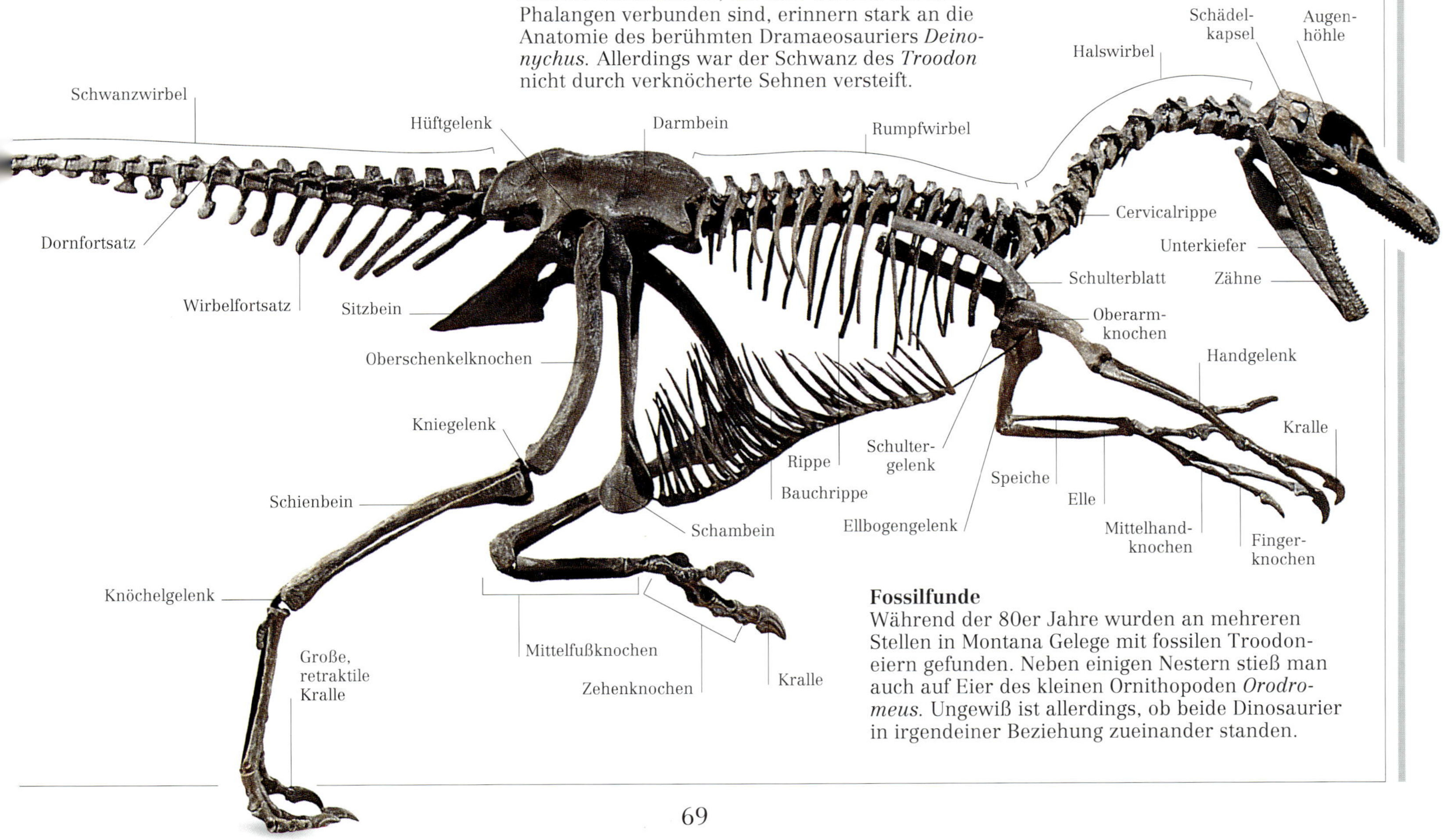

Fossilfunde

Während der 80er Jahre wurden an mehreren Stellen in Montana Gelege mit fossilen Troodoneiern gefunden. Neben einigen Nestern stieß man auch auf Eier des kleinen Ornithopoden *Orodromeus.* Ungewiß ist allerdings, ob beide Dinosaurier in irgendeiner Beziehung zueinander standen.

DEINONYCHUS

Mehrere in den 60er Jahren gefundene, nahezu vollständige Skelette eines sehr behenden Theropoden brachten die althergebrachte These ins Wanken, Dinosaurier seien behäbige Reptilien mit einem kleinen Gehirn gewesen. Obwohl *Deinonychus* (»Schreckliche Kralle«) nur etwa 60 kg wog und nicht länger als 3 m war, besaß er im Gegensatz zu vielen anderen Theropoden ein tödliches Waffenarsenal: Aus seinem Maul bleckten dem Betrachter messerscharfe, wie Krummsäbel geformte Zähne entgegen, und an seinen Greifhänden saßen kräftige Klauen, doch das gefährlichste Instrument war die gewaltige Sichelkralle, die jeweils auf dem zweiten Zehenknochen seiner Füße prangte.

Modell
Das abgebildete Museumsmodell dieses *Deinonychus* besitzt ein getigertes Hautmuster. Diese Art der Tarnung hilft einem Tiger, der sich im hohen Gras anschleicht, seine Konturen zu verwischen. Obwohl es zu Lebzeiten des *Deinonychus* noch keine Gräser gab, könnte ihn eine derartig gefärbte Haut auch in lichten Wäldern oder Farngestrüppen Tarnung geboten haben. Sein tatsächliches Muster bleibt jedoch weiterhin ungewiß.

Versteifter Schwanz
Der wie ein Ladestock abstehende Schwanz des *Deinonychus* wurde durch ineinander verzahnte Schwanzwirbel und durch verknöcherte, gegabelte Sehnen versteift. Jede dieser Sehnen zog sich über mindestens acht angrenzende Wirbel hinweg. Eine weitere Stabilisierung erfolgte auf der Unterseite der Schwanzwirbelsäule, wo jeder Wirbelfortsatz über eine nach vorne weisende Verlängerung mit den benachbarten Fortsätzen verbunden war.

LEBENSWEISE

Heute geht man davon aus, daß Deinonychier im Rudel jagten. Auf sich allein gestellt, fingen die Theropoden vermutlich Eidechsen oder kleine Säugetiere, doch als Rudel konnten sie auch größere Dinosaurier überwältigen. Das bewährte Prinzip des Teamworks, um wesentlich größere Beutetiere zu erlegen, galt vermutlich nicht nur bei heutigen Wölfen, Löwen und Hyänenhunden, sondern auch schon damals. Anlaß für diese Hypothese ist ein Fund, bei dem fossile Skelette von vier Deinonychiern sowie eine einzigen *Tenontosaurus* freigelegt wurden. Den Ablauf des dramatischen Geschehens kann man letztlich nur erahnen, doch möglicherweise hat hier ein größeres Rudel Deinonychier diesen etwa pferdegroßen Ornithopoden angegriffen; bei diesem Kampf blieben außer *Tenontosaurus* aber auch vier Theropoden auf der Strecke. Während eines Angriffs balancierten die Raubsaurier ruckartige Bewegungen vermutlich mit dem fast starren Schwanz aus; sehr wahrscheinlich stürzten sie sich auf das Opfer, wobei sie sich mit einem Fuß abstützten und mit der Kralle des anderen Fußes wild auf den Tenontosaurier einstachen. Eine andere Möglichkeit wäre noch gewesen, daß die Deinonychier mit ausgefahrenen Krallen direkt auf Rücken oder Flanken des Ornithopoden sprangen. Dieser mag sich seiner Angreifer erwehrt haben, indem er sich auf den Rücken wälzte oder mit dem kräftigen Schwanz mörderische Schläge austeilte. Obwohl dabei sicherlich der eine oder andere Theropode umgekommen sein wird, hatten die übrigen Deinonychier den *Tenontosaurus* bereits soweit verwundet, daß dieser schließlich, bedingt durch Blutverlust oder Schock, zusammenbrach und verendete.

ANGRIFF IM RUDEL
Der große Ornithopode *Tenontosaurus* wird von drei Deinonychiern angegriffen, die hier mit blaugrünem Hautmuster dargestellt sind. Ein solches Rudel konnte sogar Dinosaurier überwältigen, die drei- bis viermal größer waren.

Kopf von vorne
In dieser Ansicht des Kopfes eines *Deinonychus* – aus dem Blickwinkel seines Opfers – erkennt man den kräftigen Kiefer, der von krummsäbelartigen Zähnen strotzt. Der Theropode konnte sein Maul weit aufreißen, es dann mit Macht in seine Beute verbeißen und den Kopf ruckartig nach hinten ziehen; auf diese Weise riß er gewaltige Fleischbrocken heraus, die er dann verschlang. Da auch die restlichen Deinonychier des Rudels genauso mit dem Beutetier verfuhren, wird es innerhalb kürzester Zeit verblutet oder durch Schock verendet sein. Ähnliche Szenen kann man auch heute noch beobachten, wenn z.B. ein Rudel Hyänenhunde ein Gnu zerfleischt.

Skelett
Dieses Skelett eines *Deinonychus* wurde so dynamisch rekonstruiert, als ob der Theropode gerade ein Beutetier anspränge; dies betont das wohl ebenso lebhafte wie aggressive Wesen des Dinosauriers. Trotz seiner Größe wog der Schädel aufgrund größerer Aussparungen für Augen und Kaumuskelansätze relativ wenig; sein Kiefer war mit säbelähnlichen Reißzähnen besetzt. Bei ausgestrecktem Arm drehte *Deinonychus* seine Handfläche nach innen, so daß er mit seinen Krallen gut zupacken konnte. Die Laufbeine endeten in dreizehigen Füßen, von denen eine Zehe mit einer mörderischen Kralle bewehrt war, während die beiden anderen das Körpergewicht trugen.

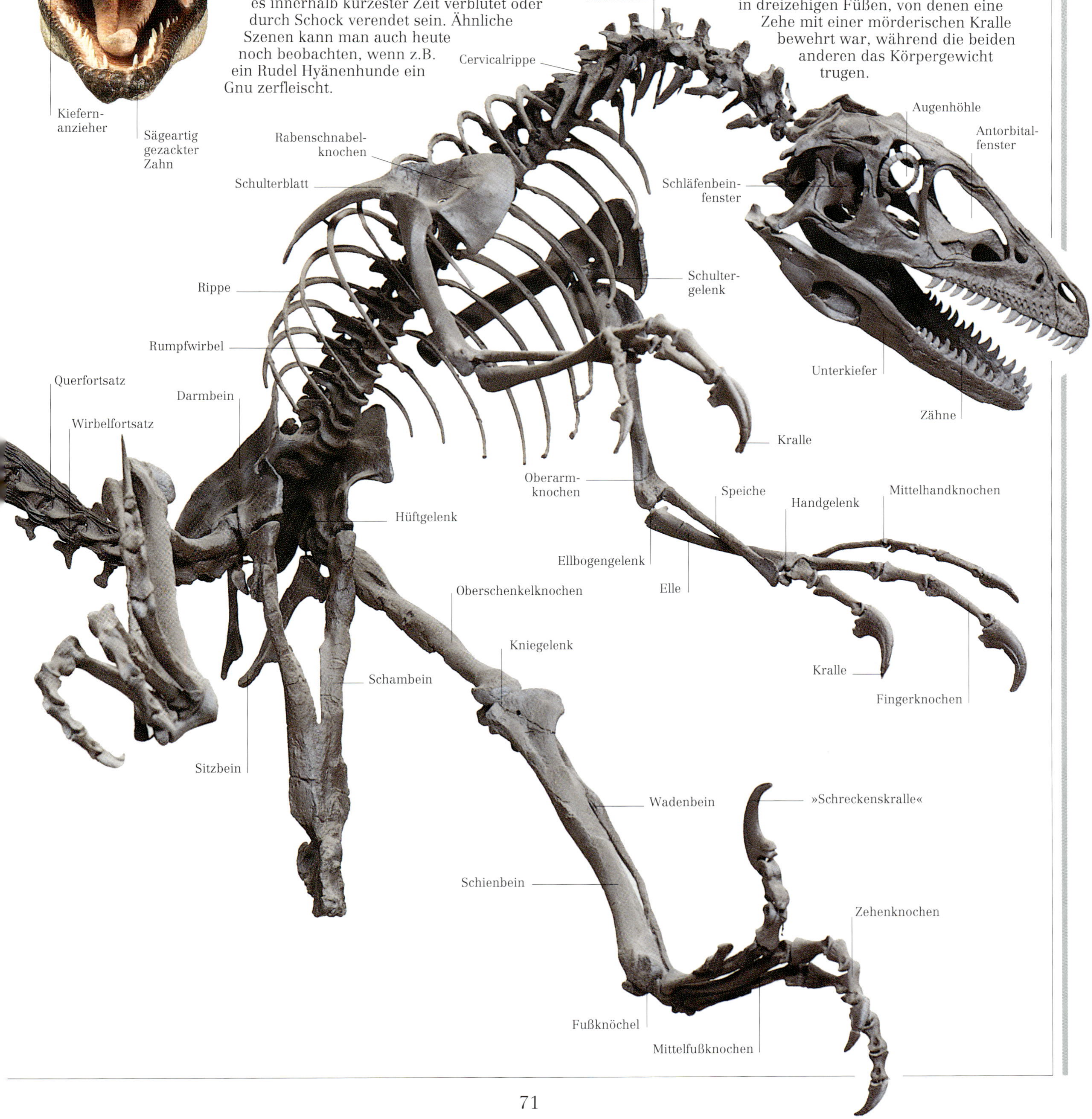

Fußknochen
An seinem Fuß besaß *Deinonychus* eine retraktile bewegliche Kralle, die auf der zweiten Zehe saß. Diese »Schreckenskralle« war das Markenzeichen der Dromaeosauriden, jener Theropodenfamilie, der auch *Deinonychus* angehörte. Während er sein ganzes Gewicht auf den langen dritten und vierten Zehen trug, konnte *Deinonychus* seine zweite Zehe samt Kralle bedrohlich anheben.

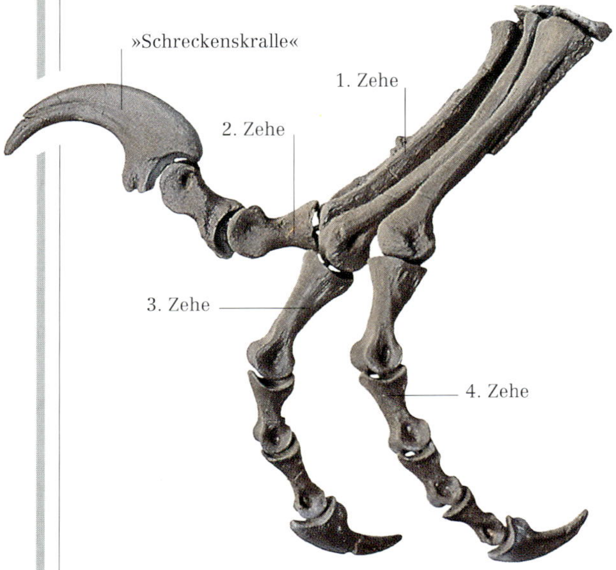

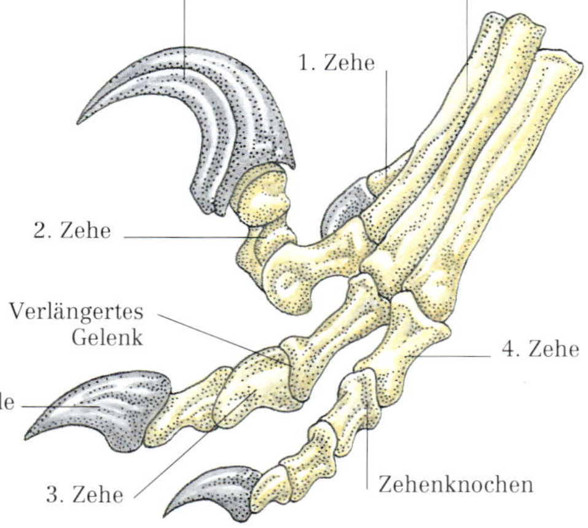

Bewegliche Kralle
Vermutlich zog *Deinonychus* beim Laufen die lange Kralle seiner zweiten Zehe zurück, um zu vermeiden, daß sie stumpf wurde. Verlängerte Zehenknochengelenke sorgten für eine bessere Hebelkraft der Krallenrückziehermuskeln. Sehr wahrscheinlich schwang ein angreifender *Deinonychus* seine Kralle in einem tödlichen Halbkreis (rechts) wie eine Sichel und brachte Opfern oder Gegnern heftige Stichwunden bei. Im Verhältnis zu seiner Körpergröße waren die Sichelkrallen des *Deinonychus* überdimensional groß – ähnlich wie die gewaltigen Reißzähne der ausgestorbenen Säbelzahntiger.

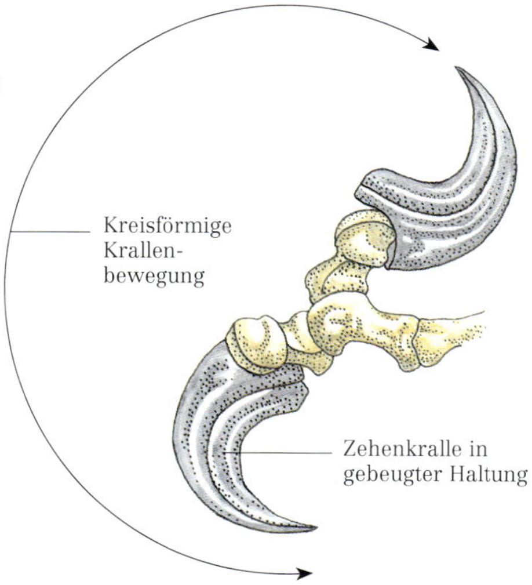

Fast wie ein Laufvogel
Deinonychus konnte sicherlich genauso gut wie ein flugunfähiger Vogel laufen und manövrieren, ohne das Gleichgewicht zu verlieren. Tatsächlich wies dieser Theropode fast den gleichen Bau wie ein Vogel auf, sogar sein Schambein war vogelähnlich leicht nach hinten gebogen. Im Gegensatz zu dem sehr an Vögel erinnernden Theropoden *Troodon* war der dritte Mittelfußknochen von *Deinonychus* nicht reduziert.

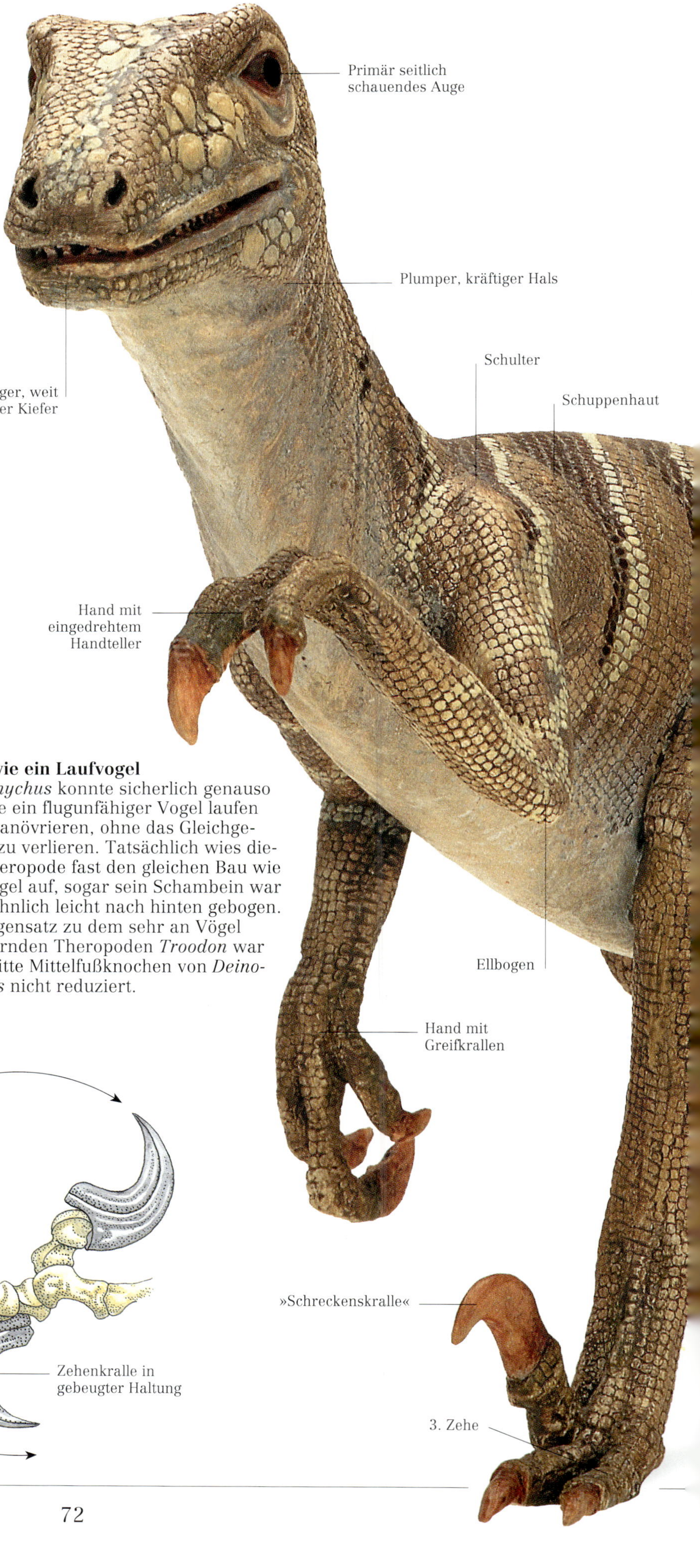

Rivalisierende Männchen
Möglicherweise haben Deinonychusmännchen um Weibchen oder Territorialansprüche gekämpft. Vielleicht lieferten sie sich dabei erbitterte Kämpfe, indem sie den Gegner mit ausgefahrenen Krallen ansprangen und verwundeten. Da ein solches Verhalten jedoch für beide Seiten fatal enden konnte, haben sie ihren Konflikt vielleicht auch allein durch Drohgebärden und Imponierverhalten ausgetragen.

Fundort
1964 entdeckte John Ostrom vom Peabody Museum der Yale University etwa auf halber Höhe dieses Felsberges die ersten Knochenfossilien eines *Deinonychus*. Später wurden mehrere dieser Theropoden sowie ein *Tenontosaurus* ausgegraben, der dem Rudel vermutlich zum Opfer gefallen war.

ENTDECKER
Die 1969 veröffentlichte These des amerikanischen Paläontologen John Ostrom, die aufrechte Haltung des *Deinonychus* sei als Indiz für Warmblütigkeit zu werten, stellte die herkömmliche Meinung, Dinosaurier seien allesamt Kaltblüter gewesen, in Frage. Ostrom behauptete ferner, daß sich die Vögel aus kleinen, endothermen Theropoden entwickelt hätten.

KURZ-INFO

DEINONYCHUS

Deinonychus, ein bipeder Raubsaurier, war ungeachtet seiner kleinen Statur außerordentlich gut bewaffnet, da er ein messerscharfes Gebiß sowie große Krallen an Händen und Füßen besaß.

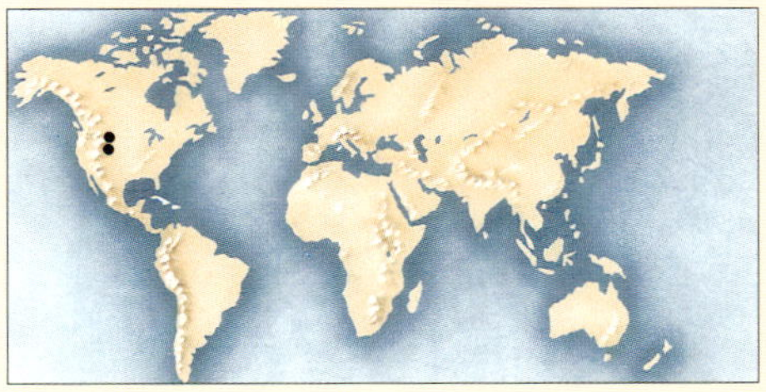

MESOZOIKUM

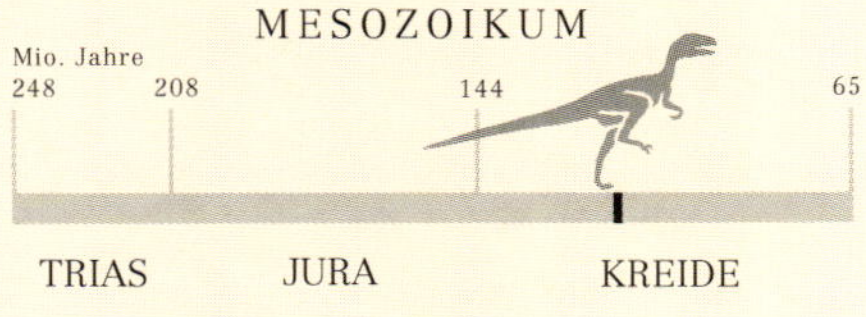

MASSE
Länge: 3 m
Gewicht: 60 kg

ZEIT
vor 113 Mio. Jahren

FUNDORT
Montana, Wyoming (USA)

NAHRUNG
Herbivore Dinosaurier

SYSTEMATIK
Familie: Dromaeosauridae
Infraordnung: Tetanurae
Subordnung: Theropoda
Ordnung: Saurischia

ARCHAEOPTERYX

Der seit längerem bekannte *Archaeopteryx* (»Sehr alter Flügel«) zeigt deutliche Verwandtschaftsmerkmale zu Dinosauriern, da seine Hände, Beine und sein Schädel wie bei einem kleinen Theropoden gebaut sind; aufgrund neuerer Forschungsarbeiten nimmt man an, daß er höchstwahrscheinlich aus dieser Saurischiergruppe hervorgegangen ist. Im Gegensatz zu heutigen Vögeln besitzt er jedoch Zähne, Krallen und eine längere knöcherne Schwanzwirbelsäule. Allerdings handelt es sich bei *Archaeopteryx* vermutlich nicht um den Stammvater der modernen Vögel, sondern nur um einen Seitenzweig, der sich bald nach Entstehung der »Urvögel« von dieser Linie trennte.

LEBENSWEISE

Beim Vergleich der Knochen von *Archaeopteryx* und denjenigen moderner Vögel kommt man zu dem Schluß, daß er wohl nicht sehr gut fliegen konnte (wie beispielsweise eine Taube). Man nimmt an, daß *Archaeopteryx* wild mit den Flügeln schlagend losrannte und sich halb hüpfend, halb fliegend vom Boden in die Lüfte schwang. Diese Theorie verlor durch die Entdekkung an Glaubwürdigkeit, daß *Archaeopteryx* die hierzu erforderlichen gut entwickelten Muskeln fehlten. Höchstwahrscheinlich zog sich das Tier mit Hilfe seiner Fingerkrallen an den Baumstämmen hoch, um dann von oben im Gleitflug nach unten zu fliegen. Auf den halbwüstenähnlichen Inseln (dort, wo heute Bayern liegt) waren buschartige, halbhohe Nadelgewächse die höchsten Bäume seines Lebensraums. Es gibt andere Theorien, wonach *Archaeopteryx* möglicherweise schwimmen konnte und in den Lagunen vor der Küste Fische jagte; allerdings kann man eher davon ausgehen, daß er am Strand entlangwanderte und nach angeschwemmten Fischen, Krabben, Ammoniten und Würmern Ausschau hielt, aber auch Libellen, Falter oder Fliegen nicht verschmähte, die der Wind vom Landesinneren herbeiwehte.

Hier wird *Archaeopteryx* im Baumwipfel sitzend dargestellt.

SKELETT EINES COMPSOGNATHUS

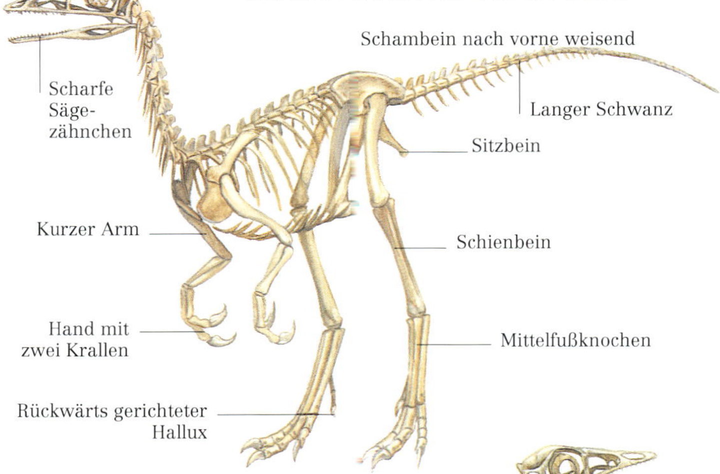

SKELETT EINES ARCHAEOPTERYX

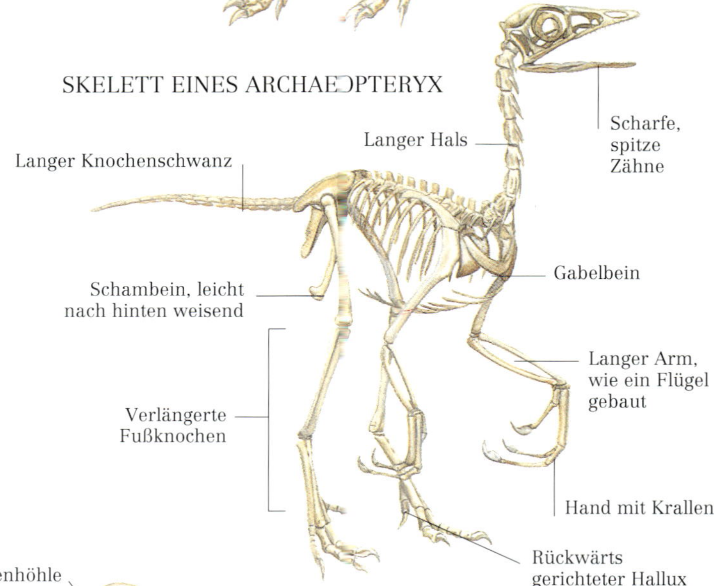

SKELETT EINER KRÄHE (*CORVUS*)

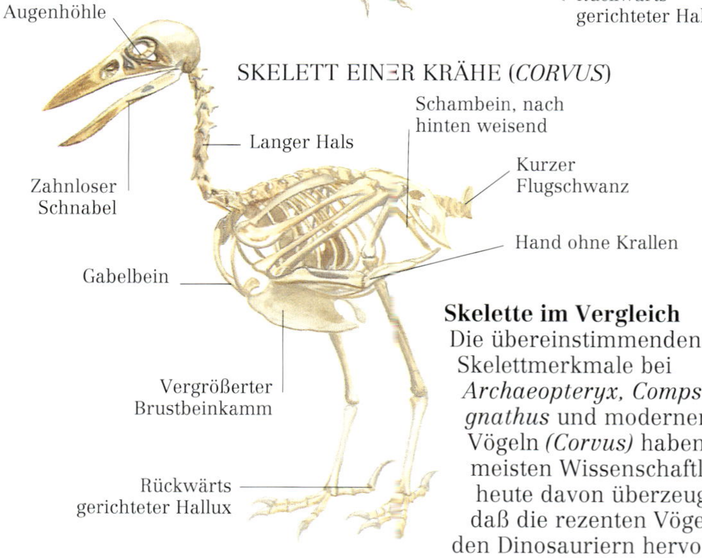

Skelette im Vergleich
Die übereinstimmenden Skelettmerkmale bei *Archaeopteryx, Compsognathus* und modernen Vögeln *(Corvus)* haben die meisten Wissenschaftler heute davon überzeugt, daß die rezenten Vögel aus den Dinosauriern hervorgegangen sind. Der bezahnte Kiefer des *Archaeopteryx,* sein schmaler, beweglicher Hals, seine langen mit Krallen versehenen Finger, sein kurzer Rumpf sowie die verlängerten Fußknochen, aber auch noch einige andere Details erinnern an die Anatomie bei kleinen Theropoden (z.B. *Compsognathus*).

Rekonstruiertes Skelett
Dieses Museumsmodell zeigt einen *Archaeopteryx* auf dem Erdboden. Das Tier konnte vermutlich ähnlich wie ein heutiger südamerikanischer Hoatzin (ein Schopfhuhn) mit seinen Krallen an Bäumen emporklettern.

Fossile Feder
Diese fossile Feder gehörte einem *Archaeopteryx*. Ihr unsymmetrischer Aufbau erinnert an die Federn einer Taube und läßt daher vermuten, daß *Archaeopteryx* fliegen oder zumindest durch die Luft gleiten konnte.

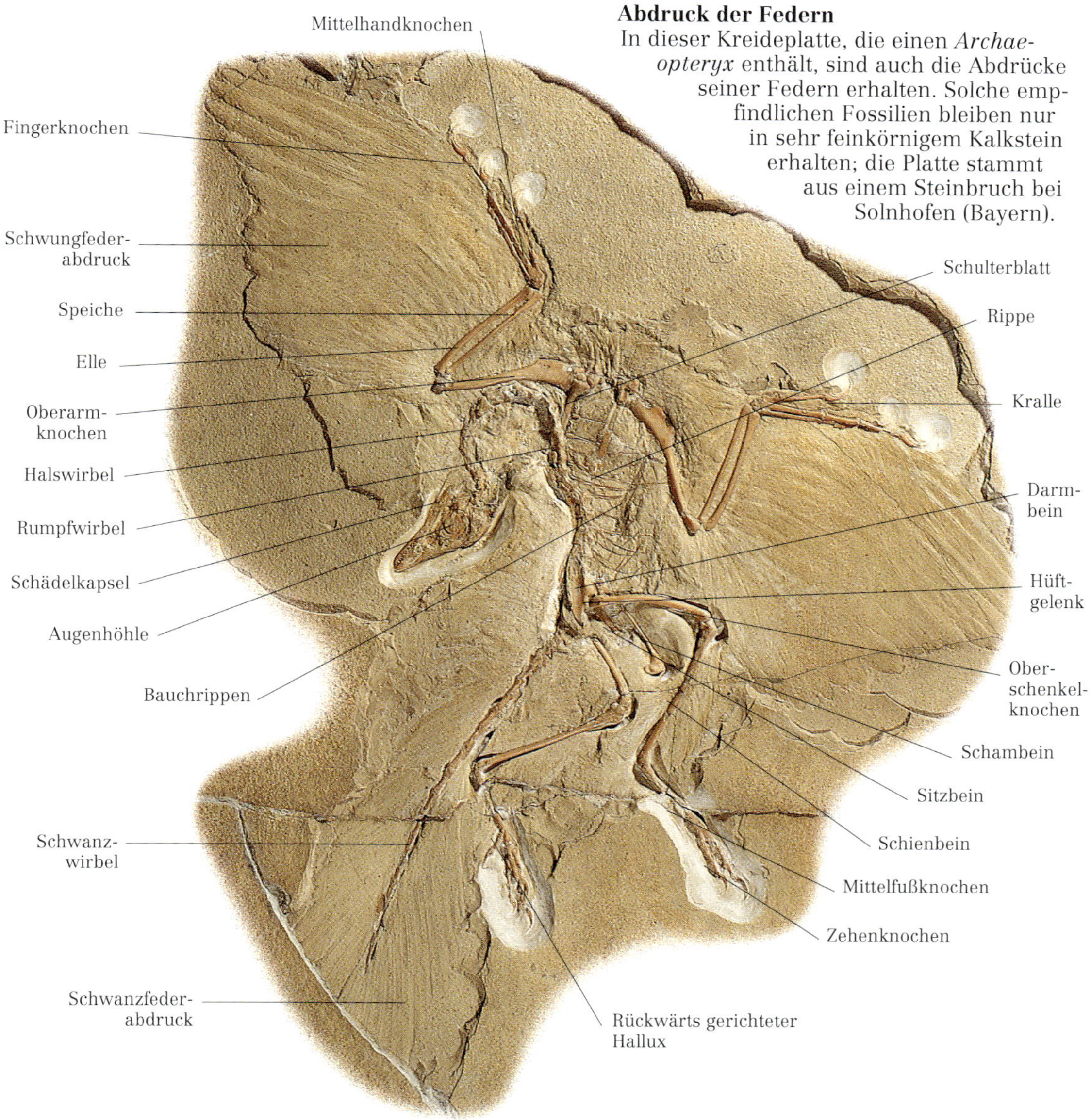

Abdruck der Federn
In dieser Kreideplatte, die einen *Archaeopteryx* enthält, sind auch die Abdrücke seiner Federn erhalten. Solche empfindlichen Fossilien bleiben nur in sehr feinkörnigem Kalkstein erhalten; die Platte stammt aus einem Steinbruch bei Solnhofen (Bayern).

KURZ-INFO

ARCHAEOPTERYX

Archaeopteryx besaß scharfe Zähne, Krallenfinger und eine knöcherne Schwanzwirbelsäule; *Archaeopteryx* steht auf einer frühen Entwicklungsstufe der Klasse Aves (Vögel). Manche Wissenschaftler rechnen die Vögel daher zu den Dinosauriern.

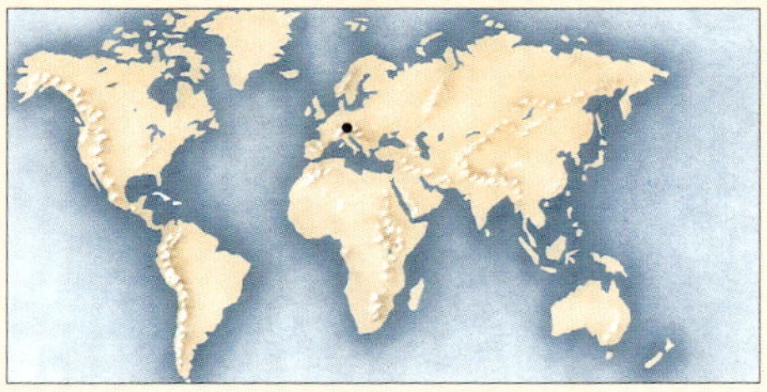

FUNDORT
Bayern (Deutschland)

NAHRUNG
Insekten, kleine Wirbeltiere

SYSTEMATIK
Familie: Archaeopterygidae
Ordnung: Archaeopterygiformes
Unterklasse: Archaeornithes
Klasse: Aves

ZEIT
vor 156 bis 150 Mio. Jahren

MASSE
Länge: 60 cm

Vor dem Abflug
Dieser *Archaeopteryx* breitet seine Schwingen aus, um gleich loszufliegen.

AVIMIMUS

Schneller Läufer
In dieser Abbildung ähnelt der sprintende *Avimimus* dem rezenten Laufkuckuck, einem nordamerikanischen Laufvogel, der ein Bodenbewohner ist und Insekten, kleinere Schlangen sowie Nager jagt.

Avimimus (»Vogelnachahmer«) war offenbar der einzige (bisher bekannte) Vertreter einer Familie sehr vogelähnlicher Laufsaurier mit leichtem Körperbau und langen Laufbeinen. Charakteristisch waren der kräftige, kurze Schädel, ein zahnloser Schnabel, der lange, gebogene Hals, ein gut entwickelter Schwanz sowie kurze Arme. Fossile Federn sind nicht bekannt, doch glaubt man aufgrund einer grob geriffelten Leiste am Ellbogen, die der Ansatzstelle für Schwungfedern bei den heutigen Vögeln ähnelt, daß *Avimimus* evtl. gefiedert war. Die distal verschmolzenen Handwurzel- und Mittelhandknochen (ein weiteres Vogelmerkmal) sprechen ebenfalls für diese These. Möglicherweise winkelte *Avimimus* seine Arme beim Laufen wie Vogelflügel an.

LEBENSWEISE

Allgemein wird angenommen, daß *Avimimus* gemeinsam mit anderen Ornithomimiden (z.B. *Gallimimus*), Sauropoden (z.B. *Quaesitosaurus*) und Dromaeosauriern (Verwandte des *Deinonychus*) auf den weiten Ebenen der damaligen Mongolei lebte. Möglicherweise ernährte sich *Avimimus* von kleinen Tieren, denen er mit gesenktem Kopf hinterherjagte und die er mit seinem Schnabel ergriff. Der teilweise gerippte Rand des Schnabels ließ die einmal gepackte, zappelnde Beute nicht mehr entkommen. Alternativ nimmt man auch an, daß *Avimimus* herbivor lebte und mit dem Schnabel Pflanzen abrupfte. Die Arme des Avimiden waren wohl zu kurz, um das Tier wirklich fliegen zu lassen; falls sie tatsächlich gefiedert waren, so dienten die Federn primär zur Wärme-Isolation des Körpers; einer weiteren Hypothese zufolge sollen sie als eine Art »Fliegenfalle« für große Fluginsekten gedient haben. Ein russischer Paläontologe ist davon überzeugt, daß die Anatomie von Kopf und Armknochen *Avimimus* zumindest zu kurzen Gleitflügen befähigte. Sollte dies zutreffen, so würde *Avimimus* eine Evolutionslinie flugfähiger Dinosaurier repräsentieren, die nichts mit den echten Vögeln zu tun hat. Diese These wird jedoch von den meisten Forschern angezweifelt; allerdings sind sich einige Paläontologen ziemlich sicher, daß viele Kleintheropoden gefiedert waren, obwohl dies nicht fossil belegt ist. (Federn können nur als fossile Abdrücke in sehr feinkörnigem Sediment erhalten bleiben, wie z.B. im Solnhofer Kalkstein.)

SERGEJ KURSANOW
1981 benannte der russische Paläontologe Kursanow *Avimimus*.

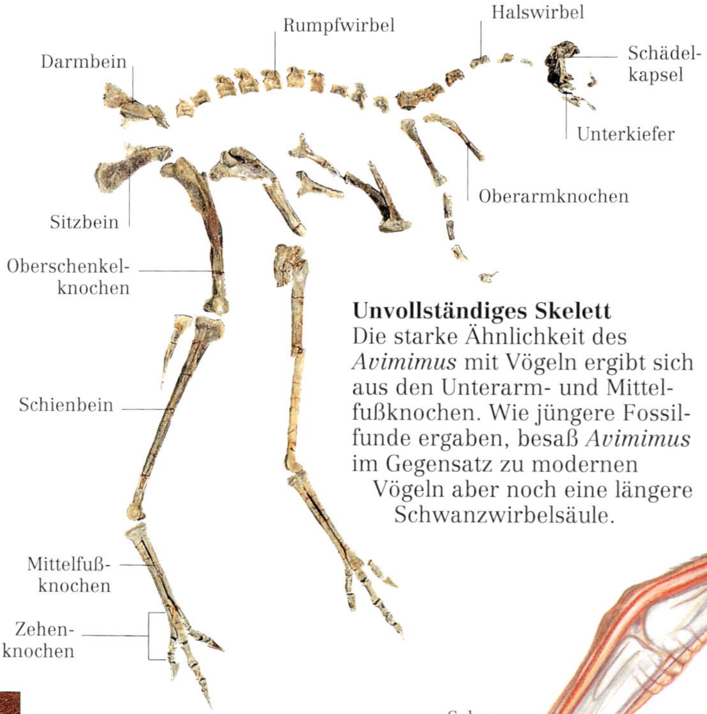

Unvollständiges Skelett
Die starke Ähnlichkeit des *Avimimus* mit Vögeln ergibt sich aus den Unterarm- und Mittelfußknochen. Wie jüngere Fossilfunde ergaben, besaß *Avimimus* im Gegensatz zu modernen Vögeln aber noch eine längere Schwanzwirbelsäule.

AUSGRABUNGEN
Pausierende Hilfskräfte in der Wüste Gobi, wo dieser Theropode zuerst gefunden wurde.

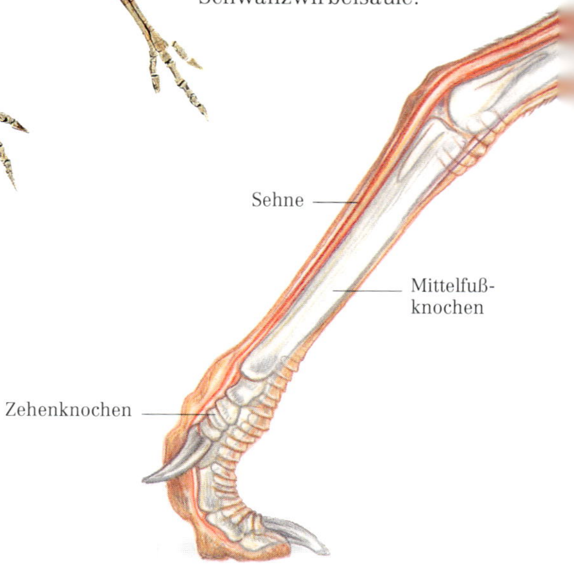

LEBENSRAUM WÄHREND DER KREIDE
Ein gefiederter *Avimimus* nimmt vor einem räuberischen *Velociraptor* Reißaus, während ein mißtrauischer *Protoceratops* in den Dünen sein Gelege bewacht.

Vogelähnlicher Kopf
Der kräftige, kurze Kopf besaß weit hinten liegende Nasenöffnungen und einen zahnlosen Schnabel; dieser war leicht gerippt, um Beutetiere besser packen zu können. Trotz all dieser Vogelmerkmale gab es am Avimimuskopf auch Besonderheiten, die in ähnlicher Weise bei Oviraptoren, Sauropoden und Lambeosaurier vorkamen.

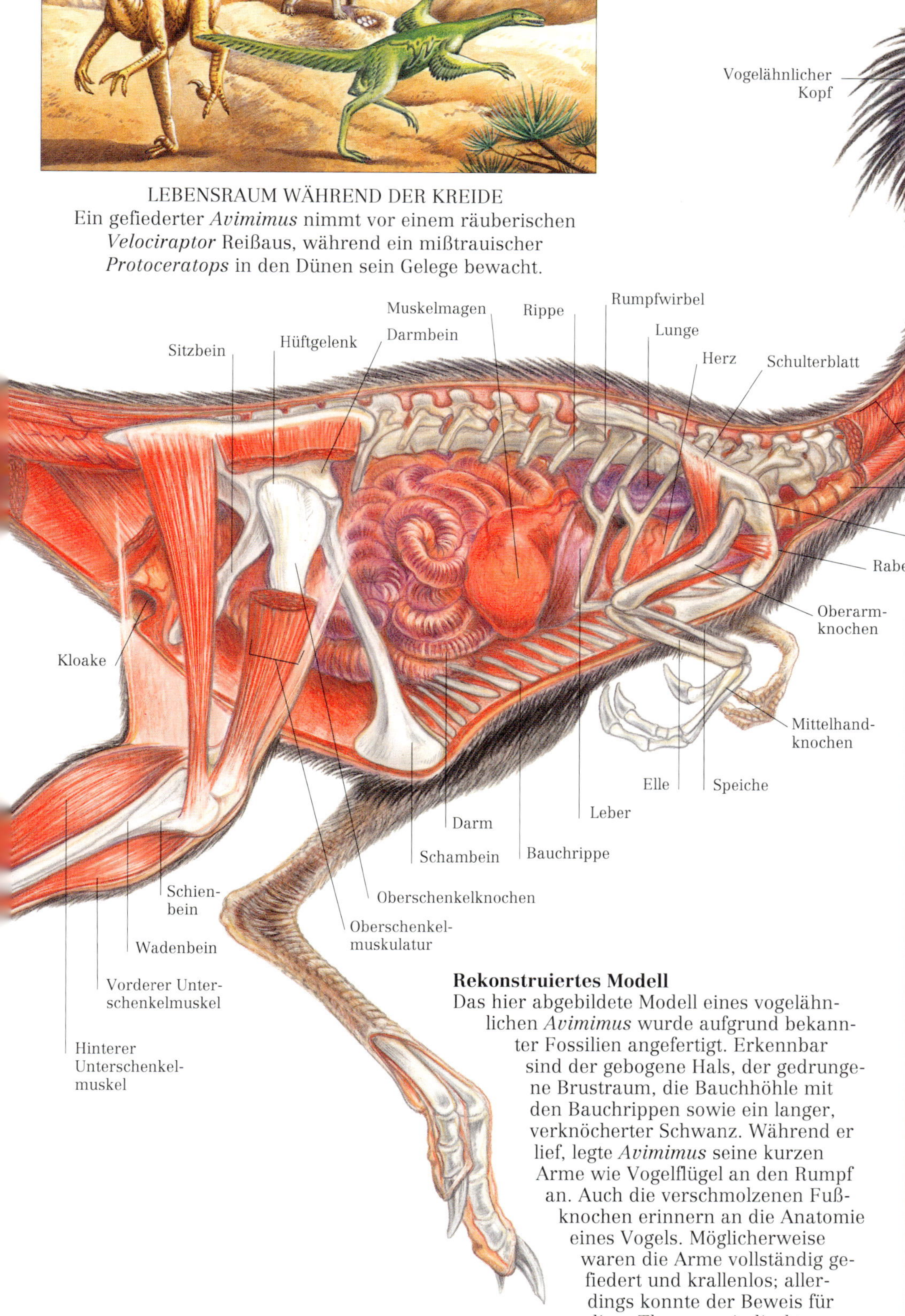

Rekonstruiertes Modell
Das hier abgebildete Modell eines vogelähnlichen *Avimimus* wurde aufgrund bekannter Fossilien angefertigt. Erkennbar sind der gebogene Hals, der gedrungene Brustraum, die Bauchhöhle mit den Bauchrippen sowie ein langer, verknöcherter Schwanz. Während er lief, legte *Avimimus* seine kurzen Arme wie Vogelflügel an den Rumpf an. Auch die verschmolzenen Fußknochen erinnern an die Anatomie eines Vogels. Möglicherweise waren die Arme vollständig gefiedert und krallenlos; allerdings konnte der Beweis für diese These nur indirekt erbracht werden.

KURZ-INFO

AVIMIMUS

Avimimus war ein bipeder, omnivorer Dinosaurier mit langem Hals und Schwanz.

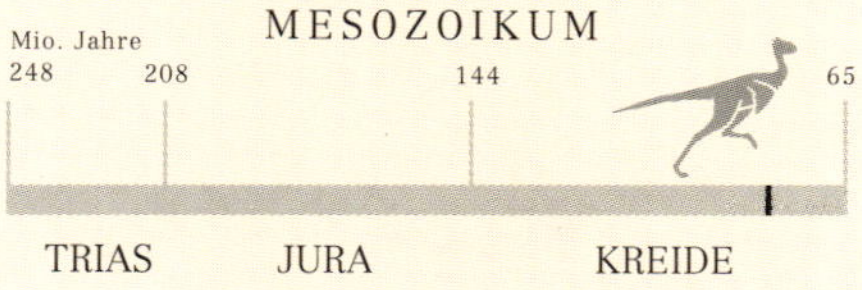

FUNDORT
Innere Mongolei (China)
Ömnögov, Ovörhangay (Mongolei)

ZEIT
vor 83 Mio. Jahren

NAHRUNG
Pflanzen, Tiere

MASSE
Länge: 1,5 m

SYSTEMATIK
Familie: Avimimidae
Infraordnung: Tetanurae
Subordnung: Theropoda
Ordnung: Saurischia

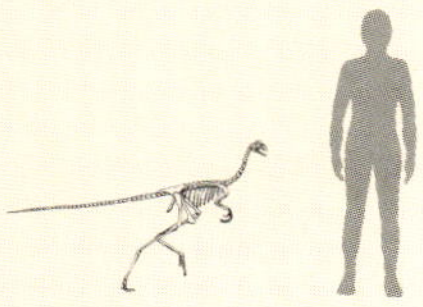

ORNITHOLESTES

Ein peitschenartiger Schwanz nahm beinahe die Hälfte der Gesamtlänge eines *Ornitholestes* »Vogelräuber« ein, dessen größte Exemplare 2 m Länge erreichten, dabei aber nicht mehr als ein Jagdhund wogen. Der Schädel von *Ornitholestes* ist kräftiger und gedrungener als diejenigen zweier anderer, bekannter Kleintheropoden (*Compsognathus* und *Coelophysis*). An jeder Hand saßen ein Daumen mit (vermutlich) einer scharfen Kralle sowie zwei ebenfalls bekrallte Finger. Unter- und Oberkiefer waren jeweils nur im vorderen Abschnitt bezahnt. Einige Paläontologen vermuten, daß der Dinosaurier einen kammförmigen Nasenhöcker besaß. *Ornitholestes* gehört zu den Coeluridae, einer Familie kleinerer Theropoden.

Peitschenartiger Schwanz

FOSSILIENSAMMLER IM WILDEN WESTEN

Auf dieser Aufnahme von 1899 haben sich mehrere Fossiliensammler dem Fotographen gestellt, u.a. Henry Fairfield Osborn, der Leiter des American Museum of Natural History. Ein Jahr später entdeckten sie im Bone Cabin Quarry (Wyoming) die einzigen bisher gefundenen Schädel und Unterkiefer von *Ornitholestes*. 1903 beschrieb und benannte Osborn dann diesen Theropoden.

LEBENSWEISE

In den ersten Beschreibungen von *Ornitholestes* war man wohl davon ausgegangen, daß dieser Theropode den etwa krähengroßen Urvogel *Archaeopteryx* verfolgte und fraß. Zwar lebten beide Arten zur selben Zeit, doch ist nicht sicher, ob sie das gleiche Habitat bevorzugten. Möglicherweise hat sich *Ornitholestes* auch von anderen Urvogelarten ernährt; sein Beutespektrum dürfte u.a. vogelähnliche Dinosaurier, frischgeschlüpfte Saurierjunge, Eidechsen, Flugsaurier, Brückenechsen, Kleinsäuger und große Insekten umfaßt haben. All diese Tiere fing *Ornitholestes,* während er durch die Farndickichte und Uferwälder streifte, die in Wyoming während des Oberen Jura wuchsen. Mit Daumen und Fingern packte er sein Opfer und führte es zum Maul, um es totzubeißen oder lebend zu verschlingen.

HISTORISCHE REKONSTRUKTION

JÄGER ODER AASFRESSER?

Als weitere Möglichkeit wird diskutiert, daß *Ornitholestes* im Rudel auf die Jagd ging und dann auch wesentlich größere Ornithopoden (z.B. halb ausgewachsene Camptosaurier) angriff. Die dritte Alternative sieht in *Ornitholestes* einen Aasfresser, der sich – ähnlich wie ein heutiger Schakal evtl. auch rudelweise – an einen Sauropodenkadaver anschlich und die Reste vertilgte. Man kann sich vorstellen, daß er teilweise direkt vor den Augen der großen Carnosaurier (z.B. *Allosaurus*), die das Tier getötet hatten, fraß. Sollte ein vom vielen Fleisch träge gewordener Carnosaurier nach ihm schnappen wollen, konnte der flinke *Ornitholestes* in die Bauchhöhle des Kadavers fliehen.

MODERNE REKONSTRUKTION

Historische und moderne Rekonstruktion
Früher wurde *Ornitholestes* in eher behäbiger Haltung und mit auf dem Boden schleifendem Schwanz dargestellt, wie die Abbildung ganz oben zeigt. Im Bild darunter spiegelt sich die gegenwärtige Auffassung wider, daß *Ornitholestes* ein sehr agiler Theropode war, der seinen Schwanz als Balancierstange benutzte. Beim Laufen hielt er den Hals S-förmig gebogen, Rücken und Schwanz hingegen in einer geraden Linie.

Rekonstruiertes Modell
Das zum Teil mit Haut und Gewebe bedeckte Skelett zeigt viele anatomische Details. Der Theropode besaß einen langen Schwanz und kurze Beine, evtl. vorhandene Nasenhöcker waren mit Schuppen bedeckt. Die relativ langen Arme endeten in Greifhänden mit je drei bekrallten Fingern, und die Oberschenkel waren länger als die Unterschenkel. Das Becken sowie einige Fußknochen sind nur zum Teil erhalten.

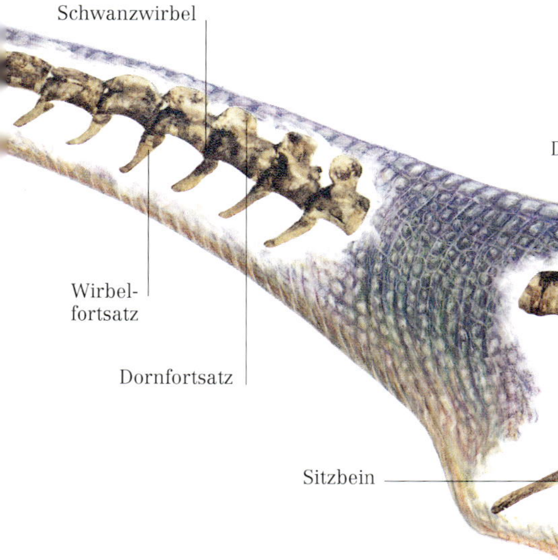

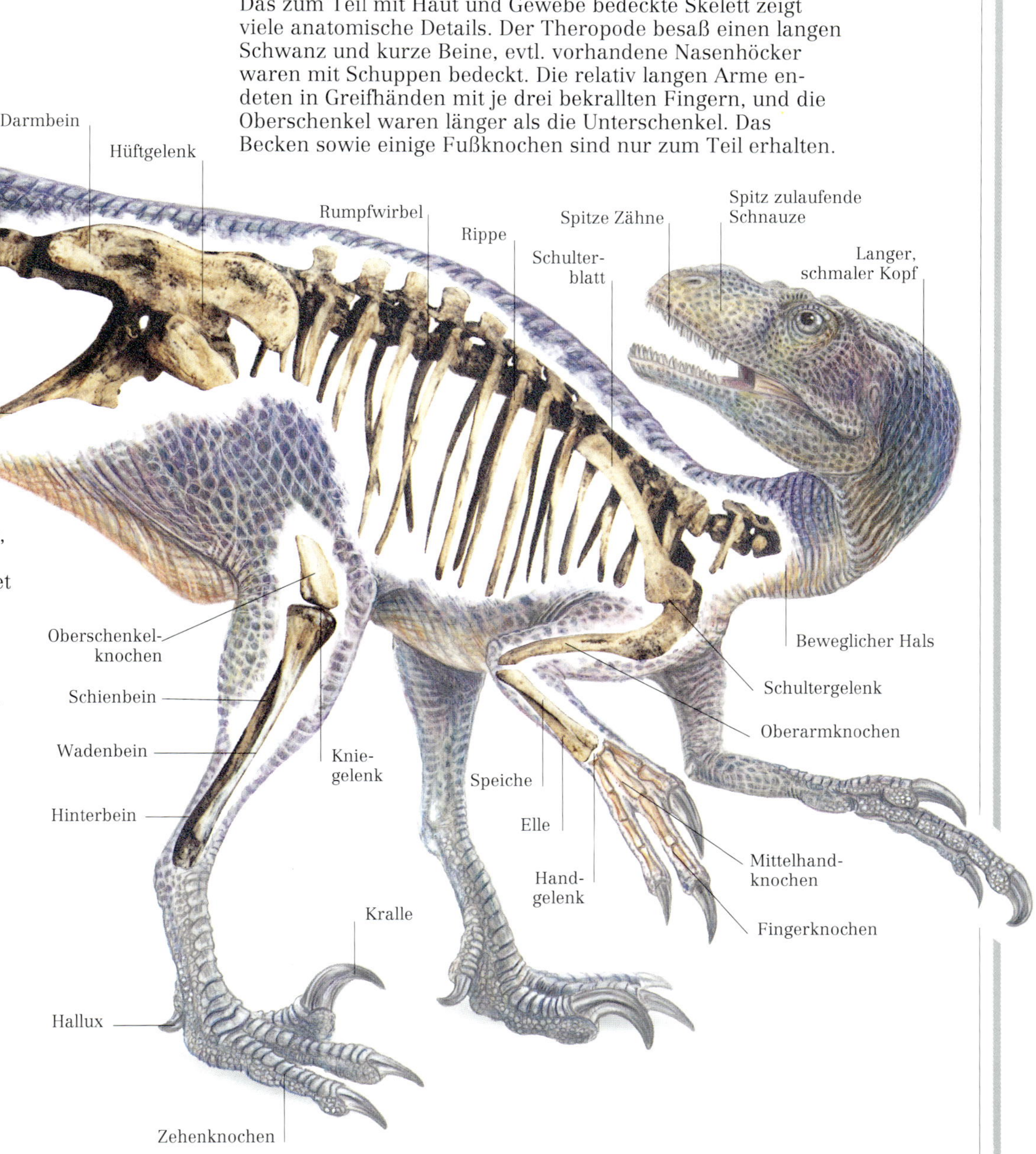

Seltenes Raubtier
Ornitholestes war der einzige Coelurosaurier, der im Gestein der Morrison Formation (Oberes Jura) gefunden wurde. Generell findet man nur wenige Fossilien dieser kleinen Theropoden — vielleicht, weil sie seltene Tiere waren, vielleicht aber auch, weil die Knochen größerer Theropoden (z.B. eines Allosauriers) besser den Fossilisationsprozeß überstanden.

KURZ-INFO

ORNITHOLESTES

Ornitholestes war ein außerordentlich leichter, bipeder Raubsaurier mit langen Krallen.

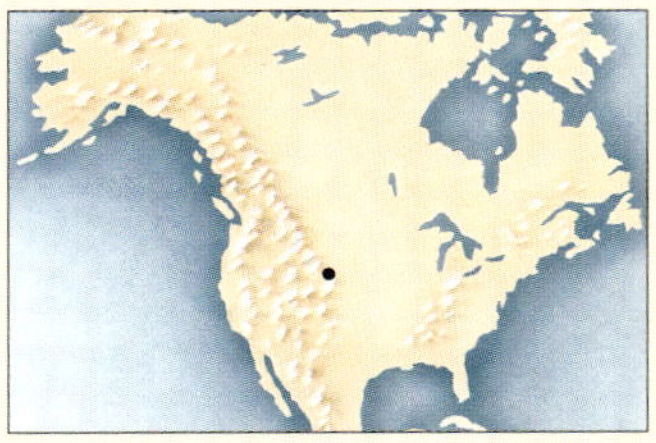

FUNDORT
Wyoming (USA)

NAHRUNG
Kleine Wirbeltiere

MASSE
Länge: 2 m
Gewicht: 12,5 kg

SYSTEMATIK
Familie: Coeluridae
Infraordnung: Tetanurae
Subordnung: Theropoda
Ordnung: Saurischia

ZEIT
vor 150 Mio. Jahren

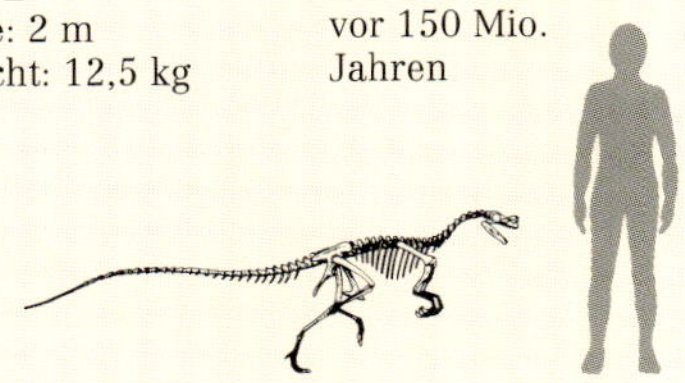

Schädel und Unterkiefer
Die abgebildete Rekonstruktion beruht auf der Vorstellung, *Ornitholestes* habe einen ähnlichen knöchernen, kammförmigen Nasenhöcker wie *Proceratosaurus* besessen. Wie die meisten Kleintheropoden besaß auch *Ornitholestes* große Augenhöhlen; dennoch erinnert der Bau der Schläfenbeinknochen eher an den Schädel eines Carnosauriers (wie z.B. *Tyrannosaurus*). Der kräftige Unterkiefer war nach unten gekrümmt und gedrungen; seine Vorderzähne waren fast konisch, während die übrigen Zähne eher wie kleine, spitze Krummsäbel aussahen.

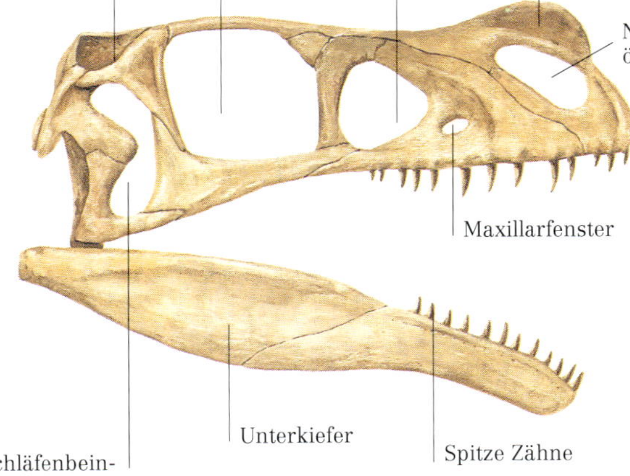

COMPSOGNATHUS

Der recht lebhafte Theropode *Compsognathus* (»Eleganter Kiefer«) war einer der kleinsten Dinosaurier. Charakteristisch waren sein zarter, vogelähnlicher Knochenbau, ein schmaler, spitz zulaufender Kopf, dessen Ober- und Unterkiefer mit scharfen Zähnchen dicht besetzt waren, sowie ein biegsamer Hals. Ferner besaß *Compsognathus* einen kompakten Rumpf mit relativ langem Schwanz. Während die langen Laufbeine denen eines Vogels ähnelten, liefen die Hände in zwei Fingerklauen aus – eigentlich ein Kennzeichen der Tyrannosauriden, die erst Jahrmillionen später entstanden. Als typisches Theropodenmerkmal gilt der Bau von Unterkiefer und Phalangen, die kurzen Fingerklauen waren echtes Merkmal der Compsognathidae.

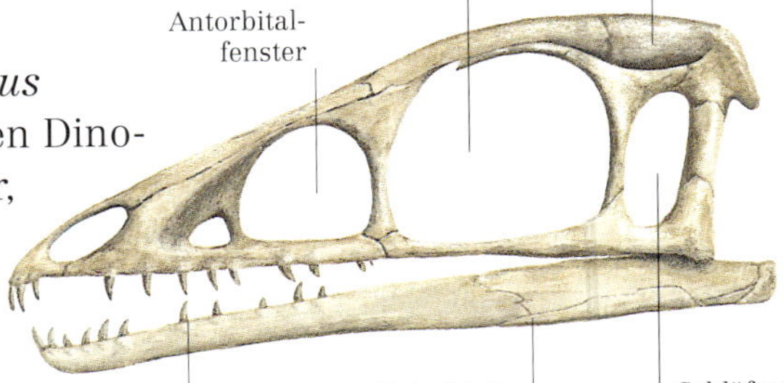

Leichter Schädel
Für den kleinen Theropoden war sein Schädel recht groß, doch auch sehr flach und ziemlich leicht. Der Schädel verjüngte sich zur Schnauze hin und besaß große Schädelfenster; vor allem die Augenhöhlen waren sehr groß. Im relativ schlanken Unterkiefer saßen scharfe, gebogene Zähne, die weit auseinanderstanden.

Arme
Die kurzen, muskulösen Arme liefen in zweifingrige Hände aus, deren Klauen jedoch nicht scharf genug waren, um etwas damit zerreißen oder durchbohren zu können. Bei dem französischen Compsognathusskelett hatte man die Arme zunächst für Schwimmflossen eines anderen Tieres gehalten.

LEBENSWEISE

Sehr wahrscheinlich bewohnte *Compsognathus* dieselbe vom Halbwüstenklima geprägte Inselgruppe, die im Gebiet des heutigen Europa lag, wie der Urvogel *Archaeopteryx*. Die Skelette beider Arten sehen sich dermaßen ähnlich, daß einige Archaeopteryxfossilien versehentlich als Reste von *Compsognathus* ausgelegt wurden; erst einige schwache fossile Federabdrücke machten deutlich, daß es sich dabei um *Archaeopteryx* handelte. Daher kennt man nur zwei echte Compsognathusfossilien. Das eine etwa hühnergroße Skelett wurde in Bayern gefunden und stammt wohl von einem Jungtier; das andere, vermutlich das Skelett eines ausgewachsenen *Compsognathus,* ist etwa so groß wie ein Truthahn und kommt aus Südostfrankreich. Trotz seines kleinen Wuchses war *Compsognathus* wahrscheinlich das größte Landraubtier seines Habitats; denn das unwirtliche Klima des Archipels ließ nur eine spärliche Vegetation gedeihen, so daß hier keine großen, pflanzenfressenden Sauropoden – und folglich auch keine großen Theropoden, die diese fraßen – existieren konnten. *Compsognathus* pirschte daher wohl als einziges Raubtier durch das Unterholz und jagte Libellen, Schaben, kleine Eidechsen und spitzmausgroße Säuger, vielleicht erbeutete er auch einen jungen *Archaeopteryx,* falls sich dieser auf den Waldboden verirrt hatte. Besonders leichte Beute machte *Compsognathus* in den frühen, kühlen Morgenstunden, wenn die Eidechsen noch steif von der nächtlichen Kälte waren und nicht weglaufen konnten. Große Beutetiere tötete *Compsognathus* vermutlich, indem er sie mit den stumpfen Krallen festhielt und ihnen den Kopf abbiß; kleinere Tiere wurden lebendig verschlungen.

FLINKER JÄGER
Der kleine Theropode nutzte sein gutes Laufvermögen, um kleine Wirbeltiere oder Wirbellose (z.B. Insekten) zu fangen.

KURZ-INFO

COMPSOGNATHUS

Compsognathus war ein außerordentlich kleiner, agiler Raubsaurier mit scharfen Zähnen.

ZEIT
vor 156 bis 150 Mio. Jahren

FUNDORT
Bayern (Deutschland)
Var (Frankreich)

NAHRUNG
Wirbellose Tiere, Eidechsen

SYSTEMATIK
Familie: Compsognathidae
Infraordnung: Tetanurae
Subordnung: Theropoda
Ordnung: Saurischia

MASSE
Länge: 70 cm bis 1,4 m
Gewicht: 3 kg

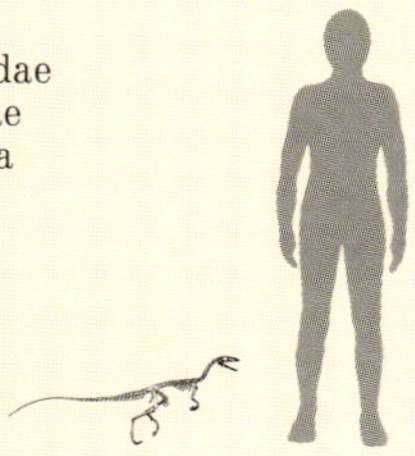

Von oben betrachtet
In dieser Ansicht werden der schmale, lange Kopf, Hals, Rumpf und Schwanz des Tieres betont. Seine stromlinienförmige Gestalt erleichterte *Compsognathus* die Jagd durch dichtes Unterholz.

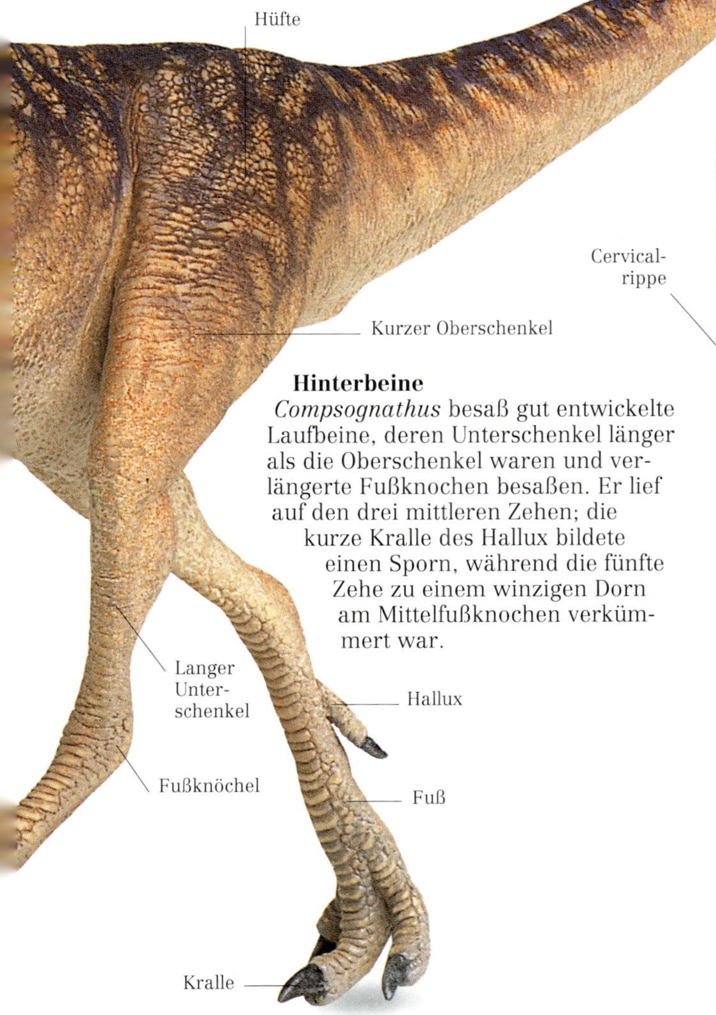

Fossiles Skelett
Nach dem Tode schrumpften Sehnen und Bänder entlang der Wirbelsäule dieses *Compsognathus,* so daß Schwanz und Kopf auf unnatürliche Weise nach innen gekrümmt sind. Bei einer genaueren Untersuchung fand man im Bauchraum des Theropoden das winzige Skelett eines Bavarisaurus, einer Eidechse mit langem Schwanz, die *Compsognathus* kurz vor seinem Tod gefressen hatte.

Hinterbeine
Compsognathus besaß gut entwickelte Laufbeine, deren Unterschenkel länger als die Oberschenkel waren und verlängerte Fußknochen besaßen. Er lief auf den drei mittleren Zehen; die kurze Kralle des Hallux bildete einen Sporn, während die fünfte Zehe zu einem winzigen Dorn am Mittelfußknochen verkümmert war.

SAUROPODOMORPHA

Die *Sauropodomorpha* (»Echsenfüßige Gestalt«) stellen eine Unterordnung der Saurischia dar und setzen sich sowohl aus kleinen wie auch außergewöhnlich großen Arten zusammen. Die Dinosaurier dieser Gruppe waren Pflanzenfresser, liefen wahlweise auf zwei oder vier Beinen und besaßen kleine Schädel, einen schweren Rumpf sowie lange Hälse und Schwänze. Die *Sauropodomorpha* teilten sich in zwei Infraordnungen: die etwa mannsgroßen Prosauropoden, aus denen später die zweite Gruppe, die Sauropoden, hervorgingen. Diese stellten einige der größten Landtiere aller Zeiten. Häufig lebten sie in Herdenverbänden. Diese Tiere bildeten von der Oberen Trias bis in den Oberen Jura (und auch noch später auf einigen südlichen Kontinenten) die individuenreichste Gruppe herbivorer Dinosaurier. *Segnosaurus,* der ebenfalls in diesem Abschnitt besprochen wird, gehört einer etwas »unorthodoxen« Gruppe aus der asiatischen Oberkreide an. Obgleich er einige Prosauropodenmerkmale besaß, war er vermutlich ein Theropode aus der Familie Therizinosauridae.

Plateosaurus
Dieser Sauropodomorphe besitzt typische Prosauropodenmerkmale: einen verhältnismäßig kleinen Kopf, einen massigen Rumpf, einen langen Hals und langen Schwanz sowie äußerst lange, spitze Daumenkrallen.

Hohle Wirbel
Hohlräume in den Halswirbeln eines *Diplodocus* machten diese leichter, ohne die Tragfähigkeit zu beeinträchtigen. Bei vielen höher entwickelten Dinosauriern findet man das gleiche morphologische Prinzip.

PROSAUROPODA

Diese frühe Infraordnung bestand aus sieben Familien kleiner bis großer quadrupeder/bipeder Dinosaurier mit großen gekrümmten Daumenkrallen. Einige Prosauropoden gehörten bereits zu den ersten großen Landtieren, die in den Baumwipfeln fressen konnten. Alle starben im Unteren Jura aus. Thecodontosauridae waren kleine, primitive, bipede Tiere, die während des Unteren Jura in Europa (evtl. auch in Afrika) lebten. Zu den Anchisauridae zählte *Anchisaurus,* ein bipeder/quadrupeder Dinosaurier von 2,4 m Länge aus dem Unteren Jura. Die Tiere kamen in Nordamerika, möglicherweise auch in Afrika und China vor. Ein Vertreter der Massospondylidae war *Massospondylus,* der 5 m lang war und möglicherweise einen Unterkiefer besaß, der in einen Hornschnabel mündete. *Massospondylus* lebte im Unteren Jura im südlichen Afrika und in Nordamerika. Zu den Yunnanosauridae zählte die Gattung *Yunnanosaurus,* ein 7 m langer Dinosaurier aus dem chinesischen Unteren Jura. Die Plateosauridae umfaßten mehr als sechs Gattungen und wurden bis zu 8 m lang. Sie kamen während der Oberen Trias bis in den Unteren Jura weltweit vor. Bei den Melanosauridae tauchten die ersten Riesendinosaurier auf, die bis zu 12 m lang wurden. Sie lebten von der Oberen Trias bis in den Unteren Jura in Afrika, Asien, Europa und Südamerika. Eine Gattung der Blikanasauridae war *Blikanasaurus,* ein 5 m langer Prosauropode mit kräftigen Hinterbeinen, der während der Oberen Trias in Südafrika lebte.

SAUROPODA

Diese Infraordnung besteht aus etwa acht Familien sehr großer bis riesiger quadrupeder Pflanzenfresser, die bis zu 50 t und mehr wiegen konnten. Viele besaßen hohle Wirbelkörper, um ihr Gewicht zu verringern. In der Mitte des Jura hatten die Sauropoden die Prosauropoden abgelöst und lebten über die ganze Welt verstreut. Die Sauropoden existierten bis in die Oberkreide; einige verwandtschaftliche Beziehungen sind allerdings noch nicht völlig klar. Zu den Vulcanodontidae, den wohl primitivsten Sauropoden, gehörten einige bis zu 9 m lange Arten aus dem Unteren Jura. Namengeber der Barapasauridae war Barapasaurus, der typische Wirbel aufwies; er wurde bis zu 18 m lang und lebte während des Unteren Jura in Indien. Die Cetiosauridae bestanden aus 15 Gattungen mit eher »konservativen« Merkmalen; sie wurden durchschnittlich 18 m lang, besaßen einen abgerundeten Schädel und relativ kurze Hälse. Vom Unteren Jura bis in die Mitte der Kreidezeit lebten sie auf der ganzen Welt verteilt.

Drei »Riesensaurier«
Diese Sauropoden (links) gehören zu den größten Landtieren, die je gelebt haben. Der Brachiosauride *Brachiosaurus* (Mitte) wurde 25 m lang, und die beiden Diplodociden *Supersaurus* (links außen) und *Seismosaurus* wurden bis zu 30 m bzw. 40 m lang.

SCHÄDEL EINES DIPLODOCUS

SCHÄDEL EINES CAMARASAURUS

Schädel zweier Sauropoden
Der flache Schädel eines *Diplodocus* mit seinen Stiftzähnen bildet einen deutlichen Kontrast zu dem runden Kopf und den kräftigen, spatelförmigen Zähnen eines *Camarasaurus.* Unterschiedlich geformte Schädel und Zähne können ein Hinweis auf verschiedene Ernährungsweisen dieser beiden Sauropoden sein.

Stammbaum
Das Diagramm zeigt die denkbaren verwandtschaftlichen Beziehungen zwischen den einzelnen Familien der Sauropodomorpha. (Die Endsilbe -idae kennzeichnet eine Familie.) Jede Familie enthält eine oder mehrere Gattungen. Vielfach sind die Verbindungen nicht eindeutig, und manche Forscher bezweifeln generell, daß Sauropoden und Prosauropoden einen gemeinsamen Vorfahren hatten. Sollten sie recht behalten, dann wären die *Sauropodomorpha* eine künstliche Gruppe.

Hüftknochen eines Diplodocus
Darmbein, Sitzbein und Schambein sind bei *Diplodocus* sehr kräftig ausgebildet, da sie das Gewicht des Tieres mittragen müssen. Zusammen bilden die drei Hüftknochen das Hüftgelenk, in dem der Oberschenkelhals (Trochanter, das kugelförmige Ende des Oberschenkelknochens) liegt, welcher die Belastung an das Bein weitergibt.

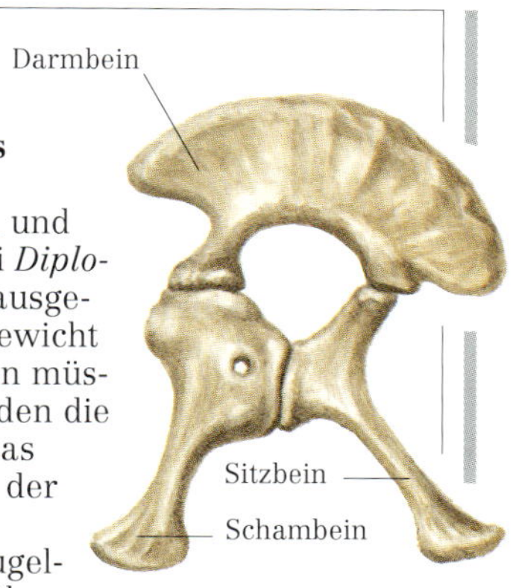

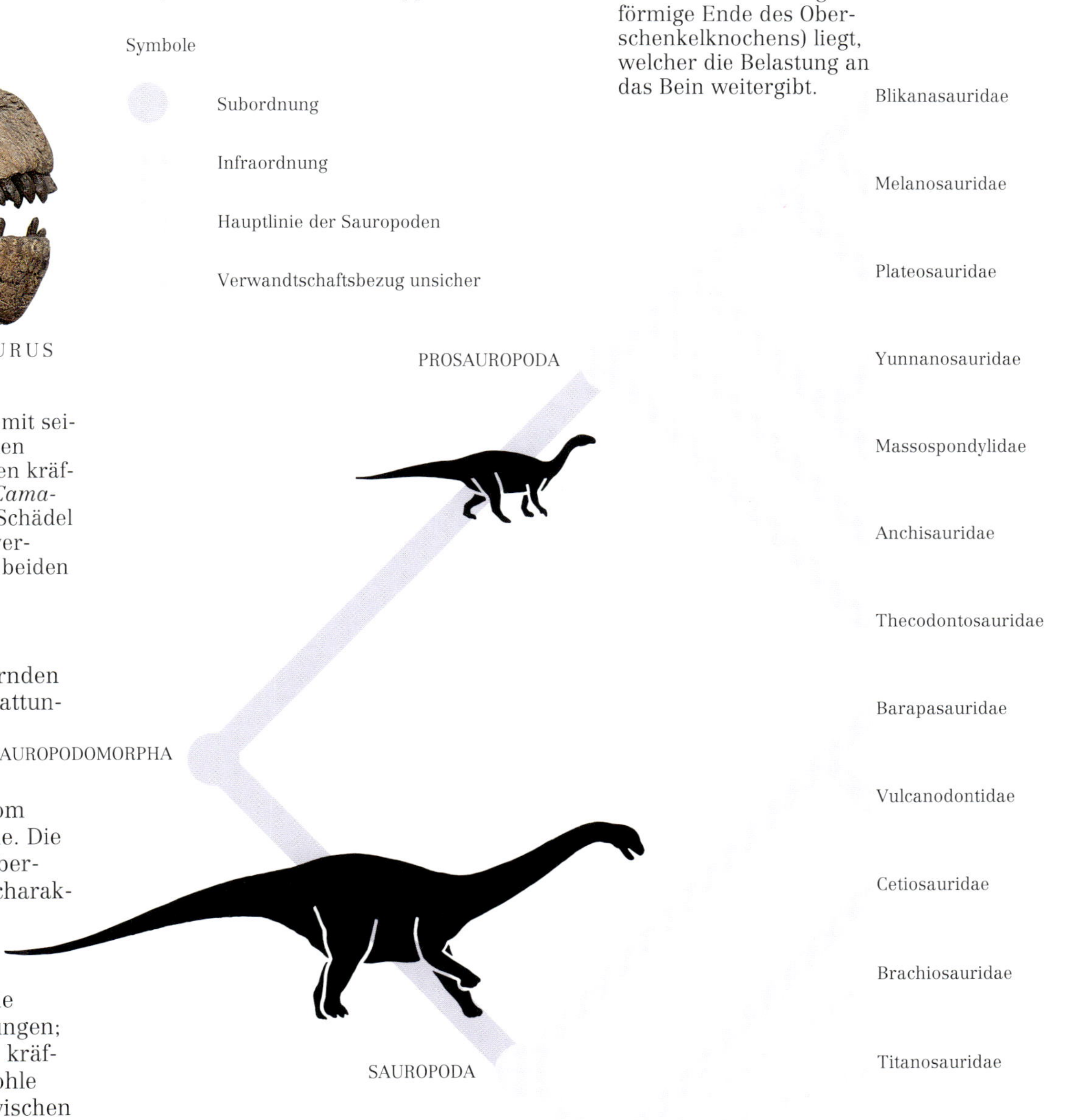

Die an gigantische Giraffen erinnernden Brachiosauridae zählen etwa 12 Gattungen. Sie gehörten zu den größten und schwersten Sauropoden (bis 25 m Länge und 50 t Gewicht) und lebten vom Mittleren Jura bis in die Oberkreide. Die Titanosauridae (Oberer Jura bis Oberkreide) mit 19 Gattungen besaßen charakteristische Schwanzwirbel; sie wurden zwischen 9 und 21 m lang und lebten überwiegend auf den damaligen Südkontinenten. Die Camarasauridae umfaßten 6 Gattungen; typisch waren der runde Kopf und kräftige, spatelförmige Zähne sowie hohle Wirbel. Camarasaurier wurden zwischen 12 und 18 m lang und kamen im Zeitraum Oberer Jura bis Oberkreide in Asien, Europa und Nordamerika (evtl. auch in Afrika) vor. Die Vertreter der Euhelopodidae, einer chinesischen Sauropodenfamilie mit etwa 6 Gattungen, wurden zwischen 10 und 26 m lang und lebten vom Oberen Jura bis in die Unterkreide. Einige Euhelopodiden besaßen außerordentlich lange Hälse. Die 4 bis 5 Gattungen der Dicraeosauridae erreichten eine Körperlänge von 9 bis 21 m und wurden in Afrika, Amerika und Asien in Gesteinen aus dem Oberen Jura und der Unterkreide gefunden. Zu den Diplodocidae zählen gut 12 Gattungen, die durch einen langen Hals und einen peitschenähnlichen Schwanz gekennzeichnet sind. *Seismosaurus,* der größte Dinosaurier, erreichte eine Länge von 40 m. Die Diplodociden lebten vom Oberen Jura bis in die Unterkreide in Afrika, Asien, Europa und Nordamerika.

ANCHISAURUS

Der gut mannshohe *Anchisaurus* (»Nahe Echse«) war der erste Dinosaurier, der in Amerika entdeckt wurde. Er gehört mit zu den kleinsten und urtümlichsten Prosauropoden. Im Verhältnis zu dem länglichen Hals, Rücken und Schwanz und zur voluminösen Bauchhöhle war der Kopf von *Anchisaurus* relativ klein. Häufig lief er auf allen Vieren, obgleich seine Hinterbeine wesentlich länger und kräftiger als seine Vorderbeine waren. Ähnlich wie der biped laufende *Thecodontosaurus* besaß auch *Anchisaurus* Hände mit fünf Fingern und Füße mit vier Zehen; letztere waren zusätzlich noch mit großen, sichelförmigen Daumenkrallen versehen.

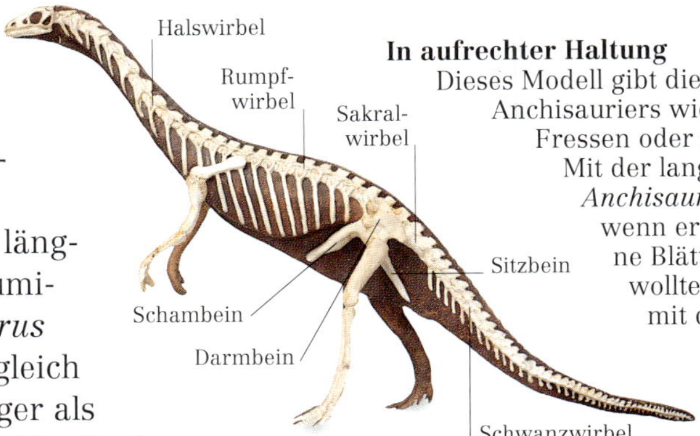

In aufrechter Haltung
Dieses Modell gibt die aufrechte Haltung eines Anchisauriers wieder, z.B. wenn er sich zum Fressen oder zum »Sichern« aufrichtete. Mit der langen Daumenkralle konnte *Anchisaurus* nach Zweigen greifen; wenn er an besonders hoch gelegene Blätter oder Früchte langen wollte, konnte er sich zusätzlich mit dem Schwanz abstützen.

Kopf und Hals
Im Verhältnis zum restlichen Körper war der Kopf eines *Anchisaurus* ziemlich klein, lang und schmal. Der relativ flache Schädel besaß einen niedrigeren Scheitel als beispielsweise *Plateosaurus* oder andere Prosauropoden. In dieser Abbildung ging der Künstler davon aus, daß *Anchisaurus* keine Wangen besaß. Tiere mit dieser anatomischen Besonderheit konnten ihre Nahrung nur rasch ergreifen und mußten sie ohne zu kauen herunterwürgen. Allerdings gibt es Fossilien, aus denen hervorgeht, daß Prosauropoden Wangen besessen haben könnten.

LEBENSWEISE

Anchisaurus lebte in der Gegend des heutigen Connecticut Valley (USA); im Oberen Jura war dieses Gebiet eine warme, mit steilen Talwänden versehene Grabensenke, ähnlich dem heutigen Ostafrikanischen Graben. Auf der Suche nach Nahrung durchstreifte *Anchisaurus* die Uferregionen der Seen und Teiche, die sich in den Senken am Talboden gebildet hatten. Da *Anchisaurus* sehr »kopflastig« war, verlor er beim schnellen, bipeden Gang öfter die Balance, so daß er wohl auch auf allen Vieren gegangen ist. Wenn sich das Tier auf seine Hinterbeine stellte, um beispielsweise zu fressen, so wurde das Gewicht auf diese und den Schwanz verlagert, der quasi als »drittes Bein« fungierte. Dieser »Dreifuß« wurde noch durch die Hüfte des Anchisauriers stabilisiert, so daß der Dinosaurier in Ruhe seinen Hals nach hoch gelegenen Leckerbissen ausstrecken konnte. Mit seinen weit auseinanderstehenden, an den Ecken gesägten Zähnen wird er sich dabei besonders gerne über weiche, fleischige Blätter hergemacht haben.

SOZIALLEBEN

Bei trockenem Wetter zogen Anchisaurier und andere Tiere gruppenweise über den feuchten Lehm, der an den Ufern der langsam trockenfallenden Seen zurückgeblieben war. Als der Lehm trocknete und später in Gestein umgewandelt wurde, blieben die Fußabdrücke dieser Tiere als sogenannte Spurenfossilien (Ichnofossilien) erhalten. Aufgrund dieser und weiterer Fossilienfunde weiß man, daß *Anchisaurus* sein Habitat damals mit anderen harmlosen Ornithischiern und räuberischen Theropoden teilte. Bei Angriffen durch große Theropoden hatte *Anchisaurus* nur zwei Alternativen: Entweder brachte er sich durch rasche Flucht in Sicherheit, oder er verteidigte sich – so gut es ging – mit seinen sichelartigen Klauen.

Wangen
Diese Rekonstruktion zeigt das mutmaßliche Aussehen eines Prosauropoden, wenn dieser Wangen besessen hätte; Wangen oder Backentaschen verhindern, daß die Nahrung beim Kauen aus dem Maul fällt.

KURZ-INFO

ANCHISAURUS

Anchisaurus war ein kleiner bipeder/quadrupeder Pflanzenfresser von leichtem Körperbau.

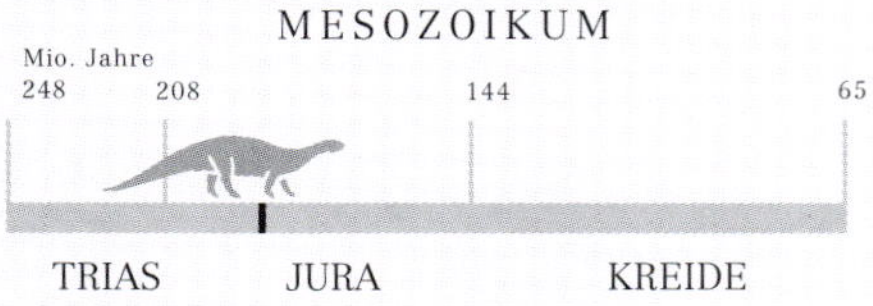

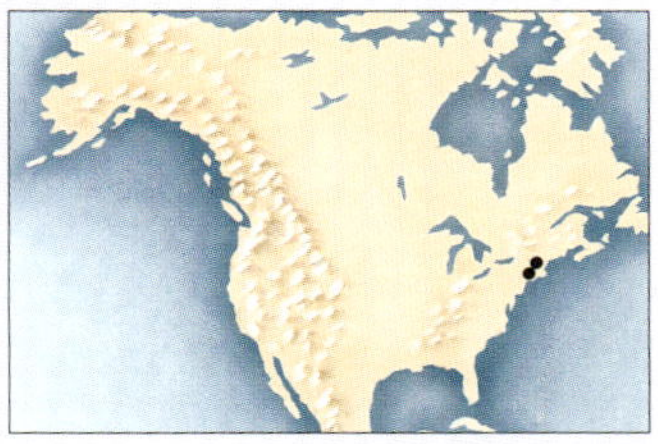

FUNDORT
Connecticut, Massachusetts (USA)

NAHRUNG
Blätter

MASSE
Länge: 2,4 m
Gewicht: 27 kg

SYSTEMATIK
Familie: Anchisauridae
Infraordnung: Prosauropoda
Subordnung: Sauropodomorpha
Ordnung: Saurischia

ZEIT
vor 194 Mio. Jahren

Fossile Reste
Fossilien von Anchisauriern wie das hier abgebildete stammen oft aus Sandsteinbrüchen in Connecticut (USA). 1818 wurde bereits das erste Exemplar gefunden (der erste in Amerika entdeckte Dinosaurier), von dem man allerdings annahm, es stamme von einem Menschen. Das Fossil wurde 1855 als das eines Reptils identifiziert, 1885 dann als Dinosaurier, und erst 1912 erkannte man, daß es sich um einen *Anchisaurus* handelte.

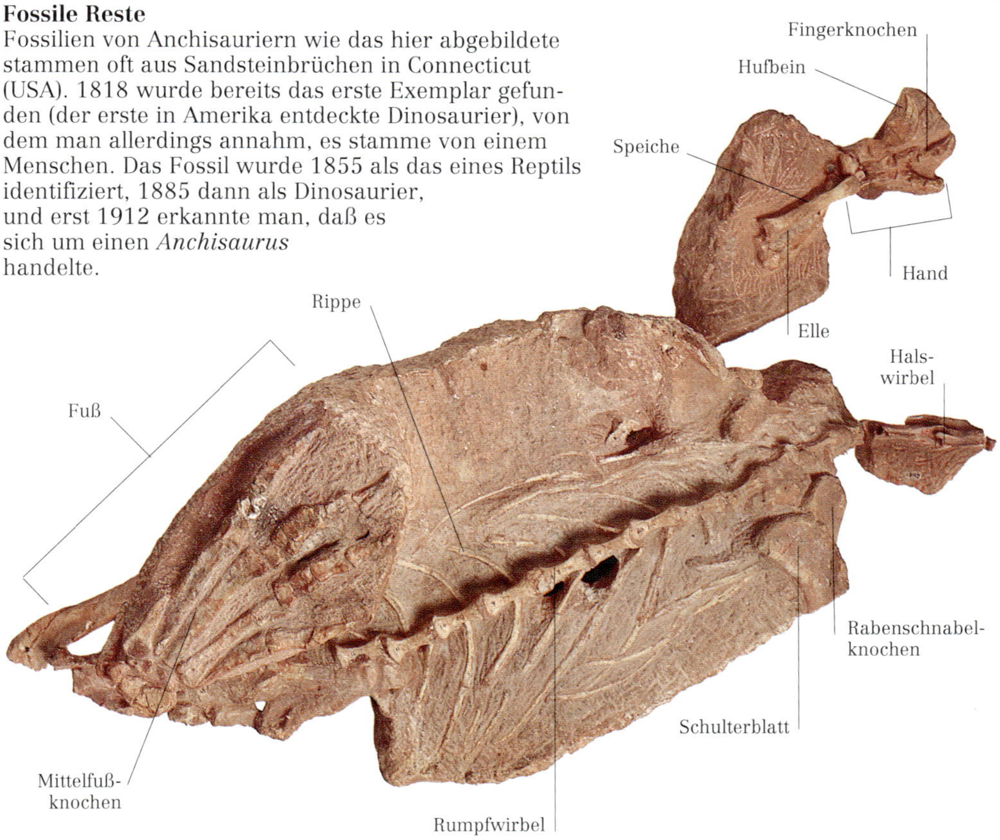

Bruchstückhaftes Skelett
Obwohl dieser fossile Anchisaurier nur unvollständig im Gestein erhalten blieb, kann man doch gut seine schmalen Rippen und Rumpfwirbel erkennen; auch der große vierzehige Fuß sowie die kleinere Hand (samt zugehörigem Unterarm) sind zu sehen.

Lebensechtes Modell
Anchisaurus lebte im Unteren Jura – also lange, nachdem die meisten Prosauropoden bereits ausgestorben waren.

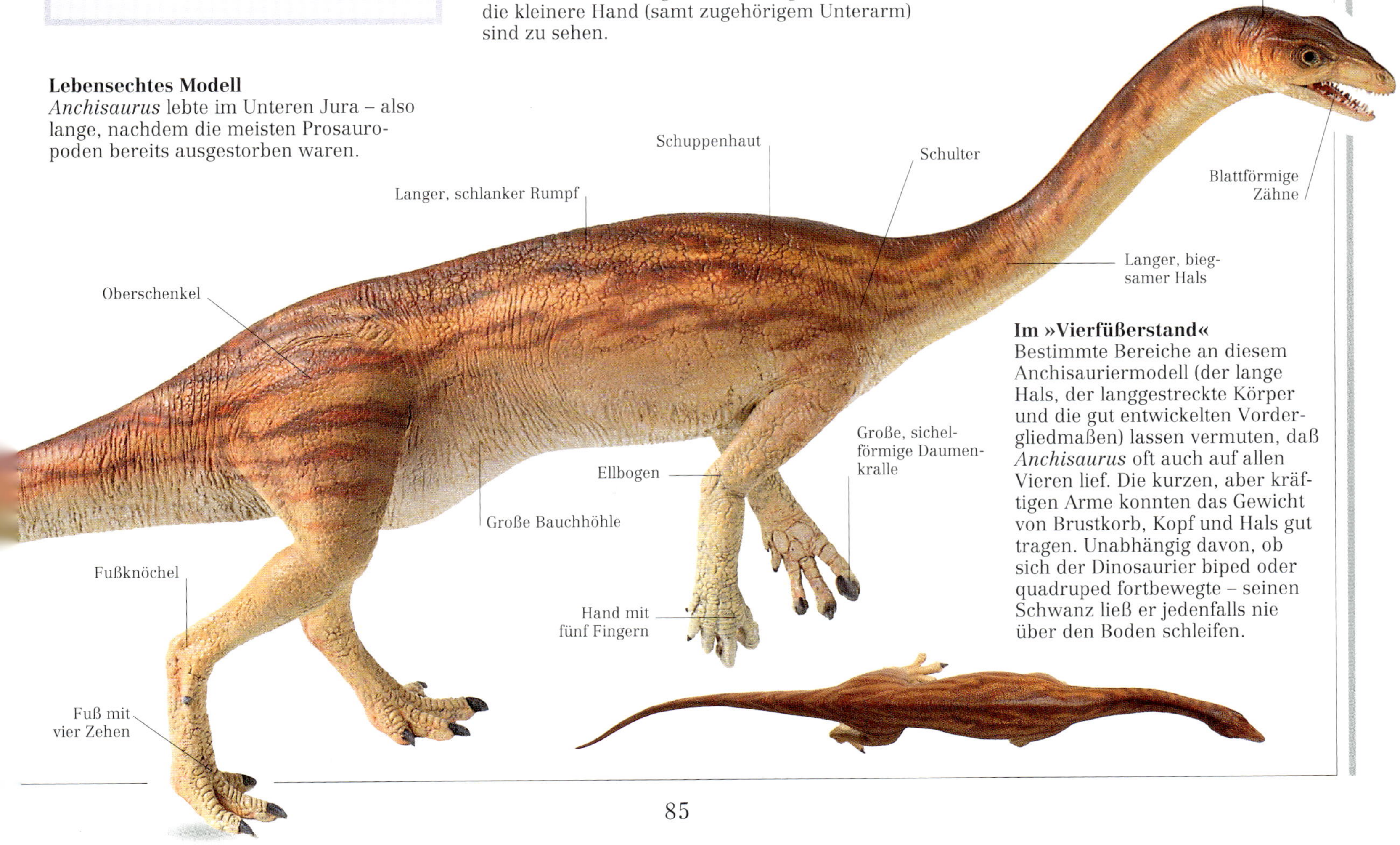

Im »Vierfüßerstand«
Bestimmte Bereiche an diesem Anchisauriermodell (der lange Hals, der langgestreckte Körper und die gut entwickelten Vordergliedmaßen) lassen vermuten, daß *Anchisaurus* oft auch auf allen Vieren lief. Die kurzen, aber kräftigen Arme konnten das Gewicht von Brustkorb, Kopf und Hals gut tragen. Unabhängig davon, ob sich der Dinosaurier biped oder quadruped fortbewegte – seinen Schwanz ließ er jedenfalls nie über den Boden schleifen.

PLATEOSAURUS

Plateosaurus (»Platte Echse«) wurde durch Dutzende von Skeletten, die in mitteleuropäischem Gestein aus der Oberen Trias gefunden wurden, zu einem der bekanntesten frühen Großdinosaurier. Er gehörte zu den Prosauropoden, aus denen höchstwahrscheinlich die Sauropoden, die größten Landtiere der Erde, hervorgingen. *Plateosaurus* besaß einen kleinen Kopf, der auf einem langen Hals saß, einen tonnenartigen Rumpf, große Daumenkrallen und große, kräftige Hinterbeine. Im Vergleich zu *Anchisaurus* war sein Schwanz ebenfalls kräftig, jedoch war der schmale *Plateosaurus*-Schädel größer und kräftiger, und er besaß ein tief ausgezogenes Maul mit wesentlich mehr Zähnen. Seine kräftige Kiefermuskulatur setzte unterhalb der Zahnreihe an einem Knochenkamm im Unterkiefer an, so daß *Plateosaurus* hervorragend kauen konnte.

Stand auf zwei Beinen
Ein *Plateosaurus* richtet sich auf die Hinterbeine auf und versucht mit ausgestrecktem Hals, einige höher wachsende Blätter abzufressen, die außerhalb der Reichweite anderer Dinosaurier sind. Die Prosauropoden waren die ersten großen Landtiere, die sich auf diese Weise ernährten. Möglicherweise zogen sie auch Zweige direkt ins Maul herab.

LEBENSWEISE

Normalerweise lief *Plateosaurus* wohl auf allen Vieren, doch konnte er sich ab und zu auch auf die Hinterbeine aufrichten, um mit den gebogenen Daumenkrallen hoch wachsende Zweige und Farnwedel zu ergreifen und herabzuziehen. Durch die Auf- und Abwärtsbewegungen der beiden Kiefer fuhren obere und untere Zahnreihe, in denen flache, blattförmige Zähne saßen, übereinander und zerrissen die Pflanzenteile; dabei verhinderten die Backentaschen, daß diese aus dem Maul fielen. Die zerkleinerten »Blätter« wurden im Muskelmagen des Tieres durch gegeneinander reibende Kieselsteine (Gastrolithen) weiter zermalmt. Sehr wahrscheinlich hielt die Suche nach Nahrung den *Plateosaurus* ständig in Bewegung. Wenn eine Plateosaurierherde die Bäume und Baumfarne eines Landstrichs kahlgefressen hatte, mußte sie einen neuen Futterplatz aufsuchen. Der Herdenverband bot den Vorteil, daß die Prosauropoden einen angreifenden Raubsaurier gemeinsam besser abwehren konnten, indem sie sich zusammendrängten, um dann dem Gegner mit ihren krallenbewehrten Vorderfüßen in die Flanken zu schlagen; so wurde sicher mancher Theropode nach ein paar Blessuren in die Flucht geschlagen. Ein großer Nachteil der Gruppenbildung war jedoch, daß bei Naturkatastrophen (z.B. Springfluten, Überschwemmungen) viele, evtl. sogar alle Tiere einer Herde umkamen. (Offenbar war dies auch das Schicksal einer Plateosaurierherde, deren zahlreiche Skelette in der Nähe des schwäbischen Trossingen gefunden wurden.)

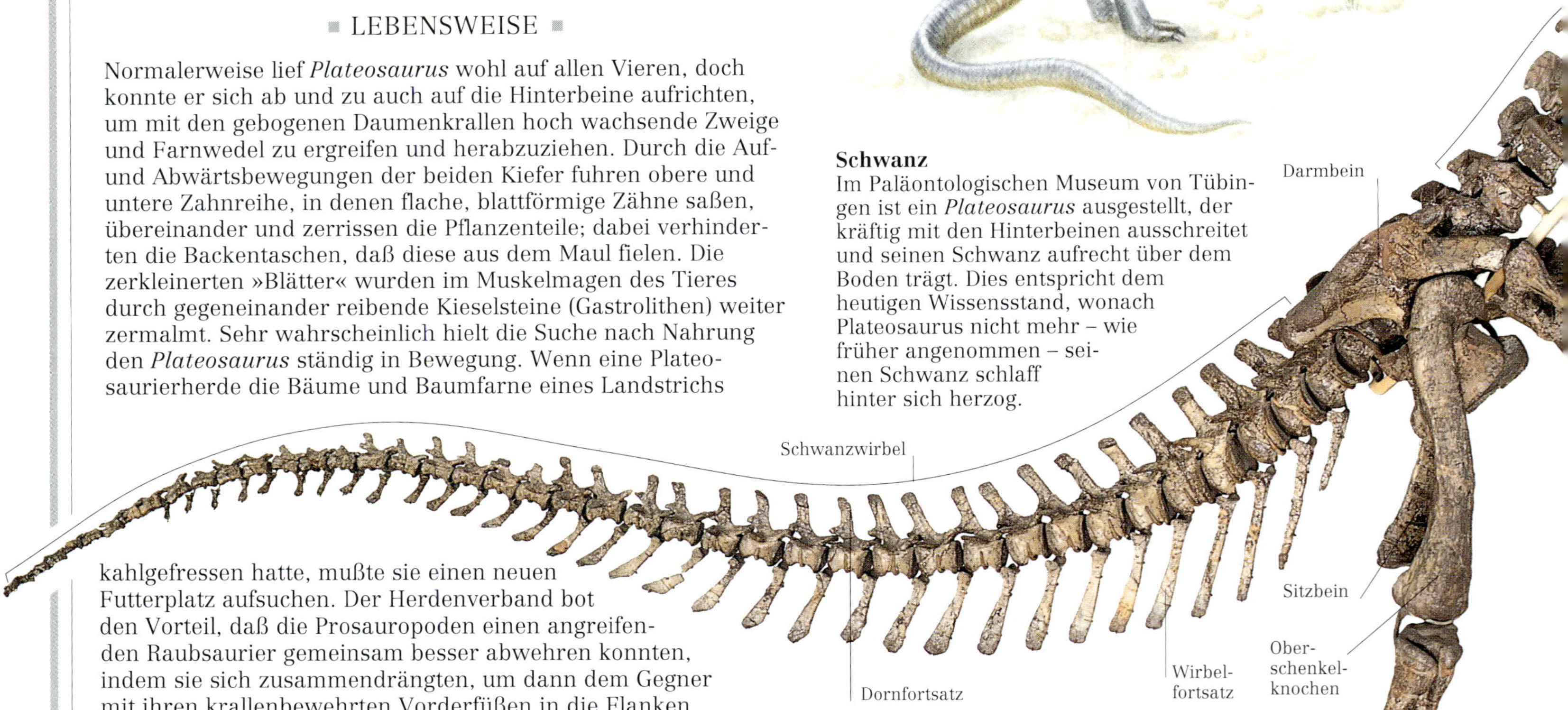

Schwanz
Im Paläontologischen Museum von Tübingen ist ein *Plateosaurus* ausgestellt, der kräftig mit den Hinterbeinen ausschreitet und seinen Schwanz aufrecht über dem Boden trägt. Dies entspricht dem heutigen Wissensstand, wonach Plateosaurus nicht mehr – wie früher angenommen – seinen Schwanz schlaff hinter sich herzog.

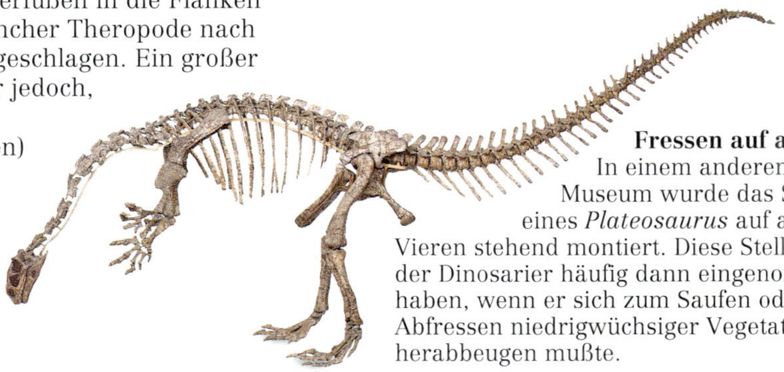

Fressen auf allen Vieren
In einem anderen deutschen Museum wurde das Skelett eines *Plateosaurus* auf allen Vieren stehend montiert. Diese Stellung wird der Dinosarier häufig dann eingenommen haben, wenn er sich zum Saufen oder zum Abfressen niedrigwüchsiger Vegetation herabbeugen mußte.

Rekonstuiertes Skelett
Die auffälligsten anatomischen Merkmale des *Plateosaurus* sind an diesem montierten Skelett zu sehen: Ein relativ kleiner Schädel sitzt an einem langen, beweglichen Hals, dessen Wirbel durch schmale Cervicalrippen verbunden sind. Der kräftige, längliche Brustkorb barg den Magen und andere wichtige Organe, so daß der Schwerpunkt des Tieres vorne lag. Eine kräftige Schulterpartie und starke Beine glichen diese »Kopflastigkeit« aus, wenn der Saurier auf allen Vieren lief. Aufgrund der verlängerten Mittelfußknochen nimmt man an, daß er ein Zehengänger war.

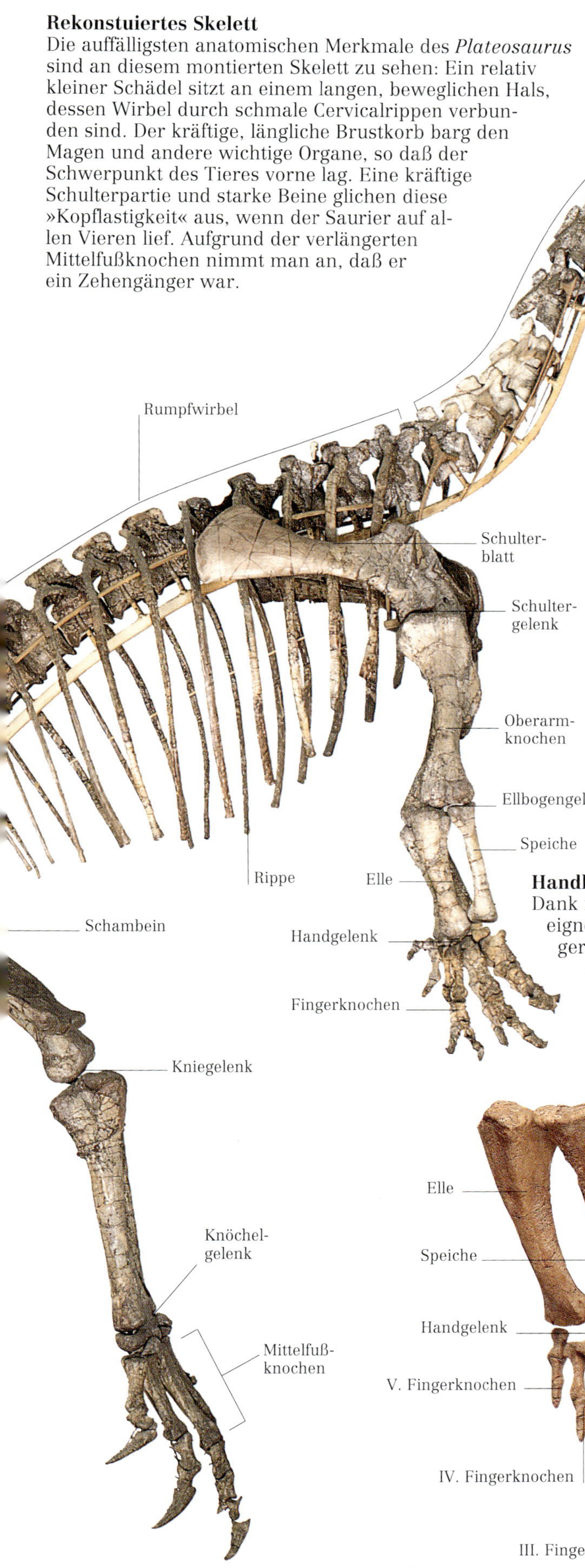

Schädel
Der Schädel war massiver als der eines Anchisauriers gebaut; um kräftiger kauen zu können, besaß er auf dem Unterkiefer eine kronenförmige Erhebung und ein eingedrücktes Kiefergelenk. Die zahlreichen Zähnchen waren seitlich abgeflacht und besaßen gesägte blattförmige Kronen. Die relativ schmalen Wangentaschen setzten an einem Knochenkamm im Unterkiefer an und verhinderten, daß dem *Plateosaurus* Nahrung beim Kauen aus dem Maul fiel.

Handknochen
Dank ihrer starken, breiten Knochen eignete sich die kräftige, mit 5 Fingern versehene Hand des *Plateosaurus* ideal zum Tragen und Verteidigen. Die ersten drei Fingerknochen (I bis III) waren besonders lang und kräftig, und auf dem Daumen saß eine große, breite Klaue, die bedrohlich wirkte. Demgegenüber machten sich die Knochen der beiden übrigen Finger ziemlich klein aus, wodurch die Hand insgesamt etwas unsymmetrisch wirkt.

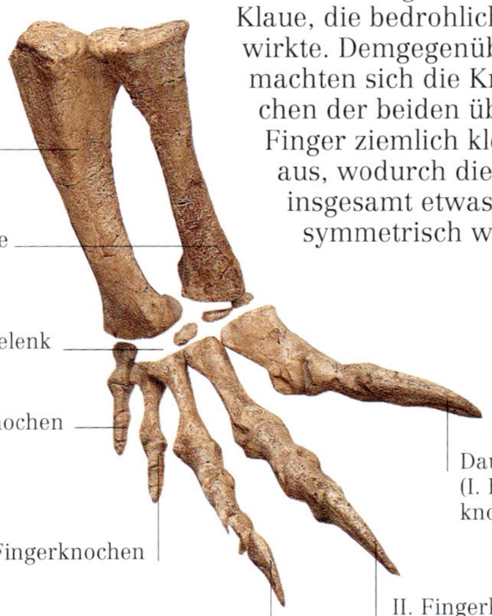

KURZ-INFO

PLATEOSAURUS

Plateosaurus war ein länglicher, quadrupeder Pflanzenfresser mit massigem Rumpf und einem kleinen Schädel.

MESOZOIKUM

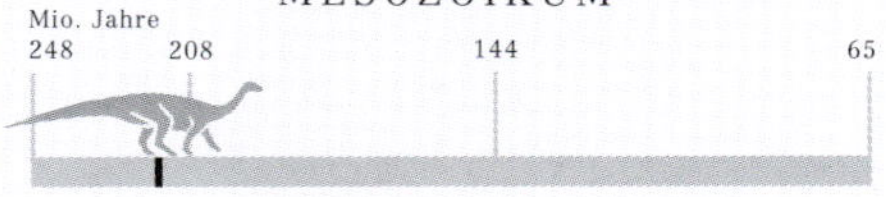

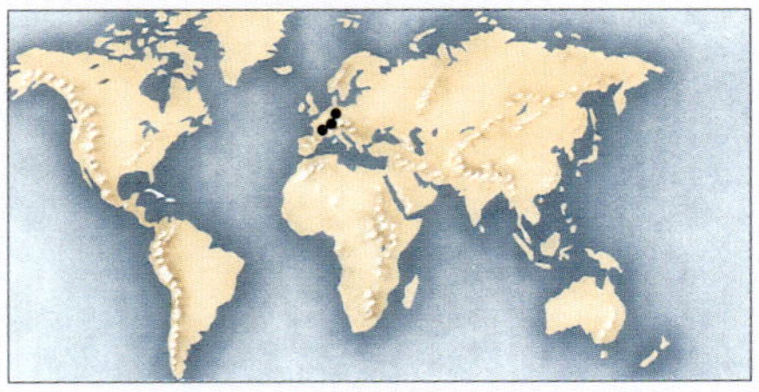

FUNDORT
Baden-Württemberg, Bayern (Deutschland) Doubs, Jura (Frankreich), Aargau, Baseler Land (Schweiz)

ZEIT
vor 220 Mio. Jahren

NAHRUNG
Blattpflanzen

SYSTEMATIK
Familie: Plateosauridae
Infraordnung: Prosauropoda
Subordnung: Sauropodomorpha
Ordnung: Saurischia

MASSE
Länge: 6-8 m

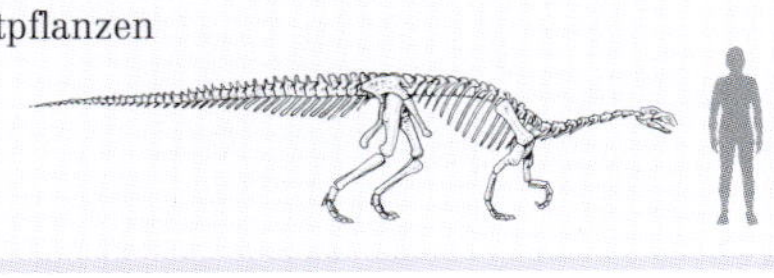

MASSOSPONDYLUS

M*assospondylus* (»Massiver Wirbel«) war ein mittelgroßer Prosauropode mit einem kürzeren, flacheren Schädel als *Plateosaurus,* einem differenzierten Gebiß und einem ungewöhnlichen, überstehenden Oberkiefer. Dieser »Kiefervorsprung« ließ den Verdacht aufkommen, *Massospondylus* habe am Unterkiefer einen Hornschnabel besessen, jedoch ist diese Hypothese aufgrund der restlichen Kieferanatomie nicht haltbar. Dank der Informationen aus gut 80 fossilen Skeletten ist *Massospondylus* der am besten bekannte Prosauropode des Unteren Jura. Dieser Dinosaurier war weltweit häufig anzutreffen; die meisten Fossilien stammen aus Südafrika, jedoch wurde 1985 auch ein Massospondylusschädel in Nordamerika gefunden. Dieser Fund belegt die These, daß *Massospondylus* auf allen damals noch zusammenhängenden Landmassen vorkam.

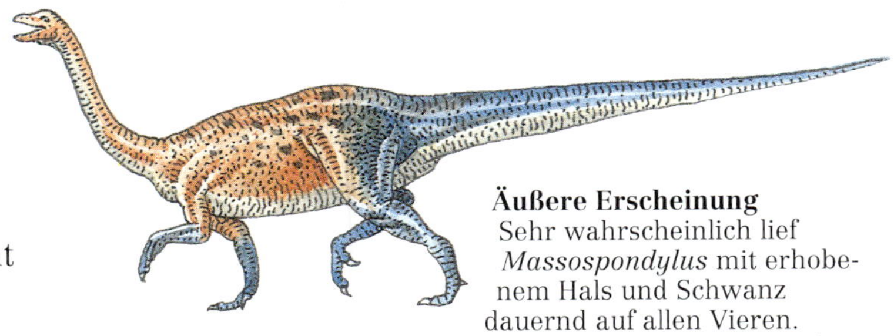

Äußere Erscheinung
Sehr wahrscheinlich lief *Massospondylus* mit erhobenem Hals und Schwanz dauernd auf allen Vieren. Trotzdem konnte er sich auf die Hinterbeine stellen, um in den Baumwipfeln zu fressen.

LEBENSWEISE

Im damaligen waldreichen Schwemmland Arizonas teilte sich *Massospondylus* seinen Lebensraum mit Schildkröten, Flugsauriern und anderen Tieren, während er in Südafrika mit den ersten Theropoden, anderen Ornithischiern, säugerähnlichen Reptilien und äußerst kleinen, spitzmausähnlichen Säugetieren zusammenlebte. Mit seinem schmalen Kopf und einem schweren Körper war *Massospondylus* offenbar ein friedlicher Pflanzenfresser. 1981 wurde jedoch die These aufgestellt, *Massospondylus* und nahe verwandte Arten seien Fleischfresser gewesen.

ERNÄHRUNGSWEISE

Die Idee einer carnivoren Lebensweise wurde vor allem durch die langen, kräftigen Vorderzähne erhärtet, die ein bißchen wie Steakmesser geriefelt sind. Ferner waren die Zähne nicht so stark abgenutzt wie beispielsweise bei dem rein vegetarisch lebenden *Lesothosaurus,* einem kleinen frühen Ornithischier. Außerdem gelten seine Kieferknochen und Kaumuskeln als zu schwach, als daß sie zum Zerkauen zäher, faseriger Pflanzenteile geeignet gewesen wären. Alternativ wurde behauptet, *Massospondylus* habe mit seinen kräftigen, gezackten Vorderzähnen Fleischbrocken herausgerissen, während die eher flachkronigen Hinterzähne zum Zerkauen pflanzlicher Kost dienten. 1985 wurde diesem Gedanken eine weitere These entgegengestellt: Demnach konnte *Massospondylus* genauso effektiv Blätter abbeißen und kauen wie jeder heutige Leguan. Polierte Kieselsteine, die zusammen mit anderen Fossilien gefunden wurden, lassen die Vermutung zu, daß *Massospondylus* die Pflanzen in seinem Muskelmagen mit Hilfe von Gastrolithen (»Magensteine«) zerkleinerte; anschließend wurde dieser Speisebrei in die Bereiche des Darmtraktes transportiert, wo Enzyme die weitere Verdauungsarbeit (Lösen der Nährstoffe) erledigten.

Daumenkralle
Obwohl die Daumenkralle eines *Massospondylus* mindestens so mörderisch wie eine Theropodenklaue aussah, dürfte sie hauptsächlich zur Verteidigung oder zum Graben eingesetzt worden sein.

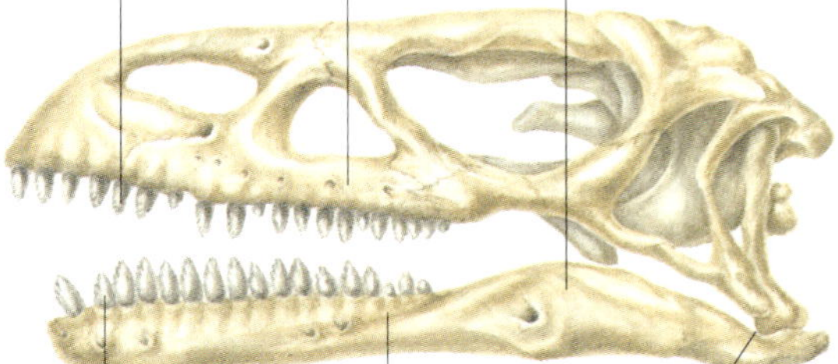

Schädel und Kiefer
Der Unterkiefer besaß bei *Massospondylus* eine flache, kronenförmige Wölbung, während sich das Gelenk zwischen bei den Kiefern etwa auf Höh der Zahnreihe des Maxilla re befand. In den Wangenknochen saßen Austrittstellen für Blutgefäß Ein überstehender Oberkiefer ließ den Verdacht aufkommen, der Unterkiefer liefe in einen Hornschna bel aus, jedoch stimmt diese Theorie nicht mit der Ta sache überein, daß sich an der Vorderseite des Unter kiefers Zähne befinden.

Rekonstruiertes Skelett
In dieser Rekonstruktion wird *Massospondylus* als längliches Tier mit relativ kleinem Schädel, kurzen Rippen, nicht sehr muskulösem Schwanz und verhältnismäßig schlankem Beinen dargestellt. Andere Prosauropoden wie der rechts abgebildete *Lufengosaurus* oder der europäische *Plateosaurus* waren kräftiger und stämmiger gebaut. Als einziger bekannter Vertreter seiner Familie könnte *Massospondylus* ein entwicklungsgeschichtliches Bindeglied zwischen Plateosauriden wie *Lufengosaurus* und primitiveren Prosauropoden wie *Anchisaurus* darstellen.

LUFENGOSAURUS

1941 bestätigte die Entdeckung eines mittelgroßen Prosauropoden (aus dem Unteren Jura) in der Provinz Yunnan im Südwesten Chinas, daß dieses Sauropodengruppe weltweit verbreitet war. Einzelne Schädelknochen von *Lufengosaurus* ähnelten denen des europäischen Prosauropoden *Plateosaurus*.

MODELL EINES LUFENGOSAURUS
Dieser Dinosaurier erinnert äußerlich stark an einen *Plateosaurus*.

Skelett
Dieses Skelett eines *Lufengosaurus* ist aufgerichtet rekonstruiert worden. Heute sind mehr als 30 vollständige oder teilweise komplette Skelette dieses Dinosauriers bekannt.

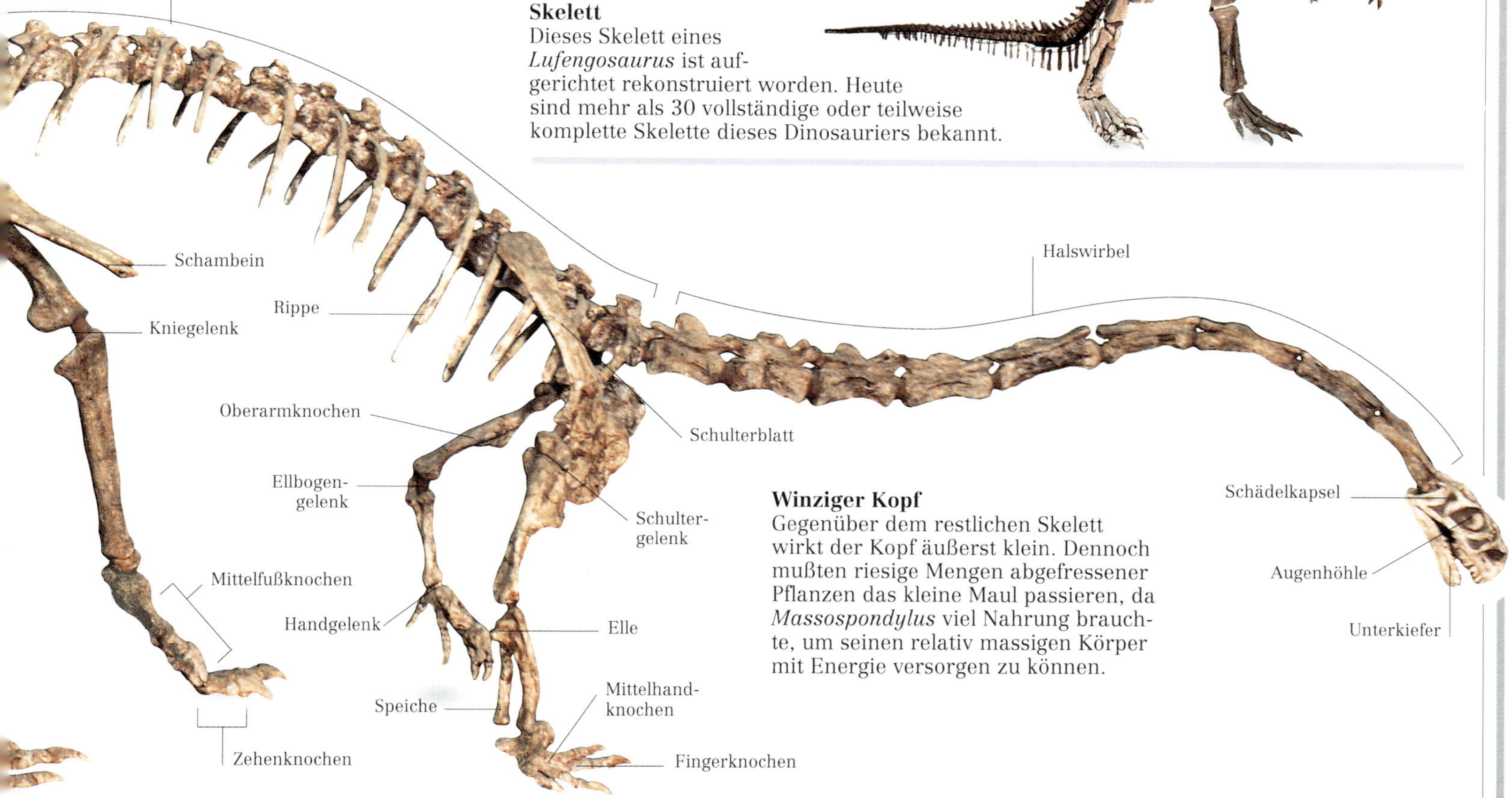

Winziger Kopf
Gegenüber dem restlichen Skelett wirkt der Kopf äußerst klein. Dennoch mußten riesige Mengen abgefressener Pflanzen das kleine Maul passieren, da *Massospondylus* viel Nahrung brauchte, um seinen relativ massigen Körper mit Energie versorgen zu können.

KURZ-INFO

MASSOSPONDYLUS

Massospondylus war ein bipeder/ quadrupeder Pflanzenfresser mit langem Schwanz und Hals.

MESOZOIKUM

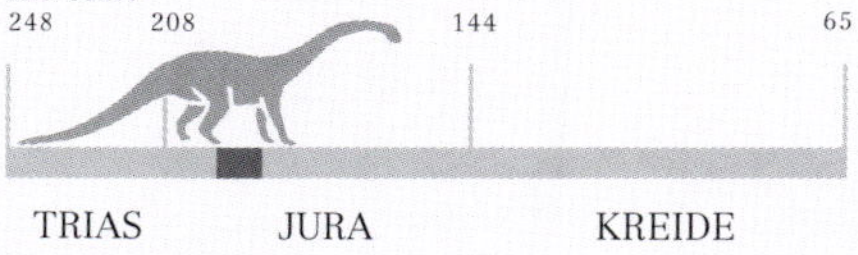

SYSTEMATIK
Familie: Massospondylidae
Infraordnung: Prosauropoda
Subordnung: Sauropodomorpha
Ordnung: Saurischia

ZEIT
vor 205 bis 194 Mio. Jahren

NAHRUNG
Blätter

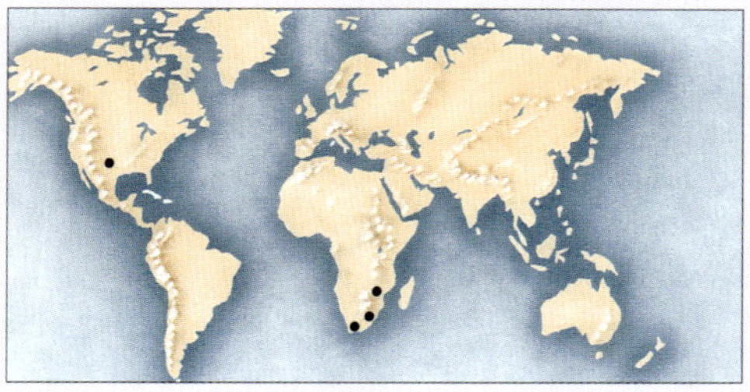

FUNDORT
Quthing (Lesotho)
Matabeleland (Simbabwe)
Kap-Provinz, Oranje-Freistaat, Transvaal (Südafrika)
Arizona (USA)

MASSE
Länge: 5 m

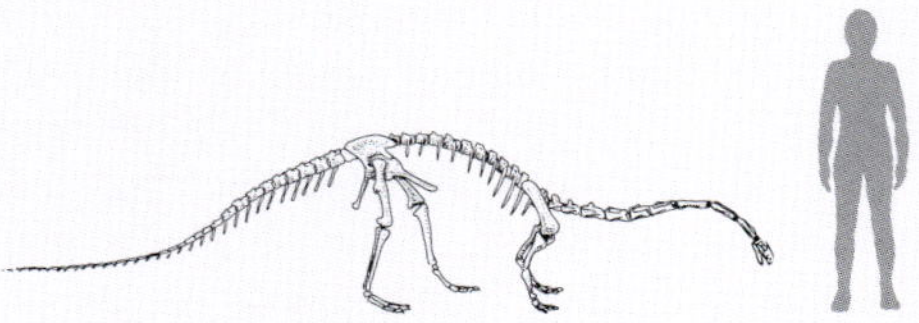

RIOJASAURUS

Riojasaurus (»Echse aus La Rioja«) besaß einen kleinen Kopf, doch dafür einen langen Hals und Schwanz, einen voluminösen Rumpf und Beine wie ein Elefant. Dieser Prosauropode gehörte, bevor die Sauropoden auftauchten, mit zu den größten und schwersten Landtieren dieser Erde. Von Größe und Gewicht her konnte es *Riojasaurus* durchaus mit einem kleineren Vertreter der Sauropoden aufnehmen. Seine Wirbel waren zwar hohl und daher leicht, die Beine jedoch massiv, um sein gewaltiges Gewicht auch tragen zu können. Die Hände und Füße der Riojasaurier waren länger als bei Sauropoden, und mehrere ihrer Finger- und Zehenknochen besaßen Krallen.

Gastrolithen
Wie alle übrigen Prosauropoden und Sauropoden hat vermutlich auch *Riojasaurus* Kieselsteine verschluckt, die in seinem Muskelmagen durch kräftige Kontraktionen gegeneinander gerieben wurden und die abgebissenen Pflanzen zermalmten. Durch diese Bewegungen wurden die Kiesel im Lauf der Zeit ebenfalls abgeschliffen und poliert. Der Nahrungsbrei wurde anschließend im Dünndarm weiter verdaut.

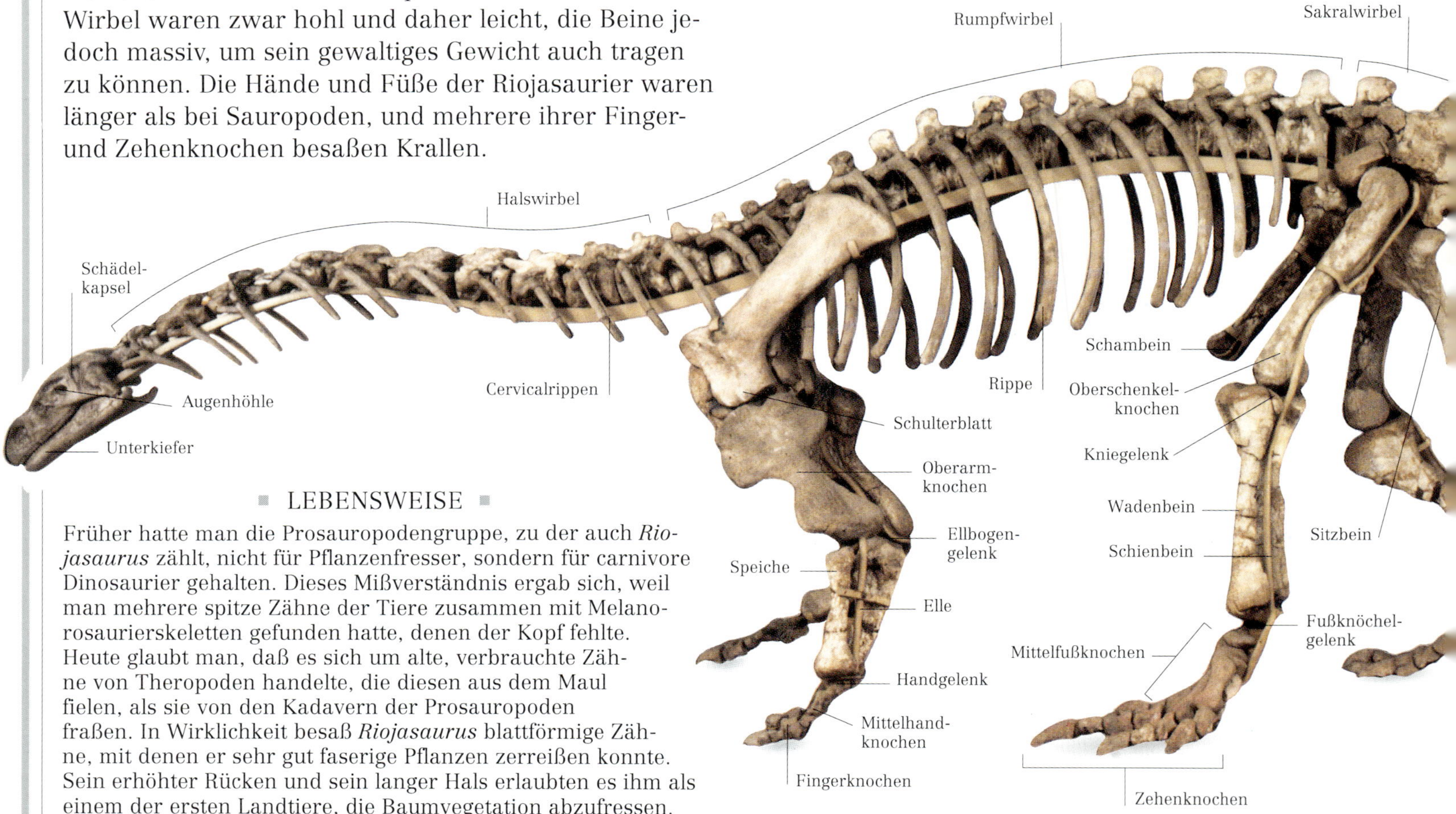

LEBENSWEISE

Früher hatte man die Prosauropodengruppe, zu der auch *Riojasaurus* zählt, nicht für Pflanzenfresser, sondern für carnivore Dinosaurier gehalten. Dieses Mißverständnis ergab sich, weil man mehrere spitze Zähne der Tiere zusammen mit Melanorosaurierskeletten gefunden hatte, denen der Kopf fehlte. Heute glaubt man, daß es sich um alte, verbrauchte Zähne von Theropoden handelte, die diesen aus dem Maul fielen, als sie von den Kadavern der Prosauropoden fraßen. In Wirklichkeit besaß *Riojasaurus* blattförmige Zähne, mit denen er sehr gut faserige Pflanzen zerreißen konnte. Sein erhöhter Rücken und sein langer Hals erlaubten es ihm als einem der ersten Landtiere, die Baumvegetation abzufressen. Einige Forscher nehmen an, der Selektionsdruck für diese langhalsige Evolution sei das zunehmend trockener werdende Klima der Oberen Trias gewesen: Vermehrte Dürreperioden vernichteten die üppige, in Bodennähe wachsende Vegetation, und nur die hohen Bäume der Flußwälder mit ihren tiefreichenden Wurzeln konnten bestehen. Diese waren ideale Vorratskammern für Tiere, deren Hals lang genug war, um an die Blätter heranzukommen. Diese Theorie einer drastischen Klimaveränderung könnte nicht nur die Evolution der langhalsigen Prosauropoden Südamerikas erklären, sondern auch das gleichzeitige plötzliche Aussterben der Rhynchosaurier, einer Gruppe damals verbreiteter, an große Schweine erinnernde Reptilien mit kurzem Hals. Ein weiterer Vorteil war für *Riojasaurus* der Schutz, den ihm sein großer Körper gegen Angriffe durch die ersten großen Theropoden oder andere Raubreptilien bot.

Rekonstruktion
Der aus Argentinien stammende *Riojasaurus* gehört zu den Melanorosauridae, einer Familie schwergewichtiger quadrupeder Prosauropoden. Hierzu zählen auch *Melanorosaurus* aus Südafrika sowie der aus England stammende *Camelotia*.

Schädel
Im Verhältnis zu seinem Körper war der Schädel von *Riojasaurus* wie auch bei anderen Prosauropoden relativ klein. Von der Form her erinnerte er an einen Plateosaurierschädel, und auch seine Zähne besaßen die gleiche blattförmige Krone, die man bei europäischen Dinosauriern findet.

■ KURZ-INFO ■

RIOJASAURUS

Riojasaurus war ein quadrupeder Pflanzenfresser mit massigen Beinen und enormem Rumpf.

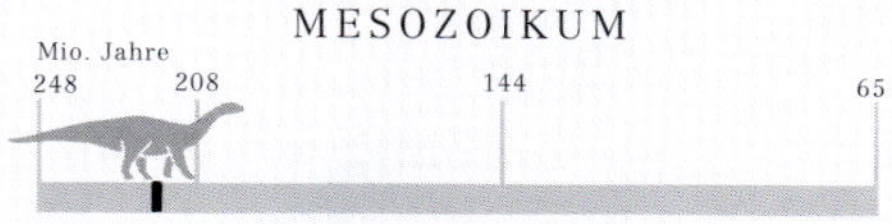

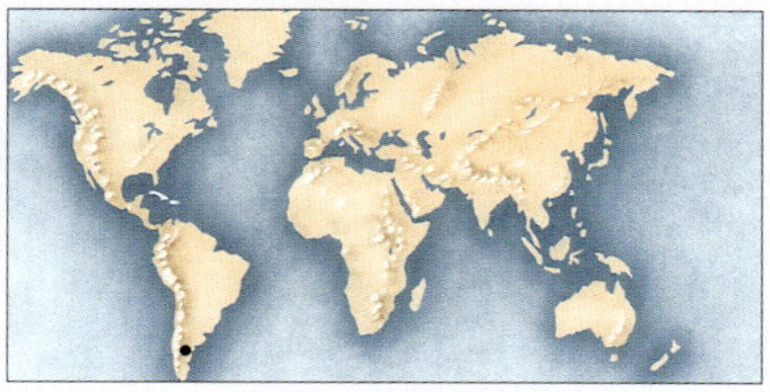

FUNDORT
La Rioja, San Juan (Argentinien)

ZEIT
vor 219 Mio. Jahren

MASSE
Länge: 10 m
Gewicht: 1 t

SYSTEMATIK
Familie: Melanorosauridae
Infraordnung: Prosauropoda
Subordnung: Sauropodomorpha
Ordnung: Saurischia

NAHRUNG
Blätter von Bäumen

Entdeckung
Dieses rekonstruierte Skelett eines Riojasauriers steht in einem Museum in San Miguel de Tucumán im Nordwesten Argentiniens. In dieser Region im Andenvorland hat man mehr als 20 vollständige bzw. teilweise erhaltene Skelette dieses Dinosauriers gefunden.

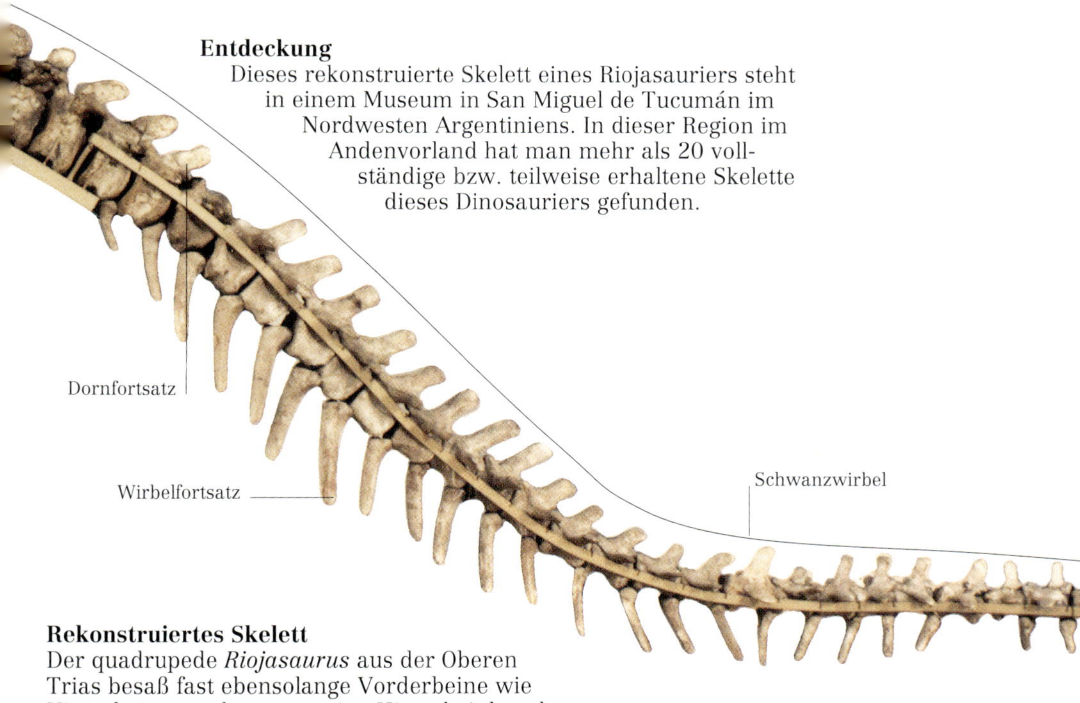
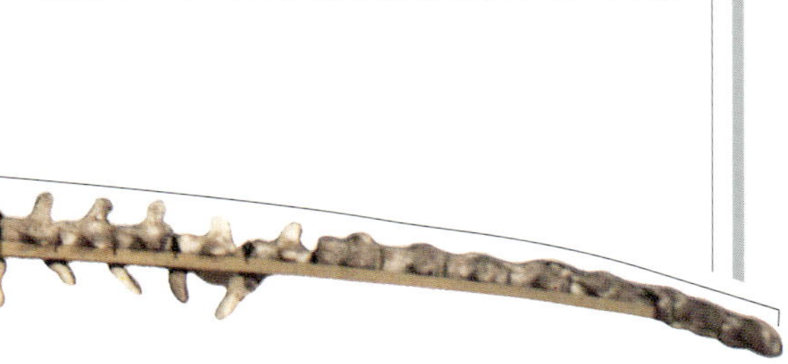

Rekonstruiertes Skelett
Der quadrupede *Riojasaurus* aus der Oberen Trias besaß fast ebensolange Vorderbeine wie Hinterbeine; auch waren seine Hinterbeinknochen länger und kräftiger als bei anderen Prosauropoden. *Riojasaurus* repräsentiert den Evolutionstrend, größere Körperformen auszubilden – eine Entwicklung, die später nur noch von den gigantischen Sauropoden des Jura und der Kreide übertroffen werden sollte.

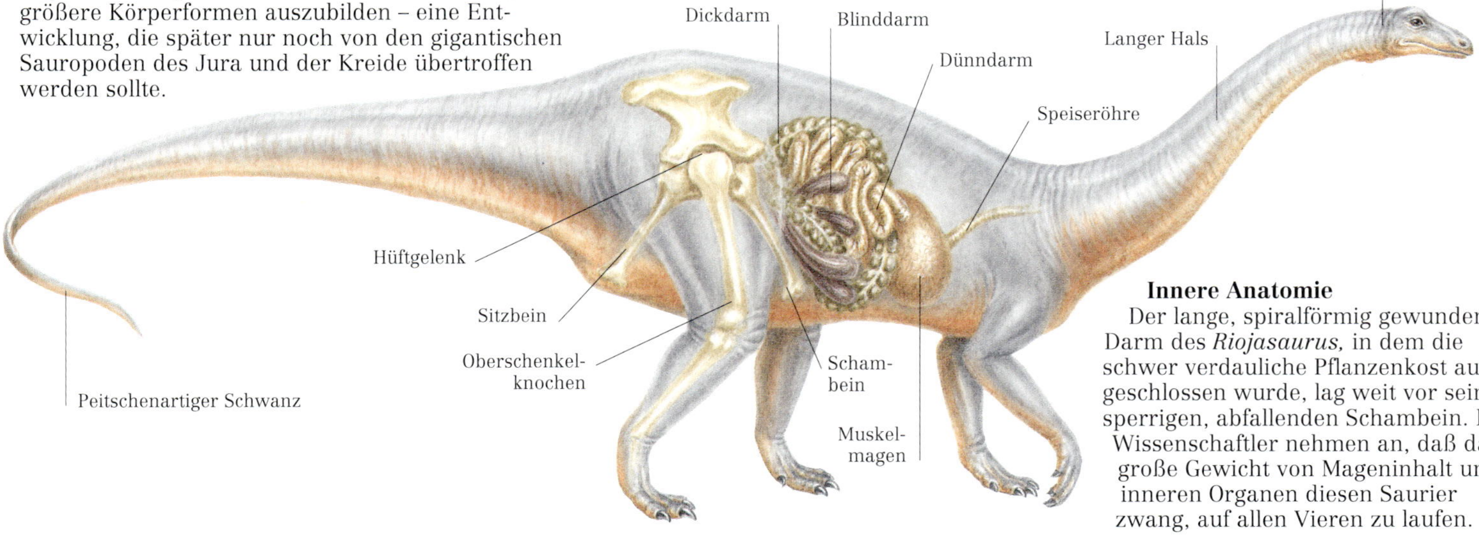

Innere Anatomie
Der lange, spiralförmig gewundene Darm des *Riojasaurus,* in dem die schwer verdauliche Pflanzenkost aufgeschlossen wurde, lag weit vor seinem sperrigen, abfallenden Schambein. Die Wissenschaftler nehmen an, daß das große Gewicht von Mageninhalt und inneren Organen diesen Saurier zwang, auf allen Vieren zu laufen.

CETIOSAURUS

Cetiosaurus (»Wal-Echse«), der als erster Sauropode entdeckt wurde, war so lang wie ein Wal, und als man diesem gewaltigen Pflanzenfresser 1841 seinen wissenschaftlichen Namen gab, war er der größte bekannte Landbewohner. Er gehörte der eher ursprünglichen Familie der Cetiosauridae an, die sich durch »konservative« Merkmale wie z.B. massive Wirbelknochen (im Gegensatz zu den ausgehöhlten Wirbelkörpern späterer Sauropoden) auszeichnen. Sein Schädel war rundlich-kompakt und besaß spatelförmige Zähne; der Hals war mäßig lang, der Rumpf voluminös, und er wurde von säulenartigen »Elefantenbeinen« getragen, an deren Zehen dicke Fettpolster saßen und als »Stoßdämpfer« fungierten.

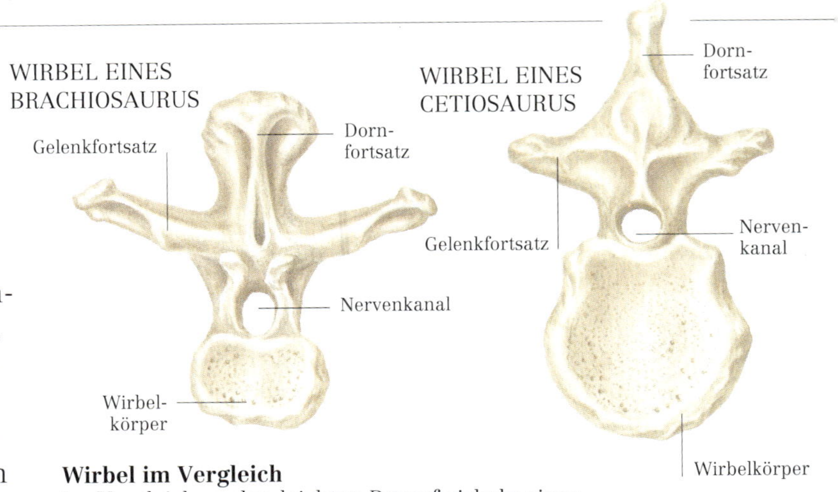

Wirbel im Vergleich
Im Vergleich zu den leichten Rumpfwirbeln eines höher entwickelten Sauropoden (z.B. *Brachiosaurus,* oben links) waren diese Wirbel bei *Cetiosaurus* (oben rechts) schwer und massiv. Bei *Brachiosaurus* war der Wirbelkörper kleiner, Gelenkfortsatz und Dornfortsatz hingegen waren deutlich ausgeprägter.

ENTDECKUNG

Den ersten Hinweis auf die Existenz jener gewaltigen Sauropoden lieferte der fossile Schwanzwirbel eines *Cetiosaurus,* der 1809 in England entdeckt wurde. Um 1830 erhielt der Oxforder Geologe William Buckland verschiedene große fossile Knochen, die in Oxfordshire ausgegraben worden waren. Diese wurden durch den berühmten französischen Anatom und Zoologen Baron George de Cuvier als Walknochen klassifiziert – obgleich keinerlei fossile Wale aus dem Mesozoikum bekannt waren. Der britische Zoologe Richard Owen zweifelte diesen Befund Cuviers später an und behauptete vielmehr, es handele sich um ein stromlinienförmiges Tier, das sich wie ein Krokodil mit dem Schwanz paddelnd durch das Wasser fortbewegte. Spätere Fossilfunde ließen Owens These ins Wanken geraten. 1848 entdeckte der Wissenschaftler John Phillips einen beinahe mannshohen Oberschenkelknochen, dessen Besitzer vermutlich auf dem Festland lebte. 1869 wurde – ebenfalls in Oxfordshire – ein komplettes Skelett gefunden, das aus der gleichen Formation des Mittleren Juras stammt. Thomas Henry Huxley, ein Zeitgenosse Charles Darwins, gelangte schließlich zu dem korrekten Schluß, daß *Cetiosaurus* ein sehr großer, quadrupeder Dinosaurier war, der etwa das Gewicht von fünf Elefanten besaß.

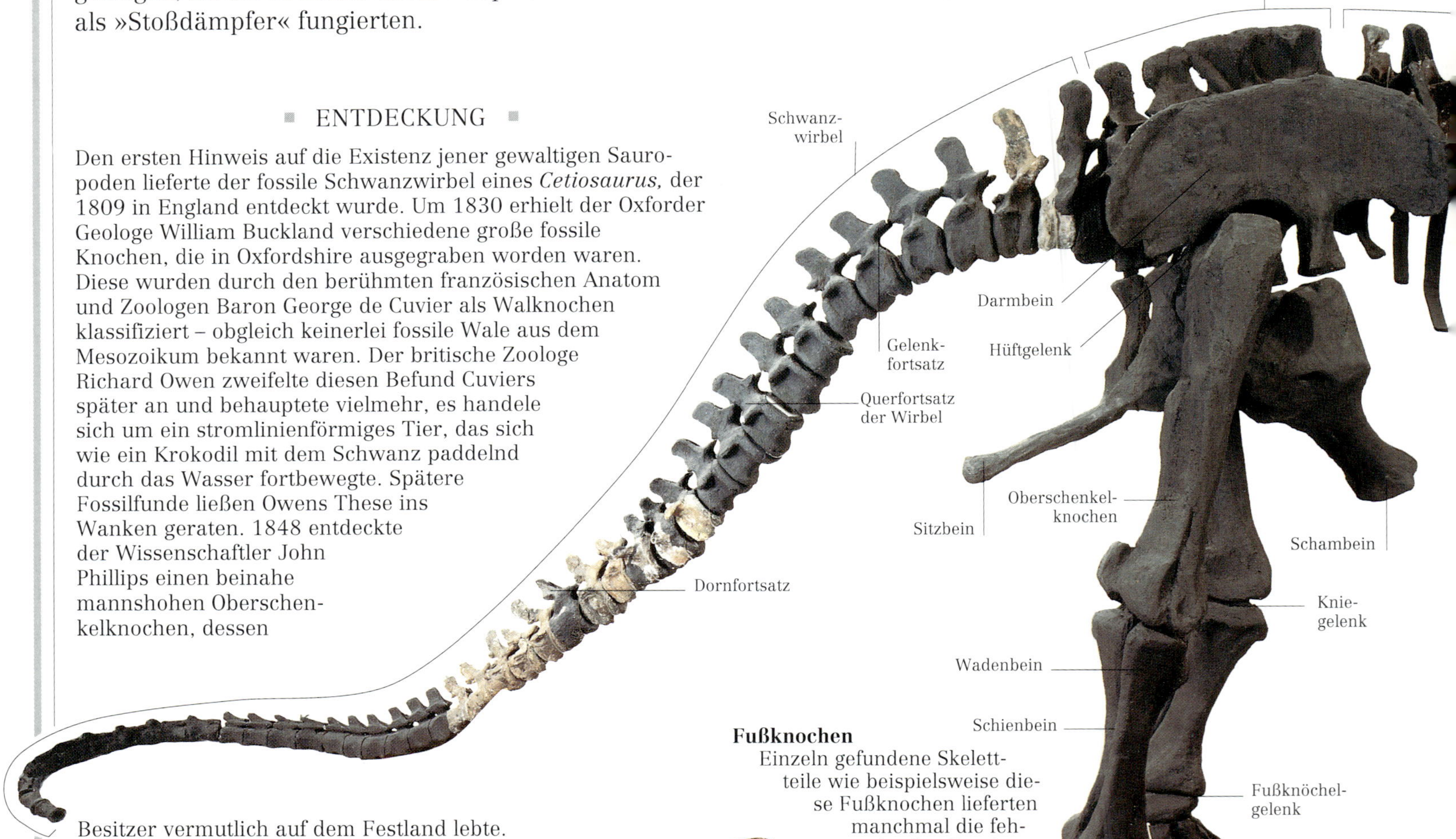

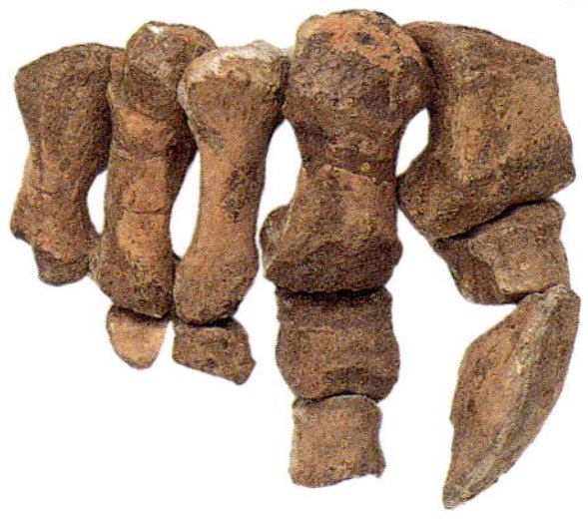

Fußknochen
Einzeln gefundene Skelettteile wie beispielsweise diese Fußknochen lieferten manchmal die fehlenden Puzzlesteine, um ein vollständiges Cetiosaurierskelett wie das hier abgebildete rekonstruieren zu können; oft ist dies aber nicht möglich.

KURZ-INFO

CETIOSAURUS

Cetiosaurus war ein schwerer, quadrupeder Pflanzenfresser mit langem Hals und massigem Rumpf.

SYSTEMATIK
Familie: Cetiosauridae
Infraordnung: Sauropoda
Subordnung: Sauropodomorpha
Ordnung: Saurischia

ZEIT
vor 180 bis 170 Mio. Jahren

NAHRUNG
Blätter von Bäumen, Farnwedel

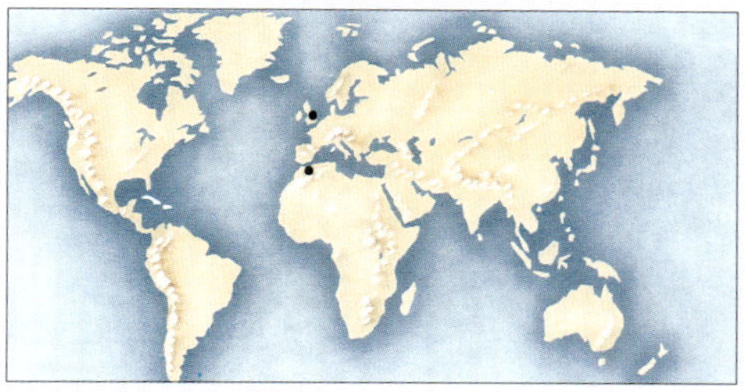

FUNDORT
Beni Mellal (Marokko)
Buckinghamshire, Gloucestershire, Northamptonshire, Nottinghamshire, Oxfordshire, Wiltshire, Yorkshire (UK)

MASSE
Länge: 18 m
Gewicht: 27 t

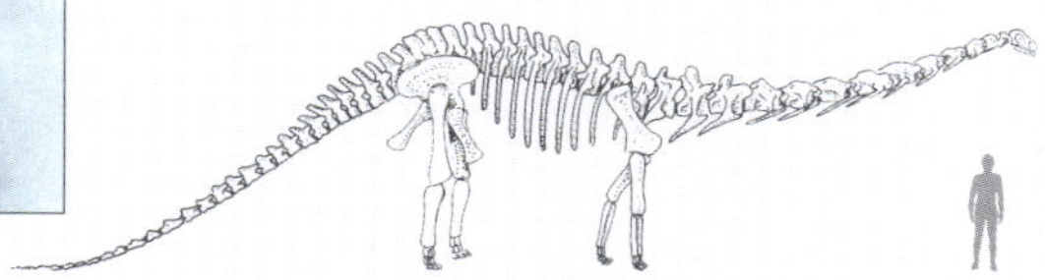

Rekonstruiertes Skelett
Bei diesem montierten Skelett sind die weißen Knochen echte Fossilien, während die dunklen Skelettelemente anstelle fehlender Knochen eingesetzt wurden; sie wurden einzelnen Knochenfunden nachmodelliert.

Rekonstruiertes Modell
Cetiosaurus besaß säulenartige Beine und wesentlich plumpere Vorderextremitäten als die beiden frühen Sauropoden *Brachiosaurus* oder *Shunosaurus*. Evtl. war der Oberarmknochen nicht verkürzt (wie bei den meisten Sauropoden – und auch in dem hier gezeigten Skelett), sondern genauso lang wie das Schienbein.

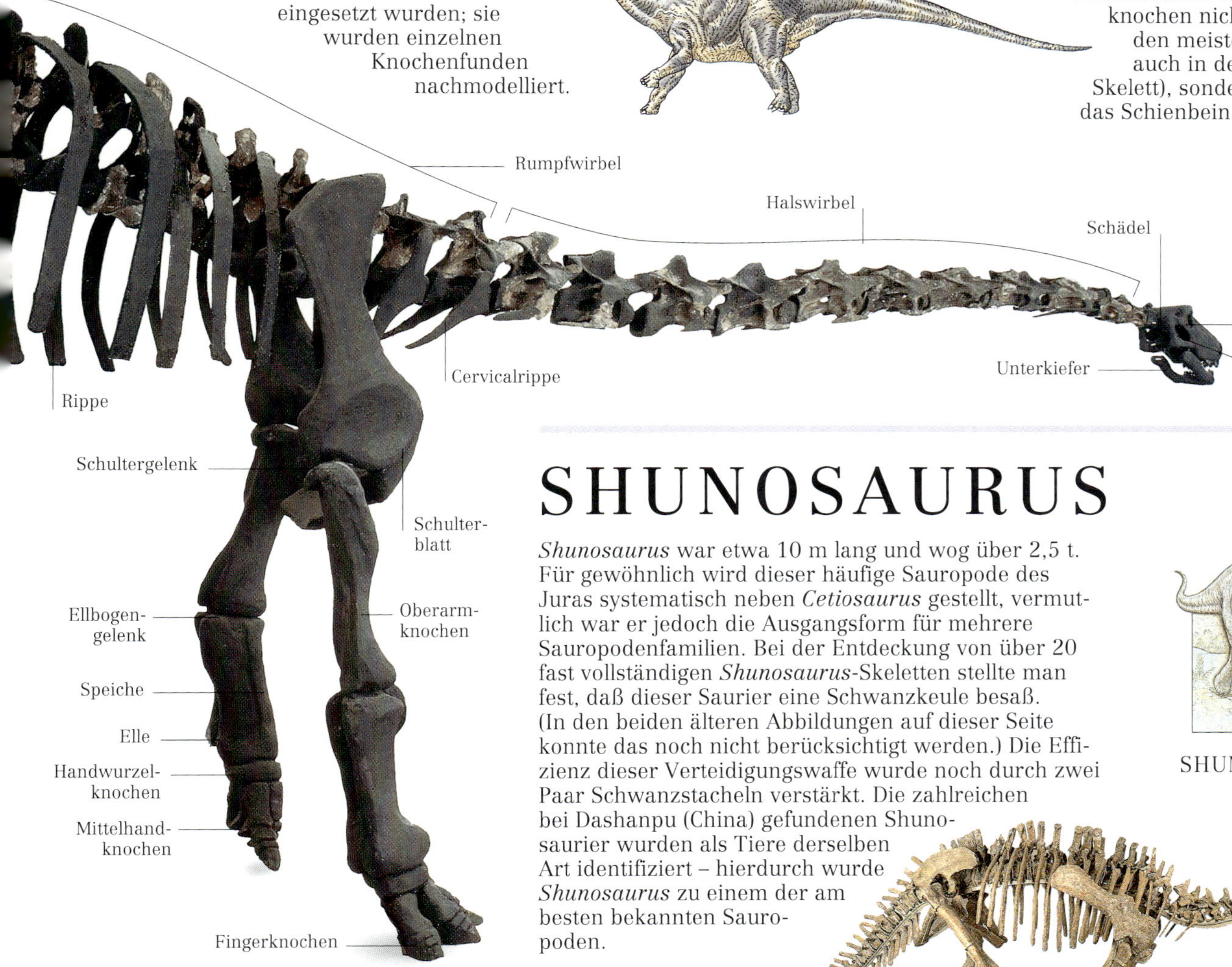

Fossilfund
Cetiosaurus-Fossilien wurden in englischem Juragestein gefunden, das in der Mitte dieser Periode entstand, als die Meere ins Landesinnere eindrangen. Später wurden diese Sedimentlagen durch geologische Kräfte aufgeworfen, so daß die heutige Hügellandschaft Süd- und Mittelenglands entstand.

SHUNOSAURUS

Shunosaurus war etwa 10 m lang und wog über 2,5 t. Für gewöhnlich wird dieser häufige Sauropode des Juras systematisch neben *Cetiosaurus* gestellt, vermutlich war er jedoch die Ausgangsform für mehrere Sauropodenfamilien. Bei der Entdeckung von über 20 fast vollständigen *Shunosaurus*-Skeletten stellte man fest, daß dieser Saurier eine Schwanzkeule besaß. (In den beiden älteren Abbildungen auf dieser Seite konnte das noch nicht berücksichtigt werden.) Die Effizienz dieser Verteidigungswaffe wurde noch durch zwei Paar Schwanzstacheln verstärkt. Die zahlreichen bei Dashanpu (China) gefundenen Shunosaurier wurden als Tiere derselben Art identifiziert – hierdurch wurde *Shunosaurus* zu einem der am besten bekannten Sauropoden.

SHUNOSAURUS

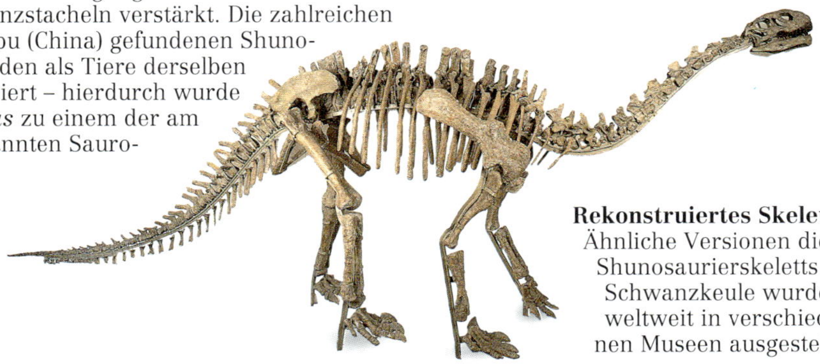

Rekonstruiertes Skelett
Ähnliche Versionen dieses Shunosaurierskeletts ohne Schwanzkeule wurden weltweit in verschiedenen Museen ausgestellt.

BRACHIOSAURUS

B*rachiosaurus* (»Armsaurier«) war zwar einer der größten und schwersten Dinosaurier, erinnert vom Körperbau her aber eher an eine Giraffe. Seine säulenartigen Vorderbeine, die viel länger als die hinteren Gliedmaßen waren, rückten den Schultergürtel des Tieres weit über seinen Hüftbereich. Der Oberarmknochen eines *Brachiosaurus* war so lang wie ein hochgewachsener Mensch, und aus seinem erhöhten »Schulterpodest« reckte sich ein langer Hals empor. Wie ein Ladebaum konnte dieser den Kopf des Sauropoden auf und ab und zur Seite bewegen. Im Vergleich zu anderen Sauropoden war der Schwanz des *Brachiosaurus* relativ kurz.

IM MUSEUM
Der berühmte *Brachiosaurus* des Humboldt-Museums in Berlin.

LEBENSWEISE

Seine Anatomie erlaubte es dem *Brachiosaurus,* sowohl in den Baumwipfeln als auch vom Boden zu fressen. Gelegentlich wird bezweifelt, daß seine Muskulatur stark genug war, den Hals ähnlich steil wie eine Giraffe nach oben zu halten. Auch sein Herz soll demnach nicht in der Lage gewesen sein, den in schwindelnder Höhe schwebenden Kopf länger als zwei, drei Minuten ausreichend mit Blut zu versorgen. Möglicherweise hielt sich dieser Sauropode am Waldrand auf, wo er seinen Kopf auf und ab bzw. hin und her schwang und mit seinen meißelförmigen Zähnen die gesamte Vegetation »abmähte«, derer er habhaft werden konnte. In seinem Muskelmagen besorgten sog. Gastrolithen (»Magensteine«) die Feinzerkleinerung der verschlungenen Pflanzen; die weitere Verdauung in anderen Darmbereichen wurde möglicherweise durch Darmbakterien, die z.B. in den Blindsäcken saßen, unterstützt. (Ähnliche Symbionten findet man auch bei heutigen Wiederkäuern.) Falls *Brachiosaurus* ein warmblütiges Tier gewesen ist, hätte er täglich mehr als 200 kg an Pflanzennahrung zu sich nehmen müssen, was sehr zeitaufwendig gewesen wäre. Sehr wahrscheinlich zog Brachiosaurus in kleineren Herden gemächlich durch flußnahe Waldniederungen. Aufgrund ihrer Größe und ihres Gewichts, aber auch wegen ihrer scharfen Krallen, waren diese Sauropoden als ausgewachsene Tiere vor Raubsauriern geschützt, während ein junger *Brachiosaurus* schon mal einem Theropoden zum Opfer fallen konnte. Wenn dieser Sauropode ein Warmblüter gewesen ist, brauchten seine Jungen zirka zehn Jahre bis zum ausgewachsenen Zustand, bei einem kaltblütiger *Brachiosaurus* würde diese Phase zirka 100 Jahre dauern.

Äußere Erscheinung
Lange Vorderbeine und ein hoher Schultergürtel rücken die Basis, aus der der Hals entspringt, weit nach oben. Im Gegensatz zu den meisten anderen Sauropoden fällt bei *Brachiosaurus* der Rücken von den Schultern steil nach den Hüften hin ab und endet in einen relativ kurzen Schwanz.

Rumpfwirbel
Die Rumpfwirbel eines *Brachiosaurus* waren sehr groß. Sie besaßen innen große Hohlräume, die das Gesamtgewicht reduzierten, ohne die Festigkeit zu verringern.

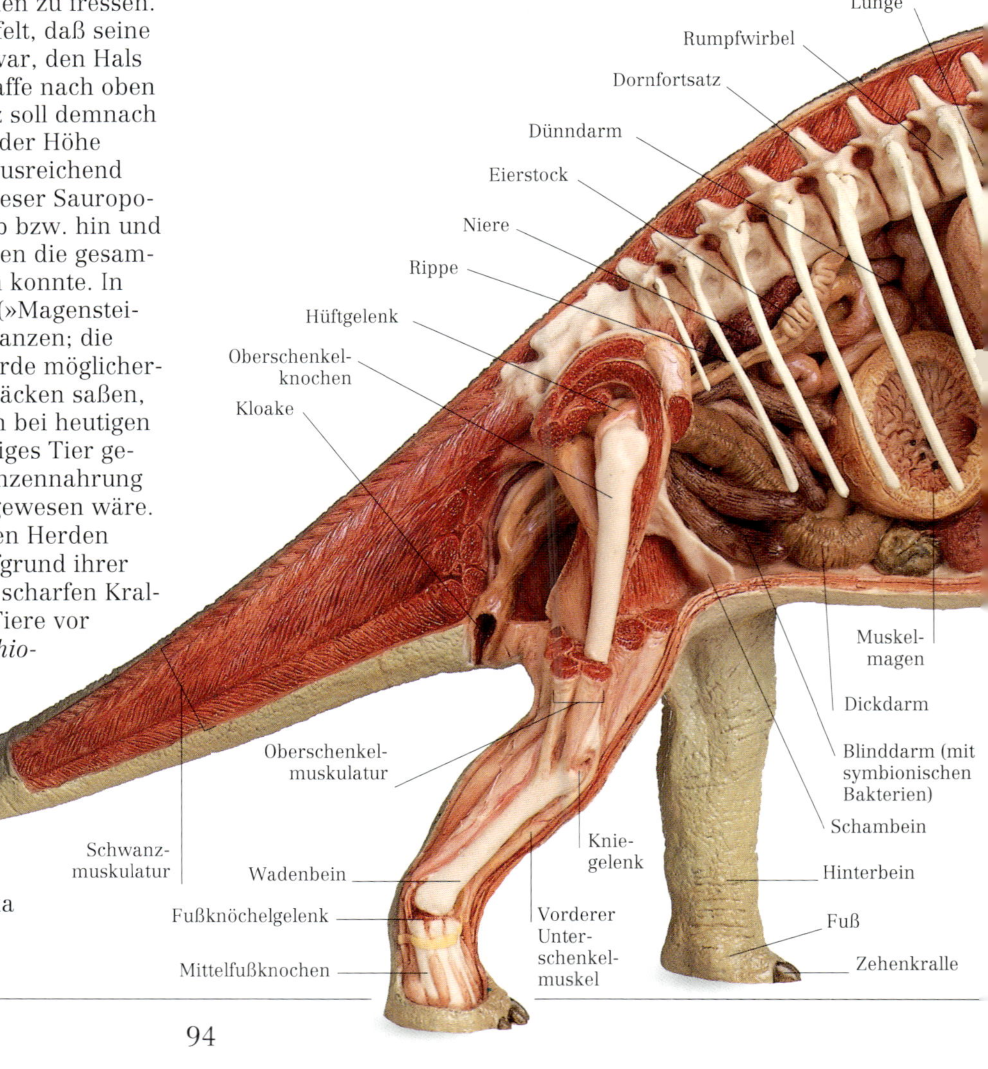

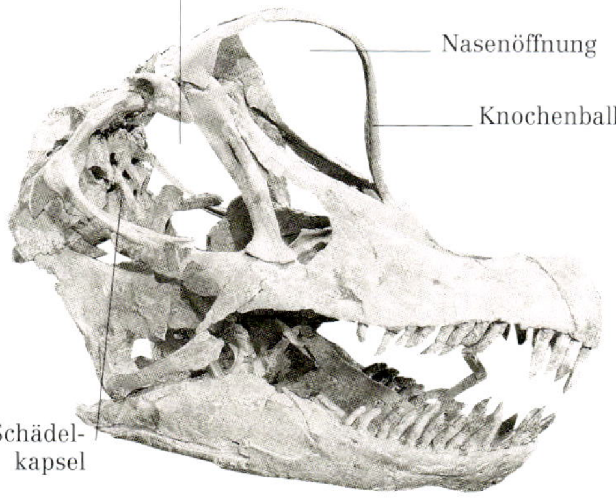

Schädel

Brachiosaurus besaß einen Schädel mit flachem Maul und kräftigen Kiefern, in denen meißelartige Zähne saßen. Die Augenhöhlen und die große, auf der Schädeloberseite gelegene Nasenöffnung wurden von leichten, schmalen Knochenbalken gesäumt. Hinter den Augen befand sich das relativ kleine Gehirn (das etwa 1/100 000 des gesamten Körpergewichts wog) innerhalb einer winzigen Schädelkapsel.

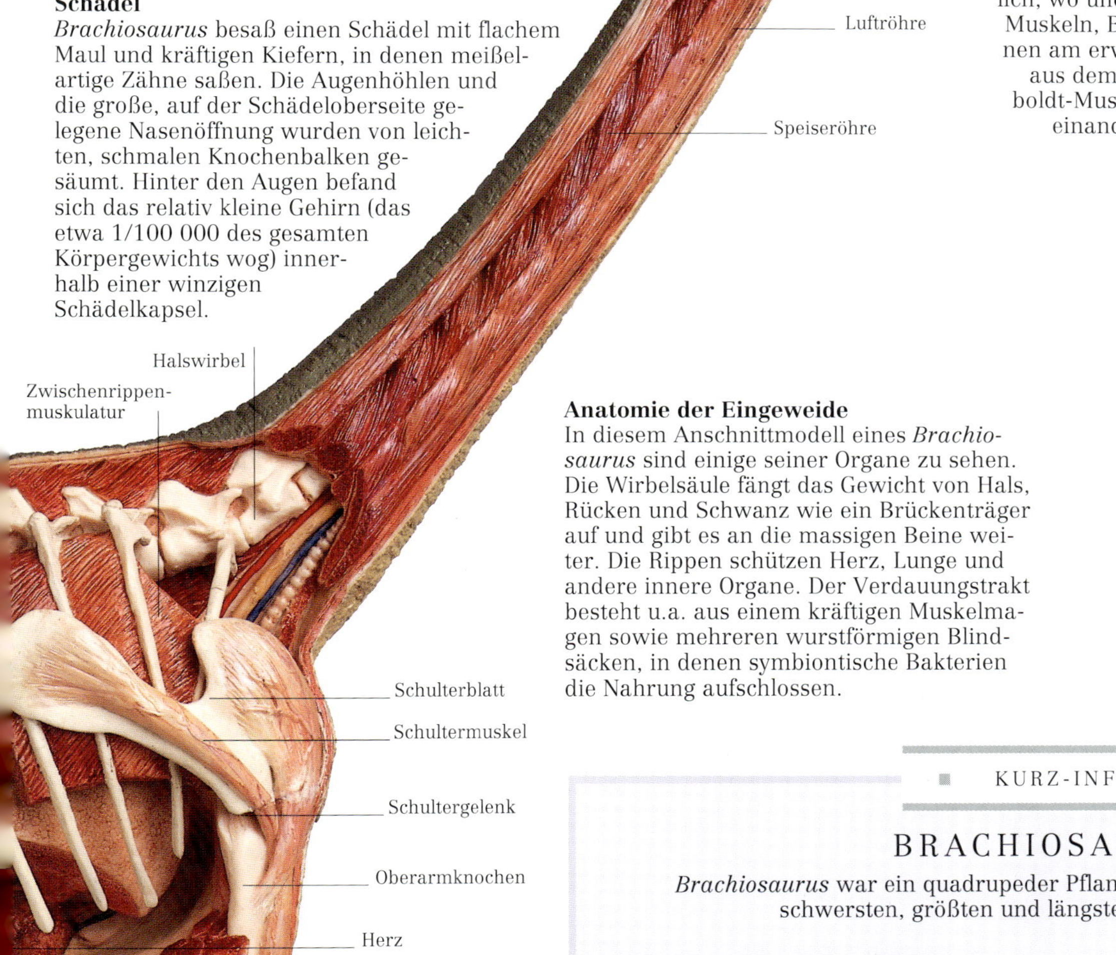

Anatomie der Eingeweide

In diesem Anschnittmodell eines *Brachiosaurus* sind einige seiner Organe zu sehen. Die Wirbelsäule fängt das Gewicht von Hals, Rücken und Schwanz wie ein Brückenträger auf und gibt es an die massigen Beine weiter. Die Rippen schützen Herz, Lunge und andere innere Organe. Der Verdauungstrakt besteht u.a. aus einem kräftigen Muskelmagen sowie mehreren wurstförmigen Blindsäcken, in denen symbiontische Bakterien die Nahrung aufschlossen.

Muskulatur

In der Frontalansicht eines *Brachiosaurus,* dem die Haut entfernt wurde, kann man gut die Anordnung der Muskeln erkennen. Diese Rekonstruktion wurde erst nach intensiven Überlegungen möglich, wo und wie bestimmte Muskeln, Bänder und Sehnen am erwähnten Skelett aus dem Berliner Humboldt-Museum wohl miteinander verbunden waren.

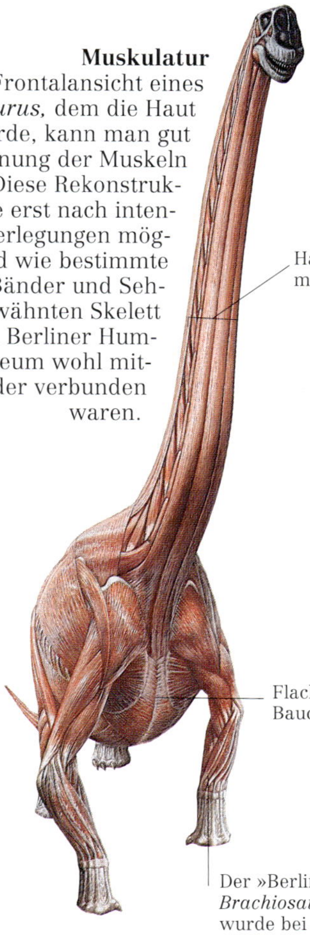

Der »Berliner *Brachiosaurus*« wurde bei der Rekonstruktion mit eingeknickten Vorderbeinen dargestellt.

KURZ-INFO

BRACHIOSAURUS

Brachiosaurus war ein quadrupeder Pflanzenfresser und einer der schwersten, größten und längsten Dinosaurier.

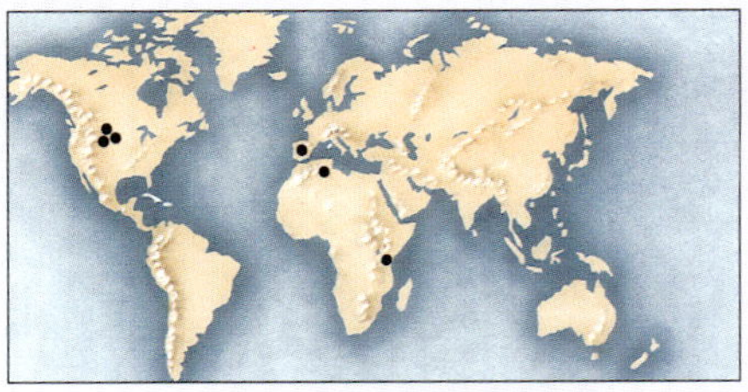

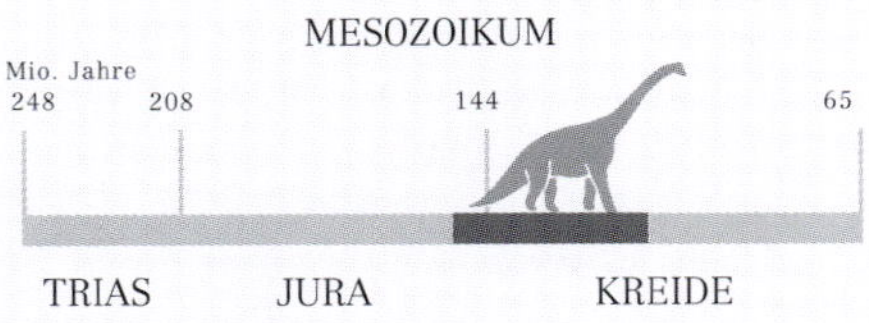

FUNDORT
Wargia (Algerien)
Estremadura (Portugal)
Mtwara (Tansania)
Colorado, Utah,
Wyoming (USA)

SYSTEMATIK
Familie: Brachiosauridae
Infraordnung: Sauropoda
Subordnung: Sauropodomorpha
Ordnung: Saurischia

NAHRUNG
Nadelgewächse, Baumfarne,
Farne

ZEIT
vor 153 bis
113 Mio. Jahren

MASSE
Länge: 25 m
Gewicht: 50 t ?

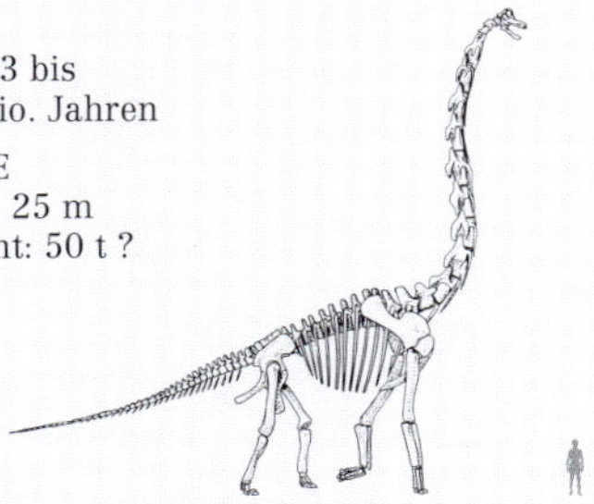

CAMARASAURUS

Die großen, Gewicht einsparenden Hohlräume in den Wirbelkörpern dieses Dinosauriers gaben *Camarasaurus* (»Gekammerte Echse«) seinen Namen. Von keinem anderen nordamerikanischen Sauropoden sind derart viele Fossilien bekannt. *Camarasaurus* war zwar massiver als der bekanntere *Diplodocus,* jedoch waren bei ihm Schwanz und Hals kürzer und seine Vorderbeine relativ lang. Der Rücken von *Camarasaurus* stieg nicht von den hohen Schultern zur Hüfte hin an, sondern war gerade. Im Gegensatz zu dem kleinen, flachen »Pferdeschädel« eines Diplodociden war der Camarasaurierschädel groß und kompakt und lief in einer doggenähnlichen Schnauze aus. Große Augenhöhlen, Choanen (Nasenöffnungen) und andere Hohlräume reduzierten die Schädelknochen zu leichten Knochenbalken.

EDWARD DRINKER COPE benannte 1877 den *Camarasaurus.*

Rekonstruktion
Mit seiner relativ kurzen, hohen Schnauze, dem kurzen Hals, hohen Schultern, massigem Rumpf und kurzem Schwanz erinnert *Camarasaurus* eher an den giraffenähnlichen *Brachiosaurus* als an *Diplodocus.*

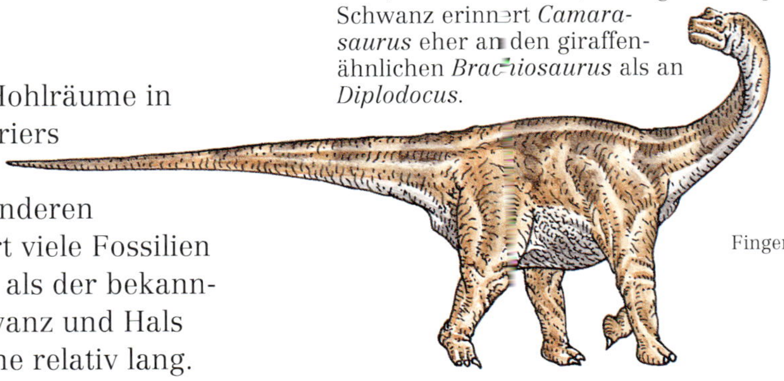

LEBENSWEISE

Aufgrund seines Gebisses war *Camarasaurus* eher als andere Sauropoden (die überwiegend zapfenförmige Zähne besaßen) in der Lage, sich von hartblättrigen Pflanzen zu ernähren. Ein führender Paläontologe geht davon aus, daß die Tiere nicht nur harte Blätter, sondern auch Zweige mit dicker Rinde oder die zähen, faserigen Wedel der Palmfarne fressen konnten. Eine Lebensweise als Nahrungsopportunist tröstete den kurzhalsigen *Camarasaurus* und seine Artgenossen darüber hinweg, daß sie zum Fressen nicht (wie die Sauropoden) bis in die höchsten Zweige langen konnten. Die großen Höhlen für Augen und Nase lassen den Schluß zu, daß *Camarasaurus* sehr gut sehen und riechen konnte. Aller Wahrscheinlichkeit nach lebte dieser Sauropode in Herden, die sich aus Tieren aller Altersgruppen zusammensetzten. Obwohl es hierfür keinen tatsächlichen Beweis gibt, scheint diese Annahme plausibel, denn wie hätte sich ein junger Camarasaurier dem Angriff eines Allosauriers oder eines Ceratosauriers ohne Schutz durch Alttiere erwehren können? Ganz auf sich allein gestellt, konnte vermutlich selbst ein adulter *Camarasaurus* nichts gegen ein Rudel großer Carnosaurier ausrichten – trotz seiner Größe, einer dicken Haut und der scharfen Daumenkrallen. Charakteristische Bißspuren von Theropoden wurden an den Knochen adulter Camarasaurier gefunden – es ist natürlich auch denkbar, daß *Allosaurus* oder *Ceratosaurus* lediglich an Camarasaurierkadavern gefressen haben.

Skelett – wie es gefunden wurde
Dieses fossile Skelett eines *Camarasaurus* zeigt die typischen anatomischen Merkmale der Art: ein kurzer, kompakter Schädel, ein Dutzend Halswirbel mit schmalen, langen Cervicalrippen, ein weiteres Dutzend hohler Rumpfwirbel, etwa 50 Schwanzwirbel, kräftige Beinknochen (die Knochen von Oberarm und Oberschenkel waren gleich lang) sowie kurze Zehen, auf denen das Gesamtgewicht lastete.

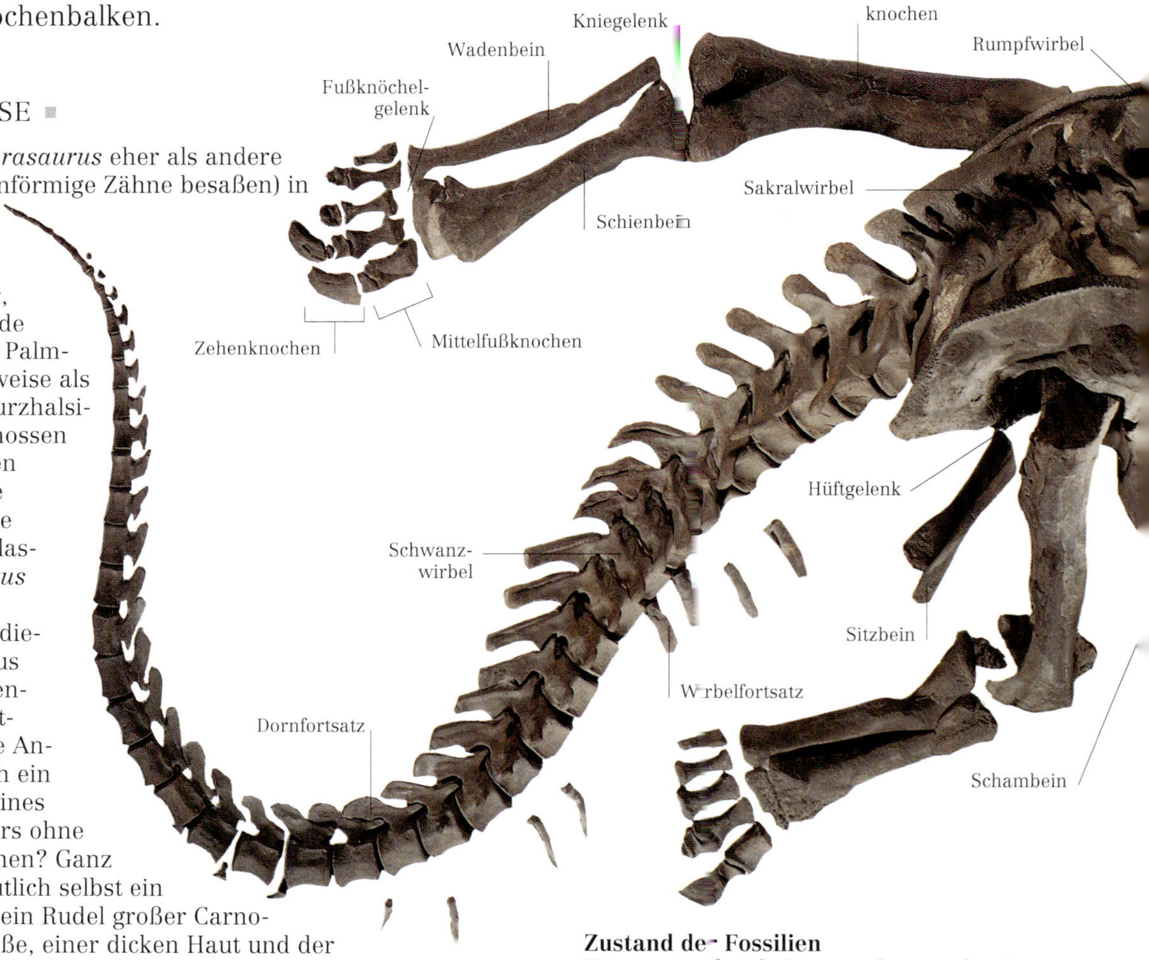

Zustand der Fossilien
Nur wenige fossile Sauropoden werden in so exzellentem Zustand wie dieser *Camarasaurus* gefunden. Sehr wahrscheinlich wurde das Tier unmittelbar nach seinem Tod von feinem Schluff oder Sand bedeckt, da sonst seine Glieder auseinandergefallen wären.

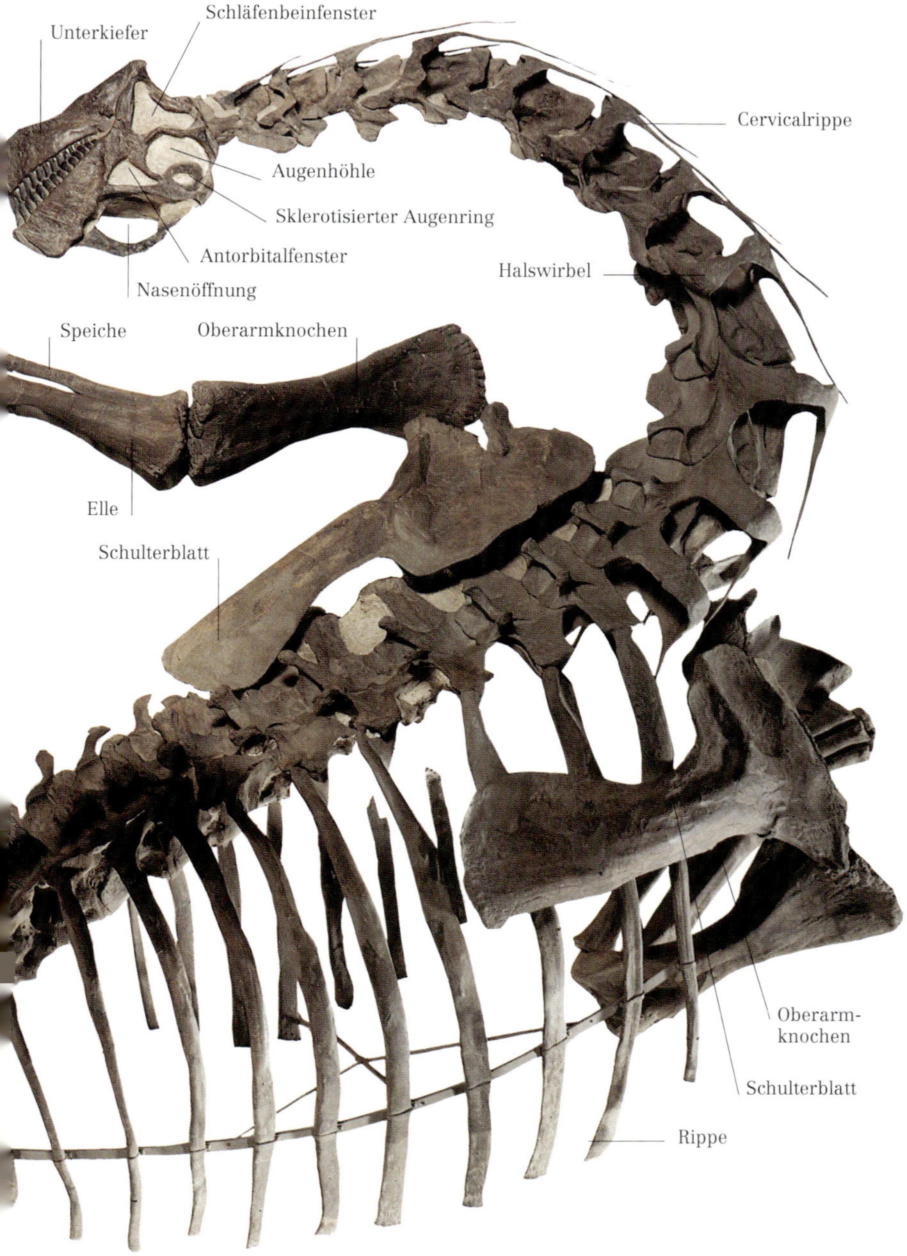

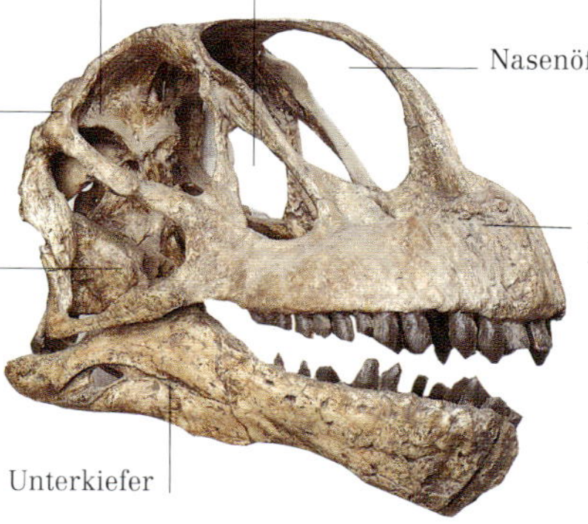

Schädel
Der kurze, kräftige Camarasaurierschädel besaß Knochenbalken und fensterartige Öffnungen. Beide Nasenöffnungen lagen jeweils vor den Augenhöhlen; aus einer weiteren, rückwärtig gelegenen Öffnung im Schädel, dem Schläfenbeinfenster, entsprang die Kiefermuskulatur. In den massigen Kieferknochen waren die Zähne tief verwurzelt.

Wirbelfortsatz
Auf den Schwanzwirbeln saßen gegabelte Knochenfortsätze wie der hier abgebildete. Diese Wirbelfortsätze schützten die Blutgefäße, die durch den Hämalbogen der Wirbelkörper verliefen. An den verlängerten, nach unten weisenden Dornen dieser Fortsätze konnten möglicherweise auch Muskeln ansetzen.

KURZ-INFO

CAMARASAURUS

MESOZOIKUM

Camarasaurus war ein quadrupeder Pflanzenfresser mit langen Vorderbeinen.

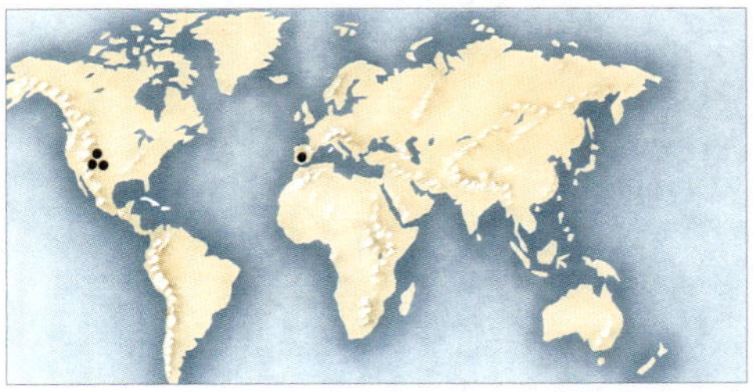

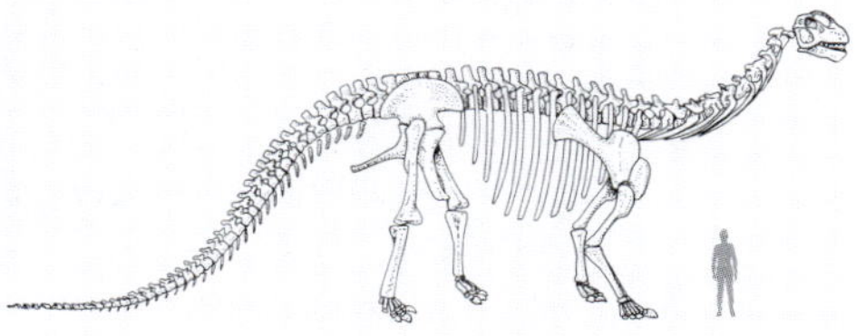

SYSTEMATIK
Familie: Camarasauridae
Infraordnung: Sauropoda
Subordnung: Sauropodomorpha
Ordnung: Saurischia

ZEIT
vor 155 bis 150 Mio. Jahren

NAHRUNG
Blätter von Bäumen, Farnwedel

FUNDORT
Estremadura (Portugal)
Colorado, Utah, Wyomimg (USA)

MASSE
Länge: 18 m
Gewicht: 20 t

BAROSAURUS

Der außerordentlich lange *Barosaurus* (»Schwere Echse«) hat große Ähnlichkeit mit *Diplodocus,* da bei beiden der Hüftbereich die höchste Körperstelle war. Ihre Hinterbeine stimmen ebenfalls anatomisch überein, und weitere Knochenfunde lassen den Verdacht zu, daß der Schädel des *Barosaurus* (den man leider noch nicht gefunden hat), einem Diplodocusschädel sehr ähnlich war. Nur in den Proportionen von Hals und Schwanz stimmen beide Sauropoden nicht überein. Der relativ kurze Schwanz des *Barosaurus* wurde durch einen extrem langen Hals (bis neun Meter) kompensiert. Dadurch wurde dieser Sauropode zum längsten Dinosaurier Nordamerikas.

EARL DOUGLASS 1912 legte er einen *Barosaurus* im Carnegie Quarry (Utah) frei.

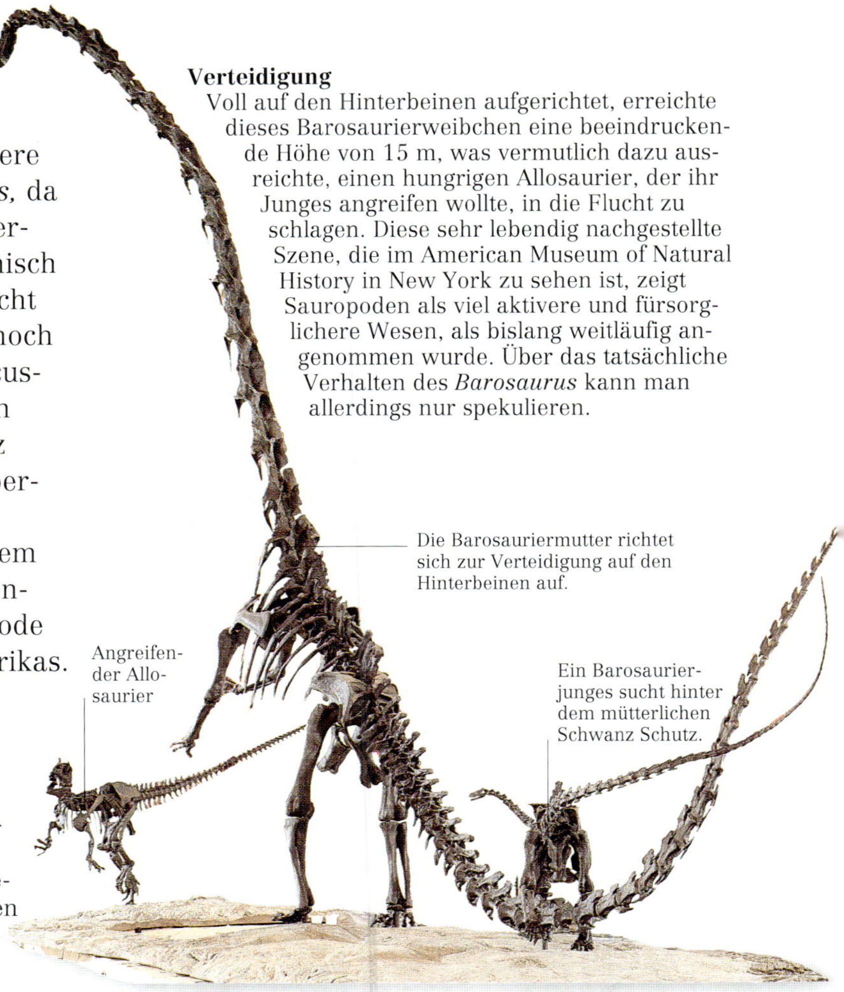

Verteidigung
Voll auf den Hinterbeinen aufgerichtet, erreichte dieses Barosaurierweibchen eine beeindruckende Höhe von 15 m, was vermutlich dazu ausreichte, einen hungrigen Allosaurier, der ihr Junges angreifen wollte, in die Flucht zu schlagen. Diese sehr lebendig nachgestellte Szene, die im American Museum of Natural History in New York zu sehen ist, zeigt Sauropoden als viel aktivere und fürsorglichere Wesen, als bislang weitläufig angenommen wurde. Über das tatsächliche Verhalten des *Barosaurus* kann man allerdings nur spekulieren.

LEBENSWEISE

Der lange Hals des *Barosaurus* prädestinierte ihn geradezu, vom Grün der Baumwipfel zu leben. Nach Berechnungen einiger Forscher hätte er aber ein 1,6 t schweres Herz benötigt, das einen ausreichenden Blutdruck zur Durchblutung des Gehirns hätte erzeugen können. Je größer jedoch ein Herz ist, desto langsamer kontrahiert es; und wie einige Wissenschaftler von der Columbia University ausrechneten, wäre der Pulsschlag so langsam gewesen, daß die Blutmenge des ersten Herzschlages schon wieder zurückgeflossen wäre, ehe der nächste einsetzte. Daher behaupten sie, *Barosaurus* habe mindestens acht »Herzen« besessen – zwei größere im Brustraum und drei Paar kleinere, hintereinander geschaltete Herzen, entlang des Halses, die wie ein großes Pumpwerk arbeiteten. Die Forscher vermuten, daß Barosaurier infolge des hohen Blutdrucks anfällig gegen Arterienerkrankungen waren und deshalb häufig frühzeitig an Herzinfarkten und Schlaganfällen verstarben. Dagegen steht folgende Auffassung: *Barosaurus* sei mit einem einzigen, mittelgroßen Herzen zurechtgekommen, da sich in den Halsschlagadern Arterienklappen befanden, die wie Rückschlagventile arbeiteten; zusätzliche Kontraktionen der Halsmuskel hätten außerdem dafür gesorgt, daß das Blut ins Gehirn gelangte.

Schwanz
Der genaue Aufbau der Schwanzspitze bleibt weiterhin unbekannt; jedoch geht man davon aus, daß sie – ähnlich wie bei *Diplodocus* – in einem peitschenartigen Ende auslief. Ganz gleich, ob der Schwanz beweglich war oder nicht, er mußte auf jeden Fall ein gleichwertiges Gegengewicht zum langen Hals des Tieres erzeugen.

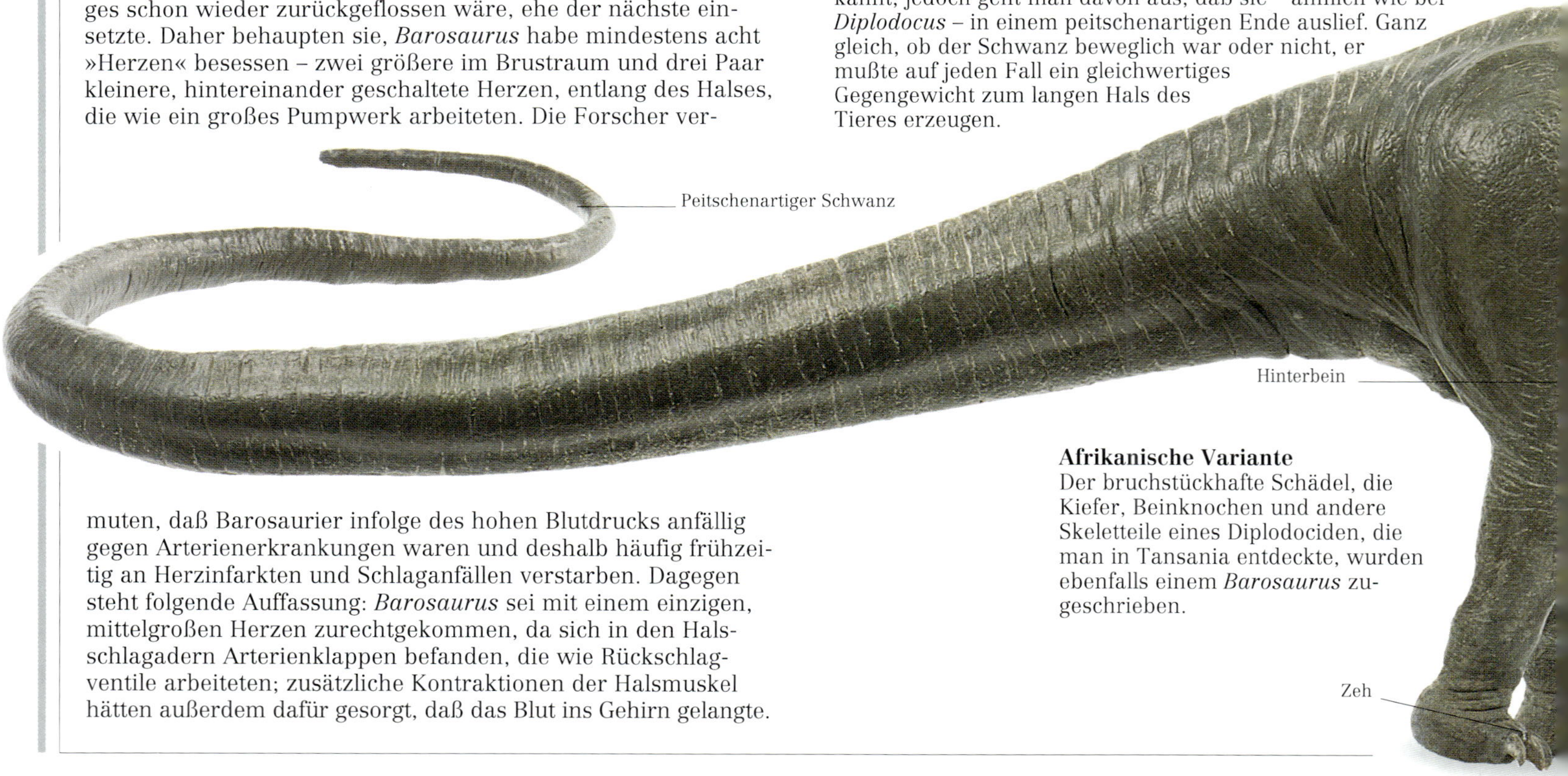

Afrikanische Variante
Der bruchstückhafte Schädel, die Kiefer, Beinknochen und andere Skeletteile eines Diplodociden, die man in Tansania entdeckte, wurden ebenfalls einem *Barosaurus* zugeschrieben.

■ KURZ-INFO ■

BAROSAURUS

Barosaurus war ein großer, quadrupeder Pflanzenfresser mit außerordentlich langem Hals und einem schweren Rumpf. Er ist einer der längsten Dinosaurier.

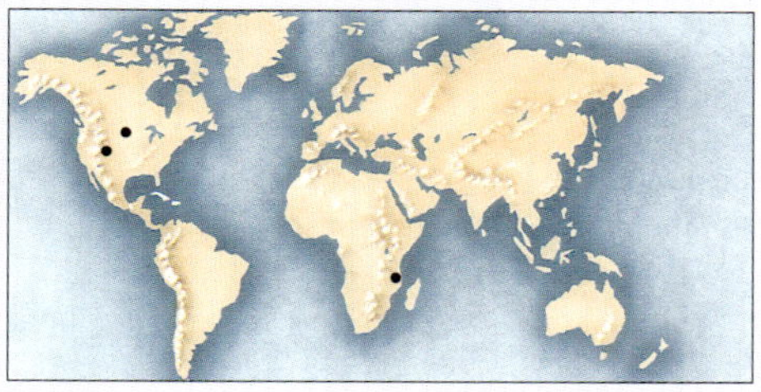

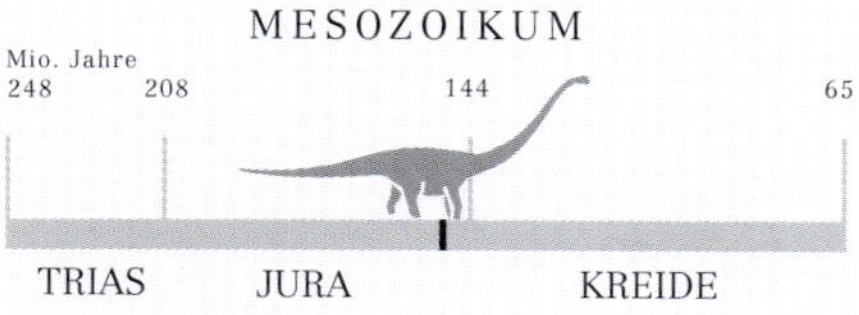

MASSE
Länge: 23 bis 27 m

ZEIT
vor 150 Mio. Jahren

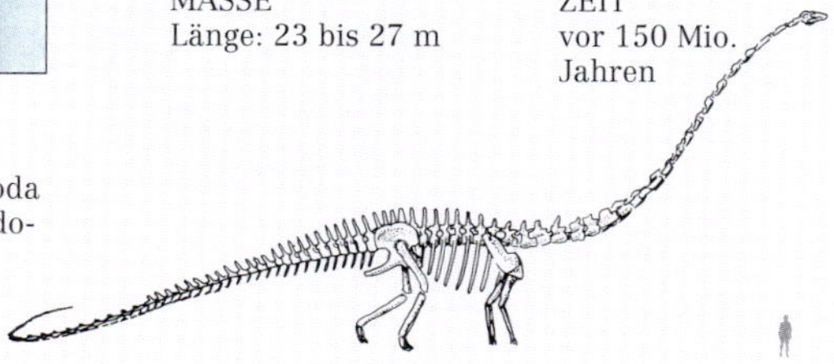

FUNDORT
Mtwara (Tansania)
South Dakota, Utah (USA)

NAHRUNG
Blätter, Nadeln, Farne

SYSTEMATIK
Familie: Diplodocidae
Infraordnung: Sauropoda
Subordnung: Sauropodomorpha
Ordnung: Saurischia

Kopf
In diesem Modell wird *Barosaurus* mit langem, flachen und abfallenden Schädel dargestellt, dessen Nasenlöcher oberhalb der Augen liegen. Dies ist eine reine Vermutung, denn es handelt sich um eine Rekonstruktion, die nach Schädeln anderer Sauropoden angefertigt wurde, da man bis heute (gut 100 Jahre später, nachdem Othniel Marsh dem *Barosaurus* seinen Namen gegeben hat) in ganz Nordamerika keinen einzigen Barosaurierschädel gefunden hat.

Rekonstruktion
In dieser lebensechten Pose wird *Barosaurus* mit einem furchtbar langen Hals dargestellt. Dieser wurde von mindestens 16 gut 1 m langen Halswirbeln gestützt, an denen sog. Cervicalrippen ansetzen, die lang und hohl waren, um Gewicht zu sparen. Ohne eine derartige Reduktion des Gewichts hätte das Tier niemals seinen enorm langen Hals heben können. Nach heutigen Erkenntnissen konnte *Barosaurus,* wenn er seinen Hals reckte und verdrehte, noch an den Blättern in Baumwipfeln knabbern, die – nach heutigen Maßstäben – in Höhe eines fünfstöckigen Hochhauses wuchsen.

GEFÄHRLICHES UNTERNEHMEN
Earl Douglass erforscht zusammen mit unerschrockenen Kollegen die fossilienreichen Steilhänge des Carnegie Quarry.

AUF DINOSAURIERJAGD
Dieses Archivbild von 1922 zeigt, wie der leitende Präparator Arthur Coggeshall den Aufbau des Zeltlagers bei Carnegie Quarry filmt. Hier wurden drei beinahe vollständige Barosaurierskelette entdeckt.

DIPLODOCUS

Das bisher längste, vollständige Dinosaurierskelett, das man gefunden hat, gehörte einem *Diplodocus* (»Doppelbalken«). Dieser zur Familie der Diplodocidae gehörende Sauropode besaß eine Anatomie, die an eine Hängebrücke erinnert. Der massige Körper wurde von vier pfeilerartigen Beinen getragen, wobei die hinteren Gliedmaßen länger als die vorderen waren. Wie ein Ausleger ragte der lange Schlangenhals des Dinosauriers, dessen Kopf nicht größer als ein Pferdeschädel war, nach vorne. Am Hinterende des Tieres balancierte die kräftige Muskulatur der Hüftregion den um einiges längeren Schwanz aus, dessen Ende sich zu einer Art »Peitschenschwanz« verjüngte. Die großen Hohlräume im Innern seiner Wirbel bewirkten, daß *Diplodocus* relativ leicht war.

ANDREW CARNEGIE (1835–1919)
Der amerikanische Industrielle vermachte mehreren Museen *Diplodocus*-Fundstücke.

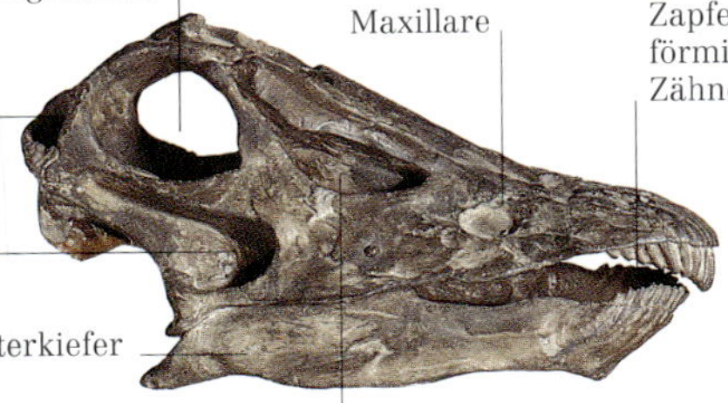

Schädel
Dieser Schädel, der hier von vorn (links) und von der Seite (oben) zu sehen ist, war klein und fiel von der Stirn langsam ab. Das Gehirn war verhältnismäßig klein. Da die Nasenlöcher ziemlich weit hinten am Kopf sitzen, vermutete man, daß das Tier einen Rüssel besaß. Die Zähne saßen bei *Diplodocus* nur ganz vorne im Maul.

Wirbelfortsätze mit »Doppelbalken«
Im mittleren Schwanzbereich weisen die ventralen (d.h. nach unten zeigenden) Wirbelfortsätze ebenfalls nach vorn und nach unten weisende Auswüchse auf, die an Doppelbalken oder T-Balken erinnern. Möglicherweise schützten sie den Schwanz, wenn dieser gegen den Boden gepreßt wurde.

LEBENSWEISE

Sehr wahrscheinlich weidete *Diplodocus* die großen Farne, Ginkgos, Baumfarne, Nadelbäume und andere Pflanzen ab, die damals die »Wiesen« bildeten. (Die meisten Blütenpflanzen kamen erst in der Kreide auf, die heutigen Gräser sogar erst im späteren Quartär.) Einige Forscher glauben, daß sich *Diplodocus* zum Abfressen der obersten Baumwipfel auf seine Hinterbeine aufrichtete und sich mit dem Schwanz – als »drittem Bein« – abstützte. Die knöchernen »T-Träger« an den Fortsätzen der Schwanzwirbel verhinderten sehr wahrscheinlich, daß Blutgefäße abgequetscht wurden, wenn der Schwanz dabei auf den Boden gestemmt wurde. Mit seinen stiftartigen Zähnen, die vorne im Kiefer saßen, kämmte *Diplodocus* Blätter und Farnwedel von den Pflanzen ab. Er besaß jedoch keine Backenzähne. Statt dessen wurden die Pflanzenteile – wie auch bei anderen Sauropoden – im Magen mit Hilfe von Gastrolithen zerkleinert und anschließend in die voluminösen, wurstförmigen Därme transportiert; dort erfolgte dann die chemische Verdauung durch symbiontisch lebende Bakterien. Aufgrund fossiler Fußspuren kann man schließen, daß *Diplodocus* in Kleingruppen lebte und umherzog; möglicherweise wechselten diese Herden ihr Weidegebiet, wenn sie es kahlgefressen hatten. Eine Herdenbildung bot den Tieren auch die Möglichkeit, sich vor den Angriffen durch Theropoden zu schützen. Aufgrund seiner gewaltige Masse blieb *Diplodocus* eigentlich nichts anderes übrig, als große Mengen Pflanzen zu fressen, und zur Verteidigung konnte er höchstens noch seinen »Peitschenschwanz« schwingen oder sich drohend auf die Hinterbeine stellen. Obwohl *Diplodocus* in älteren Darstellungen seinen Schwanz nachschleppt, ist diese These nirgendwo fossil belegt; es ist viel wahrscheinlicher, daß die Tiere mit erhobenem Schwanz wanderten.

Peitschenschwanz
Der Schwanz bestand aus mindestens 70, wenn nicht sogar 80 Wirbeln, von denen 19 hohl und somit sehr leicht waren. Zum Schwanzende hin waren die Wirbel zunehmend einfacher gebaut, zum Schluß gar nur noch als stabförmige »Glieder«.

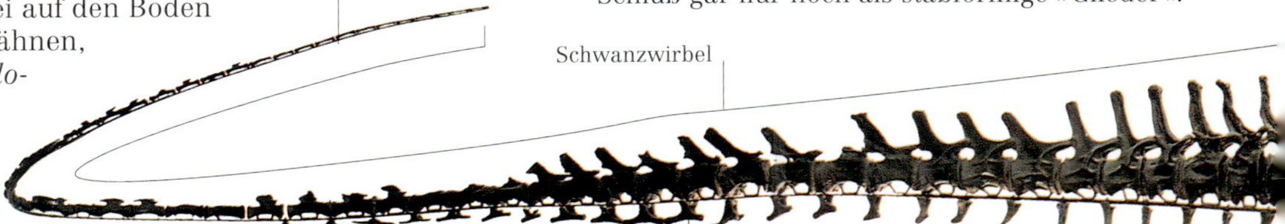

HÄNGEKONSTRUKTION
Die Beine von *Diplodocus* fungierten wie die Stützpfeiler einer Hängebrücke, an denen der Körper aufgehängt war.

KURZ-INFO

DIPLODOCUS

Diplodocus war ein enorm großer, quadrupeder Pflanzenfresser und einer der längsten Dinosaurier.

MESOZOIKUM

SYSTEMATIK
Familie: Diplodocidae
Infraordnung: Sauropoda
Subordnung: Sauropodomorpha
Ordnung: Saurischia

ZEIT
vor 150 Mio. Jahren

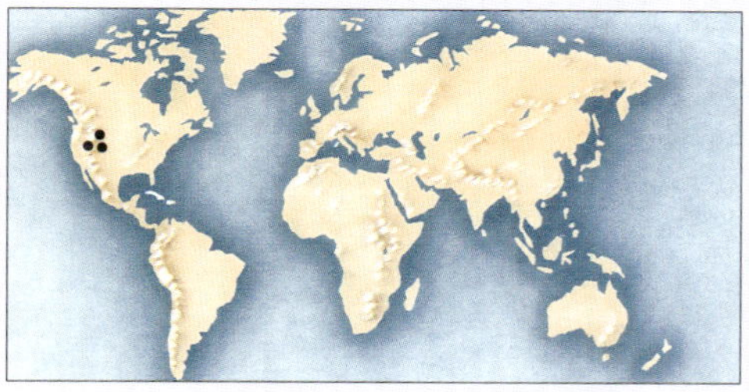

NAHRUNG
Blätter von Bäumen, Farnwedel

MASSE
Länge: 27 m
Gewicht: 12 t

FUNDORT
Colorado, Utah, Wyoming (USA)

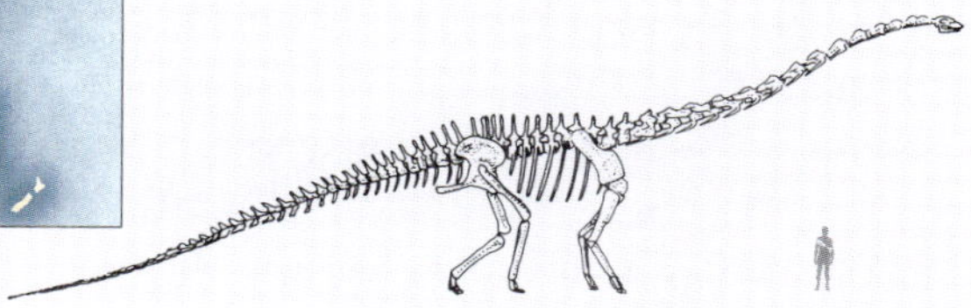

Skelette in alter und neuer Sichtweise
Im Londoner Natural History Museum wurde *Diplodocus* (unten) bislang mit durchhängendem Schwanz gezeigt, bis man ihn 1991 neu (mit erhobenem Schwanz) montierte. Das andere Skelett (ganz unten) stammt aus dem Senckenberg-Museum in Frankfurt (Main).

Entdeckung
1877 fand der Fossiliensammler Samuel Williston Knochenteile eines *Diplodocus* in Colorado (USA), 1899 wurde in Wyoming das erste gut artikulierte (d.h. über Gelenke verbundene) Skelett entdeckt. Diese und weitere Funde ermöglichten es, vier verschiedene *Diplodocus*-Arten zu definieren.

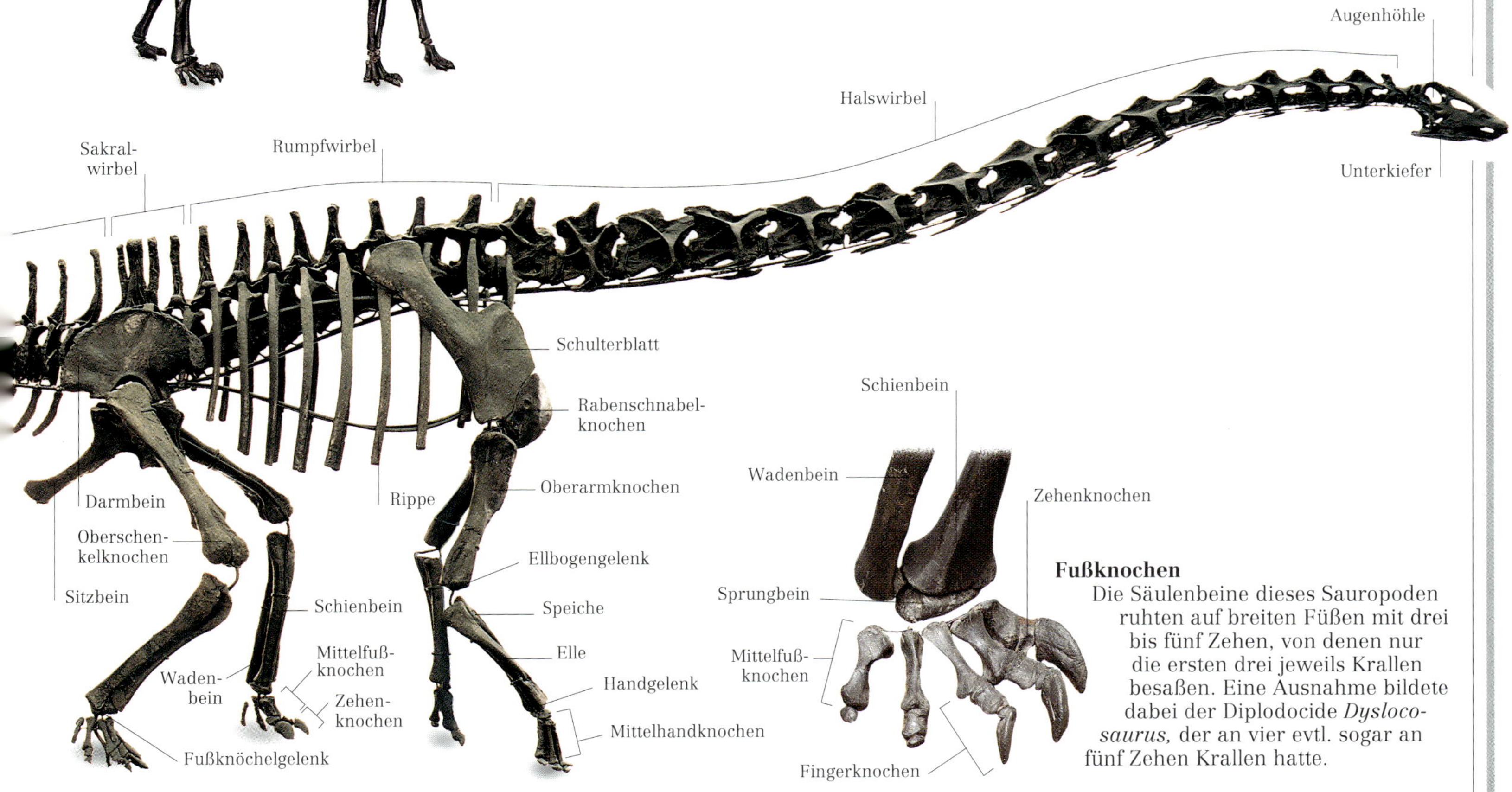

Fußknochen
Die Säulenbeine dieses Sauropoden ruhten auf breiten Füßen mit drei bis fünf Zehen, von denen nur die ersten drei jeweils Krallen besaßen. Eine Ausnahme bildete dabei der Diplodocide *Dyslocosaurus,* der an vier evtl. sogar an fünf Zehen Krallen hatte.

APATOSAURUS

Modell
Nach moderner Auffassung trug *Apatosaurus* seinen Schwanz beim Gehen aufrecht über dem Boden.

Die Informationen aus etwa zwölf Dinosaurierskeletten, die zu drei verschiedenen Arten gehören, machten *Apatosaurus* zu einem gut erforschten Sauropoden. Dieser Saurier ist eine stämmigere, kräftigere, wenn auch etwas kleinere Ausgabe des *Diplodocus,* der zur selben Familie Diplodocidae gehört. Trotzdem war *Apatosaurus* etwa so lang wie ein Tennisplatz und wog so viel wie vier bis fünf Elefanten. Charakteristisch waren der kleine, flache »Pferdeschädel« mit Stiftzähnen, ein langer, muskulöser Hals, ein schwerer, massiger Körper, vier pfeilerartige Beine mit breiten Sohlen (wie bei Elefanten) sowie der »Peitschenschwanz«, der aus 82 Wirbeln bestand und somit sogar noch länger als bei *Diplodocus* war.

Carnegie-Skelett
Das hier abgebildete Apatosaurierskelett befindet sich im Carnegie-Museum in Pittsburgh, das im letzten Jahrhundert durch den Mäzen und Stahlkönig Andrew Carnegie (1835-1919) gestiftet wurde.

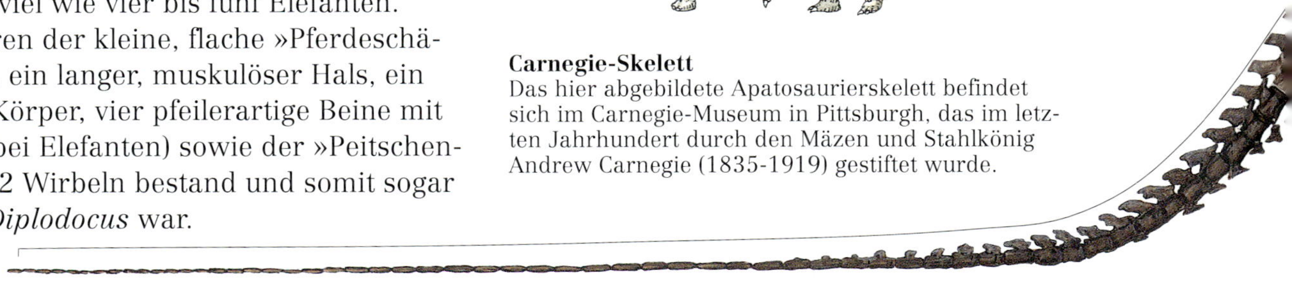

LEBENSWEISE

Im Oberen Jura zog *Apatosaurus* in Herden über die Lichtungen und bewaldeten Ufergebiete des nordamerikanischen Westens. Ausgewachsene Tiere konnten bequem auch hohe Baumwipfel abweiden. Rätselhaft ist bis heute, wie sein kleiner Kiefer es schaffte, die gewaltigen Pflanzenmengen zu bewältigen, die das Tier täglich konsumieren mußte, um den Energiebedarf seines Körpers zu decken. Sehr wahrscheinlich mußte *Apatosaurus* permanent fressen und konnte nur gelegentlich in einem Tümpel baden, um sich abzukühlen oder von Hautparasiten zu befreien. Nachts schlief er wohl im Stehen. Beim Angriff eines Carnosauriers peitschen die Apatosauriermännchen wild mit ihren langen, dünnen Schwänzen, wodurch sie ihrem Gegner schmerzhafte Wunden oder Knochenbrüche beifügten. Wenn das nicht half, stellten sie sich drohend auf die Hinterbeine und schlugen mit ihren krallenbewehrten Vorderbeinen auf den Theropoden ein. Viele Knochen des *Apatosaurus* hatten einen wabenartigen inneren Aufbau, wodurch sie leichter wurden. Trotz dieser Gewichtseinsparungen konnte er vermutlich nicht schnell genug laufen, um einem Angreifer zu entkommen. Den besten Schutz bot daher der Herdenverband, wo vermutlich größere Männchen durch Warnrufe herbeigerufen wurden, um die schwächeren Tiere zu verteidigen. Kleine Weibchen und Jungsaurier versammelten sich dabei vermutlich im Inneren eines lebendigen Schutzwalls, den die männlichen Apatosaurier bildeten.

Fehlinterpretation
1883 wurde dieses Schwanzstück eines *Apatosaurus* an das erste rekonstruierte Skelett eines Sauropoden »montiert«. Allerdings handelte es sich hier um den viel kürzeren Schwanzabschnitt eines *Camarasaurus.*

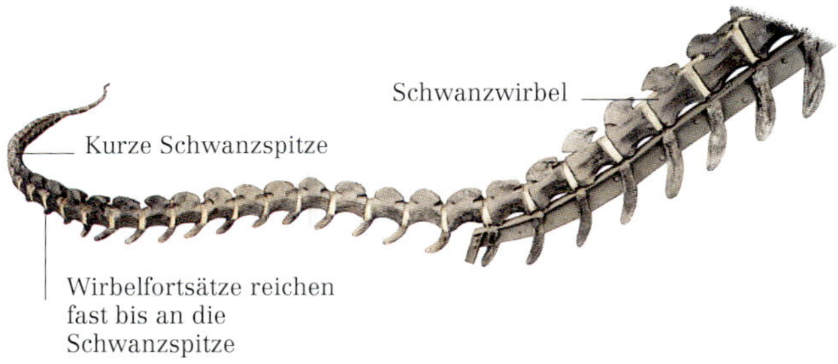

Umbenennung
Vielfach ist *Apatosaurus* (»Trugechse«) noch unter seinem alten Namen Brontosaurus (»Donnerechse«) bekannt. Dieser Name mußte geändert werden, als man Brontosaurierfossilien entdeckte, die mit denen eines Sauropoden identisch waren, der schon zuvor *Apatosaurus* genannt worden war.

APATOSAURUS – EIN »WIPFELSTÜRMER«
Obwohl *Apatosaurus* durchaus an hochgelegene Zweige gelangen konnte, um dort zu fressen, weidete er wahrscheinlich öfter am Boden wachsende Farne und Sträucher ab.

Typische Merkmale des Skeletts

Die Halswirbel und Beinknochen waren dicker und schwerer als bei *Diplodocus,* jedoch besaß *Apatosaurus* wie dieser einen »Peitschenschwanz« und einen flachen Schädel mit stiftartigen Zähnen. Der Schädel des *Apatosaurus* wurde erst 1975 identifiziert, also gut hundert Jahre später, nachdem dieser Sauropode seinen Namen erhalten hatte.

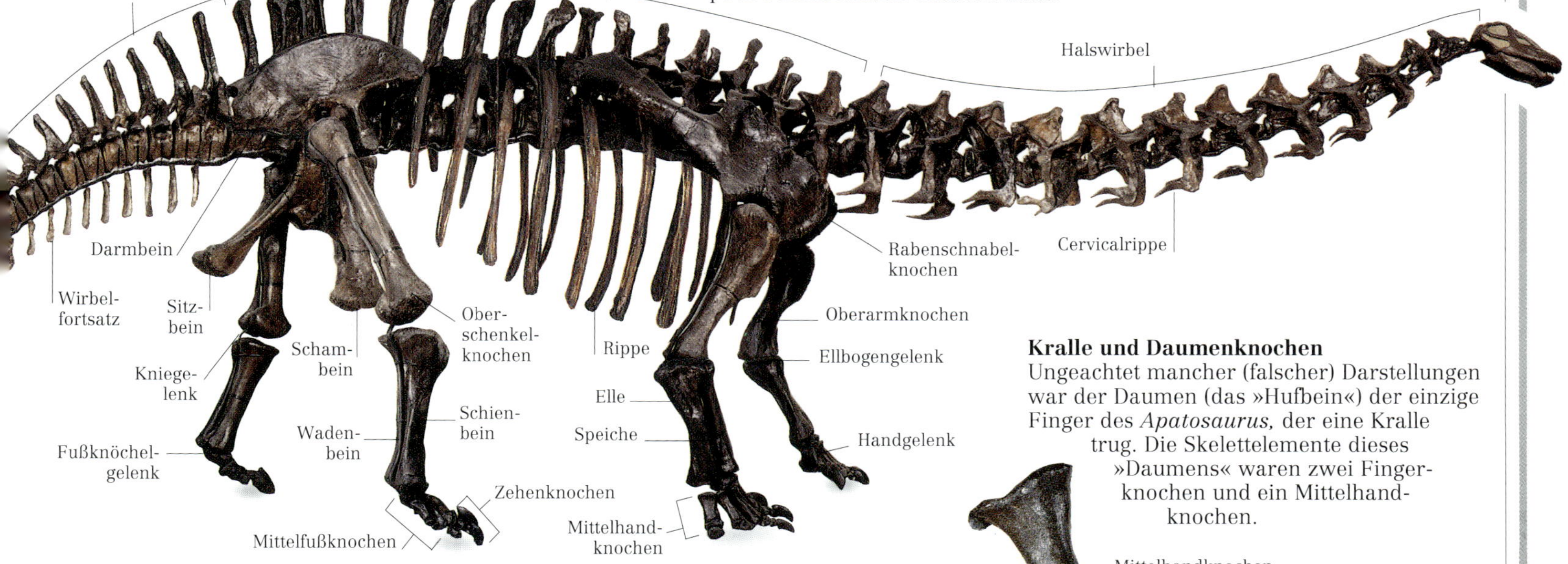

Kralle und Daumenknochen

Ungeachtet mancher (falscher) Darstellungen war der Daumen (das »Hufbein«) der einzige Finger des *Apatosaurus,* der eine Kralle trug. Die Skelettelemente dieses »Daumens« waren zwei Fingerknochen und ein Mittelhandknochen.

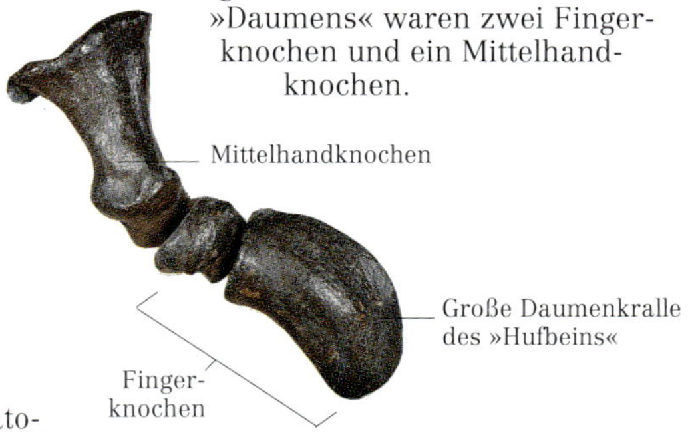

■ KURZ-INFO ■

APATOSAURUS

Apatosaurus war ein massiger, quadrupeder Pflanzenfresser mit langem Schwanz und Hals.

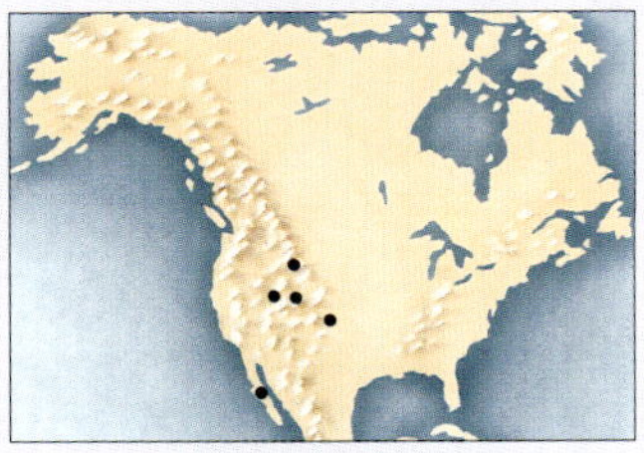

FUNDORT Niederkalifornien (Mexiko) Colorado, Oklahoma, Utah, Wyoming (USA)
ZEIT
vor 156 bis 150 Mio. Jahren
MASSE
Länge: 21 m
Gewicht: 25 t

SYSTEMATIK
Familie: Diplodocidae
Infraordnung: Sauropoda
Subordnung: Sauropodomorpha
Ordnung: Saurischia
NAHRUNG
Blätter von Bäumen, Farnwedel

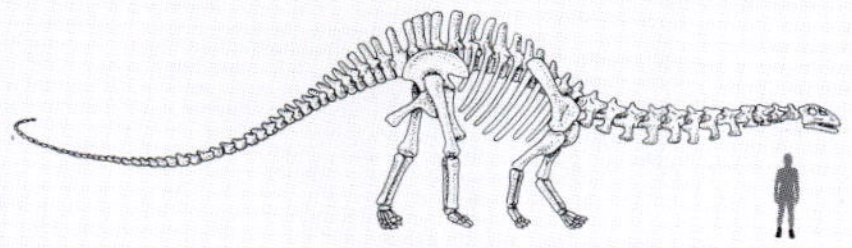

Verteidigungsposition

Wie unten abgebildet, konnte sich ein Apatosaurierweibchen möglicherweise drohend auf ihre Hinterbeine gestellt haben, um einen Theropoden abzuschrecken, der ihr Junges angreifen wollte. Dieser Ansicht stimmen jedoch nicht alle Paläontologen zu; vielleicht bildeten die Tiere auch »per Schulterschluß« einen Schutzkessel um ihre Jungen, wobei sie auf ihre Größe und ihre dicke Haut als effiziente defensive Waffen bauten.

MAMENCHISAURUS

Der große aus China stammende *Mamenchisaurus* (»Echse vom Mamen-Bach«) besaß mehr Halswirbel als andere Sauropoden und außerdem den längsten Hals im Tierreich – bei einzelnen Exemplaren wurde er über 15 m lang. Trotzdem waren die Halswirbel sehr leicht und an manchen Stellen nicht dicker als eine Eischale. Wie bei anderen Sauropoden findet man auch bei *Mamenchisaurus* an jedem Wirbelkörper zwei stabförmige Cervicalrippen, die als Versteifungselemente des Halses dienten. Manche Merkmale des Rückgrats erinnern an die Wirbelsäule von *Diplodocus*. Aufgrund einiger Schädelfragmente, die nach 1980 gefunden wurden, nimmt man an, daß Mamenchisaurus eine abgerundetere Schnauze als *Diplodocus* besaß.

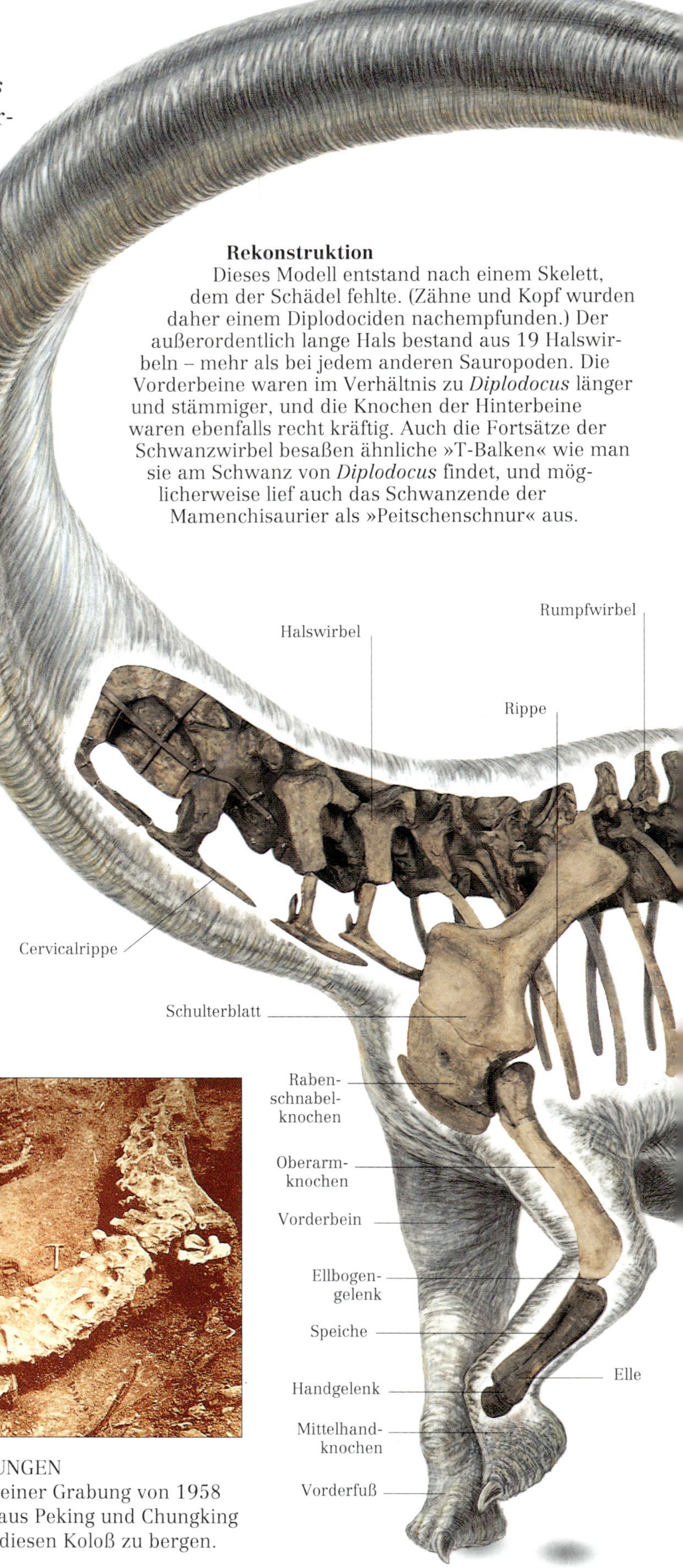

Rekonstruktion
Dieses Modell entstand nach einem Skelett, dem der Schädel fehlte. (Zähne und Kopf wurden daher einem Diplodociden nachempfunden.) Der außerordentlich lange Hals bestand aus 19 Halswirbeln – mehr als bei jedem anderen Sauropoden. Die Vorderbeine waren im Verhältnis zu *Diplodocus* länger und stämmiger, und die Knochen der Hinterbeine waren ebenfalls recht kräftig. Auch die Fortsätze der Schwanzwirbel besaßen ähnliche »T-Balken« wie man sie am Schwanz von *Diplodocus* findet, und möglicherweise lief auch das Schwanzende der Mamenchisaurier als »Peitschenschnur« aus.

LEBENSWEISE

Über den Verwendungszweck dieses Riesenhalses streiten sich die Wissenschaftler. So wurde *Mamenchisaurus* oft so dargestellt, daß der Kopf mit der Oberkante des Rückens eine gerade Linie bildet. Dies entspricht der Theorie, Sauropoden wären Seebewohner gewesen, deren Hals auf dem Wasser schwamm. Bei dieser Lebensweise hätten sie den langen Hals wie eine Sichel durch die zarten Wasserpflanzen geschwungen und diese mit dem Maul abgerissen. Heute wird diese Hypothese stark angezweifelt; denn aus vier Gründen war es wahrscheinlicher, daß *Mamenchisaurus* ein Landtier war und mit seinem langen Hals die obersten Baumwipfel abfraß: 1. Die kräftigen spatelförmigen Zähne sprechen dagegen, daß das Tier nur zartblättrige Wasserpflanzen abbeißen konnte. 2. Der Hals war leichter, als es den Anschein hat, und konnte mühelos sehr hoch gehoben werden. 3. Zwei dorsale Wirbel (Rumpfwirbel) in der Nähe des Halses stehen in einem solchen Winkel zueinander, daß der Hals automatisch von den Schultern nach oben gebogen wird. 4. Die elefantenartigen Füße des *Mamenchisaurus* sprechen für eine terrestrische Lebensweise. Sehr wahrscheinlich lebte *Mamenchisaurus* auch in Herden, in denen die Alttiere ihre Jungen vor den Angriffen durch *Szechuanosaurus* oder *Yangchuanosaurus* schützten, deren Fossilien in den gleichen chinesischen Gesteinsschichten gefunden wurden. Außerdem vermuten einige Wissenschaftler, daß *Mamenchisaurus* zusammen mit den beiden chinesischen Arten *Euhelopus* und *Omeisaurus* (beide waren ebenfalls sehr langhalsig und stammen aus dem Oberen Jura) eine eigenständige asiatische Sauropodenfamilie bildeten.

AUSGRABUNGEN
Dieses Foto wurde während einer Grabung von 1958 aufgenommen. Paläontologen aus Peking und Chungking brauchten drei Monate, um diesen Koloß zu bergen.

KURZ-INFO

MAMENCHISAURUS

Mamenchisaurus war ein außerordentlich langer, quadrupeder Pflanzenfresser. Er besaß den längsten Hals aller Dinosaurier und vermutlich eine abgerundete Schnauze mit einem kräftigen Gebiß.

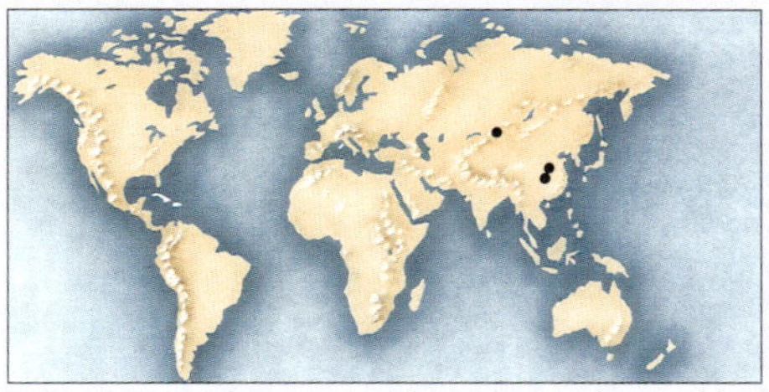

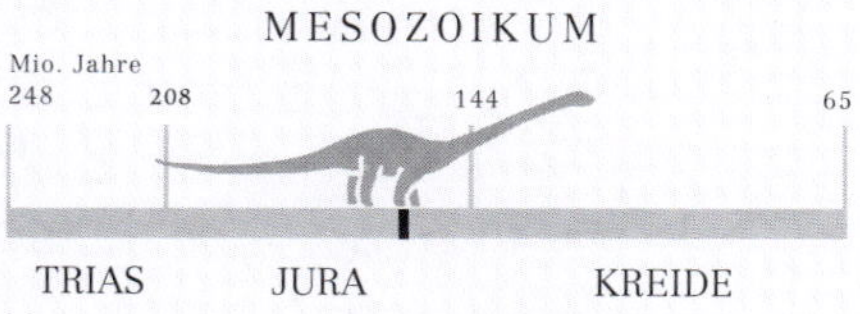

MASSE
Länge: 25 m
Gewicht: 27 t

ZEIT
vor 160 Mio. Jahren

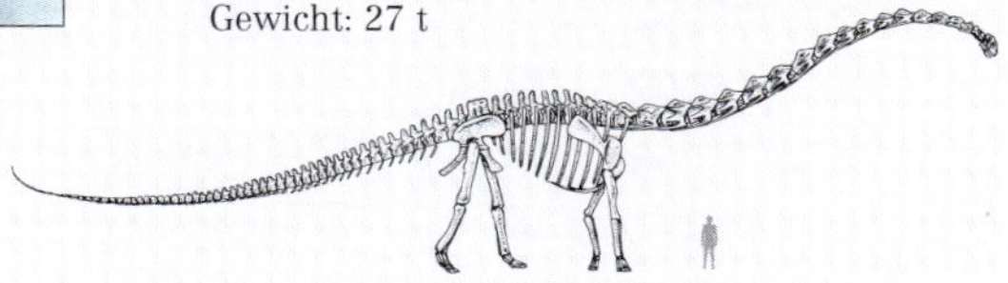

FUNDORT
Gansu, Szetschuan, Sinkiang (China)

NAHRUNG
Blätter von Bäumen

SYSTEMATIK
Familie: Euhelopodiidae
Infraordnung: Sauropoda
Subordnung: Sauropodomorpha
Ordnung: Saurischia

Schädel mit platter Schnauze? Möglicherweise besaß der bisher fehlende Schädel des *Mamenchisaurus* eher die plattschnauzige, kurze Kopfform eines *Euhelopus* als die langgezogene Schädelform eines *Diplodocus. Euhelopus* besaß auch längere Zähne als ein Diplodocide; diese saßen sowohl vorne als auch seitlich im Kiefer.

AQUATISCHE SAUROPODEN
Auf dieser älteren Abbildung sieht man zwei *Euhelopus,* die nur mit dem Kopf aus dem Wasser ragen bzw. Seepflanzen abweiden. Heute gilt es als wissenschaftlich gesichert, daß Sauropoden so gebaut waren, daß sie ihr Gewicht auch auf dem Festland tragen konnten.

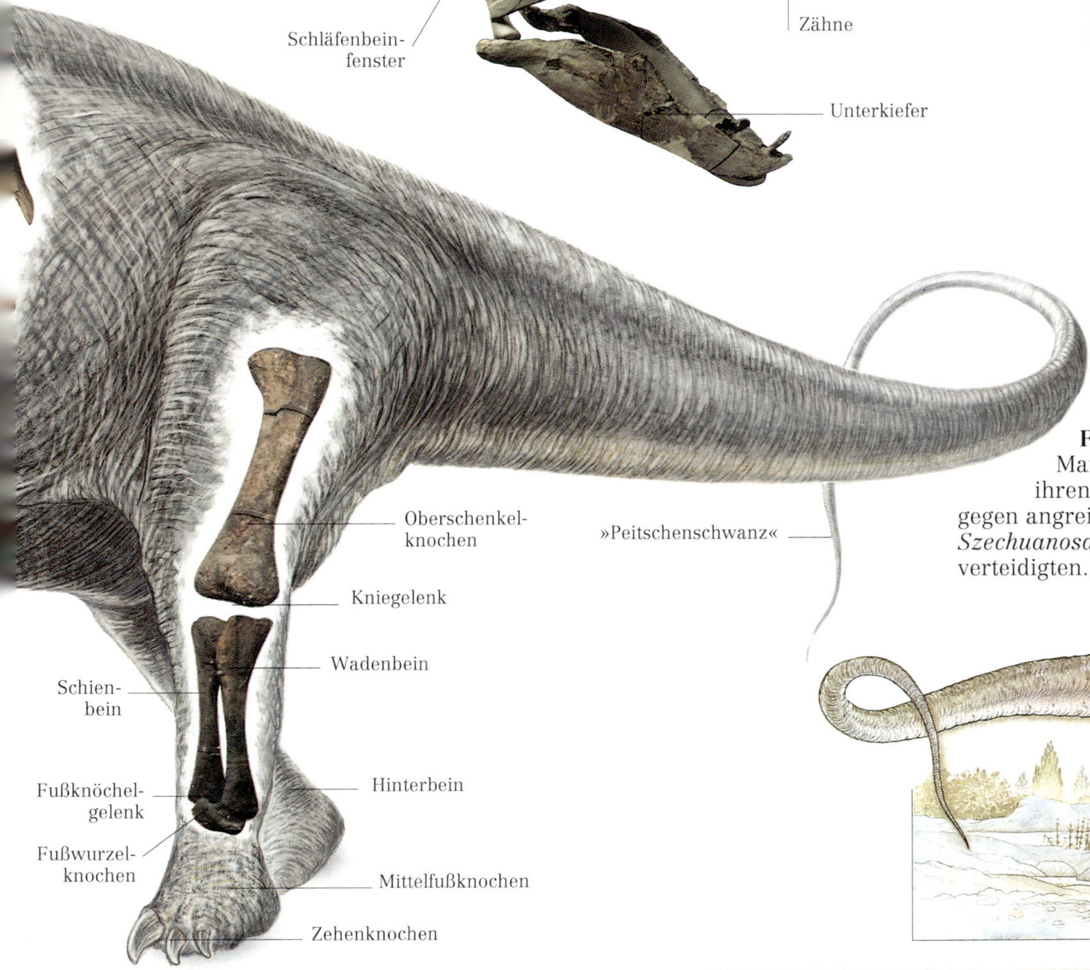

Fürsorgliche Eltern Man nimmt an, daß die Adulttiere sich um ihren Nachwuchs kümmerten und sie gegen angreifende Theropoden wie z.B. *Szechuanosaurus* oder *Yangchuanosaurus* verteidigten.

SALTASAURUS

Verschiedene Saltasaurier
Man kennt insgesamt drei Arten Saltasaurier: *Saltasaurus loricatus* (von dem etwa sechs unvollständig erhaltene Skelette existieren), *Saltasaurus australis* (mindestens zehn Einzeltiere) sowie *Saltasaurus robustus* (Wirbel und Beinknochen von sehr wahrscheinlich drei Tieren).

Bevor argentinische Paläontologen 1980 erkannt hatten, daß *Saltasaurus* (»Echse aus Salta«) in Wirklichkeit ein Sauropode war, hatte man diese gepanzerten Fossilien (die man häufiger in Argentinien gefunden hatte) den Ankylosauriern zugerechnet. *Saltasaurus* lieferte demnach den Beweis, daß auch Sauropoden gepanzert sein konnten. Rücken und Flanken des Dinosauriers waren mit knöchernen Buckeln und Knochenplatten von der Größe eines menschlichen Handtellers dicht besetzt. *Saltasaurus* war ein verhältnismäßig kleiner Sauropode mit stämmigen Beinen, einem kräftigen Schwanz, der sich an der Spitze peitschenartig verjüngte, und den charakteristisch geformten Wirbeln der Titanosauriden.

Gepanzerte Haut
1980 wurden Bruchstücke fossiler, mit einzelnen Knochenbuckeln überzogener Haut von *Saltasaurus* beschrieben. Dies bestätigte die Vermutung eines Wissenschaftlers aus dem Jahre 1896: Titanosaurier waren gepanzerte Sauropoden.

Schwanz
Da der Schwanz das Tier abstützen mußte, wenn *Saltasaurus* sich auf die Hinterbeine aufrichtete, waren die Wirbelknochen über Zapfen und Gelenkpfannen miteinander verbunden.

Kräftiger, muskulöser Schwanz

LEBENSWEISE

Wie die meisten Sauropoden war wohl auch *Saltasaurus* ein Landtier, das mit seinem langen Hals die Baumwipfel abweidete. Dieser Titanosaurier war zudem wohl in der Lage, sich auf den Hinterbeinen aufzurichten und den Schwanz dabei als »drittes Bein« zum Abstützen zu verwenden, um an noch höhere Baumbereiche zu gelangen. Da *Saltasaurus* relativ klein war, wurde er wohl auch häufiger von Theropoden gejagt. Doch sollte ein potentieller Angreifer versuchen, auf den Rücken des Saltasauriers zu springen, so lief er Gefahr, sich an der gepanzerten, dicken Haut die Zähne auszubeißen.

VORKOMMEN

Die Gesteinsschichten aus der Oberkreide, in denen *Saltasaurus* gefunden wurde, enthielten auch Fossilien andere Titanosauriden, z.B. von *Antarctosaurus, Argyrosaurus* und *Laplatasaurus*. Sehr wahrscheinlich waren auch diese Tiere gepanzert, denn vermutlich verdankten diese großen Saurischier es diesem Schutzpanzer, daß sie in Südamerika noch bis in die Unterkreide existierten, während die Sauropode Nordamerikas schon längst ausgestorben waren. Nach einer anderen Theorie verloren die nordamerikanischen Sauropoden im Nahrungswettbewerb, der infolge der Isolation Nordamerikas durch die umliegenden Meere aufgekommen war, gegen Hadrosaurier und Ceratopsier. Weiterhin wäre es möglich, daß die Sauropoden der Nordhalbkugel die gerade aufgekommenen Blütenpflanzen nicht verdauen konnten und folglich zugrunde gingen. Allerdings gelang es dem Titanosaurier *Alamosaurus*, von Südamerika nach Nordamerika zu gelangen und dort zu überleben.

SZENE AUS DER OBERKREIDE
Drei Saltasaurier, drei Hadrosaurier und der kleine Theropode *Noasaurus* haben sich am Ufer eines Flusses in der heutigen argentinischen Provinz Salta eingefunden.

KURZ-INFO

SALTASAURUS

Saltasaurus war ein quadrupeder Pflanzenfresser mit langem Hals und Schwanz. Sein Rücken war mit Knochenplatten und Knochenbuckeln gepanzert.

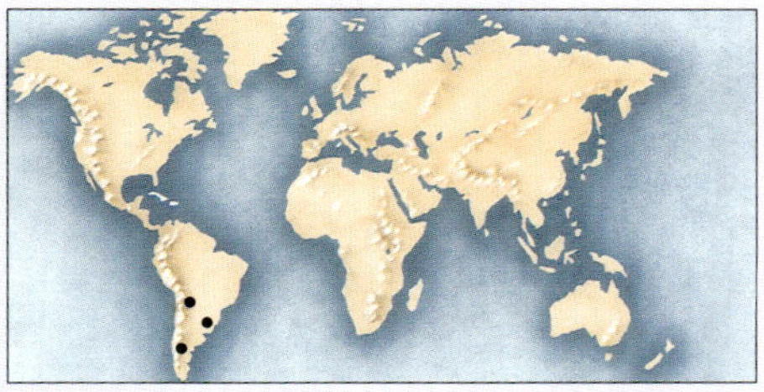

MESOZOIKUM

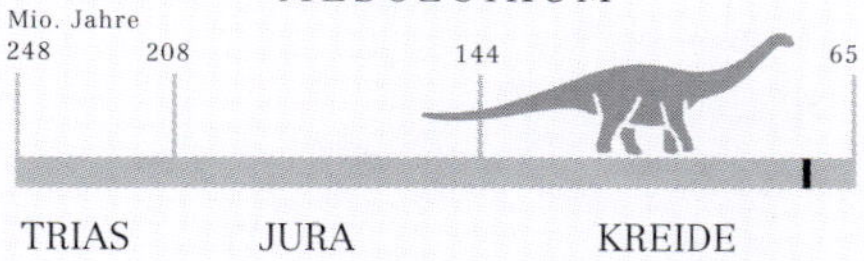

MASSE
Länge: 12 m

ZEIT
vor 73 Mio. Jahren

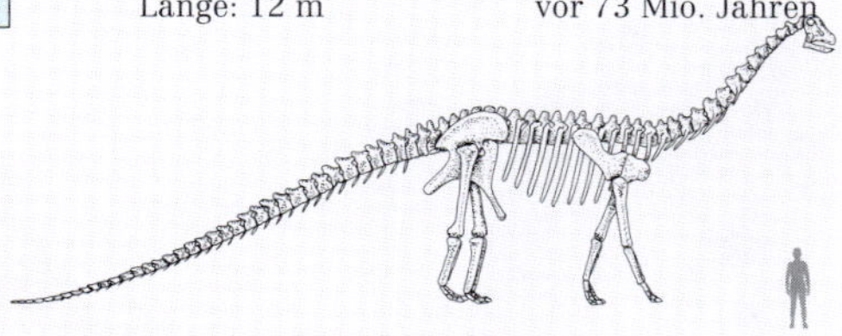

FUNDORT
Salta, Rio Negro (Argentinien)
Palmitas (Uruguay)

NAHRUNG
Pflanzen

SYSTEMATIK
Familie: Titanosauridae
Infraordnung: Sauropoda
Subordnung: Sauropodomorpha
Ordnung: Saurischia

Überlebenskünstler
Vielleicht war die harte Panzerung des *Saltasaurus* der Grund, warum dieser Sauropode im Gegensatz zu vielen anderen Vertretern seiner Ordnung bis in die Kreide überleben konnte.

Äußere Merkmale
Dieses Modell von *Saltasaurus* basiert auf mehreren einzelnen Skeletten. Die Titanosauriden besaßen zwei große Brustbeinknochen, und ihre Rumpfwirbel wiesen unregelmäßige Hohlräume und nach hinten gebogene Dornfortsätze auf. Die Querfortsätze der Wirbel ragten sowohl nach oben wie nach außen.

Fossiler Hautabdruck
Dieser Abdruck einer Saltasaurierhaut wurde von unzähligen Knöchelchen geformt. Heute kennt man auch den fossilen Panzer eines weiteren Titanosauriers: *Laplatasaurus,* der in der Oberkreide in Südamerika lebte.

Von oben gesehen
Aus dieser Sicht ist der biegsame Rückenpanzer gut zu erkennen, der mit seinen Knochenbuckeln an ein mittelalterliches Panzerhemd erinnert.

SEGNOSAURUS

Den bisher unbekannten Kopf von *Segnosaurus* (»Langsame Echse«), einem bipeden, etwa krokodilgroßen Dinosaurier mit schwerem Körper, stellt man sich oft als schmalen, kleinen Schädel mit einem flachen Unterkiefer, zahnlosem Schnabel, scharfen Backenzähnen wie bei Prosauropoden sowie fleischigen Backentaschen vor. *Segnosaurus* besaß kräftige, muskulöse Vorderarme, an deren dreifingrigen Händen wahrscheinlich große Krallen saßen. Auffällig waren auch der breite Rücken, der voluminöse Bauch und die Schambeinknochen, die nach hinten wiesen. Außerdem hatte er kleine, vierzehige Füße mit langen Krallen und evtl. sogar Schwimmhäute.

Fraß Segnosaurus Termiten?
In dieser Abbildung sieht man, wie ein Segnosaurier mit seinen Krallen die harten Wände eines Termitenhügels aufreißt. Möglicherweise hat der Dinosaurier die Termiten mit seiner langen Zunge ergriffen und aufgeschleckt.

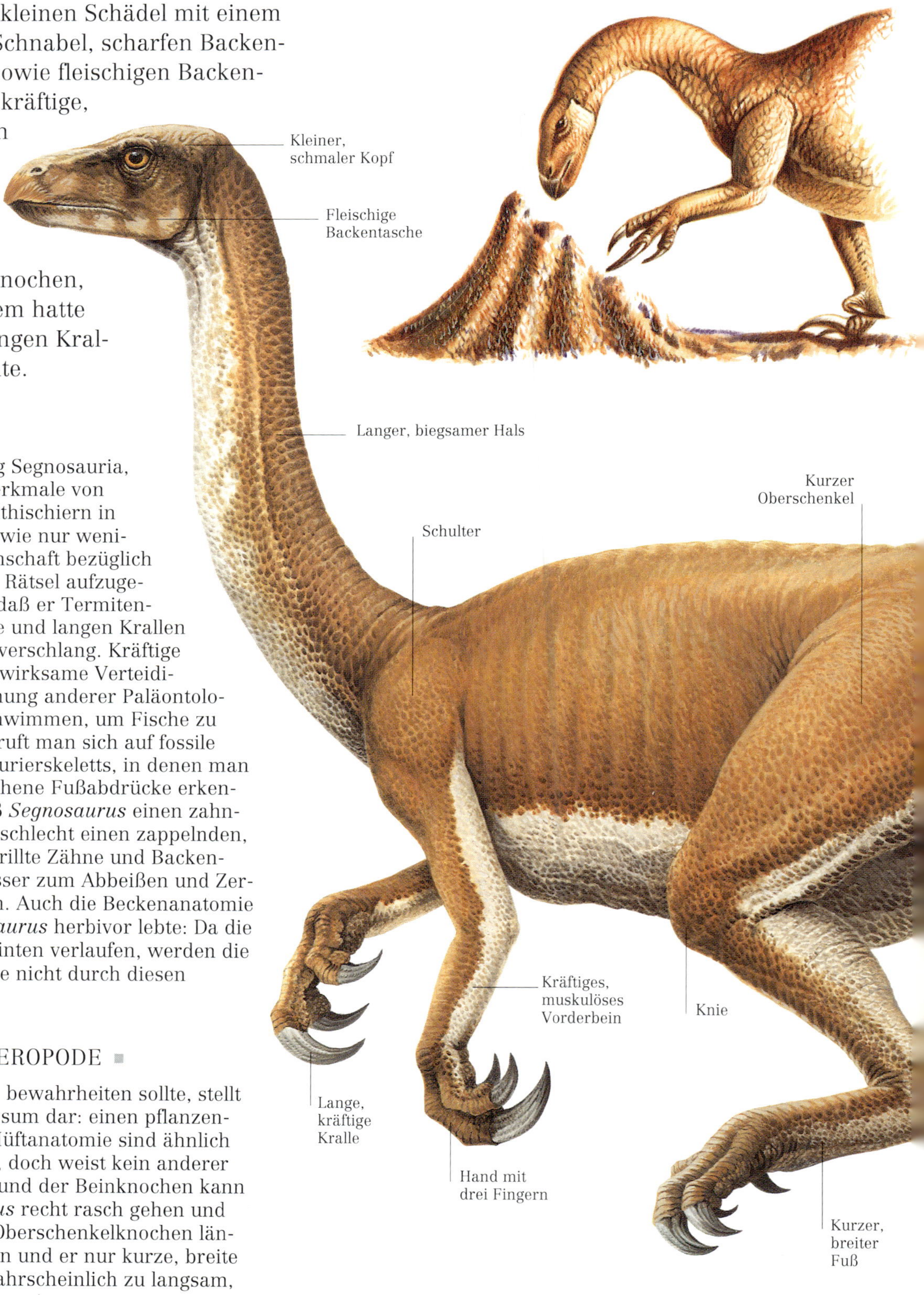

LEBENSWEISE

Segnosaurus gehört zur Unterordnung Segnosauria, einer ungewöhnlichen Gruppe, die Merkmale von Theropoden, Prosauropoden und Ornithischiern in sich vereinigt. *Segnosaurus* gelang es wie nur wenigen anderen Dinosauriern, der Wissenschaft bezüglich seiner Lebensweise nahezu unlösbare Rätsel aufzugeben. Eine Hypothese geht davon aus, daß er Termitenbauten mit Hilfe seiner kräftigen Arme und langen Krallen aufriß und die Insekten anschließend verschlang. Kräftige Arme und Krallen könnten aber auch wirksame Verteidigungswaffen gewesen sein. Nach Meinung anderer Paläontologen konnte er in Flüssen und Seen schwimmen, um Fische zu fangen. Als Beweis für diese These beruft man sich auf fossile Fußspuren in der Nähe eines Segnosaurierskeletts, in denen man vierzehige, mit Schwimmhäuten versehene Fußabdrücke erkennen kann. Doch möglicherweise besaß *Segnosaurus* einen zahnlosen Schnabel (mit dem das Tier nur schlecht einen zappelnden, nassen Fisch packen konnte) sowie gerillte Zähne und Backentaschen, also Mundwerkzeuge, die besser zum Abbeißen und Zerkauen von Blattspitzen geeignet waren. Auch die Beckenanatomie des Tieres läßt vermuten, daß *Segnosaurus* herbivor lebte: Da die Schambeinknochen gekrümmt nach hinten verlaufen, werden die sehr voluminösen Mägen und Gedärme nicht durch diesen Beckenknochen eingeengt.

UNGEWÖHNLICHER THEROPODE

Falls sich die letztgenannte Hypothese bewahrheiten sollte, stellt *Segnosaurus* ein systematisches Kuriosum dar: einen pflanzenfressenden Theropoden. Kiefer- und Hüftanatomie sind ähnlich wie anderen herbivoren Dinosauriern, doch weist kein anderer Theropode diese Merkmale auf. Aufgrund der Beinknochen kann man davon ausgehen, daß *Segnosaurus* recht rasch gehen und nur langsam laufen konnte. Da seine Oberschenkelknochen länger als seine Schienbeinknochen waren und er nur kurze, breite Füße besaß, war *Segnosaurus* sehr wahrscheinlich zu langsam, um wie andere Theropoden Beutetiere zu jagen.

... oder Fische?
Nach einer anderen Vorstellung soll sich *Segnosaurus* von Fischen ernährt haben. Der mongolische Paläontologe Altangerel Perle, der diesen Dinosaurier 1979 benannte, geht davon aus, daß das Tier in den Gewässern schwimmen konnte und dabei mit seinem Schnabel Fische fing. Im Gegensatz zu einer länglichen, mit spitzen Zähnen bewehrten Krokodilschnauze ist ein zahnloser Schnabel allerdings nicht sehr gut zum Fischfang geeignet.

... oder etwa Pflanzen?
Der amerikanische Paläontologe Gregory Paul wartete mit einer dritten Hypothese zur Ernährungsweise von *Segnosaurus* auf: Dieser sei ein Vegetarier gewesen. Heute sehen daher einige Wissenschaftler die Segnosaurier als bizarre, herbivore Theropoden an.

■ KURZ-INFO ■

SEGNOSAURUS

Segnosaurus war ein bipeder Dinosaurier mit einem schmalen Schnabel, langen Beinen und muskulösen Armen.

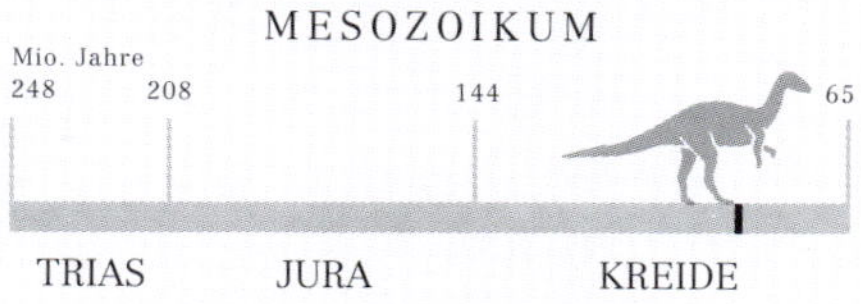

FUNDORT
Ömnögov, Dornogov (Mongolei)

ZEIT
vor 91 Mio. Jahren

MASSE
Länge: 6 m

SYSTEMATIK
Familie: Segnosauridae
Subordnung: Segnosauria
Ordnung: Saurischia

NAHRUNG
Wahrscheinlich Pflanzen

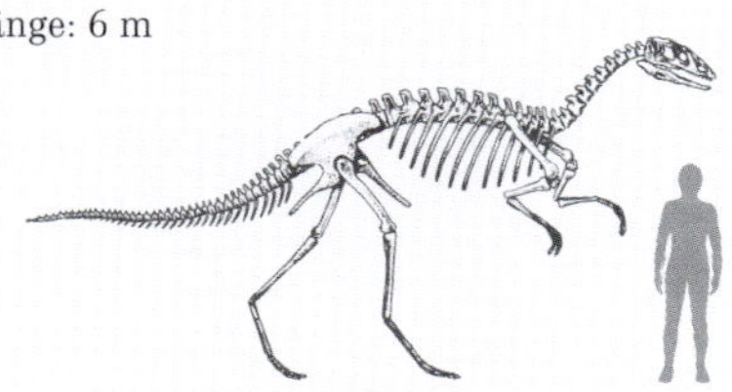

Äußere Erscheinung
In dieser Abbildung wird *Segnosaurus* als bipeder Theropode mit schwerem Körper dargestellt. Gelegentlich findet man auch Abbildungen, in denen er auf allen Vieren läuft. Um 1990 kannte man von *Segnosaurus* nur drei teilweise erhaltene Exemplare. Fossil erhalten waren u.a. ein Unterkiefer samt Zähnen, ein Bein- und ein Hüftknochen, jedoch kein Schädel. Aufgrund dieser Handvoll Knochen bleibt die genaue Gestalt des Dinosauriers rein spekulativ.

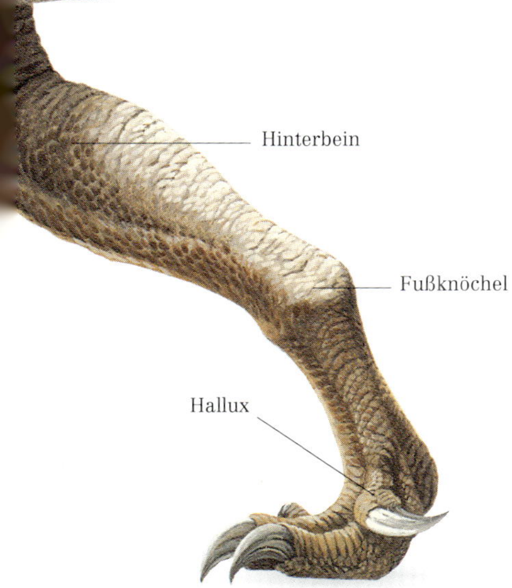

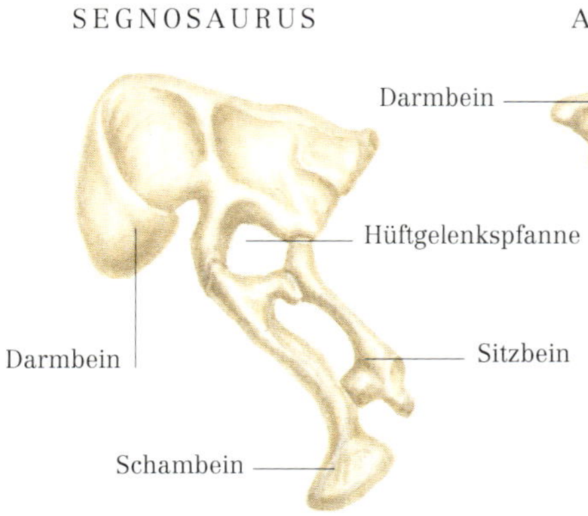

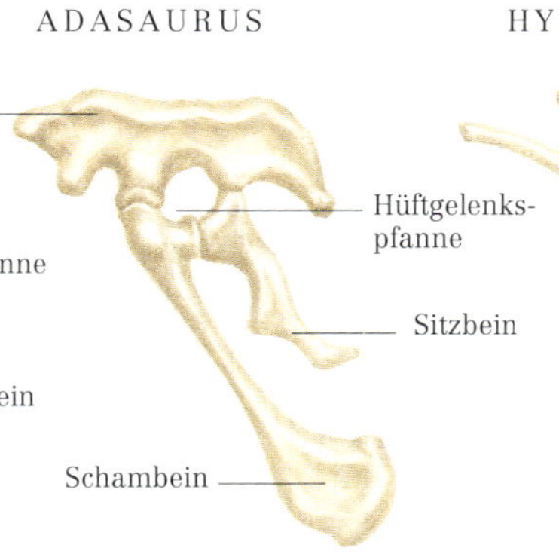

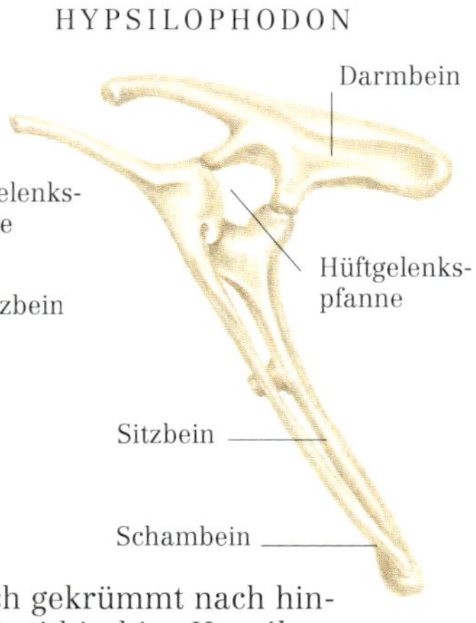

Beckenknochen im Vergleich
Nachdem man die Segnosaurier gefunden hatte, glaubte man, es mit einer dritten Dinosaurierordnung zu tun zu haben, da die Fossilien Merkmale sowohl von Ornithischiern wie Saurischiern aufweisen. Bei *Segnosaurus* (oben links) verläuft das Schambein ähnlich gekrümmt nach hinten wie bei dem Ornithischier *Hypsilophodon*. Die Schambeinknochen der Saurischier weisen meist nach vorne oder nach unten, allerdings gibt es auch hier Ausnahmen, wie z.B. bei *Adasaurus* (oben Mitte).

THYREOPHORANS

Die Thyreophora (»Schildträger«) waren eine recht vielfältige Gruppe hauptsächlich quadrupeder, gepanzerter Ornithischier, die durch kleine Backenzähne, charakteristische Wangenknochen, kräftige Beinknochen sowie schützende, knöcherne Höcker, Platten oder Stacheln, die in Reihen auf ihrem Rücken saßen, gekennzeichnet waren. Die meisten Thyreophora weideten am Boden wachsende Pflanzen ab. Die urtümlichsten Thyreophoren waren relativ kleine Formen aus dem Unteren Jura: *Scelidosaurus* und *Scutellosaurus,* möglicherweise auch *Tatisaurus* und *Echinodon.* Die übrigen Thyreophora gliederten sich in die Stegosauria, die fast ausschließlich im Jura lebten, sowie die Ankylosauria, die deren Stellung in der Kreide übernahmen; in beiden Gruppen gab es Vertreter, die bis zu 10 m lang wurden.

Scelidosaurus und Minmi
Scelidosaurus (ganz oben) war ein früher Thyreophore, der mit den Vorfahren solcher Ankylosaurier wie *Minmi* (oben) verwandt war. *Minmi* war sogar auf der Bauchseite durch Knochenplatten geschützt.

Mit seiner Schwanzkeule konnte ein Ankylosaurier leicht die Beine eines Tyrannosauriers zerschmettern.

Stachel eines Nodosauriers
Dieser an der Basis breite Knochenstachel aus dem Schulterbereich eines Nodosauriers besaß eine scharfe Spitze und war zu Lebzeiten des Tieres von einer beachtlichen Hornscheide umgeben.

SCELIDOSAURIDAE

Zu dieser Familie gehörte der quadrupede, gut 4 m lange *Scelidosaurus,* der mehrere Reihen kleiner Knochenhöcker besaß. Dieser recht frühe Thyreophore wurde in Gesteinen aus dem Oberen Jura gefunden, die aus England, Tibet und Arizona stammten. Die Gattungen *Scutellosaurus, Tatisaurus* und *Echinodon* hatten mit diesem Thyreophoren einige gemeinsame Merkmale.

STEGOSAURIA

Diese Dinosaurier bildeten eine Gruppe mittelgroßer bis großer quadrupeder Pflanzenfresser. Sie besaßen zumeist lange, kräftige Hinterbeine, so daß ihr gebogener Rücken im Hüftbereich am höchsten war. Einige Paläontologen gehen davon aus, daß Stegosaurier sich auch auf den Hinterbeinen aufrichteten, um Baumwipfel abzufressen. Ihr kleiner, flacher Schädel wies einen Schnabel und Backenzähne auf. Das Markenzeichen aller Stegosaurier war jedoch eine Doppelreihe großer Knochenplatten, die sich über den Rücken zogen, sowie mindestens zwei Paar langer Schwanzstacheln. Bei einigen Arten saßen auch Stacheln auf den Schultern. Trotz ihrer beachtlichen Körpermaße war das Gehirn selbst bei den größten Tieren kaum größer als das eines Haushundes. Zusätzlich koordinierte ein großer Nervenknoten im Beckenbereich, oft fälschlicherweise als »zweites Gehirn« interpretiert, die Motorik von Schwanz und Hinterbeinen. Beide Stegosaurierfamilien entstanden während des Unteren Jura in China, von denen sich später eine Gruppe nach Afrika, Europa, Indien und Nordamerika ausbreitete. Stegosaurier waren bedeutende Dinosaurier des Oberen Jura; einige Gattungen überlebten bis in die Unterkreide, in der Oberkreide gab es jedoch nur noch die indischen Stegosaurier. Die Huayangosauridae aus dem mittleren Jura waren die primitivere Familie; sie besaßen eine kurze Schnauze, einen Schnabel mit Prämaxillarzähnen, relativ lange Vorderbeine sowie charakteristische Schädel- und Beckenknochen. Einzige bekannte Gattung war der 4,5 m lange *Huayangosaurus* aus China.

Grundsätzlich ähnelten die Stegosauridae dem *Huayangosaurus,* ihr Schnabel war jedoch unbezahnt. Meist war ihr Rücken auf ganzer Länge mit einer Doppelreihe paariger Platten oder Stacheln bedeckt. Bei *Stegosaurus,* der bis zu 9 m Länge erreichte, standen die Platten einer Reihe leicht versetzt zu-

Platten der Stegosaurier
Vermutlich dienten die Platten und Stacheln von *Huayangosaurus tabaii* zum Schutz oder als Verständigungsmittel, um z.B. Geschlechtspartner anzulocken oder Gegner einzuschüchtern. Da die Platten gut durchblutet waren, könnten sie auch zur Wärmeregulierung gedient haben.

einander. Die insgesamt 15 Gattungen dieser Familie lebten vom Mittleren Jura bis in die Oberkreide in Afrika, Asien, Europa, Indien und Nordamerika.

▪ ANKYLOSAURIA ▪

Diese Tiere waren relativ gedrungene Dinosaurier mit breitem Schädel, kurzem Nacken und muskulösem Schwanz. Ihr massiger, faßförmiger Rumpf wurde von vier stämmigen, geraden Beinen getragen und durch mehrere Reihen knöcherner Buckel, Höcker und Platten gepanzert. Dieser Panzer, der z.T. unter einer Hornscheide lag, bedeckte Hals, Rücken und Schwanz der Ankylosaurier – bei einigen Arten sogar die Bauchseite. Der Schädel wurde durch Knochenplatten verstärkt, so daß die sonst für Dinosaurier typischen Schädelfenster (Foramina) verschwanden. Morgensternförmige Schwanzkeulen und spitze Schulterstacheln dienten zur aktiven Verteidigung. In der Unterkreide verdrängten Ankylosaurier die Stegosaurier und wurden damals die häufigste Gruppe solcher quadrupeden Pflanzenfresser, die sich nur von Bodenpflanzen ernährten. Die meisten Ankylosaurierfossilien wurden in Nordamerika und Asien gefunden, einige aber auch in Australien. Die Gruppe gliedert sich in zwei Familien: Nodosauridae und Ankylosauridae. Die Nodosauridae (Mittlerer Jura bis Oberkreide) stellten die primitiveren Ankylosaurier. Charakteristisch war das uhrglasförmige Gaumenbein ihres Schädels, und statt einer Schwanzkeule besaßen sie z.T. sehr lange, spitze Schulterstacheln. Verbreitungsgebiet dieser Dinosaurier waren Asien, Australien, Europa und Nordamerika (evtl. auch die Antarktis). Der Schädel der Ankylosauridae war mindestens so lang wie breit und besaß spitze »Hörner« am Hinterhaupt sowie kompliziert gebaute Nasengänge. Anstelle von Schulterstacheln waren diese Dinosaurier mit einer schweren Schwanzkeule ausgestattet, die ihnen als wirkungsvolle Verteidigungswaffe gegen große Theropoden wie z.B. Tyrannosaurier diente. Ankylosauriden wurden zwischen 5,5 und 10 m lang. Die etwa gut ein Dutzend Gattungen dieser Familie hatte ihren Entwicklungshöhepunkt in der Unter- und Oberkreide und lebten in Asien und Nordamerika.

Stammbaum der Thyreophora
Das Diagramm zeigt die möglichen verwandtschaftlichen Beziehungen zwischen den einzelnen Thyreophorenfamilien. Typische Merkmale aller Thyreophora waren die Backenknochen sowie knöcherne Buckel, Dorne, Stacheln und Platten, die sich in einer oder mehr Reihen über den Rücken zogen. Thyreophora gehören zu den primitivsten Ornithischiern, deren Kiefer und Zähne noch nicht wie bei den übrigen Ornithischiergruppen zu hochspezialisierten Werkzeugen zum Zerkauen von Pflanzen geworden waren. Aus frühen, kleinen und nur schwach gepanzerten Formen wie den Scelidosauridae entstanden zwei Stegosaurierfamilien und zwei Ankylosaurierfamilien. Bei den Stegosauriern zog sich eine Doppelreihe knöcherner Platten oder Stacheln vom Kopf über Nacken und Rücken bis zum Schwanz, während die dicht mit Knochenplatten besetzten Ankylosaurier an lebende »Panzerkettenfahrzeuge« erinnerten.

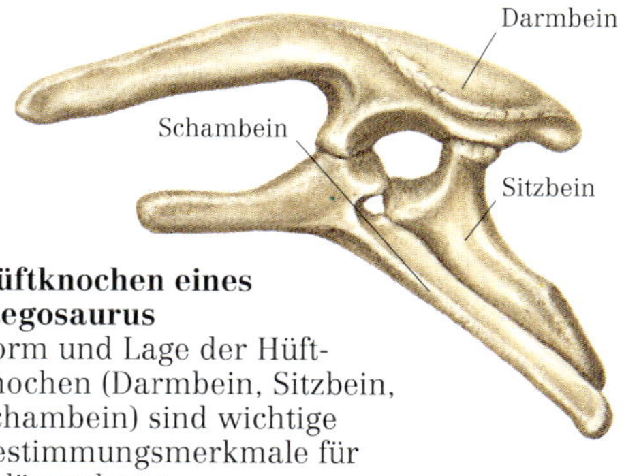

Hüftknochen eines Stegosaurus
Form und Lage der Hüftknochen (Darmbein, Sitzbein, Schambein) sind wichtige Bestimmungsmerkmale für Paläontologen.

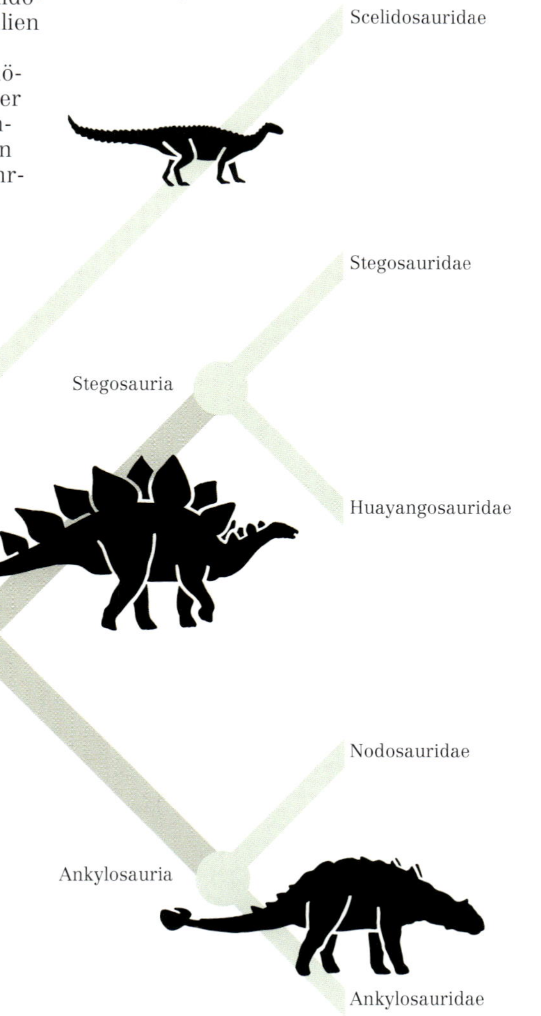

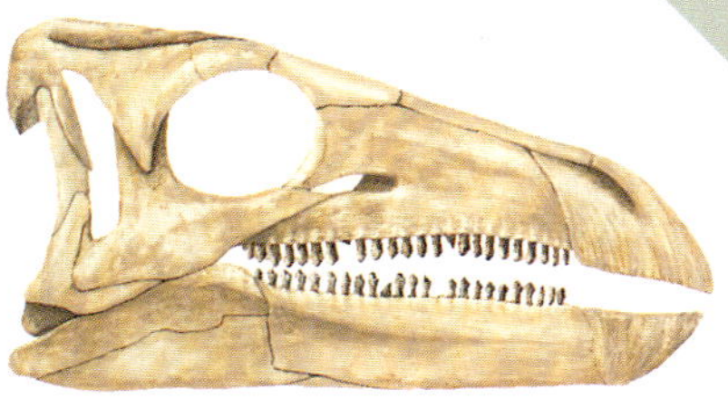
SCHÄDEL EINES SCELIDOSAURUS

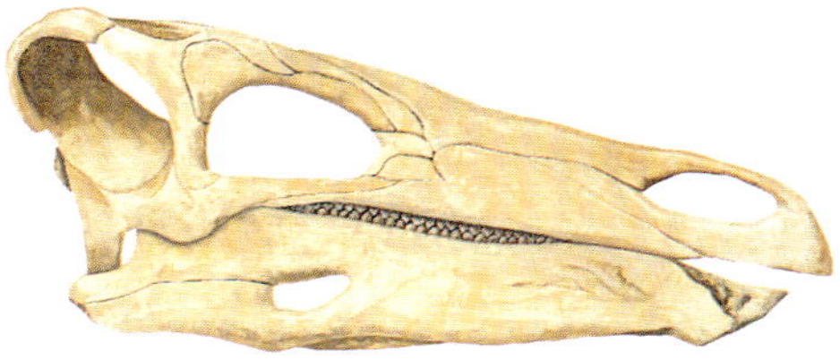
SCHÄDEL EINES STEGOSAURUS

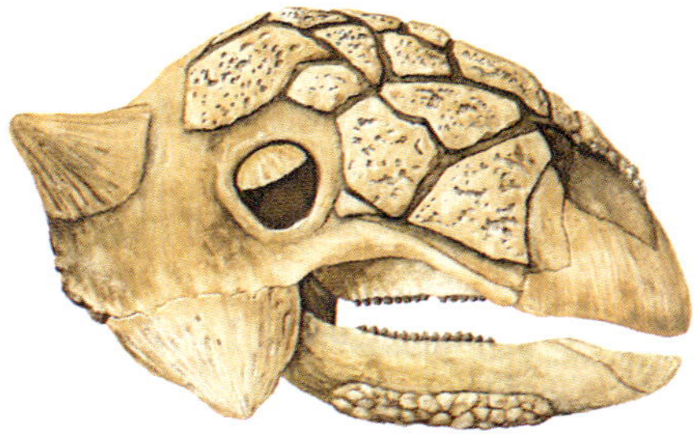
SCHÄDEL EINES EUOPLOCEPHALUS

Schädel dreier Thyreophora
In diesen Abbildungen treten die Unterschiede zwischen den einzelnen Thyreophorengruppen deutlich hervor. Alle drei besaßen einen zahnlosen Schnabel, obwohl der relativ urtümlich gebaute *Scelidosaurus* zumindest noch Prämaxillarzähne hatte. Der Schädel von *Stegosaurus* war lang und schmal, während der des *Euoplocephalus* mindestens so lang wie breit war. Möglicherweise suchte sich der wählerische *Stegosaurus* mit seinem schmalen Schnabel nur ganz bestimmte Pflanzen aus, während *Euoplocephalus* alles fraß, was ihm vor seinen breiten Schnabel kam. Der Schädel dieses Ankylosauriers wurde zusätzlich durch knöcherne Augenlider und andere Knochenplatten geschützt.

SCELIDOSAURUS

Der etwa 4 m lange pflanzenfressende *Scelidosaurus* (»Gliederechse«) besaß einen kleinen Kopf, der auf einem Hals saß, welcher für einen Vertreter der Thyreophora relativ lang war. Sein langgestreckter schwerer Körper ruhte auf vier stämmigen Beinen und war im Beckenbereich am höchsten. Der Schwanz wurde sehr wahrscheinlich durch verknöcherte Bänder und Sehnen stabilisiert. Während der Bau des Beckens, aber auch die gepanzerte Haut an *Scutellosaurus* erinnern, einen primitiven Ornithischier aus Nordamerika, ähneln die Zähne dem Gebiß eines Stegosauriers. Allerdings scheinen typische Merkmale wie die in Reihen angeordneten geriffelten Knochenhöcker eher auf einen Ankylosaurier zu deuten. Vielleicht war *Scelidosaurus* der Vorfahre der übrigen Thyreophora.

Schädel
Amateursammler fanden 1985 in Charmouth an der englischen Südküste diese Bruchstücke vom Schädel eines Jungsauriers. Aufgrund eines für primitive Ornithischier charakteristischen Gebißmerkmals (Zähne im vorderen Oberkieferbereich) wurde das Fossil als *Scelidosaurus* identifiziert.

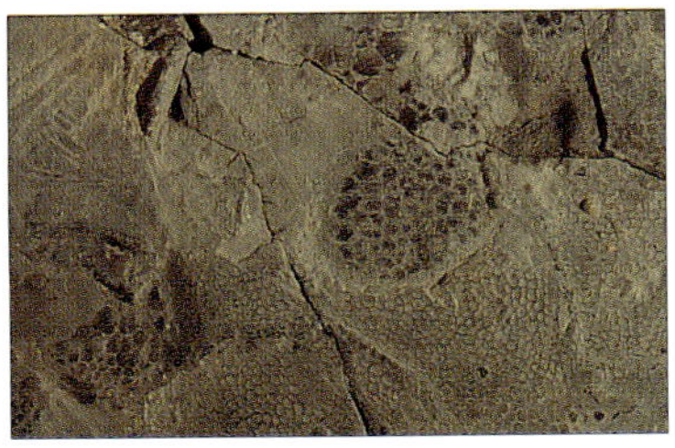

Haut
Im Abdruck einer fossilen Scelidosaurierhaut ist zwischen den einzelnen Knochenhöckerreihen ein Mosaikmuster aus kleinen, runden Schuppen zu sehen, wie man es auch bei der heutigen, giftigen Gila-Krustenechse *(Heloderma suspectum)* aus Nordamerika findet.

LEBENSWEISE

Wahrscheinlich zog *Scelidosaurus* gemächlich durch die belaubte Landschaft, um hier und dort stehen zu bleiben und mit seinem schmalen Schnabel saftige Blätter und Früchte abzubeißen. Da sein Gebiß noch nicht so differenziert wie bei den späteren Ornithischiern war, zerkaute er seine Nahrung vermutlich durch einfaches Auf- und Abbewegen der Kiefer. Junge Scelidosaurier fraßen auch Insekten, um zusätzlich Proteine und Fette aufzunehmen. Da einige Scelidosaurierfossilien in marinen Sedimenten gefunden wurden, kam ein Wissenschaftler zu dem voreiligen Schluß, die Tiere hätten amphibisch gelebt. Wahrscheinlicher ist aber, daß diese Individuen in der Nähe eines Flußufers gelebt haben und bei einer Überschwemmung ertrunken sind. Die Kadaver wurden anschließend ins Meer geschwemmt, wo sie dann versanken und versteinerten.

Knochenhöcker
Scelidosaurus wurde durch einzelne Knochenhöcker geschützt, die in Form und Größe variierten, je nachdem, ob sie am Hals, Rumpf oder Schwanz des Tieres saßen

HALTUNG UND GANG

Scelidosaurus wird sich gelegentlich wohl auch auf die Hinterbeine gestellt haben, um höher wachsenden Zweige und Früchte fressen zu können, doch für gewöhnlich bewegte er sich quadruped fort. Diese These wird insbesondere durch seinen Körperbau erhärtet: Seine Hüfte bildete den höchsten Punkt und wirkte als eine Art Angelpunkt, in dem der halbstarre Schwanz und der kurze Hals-Kopf-Bereich einander die Waage hielten. Auch schienen die Vorderfüße (die »Hände«) so gebaut zu sein, daß sie das Gewicht gut tragen konnten, denn sie waren so breit wie die Hinterfüße. Möglicherweise »igelte« sich ein angegriffener *Scelidosaurus* ein und zeigte dem Angreifer seine undurchdringliche, gepanzerte Haut. Selbst an Kopf und Hals trug dieser Ornithischier einen dicken Knochenpanzer, an dem sich die meisten Theropoden sämtliche Zähne ausgebissen hätten.

Fußknochen
Diese Detailansicht eines Scelidosaurierfußes verdeutlicht, daß er lang und recht breit war. Er wies drei lange Zehen sowie einen kurzen Zeh auf. Die langen Zehen fingen das Körpergewicht auf und wurden zusätzlich durch ein »Gewebekissen« abgepolstert.

SCUTELLOSAURUS

Scutellosaurus zählte wie *Scelidosaurus* zu den primitiven Ornithischiern, die eng mit den Vorfahren von Ankylosauriern und Stegosauriern verwandt waren. Dieser nur leicht gepanzerte, herbivore Dinosaurier, der im Arizona des Unteren Jura zuhause war, stammte vermutlich von kleinwüchsigen bipeden Vorfahren ab. *Scutellosaurus* konnte auf seinen langen Hinterbeinen gehen oder laufen, wobei er mit dem Schwanz die Balance hielt. Möglicherweise war der kleine Saurier etwas »kopflastig«, da ihn das Gewicht seines länglichen Körpers und seiner Knochenhöcker vorne hinunterzog. Deshalb mußte er sich wohl oft auf die langen Vorderbeine mit den großen Händen stützen und sich dann auf allen Vieren bewegen.

Schildpanzer
Scutellosaurus war durch Hunderte von Knochenschildchen gegen die Angriffe durch Theropoden geschützt. Die größten dieser Höcker liefen in einer, evtl. sogar in zwei Reihen den Rücken entlang.

■ KURZ-INFO ■

SCELIDOSAURUS

Scelidosaurus war ein quadrupeder Pflanzenfresser mit niedrigem Körper, der mit Knochenhöckern bewehrt war.

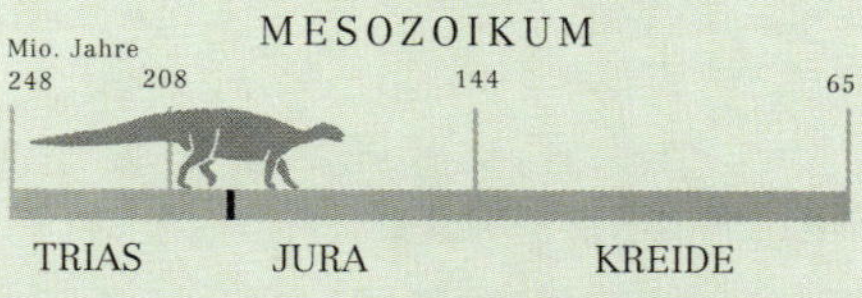

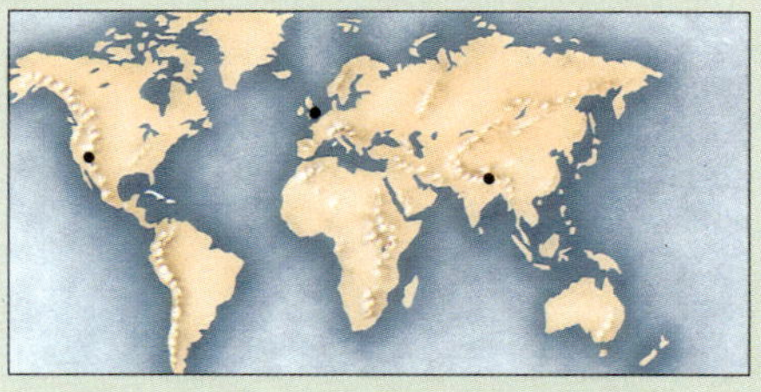

FUNDORT
Dorset (Großbritannien)
Tibet
Arizona (USA)

SYSTEMATIK
Familie: Scelidosauridae
Subordnung: Thyreophora
Ordnung: Ornithischia

ZEIT
vor 200 Mio. Jahren

NAHRUNG
Niedrig wachsende Pflanzen

MASSE
Länge: 4 m

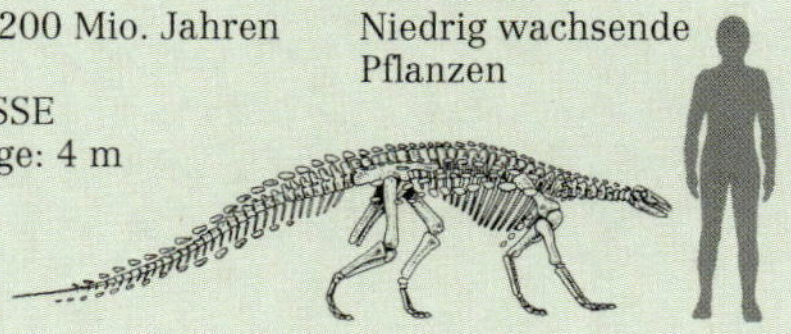

Skelett
Dieses bruchstückhaft erhaltene Skelett eines *Scelidosaurus* stammt aus dem Lias (Unterer Jura) und wurde im 19. Jahrhundert in einem Kalkblock gefunden, der die einzelnen Knochen noch heute zusammenhält. Mit Hilfe von Säurebädern lösten die Präparatoren die Kalkkruste um das Fossil herum auf und legten so weitere Knochen frei.

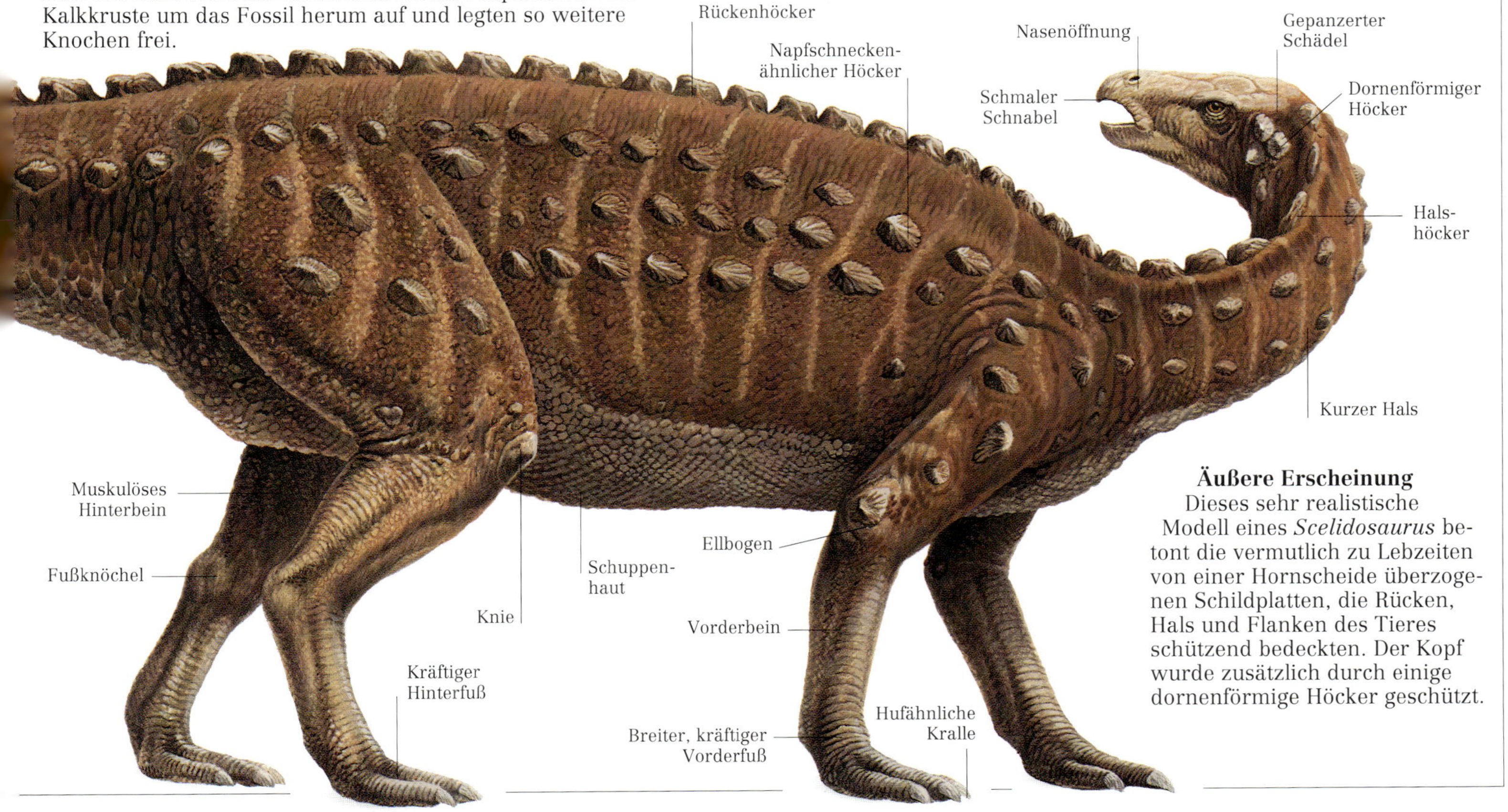

Äußere Erscheinung
Dieses sehr realistische Modell eines *Scelidosaurus* betont die vermutlich zu Lebzeiten von einer Hornscheide überzogenen Schildplatten, die Rücken, Hals und Flanken des Tieres schützend bedeckten. Der Kopf wurde zusätzlich durch einige dornenförmige Höcker geschützt.

STEGOSAURUS

Seinen Namen erhielt *Stegosaurus* (»Dachechse«) von den großen Knochenplatten, die aus seinem Hals, Rücken und oberen Schwanzbereich ragten und an Dachschindeln erinnern. Über den Hüften befand sich vermutlich ebenfalls je eine Platte, und am Schwanzende sprangen seitlich zwei Paar Stacheln heraus. *Stegosaurus,* der etwa so lang wie ein Bus und mit 2 t so schwer wie ein großes Nashorn war, war wohl auch der größte Stegosaurier. Seine Hüfthöhe lag bei 2,5 m, und seine Beine ähnelten denen eines Elefanten. Der verhältnismäßig kleine Schädel besaß im mittleren Kieferbereich zahlreiche Zähne und mündete in einem hornbedeckten Schnabel. *Stegosaurus* lief wohl meist mit gesenktem Kopf, über die Haltung seines Schwanzes ist jedoch nichts bekannt.

AUF NAHRUNGSSUCHE
Stegosaurus mußte sich immer vor räuberischen Dinosauriern wie z.B. einzeln jagenden Allosauriern und Ceratosauriern, aber auch vor Rudeln kleinerer Theropoden in acht nehmen. Gegen deren Angriffe setzte er sich mit seinem stachelbesetzten Schwanz zur Wehr.

LEBENSWEISE

Den Fossilien nach zu urteilen, zog *Stegosaurus* durch die bewaldeten Ebenen und ernährte sich von niedrig wachsender Vegetation. Eine gegenteilige Theorie behauptet, daß *Stegosaurus* das Laub der Baumwipfel (in bis zu 3,5 m Höhe) abweidete. Vermutlich konnte er sich auf die Hinterbeine stellen, was dadurch belegt wird, daß seine Hinterbeine länger als die Vorderbeine waren. Die großen Wirbelfortsätze boten ausreichend Hebelkraft, so daß die Rückenmuskulatur den Vorderkörper aufrichten konnte. Der biegsame Schwanz des Dinosauriers konnte besser als die unelastischen Schwänze anderer Ornithischier gegen den Boden gepreßt werden. Wenn sich *Stegosaurus* also aufrichten wollte, bildeten Schwanz und Hinterbeine auf diese Weise eine Art »Dreifuß«. Die Mehrheit der Dinosaurierforscher ist von dieser Theorie allerdings nicht überzeugt. Auch die Theorien über die Ernährungsweise dieses Tieres haben sich im Laufe der Jahre geändert. Zunächst glaubte man, der Dinosaurier habe ein schwaches Gebiß besessen, so daß er nur weichblättrige Pflanzen fressen konnte – eine Idee, die heute nicht mehr in Erwägung gezogen wird. Andererseits sah man in der schmalen Schnauze ein Anzeichen, daß *Stegosaurus* beim Fressen recht wählerisch war und sich nur die erlesenen Fruchtkörper der Farne und fleischigen Blütenstände der Palmfarne herauspickte. Die berühmten Rückenplatten der Stegosaurier dienten vielleicht als »Sonnenkollektoren«, und möglicherweise wurden sie auch bei Imponiergesten rivalisierender Männchen eingesetzt. Die Flanken des *Stegosaurus* waren ungeschützt, doch konnte er sich sicherlich verteidigen, indem er mit seinem stachelbewehrten Schwanz nach dem Gegner schlug. Bei einem Fund, der 1992 gemacht wurde, entdeckte man scheibenförmige Platten, die den Beckenbereich schützten, sowie kreisrunde Knochenhöcker im Kehlbereich.

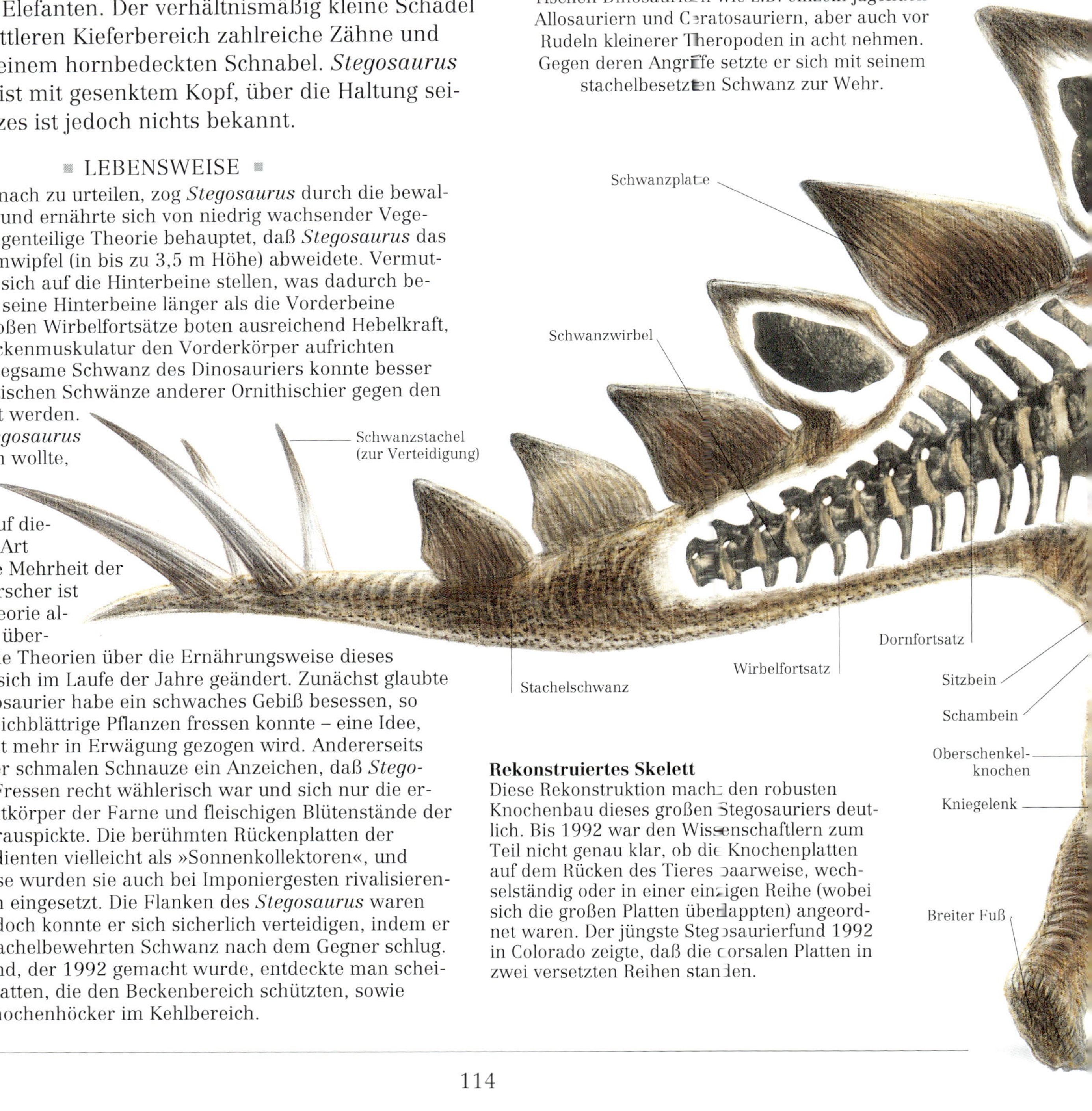

Rekonstruiertes Skelett
Diese Rekonstruktion macht den robusten Knochenbau dieses großen Stegosauriers deutlich. Bis 1992 war den Wissenschaftlern zum Teil nicht genau klar, ob die Knochenplatten auf dem Rücken des Tieres paarweise, wechselständig oder in einer einzigen Reihe (wobei sich die großen Platten überlappten) angeordnet waren. Der jüngste Stegosaurierfund 1992 in Colorado zeigte, daß die dorsalen Platten in zwei versetzten Reihen standen.

Schädel
Der Schädel des *Stegosaurus* (rechts) war schmal, länglich und ziemlich flach. Ihm fehlt – was für einen Dinosaurierschädel untypisch ist – das Antorbitalfenster, d.h. die zwischen Augenhöhle und Choane liegende Schläfenöffnung. Ein anderer Stegosaurierfund zeigt einen abgerundeteren, kürzeren Schädel; allerdings streitet man sich noch, ob es sich hier nicht um einen *Diracodon,* also eine völlig andere Gattung, handelt.

Backenzahn
Dieser asymmetrische fossile Backenzahn (unten) wurde einem *Stegosaurus* zugeschrieben. Die Oberseite und rechte Hälfte der Zahnkrone wird von Rillen durchzogen. Eine derart geriffelte Zahnoberfläche erleichterte den Ornithischiern das Zerkauen der Pflanzen. Normalerweise sind Stegosaurierzähne weniger stark geriffelt.

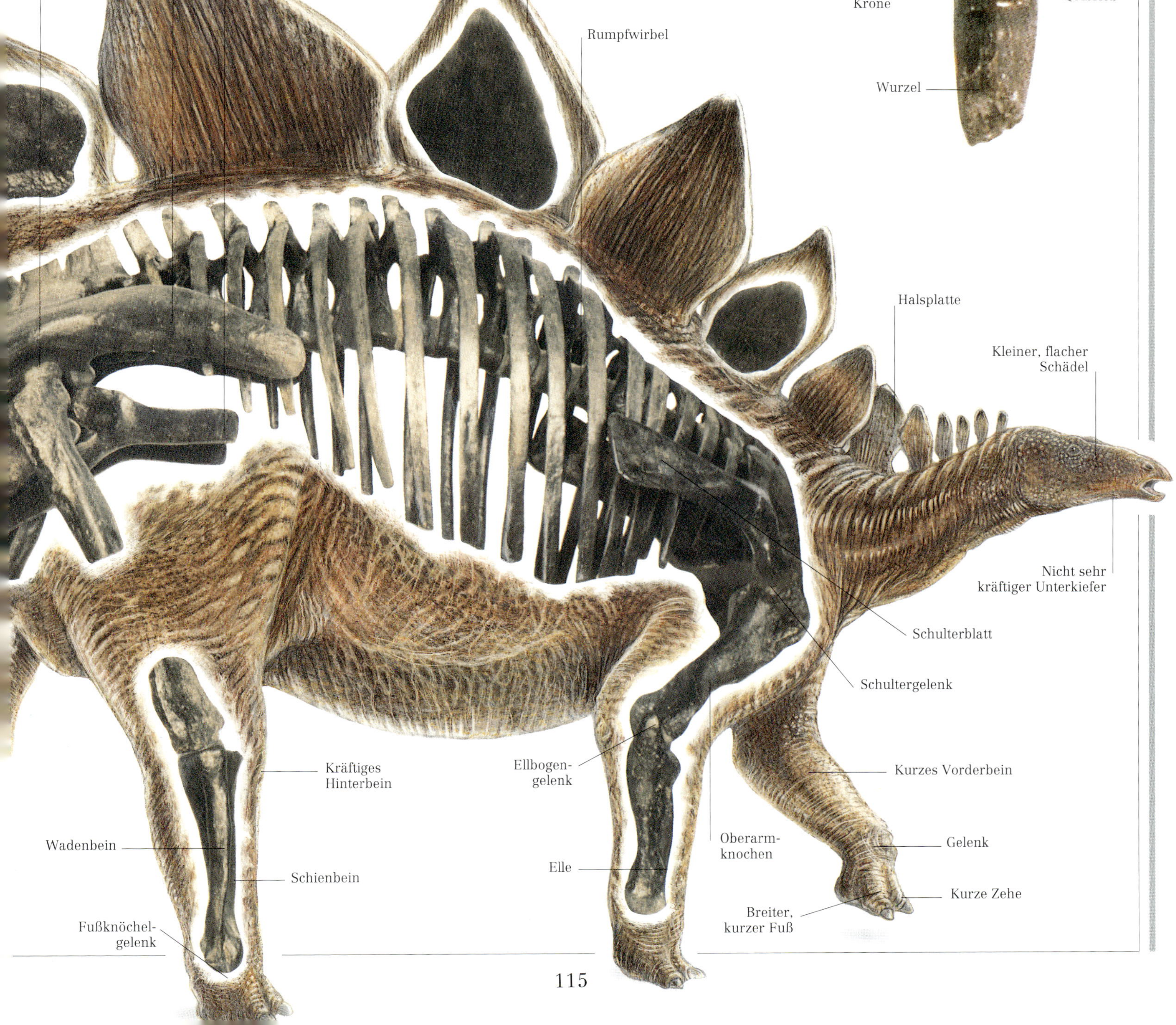

Von oben gesehen
In diesem Modell sind die Schwanzstacheln gut erkennbar. Schulterstacheln sind hier nicht dargestellt, obgleich einige Stegosaurier solche Stacheln besaßen. Von *Stegosaurus stenops* weiß man, daß sein Hüftbereich durch große scheibenförmige Platten geschützt war.

Wärmeregulation
Die gut durchblutete Haut, welche die Platten überzog, sorgte für die Wärmeregulierung des Tieres. Wenn ein *Stegosaurus* sich senkrecht zu den einfallenden Strahlen der Morgensonne stellte, wärmte sich das zirkulierende Blut im Plattenbereich wie in einem Durchlauferhitzer auf; so wurde der Körper relativ rasch erwärmt. In der Mittagsglut stellte sich der Stegosaurier so auf, daß die Platten parallel zu den Strahlen orientiert waren; diese fielen nun nicht auf die Breitseiten, sondern auf die schmalen Kanten der Platten, so daß wenig Hitze aufgenommen wurde. Die versetzte Plattenanordnung bewirkte auch, daß überschüssige Wärme durch Konvektion abgegeben werden konnte, da jeder Luftzug das Blut kühlte.

Von vorne gesehen
Dieser Blickwinkel betont besonders die größten Platten, die eine Höhe von 76 cm erreichen konnten. Die Platten haben sicherlich viele Aufgaben gehabt, u.a. bei der Verständigung der Tiere untereinander oder beim Balzverhalten.

Beine
Die Hinterbeine des *Stegosaurus* waren viel länger als die vorderen. Jedes Hinterbein hatte drei kurze, breite Zehen, die von einem großen, breiten »Gewebepolster« getragen wurden. An den Vorderbeinen fiel dieses Polster viel kleiner aus, statt dessen lag mehr Gewicht auf den fünf kurzen, jedoch breiteren Vorderzehen. Einige Zehenknochen (an Vorder- wie Hinterbeinen) trugen auch noch hufähnliche Nägel.

Knochenplatten
Die dünnen, aufrecht stehenden Knochenplatten auf Hals, Rücken und Schwanz des Dinosauriers waren unterschiedlich groß: Die größten Platten befanden sich auf dem Rücken, die kleineren saßen auf Hals und Schwanz. Die größten dorsalen Platten stammen von *Stegosaurus stenops,* der heute von einigen Paläontologen als eigene Gattung *Diracodon* angesehen wird.

■ KURZ-INFO ■

STEGOSAURUS

Stegosaurus war ein großer quadrupeder Pflanzenfresser mit einer doppelten Reihe Rückenplatten.

FUNDORT
Colorado, Utah, Wyoming (USA)

ZEIT
vor 150 Mio. Jahren

MASSE
Länge: 9 m
Gewicht: 2 t

SYSTEMATIK
Familie: Stegosauridae
Infraordnung: Stegosauria
Subordnung: Thyreophora
Ordnung: Ornithischia

NAHRUNG
Niedrig wachsende Pflanzen

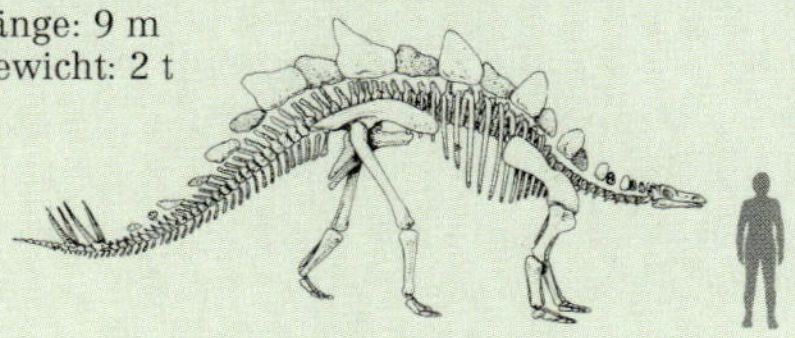

Rekonstruktion
Wie man in diesem Modell erkennen kann, hatte *Stegosaurus* einen gedrungenen Rumpf, der im Hüftbereich am höchsten war. Der voluminöse Leib signalisiert, daß er ein großes Gedärm besaß, welches der Dinosaurier zum Verdauen großer Mengen pflanzlicher Nahrung sicherlich auch benötigte. Im Bereich der Kehle und auch an anderen Körperstellen saßen schützende Knochenhöcker.

Kopf
Der Kopf war klein und flach; er besaß eine längliche, schmale Schnauze, einen zahnlosen Schnabel, Wangen, viele sägeähnlich gezackte, blattförmige Backenzähnchen und einen nicht sehr kräftigen Unterkiefer. Möglicherweise wurden die gefressenen Pflanzen im Magen des Tieres von Gastrolithen zerkleinert.

KENTROSAURUS

Zu Beginn des 19. Jahrhunderts wurden im Gebiet des heutigen Tansanias Dutzende von Knochen freigelegt, die von *Kentrosaurus* (»Stachelechse«) stammten. Afrikas bestbekannter Stegosaurier, der an eine Miniaturausgabe des chinesischen *Tuojiangosaurus* (allerdings mit schmaleren Stacheln) erinnert, besitzt sechs Paar kleinere Knochenplatten, die aus Hals und Schultern herausragen. Diesen schließen sich drei Paar schmaler Stacheln auf dem Rücken an, denen fünf Paar sehr lange, spitze Stacheln folgen, die sich dann bis zum Schwanzende hinziehen. Sehr wahrscheinlich besaß das Tier auch am Schultergürtel und im Hüftbereich Stacheln. Knöcherne Ligamente, die normalerweise den Schwanz stabilisierten, fehlten – wie auch bei anderen Stegosauriern.

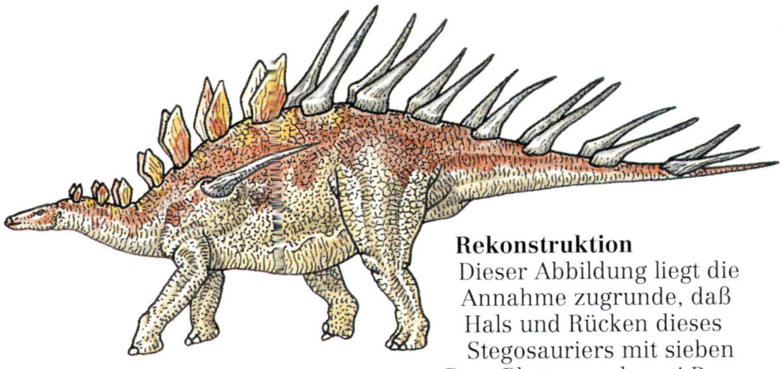

Rekonstruktion
Dieser Abbildung liegt die Annahme zugrunde, daß Hals und Rücken dieses Stegosauriers mit sieben Paar Platten und zwei Paar Rückenstacheln besetzt waren (andere Paläontologen vermuten, es seien sechs Paar Platten und drei Paar Stacheln gewesen). Hier sieht man auch einen seitlichen Schulterstachel.

IN OSTAFRIKA
Der Expeditionsleiter Werner Janensch untersucht zusammen mit seinem Gehilfen Salim Tombali Dinosaurierknochen, die zwischen 1909 und 1911 im heutigen Tansania ausgegraben wurden.

TRANSPORT DER FOSSILIEN
Eingeborene Träger transportierten Tausende von Fossilien (von *Kentrosaurus* und anderen Dinosauriern) aus den Tendaguru Hills (Mtwara) an die 40 Kilometer entfernte Küste, von wo aus die Knochen nach Deutschland verschifft wurden.

LEBENSWEISE

Die Fossilien des *Kentrosaurus* wurden am Ufer eines ehemaligen mesozoischen Flusses gefunden, der beinahe schon das Meer erreicht hatte. Die Luft war permanent warm, und Dürreperioden wechselten sich mit Regenzeiten ab. Selbst wenn in der Hitze die hohlstengeligen Pflanzen verdorrt waren, konnte der kurzhalsige *Kentrosaurus,* der auf allen Vieren und mit gesenktem Kopf nach Nahrung suchte, weiterhin von Sumpfpflanzen (z.B. niedrig wachsenden Farnen) leben. Möglicherweise richtete er sich mit Hilfe seiner langen, kräftigen Hinterbeine auf, um an höher wachsende Zweige und Blätter zu gelangen. Trotzdem stand *Kentrosaurus* nicht in Nahrungskonkurrenz mit den weitaus größeren Sauropoden, wie beispielsweise *Dicraeosaurus.*

SELBSTVERTEIDIGUNG

Die friedfertigen Sauropoden stellten sicherlich keine Bedrohung für *Kentrosaurus* dar, wohl aber große Theropoden wie *Allosaurus* und *Ceratosaurus.* Sicherlich wehrte sich *Kentrosaurus* kräftig gegen angreifende Carnosaurier, indem er wütend mit dem stachelbewehrten Schwanz nach seinem Widersacher schlug.

Knochen im Schwanzbereich
Bei den meisten Stegosauriern sind die Dornfortsätze der Schwanzwirbel nach hinten gerichtet. In dieser Hinsicht bildet *Kentrosaurus* eine Ausnahme, da diese Fortsätze bei ihm ab dem 18. Wirbel nach vorne gerichtet sind. Ähnlich merkwürdig erscheinen andere wie Pflugscharen geformte Wirbelfortsätze.

Hirnabdruck
Der kleine Abdruck rechts entspricht dem Volumen, das vom Gehirn eines Kentrosauriers im Schädelinneren eingenommen wurde. Der größere Abschnitt stammt aus einem Hohlraum in zwei Hüftwirbeln; daher nahm man lange Zeit an, daß *Kentrosaurus* zwei Gehirne besaß: ein kleines im Schädel sowie dieses sog. Sakralhirn oder Nebenhirn, das sich in der Beckenregion befand. Tatsächlich handelt es sich hierbei aber nur um einen Nervenknotenpunkt, der die Bewegung von Hinterbeinen und Schwanz koordinierte.

KURZ-INFO

KENTROSAURUS

Kentrosaurus war ein quadrupeder Pflanzenfresser mit kleinem Kopf, der durch eine Doppelreihe Rückenplatten sowie mehrere ebenfalls dorsal sitzende Stacheln geschützt wurde.

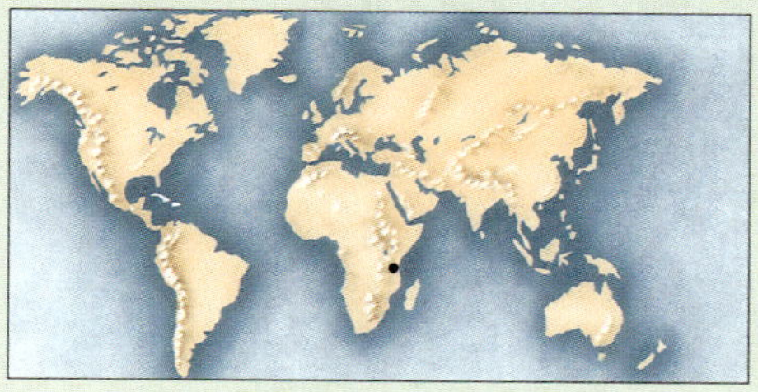

MASSE
Länge: 4,9 m
Gewicht: 1 t

ZEIT
vor 156 bis 150 Mio. Jahren

FUNDORT
Mtwara (Tansania)

NAHRUNG
Niedrig wachsende Pflanzen

SYSTEMATIK
Familie: Stegosauridae
Infraordnung: Stegosauria
Subordnung: Thyreophora
Ordnung: Ornithischia

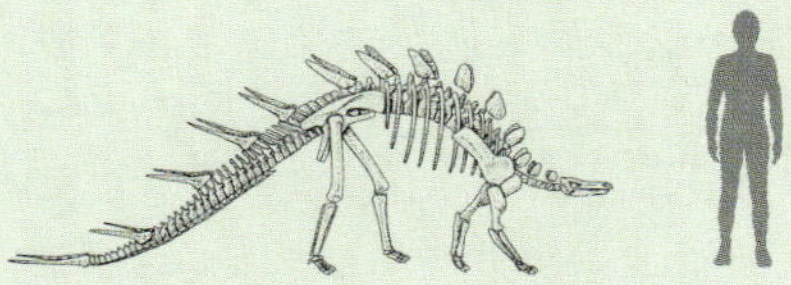

Skelett
Dieser rekonstruierte *Kentrosaurus* gehört zu den beiden vollständigen Skeletten, deren Teile (mehrere hundert Einzelknochen, davon allein sieben Oberschenkelknochen) zu Beginn des Jahrhunderts in Afrika gefunden und in deutschen Museen wieder zusammengebaut wurden. Diese Knochensammlung wurde überwiegend im Berliner Humboldt-Museum aufbewahrt und leider im 2. Weltkrieg zerstört. Aus dieser Rekonstruktion geht hervor, daß *Kentrosaurus* eher mit *Tuojiangosaurus* als mit *Stegosaurus* verwandt ist.

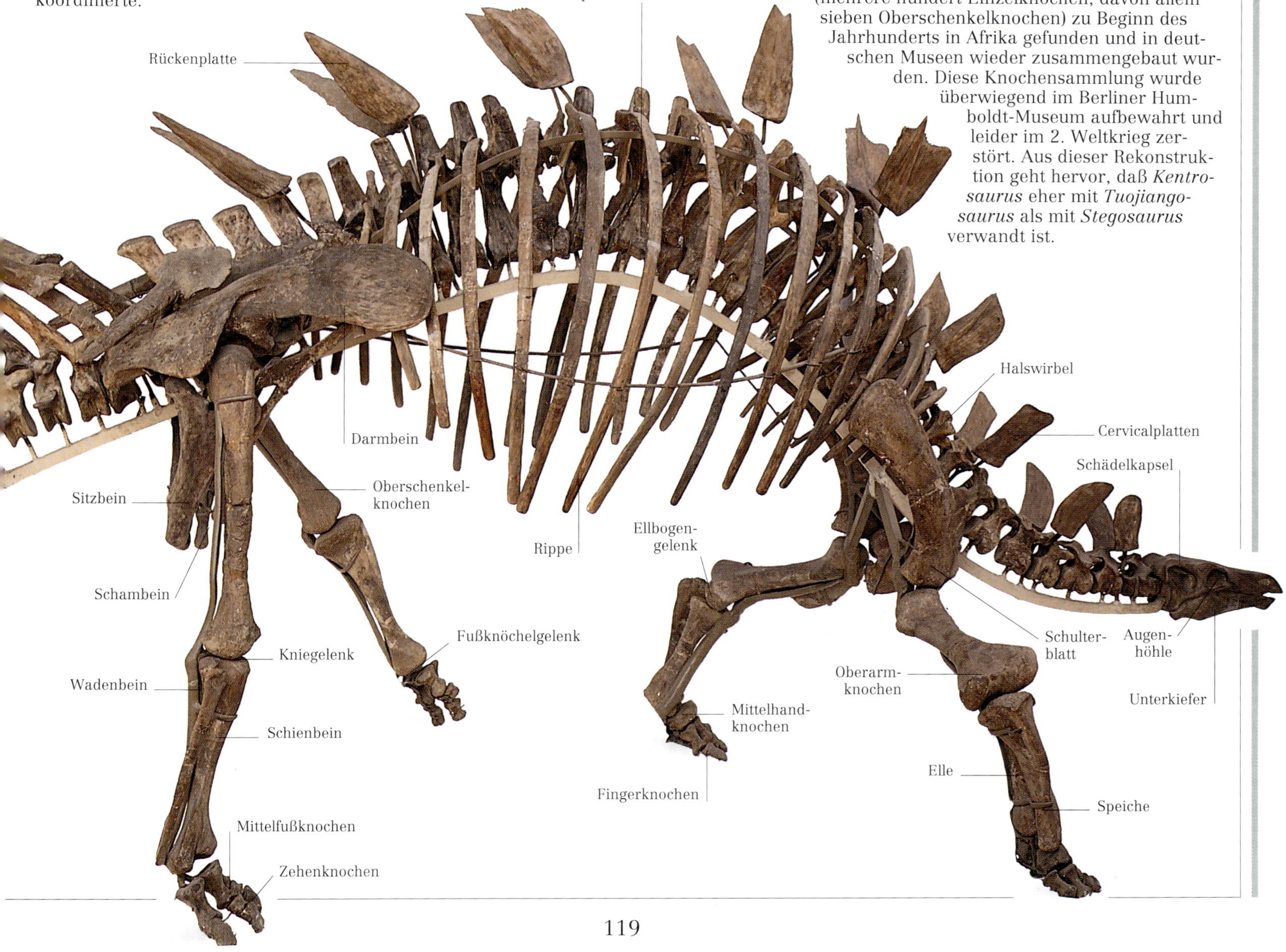

TUOJIANGOSAURUS

T*uojiangosaurus* (»Echse vom Tuo-Fluß«) ist der am besten bekannte Stegosaurier aus Südchina, wo diese Dinosauriergruppe sehr wahrscheinlich entstanden ist, ehe sie sich über alle Kontinente ausbreitete. Charakteristisch war der für Stegosaurier typische kleine, flache Schädel mit einem zahnlosen »Schnabel« und kleinen Zähnen, ein gekrümmter Rücken, ein massig wirkender Rumpf und säulenartige Beine. Vom Hals über den Rücken bis zum Schwanz saßen bis zu 15 Paar dreieckige Platten, die im Halsbereich abgerundeter und im Beckenbereich besonders groß waren. Am Schwanzende saßen zwei Paar große Stacheln, und möglicherweise waren die Schulterblätter zu Lebzeiten ebenfalls stachelbewehrt.

REKONSTRUKTION
Diese realistische Wiedergabe eines chinesischen *Tuojiangosaurus* beruht auf den Fossilien zweier Einzeltiere.

LEBENSWEISE

Tuojiangosaurus durchstreifte die Flußufer, wo er sich von den Sprößlingen der Farne und Baumfarne ernährte, die im fruchtbaren Auenboden üppig wucherten. Mit gesenktem Kopf zerkleinerte der Stegosaurier die Pflanzen mit seinem Hornschnabel in maulgerechte Portionen, zerkaute sie mit seinen stark gefurchten Zähnchen und schluckte den Pflanzenbrei in seinen voluminösen Magen hinunter. Den größten Teil seines aktiven Daseins verbrachte dieser Saurier offenbar mit Fressen, Schlingen und Verdauen.

SOZIALLEBEN

Im großen und ganzen führten *Tuojiangosaurus* und seine herbivoren Zeitgenossen, deren Fossilien ebenfalls in der südchinesischen Shangshaoximao Formation gefunden wurden, ein geruhsames Leben. Dazu zählten u.a. große, langhalsige Sauropoden wie *Mamenchisaurus* und *Omeisaurus,* der kleine, primitive Ornithischier *Gongbusaurus* sowie zwei weitere Stegosaurier, *Chialingosaurus* und *Chungkingosaurus.* Falls mehrere Stegosaurier nahe beieinander lebten, konnten sich die Arten nur anhand unterschiedlicher Platten und Stacheln auseinanderhalten. Gelegentlich ging ein Tuojiangosauriermännchen vor einem anderen Rivalen oder gar vor einem großen, aggressiven Theropoden in Drohstellung. Nur seine Platten, Stacheln wie auch seine dicke Haut schützten diesen gemächlichen Vierbeiner vor den tödlichen Reißzähnen und Klauen eines Raubsauriers.

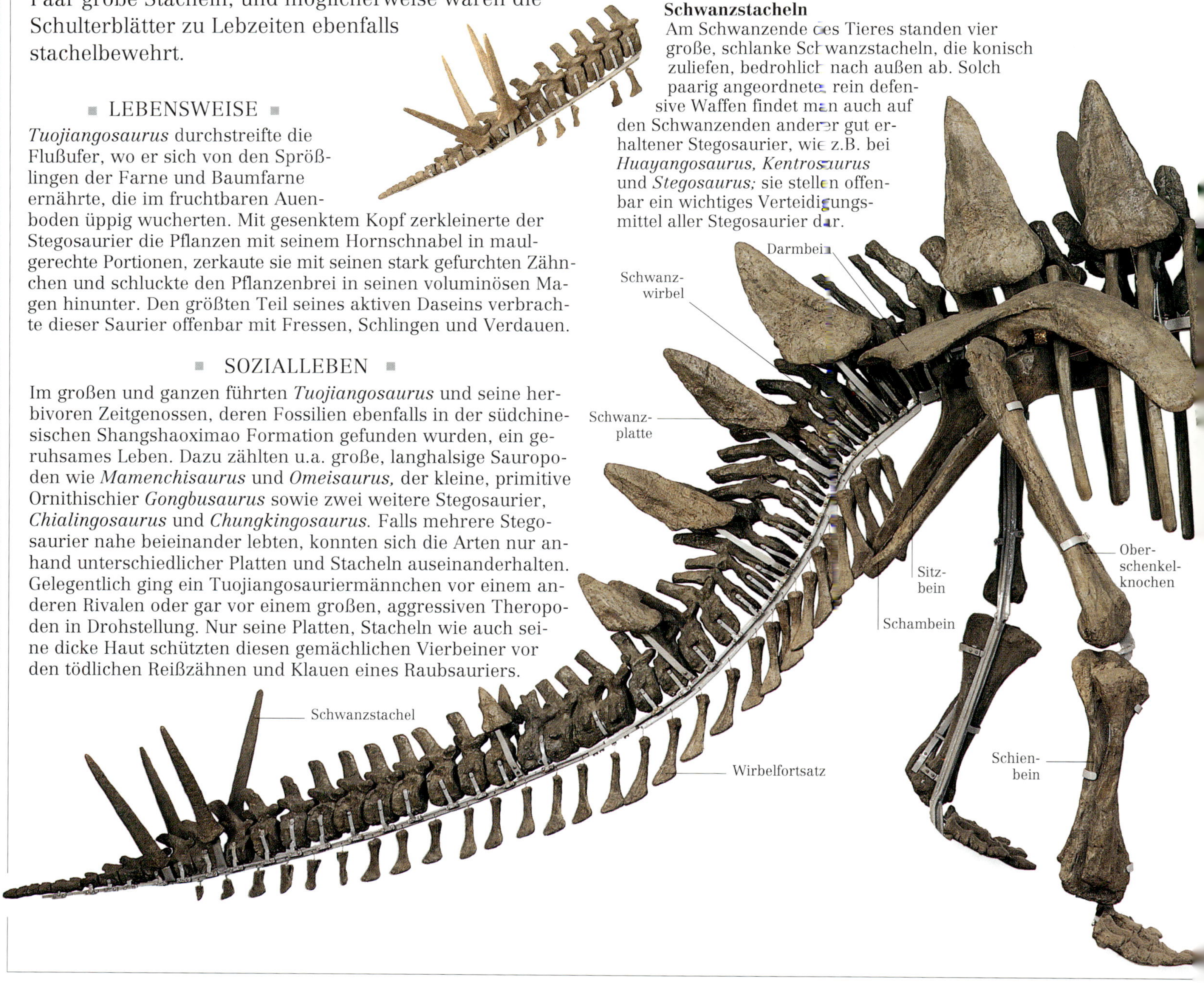

Schwanzstacheln
Am Schwanzende des Tieres standen vier große, schlanke Schwanzstacheln, die konisch zuliefen, bedrohlich nach außen ab. Solch paarig angeordnete, rein defensive Waffen findet man auch auf den Schwanzenden anderer gut erhaltener Stegosaurier, wie z.B. bei *Huayangosaurus, Kentrosaurus* und *Stegosaurus;* sie stellen offenbar ein wichtiges Verteidigungsmittel aller Stegosaurier dar.

■ KURZ-INFO ■

TUOJIANGOSAURUS

Tuojiangosaurus war ein quadrupeder Pflanzenfresser mit flachem Schädel, zwei Reihen wehrhafter Rückenplatten und einer mit Stacheln besetzten Schwanzspitze.

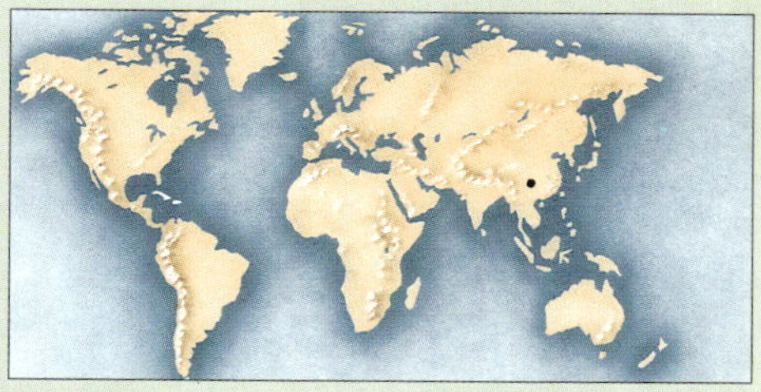

MASSE
Länge: 23 m
Gewicht: 1 t

ZEIT
vor 156 Mio. Jahren

FUNDORT
Szetchuan (VR China)

NAHRUNG
Niedrigwüchsige Vegetation

SYSTEMATIK
Familie: Stegosauridae
Infraordnung: Stegosauria
Subordnung: Thyreophora
Ordnung: Ornithischia

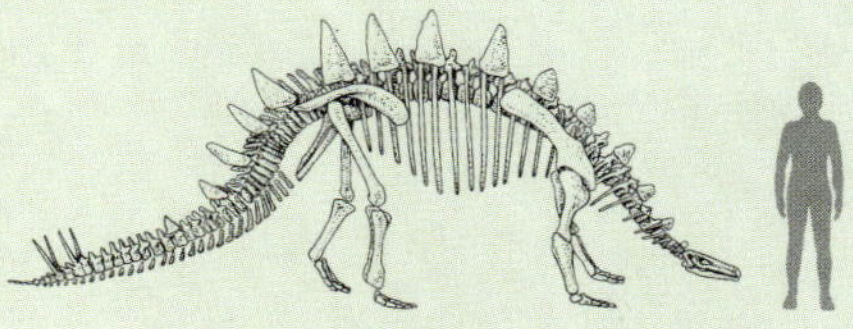

Verschiedene Zahnformen

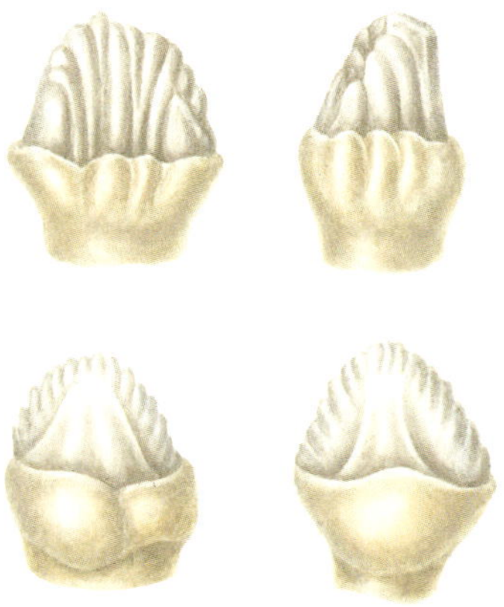

Die kleinen, gefurchten Backenzähne von *Tuojiangosaurus* (oben) erinnern sehr an die eines *Stegosaurus* (oberste Reihe) und waren ideale Werkzeuge, um Blätter zu zerkauen.

Rekonstruiertes Skelett

Das Profil eines Tuojiangosauriers ist von hervorstehenden Knochenplatten und Stacheln geprägt. Als erstes fast vollständiges Dinosaurierskelett, das in China ausgegraben wurde, bildet *Tuojiangosaurus* – neben anderen Dinosauriern aus der gleichen Gesteinsformation aus dem Oberen Jura – das Prunkstück des Museums von Zigong in der chinesischen Provinz Szetchuan.

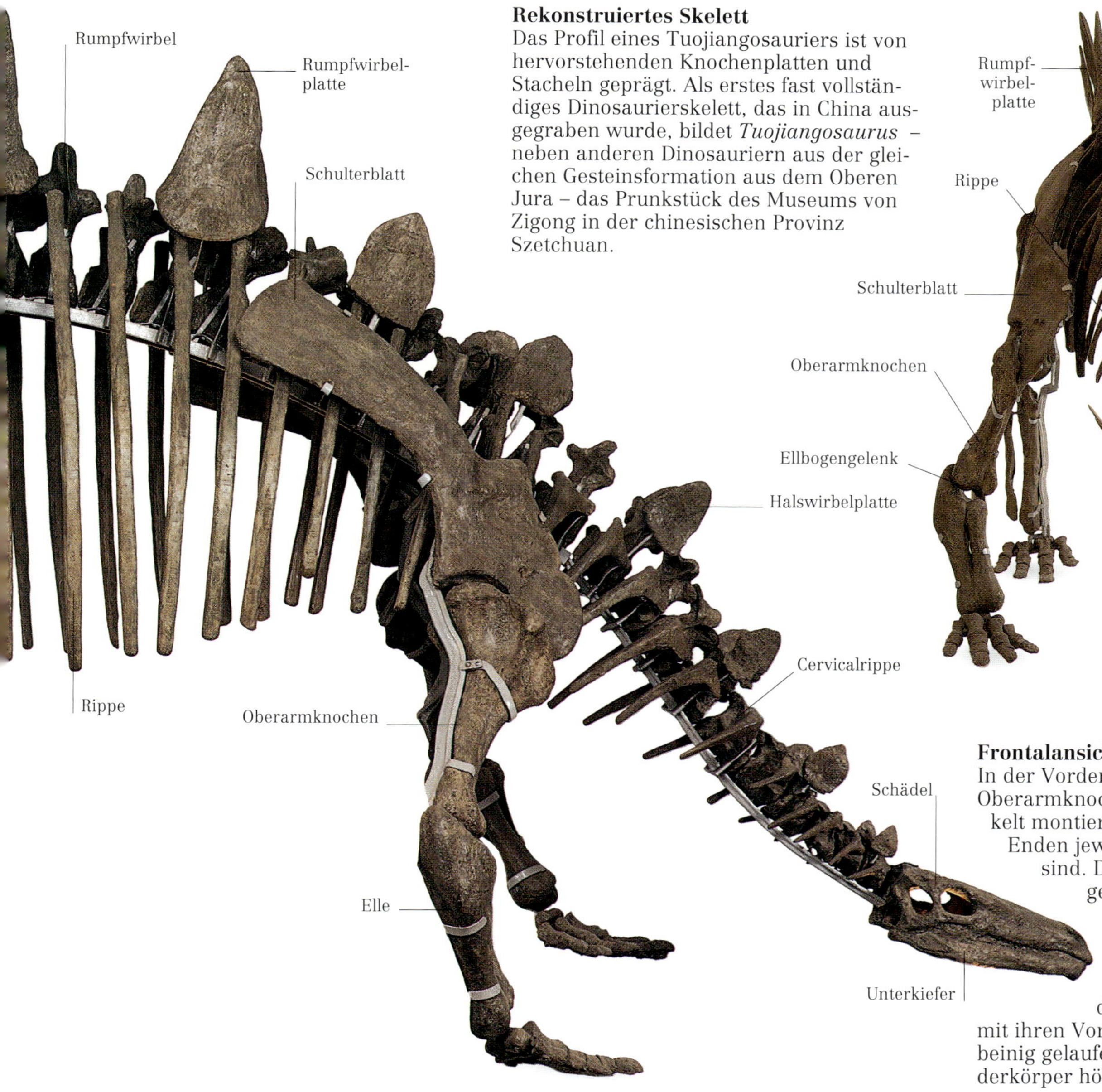

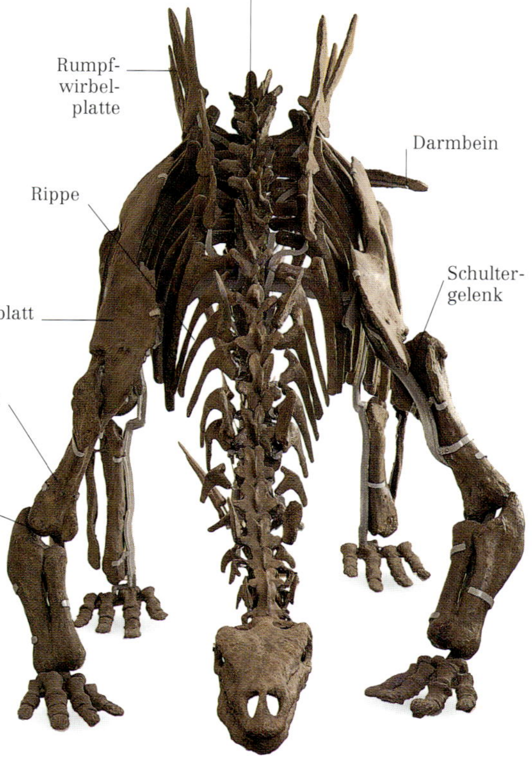

Frontalansicht

In der Vorderansicht sieht man, daß beide Oberarmknochen des Skeletts leicht gewinkelt montiert wurden, so daß ihre unteren Enden jeweils vom Körper abgespreizt sind. Da beide Ellbogen nach außen geknickt sind, sehen die Vorderbeine wie die Gliedmaßen einer Eidechse oder eines Krokodils aus. Allerdings gehen manche Paläontologen davon aus, daß Stegosaurier mit ihren Vorderbeinen generell eher geradbeinig gelaufen sind, so daß sie ihren Vorderkörper höher halten konnten.

EDMONTONIA

Edmontonia (»Aus Edmonton stammend«) war einer der größten und letzten Vertreter der Nodosaurier, einer Gruppe gepanzerter Dinosaurier, denen die breiten »Hörner«, runzeligen Nasengänge und morgensternartigen Schwanzkeulen der mit ihnen verwandten Ankylosaurier fehlten. *Edmontonia* war ein tonnenförmiger, quadrupeder Dinosaurier mit einem Knochenpanzer, der das Tier sogar vor den großen Carnosauriern schützte. Der Schädel wurde durch Knochenplatten verstärkt, die an den Rändern wie Teile eines Puzzlespiels miteinander verbunden waren. Drei parallele Reihen großer Knochenplatten schützten Hals und Schultergürtel, und unzählige kleine, geriffelte Plättchen bedeckten wie ein Kettenhemd Rücken, Hüfte und Schwanz. An den Seiten ragten lange, nach vorn weisende Stacheln empor, die Schulter und Flanken schützten.

Schädel
Von der Seite sieht der Schädel von *Edmontonia* wie der Kopf eines Schafes aus. Die Schädelknochen waren sehr kräftig. Da die Zahnreihen weit nach innen geneigt standen, war ausreichend Platz für breite Wangen.

»Panzerkragen«
Diese beiden Knochenplatten (links) standen in der größten und hintersten der drei Plattenreihen, die Nacken und Schultergürtel von *Edmontonia* schützten. In diesen Bereich plazierte nämlich ein Tyrannosaurier besonders häufig seinen Todesbiß. Zu Lebzeiten des Tieres waren die Platten noch von einer Hornscheibe umgeben.

LEBENSWEISE

Dieser schwergewichtige Pflanzenfresser stapfte gemächlich über die Lichtungen und Krautwiesen des nordamerikanischen Tieflands. Ähnlich wie das heutige Spitzmaulnashorn besaß der ebenfalls herbivore *Edmontonia* ein schmales Maul, so daß man annehmen kann, daß er sich bei der Futtersuche nur die saftigsten Pflanzen der Krautschicht heraussuchte. Gelegentlich mußte der Nodosaurier wohl auch mit hartblättrigen Büschen vorliebnehmen, denn wie man an den Jahresringen fossiler Bäume erkennen kann, wechselten sich damals häufig regenreiche Zeiten mit längeren Dürreperioden ab, in denen zarte Pflanzen mit kurzen Wurzeln rasch verwelkten.

SELBSTVERTEIDIGUNG

Früher nahm man an, daß sich *Edmontonia* bei einem Angriff auf den Boden kauerte, seine Beine einzog und innerhalb seines Panzers abwartete, bis der Raubsaurier wieder abgezogen war. Wahrscheinlicher ist jedoch, daß dieser gut bewaffnete Nodosaurier seinen Widersacher von vorne angriff und ihm mit seinen Schulterstacheln an Beinen und Füßen empfindliche Wunden zufügte. Gegen Angriffe von der Seite war *Edmontonia* durch Stacheln auf den Schultern und Flanken geschützt, und aufgrund seiner breiten Hüfte konnte er auch nicht so leicht aufs Kreuz gelegt werden. Möglicherweise haben Edmontoniamännchen um die Weibchen bzw. ihr Territorium gekämpft.

Zähne

Der Backenzahn von *Edmontonia* hatte eine geriffelte blattförmige Krone, die beidseitig abgeflacht und mit Zahnschmelz überzogen war, um den Zahn gegen Abnutzung zu schützen. Die Zähne waren primitiver als bei den meisten anderen Ornithischiern und bissen nicht aufeinander. Obgleich sie einschließlich der länglichen Zahnwurzel 4 cm lang waren, fallen sie gegenüber anderen Nodosaurierzähnen klein aus; die Zähne der Nodosauriden waren jedoch generell größer als bei Ankylosauriden.

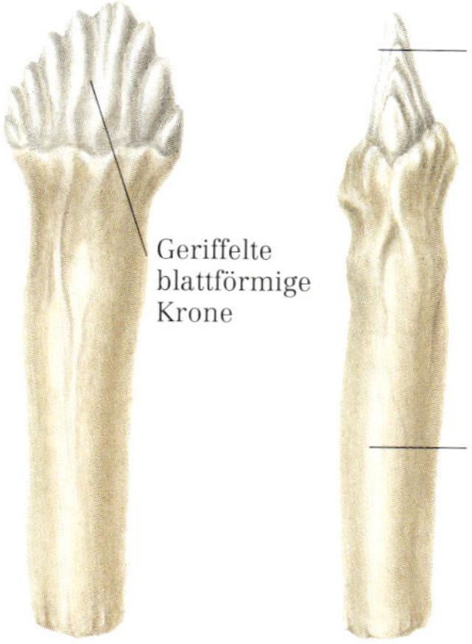

KURZ-INFO

EDMONTONIA

Edmontonia war ein quadrupeder Pflanzenfresser mit einem Panzer aus Knochenplatten.

MESOZOIKUM

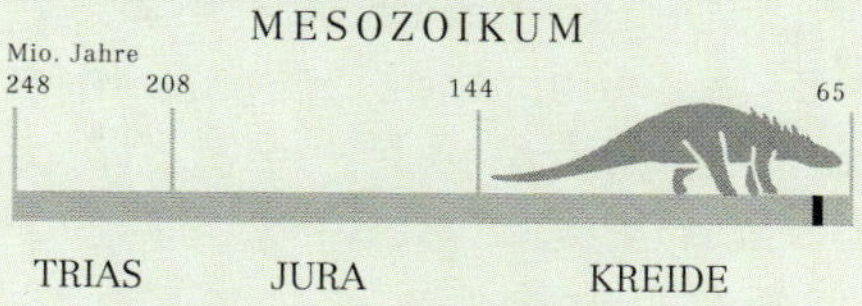

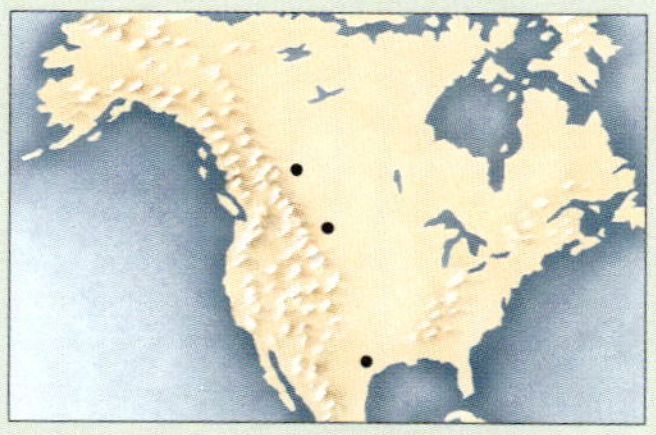

FUNDORT
Alberta (Kanada)
Montana, Texas
(USA)

ZEIT
vor 74 bis 72 Mio. Jahren

MASSE
Länge: 7 m
Gewicht: 4 t

SYSTEMATIK
Familie: Nodosauridae
Infraordnung: Ankylosauria
Subordnung: Thyreophora
Ordnung: Ornithischia

NAHRUNG
Krautige Pflanzen

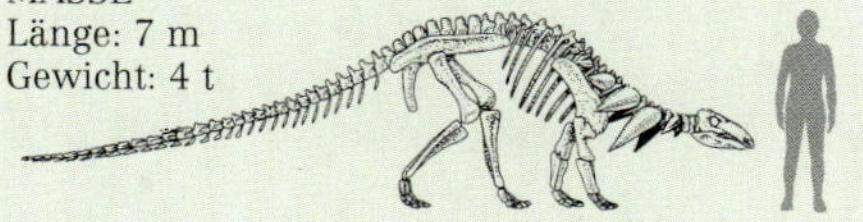

Typische Körpermerkmale

In diesem Modell eines *Edmontonia* sieht man den »Schafskopf« des Tieres, seinen plattenbedeckten Hals und die geriffelten Knochenplatten, die in mehreren parallelen Reihen auf Rücken und Schwanz angeordnet sind. Die auf den Schultern sitzenden Stacheln mit doppelter Spitze konnten einen Theropoden empfindlich verwunden, so daß selbst ein Tyrannosaurier gezögert haben wird, dieses »Stachelungetüm« anzugreifen.

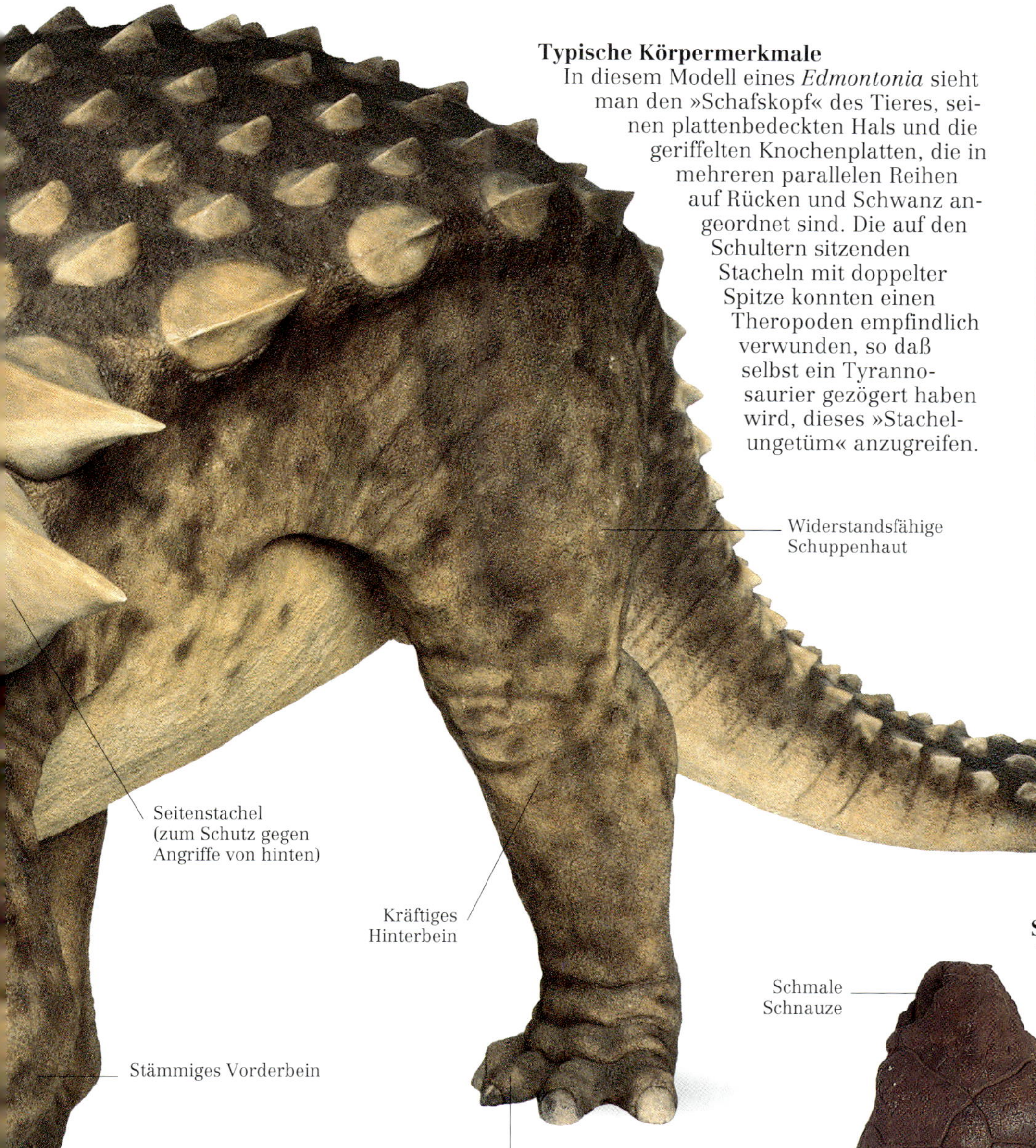

Schädeldecke

Von oben betrachtet verleiht die schmale Schnauze dem Schädel ein birnförmiges Aussehen. Die Schädeldecke wurde durch Knochenplatten, die mit ihr verschmolzen waren, verdickt und somit verstärkt. Die Schädelkapsel wird durch die größte Platte geschützt, die an den Rändern mit kleineren Seitenplatten verbunden ist – ähnlich wie die Teile eines Puzzlespiels.

Entdeckung

Von *Edmontonia* sind mehrere Skelette und Schädel bekannt; zwei Exemplare, an denen der Hornpanzer fossil erhalten blieb, sind sehr wahrscheinlich nach dem Tode mumifiziert, anschließend bei Hochwasser mit feinem Schluff bedeckt worden und später versteinert.

SAUROPELTA

S*auropelta* (»Gepanzerte Echse«) war der erste und wohl urtümlichste Vertreter der Nodosauriden, einer Ankylosaurierfamilie aus Nordamerika. Während höher entwickelte Nodosaurier wie z.B. *Edmontonia* große knöcherne Schulterplatten besaßen, waren bei *Sauropelta* Schulterbereich, Rücken und Schwanz von hornbedeckten Knochenzapfen überzogen, die von unzähligen kleineren Knochenhöckern umgeben waren. Weitere primitive Merkmale waren: Zähne im Prämaxillare (dem vordersten Oberkieferknochen), ein fehlendes sekundäres Gaumenbein (ein Knochen, der gleichzeitiges Atmen und Fressen ermöglicht) sowie unverschmolzene Halswirbel unmittelbar an der Schädelbasis. Wie alle Nodosaurier verfügte auch *Sauropelta* über einen konisch auslaufenden Schwanz ohne Schwanzkeule.

ANGRIFF DURCH RAUBSAURIER
Ein *Sauropelta* wird von einem Deinonychusrudel attackiert, doch gegen seine dicke Haut, die schützenden Knochenhöcker und -zapfen sowie die langen Schulterstacheln vermochten diese kleinen Theropoden nichts auszurichten. Der gut gepanzerte Nodosaurier konnte sich auch vor größeren Carnosauriern schützen, indem er sich auf dem Boden zusammenkauerte.

LEBENSWEISE

Sauropelta war genau wie alle übrigen Ankylosaurier (und die ihnen nahestehenden Stegosaurier) ein friedliebender, schwergewichtiger Pflanzenfresser, der mit seinem Schnabel Pflanzen vom Boden abrupfte und sie mit Hilfe seiner kleinen, nicht gerade sehr kräftigen Zähne zerkaute. Er lebte gegen Ende der Unterkreide im Westen Nordamerikas. Andere herbivore Dinosaurier dieser Periode variierten sehr stark in ihrer Größe. Neben relativ kleinen, biped laufenden Hypsilophodonten gab es große Sauropoden. Zu den Raubtieren jener Zeit zählten u.a. der etwa truthahngroße *Microvenator,* aber auch größere Theropoden wie *Deinonychus* und *Struthiomimus* (ein Vertreter der Ornithomimiden). Höchstwahrscheinlich stellten nur ganz große (bisher unbekannte) Theropoden eine Gefahr für *Sauropelta* dar. Im allgemeinen bewegte sich dieser Nodosaurier eher gemächlich, obwohl er möglicherweise in einen leichten Trab verfallen konnte. Allerdings ließen seine Masse und seine stämmigen »Säulenbeine« nicht zu, daß er galoppierte, und sehr wahrscheinlich gab es für ihn kein Entrinnen, wenn er einem Rudel Dromaeoaurier in die Klauen geriet. In solchen Situationen mußte sich *Sauropelta* ausschließlich auf seinen dicken Panzer verlassen.

Äußere Merkmale
Ausgehend von mehreren Einzelfunden hat man dieses Modell eines *Sauropelta* rekonstruiert. Der Nodosaurier besitzt seitliche Halsstacheln, Knochenplatten im oberen Halsbereich, dreieckige Seitenplatten an den Flanken und einen mit unzähligen Knochenhöckern übersäten Schwanz, aus dem einzelne Knochenzapfen herausragen.

SELBSTVERTEIDIGUNG

Die im Vergleich zu der Rüstung von *Edmontonia* relativ primitive Panzerung eines *Sauropelta* bestand im wesentlichen aus einer Art beweglichem Kettenhemd, das den Rumpf bedeckte und auf beiden Seiten des Halses mit Stacheln bewehrt war. Vermutlich wurden die Flanken des Tieres ebenfalls durch seitlich herausragende Stacheln gegen Seitenangriffe geschützt. Falls der Nodosaurier von seinen Feinden eingekesselt wurde, mußte er sich wohl oder übel zusammenkauern, um seinen verwundbarsten Teil, nämlich die Bauchseite, zu schützen. Diese These ergab sich aus der Anatomie seiner Vorderbeine, da *Sauropelta* wohl eine sehr kräftige Schultermuskulatur besaß. Deshalb konnte er seine Arme besser einknicken als andere Ankylosaurier.

Knochenzapfen
Diese drei fossilen Zapfen aus dem Schwanz oder Rücken eines *Sauropelta* schützten das Tier vor angreifenden Theropoden. Die Zapfen waren in Reihen angeordnet, ähnlich wie im Panzer eines rezenten Gürteltiers.

Fossiles Skelett
Diese beiden Abbildungen zeigen die beiden Seiten eines fossilen *Sauropelta,* der im American Museum of Natural History in New York ausgestellt ist, die Außenseite (oben) und die Innenseite (unten). Oben sieht man den elastischen Panzer des Tieres; im unteren Foto sind einige der kräftigen Gliedmaßen des Tieres zu sehen. Das Exponat ist das wohl vollständigste fossile Skelett eines nordamerikanischen Nodosauriers. Allerdings fehlen Schädel, Teile der Gliedmaßen und das Schwanzende des Tieres; außerdem wurden die meisten Schwanzwirbel ergänzt.

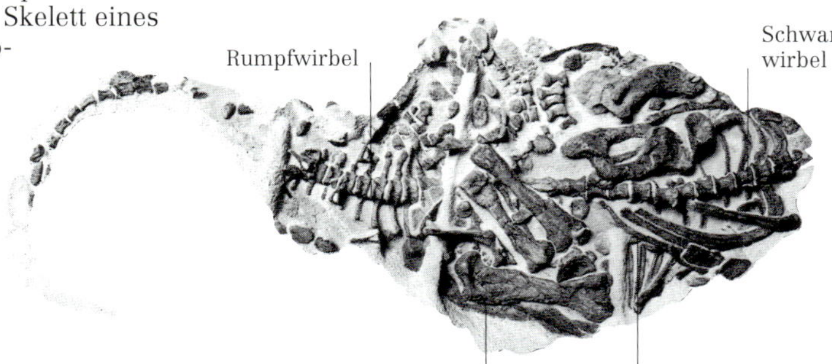

KURZ-INFO

SAUROPELTA

Sauropelta war ein quadrupeder Pflanzenfresser, der durch Knochenplatten geschützt wurde.

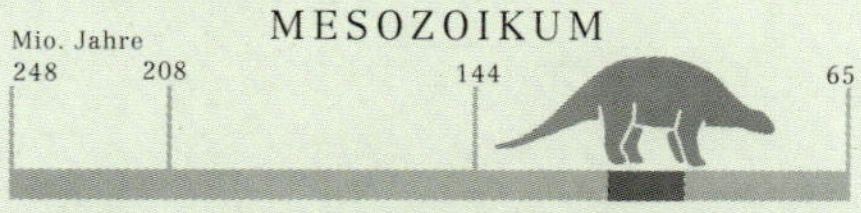

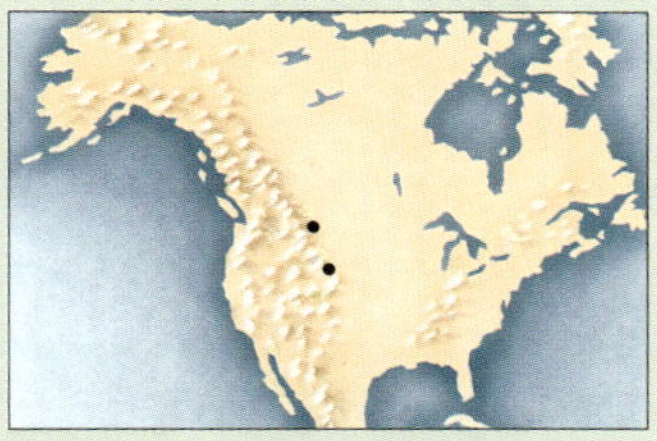

FUNDORT
Montana, Utah, Wyoming (USA)

MASSE
Länge: 7,6 m
Gewicht: 2,7 t

ZEIT
vor 114 bis 97 Mio. Jahren

SYSTEMATIK
Familie: Nodosauridae
Infraordnung: Ankylosauria
Subordnung: Thyreophora
Ordnung: Ornithischia

NAHRUNG
Niedrig wachsende Pflanzen

MINMI

Minmi war der erste gepanzerte Ornithischier, den man auf der Südhalbkugel gefunden hat. Seinen Namen erhielt er nach dem ersten Fundort bei Minmi Crossing in der australischen Provinz Queensland. Dieser herbivore Dinosaurier wird durch zwei besondere Merkmale charakterisiert: Zum einen besaß er rückwärts gerichtete dornartige Fortsätze, die aus den typischen, flachen Knochenplatten neben den Dornfortsätzen der Wirbel herauswuchsen, zum anderen wurde sein Bauch durch ein Mosaik von Knochenhöckerchen geschützt. Die systematische Stellung von *Minmi* ist unsicher; zunächst wurde er den Nodosauriden zugerechnet, später hielt man ihn für einen primitiven Ankylosauriden, evtl. repräsentiert er sogar eine eigene neue Familie innerhalb der Ankylosauria.

VERTEIDIGUNG
Ein Raubsaurier stürzt sich auf einen jungen *Minmi,* ein paar Alttiere eilen zu Hilfe. Trotz des dicken Bauchpanzers wurden Jungsaurier gelegentlich von Theropoden wie beispielsweise *Kakuru* angegriffen.

Neueste Informationen
Das zweite Minmiskelett, das 1990 gefunden wurde, liefert neue Erkenntnisse über den Panzer des Tieres. Den Hüftbereich bedeckten scharfkantige, flache Knochenplättchen. Der Schwanz wurde von dreieckigen, spitz auslaufenden Höckerplatten geschützt, während auf den Oberschenkeln mehrere kräftige Knochenhöcker saßen.

LEBENSWEISE

Der gepanzerte herbivore *Minmi* lief auf vier Beinen und biß mit seinem Schnabel Blätter und Farnwedel ab, die er dann mit seinen kleinen, blattförmigen Zähnen zermalmte. Der Körper war so stark gepanzert, daß viele potentielle Angreifer von vorne herein abgeschreckt wurden, und selbst wenn es einem großen Theropoden gelungen war, *Minmi* auf den Rücken zu werfen, lief er Gefahr, sich am Bauchpanzer die Zähne auszubeißen. Die gesamte ventrale Körperseite des Tieres war mit runden Knochenhöckerchen von etwa 5 mm Durchmesser bedeckt. Möglicherweise ergriff *Minmi* auch eher die Flucht, als sich auf passive Verteidigung zu versteifen. Vielleicht wurde das rasche Fluchtvermögen von *Minmi* durch eine anatomische Besonderheit erleichtert: Neben jedem Rumpfwirbel lag nämlich ein 2 cm langes und 4 cm breites Knochenplättchen, an dem ein lägliches Stäbchen anhaftete. Dieses Gebilde wird als »Nebenwirbel« bezeichnet, wahrscheinlich handelt es sich um verknöcherte Bänder, wie man sie auch bei Ornithopoden findet. Derartige Bänder können die Belastungsfähigkeit der Wirbelsäule erhöhen.

Dreieckige Höckerplatten schützen den Schwanz

In der Nähe von Minmi Crossing
Der erste *Minmi* wurde in den Grasebenen Australiens gefunden. Eine solche Landschaft erodiert nur sehr langsam, so daß nur selten Fossilien aus dem Gestein freigesetzt werden. Gute Entdeckungen sind daher selten.

FOSSILFUND

In Australien wurden zwei fossile Minmiskelette entdeckt. Die Tiere, die vermutlich in lichten Waldgebieten gelebt haben, wurden nach dem Tod ins Meer geschwemmt und sanken dort mit dem Rücken nach unten im Meeresboden ein. Die Bauchhöhle der Kadaver wurde mit feinem Schluff gefüllt, und der gesamte Körper wurde später von gröberen Sedimentschichten bedeckt. Nachdem das Meer in der Folgezeit zurückgewichen war, traten die Gesteine mit den Minmifossilien zutage.

Fossilienentdecker
Ian Ievers kniet neben dem ersten *Minmi,* den er 1964 gefunden hat. Später wurden die Knochen mit Essigsäure aus der harten Kalksteinmatrix herausgelöst, in der sie eingeschlossen waren.

Fossiles Skelett
Zu den auffälligen Merkmalen dieses teilweise erhaltenen, fossilen *Minmi* gehören u.a. der gepanzerte Schädel, der in einen schmalen Schnabel ausläuft, Nackenhöcker und knochige Buckel im Schulterbereich. Man sieht auch, wie mehrere dieser Knochenbuckel, die jeweils zwischen zwei Rippen liegen, am Rumpf des Dinosauriers entlangziehen. Teilweise sind auch die brettartig gebauten Darmbeinknochen sowie Bruchstücke von Gliedmaßen und vom Schwanz des Tieres zu sehen.

■ KURZ-INFO ■

MINMI

Minmi war ein kleiner quadrupeder Pflanzenfresser mit einem Panzer aus Knochenhöckern.

MESOZOIKUM

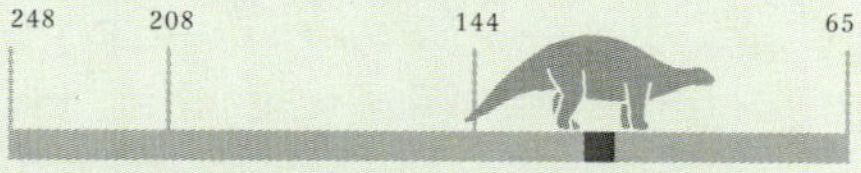

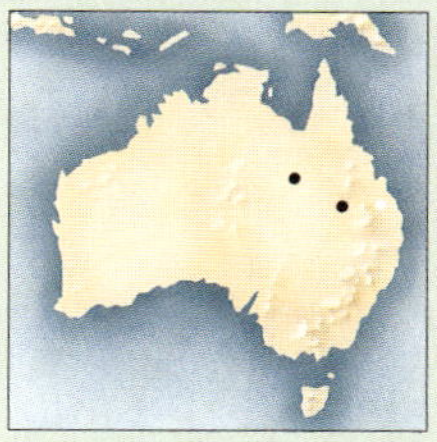

SYSTEMATIK
Familie: unbekannt
Infraordnung: Ankylosauria
Subordnung: Thyreophora
Ordnung: Ornithischia

NAHRUNG
Niedrig wachsende Pflanzen

FUNDORT
Queensland (Australien)

MASSE
Länge: 3 m

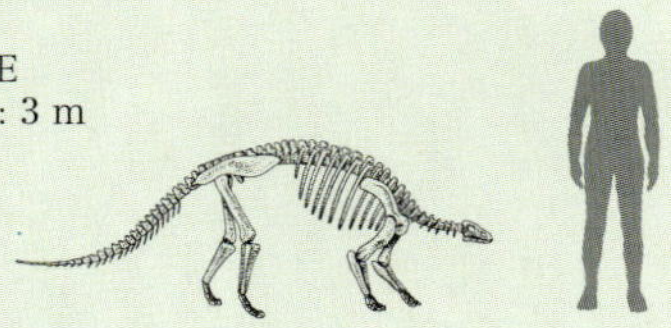

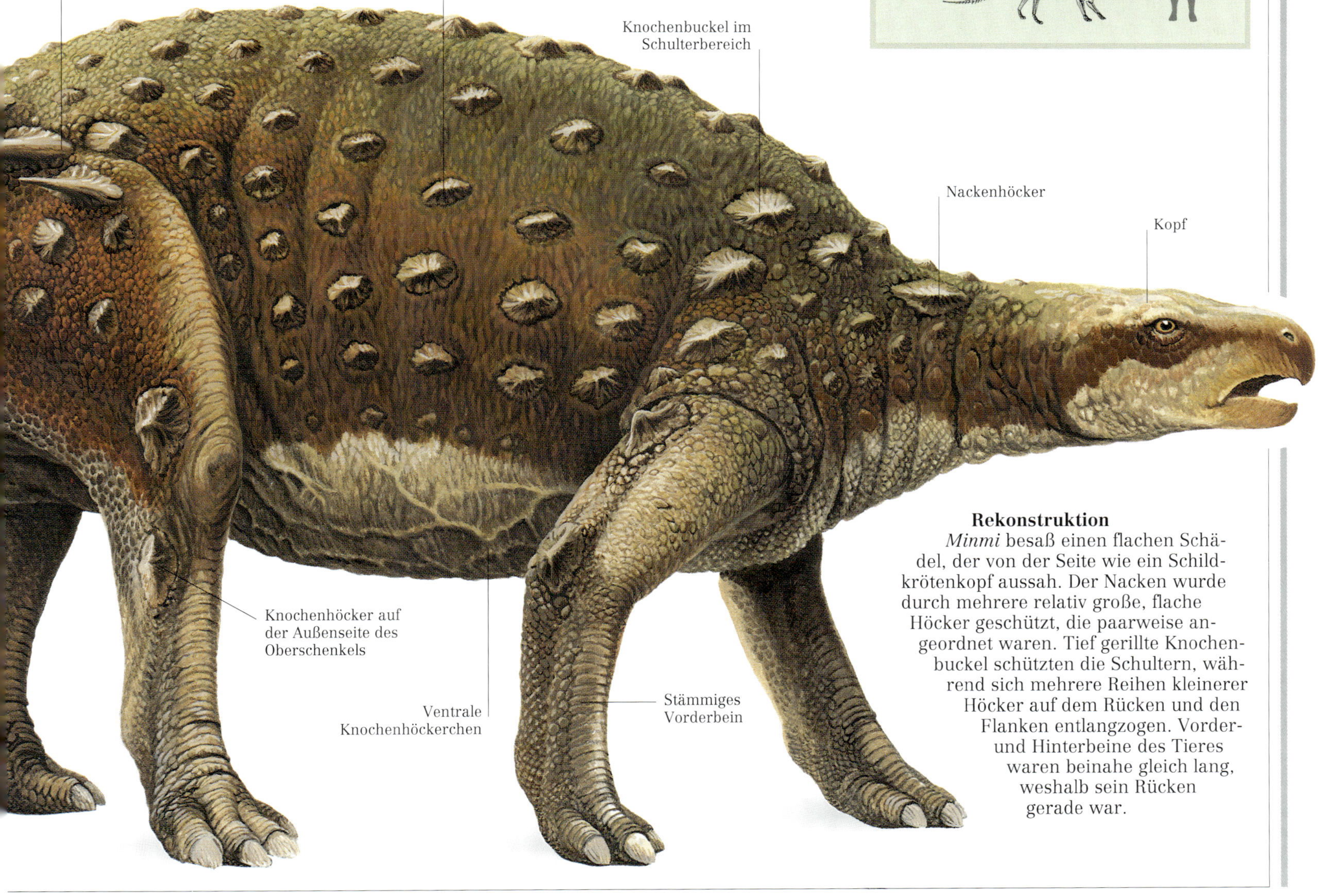

Rekonstruktion
Minmi besaß einen flachen Schädel, der von der Seite wie ein Schildkrötenkopf aussah. Der Nacken wurde durch mehrere relativ große, flache Höcker geschützt, die paarweise angeordnet waren. Tief gerillte Knochenbuckel schützten die Schultern, während sich mehrere Reihen kleinerer Höcker auf dem Rücken und den Flanken entlangzogen. Vorder- und Hinterbeine des Tieres waren beinahe gleich lang, weshalb sein Rücken gerade war.

EUOPLOCEPHALUS

Die mächtige Schwanzkeule, ein kurzer, breiter Schädel und kompliziert gebaute Nasengänge wiesen *Euoplocephalus* (»Der mit dem gut bewaffneten Kopf«) als typischen Vertreter der Familie Ankylosauridae aus. Sein Schädel war größtenteils, jedoch völlig ungeordnet mit schützenden Knochenplatten überzogen; zum Schutz der Augen konnten die ebenfalls aus Knochen bestehenden Lider wie stählerne Fensterladen herabgelassen werden, während der Hinterkopf durch vier kurze Hörner geschützt wurde. Hals, Rumpf und Schwanzbasis wurden durch geriefelte Hornplatten, knöcherne Stachel und Knochenbuckel (die an Beschlagnägel erinnerten) verstärkt, und am Schwanzende saß eine schwere Knochenkeule. Trotz dieses »Waffenarsenals« war *Euoplocephalus* ziemlich flink.

GEGENANGRIFF
Trotz seiner Größe war *Euoplocephalus* recht beweglich; nach einem raschen Sprung zur Seite konnte er seine Schwanzkeule wie einen Morgenstern gegen die Flanken oder Beine eines angreifenden Theropoden schmettern, was seinem Gegner schon mal einen gebrochenen Knochen eintragen konnte.

FORTBEWEGUNG
Euoplocephalus lief zwar schneller als ein Sauropode, jedoch langsamer als ein Ceratopsier.

LEBENSWEISE

Da die bisher entdeckten 40 *Euoplocephalus*-Exemplare ausschließlich einzeln gefunden wurden, wird angenommen, daß es sich wahrscheinlich um eine solitär lebende Art handelte. Vor 70 Millionen Jahren war er jedoch der häufigste Ankylosaurier im Westen Nordamerikas. *Euoplocephalus* streifte gemächlich durch die Wälder und biß mit seinem breiten Schnabel vorzugsweise Pflanzen aus der Krautschicht ab, die er zwischen seinen kleinen, gerillten Zähnen zerkaute. Die so zerhäckselten Blätter und Pflanzen wurden anschließend in einer muskulösen Aussackung des Darms zu Brei gerieben. Die größte Gefahr für *Euoplocephalus* stellten große Carnosaurier dar; diese konnten ihn evtl. auf den Rücken werfen und dann die weniger gepanzerte, also vergleichsweise ungeschützte Bauchseite aufschlitzen.

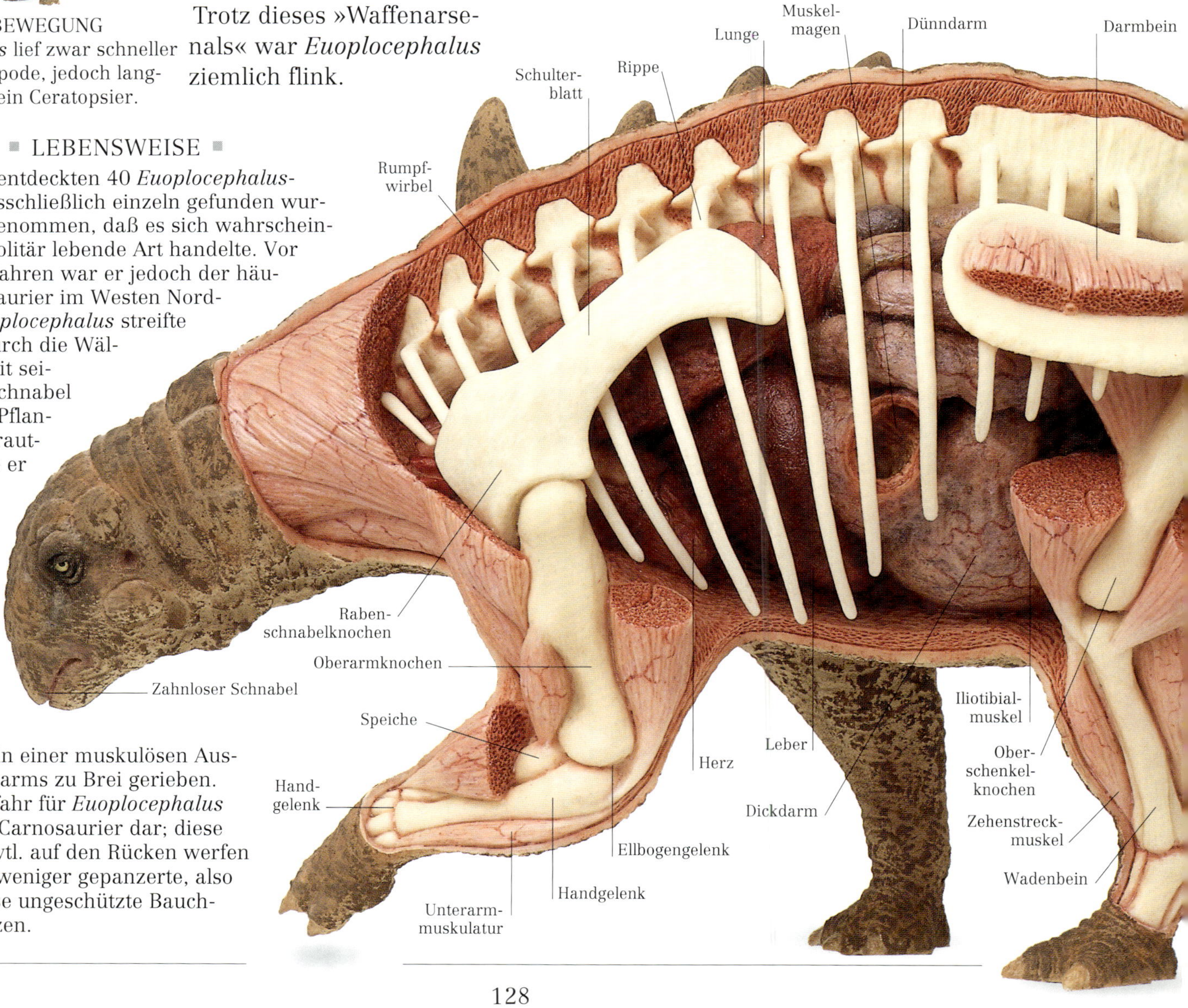

KURZ-INFO

EUOPLOCEPHALUS

Euoplocephalus war ein quadrupeder Pflanzenfresser und mit Knochenhörnern, Rückenplatten und Knochenbuckeln auf Kopf und Rücken dicht gepanzert.

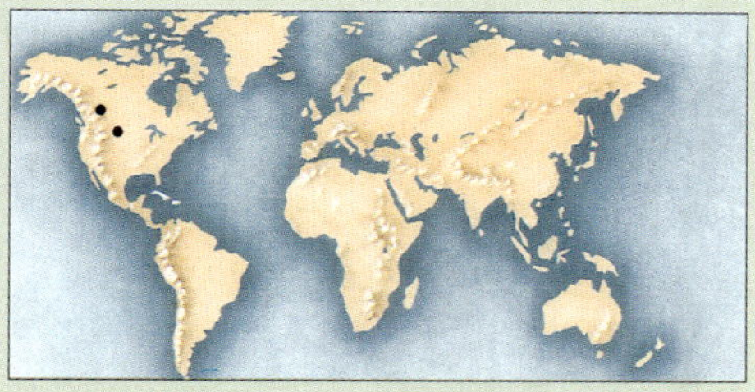

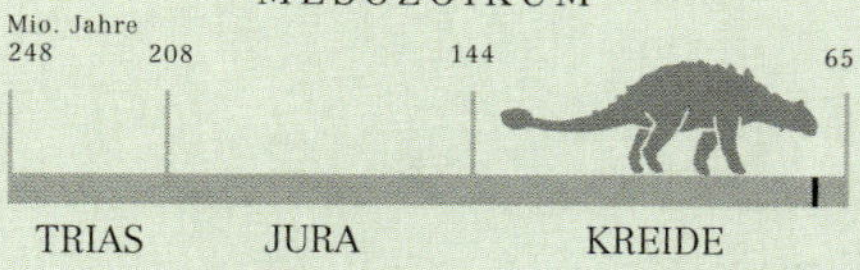

MASSE
Länge: 7 m
Gewicht: 2 t

ZEIT
vor 73 Mio. Jahren

FUNDORT
Alberta (Kanada)
Montana (USA)

NAHRUNG
Krautige Vegetation

SYSTEMATIK
Familie: Ankylosauridae
Infraordnung: Ankylosauria
Subordnung: Thyreophora
Ordnung: Ornithischia

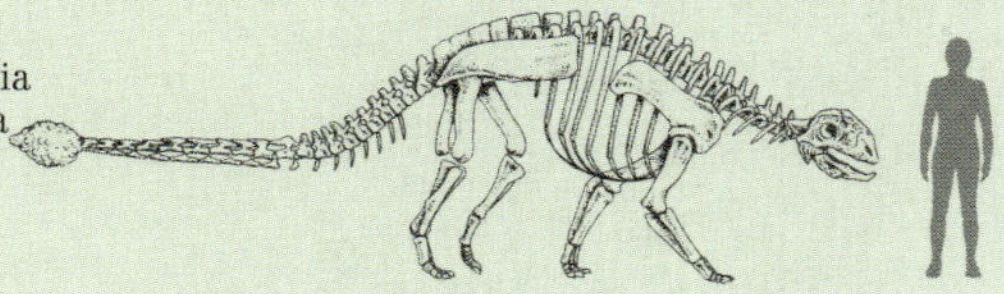

Fossile Haut
In der Vergrößerung eines Hautausschnitts erkennt man ein Mosaikmuster aus verschiedenen Knochenplatten, die den vollbeweglichen Panzer bildeten.

Innere Anatomie
Kräftige, gebogene Rippen umhüllten Herz, Lungen und andere wichtige Organe des Tieres, einschließlich des langen spiraligen Darmes, in dem die Pflanzenkost verdaut wurde. Im Schulterbereich setzte die Beinmuskulatur an den mächtigen Schulterblättern und kräftigen Oberarmknochen an, während sie in der Beckengegend an den brettartigen Darmbeinfortsätzen und den miteinander verbundenen Wirbelfortsätzen inserierte. Auch die Muskeln zur Bewegung der Schwanzkeule waren hier befestigt.

Fossil von oben
Über den Rücken des *Euoplocephalus* sind zahlreiche Platten aus derber, mit Knochenbuckeln übersäter Haut verteilt. Zusätzlichen Schutz boten je eine seitlich liegende Reihe aus größeren, stumpfendigen Stacheln. Das Kopfende dieses Tieres, dem der Schädel fehlt, befindet sich rechts.

Fossil von unten
Dasselbe Fossil, diesmal nur von unten gesehen und mit dem Kopfende nach links. Deutlich sichtbar sind die Wirbelsäule und die wie ein Korb geformten Beckenknochen. Diese Anordnung ergab sich aus den Rippen (den sog. Sakralrippen), die im Beckenbereich aus der Wirbelsäule entsprangen und beidseitig mit den brettartig verbreiterten Darmbeinknochen verwuchsen.

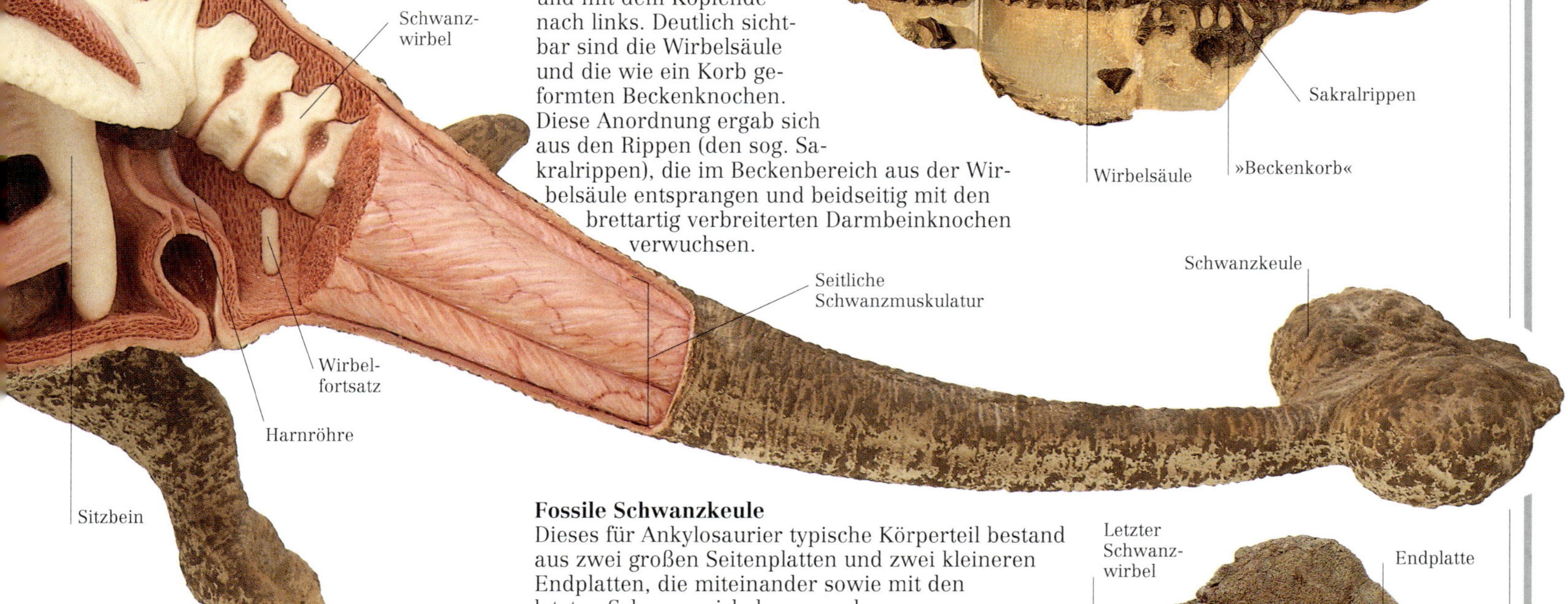

Fossile Schwanzkeule
Dieses für Ankylosaurier typische Körperteil bestand aus zwei großen Seitenplatten und zwei kleineren Endplatten, die miteinander sowie mit den letzten Schwanzwirbeln verwachsen waren. Die Verbindung mit den kräftigen »keulenschwingenden« Muskeln erfolgte über verknöcherte Bänder, die auch die Wirbel versteiften.

ORNITHOPODA

Die Ornithopoda (»Vogelfüßige«) stellen eine Unterordnung der Ornithischia dar, deren Vertreter biped/quadruped oder nur biped liefen und Pflanzenfresser waren. Typische Kennzeichen waren die an Vogelklauen erinnernden Füße, ein Hornschnabel, blattförmige Zähne, ein nach hinten weisendes Schambein, ein mit Leisten versehenes Sitzbein sowie verknöcherte Sehnen, die den Schwanz stabilisierten. Ausgehend von den knapp hundgroßen frühen Ornithischiern, wie beispielsweise *Lesothosaurus* (der generell als zu primitiv für einen echten Ornithopoden gilt) entwickelte diese Dinosauriergruppe sehr komplizierte Gebiß- und Kieferformen, so daß in der Oberkreide riesige Pflanzenfresser wie z.B. *Edmontosaurus* entstehen konnten. Die insgesamt acht Ornithopodenfamilien bildeten die langlebigste und artenreichste Gruppierung innerhalb der Ornithischier.

Australische Ornithopoden
Während der Unterkreide zog diese Herde *Leaellynsaura* über das Schwemmland im Südosten Australiens. Aus *Leaellynsaura* und anderen Hypsilophodonten entwickelten sich äußerst erfolgreiche herbivore Kleinsaurier.

PRIMITIVE ORNITHISCHIER

Lesothosaurus (= Fabrosaurus?) war ein bipeder, etwa 1 m langer herbivorer Ornithischier, der während des Unteren Jura in Südafrika lebte. Obwohl ihm die geräumigen Backentaschen der höher entwickelten Ornithopoden fehlten, wurde er der Familie Fabrosauridae zugerechnet, einer mutmaßlichen Ornithopodengruppe, aus der alle übrigen Ornithischier hervorgegangen sein sollen. Die Fabrosauriden entpuppten sich später als ein Sammelsurium unterschiedlicher Arten, die nichts miteinander zu tun hatten. Außerdem fanden Paläontologen heraus, daß bei *Lesothosaurus* einige typische Merkmale echter Ornithopoden fehlen.

KLEINE ORNITHOPODEN

Die Heterodontosauridae waren flinke, knapp hundgroße Ornithischier des Unteren Jura. Im Gegensatz zu den übrigen Ornithopoden findet man bei ihnen drei verschiedene Zahntypen, u.a. hauerartige Eckzähne und hochkronige, meißelförmige Backenzähne mit gesägten Kanten. Aus Südafrika sind fünf verschiedene Gattungen bekannt, eine weitere wurde in China gefunden. Entwicklungsgeschichtlich stuft man die Heterodontosauriden innerhalb der Ornithopoden als sehr primitiv ein. Wie die Pachycephalosaurier wiesen die Heterodontosaurier eine Lücke (Diastema) zwischen Prämaxillar- und Maxillarzähnen auf. Andere gemeinsame Merkmale (Synapomorphien) brachten den amerikanischen Paläontologen Paul Sereno dazu, einen gemeinsamen Vorfahren für Ornithopoden und Marginocephalier anzunehmen. Deshalb sollten beide Gruppen zu einer gemeinsamen Überordnung innerhalb der Ornithischier zusammengefaßt werden, die Sereno Cerapoda nannte. Die Hypsilophodontidae hatten kleine, fünffingrige Hände, verlängerte Schienbeinknochen und Füße mit vier Zehen. Einige Arten besaßen – als sehr primitives Ornithischiermerkmal – noch Zähne in ihrem Schnabel; insgesamt gab es 18 Gattungen, deren Größe sich zwischen 90 cm und 3,4 m bewegte. Als wohl langlebigste Ornithopodenfamilie kamen die Hypsilophodonten weltweit vom Mittleren Jura bis in die Oberkreide vor. Die Dryosauridae erinnerten an eine kleinere Ausgabe der Iguanodonten. *Dryosaurus* besaß einen dreizehigen Fuß und einen zahnlosen Schnabel. Die drei bis vier Dryosauriergattungen waren zwischen 2,7 m und 3,4 m lang und lebten in Afrika, Europa, Nordamerika und Neuseeland.

IGUANODONTEN

Namengebende Gattung der Camptosauridae war *Camptosaurus,* der einen langen, flachen Schädel, dicht gepackte Zähne sowie vierzehige Füße mit hufähnlichen Krallen besaß. Die bekannten vier Gattungen dieser Familie waren schwere Tiere von etwa 3,5 m bis 7 m Länge und lebten vom Mittleren bis Oberen Jura. Ihre Fossilien wurden in Nordamerika, Europa und Australien gefunden (falls *Muttaburrasaurus* tatsächlich ein Camptosauride und nicht etwa – wie gelegentlich behauptet – ein Iguanodontide war). Die Iguanodontidae waren große, schwere Ornithopoden, die wahlweise biped oder quadruped liefen. Typische Kennzeichen waren ein langer Schädel, kräftige dreizehige Beine mit hufähnlichen Mittelfingern (bzw. Mittelzehen) sowie ein Daumendorn. Sehr wahrscheinlich gab es zehn Gattungen,

Große und kleine Ornithopoden
Hinter einem kleinen *Hypsilophodon* ragt ein gut 9 m langes *Iguanodon* hervor. Die Ornithopoden kamen in allen denkbaren Größen vor, von hundgroßen Hypsilophodonten bis zu 15 m langen Hadrosauriern.

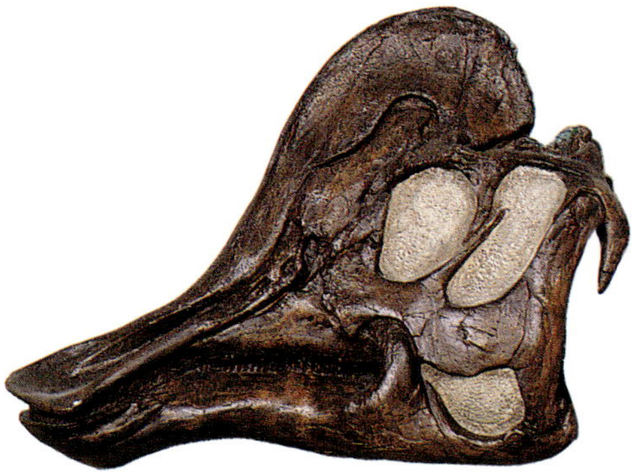

SCHÄDEL EINES CORYTHOSAURUS

SCHÄDEL EINES EDMONTOSAURUS

SCHÄDEL EINES HETERODONTOSAURUS

Schädel dreier Ornithopoden
Corythosaurus und *Edmontosaurus* besaßen zahnlose Hornschnäbel, einen beweglichen Oberkiefer und Zahnbatterien mit mehr als 1000 Zähnen zum Abreißen und Zerkauen von Blättern. Der eher urtümliche *Heterodontosaurus* besaß drei unterschiedliche Zahntypen, jedoch einen einfacher strukturierten

Stammbaum der Ornithopoden
Das Diagramm zeigt die denkbaren verwandtschaftlichen Beziehungen zwischen den einzelnen Ornithopodenfamilien. Jede Familie enthält eine oder mehrere Gattungen. Alle Ornithopoden besaßen Prämaxillarzähne (Zähne im vorderen Oberkiefer, die sich auf gleichem Niveau wie die Zähne des Maxillare befanden) und ein tiefer gelegtes Kiefergelenk. Da bei *Lesothosaurus* diese typischen Merkmale fehlten, wird er heute nicht mehr wie früher zu den Ornithopoden gezählt; vielmehr scheint er einem ancestralen Ornithischier verwandtschaftlich nahe zu stehen, der als gemeinsamer Vorfahre von Ornithopoden und Marginocephaliern diskutiert wird. Bei den Heterodontosauriden findet man verschiedene Zahntypen, weitaus mehr als bei anderen Ornithopoden. Die Euornithopoden (»Ornithopoden im engeren Sinne«) stellten eine Untergruppe mit langem Schambeinfortsatz und anderen charakteristischen Merkmalen dar. Auf kleinere Arten wie *Hypsilophodon* folgten später große Hadrosauridae und Lambeosauridae mit zahnlosen Schnäbeln und selbstschärfenden Backenzähnen. Diese Hadrosaurier repräsentierten die häufigsten großen Ornithischier, die während der Oberkreide in Nordamerika vorkamen.

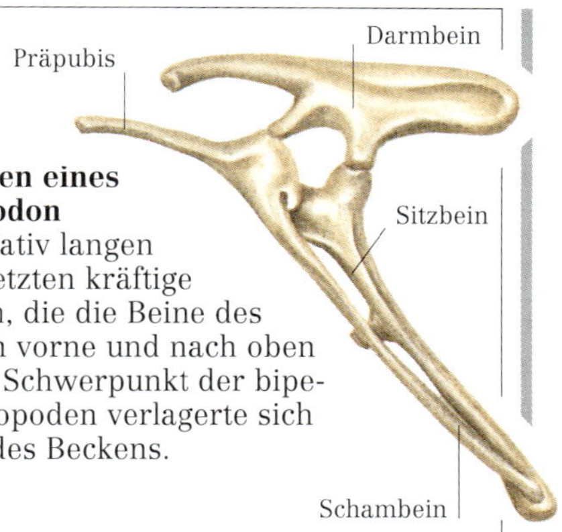

Hüftknochen eines Hypsilophodon
An dem relativ langen Präpubis setzten kräftige Muskeln an, die die Beine des Tieres nach vorne und nach oben zogen. Der Schwerpunkt der bipeden Ornithopoden verlagerte sich unterhalb des Beckens.

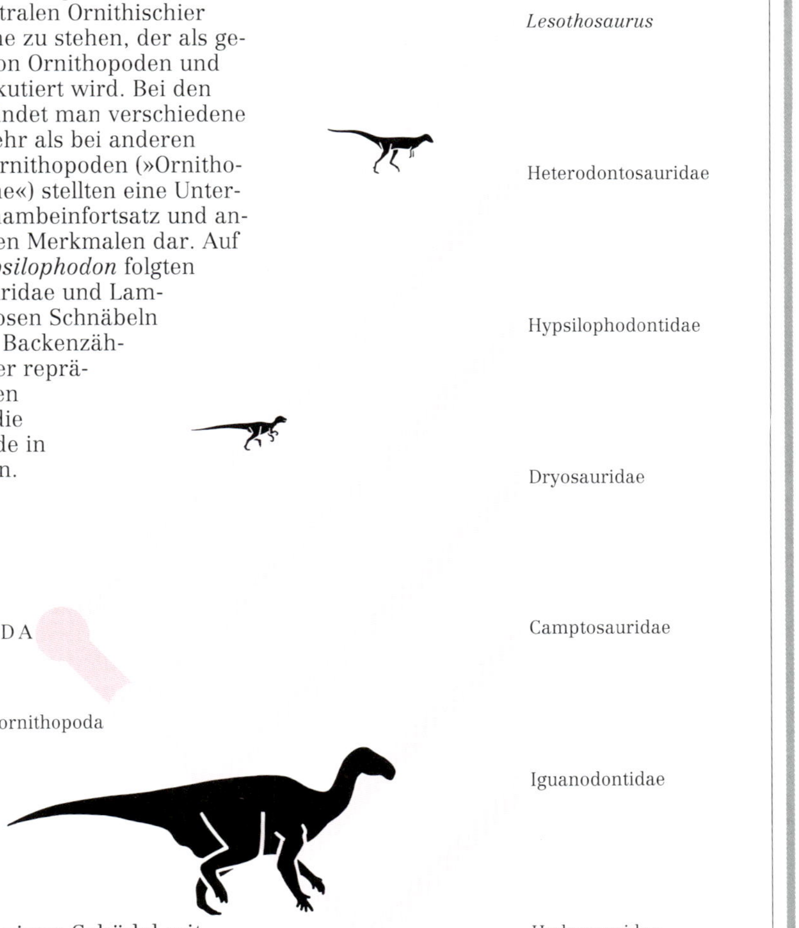

Symbole

Subordnung

Infraordnung

Verwandtschaftsbezug unsicher

wobei die Tiere zwischen 4 m und 9 m lang wurden. Obgleich sich die Gattungen sehr ähneln, ist man nicht einheitlich davon überzeugt, daß alle einer einzigen Familie angehören. Demnach sind nur *Iguanodon* und *Ouranosaurus* zweifelsfrei als echte Iguanodontiden zu bezeichnen. Die Iguanodontidae im weiteren Sinne waren während der gesamten Kreide in Afrika, Asien, Europa und Nordamerika (evtl. auch Südamerika) verbreitet.

HADROSAURIER

Die Hadrosauridae entwickelten sich aus Vorfahren, die dem *Iguanodon* ähnelten. Diese auch als Entenschnabelsaurier bekannten Ornithischier besaßen einen breiten, zahnlosen Schnabel, dicht stehende, selbstschärfende Backenzähne und einen flachen Schädel bzw. einen Schädel mit einem knochigen Höcker. Außerdem hatten sie fleischige Hände mit vier Fingern. Man kennt heute etwa zwei Dutzend Gattungen, die zwischen 3,7m und 15 m groß waren. Hadrosaurier lebten während der Oberkreide in Asien, Europa, Nord- und Südamerika. Die Lambeosauridae kennzeichnete ein hohler, meist recht großer Knochenkamm, der auf ihrem Kopf saß; größtenteils wiesen sie aber die gleichen Merkmale wie die Hadrosaurier auf. Deshalb werden sie oft als Unterfamilie (Lambeosaurinae) der Hadrosaurier aufgefaßt. Beide Familien gehörten zu den hochentwickelten Ornithopoden. Die nicht mal ein Dutzend Lambeosauriergattungen kamen während der Oberkreide in Asien und Nordamerika vor.

LESOTHOSAURUS

Der kaum schäferhundgroße *Lesothosaurus* (»Echse aus Lesotho«) besaß einen kleinen Kopf, evtl. mit fleischigen Wangen, geriffelten Backenzähnen und einen schnabelartigen, hornbesetzten Unterkiefer. Abgesehen von einer möglicherweise geräumigen Bauchhöhle war dieser kleine Pflanzenfresser ein »Fliegengewicht« mit schlankem Hals und hohlen Beinknochen. Seine Beine waren lang und besaßen verlängerte Schienbein- und Fußwurzelknochen. An seinen kurzen Armen saßen Greifhände mit fünf Fingern (wobei der 5. Finger kleiner als die übrigen war). Der Schwanz wurde durch knöcherne Sehnen gefestigt und balancierte den Vorderkörper in der Hüfte aus. Bei diesen kleinen Ornithischiern entwickelte sich der Bauplan für die später entstehenden bipeden Ornithopoden.

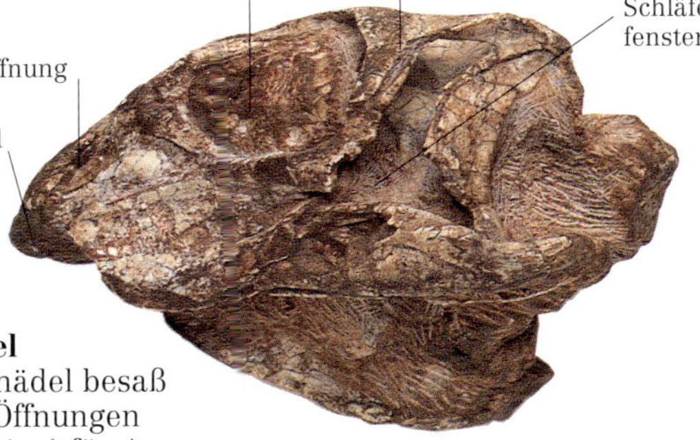

Schädel
Der Schädel besaß große Öffnungen (Foramina) für Augen und Muskelansätze, eine große Choane, ein kleineres Schläfenbeinfenster, ein kurzes, spitz ausgezogenes Maul und einen Unterkiefer, der zu Lebzeiten vermutlich in einem Hornschnabel mündete. Die geringfügig im Oberkiefer und Unterkiefer nach innen stehenden Zähne lassen die Vermutung zu, daß *Lesothosaurus* nur sehr schmale Wangen besaß.

LEBENSWEISE

Lesothosaurus bewohnte ähnliche Halbwüsten wie *Heterodontosaurus,* ein ebenfalls kleiner und früher Ornithopode. Wie dieser suchte *Lesothosaurus* auf dem sandigen Wüstenboden nach Nahrung und knabberte zarte Triebe und Blätter von den Sträuchern ab. Doch offenbar war sein Kiefer ein schlechteres Beißwerkzeug als das Gebiß von *Heterodontosaurus,* denn *Lesothosaurus* konnte seinen Kiefer zum Kauen nur öffnen und schließen. Beim Fressen hob der Saurier wahrscheinlich oft den Kopf, um einen möglichen Angreifer rechtzeitig zu bemerken. Dank seiner langen Zehen und Schienbeine war er ein exzellenter Sprinter. Der Aufbau dieser Knochen, aber auch einige andere Punkte erinnern an eine heutige Gazelle – wie diese war *Lesothosaurus* ein Pflanzenfresser, der permanent in Alarmbereitschaft lebte, da sein einziges Mittel zu überleben aus einer überstürzten Flucht im Höchsttempo bestand.

IDENTITÄT DES FABROSAURUS

Möglicherweise handelt es sich bei den 1978 gefundenen und später als *Lesothosaurus* klassifizierten Fossilien in Wirklichkeit um die Knochen von *Fabrosaurus* (»Fabres Echse«), der aufgrund eines Unterkieferfragments beschrieben wurde. Obgleich das Fossilienmaterial insgesamt zu gering ist, um beide Funde exakt miteinander vergleichen zu können, sind viele anerkannte Paläontologen der Ansicht, es handle sich um ein und dieselbe Art. Falls dies zutrifft, müßte *Lesothosaurus* in *Fabrosaurus* umbenannt werden, da dies der erste vergebene Name ist. (Entsprechend den Regeln der wissenschaftlichen Nomenklatur hat der Name, den der Erstbeschreiber einem Tier oder einer Pflanze gibt, Vorrang vor allen späteren Namen. Deshalb heißt *Brontosaurus* heute *Apatosaurus.)*

Oberschenkelknochen
Der Oberschenkelknochen eines *Lesothosaurus* weist zwar Ähnlichkeiten mit den entsprechenden Skelettelementen anderer Dinosaurier auf, unterscheidet sich jedoch auch in einigen Punkten deutlich von diesen. So besaß u.a. der einwärts gedrehte Femurkopf keinen Hals, ferner saßen am Femur drei weitere, unterschiedlich große und geformte Trochanter (Rollhügel oder Umdreher, an denen die Beinmuskeln ansetzten) an verschiedenen Positionen.

LESOTHOSAURIERHERDE
Vermutlich sind diese kleinen herbivoren Dinosaurier herdenweise – ähnlich wie rezente Thompsongazellen – durch die Ebenen Südafrikas gezogen.

Von vorne gesehen
Von vorne erinnerte *Lesothosaurus* vermutlich an eine große Eidechse, die auf ihren Hinterbeinen lief. Obwohl man heute gelegentlich Eidechsen beobachten kann, die kurzzeitig auf ihren Hinterbeinen rennen, sind diese Reptilien nicht in der Lage, in dieser aufrechten Haltung zu schreiten oder zu stehen. Durch Anheben seines Kopfes konnte *Lesothosaurus* nach Futterpflanzen oder Freßfeinden Ausschau halten.

Schwanz
Die Länge des Schwanzes wurde ermittelt, nachdem man mehrere einzelne Schwanzwirbel zusammengesetzt hatte.

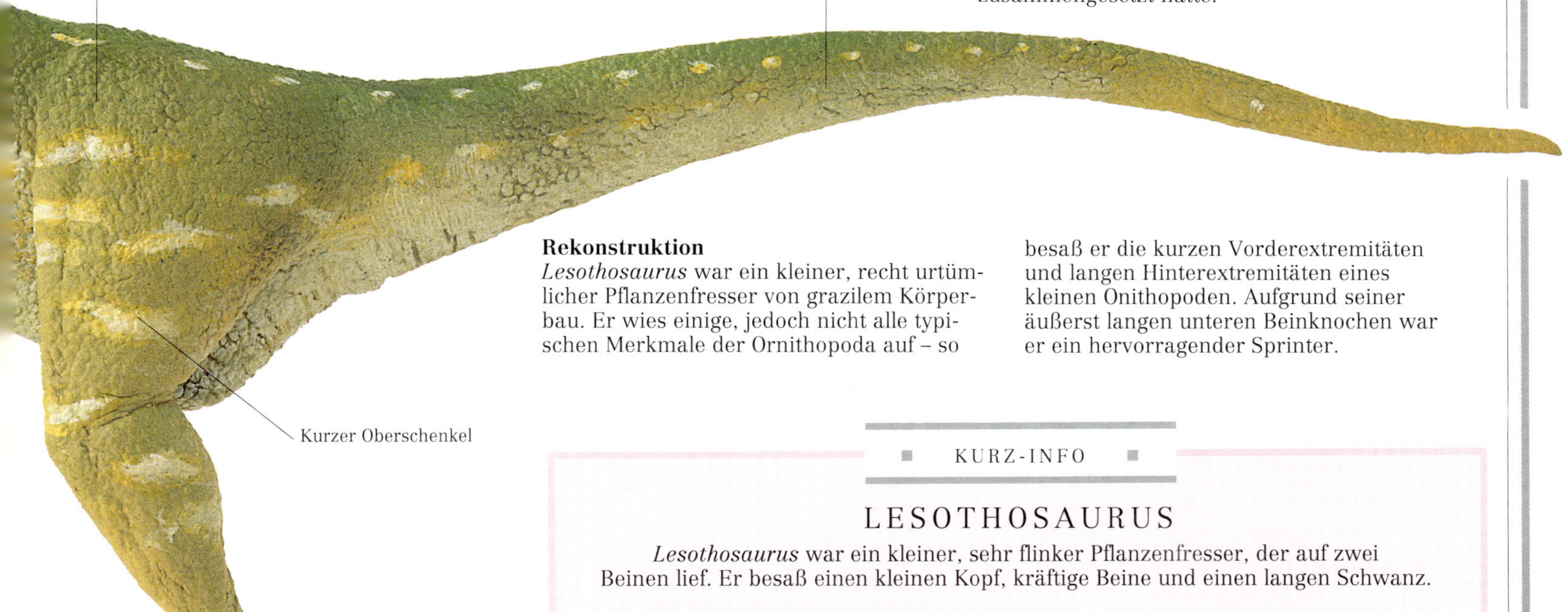
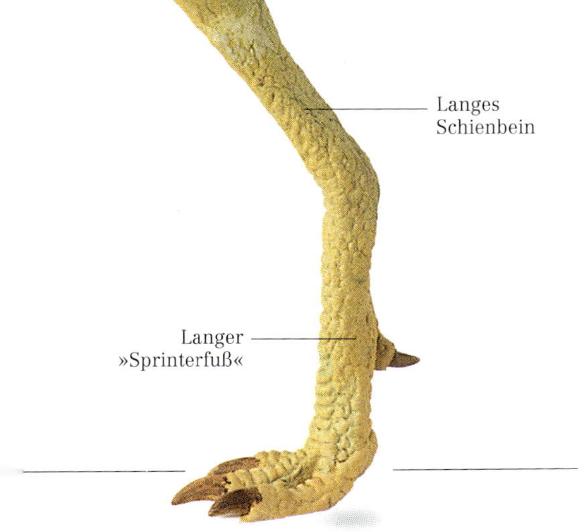

Rekonstruktion
Lesothosaurus war ein kleiner, recht urtümlicher Pflanzenfresser von grazilem Körperbau. Er wies einige, jedoch nicht alle typischen Merkmale der Ornithopoda auf – so besaß er die kurzen Vorderextremitäten und langen Hinterextremitäten eines kleinen Onithopoden. Aufgrund seiner äußerst langen unteren Beinknochen war er ein hervorragender Sprinter.

KURZ-INFO

LESOTHOSAURUS

Lesothosaurus war ein kleiner, sehr flinker Pflanzenfresser, der auf zwei Beinen lief. Er besaß einen kleinen Kopf, kräftige Beine und einen langen Schwanz.

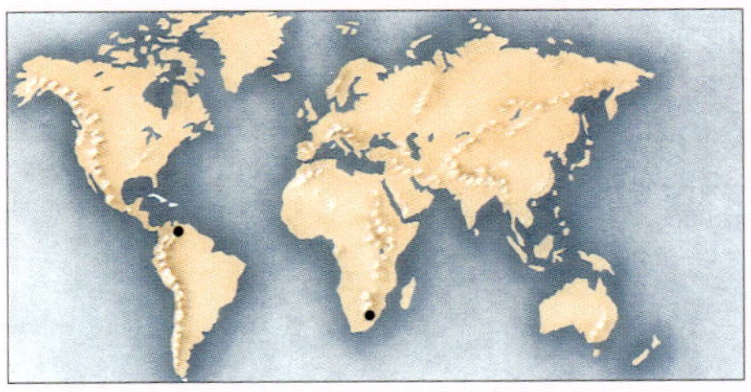

MESOZOIKUM

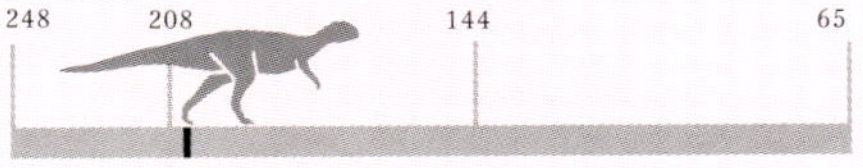

TRIAS JURA KREIDE

FUNDORT
Mafeteng (Lesotho)
Venezuela

NAHRUNG
Niedrig wachsende Pflanzen

SYSTEMATIK
Ordnung: Ornithischia
Familie und Subordnung können zur Zeit nicht sicher angegeben werden.

MASSE
Länge: 1 m

ZEIT
vor 206 Mio. Jahren

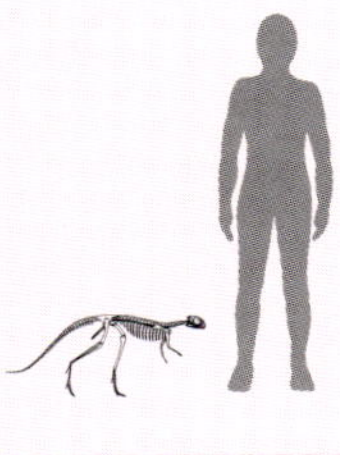

HETERODONTOSAURUS

Während die meisten Reptilien Gebisse mit nur einem einzigen Zahntyp besitzen, hatte Heterodontosaurus (»Echse mit unterschiedlichen Zähnen«) drei verschiedene Zahnarten: scharfe Schneidezähne im Oberkiefer, die gegen einen zahnlosen Hornschnabel bissen, lange Eckzähne (die an die Reißzähne der Säugetiere erinnern), die in die Vertiefungen im jeweils gegenüberliegenden Kiefer paßten, sowie hochkronige Backenzähne. Dieser etwa truthahngroße Pflanzenfresser war einer der ersten und auch wohl kleinsten Ornithopoden – einer Ornithischiergruppe, deren Füße an Vogelfüße erinnerten – mit drei nach vorne weisenden Zehen. Ein weiteres Vogelmerkmal waren die verwachsenen Fußknochen (Metatarsalia und Tibia). Die muskulösen Arme gingen in Greifhände mit fünf Fingern über, von denen die ersten drei lange, stumpfe Krallen besaßen; zudem waren der vierte und der fünfte Finger kleiner als die übrigen.

Erster Fund
Heterodontosaurus wurde von englischen und südafrikanischen Wissenschaftlern gefunden und erhielt 1962 von den beiden Paläontologen Alfred Crompton und Alan Charig seinen heutigen Namen.

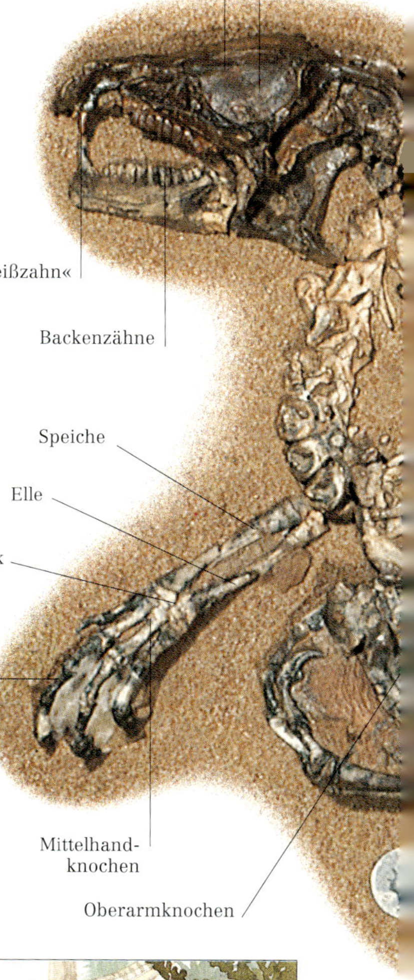

Modell
In dieser Abbildung leckt sich ein *Heterodontosaurus* die Pfote – vielleicht hatte er sich verletzt, oder er wollte sie reinigen, nachdem er Wurzelknollen ausgegraben oder einen Termitenbau aufgerissen hatte.

LEBENSWEISE

Heterodontosaurus bewohnte die Halbwüsten Südafrikas, die er nach schmackhaften Pflanzen absuchte. Wahrscheinlich fraß er auf allen Vieren stehend; mit seinem schmalen Schnabel biß der Saurier einzelne Blätter und Triebe ab, die dann durch leichte Rotationsbewegungen des Kiefers in seinem Maul (das geräumige Backentaschen aufwies) zerkaut wurden. Jedesmal, wenn die beiden hochkronigen Zahnreihen aufeinanderbissen, drückte der sich abwärts bewegende Oberkiefer die Unterkieferzähne leicht nach innen. Aufgrund der außergewöhnlichen Anatomie von Schultern und Vorderarmgelenken könnte *Heterodontosaurus* im Boden nach Wurzeln oder Knollen gegraben oder evtl. sogar Termitenbauten aufgerissen haben, um diese Insekten zu fressen. Höchstwahrscheinlich setzten rivalisierende Männchen ihre Eckzähne bei Imponiergesten oder in Auseinandersetzungen mit Artgenossen ein, da diese spitzen Zähne bei Weibchen und Jungtieren nicht sehr stark ausgeprägt waren. Der kleine *Heterodontosaurus* hatte viele Feinde – neben Theropoden waren dies auch carnivore Synapsiden und flinke Crocodilier, die auf dem Festland leben konnten. Die einzige Möglichkeit, einen Angriff durch diese Raubtiere zu überleben, bestand in einer raschen Flucht; möglicherweise galoppierte *Heterodontosaurus* nicht – wie teilweise angenommen wird – auf allen Vieren, sondern konnte aufrecht auf seinen Hinterbeinen rennen.

FLUCHT IM HÖCHSTTEMPO
Beim Saufen an einem Wasserloch wurden diese sieben kleinen Heterodontosaurier von zwei Ceratosauriern überfallen. Da die Ornithopoden mit ihren »Reißzähnen« nichts gegen die Raubsaurier ausrichten konnten, blieb ihnen nur die Flucht.

■ KURZ-INFO ■

HETERODONTOSAURUS

Heterodontosaurus war ein kleiner, bipeder/quadrupeder Pflanzenfresser, der ein differenziertes Gebiß mit »Reißzähnen«, »Schneidezähnen« und »Mahlzähnen« besaß.

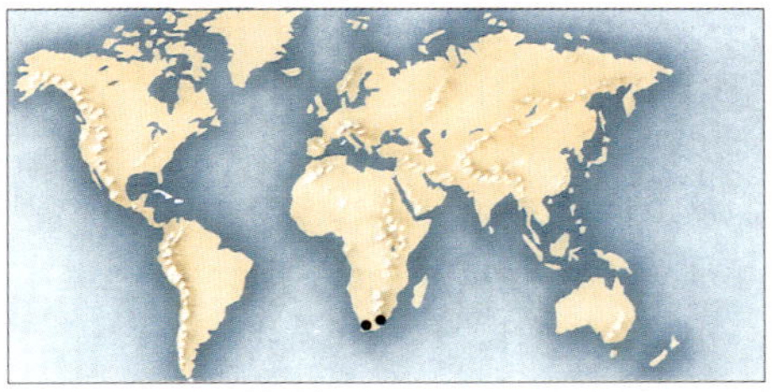

MESOZOIKUM

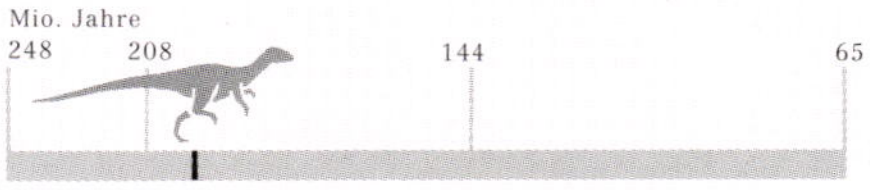

TRIAS JURA KREIDE

FUNDORT
Quthing (Lesotho)
Kap-Provinz
(Südafrika)

SYSTEMATIK
Familie: Heterodontosauridae
Subordnung: Ornithopoda
Ordnung: Ornithischia

ZEIT
vor 205 Mio. Jahren

MASSE
Länge: 1,2 m
Gewicht: 2,5 kg

NAHRUNG
Niedrig wachsende Pflanzen

Schädel
Dieser wies einen zahnlosen Schnabel, scharfe »Reißzähne« und dichtgepackte Backenzähne mit meißelförmigen Kronen auf. Das große Coronoid (Kronenbein, die Ansatzstelle für die Kaumuskeln) und ein langgestreckter Kiefer sorgten für einen kräftigen Biß.

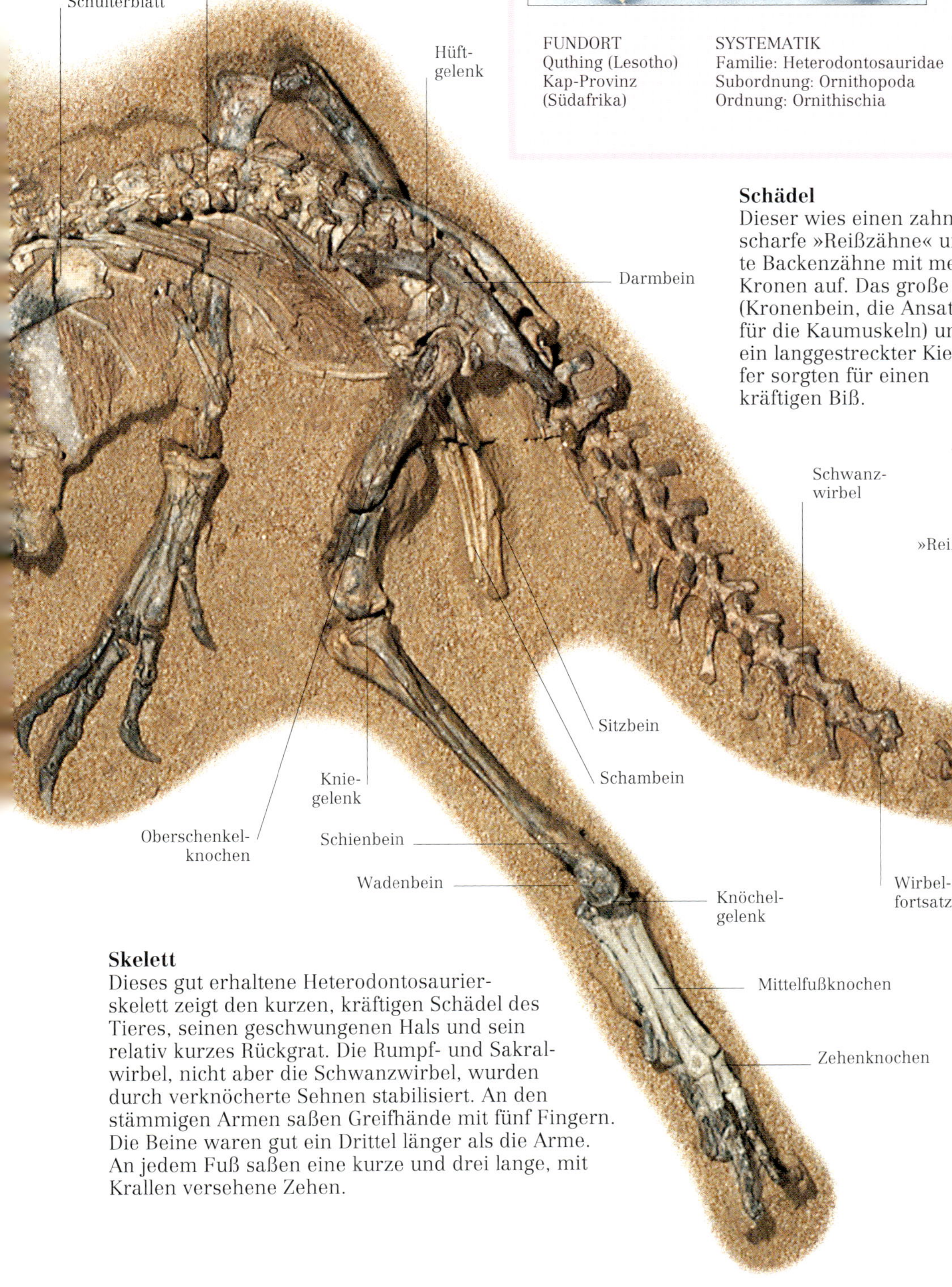

Skelett
Dieses gut erhaltene Heterodontosaurierskelett zeigt den kurzen, kräftigen Schädel des Tieres, seinen geschwungenen Hals und sein relativ kurzes Rückgrat. Die Rumpf- und Sakralwirbel, nicht aber die Schwanzwirbel, wurden durch verknöcherte Sehnen stabilisiert. An den stämmigen Armen saßen Greifhände mit fünf Fingern. Die Beine waren gut ein Drittel länger als die Arme. An jedem Fuß saßen eine kurze und drei lange, mit Krallen versehene Zehen.

HYPSILOPHODON

Das gazellenähnliche *Hypsilophodon* (»Hoher Rillenzahn«) war ein etwa mannsgroßer Ornithopode; aufgrund seiner Anatomie war es sowohl in der Lage, niedrige Vegetation abzufressen als auch rasch zu fliehen. Sein kleiner Schädel beherbergte wachsame Augen und kompliziert gebaute Kauwerkzeuge: einen Hornschnabel mit oberen (Schneide-)Zähnen, selbstschärfende Backenzähne (oben wie unten), die gemeinsam eine scharfe Schneidekante bildeten, einen kräftigen, beweglichen Kiefer und Backentaschen, in denen *Hypsilophodon* Nahrung aufbewahren konnte. Seine kurzen Arme liefen in fünf dicken Fingern mit kräftigen Krallen aus, während seine Laufbeine lange Schienbeinknochen und hohe Fußwurzelknochen aufwiesen, die von drei nach vorne gerichteten krallenbewehrten Zehen getragen wurden.

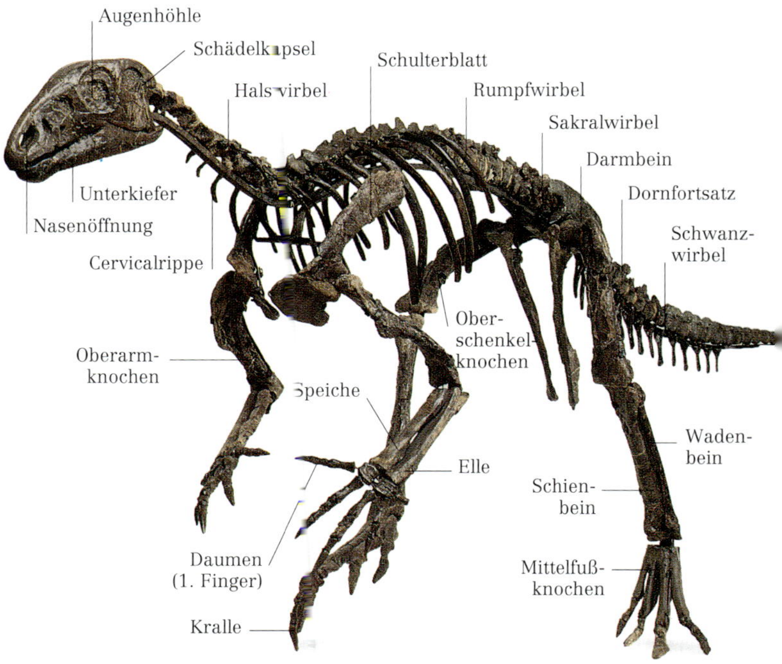

Skelett
Genauere Untersuchungen am Skelett ergaben, daß *Hypsilophodon* niedrig wachsende Pflanzen abfressen konnte und ein guter Sprinter war. Seine Kauwerkzeuge waren gut entwikkelt und seine Schienbeinknochen länger als die der Oberschenkel. Im Gegensatz zu anderen fortschrittlichen Ornithopoden wie z.B. den Hadrosauriern, die Hände mit vier Fingern und Füße mit drei Zehen besaßen, hatte *Hypsilophodon* Hände mit fünf Fingern und Füße mit vier nach vorne gerichteten Zehen. Diese »zusätzlichen« Finger und Zehen waren jedoch nur sehr klein und erreichten selten den Boden; sie erinnerten an die rudimentären Phalangen vieler heutiger Tiere.

THOMAS HENRY HUXLEY benannte 1869 das *Hypsilophodon.*

■ LEBENSWEISE ■

Hypsilophodon ernährte sich von den niedrig wachsenden Farnen und Schachtelhalmen, die vor 120 Millionen Jahren in den feuchten Niederungen und Flußauen einer Küstenlandschaft wucherten, die sich damals über den Süden Englands erstreckte. Der Ornithopode biß mit seinem Schnabel die Wedel ab, die er in seine dicken »Hamsterbacken« stopfte und mit Hilfe eines sehr effizienten, trickreichen Kaumechanismus zermalmte. Immer wenn der Kiefer geschlossen wurde, scherten die Hälften des Oberkiefers nach außen, während die Hälften des Unterkiefers nach innen kippten, so daß bei jedem Kontakt von Ober- und Unterkiefer die Zahnreihen schräg übereinander geschoben wurden. Infolge der starken Belastung verschlissen die Backenzähne mit ihren hohen Kronen natürlich leicht, doch wurden sie immer wieder durch nachwachsende Zähne ersetzt. Das Überleben der scheuen Hypsilophodonten war vermutlich nur im Gruppenverband möglich. Seit 1824 hat man auf der englischen Insel Isle of Wright etwa 24 fossile Hypsilophodonten gefunden, einige Tiere lagen dicht beieinander – vielleicht geriet hier eine ganze Herde in tödlichen Treibsand. Sehr wahrscheinlich verhielten sich die Tiere genauso wie heutige Antilopen, die in Herden leben: Während die meisten Tiere mit gesenktem Kopf weiden, sind einige auf »Alarmposten«. Da *Hypsilophodon* einer der schnellsten Dinosaurier war (und ansonsten keinerlei defensive Waffen besaß), lag seine einzige Überlebenschance vor angreifenden Carnosauriern in einer blitzartigen Flucht. Auch bei Spitzengeschwindigkeiten konnte es wohl Haken schlagen, um seinen Angreifern zu entgehen. Der lange, durch Sehnen stabilisierte Schwanz half ihm, bei diesen raschen Wendemanövern nicht das Gleichgewicht zu verlieren. Doch trotz seines enormen Tempos brauchte *Hypsilophodon* eine kurzfristige Warnung, um den großen, ebenfalls recht flinken Theropoden (deren Knochen auch dort gefunden wurden) entkommen zu können.

Hypsilophodonten-Herde
Acht scheue Hypsilophodonten laufen dicht gedrängt nebeneinander, während sie gelegentlich wachsame Blicke zur Seite werfen. Ein solcher Herdenverband bietet dem Einzeltier mehr Schutz vor räuberischen Theropoden, als wenn es allein umherstreifte.

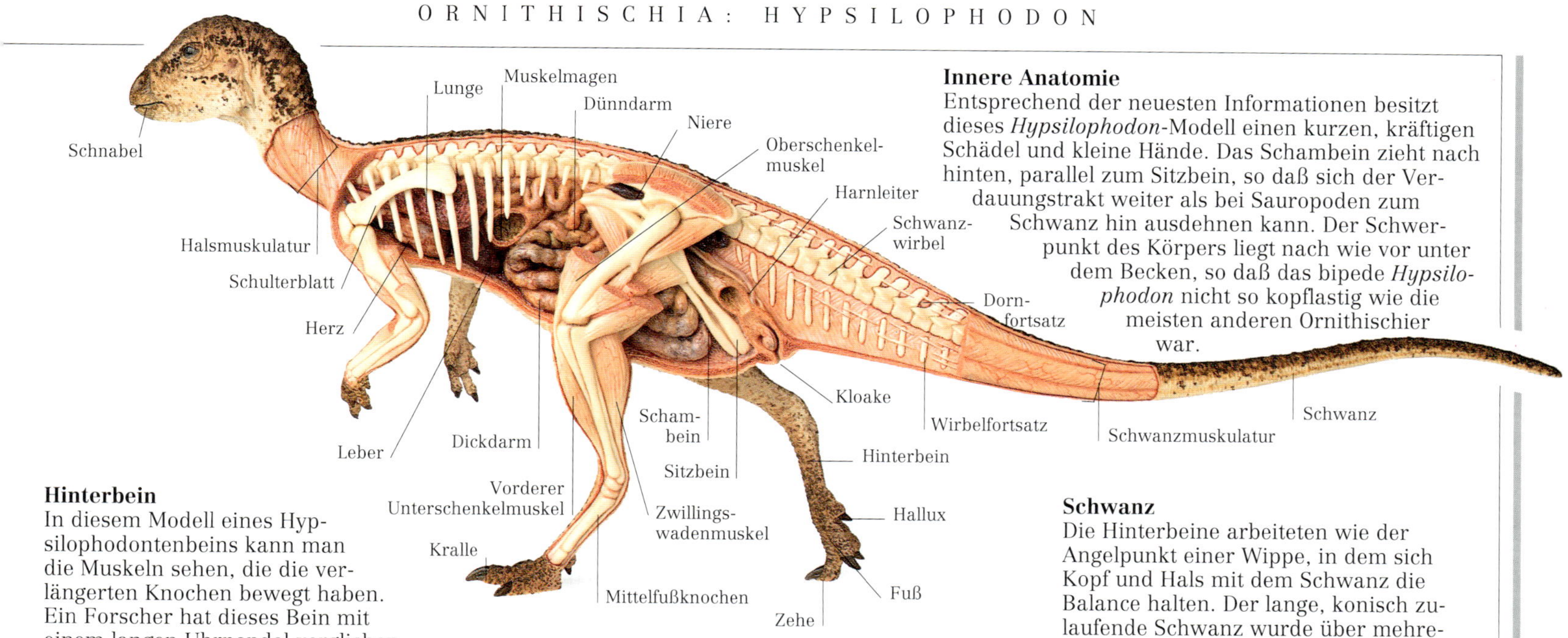

Innere Anatomie
Entsprechend der neuesten Informationen besitzt dieses *Hypsilophodon*-Modell einen kurzen, kräftigen Schädel und kleine Hände. Das Schambein zieht nach hinten, parallel zum Sitzbein, so daß sich der Verdauungstrakt weiter als bei Sauropoden zum Schwanz hin ausdehnen kann. Der Schwerpunkt des Körpers liegt nach wie vor unter dem Becken, so daß das bipede *Hypsilophodon* nicht so kopflastig wie die meisten anderen Ornithischier war.

Hinterbein
In diesem Modell eines Hypsilophodontenbeins kann man die Muskeln sehen, die die verlängerten Knochen bewegt haben. Ein Forscher hat dieses Bein mit einem langen Uhrpendel verglichen, das sehr rasch hin und her schwingen kann.

Schwanz
Die Hinterbeine arbeiteten wie der Angelpunkt einer Wippe, in dem sich Kopf und Hals mit dem Schwanz die Balance halten. Der lange, konisch zulaufende Schwanz wurde über mehrere Reihen Knochensehnen stabilisiert und hatte vermutlich nur dann Bodenkontakt, wenn das Tier schlief oder sich entspannte.

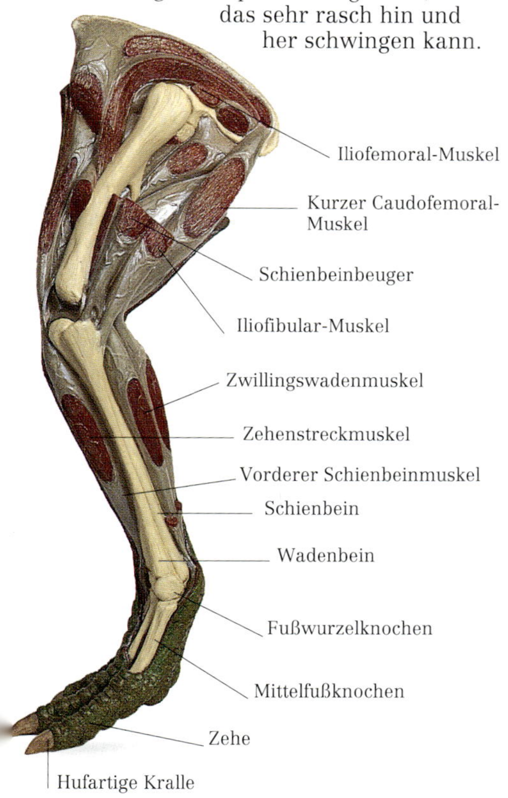

KURZ-INFO

HYPSILOPHODON

Hypsilophodon war ein kleiner bipeder Pflanzenfresser, der sehr flink war und gute Augen besaß. Außerdem hatte es einen Hornschnabel und Wangentaschen, in denen es Nahrung aufbewahren konnte.

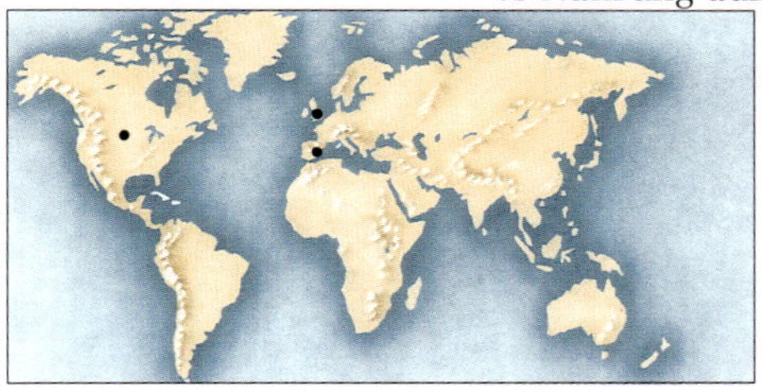

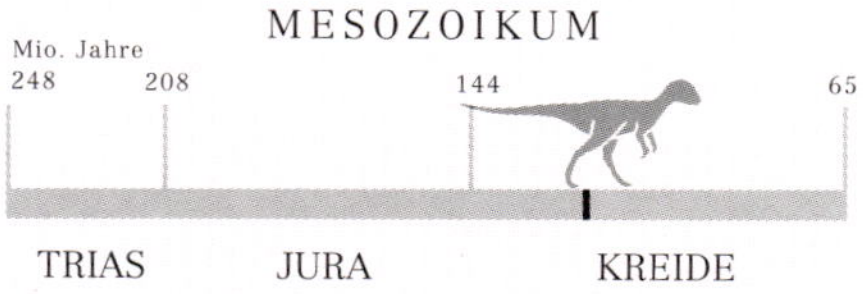

FUNDORT
Teruel (Spanien)
East Sussex,
Isle of Wight (UK)
South Dakota, Utah (USA)

SYSTEMATIK
Familie:
Hypsilophodontidae
Subordnung: Ornithopoda
Ordnung: Ornithischia

NAHRUNG
Niedrig wachsende Pflanzen

ZEIT
vor 120 Mio. Jahren

MASSE
Länge: 2,3 m

Erste Entdeckung
Zunächst hatte man das erste *Hypsilophodon*, das 1849 entdeckt wurde, für ein *Iguanodon* gehalten; spätere Funde mit deutlich unterschiedlichen Zähnen überzeugten Thomas Huxley davon, daß es sich um eine eigenständige Dinosaurierart handelte.

IGUANODON

Iguanodon (»Leguanzahn«) war ein großer, schwerer Ornithopode, der sehr zahlreich vorkam. Seinen Trivialnamen verdankt dieser Dinosaurier seinen hohen, geriffelten Backenzähnen, die denen eines modernen Leguans gleichen, allerdings größer sind. Das *Iguanodon* biß mit seinem Hornschnabel Pflanzen ab, die es mit den Backenzähnen zerkaute; dabei glitten die Kiefer auf eigentümliche Weise übereinander. Typisch ist auch die hochspezialisierte Hand mit fünf Fingern. An jeder Hand saßen ein mit langem Dorn versehener Daumen, drei hufähnliche Finger sowie ein Greiffinger.

ENTDECKER
Iguanodon wurde durch den englischen Arzt Gideon Mantell entdeckt und 1825 benannt.

Zähne im Unterkiefer
Zwei *Iguanodon*-Zähne (oben) mit unterschiedlicher Abnutzung. Die Kanten des großen Zahns sind noch nicht abgeschliffen, während der rechte kleinere durch stetes Zerkauen harter Zweige und Blätter völlig abgenutzt ist. Aufgrund ihrer Lage im Kiefer werden die Zähne nicht stumpf, sondern schärfen sich gegenseitig.

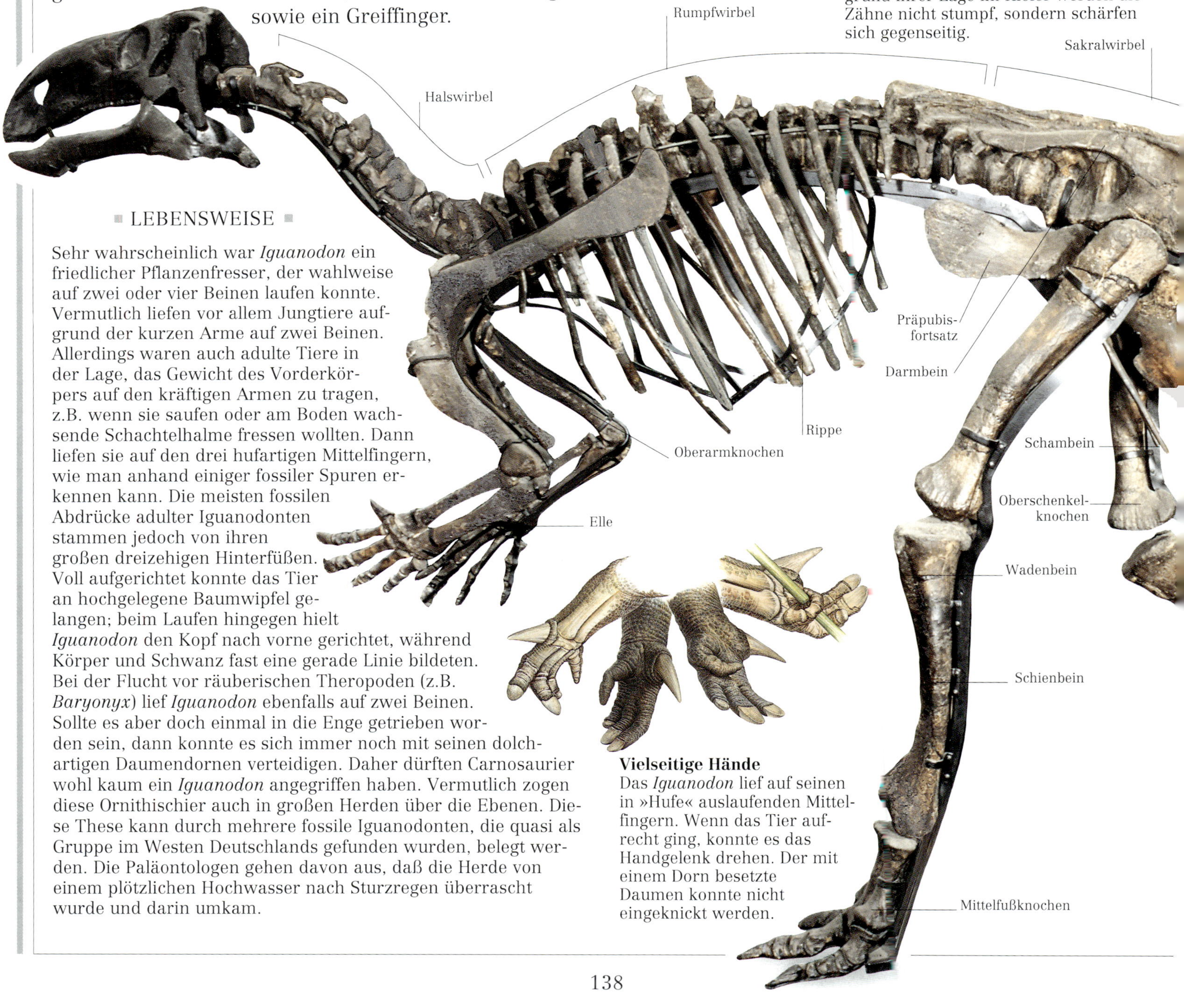

■ LEBENSWEISE ■

Sehr wahrscheinlich war *Iguanodon* ein friedlicher Pflanzenfresser, der wahlweise auf zwei oder vier Beinen laufen konnte. Vermutlich liefen vor allem Jungtiere aufgrund der kurzen Arme auf zwei Beinen. Allerdings waren auch adulte Tiere in der Lage, das Gewicht des Vorderkörpers auf den kräftigen Armen zu tragen, z.B. wenn sie saufen oder am Boden wachsende Schachtelhalme fressen wollten. Dann liefen sie auf den drei hufartigen Mittelfingern, wie man anhand einiger fossiler Spuren erkennen kann. Die meisten fossilen Abdrücke adulter Iguanodonten stammen jedoch von ihren großen dreizehigen Hinterfüßen. Voll aufgerichtet konnte das Tier an hochgelegene Baumwipfel gelangen; beim Laufen hingegen hielt *Iguanodon* den Kopf nach vorne gerichtet, während Körper und Schwanz fast eine gerade Linie bildeten. Bei der Flucht vor räuberischen Theropoden (z.B. *Baryonyx*) lief *Iguanodon* ebenfalls auf zwei Beinen. Sollte es aber doch einmal in die Enge getrieben worden sein, dann konnte es sich immer noch mit seinen dolchartigen Daumendornen verteidigen. Daher dürften Carnosaurier wohl kaum ein *Iguanodon* angegriffen haben. Vermutlich zogen diese Ornithischier auch in großen Herden über die Ebenen. Diese These kann durch mehrere fossile Iguanodonten, die quasi als Gruppe im Westen Deutschlands gefunden wurden, belegt werden. Die Paläontologen gehen davon aus, daß die Herde von einem plötzlichen Hochwasser nach Sturzregen überrascht wurde und darin umkam.

Vielseitige Hände
Das *Iguanodon* lief auf seinen in »Hufe« auslaufenden Mittelfingern. Wenn das Tier aufrecht ging, konnte es das Handgelenk drehen. Der mit einem Dorn besetzte Daumen konnte nicht eingeknickt werden.

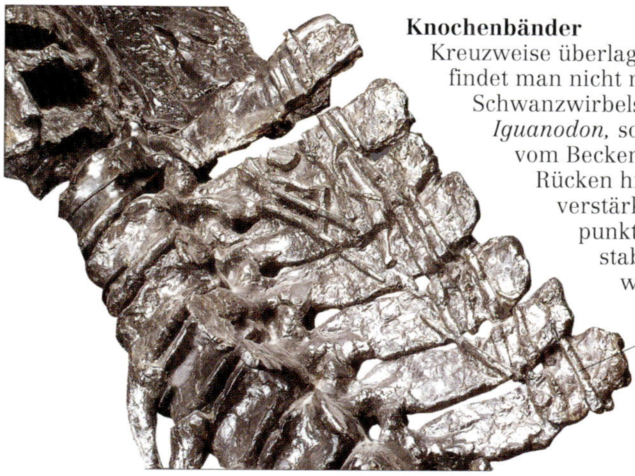

Knochenbänder
Kreuzweise überlagerte Knochenbänder findet man nicht nur, wie hier, im oberen Schwanzwirbelsäulenbereich eines *Iguanodon,* sondern auch im Bereich vom Becken und über den ganzen Rücken hinweg. Diese Ligamente verstärkten kritische Belastungspunkte des Rückgrats und stabilisierten die Schwanzwirbelsäule.

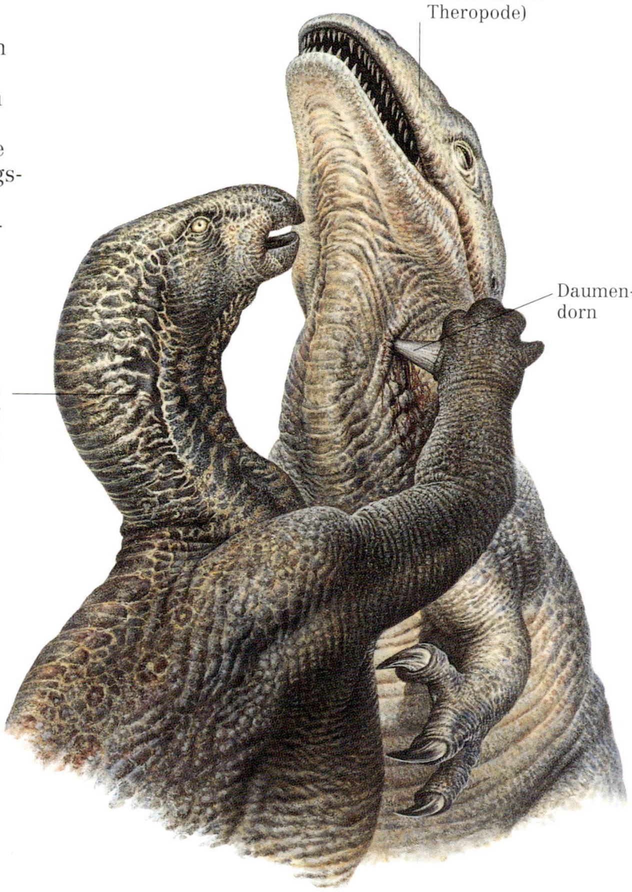

Rekonstruiertes Skelett
Bei diesem nach modernsten Erkenntnissen montierten Skelett eines *Iguanodon* wurden die Starrheit der Wirbel sowie der jeweilige Winkel der Wirbel zueinander berücksichtigt. Auch sieht man hier, daß der Rücken des *Iguanodon* gerade gehalten wurde, und daß das Tier seinen Kopf relativ niedrig und nach vorne gerichtet hielt und mit dem Schwanz gegenbalancierte.

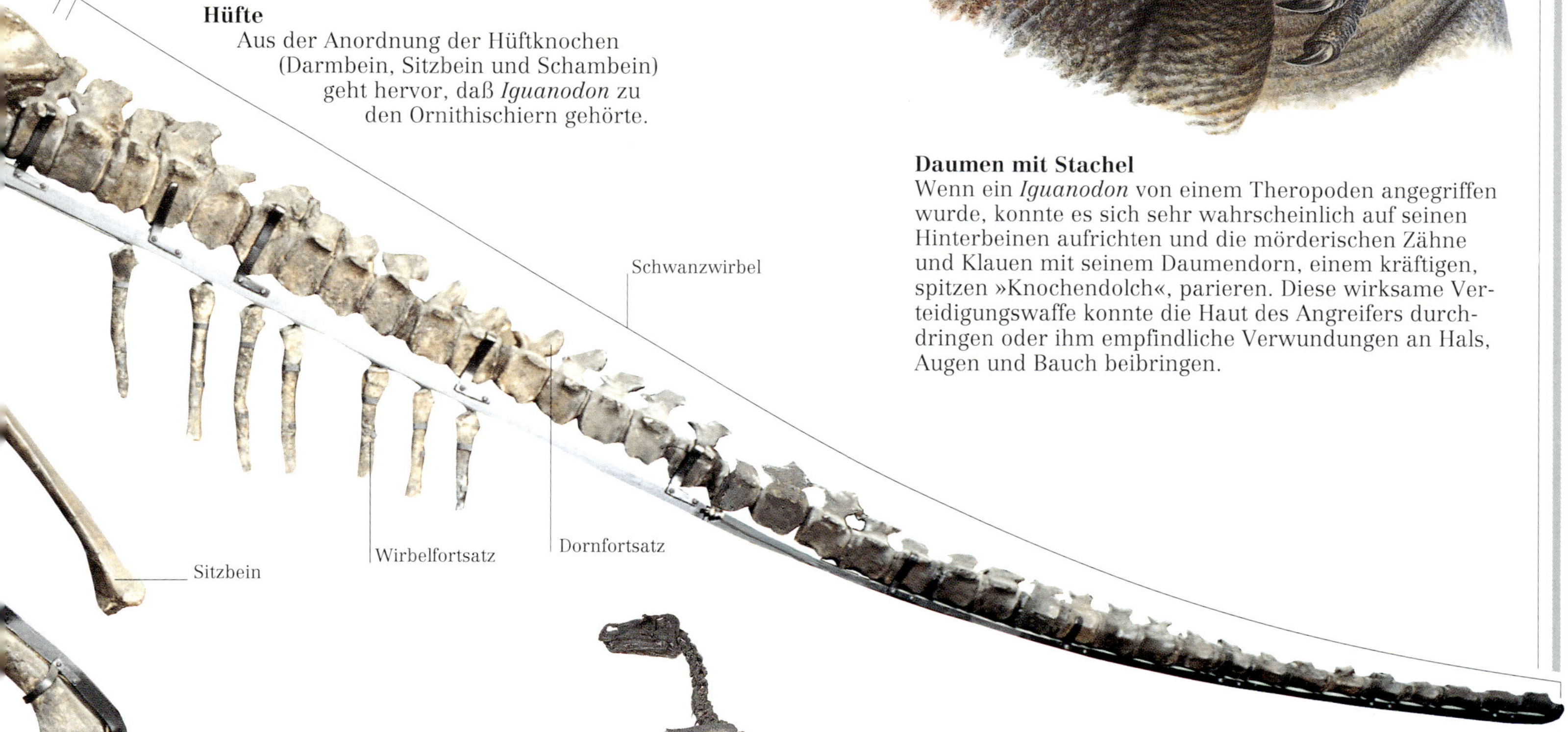

Hüfte
Aus der Anordnung der Hüftknochen (Darmbein, Sitzbein und Schambein) geht hervor, daß *Iguanodon* zu den Ornithischiern gehörte.

Daumen mit Stachel
Wenn ein *Iguanodon* von einem Theropoden angegriffen wurde, konnte es sich sehr wahrscheinlich auf seinen Hinterbeinen aufrichten und die mörderischen Zähne und Klauen mit seinem Daumendorn, einem kräftigen, spitzen »Knochendolch«, parieren. Diese wirksame Verteidigungswaffe konnte die Haut des Angreifers durchdringen oder ihm empfindliche Verwundungen an Hals, Augen und Bauch beibringen.

Fuß
Der dreizehige Fuß des *Iguanodon* war stark genug, das Gewicht des Tieres auszuhalten. Da die Mittelfuß- und Zehenknochen verhältnismäßig lang sind, handelte es sich bei *Iguanodon* vermutlich um einen Zehengänger.

Frühere Rekonstruktion
Früher stellte man Iguanodonskelette in einer aufrechten, känguruhähnlichen Pose auf. In den 70er Jahren erkannte man jedoch, daß diese Haltung unrealistisch war; denn man hätte den versteiften Schwanz des Tieres brechen müssen, um den »Knick« zu erhalten, den dieser (in den alten Modellen) bei Erreichen des Bodens macht.

Brutverhalten
In diesem Modell sieht man ein Iguanodonweibchen, das sich um sein Nest und Gelege kümmert. Zwar hat man bisher weder Eier noch Nester dieses Dinosauriers gefunden, doch sind die meisten Paläontologen in der Annahme zuversichtlich, daß er ähnlich wie Alligatoren Erdnester baute und für die Eier und geschlüpften Jungtiere sorgte.

Entdeckung
1825 wurde *Iguanodon* als zweite Dinosaurierart wissenschaftlich beschrieben. Zwar hatte man schon 1809 einen fossilen Schienbeinknochen dieses Sauriers gefunden, der aber nicht als solcher erkannt wurde. Bis zu seiner endgültigen Klassifizierung in den 70er Jahren geriet dieser dann in Vergessenheit.

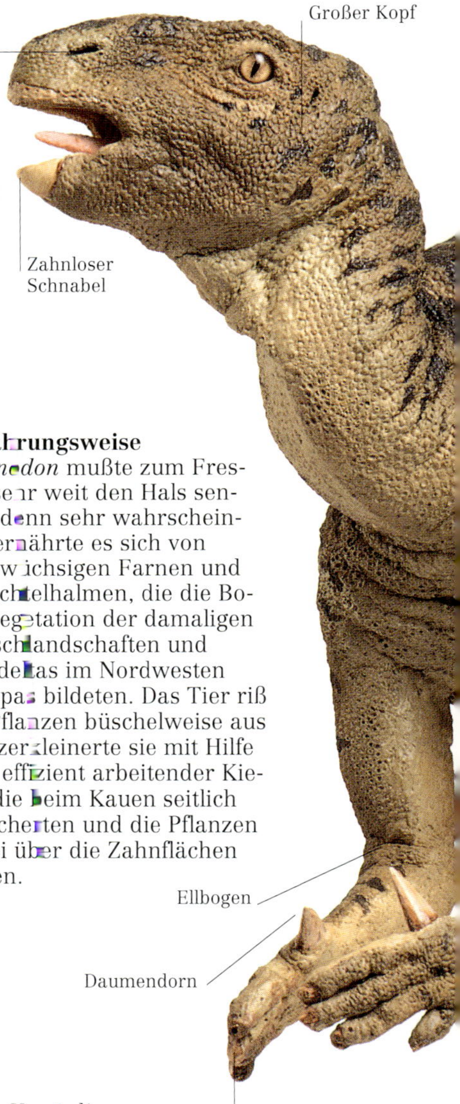

Ernährungsweise
Iguanodon mußte zum Fressen sehr weit den Hals senken, denn sehr wahrscheinlich ernährte es sich von kleinwüchsigen Farnen und Schachtelhalmen, die die Bodenvegetation der damaligen Marschlandschaften und Flußdeltas im Nordwesten Europas bildeten. Das Tier riß die Pflanzen büschelweise aus und zerkleinerte sie mit Hilfe sehr effizient arbeitender Kiefer, die beim Kauen seitlich ausscherten und die Pflanzen dabei über die Zahnflächen rieben.

MUTTABURRASAURUS

Auf dem Maul dieses 7 m langen australischen Iguanodontiden befand sich ein hohler, gebogener Knochenkamm, den man auch bei einigen Hadrosauriern findet. Der zahnlose Schnabel war wie bei *Iguanodon,* die Backenzähne jedoch eher zum Abbeißen geeignet.

FREILUFTMODELL
Dieses Modell eines *Muttaburrasaurus* steht im Freilandteil des Tropical Museums von Queensland (Australien).

Rekonstruiertes Skelett
Gut zu erkennen sind der große Kopf, die kräftigen Armknochen sowie die fünffingrigen Hände mit den »Daumenstacheln«.

KURZ-INFO

IGUANODON

Iguanodon war ein bipeder bzw. quadrupeder Pflanzenfresser mit starken Backenzähnen, hufähnlichen Krallen und einem Daumendorn, mit dem es sich verteidigte.

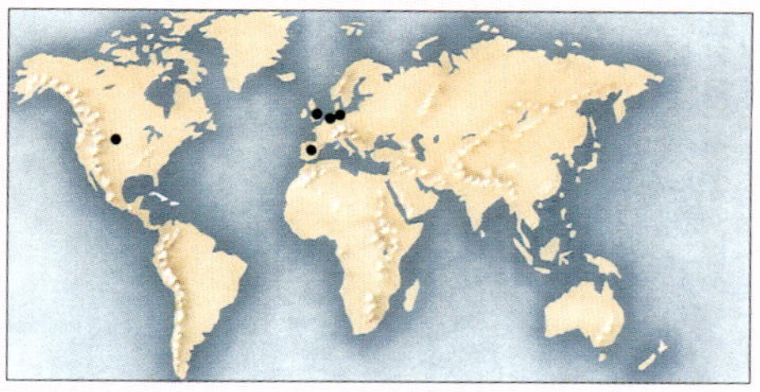

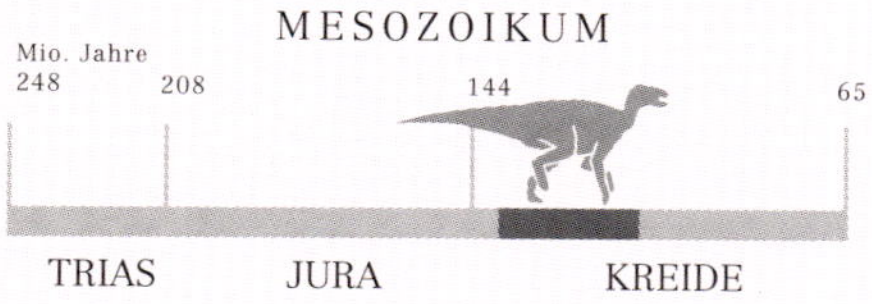

MASSE
Länge: 9 m
Gewicht: 4,5 t

ZEIT
vor 140 bis
110 Mio. Jahren

FUNDORT
Hainaut (Belgien)
Südosten von England
Nordrhein-Westfalen (Deutschland)
Castellón, Cuenca, Teruel (Spanien)
South Dakota (USA)

SYSTEMATIK
Familie: Iguanodontidae
Subordnung: Ornithopoda
Ordnung: Ornithischia

NAHRUNG
Schachtelhalme, Farne, evtl. auch Blütenpflanzen

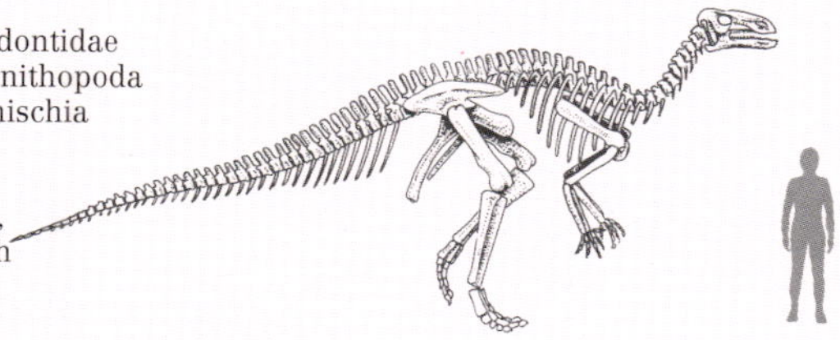

Anatomie des Hinterbeins

Bei diesem Modell sieht man sowohl die einzelnen Knochen des Beines (vom Oberschenkelknochen bis zu den Zehenknochen) als auch einzelne Muskel. Diese verbanden die Knochen der Gliedmaßen mit dem Beckengürtel und arbeiteten jeweils paarweise antagonistisch, d.h. ein Muskel beugte das Bein, während der andere es streckte.

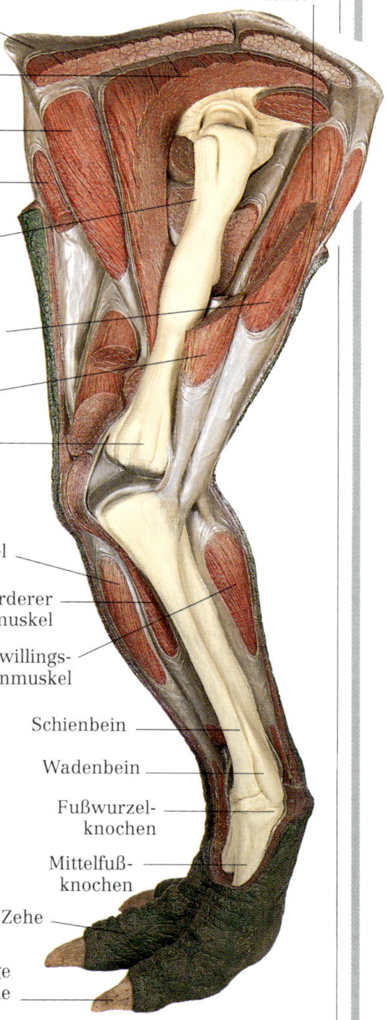

Handknochen

Die hochspezialisierte Funktion dieser Hand wird am Aufbau der einzelnen Fingerknochen deutlich. Der Daumen war in einen dornähnlichen Knochen umgebildet, die langen und kurzen Glieder der drei Mittelfinger liefen in stumpfe »Mini-Hufe« aus, und kurze, gelenkige Knochen machten aus dem »kleinen Finger« ein bewegliches Greiforgan.

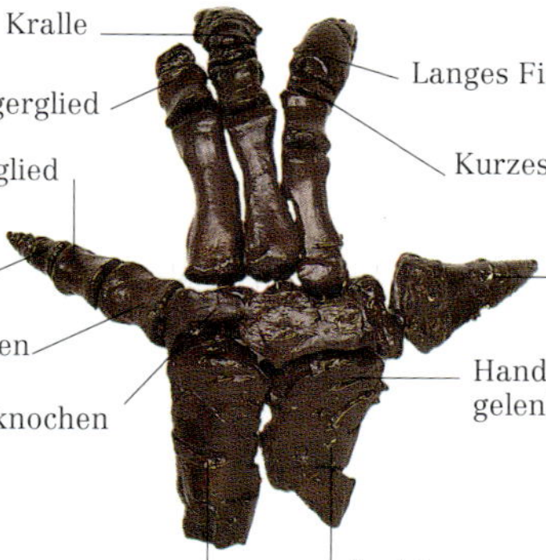

Bewegung

Eindeutige Beweise, die diese bipede Stellung des *Iguanodon* rechtfertigen, sind fossile Spuren dreizehiger Füße, die im gleichen Gestein wie einige Iguanodonskelette gefunden wurden. Nur gelegentlich sind dabei einige schwache Abdrücke der Vorderbeine zu erkennen, so daß man davon ausgehen kann, daß das Körpergewicht des *Iguanodon* überwiegend auf seinen Hinterbeinen ruhte.

OURANOSAURUS

Ouranosaurus (»Waran-Echse«) war ein echter Iguanodontide, der mit *Iguanodon* eine Menge gemein hatte: Beinknochen, die viel länger und kräftiger als die Armknochen waren, hufähnliche Krallen an Zehen und Fingern, Daumensporne sowie hochkronige, geriffelte Zähne. Zu seinen Charakteristika zählten der niedrige, über den Augenhöhlen liegende Stirnhöcker, ein eher für Hadrosaurier typischer »Entenschnabel« sowie große Knochenfortsätze, die aus dem Rückgrat ragten und das dorsale Segel trugen.

IN DER SAHARA
Zwei Paläontologen untersuchen einige Ouranosaurierknochen, die 1971 gefunden wurden.

LEBENSRAUM
Ouranosaurus lebte zusammen mit anderen Reptilien, wie z.B. dem etwa 15 m langen Krokodil *Sarcosuchus,* in den tropisch-feuchten Uferlandschaften Afrikas.

LEBENSWEISE

Vom Verhalten her ähnelte *Ouranosaurus* wohl sehr dem mit ihm verwandten *Iguanodon.* Der Aufbau seiner Hand läßt den Rückschluß zu, daß er auf allen Vieren lief und stand. Die Hand war zwar kleiner als eine Iguanodonhand, dafür waren die Gelenkknöchel jedoch recht kräftig. Die drei Mittelfinger konnten trotz ihrer »Hufnägel« voll bewegt werden, so daß sich die Hände auch als Füße eigneten, wenn sich *Ouranosaurus* auf seine Vorderbeine herabließ. Beim Rennen benutzten adulte Ouranosaurier wohl ausschließlich ihre kräftigen Hinterbeine, Jungtiere werden sich allerdings generell biped bewegt haben, da ihre vorderen Extremitäten verhältnismäßig kurz waren. Bei *Ouranosaurus* findet man auch einen »Entenschnabel« und kräftige Kiefer, mit denen er in den Flußniederungen niedrige Palmfarne oder frühe Angiospermen (Blütenpflanzen) abfraß und zerkaute. Die genaue Funktion seines Rückensegels ist unbekannt. Es könnte eine Rolle beim Balz- oder Imponierverhalten gespielt haben, vielleicht regulierte das Segel aber auch die Körpertemperatur dieses Ornithopoden. Wie mehrere andere prähistorische Reptilien mit Rückensegeln (z.B. *Dimetrodon*) lebte auch *Ouranosaurus* in einem heißen, trockenen Klima, in dem der Dinosaurier ständig Gefahr lief, sich zu überhitzen. Wenn sich beispielsweise *Ouranosaurus* an heißen Nachmittagen so aufstellte, daß das gut durchblutete Segel parallel zu den Sonnenstrahlen ausgerichtet war, dann fielen diese nun nicht auf die Breitseite, sondern auf die Schmalseite des Segels; folglich wurde weniger Hitze aufgenommen. Am Segel vorbeistreichende Luftzüge bewirkten auch, daß *Ouranosaurus* durch Konvektion abkühlte. Umgekehrt konnte er sich an einem kühlen Morgen auch mit der breiten Segelseite zur Sonne stellen, um sich aufzuwärmen.

SKELETT IN DER WÜSTE
Ein Tuareg betrachtet das durch Winderosion freigelegte Skelett eines *Ouranosaurus* im Wüstensand. Die Sandsteinmatrix, die das noch vollständige Fossil umgeben hatte, wurde weggeweht.

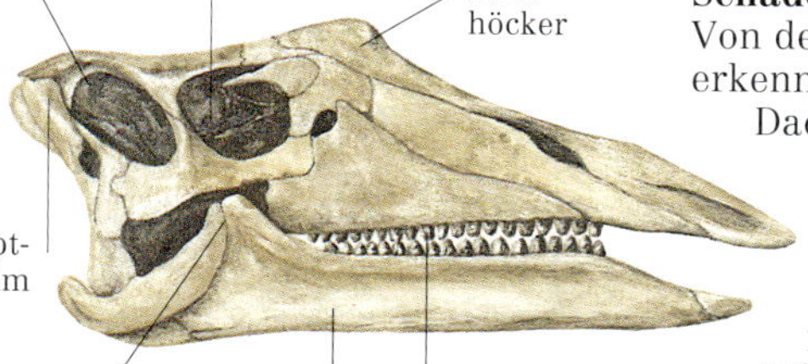

Schädel
Von der Seite (links) und von oben (rechts) erkennt man, daß der Schädel ein flaches Dach und einen Stirnhöcker besaß. Die Schnauze war länger ausgezogen als bei *Iguanodon* und der Unterkiefer flacher. Ein großes Kronenbein (die Ansatzstelle für die Kaumuskeln) sorgte für einen kräftigen Biß. Beide Dinosaurier hatten geriffelte, blattförmige Zähne, und ein spezielles Gelenk im Oberkiefer sorgte dafür, daß beide Hälften beim Schließen des Mauls (also beim Kauen) nach außen glitten.

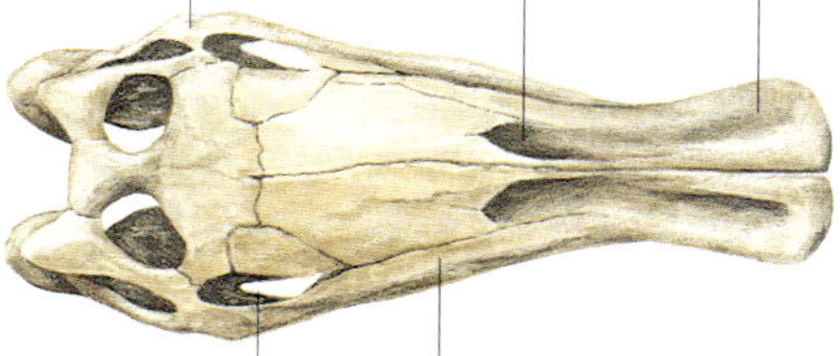

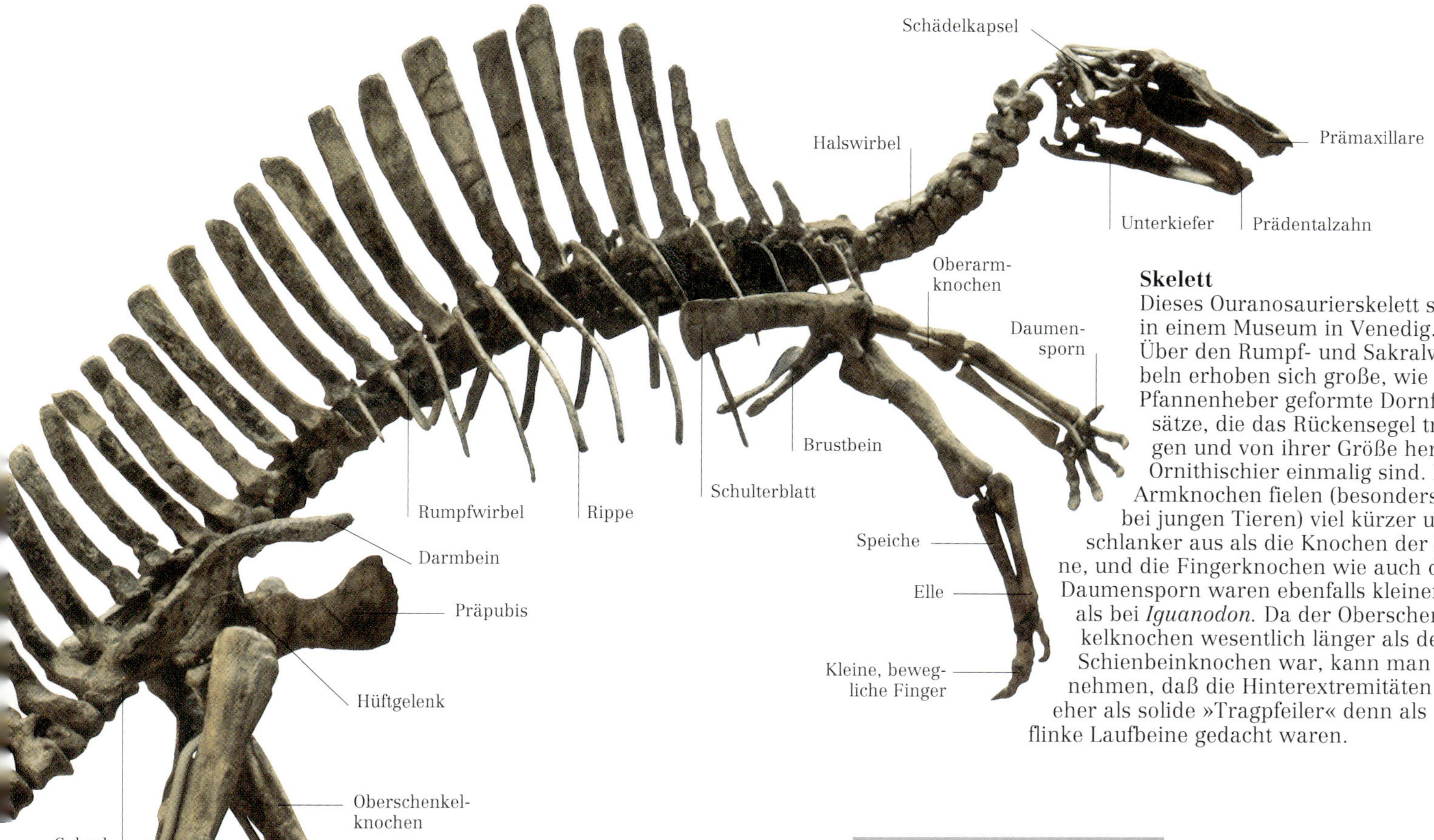
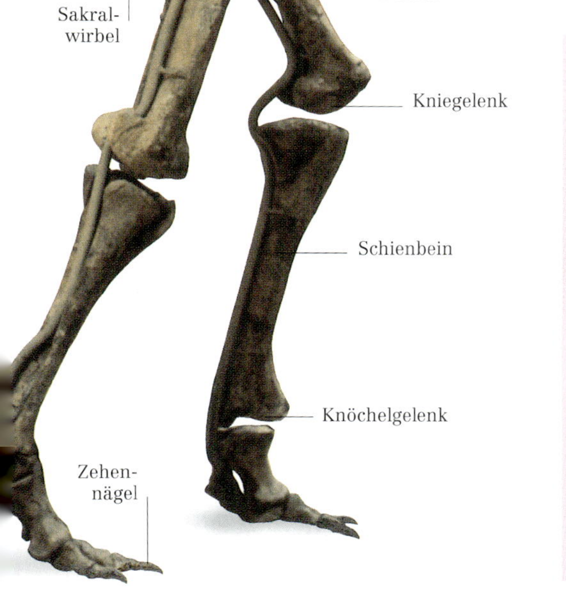

Skelett
Dieses Ouranosaurierskelett steht in einem Museum in Venedig. Über den Rumpf- und Sakralwirbeln erhoben sich große, wie Pfannenheber geformte Dornfortsätze, die das Rückensegel trugen und von ihrer Größe her für Ornithischier einmalig sind. Die Armknochen fielen (besonders bei jungen Tieren) viel kürzer und schlanker aus als die Knochen der Beine, und die Fingerknochen wie auch der Daumensporn waren ebenfalls kleiner als bei *Iguanodon*. Da der Oberschenkelknochen wesentlich länger als der Schienbeinknochen war, kann man annehmen, daß die Hinterextremitäten eher als solide »Tragpfeiler« denn als flinke Laufbeine gedacht waren.

KURZ-INFO

OURANOSAURUS

Ouranosaurus war ein großer, bipeder/quadrupeder Pflanzenfresser, der einen länglichen Schädel, einen zahnlosen Schnabel und ein dorsales Rückensegel besaß.

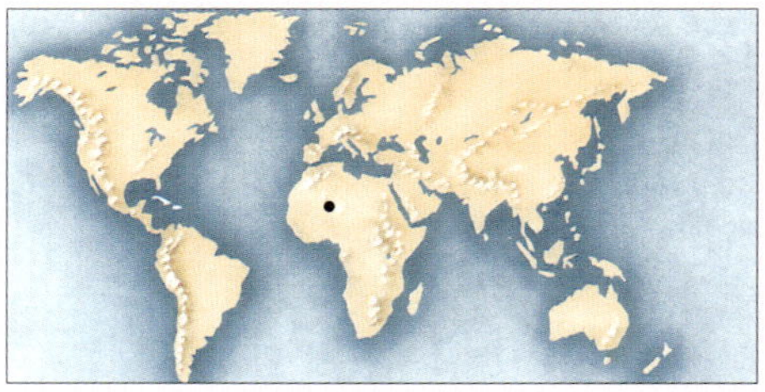

FUNDORT
Agadez (Niger)

SYSTEMATIK
Familie: Iguanodontidae
Subordnung: Ornithopoda
Ordnung: Ornithischia

MESOZOIKUM

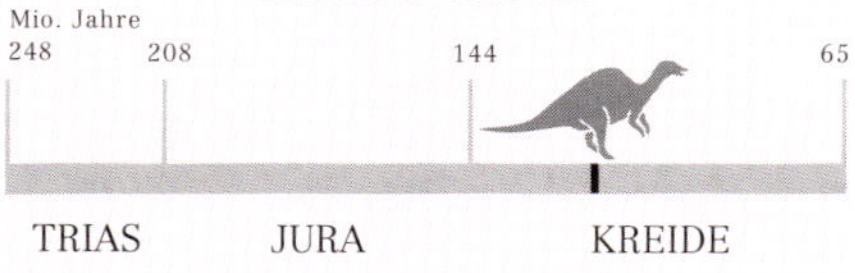

ZEIT
vor 115 Mio. Jahren

NAHRUNG
Blätter

MASSE
Länge: 7 m

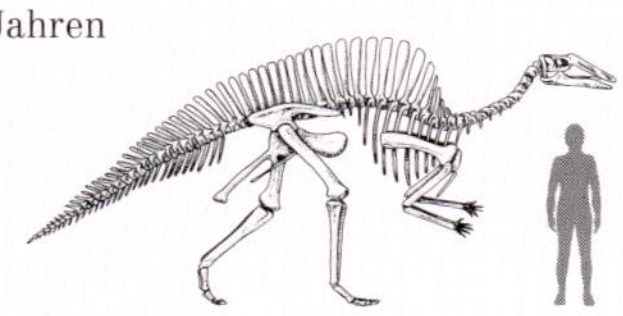

EDMONTOSAURUS

Edmontosaurus (»Echse aus Edmonton«), gehörte mit 13 m Länge zu den größten Hadrosauriern. Äußerlich wirkte er mit seinem kräftigen Kiefer und Schwanz, den kleinen Armen und langen, muskulösen Hinterbeinen wie ein zu groß geratenes *Iguanodon*. Sein Schnabel war allerdings »entenähnlicher« und flacher, er besaß Hunderte dicht gepackter Zähne und konnte seine lappigen Nüstern aufblasen, die sich oberhalb der Nasenhöhlen befanden. Außerdem machte seine Wirbelsäule vor dem Schultergürtel einen scharfen Knick, und seine fleischigen Hände besaßen jeweils nur vier Finger.

Gebiß
Die großen selbstschärfenden Zähne saßen dichtgepackt in bis zu 60 Gruppen, die jeweils aus 3 bis 5 hintereinander wachsenden Einzelzähnen bestanden. Beim Kauen glitten die Zähne des Oberkiefers seitlich an den Unterkieferzähnen vorbei.

▪ LEBENSWEISE ▪

Früher hatte man Hadrosaurier für Dinosaurier gehalten, die in Gewässern lebten, zarte Wasserpflanzen fraßen und mit ihren Schwimmhäuten an den Füßen durch das Wasser paddelten, während sie mit den ruderartigen Schwänzen gegensteuerten. In Wirklichkeit besaßen sie weder Schwimmhäute, noch waren ihre Schwänze ausreichend biegsam, um damit wriggen zu können, und ihre Zähne konnten durchaus auch hartstielige Pflanzen zermalmen. Heute wird *Edmontosaurus* daher für ein Landtier gehalten, das wahlweise auf vier oder zwei Beinen lief (letzteres vor allem zum Fliehen). Bei gerade gehaltenem Rücken und gestrecktem Schwanz (der als »Ausleger« die Balance hielt) konnte dieser große Hadrosaurier mit seinen kräftigen Laufbeinen ein Sprinttempo bis zu 50 km/h erreichen. Sehr wahrscheinlich konnte er auch kilometerlang bei halber Geschwindigkeit laufen. Da *Edmontosaurus* weder Zähne noch Krallen zur Verteidigung besaß, konnte er *Tyrannosaurus* und anderen großen Carnosauriern, die während der Oberkreide im Westen Nordamerikas lebten, nur durch rasche Flucht entkommen. Meist zog er in großen Herden gemächlich über die Ebenen, in denen vielleicht einzelne Tiere ein tiefes Brüllen ausstießen. Diese trompetenähnliche Rufe brachten sie mit Hilfe einer Hautfalte in der Nase hervor, die sie wie ein See-Elefant aufblähen konnten. Diese Rufe könnten zur Paarung verwendet worden sein, zum Vertreiben eines Rivalen oder um verirrte Jungtiere herbeizurufen. *Edmontosaurus* rupfte krautige Pflanzen und Blätter aus dem Unterholz jener Wälder ab, die im Küstenbereich des großen amerikanischen Binnenmeers lagen. Im Magen eines mumifizierten Edmontosauriers fand man teilweise unverdaute Samen, Früchte, Kiefernnadeln und Zweige.

Aufblasbare Nasenfalte
Auf diesen beiden Abbildungen sieht man den Kopf eines *Edmontosaurus*. Normalerweise liegt die Haut der Nasenoberseite glatt bzw. leicht gerunzelt, doch konnte der Hadrosaurier diese wie einen Ballon aufblasen und dabei ein beachtlich lautes Geräusch produzieren.

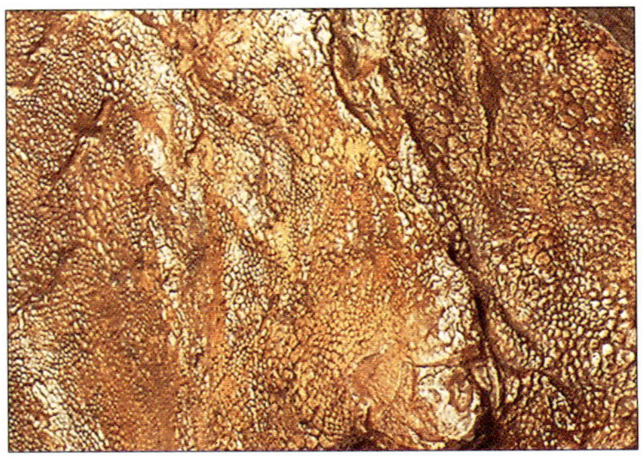

FOSSILE HAUT
Unter den zahlreichen kleinen Schuppen der Haut fallen Hautbeulen auf, die möglicherweise leuchtend bunt gemustert waren.

Rekonstruiertes Skelett
Die Kennzeichen eines Hadrosauriers sind seine charakteristische Schädelform, drei und mehr Zähne pro Zahnposition, der fehlende Daumen, ein reduzierter Schambeinschaft sowie acht bis zehn Sakralwirbel.

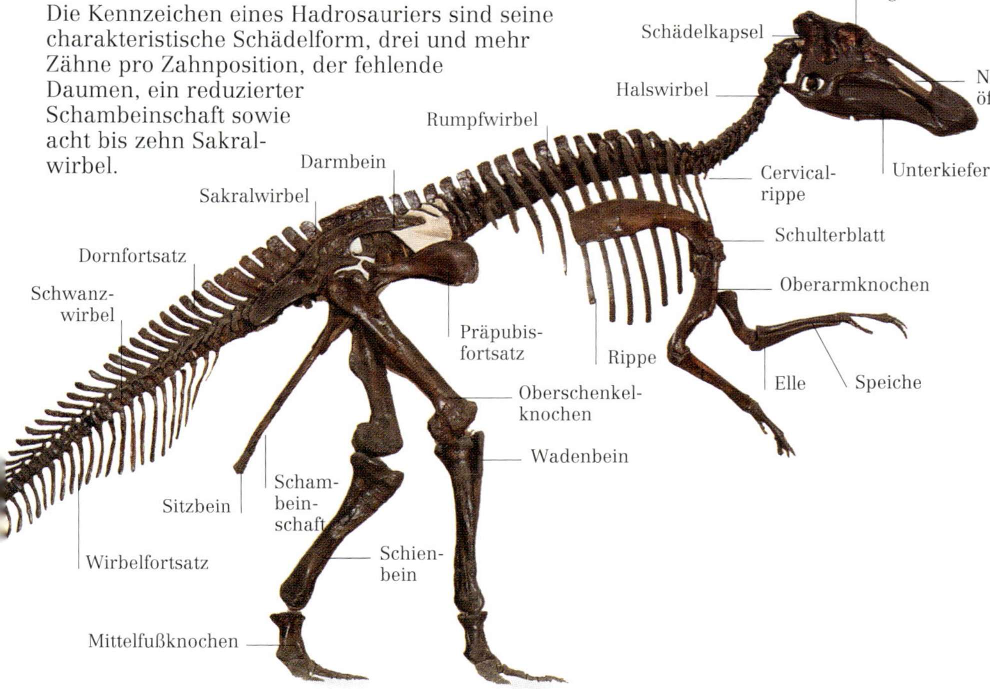

KURZ-INFO

EDMONTOSAURUS

Edmontosaurus war ein bipeder bzw. quadrupeder Pflanzenfresser mit großem, flachen Schädel.

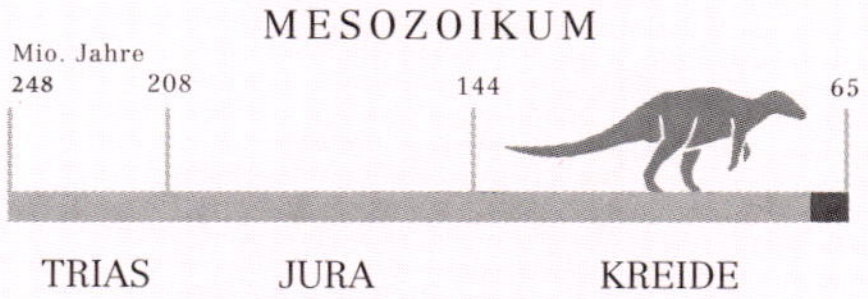

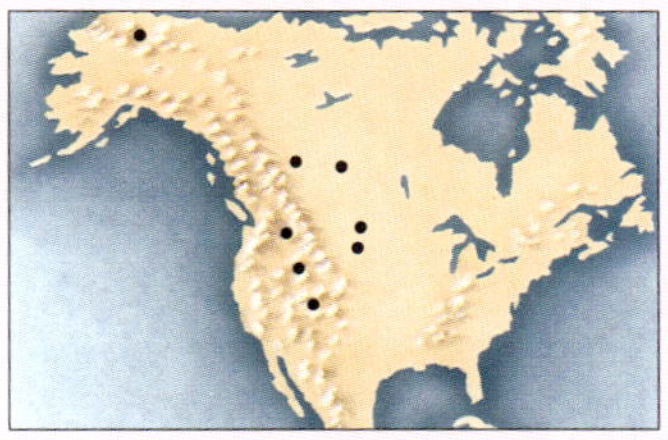

FUNDORT
Alberta, Saskatchewan (Kanada)
Alaska, Colorado, North Dakota, South Dakota, Wyoming (USA)

SYSTEMATIK
Familie: Hadrosauridae
Subordnung: Ornithopoda
Ordnung: Ornithischia

ZEIT
vor 67 bis 65 Mio. Jahren

MASSE
Länge: 13 m
Gewicht: 4 t

NAHRUNG
Laub, Früchte

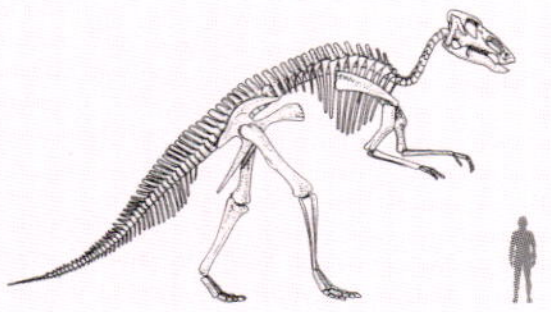

Versteinertes Skelett
Dieser fossile *Edmontosaurus* blieb komplett in einer Felsplatte erhalten – mit allen Knochen an ihrer natürlichen Position. Derartige von Kopf bis Schwanz erhaltenen Skelette werden weitaus seltener gefunden als zerstreute Knochen und einzelne Zähne.

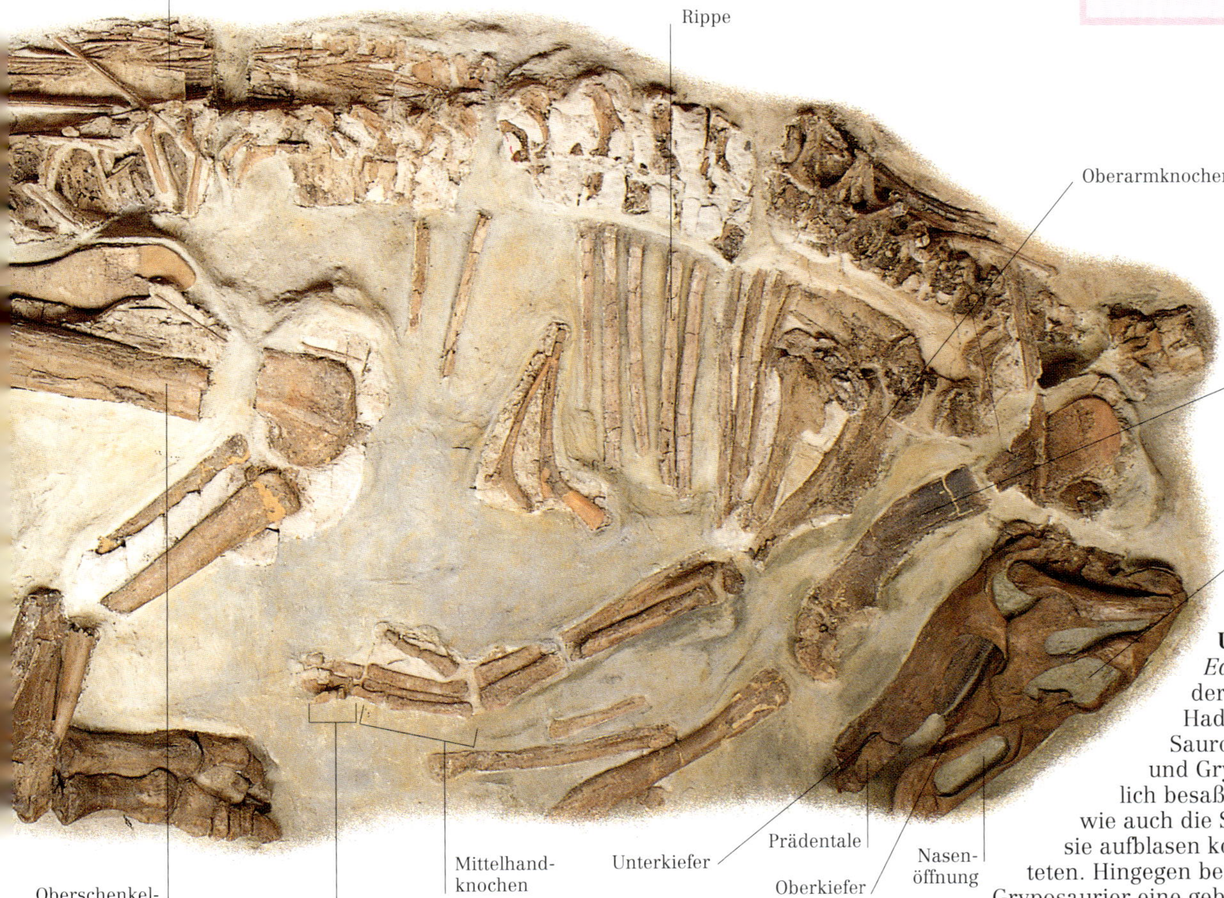

Unterfamilie Hadrosauridae
Edmontosaurus gehört zu einer der vier Gruppen der Unterfamilie Hadrosauridae: Edmontosaurier, Saurolopher, Brachylophosaurier und Gryposaurier. Sehr wahrscheinlich besaßen sowohl die Edmontosaurier wie auch die Saurolopher Nasensäcke, die sie aufblasen konnten und dabei laut trompeteten. Hingegen besaßen Brachylophosaurier und Gryposaurier eine gebogene Schnauze, die evtl. bei Zweikämpfen als »Rammbock« verwendet wurde.

MAIASAURA

Mit seinem breiten »Entenschnabel«, den kräftigen Kiefern und seinen zahlreichen Zahnbatterien gilt *Maiasaura* (»Gute-Mutter-Echse«) als der Prototyp der Entenschnabelsaurier (Hadrosaurier). *Maiasaura* wurde der Familie Hadrosauridae zugeordnet, weil er keinen hohlen Kopfkamm (wie die Lambeosaurier) besaß; die weitere systematische Zuordnung zur Gruppe der Brachylophosaurier erfolgte aufgrund des massiven, hornartigen Kammes über den Augen sowie der dreieckigen Vorsprünge der Wangenknochen. *Maiasaura* wurde 1978 erstmalig entdeckt; seitdem hat man Tausende dieser Tiere gefunden.

Gefährliche Jugendzeit
Diese Museumsexponate zeigen einen jungen Ornithopoden, der gerade einem hungrigen *Troodon* zum Opfer fällt. Möglicherweise sind flinke, leichte Theropoden wie *Troodon* auch in die Nistkolonien von Maiasauriern eingedrungen, um hilflose Jungtiere zu erbeuten.

MAIASAURA BEIM SCHLÜPFEN
Dieses Maiasaurier-Baby hat seine Eischale durchbrochen und ist bereits halbwegs geschlüpft.

LEBENSWEISE

Über die weiten Küstenniederungen und Ebenen, die in der Oberkreide zwischen den Rocky Mountains und dem prähistorischen nordamerikanischen Binnenmeer lagen, zogen riesige *Maiasaura*-Herden, die manchmal aus bis zu 10 000 Tieren bestanden. Die Paläontologen nehmen an, daß diese Herden jahreszeitliche Wanderungen von Norden nach Süden unternahmen, um Nahrung zu finden. Dabei legten sie in den Ebenen breite Trampelpfade an. Innerhalb des Herdenverbandes waren die einzelnen Tiere vor angreifenden Tyrannosauriern geschützt. Diese Raubsaurier könnten auch ein Grund für die Nistkolonien der Maiasaurier gewesen sein. Alljährlich kehrten die Weibchen an dieselben Nistplätze zurück, wo sie etwa 2 m breite Erdnester aushoben. In diese legten sie jeweils bis zu 20 längliche, ovale Eier. Verfaulende Zweige und Pflanzenteile, die von den Müttern auf den Eiern verteilt wurden, erzeugten zusätzliche Brutwärme und beschleunigten das Schlüpfen. Währenddessen hielten sich die Alttiere in der Nähe der Nester auf. Wie die meisten modernen Vögel fütterten *Maiasaura*-Mütter ihre »Brut«. Die bereits abgenutzten Zähne und noch nicht voll ausgebildeten Beinknochen fossiler *Maiasaura*-Babys demonstrieren, daß die Tiere bereits feste Nahrung zu sich genommen hatten, ehe sie groß genug waren, auf eigenen Beinen zu stehen.

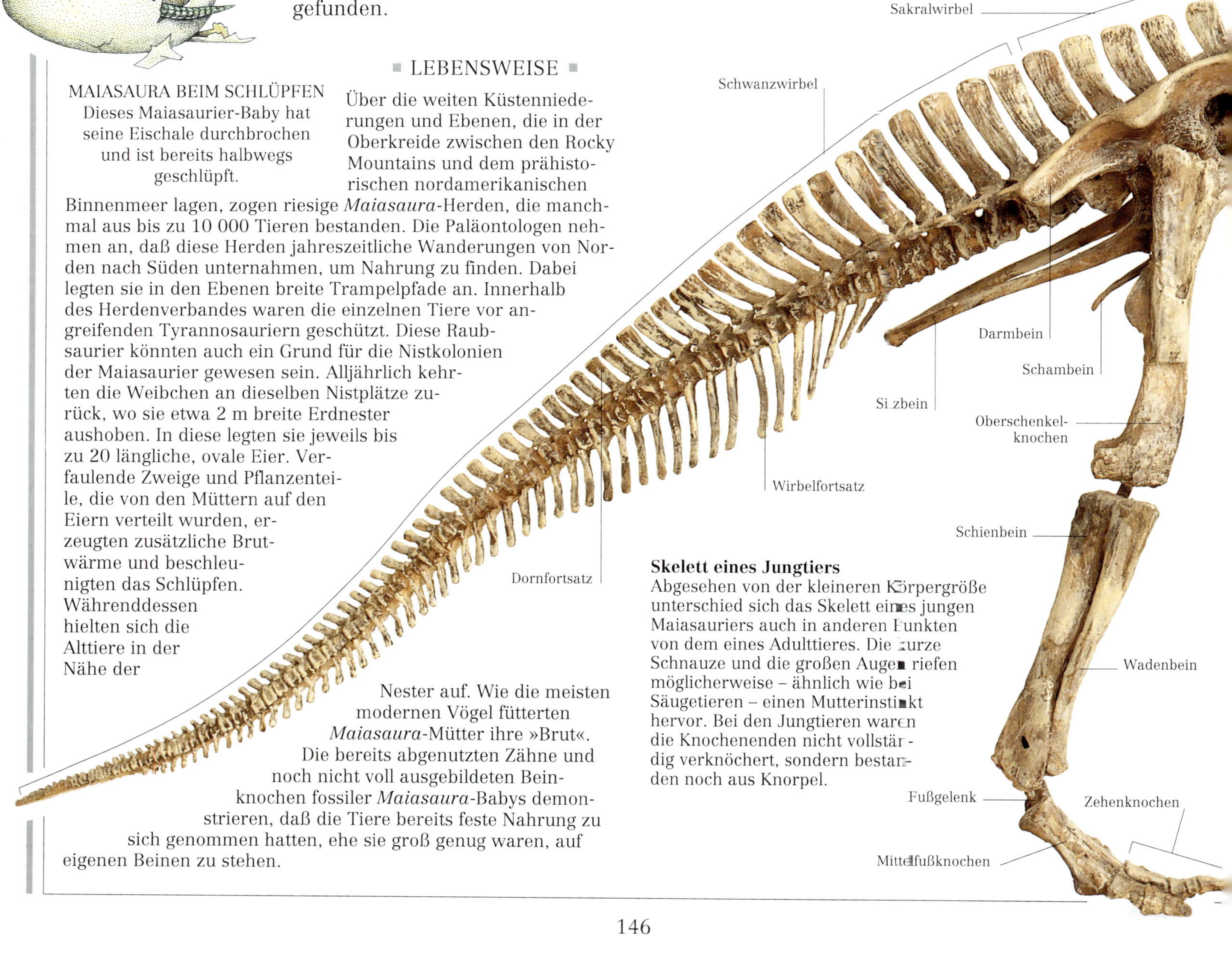

Skelett eines Jungtiers
Abgesehen von der kleineren Körpergröße unterschied sich das Skelett eines jungen Maiasauriers auch in anderen Punkten von dem eines Adulttieres. Die kurze Schnauze und die großen Augen riefen möglicherweise – ähnlich wie bei Säugetieren – einen Mutterinstinkt hervor. Bei den Jungtieren waren die Knochenenden nicht vollständig verknöchert, sondern bestanden noch aus Knorpel.

NEST EINES MAIASAURIERS
Frischgeschlüpfte *Maiasaura*-Babys ducken sich zwischen anderen Eiern im Schutz ihres schüsselförmigen Erdnestes. Die kleinen Maiasaurier waren offenbar Nesthocker, da sie beim Heranwachsen die Eischalen zertrampelten, aus denen keine Jungen geschlüpft waren.

KURZ-INFO

MAIASAURA

Maiasaura war ein bipeder bzw. quadrupeder Pflanzenfresser.

MESOZOIKUM

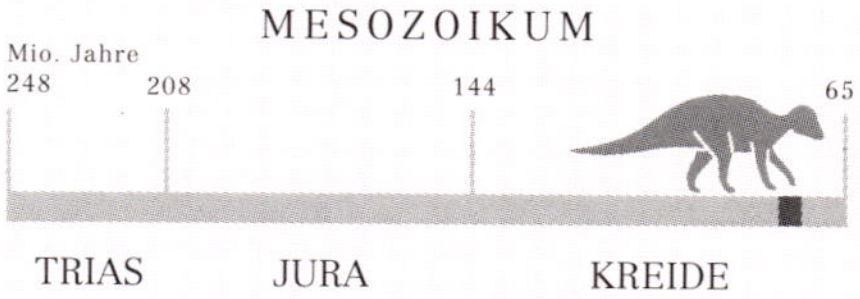

FUNDORT
Montana (USA)

ZEIT
vor 80 bis 75 Mio. Jahren

MASSE
Länge: 9 m

SYSTEMATIK
Familie: Hadrosauridae
Subordnung: Ornithopoda
Ordnung: Ornithischia

NAHRUNG
Farne, Palmen, Baumfarne

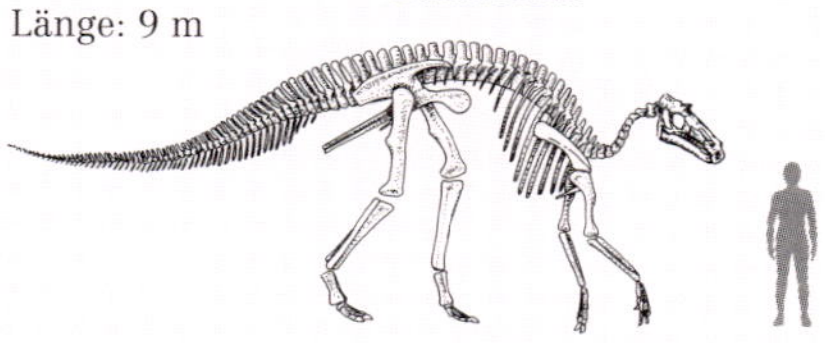

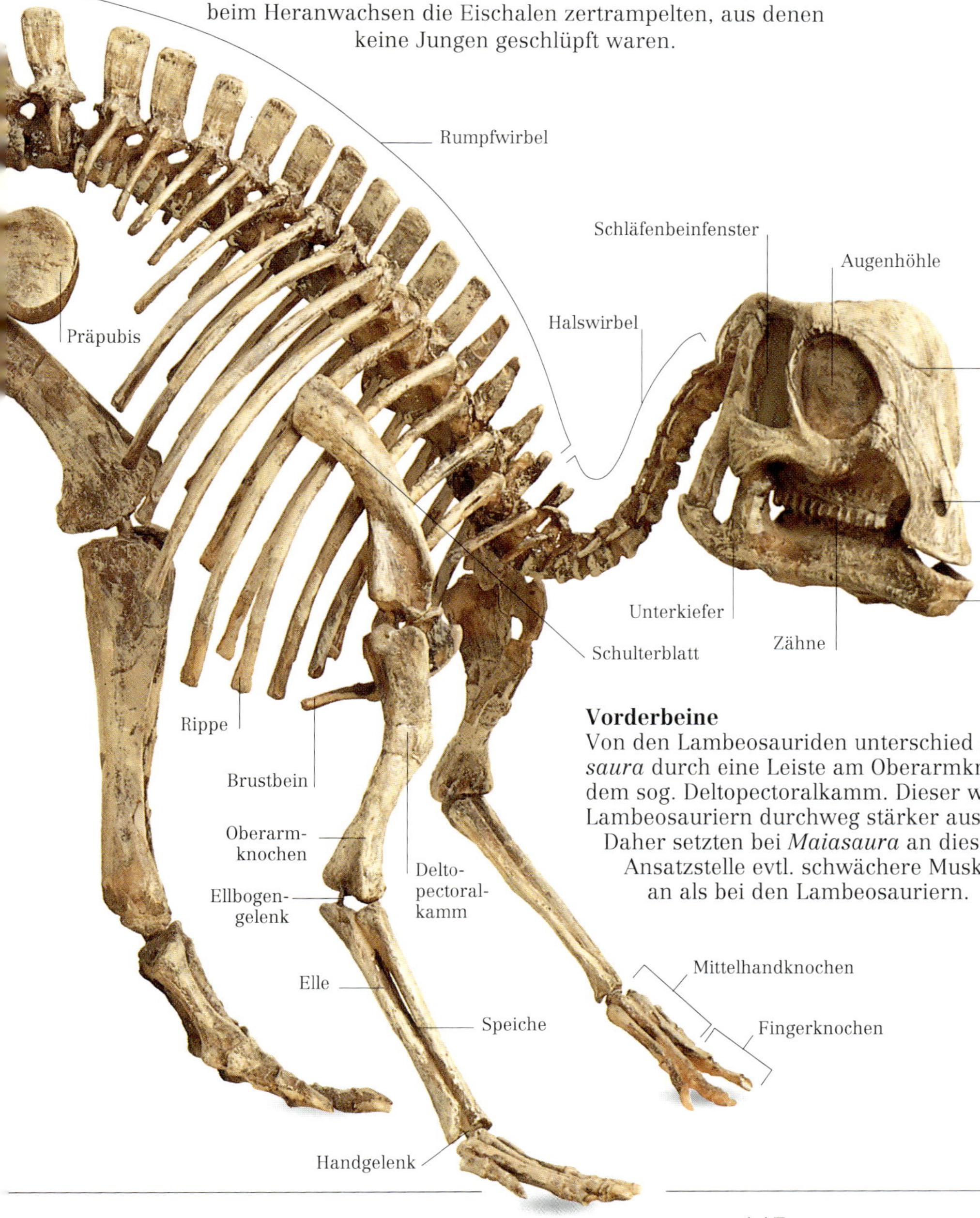

Vorderbeine
Von den Lambeosauriden unterschied sich *Maiasaura* durch eine Leiste am Oberarmknochen, dem sog. Deltopectoralkamm. Dieser war bei Lambeosauriern durchweg stärker ausgebildet. Daher setzten bei *Maiasaura* an dieser Ansatzstelle evtl. schwächere Muskeln an als bei den Lambeosauriern.

Rekonstruktion des Kopfes
Näher betrachtet erinnert der Kopf eines Maiasauriers an einen länglichen Pferdeschädel, über dessen Auge eine Knochenleiste verläuft. Möglicherweise setzten die Männchen diesen Kopfschmuck ein, um ihre Rivalitäten auszutragen.

CORYTHOSAURUS

Corythosaurus (»Helmechse«) gehört aufgrund von gut zwei Dutzend fossilen Schädelfunden zu den am besten bekannten Hadrosauriern Nordamerikas. Systematisch wird er der Familie der Lambeosauridae zugerechnet, die durch große, hohle Knochenkämme (mit verschlungenen Nasengängen) auf dem Schädel gekennzeichnet waren. Verwirrenderweise fiel der Kopfschmuck nicht bei allen Corythosauriern gleich aus, da zwischen den einzelnen Altersgruppen und Geschlechtern Unterschiede bestanden; dies ist aber erst seit ein paar Jahren bekannt. Vorher wurden deshalb sieben verschiedene *Corythosaurus*-Arten beschrieben, die tatsächlich jedoch nur eine einzige Art bilden.

ENTDECKUNG
Gegen Ende des 19. Jahrhunderts fanden einige Fossiliensammler Corythosaurierknochen am Red Deer River in Alberta.

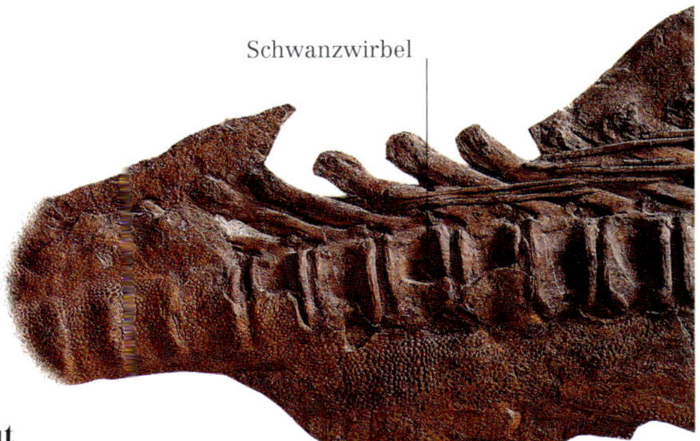

Fossile Haut
Zusammen mit diesem länglichen Stück eines Schwanzwirbels von *Corythosaurus* blieben auch Hautabdrücke erhalten. Die Hautschuppen lagen wie Noppen nebeneinander und überlappten sich nicht, wie dies bei vielen rezenten Reptilien der Fall ist.

LEBENSWEISE

Corythosaurus bewohnte die Küstenebenen, die sich im Westen Nordamerikas zwischen den Bergen und dem Ufer eines damaligen Binnenmeeres erstreckten. Große Herden dieses Ornithopoden zogen durch die üppigen Wälder, in denen Palmfarne, Baumfarne, Magnolienbäume, Farne und Zypressen wuchsen. *Corythosaurus* ernährte sich von den Früchten und Blättern mittelhoher Büsche und Bäume, und er weidete wohl auch die krautige Vegetation ab. Sicherlich dürften den Corythosauriern auch andere Hadrosaurierherden begegnet sein; denn in den gleichen Gesteinsformationen, aus denen Fossilien von *Corythosaurus* stammen, wurden Skelette von *Gryposaurus, Prosaurolophus, Lambeosaurus* und *Parasaurolophus* gefunden. Da sich mehrere Hadrosaurierherden vermischten, ist es sehr wahrscheinlich, daß die Tiere charakteristische Knochenkämme besaßen, an denen sie ihre Artgenossen wiedererkannten. Eine besondere Rolle spielte der Kopfschmuck der Männchen wohl während der Paarungszeit; dann war er vermutlich lebhaft gefärbt, um Partnerinnen anzulocken. Vielleicht ließen die Corythosauriermännchen auch dumpfe Balzrufe oder aggressive Kampfrufe (gegen Rivalen) erschallen; diese brachten sie hervor, indem sie Luft von der Luftröhre aus in einen Kammhohlraum bliesen, welche dann über zwei Nebenhöhlen durch die Nasenlöcher wieder nach außen geblasen wurde. Der Kamm diente den Männchen demnach auch als Resonanzkörper und Schallverstärker.

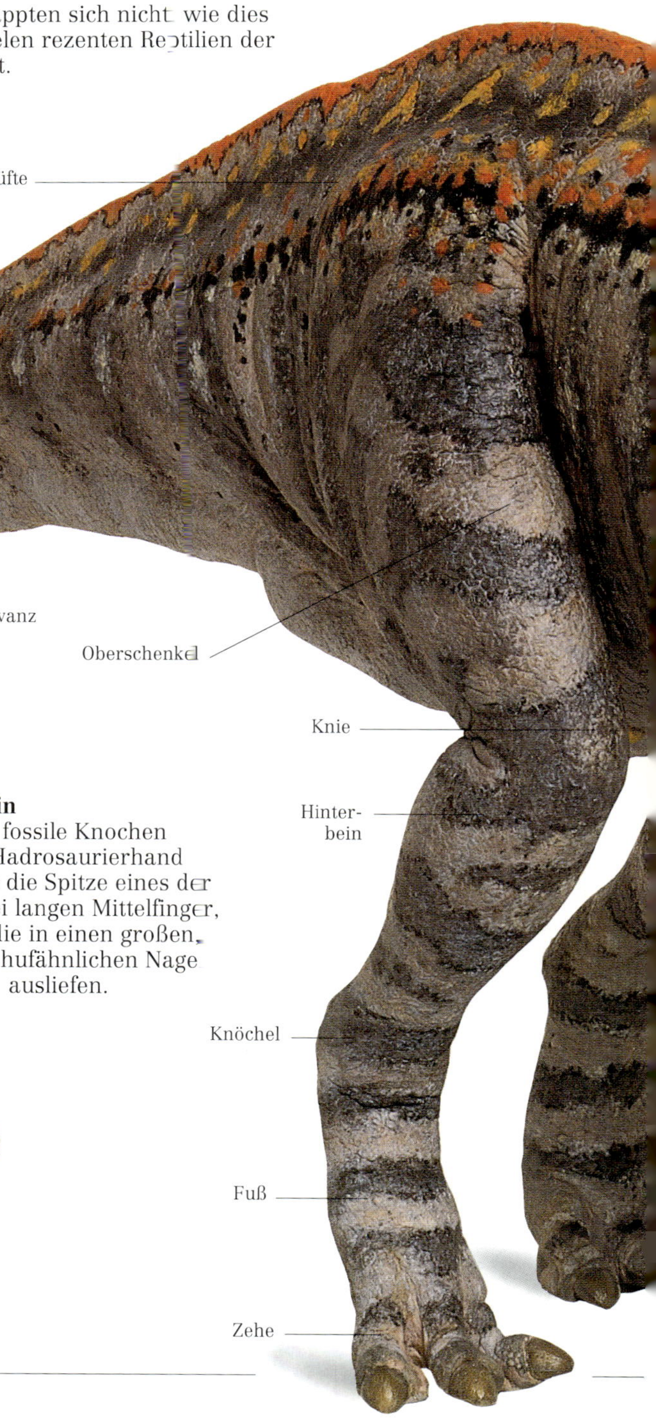

Hufbein
Dieser fossile Knochen einer Hadrosaurierhand bildete die Spitze eines der drei langen Mittelfinger, die in einen großen, hufähnlichen Nage ausliefen.

Rekonstruiertes Skelett
Ein charakteristischer Kopfkamm, der an einen Teller erinnert, kennzeichnet diesen Hadrosaurier als *Corythosaurus,* der zu den Lambeosauridae gehört. Typische Kennzeichen dieser Familie waren der hohle Kopfkamm, verlängerte Dornfortsätze, kräftige Beinknochen sowie der wie ein Fuß geformte Sitzbeinfortsatz. Wie bei allen Hadrosauriern findet man auch bei *Corythosaurus* den klassischen »Entenschnabel«, Zahnbatterien, einen U-förmig gebogenen Hals und verknöcherte Sehnen, die Rückgrat und Schwanzwirbelsäule stabilisierten.

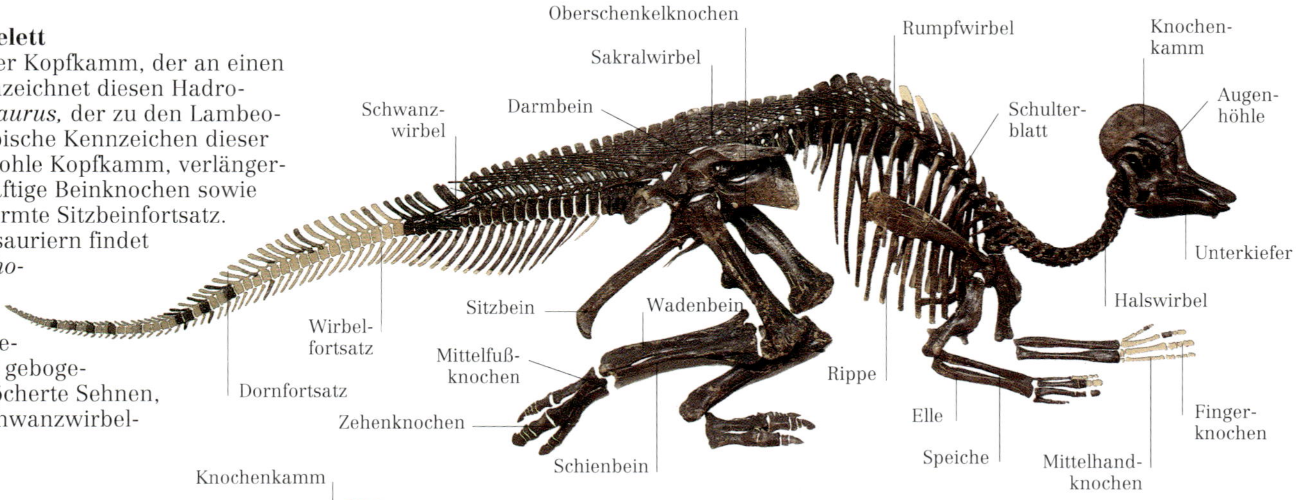

Funktion des Knochenkamms
Der Wissenschaftler James Dodson von der University of Chicago widersprach der These, die Kämme der Lambeosaurier seien so etwas wie Schnorchel gewesen, und interpretierte sie statt dessen als Mittel zur Kommunikation.

Unterschiedliche Knochenkämme
Nur die Corythosauriermännchen besaßen so große, prächtige Knochenkämme wie den hier abgebildeten, während Weibchen und Jungtiere einen kleineren Kopfschmuck hatten. Diese Unterschiede stellte der Zoologe Peter Dodson von der University of Pennsylvania nach Messungen an verschiedenen Schädeln von Lambeosauriden fest. Die Kämme bei *Corythosaurus* und *Hypacrosaurus* waren sich recht ähnlich, so daß beide Arten nur durch die kleineren Dornfortsätze bei *Corythosaurus* auseinandergehalten werden können.

KURZ-INFO

CORYTHOSAURUS

Corythosaurus war ein bipeder/quadrupeder Pflanzenfresser, der einen typischen helmförmigen Kopfschmuck besaß.

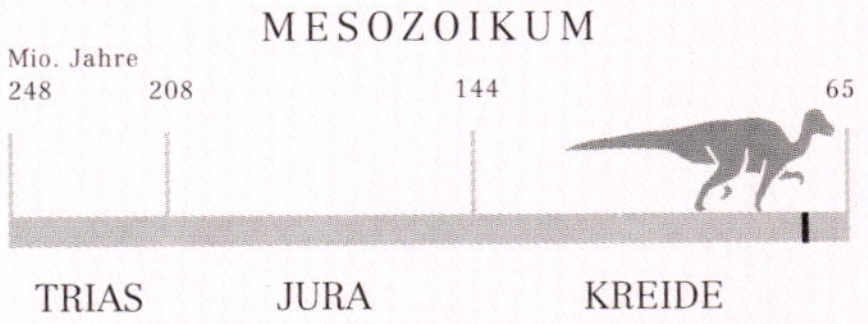

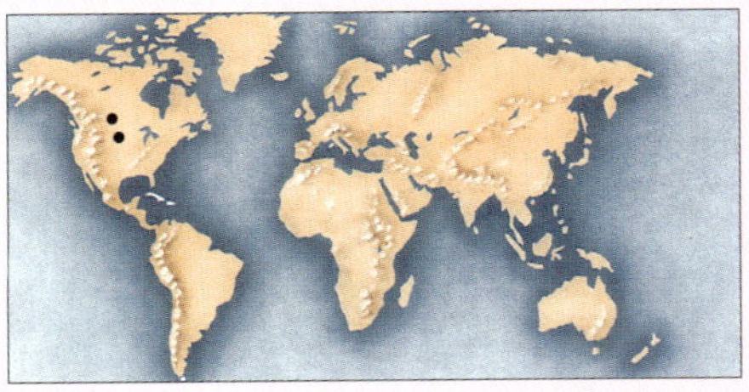

ZEIT
vor 75 Mio. Jahren

NAHRUNG
Blütenpflanzen

SYSTEMATIK
Familie: Lambeosauridae
Subordnung: Ornithopoda
Ordnung: Ornithischia

MASSE
Länge: 10 m
Gewicht: 3,8 t

FUNDORT
Alberta (Kanada)
Montana (USA)

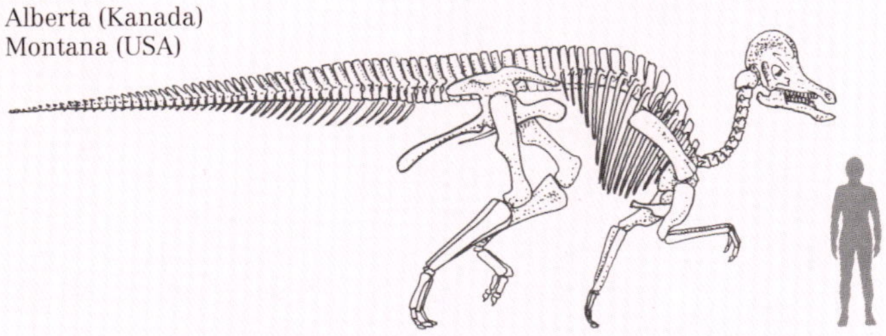

LAMBEOSAURUS

Lambeosaurus (»Lambes Echse«) war ein großer, kräftiger Hadrosaurier mit einem typischen Kopfkamm, der an ein Küchenbeil erinnerte. Dieser Kamm war hohl und stand vermutlich mit den Nasengängen in Verbindung; sehr wahrscheinlich diente er zur Schallverstärkung. Von diesem Kopfschmuck lief möglicherweise ein bindegewebiger »Hautkamm« über Nacken und Rücken bis zum Schwanz hinab. Heute sind drei Lambeosaurierarten mit jeweils unterschiedlich geformtem Kamm bekannt. Die Hadrosaurier gliederten sich in zwei Untergruppen: zum einen in die Lambeosaurinae (wie z.B. *Lambeosaurus* und *Corythosaurus*), die einen Kamm und einen kurzen Unterkiefer besaßen, zum anderen in die Hadrosaurinae, wie beispielsweise *Edmontosaurus*.

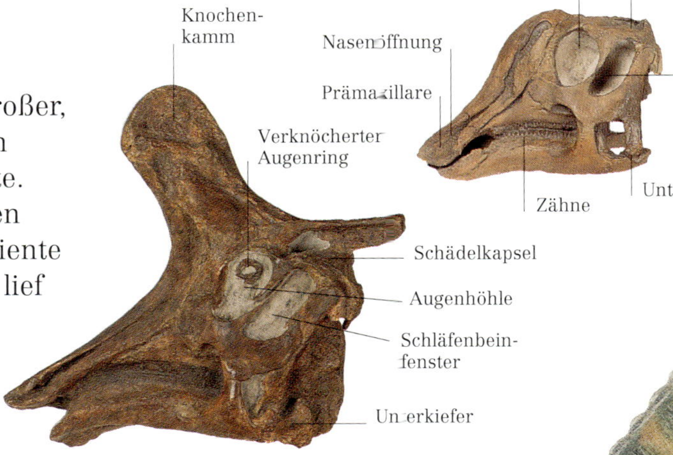

Schädel im Vergleich
Der kleinere Lambeosaurierschädel (oben) stammt vermutlich von einem Jungtier, während man den Schädel mit dem großen Kamm (unten) sehr wahrscheinlich einem Männchen zuordnen kann. Weibchen besaßen einen mittelgroßen Kopfzierat. Allerdings fehlt letztlich doch noch ein eindeutiger Beweis für diese These.

LEBENSWEISE

Da man sowohl in Mexiko wie in Kanada Skelette dieses Ornithopoden gefunden hat, kann man davon ausgehen, daß *Lambeosaurus* ausgedehnte Nord-Süd-Wanderungen unternahm, deren Route westlich der Küstenlinie eines damaligen Binnenmeeres im Westen Nordamerikas verlief. Die Wanderung der Herden ergab sich aus dem von den Jahreszeiten abhängigen Nahrungsangebot: Während des Wanderns rupfte *Lambeosaurus* mit seinem schmalen Schnabel an Blättern und Wedeln seiner »Lieblingspflanzen«. Vermutlich waren Hadrosaurier, die einen breiten Schnabel besaßen, beim Fressen nicht so wählerisch, und schließlich machten sich die Ceratopsier mit ihrem kräftigen »Papageienschnabel« vielleicht gerade über diejenigen Pflanzen her, die von beiden Hadrosauriergruppen verschmäht wurden. Auf diese Weise halfen unterschiedliche Ernährungsweisen, daß alle Ressourcen des Biotops genutzt werden konnten, ohne daß die Tiere zu Nahrungskonkurrenten wurden. Eine ähnliche Weidesukzession findet man bei den heutigen Huftierherden der afrikanischen Savanne.

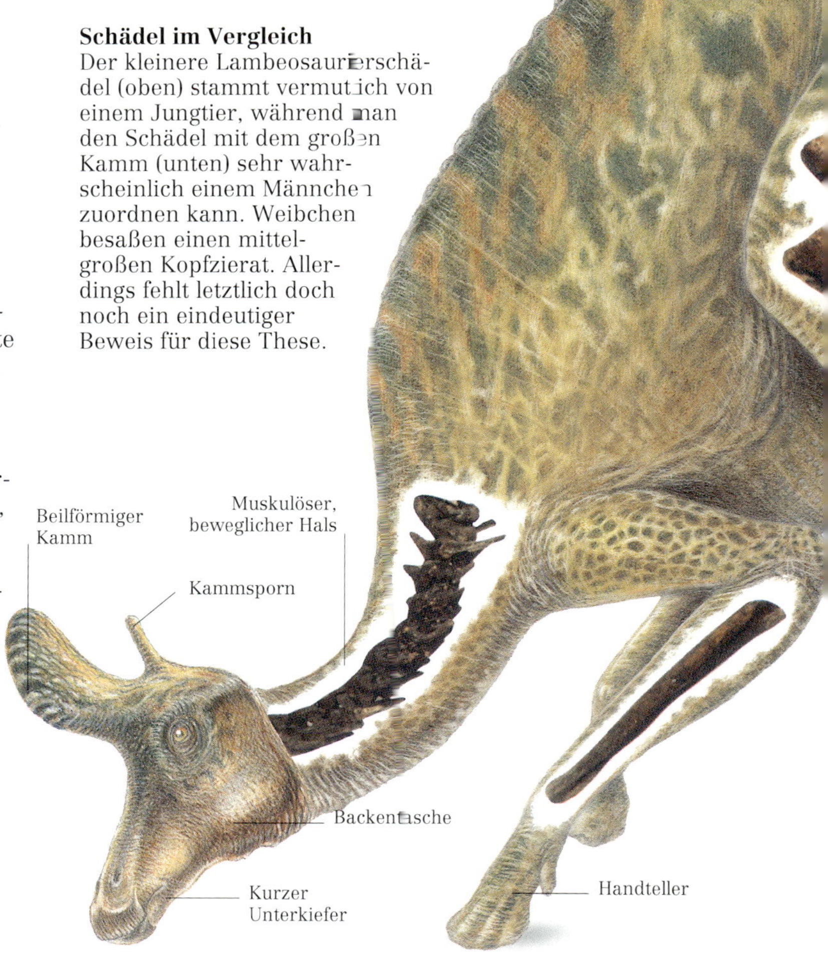

KOMMUNIKATION

Die Einzeltiere innerhalb einer Lambeosaurierherde erkannten sich sehr wahrscheinlich an ihren – je nach Geschlecht unterschiedlich großen – Knochenkämmen. Wurde ein *Lambeosaurus* jedoch von der Herde getrennt, konnte er sich wohl auch akustisch mit seinen Artgenossen verständigen. Denn die Hohlräume innerhalb des Kamms funktionierten wie ein Resonanzkörper, die den Ruf des Sauriers verstärkten und tiefe Töne verursachten. Vielleicht konnten sich die verschiedenen Lambeosaurier an ihren artspezifischen Rufen wiedererkennen, da beispielsweise ein Lambeosaurierkamm einen anderen Klang hervorbrachte als der eines Corythosauriers. Der kammlose *Prosaurolophus* besaß vielleicht Nasensäcke, die er zum Rufen aufblähte. Auf diese Weise erzeugte er ähnliche Schnaub- und Trompetenlaute wie ein heutiger See-Elefant.

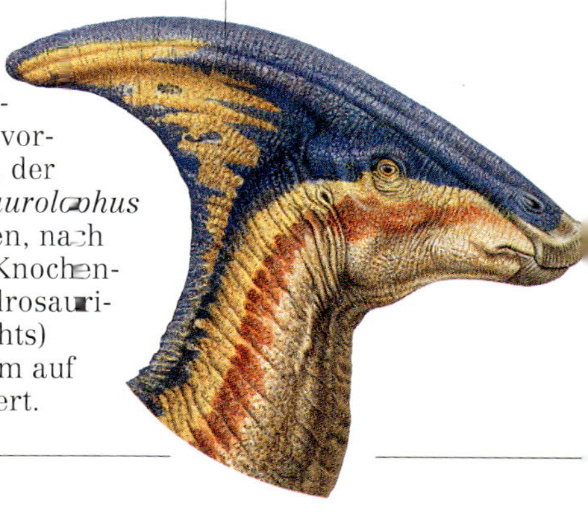

Unterschiedlich geformte Köpfe
Lambeosaurus magnicristatus (links) besaß einen vorwärts gerichteten Kamm, der Lambeosauride *Parasaurolophus* (Mitte) einen längeren, nach hinten knickenden Knochenkamm. Bei dem Hadrosauriden *Kritosaurus* (rechts) hingegen war der Kamm auf einen Stirnhöcker reduziert.

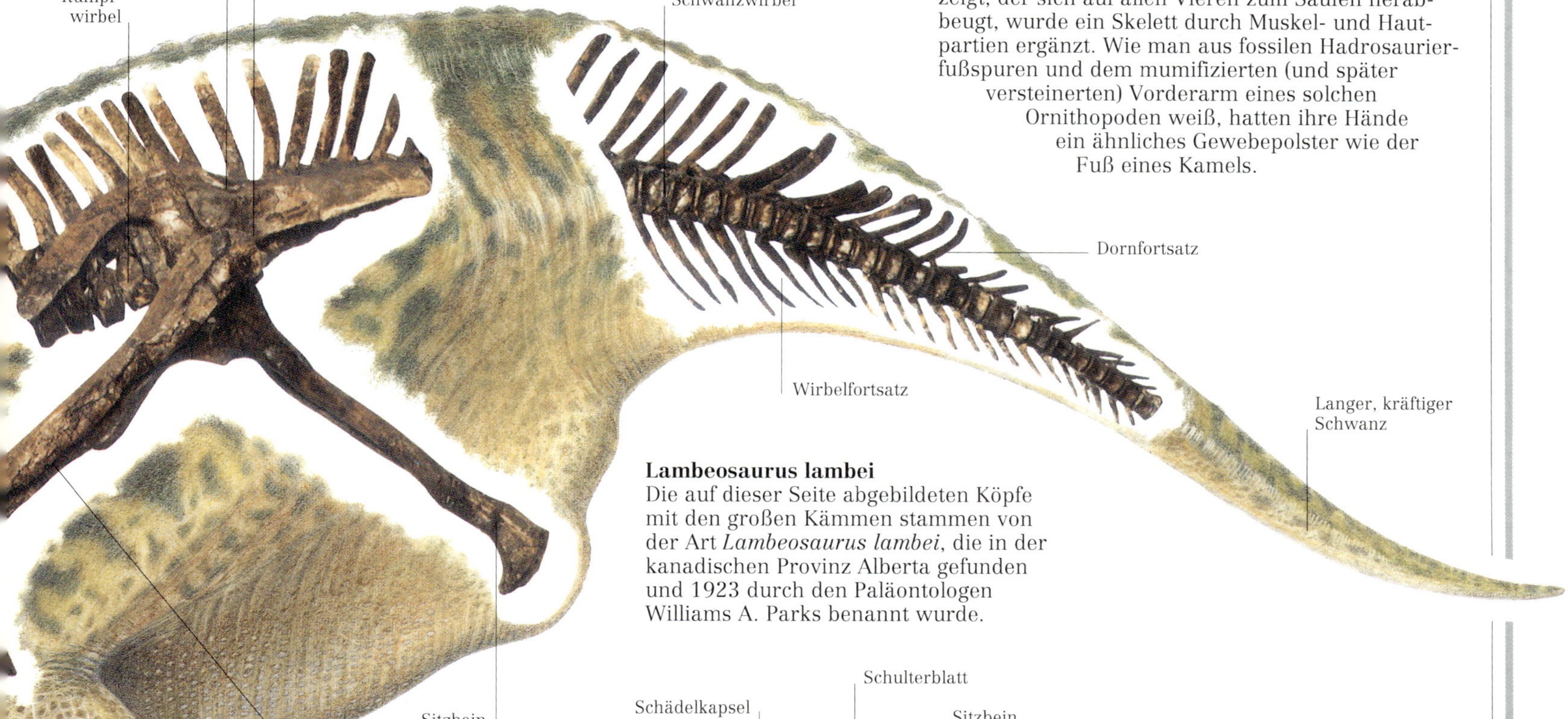

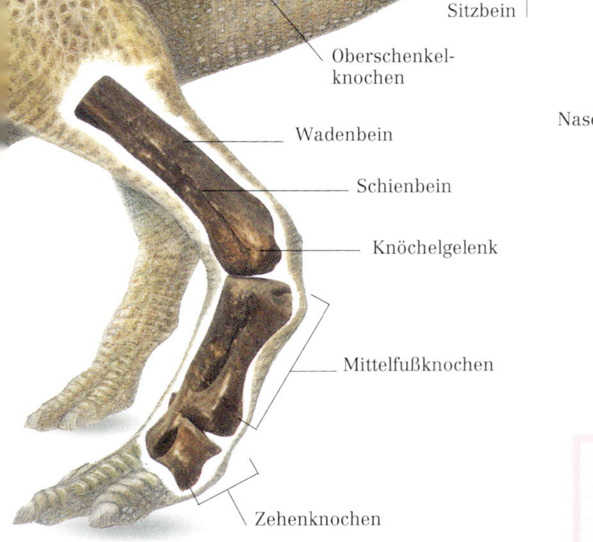

Modell
In dieser Rekonstruktion, die einen *Lambeosaurus* zeigt, der sich auf allen Vieren zum Saufen herabbeugt, wurde ein Skelett durch Muskel- und Hautpartien ergänzt. Wie man aus fossilen Hadrosaurierfußspuren und dem mumifizierten (und später versteinerten) Vorderarm eines solchen Ornithopoden weiß, hatten ihre Hände ein ähnliches Gewebepolster wie der Fuß eines Kamels.

Lambeosaurus lambei
Die auf dieser Seite abgebildeten Köpfe mit den großen Kämmen stammen von der Art *Lambeosaurus lambei*, die in der kanadischen Provinz Alberta gefunden und 1923 durch den Paläontologen Williams A. Parks benannt wurde.

Hadrosaurierbaby
Wie fast jedes Neugeborene besaßen auch Hadrosaurierbabys einen im Verhältnis zu Rückgrat und Gliedmaßen viel zu groß geratenen Schädel. Mit zunehmendem Alter und Wachstum wurden diese Diskrepanzen natürlich ausgeglichen.

KURZ-INFO

LAMBEOSAURUS

Lambeosaurus war ein bipeder/quadrupeder Pflanzenfresser mit großem Körper, langen Beinen und einem prächtigen Kopfkamm.

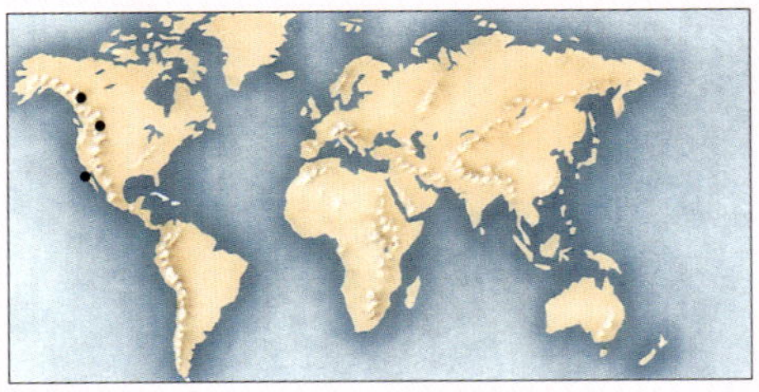

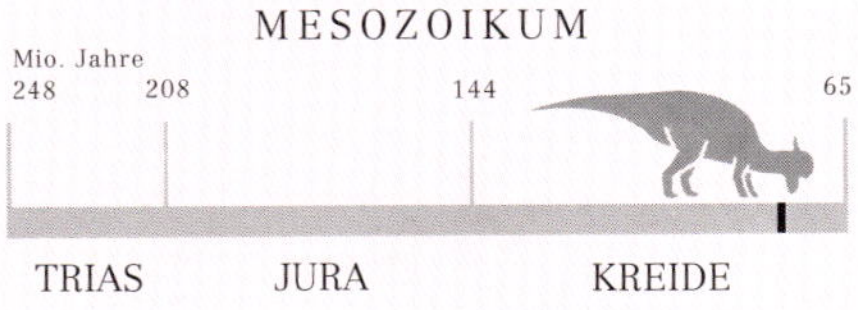

MASSE
Länge: 14,9 m

ZEIT
vor 75 Mio. Jahren

FUNDORT
Alberta (Kanada)
Niederkalifornien (Mexiko)
Montana (USA)

NAHRUNG
Blütenpflanzen

SYSTEMATIK
Familie: Lambeosauridae
Subordnung: Ornithopoda
Ordnung: Ornithischia

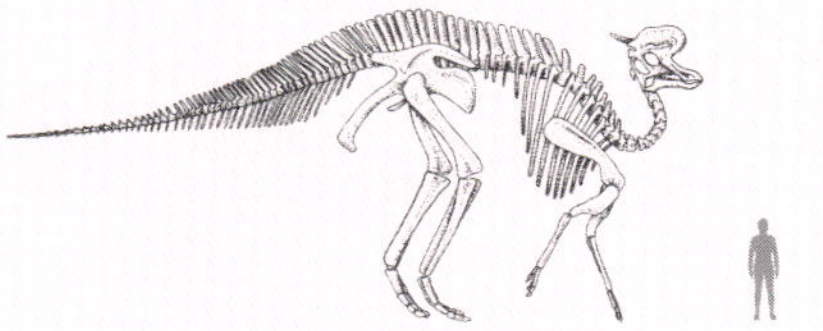

MARGINOCEPHALIA

Diese Dinosauriergruppe war eine Unterordnung aus bipeden bzw. quadrupeden, herbivoren Ornithischiern mit breitem Becken, deren Hinterhaupt von einem schmalen Knochenkamm oder einer mächtigen Halskrause umgeben war. Vermutlich besaßen die Marginocephalia (»Köpfe mit Rändern«) einen gemeinsamen Vorfahren mit den Ornithischiern. Die ersten Vertreter dieser Gruppe waren kleine, bipede Tiere mit schmaler Hinterkopfleiste, die im Oberen Jura auftauchten. In der Oberkreide stellten Marginocephalier mit den Ceratopsiern die mannigfaltigste Gruppe großer, quadrupeder Pflanzenfresser, die damals in Nordamerika vorkam. Diese Tiere waren durch mächtige Hörner und Halskrausen, einen spitzen Schnabel mit selbstschärfenden Zähnen sowie einen kräftigen Kiefer gekennzeichnet. Marginocephalier teilten sich in die beiden Gruppen Pachycephalosauria und Ceratopsia; die nah miteinander verwandten Protoceratopsidae und Ceratopsidae bildeten eine gemeinsame Übergruppe, die Neoceratopsia.

Gefahren für eine Nistkolonie
Zwei adulte Protoceratopsier bewachen ihre Jungen und Gelege vor räuberischen Oviraptoren.

PACHYCEPHALOSAURIA

Diese Dinosaurier waren recht kleine bis mittelgroße Pflanzenfresser mit kräftigem Rumpf und außerordentlich dicker Schädeldecke, die meist mit knochigen Höckern oder Stacheln bedeckt waren. (Häufig sind nur diese Kopfknochen erhalten geblieben.) Der mittlere Schwanzabschnitt wurde durch verknöcherte Sehnen gefestigt. Zu den primitiveren Ornithischiermerkmalen zählten u.a. Prämaxillarzähne und kleine, blattförmige Backenzähne. Höchstwahrscheinlich entstanden die Pachycephalosaurier (»Dickschädelechsen«) während des Oberen Jura in Ostasien, doch stammen die meisten bekannten Gattungen aus der Oberkreide, in der offenbar eine der drei Familien über eine Landbrücke nach Nordamerika ausgewandert war, während eine andere nach Europa gelangte. Die Chaoyangosauridae stellten die früheste Familie; sie besaßen vorspringende Backenknochen, ähnlich wie *Psittacosaurus,* sowie »gelappt« wirkende Prämaxillarzähne und scharfe »Reißzähne«. Beide Gattungen der Familie lebten während des Oberen Jura in China. Die 90 cm bis 4,6 m langen Pachycephalosauridae kennzeichnete eine dicke, hoch gewölbte Schädeldecke, die vermutlich das Gehirn schützte, wenn sich die Männchen bei Territorialkämpfen gegenseitig mit den Schädeln rammten. Die insgesamt acht Gattungen lebten in der Oberkreide; eine Gattung wurde in Madagaskar, fünf in Nordamerika und zwei weitere in Ostasien gefunden. Die Homalocephalidae erinnerten mit ihrem flachen Schädel an Pachycephalosauriden, doch war ihre Schädeldecke nicht so hoch gewölbt. Die Tiere, die in der Unterkreide lebten, wurden zwischen 50 cm und 3 m lang. Zwei Gattungen kamen in Ostasien, eine weitere in Europa vor.

CERATOPSIA

Kennzeichen dieser bipeden bzw. quadrupeden Ornithischier waren u.a. abgeplattete Backenzähne und ein Schnabelknochen, der die Spitze eines kräftigen »Papageienschnabels« bildete. Die Psittacosauridae waren vermutlich wesentlich primitiver als die beiden anderen Ceratopsierfamilien, weshalb der amerikanische Paläontologe Paul Sereno 1986 Protoceratopsidae und Ceratopsidae zu einer gemeinsamen Gruppe, den Neoceratopsia, zusammenfaßte. Die bipeden Psittacosauridae waren etwa 2 m lange Pflanzenfresser mit einem hochentwickelten Schädel. Die Schnauze war kürzer als bei anderen Ornithischiern und endete unterhalb der hoch ansetzenden Nasenöffnungen in einem kräftigen, schmalen Schnabel. Die sieben Arten gehörten alle der Gattung *Psittacosaurus* an, die während der Unterkreide in Ost-, Südost- und Zentralasien verbreitet

Zwei unterschiedliche Marginocephalia
Der kleine bipede Pachycephalosaurier *Stegoceras* und der große quadrupede Ceratopsier *Styracosaurus* demonstrieren die Bandbreite in Form und Körpergröße, die innerhalb der einzelnen Marginocephalia

SCHÄDEL EINES PSITTACOSAURUS

SCHÄDEL EINES STEGOCERAS

SCHÄDEL EINES TRICERATOPS

Schädel der Marginocephalier
Auf diesen drei Fotos sieht man (nicht im gleichen Maßstab) die Unterschiede zwischen dem Schädel des »dickschädeligen« Pachycephalosauriers *Stegoceras* (Mitte) und denen zweier Ceratopsier, nämlich des kleinen Psittacosauriden *Psittacosaurus* mit seinem »Papageienschnabel« (oben) sowie des gewaltigen Ceratopsiden *Triceratops* mit Halskrause und langen Stirnhörnern (unten).

Stammbaum der Marginocephalia
Das Diagramm zeigt die möglichen verwandtschaftlichen Beziehungen zwischen den Marginocephalierfamilien. (Die Endsilbe -idae kennzeichnet eine Familie.) Die Paläontologen stritten lange darüber, ob Pachycephalosaurier tatsächlich zu den Ornithischiern gehörten, und gelegentlich wurden sie systematisch auch den Stegosauriern, Ankylosauriern und Ornithopoden zugeordnet. Mitte der 80er Jahre bestätigte sich die These, sie als eine Schwestergruppe der Ceratopsia aufzufassen, da man bei beiden Gruppen Synapomorphien entdeckte, die auf einen gemeinsamen Vorfahren verweisen. Offenbar waren Pachycephalosauriden und Protoceratopsiden in der Oberkreide über eine Landbrücke nach Nordamerika gelangt, wo sich dann aus den Protoceratopsiden vermutlich die Ceratopsiden entwickelten.

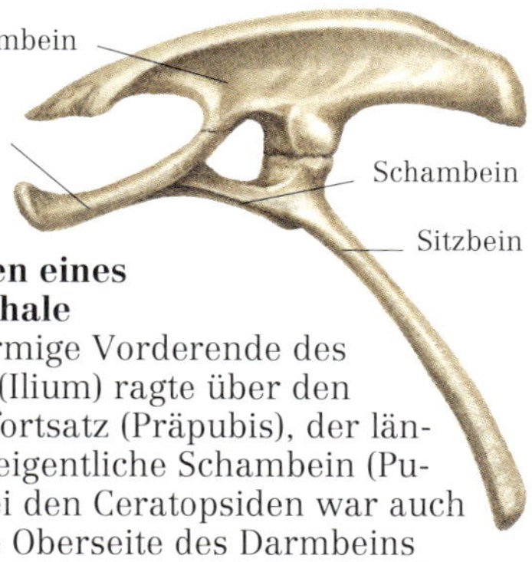

Hüftknochen eines Homalocephale
Das brettförmige Vorderende des Darmbeins (Ilium) ragte über den Schambeinfortsatz (Präpubis), der länger als das eigentliche Schambein (Pubis) war. Bei den Ceratopsiden war auch die gesamte Oberseite des Darmbeins brettförmig, während der Schambeinfortsatz wie eine lange, flache Klinge aussah.

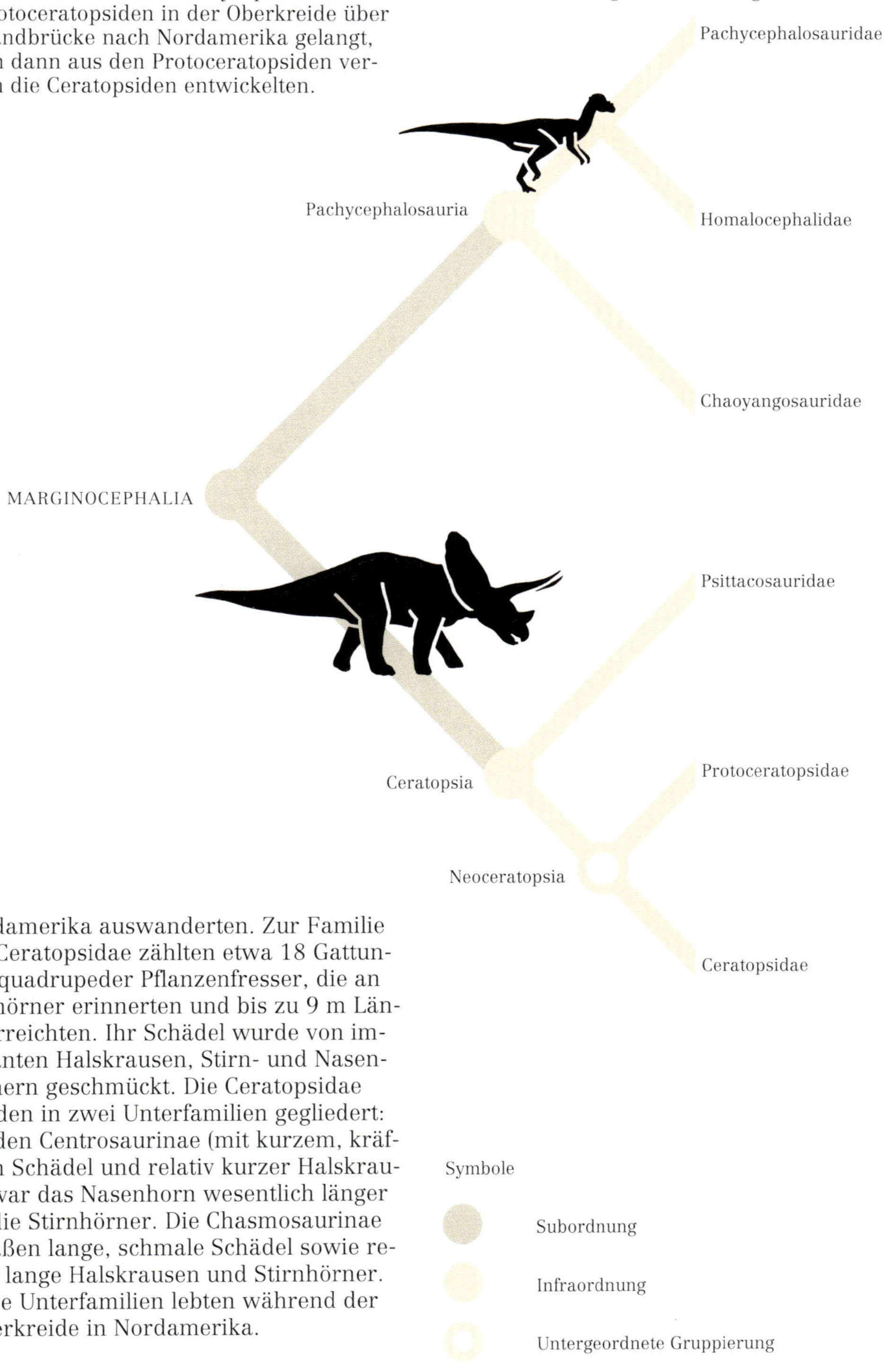

war. (Eine in Thailand gefundene Art deutet darauf hin, daß Indochina bereits vor der Oberkreide mit Asien verbunden war.) Zu den Protoceratopsidae zählten acht Gattungen bipeder bzw. quadrupeder Pflanzenfresser, die zwischen 1 und 3 m lang waren. Alle besaßen eine Halskrause am Hinterkopf, und bei einigen Vertretern fand man Knochenhöcker auf Stirn und Nase. Die nur auf einer Seite mit Zahnschmelz überzogenen, selbstschärfenden Zähne waren offenbar dazu entwickelt worden, die in der Oberkreide auftauchenden Blütenpflanzen abzuweiden. Protoceratopsiden stammten aus Ost- und Zentralasien, von wo sie nach Nordamerika auswanderten. Zur Familie der Ceratopsidae zählten etwa 18 Gattungen quadrupeder Pflanzenfresser, die an Nashörner erinnerten und bis zu 9 m Länge erreichten. Ihr Schädel wurde von imposanten Halskrausen, Stirn- und Nasenhörnern geschmückt. Die Ceratopsidae wurden in zwei Unterfamilien gegliedert: Bei den Centrosaurinae (mit kurzem, kräftigen Schädel und relativ kurzer Halskrause) war das Nasenhorn wesentlich länger als die Stirnhörner. Die Chasmosaurinae besaßen lange, schmale Schädel sowie relativ lange Halskrausen und Stirnhörner. Beide Unterfamilien lebten während der Unterkreide in Nordamerika.

PACHYCEPHALOSAURUS

Von *Pachycephalosaurus* (»Dickköpfige Echse«), dem größten aller Pachycephalosauriden, sind nur ein einziger Schädel und ein paar außerordentlich dicke Schädeldeckentrümmer (bis zu 25 cm) bekannt. Den Hinterrand des Schädeldachs säumten runde Knochenhöcker, während auf der Schnauze Stachelknochen herausragten. Die Zähne waren hingegen sehr klein. Aufgrund der Fossilfunde anderer Pachycephalosaurier schätzt man, daß *Pachycephalosaurus* fast 5 m lang war, einen ziemlich kurzen, muskulösen Hals, kurze Arme, einen kräftigen Rumpf, lange Beine sowie einen muskulösen Schwanz besaß, der durch verknöcherte Sehnen stabilisiert wurde.

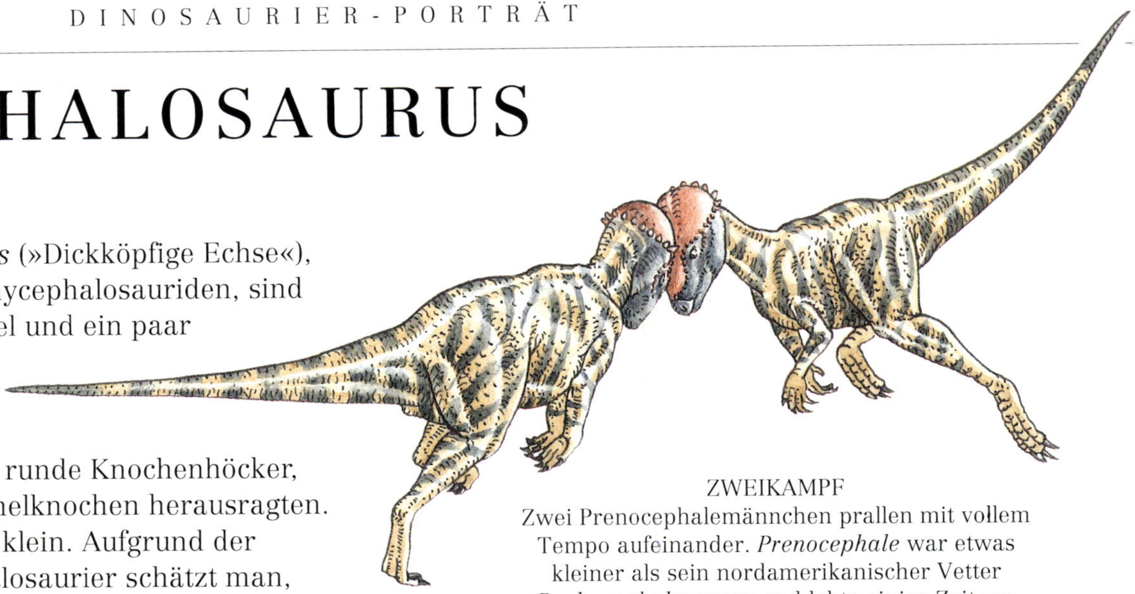

ZWEIKAMPF
Zwei Prenocephalemännchen prallen mit vollem Tempo aufeinander. *Prenocephale* war etwas kleiner als sein nordamerikanischer Vetter *Pachycephalosaurus* und lebte einige Zeit vor diesem in der Mongolei.

LEBENSWEISE

Verschiedene Wissenschaftler gehen davon aus, daß die Pachycephalosaurier unter den bipeden Dinosauriern das Pendant zu rezenten Bergschafen darstellten. Während der Paarungszeit stürzten die Männchen mit gesenktem Kopf aufeinander los und rammten die Schädel gegeneinander. Der Sieger aus diesen Wettkämpfen hatte dann das Vorrecht, sich mit dem gesamten Harem paaren zu dürfen. Man nimmt an, daß sich Knochenstärke und Höhe der Schädelkuppel mit dem Alter der Tiere veränderten. Die Funktion des Schädels als Rammbock wird aus dem besonderen Bau der Wirbelknochen verständlich, die über Gelenkfortsätze und -gruben fest ineinandergriffen. Auf diese Weise wurde bei einem Stoß die Belastung durch die Wirbelsäule abgefangen und an Schwanz und Beine weitergeleitet. Die Tiere brachen sich bei ihren Kämpfen daher weder das Genick, noch zogen sie sich eine Gehirnerschütterung zu. Diese Art zu kämpfen versagte allerdings bei Konfrontationen mit räuberischen Theropoden; möglicherweise retteten sich Pachycephalosaurier durch ein ausgeklügeltes Frühwarnsystem und eine rasche Flucht aus dieser brenzligen Lage. Da die Riechlappen im Gehirn der Tiere gut entwickelt waren, besaßen sie möglicherweise einen guten Geruchssinn. Außerdem lassen die nahe beieinander liegenden Augen vermuten, daß *Pachycephalosaurus* scharfe Augen besaß, evtl. sogar stereoskopisch sehen konnte. Diese verschärften Sinne könnten dem Dinosaurier geholfen haben, beispielsweise einem angreifenden Tyrannosaurier zu entkommen.

Schädel
Das relativ kleine Gehirn wurde allseitig von einer dickwandigen, hohen Schädelkuppel geschützt, an deren Basis viele Knochenhöcker saßen.

Äußere Erscheinung
Der Kopf dieses Modells entstand aufgrund der Informationen, die ein hervorragend erhaltener Schädel lieferte, der 1940 in Montana gefunden wurde. Da die übrigen Körperteile von *Pachycephalosaurus* unbekannt sind, wurde das restliche Modell nach Daten anderer Pachycephalosaurier (z.B. *Stegoceras*) ergänzt. Vergleichende Messungen an den Schädeln ergaben, daß *Pachycephalosaurus* etwa 4,6 m lang wurde.

ERNÄHRUNGSWEISE

Die genaue Ernährungsweise dieser Dinosaurier ist ungewiß. Die relativ kleinen, schwach geriffelten Zähne waren sehr wahrscheinlich nicht so gut zum Zerkauen zäher Pflanzen geeignet wie das Gebiß der Hadrosaurier und Ceratopsier, die zur gleichen Zeit lebten. Denkbar wäre, daß sich *Pachycephalosaurus* von einer Mischkost aus Blättern, Samen, Früchten und Insekten ernährte.

PRENOCEPHALE

STYGIMOLOCH

Weitere Arten
Prenocephale (links außen) und *Stygimoloch* (links) werden wie *Pachycephalosaurus* der Familie Pachycephalosauridae zugerechnet, einer Gruppe Dinosaurier mit schweren, kuppelförmigen Schädeln; sehr wahrscheinlich rammten diese Tiere die Köpfe gegeneinander. *Homalocephale* (links unten) gehörte zur Familie Homalocephalidae, deren Schädel etwas flacher waren und deren Männchen vermutlich mit ihren Schädeln unblutige Kämpfe austrugen.

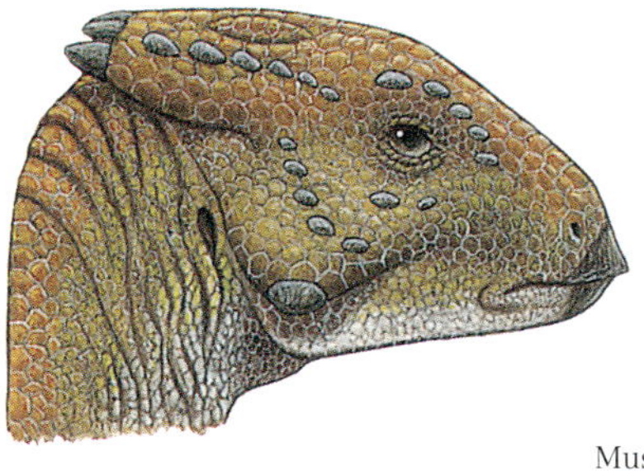

HOMALOCEPHALE

Schädelrand
Ein schmales Band aus runden Knochenhöckern, das den Hinterkopf säumte, lieferte den morphologischen Beweis, daß Pachycephalosaurier keine Ornithopoden waren, sondern eher mit Psittacosauriden und Ceratopsiden verwandt waren.

STEGOCERAS

Stegoceras (»Horndach«) war ein etwa ziegengroßer Pachycephalosauride, von dem nur ein teilweise erhaltenes Skelett sowie mehrere bruchstückhaft erhaltene Schädel bekannt sind. Offenbar nahmen Größe und Knochenstärke der Schädel mit dem Alter der Tiere zu – insbesondere bei Männchen, bei denen der hintere Rand der Schädelkuppel Nacken und beide Schädelseiten überragte. *Stegoceras* war etwa 2,5 m lang und lebte während der Kreide im Gebiet von Alberta und Montana. 1902 gab Lawrence Lambe diesem Dinosaurier seinen Namen.

Beim Laufen hielt *Stegoceras* den Rücken gerade und balancierte das Gewicht seines Kopfes und Vorderkörpers mit dem halbstarren Schwanz aus.

Skelett
Aufgrund der Tatsache, daß der Oberschenkelknochen bei *Stegoceras* und anderen Pachycephalosauriern länger als der Schienbeinknochen war, nimmt man an, daß diese Dinosaurier nicht gut rennen konnten.

KURZ-INFO

PACHYCEPHALOSAURUS

Pachycephalosaurus war ein bipeder Pflanzenfresser. Als größter Vertreter der Pachycephalosaurier besaß er einen charakteristischen, dickwandigen Schädel, der wie eine Kuppel geformt war.

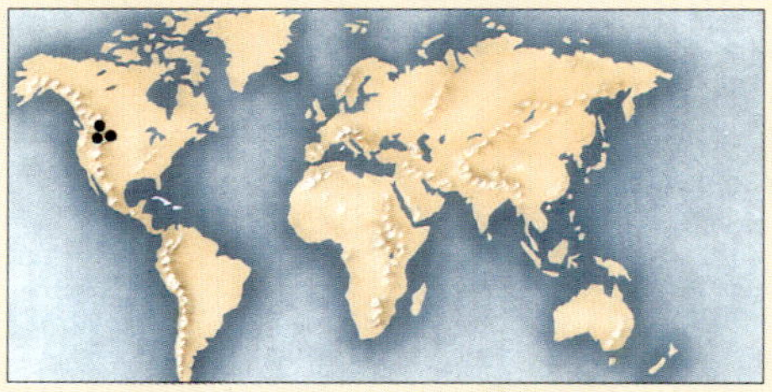

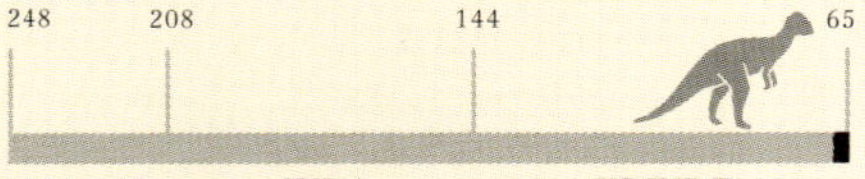

ZEIT
vor 68 bis 65 Mio. Jahren

MASSE
Länge: 4,6 m

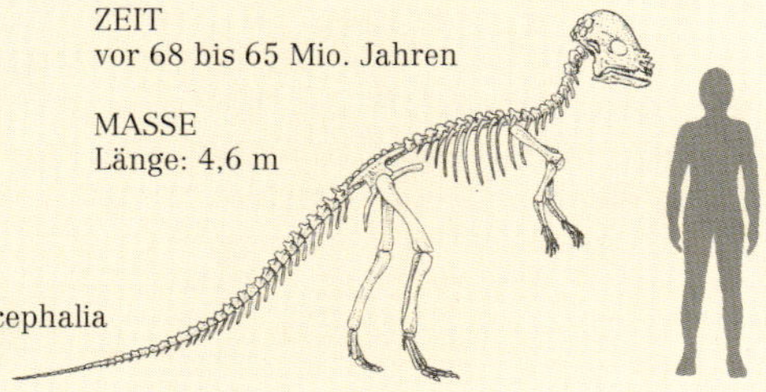

FUNDORT
Montana, South Dakota, Wyoming (USA)

NAHRUNG
Pflanzen, Früchte, Insekten

SYSTEMATIK
Familie: Pachycephalosauridae
Infraordnung: Pachycephalosauria
Subordnung: Marginocephalia
Ordnung: Ornithischia

PSITTACOSAURUS

Psittacosaurus (»Papageienechse«) war ein etwa 2 m langer, bipeder Dinosaurier, der an den Ornithopoden *Hypsilophodon* erinnerte; jedoch war sein Körper gedrungener und sein Schwanz kürzer, und seine längeren Arme mündeten in Greifhänden mit vier Fingern. Ferner waren der vierte Finger sowie der Hallux (der erste der vier Zehen) reduziert. Als besonders charakteristisches Merkmal besaß *Psittacosaurus* einen kurzen, gedrungenen Kopf mit einem »Papageienschnabel«. Dieser wurde teilweise vom Schnabelknochen gebildet, einem für Ceratopsier typischen Schädelelement. Weitere Kennzeichen der Horndinosaurier waren u.a. spitze Wangenknochen, Backenzähne mit Schneidekanten sowie eine kleine Leiste, die eine Vorstufe jener gewaltigen knöchernen Halskrausen der Ceratopsier darstellt.

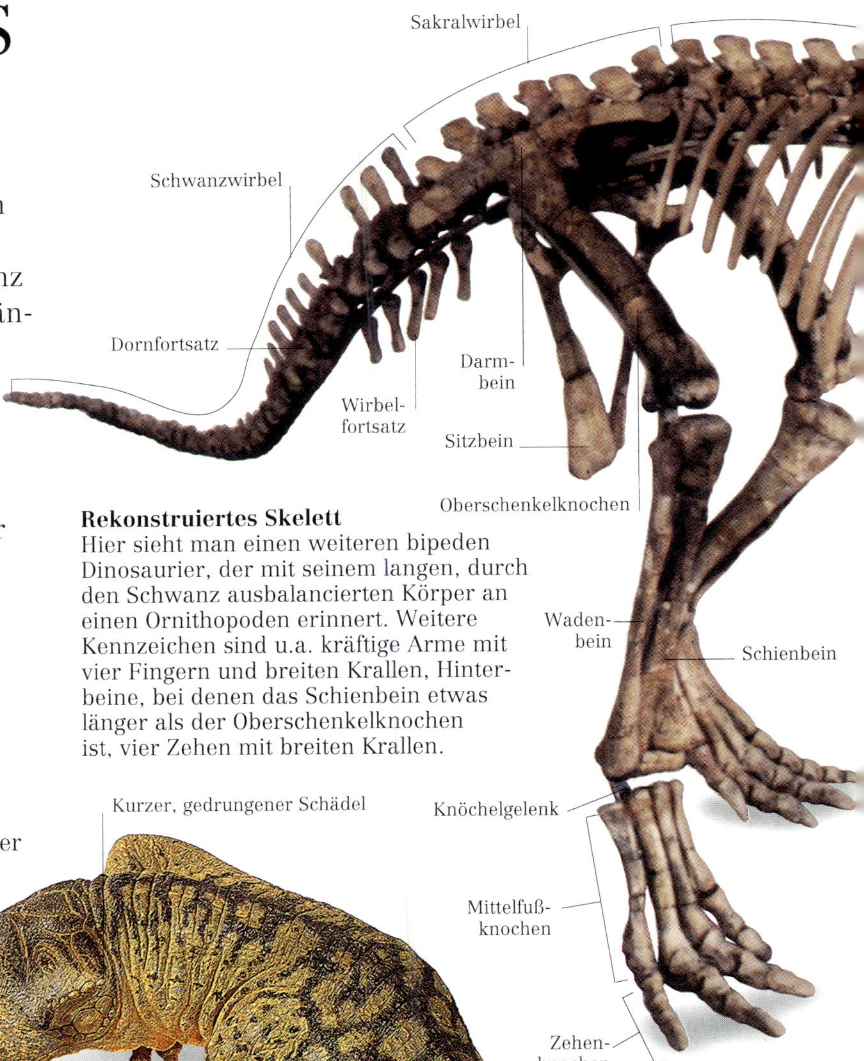

Rekonstruiertes Skelett
Hier sieht man einen weiteren bipeden Dinosaurier, der mit seinem langen, durch den Schwanz ausbalancierten Körper an einen Ornithopoden erinnert. Weitere Kennzeichen sind u.a. kräftige Arme mit vier Fingern und breiten Krallen, Hinterbeine, bei denen das Schienbein etwas länger als der Oberschenkelknochen ist, vier Zehen mit breiten Krallen.

LEBENSWEISE

Der kräftige, zum Schneiden befähigte Schnabel wie auch die selbstschärfenden Backenzähne des Dinosauriers führten zu der These, daß sich *Psittacosaurus* von hartblättrigen Pflanzen ernährte. Möglicherweise fraß er dabei solche Pflanzen, die entwicklungsgeschichtlich sehr alt waren; allerdings scheint es mehr als ein Zufall zu sein, daß moderne Blütenpflanzen und Ceratopsier (also auch *Psittacosaurus*) etwa zur selben Zeit auftauchten. Vielleicht fraß er schon saftige, wenn auch sehr faserreiche Palmschößlinge. Die Verdauung beschränkte sich allerdings nicht darauf, die Pflanzen in »maulgerechte« Happen zu zerbeißen; wie viele andere herbivore Dinosaurier besaß auch *Psittacosaurus* Gastrolithen (Kieselsteine, die von ihm verschluckt wurden und seine Nahrung im Muskelmagen zermahlten). Die Verdauung erfolgte wahrscheinlich in speziellen Abschnitten (»Gärkammern«) des Magen-Darm-Traktes über Verdauungsenzyme oder mit Hilfe symbiontisch lebender Bakterien. Im allgemeinen rannte und ging *Psittacosaurus* auf seinen Hinterbeinen. Wenn er stand, wird er mit seinen krallenbewehrten Händen nach Zweigen gegriffen und sie sich ins Maul gezogen haben; aber sicherlich wird der Ceratopsier sich auch auf seine vier kräftigen Beine herabgelassen haben, um am Boden wachsende Blätter abzubeißen. Die Füße besaßen ebenfalls Stummelkrallen. Da ihm die abschreckenden Hörner und Nackenkrausen der großen Ceratopsier fehlten, konnte *Psittacosaurus* einem räuberischen Carnosaurier nur durch Flucht oder Verstecken entkommen. Man kennt auch zwei fossile Psittacosaurierbabys, die nicht größer als eine Amsel waren.

Todeshaltung
Fossile Psittacosaurier wurden in dieser Todeshaltung gefunden. Sehr wahrscheinlich haben sich aber auch gesunde Tiere in dieser Position schlafen gelegt oder beim Trinken oder Abfressen von Bodenpflanzen auf die Vorderbeine gestützt.

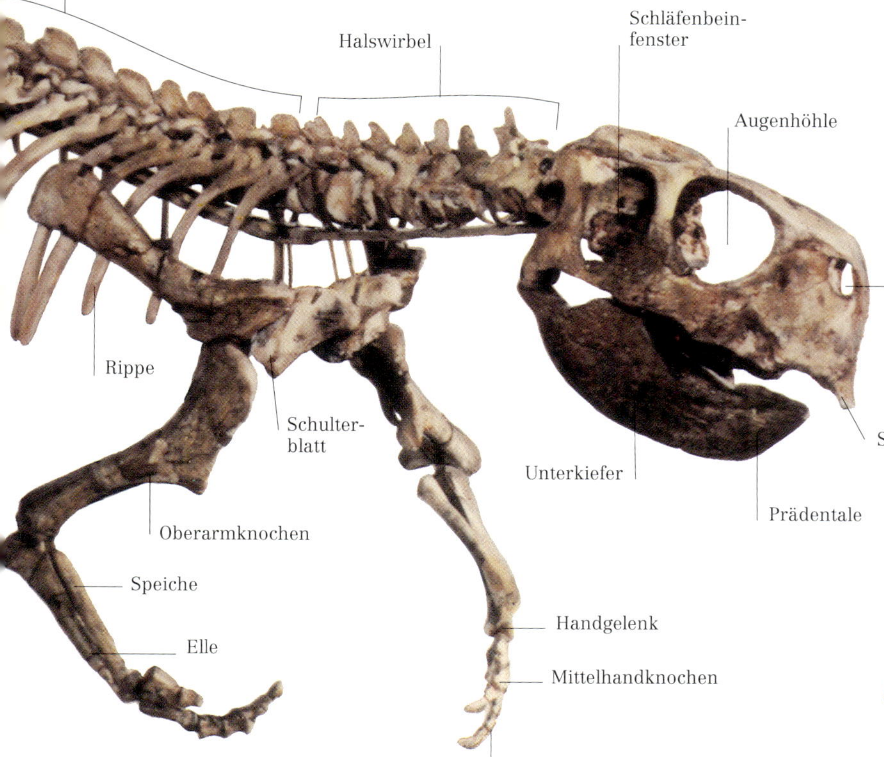

Fossiles Skelett
1922 wurde dieses Exemplar auf der dritten Asienexpedition des American Museum of Natural History in der Wüste Gobi (Mongolei) freigelegt. 1923 wurde es dann als erster Psittacosauride durch den Paläontologen Henry Fairfield Osborn beschrieben, der das Tier aufgrund seines Papageienschnabels und des mongolischen Fundortes *Psittacosaurus mongoliensis* nannte.

Ähnlichkeit mit einem Papagei
Der Name der Psittacosauridae ergab sich aus den Ähnlichkeiten zwischen dem Schädel eines Psittacosauriers (rechts) und dem Kopf eines Papageien (rechts außen), z.B. eines Aras, eines Kakadus oder eines anderen Vertreters der Psittacidae (Papageienfamilie). Bei diesen Vögeln entwickelte sich ein kräftiger, gebogener Schnabel, mit dem sie harte Früchte oder Nüsse öffnen können. Mit seinem ähnlich gebauten Schnabel konnte *Psittacosaurus* möglicherweise harte Pflanzen zerkleinern.

KURZ-INFO

PSITTACOSAURUS

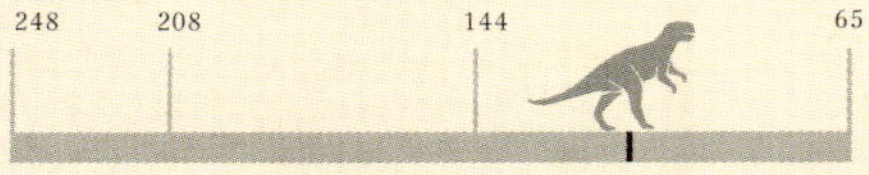

SYSTEMATIK
Familie: Psittacosauridae
Infraordnung: Ceratopsia
Subordnung: Marginocephalia
Ordnung: Ornithischia

ZEIT
vor 113 Mio. Jahren

NAHRUNG
Harte, faserige Pflanzen

Psittacosaurus war ein kleiner, bipeder Pflanzenfresser mit einem »Papageienschnabel« und hornartigen Wölbungen der Backenknochen.

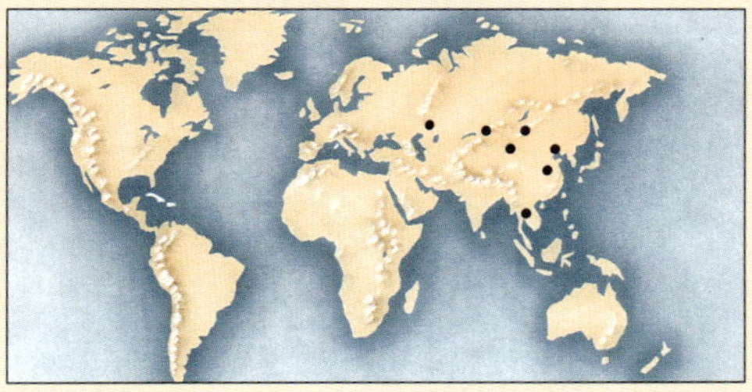

FUNDORT
Innere Mongolei, Liaoing, Schantung, Sinkiang, Uygur Zizhiqu (China)
Dundgov, Övörhangay (Mongolei)
Gorno-Altaiskaja (Rußland)
Chaiyaphum (Thailand)

MASSE
Länge: 2 m

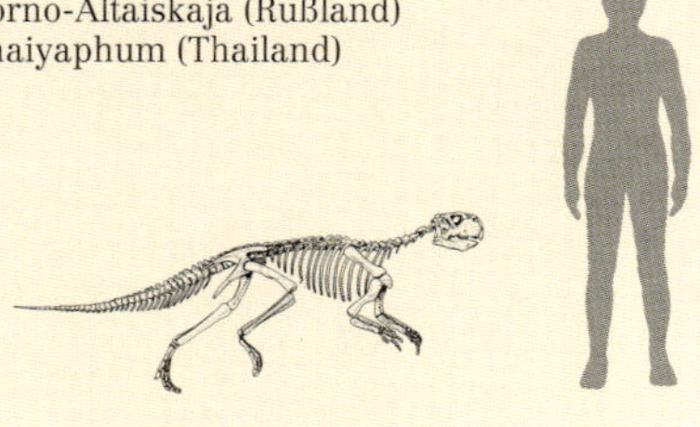

PROTOCERATOPS

Protoceratops (»Erstes gehörntes Gesicht«) wurde in den 20er Jahren während einer amerikanischen Expedition in der Mongolei entdeckt. Damals fand man zahlreiche Skelette eines quadrupeden Dinosauriers mit sehr großem Kopf, knochiger Halskrause, scharf schneidenden Backenzähnen und einem »Papageienschnabel«. Einige dieser Merkmale wiesen darauf hin, daß *Protoceratops* ein früher asiatischer Vertreter der Ceratopsier, jener großen Hornsaurier Nordamerikas, war. Von *Protoceratops* leitet sich der Familienname Protoceratopsidae ab, der eine eigene Gruppierung bezeichnet. Die fossilen Nester, Eier und Jungtiere dieses Ceratopsiers lieferten außerdem erste Hinweise, daß Dinosaurier sozial lebende Tiere waren.

ENTDECKER
Der Amerikaner Roy Chapman Andrews untersucht die von ihm gefundenen Eier.

Äußere Erscheinung
Protoceratops konnte vermutlich trotz seines Gewichtes mit beachtlicher Geschwindigkeit auf vier Beinen laufen.

Schädel
Schädel und Kiefer des Tieres sind auf beinahe groteske Art riesig. Wie seine Verwandten, die später entstandenen großen Ceratopsiden, besaß *Protoceratops* einen kräftigen Schnabel, eine Leiste oberhalb der Nase sowie eine weit nach hinten ausladende Knochenkrause. Mit zunehmendem Alter wurden Halskrause und Nasenleiste größer – möglicherweise wurden sie eingesetzt, um zu imponieren oder rivalisierende Artgenossen zu vertreiben.

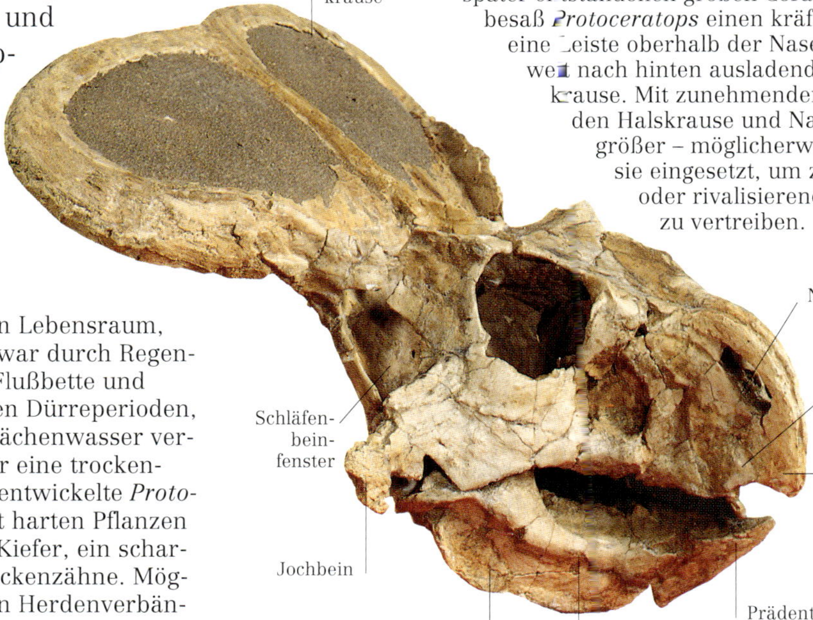

LEBENSWEISE

Protoceratops bewohnte einen sehr unwirtlichen Lebensraum, nämlich heiß-trockene Sandwüsten. Das Klima war durch Regenzeiten bestimmt, in denen sich ausgetrocknete Flußbette und Seeböden mit Regenwasser füllten; darauf folgten Dürreperioden, in denen es nicht regnete und das meiste Oberflächenwasser verdunstete. In einer derartigen Umwelt konnte nur eine trockenheitsresistente Vegetation bestehen, und daher entwickelte *Protoceratops* entsprechende Beißwerkzeuge, um mit harten Pflanzen fertig zu werden. Hierzu gehörten ein kräftiger Kiefer, ein scharfer Schnabel sowie zum Schneiden befähigte Backenzähne. Möglicherweise lebte dieser stämmige Dinosaurier in Herdenverbänden, die innerhalb eines kleinen Verbreitungsgebietes umherwanderten und alljährlich an ihre Nistplätze zurückkehrten.

MEHRJÄHRIGE BRUTKOLONIEN

Zur Paarungszeit umwarben die Männchen ihre Partnerinnen durch Imponiergesten, indem sie ihnen z. B. ihre relativ großen Halskrausen oder Nasenhöcker zeigten. Nach erfolgter Paarung grub das Weibchen eine flache Grube in den Sand, in die sie ihre längs-ovalen, hartschaligen Eier in einer typischen Spiralanordnung ablegte. Anschließend bedeckte sie das Gelege mit Sand und ließ es von den Sonnenstrahlen ausbrüten. In der Zwischenzeit sorgte das Muttertier dafür, daß das Nest nicht von räuberischen Theropoden geplündert wurde. Zu diesen gehörten z.B. *Oviraptor* und *Velociraptor,* deren Fossilien in der Nähe einer Protoceratopsierkolonie ausgegraben wurden. Während *Oviraptor* mit seinem kräftigen, zahnlosen Schnabel vermutlich Eierschalen zerbiß, wird der verhältnismäßig kräftigere *Velociraptor* jungen Protoceratopsiern, evtl. auch größeren Adulttieren nachgestellt haben. Dies ist sogar als fossile Momentaufnahme erhalten geblieben, da man die Reste eines *Protoceratops* und eines *Velociraptor* gefunden hat, die sich ineinander verbissen hatten, dann verendeten und gemeinsam fossilierten.

NESTER UND EIER
Noch genauso wie vor 80 Millionen Jahren liegen mehrere Protoceratopsiereier in diesem fossilen Nest.

Rekonstruiertes Skelett
Der schwere Schädel wurde von Vorderbeinen getragen, die beinahe so lang wie die Hinterbeine waren. Wie alle Ceratopsiden besaß auch *Protoceratops* ein gekrümmtes Kreuzbein, wodurch sein Schwanz abwärts gebogen wurde. Im Gegensatz zu den Ceratopsiden besaß er ein bezahntes Prämaxillare, außerdem waren seine Unterschenkelknochen länger als seine Oberschenkelknochen.

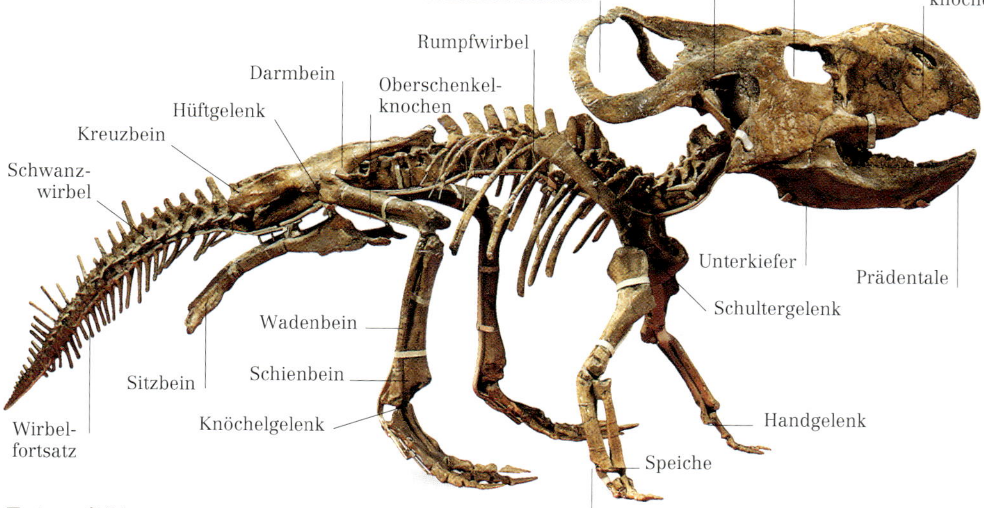

Extremitäten
Jedes Vorderbein endete in drei langen, gespreizten Fingerknochen, an deren Spitzen stumpfe Krallen saßen. Der vierte und fünfte Finger waren jeweils stark reduziert. Die Hinterbeine gingen jeweils in einen langen Fußknochen über, dessen vier Zehen mit sich verjüngenden, stumpfen Krallen versehen waren. Die fünfte Zehe war ebenfalls sehr unauffällig.

KURZ-INFO

PROTOCERATOPS

Protoceratops war ein quadrupeder Pflanzenfresser mit einer breiten Halskrause.

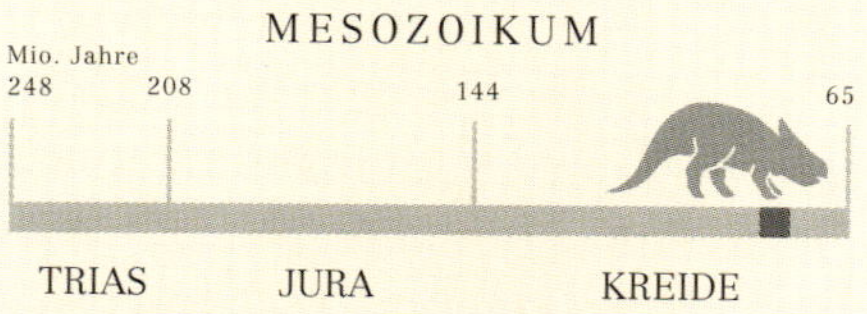

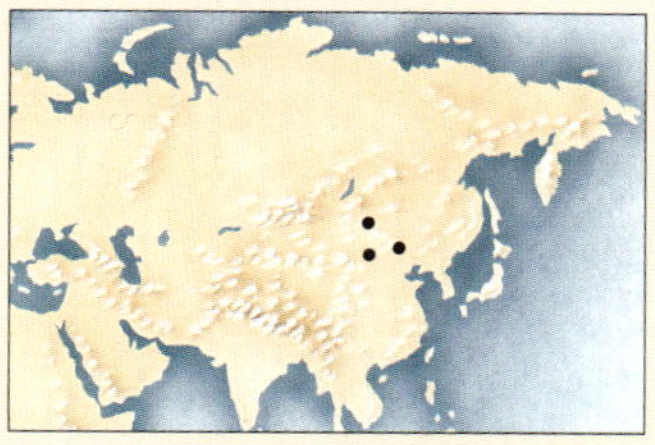

FUNDORT
Gansu, Innere Mongolei (China)
Ömnögov (Mongolei)

NAHRUNG
Harte, faserige Pflanzen

MASSE
Länge: 1,8 m
Gewicht: 180 kg

SYSTEMATIK
Familie: Protoceratopsidae
Infraordnung: Ceratopsia
Subordnung: Marginocephalia
Ordnung: Ornithischia

ZEIT
vor 85 bis 78 Mio. Jahren

Fossiles Skelett
Von der Bauchseite aus betrachtet, erkennt man bei diesem Skelett die seitlich ausgestellten Jochbeine, die charakteristisch für alle Marginocephalia sind. Erkennbar ist auch das Schnabelbein, das speziell die Ceratopsier von den übrigen Marginocephaliern unterscheidet.

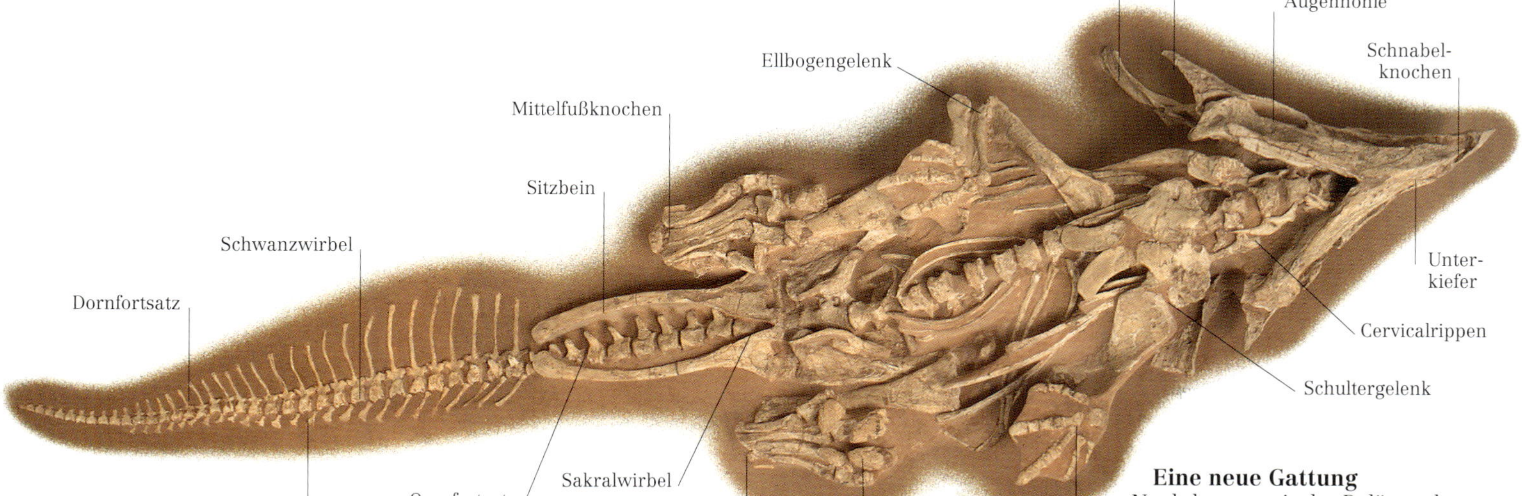

Eine neue Gattung
Nachdem russische Paläontologen 1990 mehrere Dutzend fossile Schädel untersucht hatten, fanden sie zwei Exemplare, die einer neuen Gattung namens *Breviceratops* zugeordnet wurden.

CENTROSAURUS

Der Ceratopsier *Centrosaurus* erinnerte in vielen Eigenschaften an ein großes Rhinozeros: Wie dieses besaß der Dinosaurier einen schweren Kopf, kräftige Schultern, säulenähnliche Beine, breite, hufähnliche Füße, einen kleinen Schwanz sowie ein langes, spitzes Nasenhorn. *Centrosaurus* besaß außerdem noch zwei kleinere Hörner auf der Stirn. Am Hinterrand seiner Halskrause ragten zwei lange Knochenhaken nach vorne und unten, zwei weitere Haken bogen sich nach hinten und innen. Mit einer Länge von 6 m war er etwa um ein Drittel kleiner als der größte Ceratopsier. Systematisch wird er den Centrosaurinae zugerechnet, einer Unterfamilie der Ceratopsier, deren Mitglieder durch kurze, gedrungene Vorderköpfe und sehr lange Nasenhörner (länger als die Stirnhörner) charakterisiert sind.

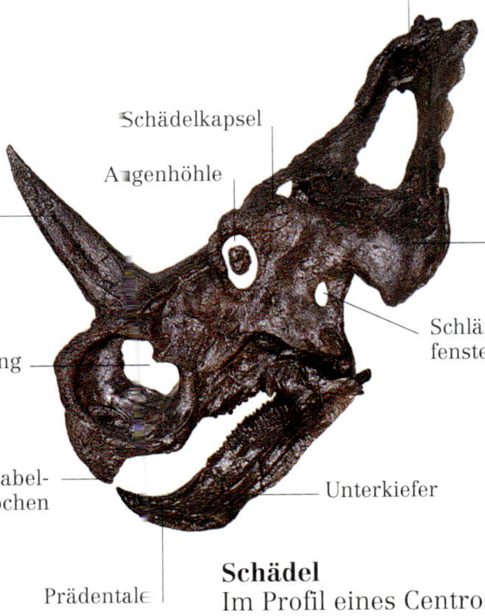

Schädel
Im Profil eines Centrosaurierschädels (oben) erkennt man das lange Nasenhorn und die kurze Halskrause, die von großen Öffnungen durchbrochen ist. Zwei Knochenhaken wiesen von der Krause rückwärts in den Nacken. Möglicherweise lagen sie bei dem lebenden Tier unter Haut und Muskeln verborgen, obgleich sie in dieser Rekonstruktion (links) nicht so dargestellt wurden.

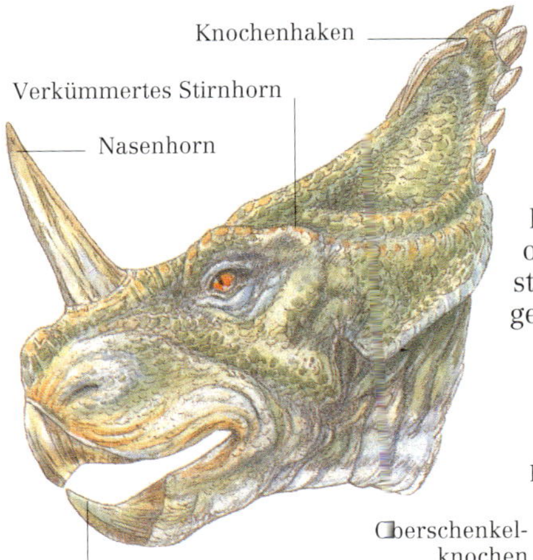

LEBENSWEISE

Wie bei den übrigen Ceratopsiern war auch der Kiefer von *Centrosaurus* so konstruiert, daß das Tier hervorragend harte, faserhaltige Pflanzen zerkauen konnte. Mächtige Muskeln, die teilweise mit dem Nackenkamm verbunden waren, ließen den Kiefer beim Kauen fest zuklappen und sorgten so für einen kräftigen Biß. Mit den Backenzähnen, die scharfe Schneidekanten besaßen, wurde die Nahrung in kleine Stücke geschnipselt, die dann sehr wahrscheinlich im Magen von Gastrolithen weiter zerkleinert wurden. *Centrosaurus* lebte in der Gegend der heutigen kanadischen Provinz Alberta in einem Lebensraum, der von mäandrierenden Flüssen und ausgedehnten Sumpfwäldern geprägt war. Hier lebten aber nicht nur andere große Ornithischier wie etwa Hadrosaurier, Ceratopsier, Pachycephalosaurier und Ankylosaurier, sondern auch viele räuberische Theropoden wie etwa die kleinen Elmisauriden, mittelgroßen Dromaeosauriden oder riesigen Tyrannosauriden (z.B. *Albertosaurus*); weiterhin gab es hier zahlreiche Tiere, die zum Teil heute noch leben – kleine Säuger, Vögel, Krokodile, Schildkröten, Salamander, Frösche und Süßwasserfische.

WANDERUNGEN

Aus den Wäldern Albertas machten sich die Centrosaurier – oft in Herden von mehren tausend Tieren – in die Ebenen der Arktis auf, wo die Vegetation in dem milden sommerlichen Klima besser gedieh. Dabei konnten sie vermutlich Tagesmärsche von bis zu 110 km bewältigen. Selbst ein Hochwasser führender Fluß, der den Herden den Weg versperrte, hätte die Tiere von ihrem Ziel nicht abbringen können; instinktiv stürzten sie sich in die Fluten, um den Strom zu durchschwimmen. Falls die Strömung dann jedoch zu stark wurde, konnte es passieren, daß Hunderte von Centrosauriern ertranken. Ihre Kadaver wurden dann auf Sandbänken oder am Ufer angeschwemmt, wo diese riesigen Fleischhaufen ein willkommenes Fressen für Aasfresser waren.

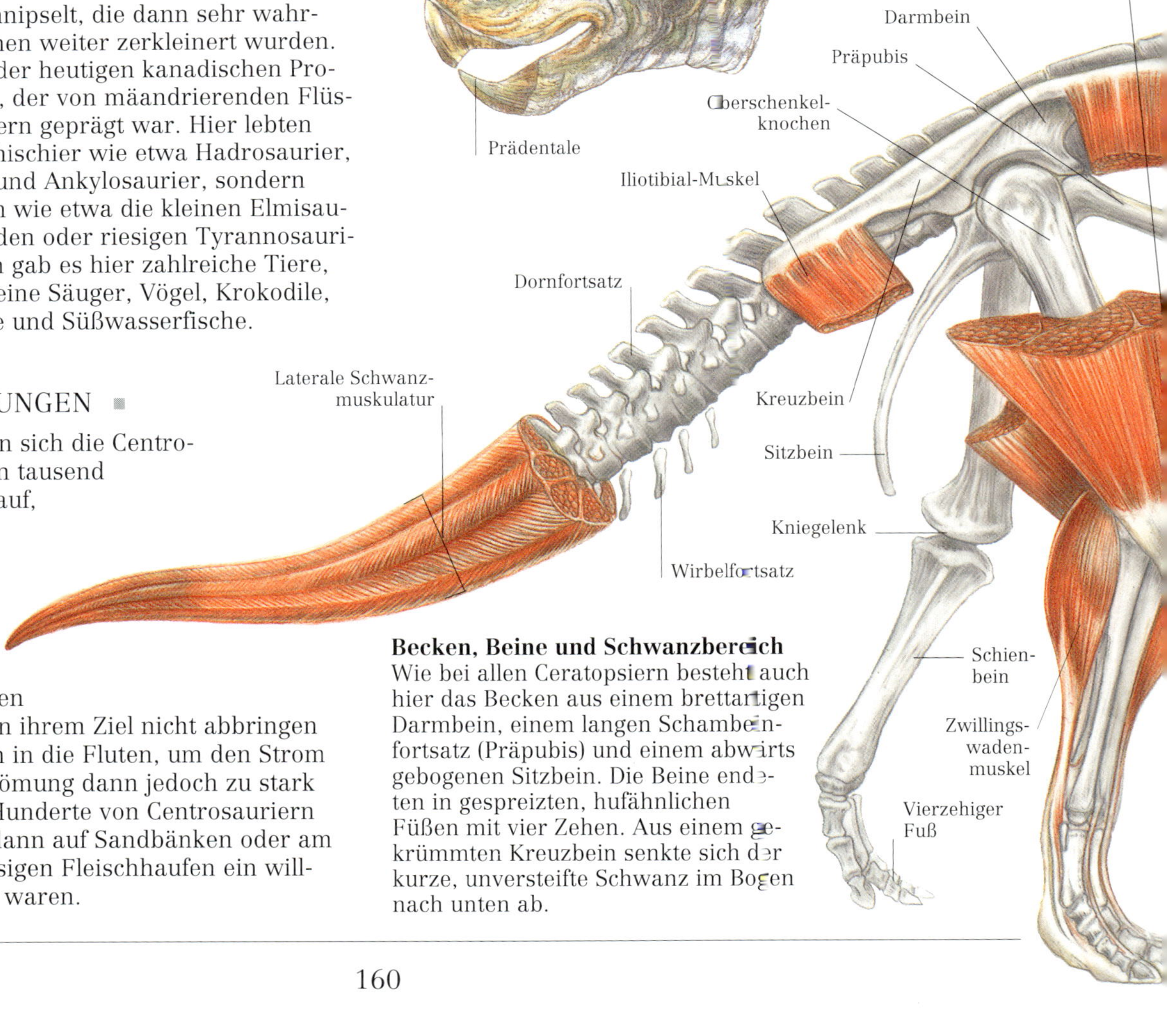

Becken, Beine und Schwanzbereich
Wie bei allen Ceratopsiern besteht auch hier das Becken aus einem brettartigen Darmbein, einem langen Schambeinfortsatz (Präpubis) und einem abwärts gebogenen Sitzbein. Die Beine enden in gespreizten, hufähnlichen Füßen mit vier Zehen. Aus einem gekrümmten Kreuzbein senkte sich der kurze, unversteifte Schwanz im Bogen nach unten ab.

KURZ-INFO

CENTROSAURUS

Centrosaurus war ein quadrupeder Pflanzenfresser, der sich vor allem durch ein langes, gebogenes Nasenhorn und eine breite Halskrause auszeichnete.

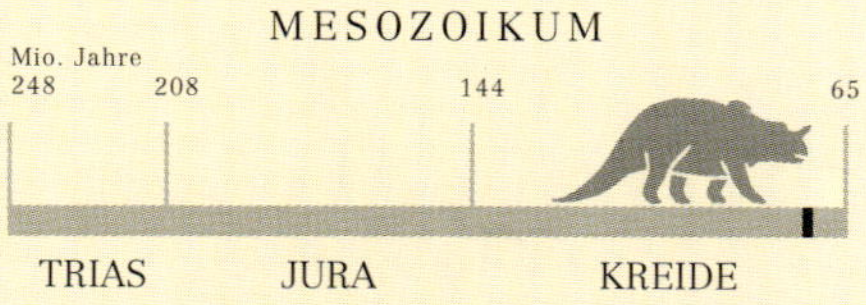

MASSE
Länge: 6,1 m
Gewicht: 2,7 t

ZEIT
vor 75 Mio. Jahren

FUNDORT
Alberta (Kanada)

NAHRUNG
Harte, faserige Pflanzen

SYSTEMATIK
Familie: Ceratopsidae
Infraordnung: Ceratopsia
Subordnung: Marginocephalia
Ordnung: Ornithischia

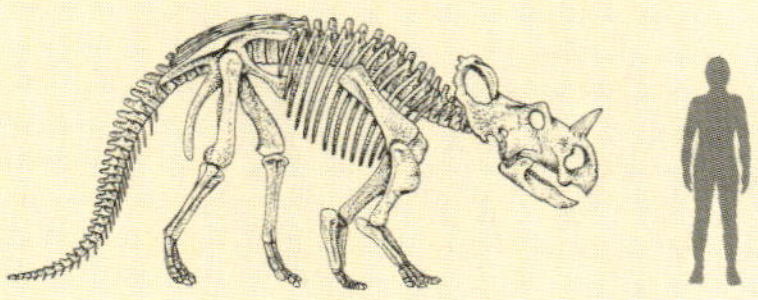

Angriff durch einen Theropoden
Ein plötzlich auftauchender *Albertosaurus* läßt diese drei Centrosaurierweibchen mit ihrem Jungen panikartig davonstieben, während zwei männliche Centrosaurier versuchen, den Carnosaurier mit ihren Hörnern einzuschüchtern.

Skelett und Muskulatur
Kräftige Knochen und Bänder verankerten die mächtige Muskulatur, die den Kiefer bewegte, das schwere Gewicht von Kopf und Hals trug, den Bauch umgab und die Beine des Tieres bewegte. Der massige Schultergürtel wurde durch einen kräftigen Brustkorb gestützt.

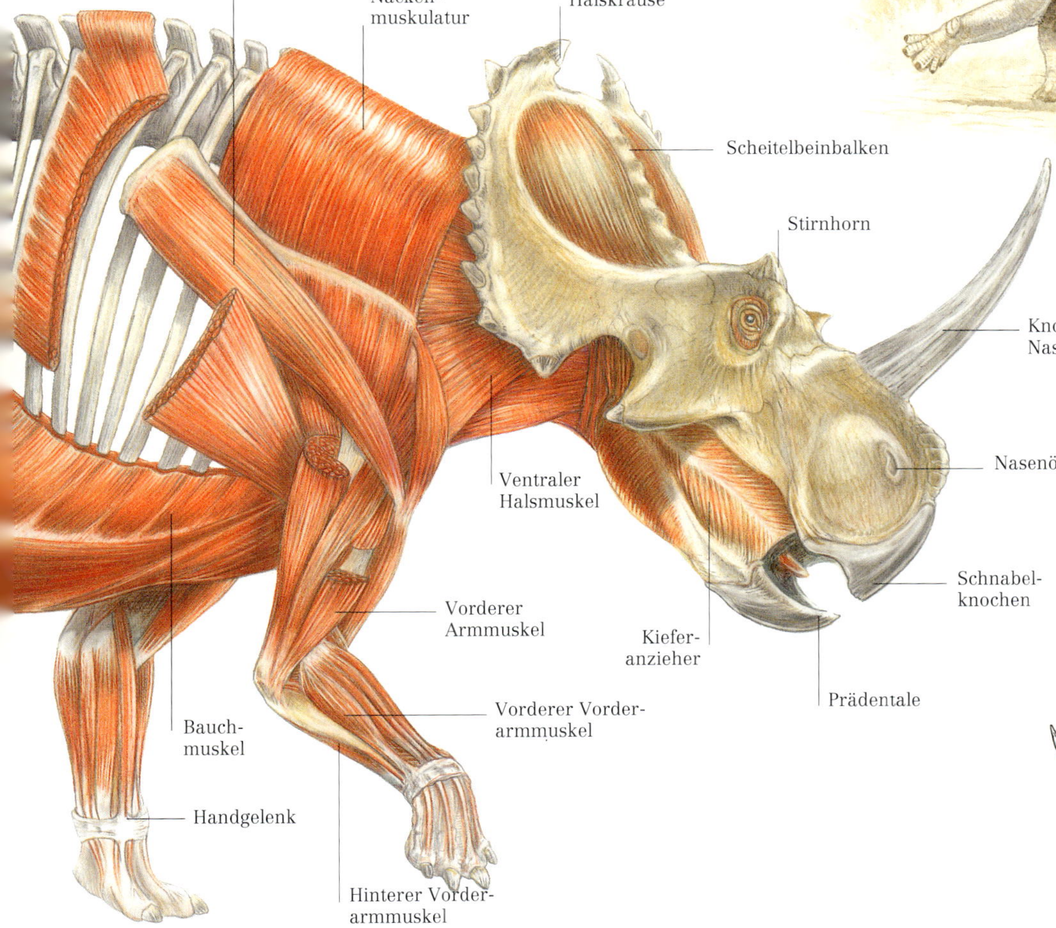

Fortbewegung
In Fachkreisen wird sehr heftig diskutiert, wie *Centrosaurus* und andere Ceratopsier ihre Vordergliedmaßen beim Laufen hielten. Der einen Meinung zufolge drückten die Tiere die Knie durch, wie hier abgebildet; anderer Wissenschaftler hingegen nehmen an, daß Ceratopsier ihre Beine beim Laufen auswärts beugten, wobei die Ellbogen nach außen zeigten – ähnlich wie man dies z.B. bei einer Eidechse beobachten kann.

STYRACOSAURUS

Der Ceratopsier *Styracosaurus* (»Stachelechse«) erhielt seinen Namen aufgrund der langen Knochenstacheln, die vom Hinterrand seiner Halskrause abstanden. Diese Stacheln waren Auswüchse kleiner Knochenhöcker am Rande des Hinterhauptbeins, die den Kragen wie eine Muschelschale über den Nacken ragen ließen. Diese Halskrause gilt als charakteristisches Merkmal der meisten Ceratopsier, nicht jedoch die imposanten Stacheln. Die vier längsten dieser Kragenstacheln waren – wie vermutlich auch das imposante Nasenhorn – so lang wie ein menschlicher Arm.

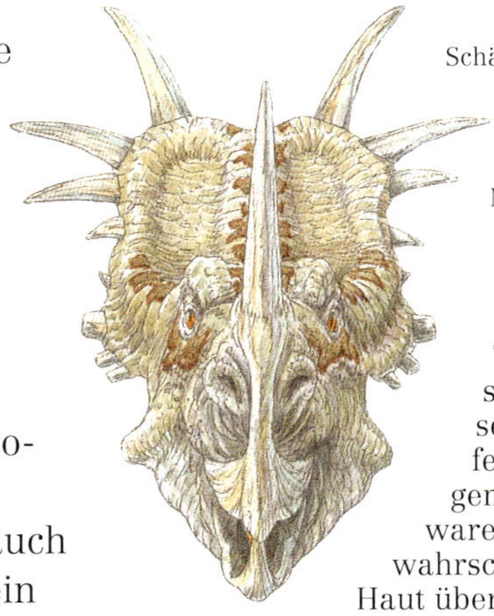

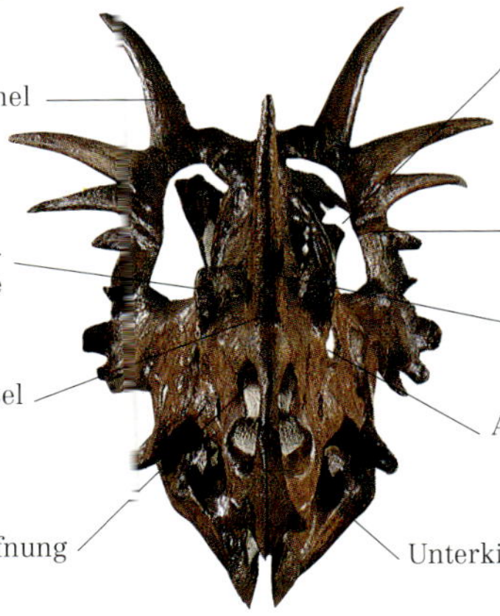

Schädel
Typisch für einen Styracosaurierschädel war die Halskrause mit sechs Stacheln und großen, fensterähnlichen Öffnungen. Bei lebenden Tieren waren diese sehr wahrscheinlich von Haut überzogen.

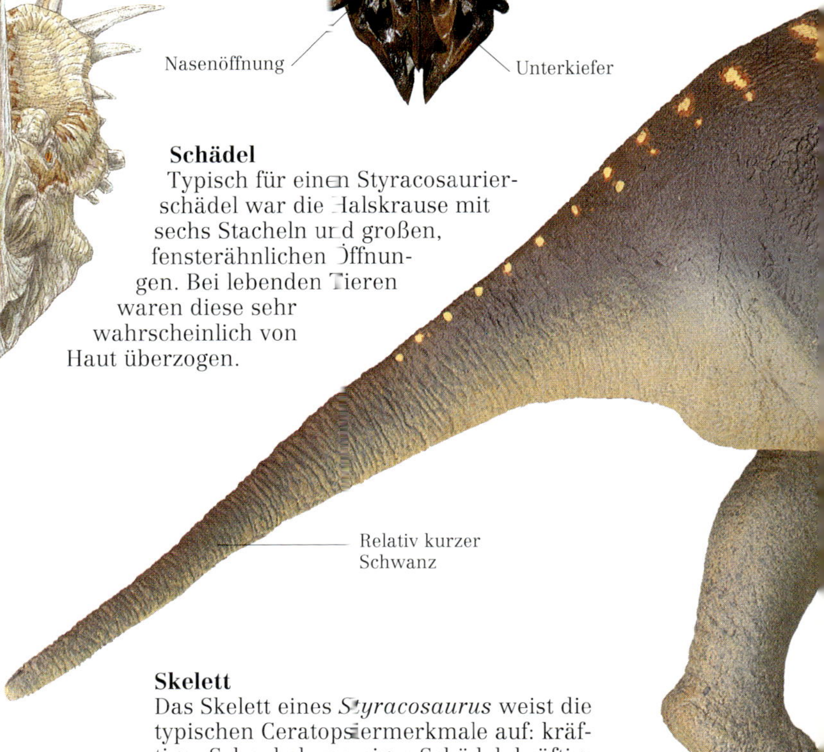

LEBENSWEISE

Kragenstacheln, Halskrause und Nasenhörner schützten Kopf und Nacken der Styracosaurier wahrscheinlich vor Angriffen durch große Carnosaurier (wie beispielsweise *Tyrannosaurus*). Vermutlich haben die männlichen Tiere ihren Kopfschmuck auch bei Paarungskämpfen oder anderen Streitigkeiten mit Rivalen eingesetzt. Vielleicht stellten sie sich dazu Seite an Seite auf, bis ihre Kragenstacheln ineinander verhakt waren, und versuchten so, in einer Art »Kragenhakeln«, den Gegner wegzudrücken – im Prinzip ein ähnliches Verhalten, wie man es heute bei Rothirschen während der Brunftzeit antrifft. Bei dieser Art Zweikampf war die kräftige Schultermuskulatur sehr hilfreich. Die Kämpfe müssen nicht unbedingt blutig verlaufen sein, jedoch zeigen fossile vernarbte Schädel, daß es zumindest gelegentlich zu Verletzungen kam.

Skelett
Das Skelett eines *Styracosaurus* weist die typischen Ceratopsiermerkmale auf: kräftiger Schnabel, massiger Schädel, kräftiger Schultergürtel und Beckenbereich, robuste Beinknochen, geräumiger Brustkorb und kurzer Schwanz. Während die relativ kurze Halskrause charakteristisch für Mitglieder der Unterfamilie Centrosaurinae ist, gelten die langen Kragenstacheln als eindeutige Artmerkmale der Styracosaurier.

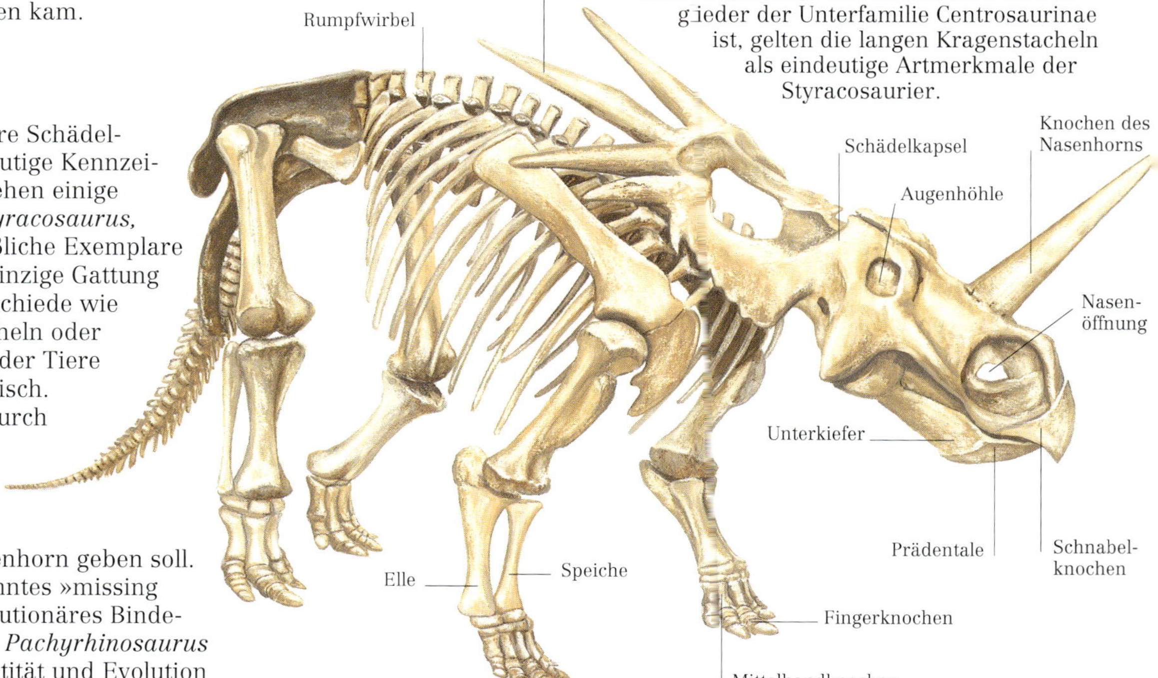

SYSTEMATIK

Obgleich Kragenstacheln und andere Schädelmerkmale bei *Styracosaurus* eindeutige Kennzeichen dieser Gattung sein sollten, gehen einige Wissenschaftler davon aus, daß *Styracosaurus, Centrosaurus* sowie einige mutmaßliche Exemplare von *Monoclonius* zusammen eine einzige Gattung bilden. Möglicherweise sind Unterschiede wie Anzahl oder Größe der Kragenstacheln oder Hörner vom Alter bzw. Geschlecht der Tiere abhängig; evtl. sind sie auch arttypisch. Die Diskussion wurde 1990 noch durch eine weitere These erschwert, wonach es eine Gattung *Styracosaurus* mit nur zwei Kragenstacheln und einem auffälligen, den Schnabel überhängenden Nasenhorn geben soll. 1992 wurde dann über ein sogenanntes »missing link« (ein bisher unbekanntes, evolutionäres Bindeglied) zwischen *Styracosaurus* und *Pachyrhinosaurus* berichtet. Die Diskussion über Identität und Evolution der Ceratopsier ist noch nicht abgeschlossen.

Rekonstruktion
Wie man in diesem Modell sieht, sind die auffälligsten Merkmale des Dinosauriers sein langes Nasenhorn und eine mächtige Halskrause mit Kragenstacheln. *Styracosaurus* sieht ein bißchen wie *Centrosaurus* oder *Monoclonius* aus, deren Halskrause allerdings unbestachelt war.

KURZ-INFO

STYRACOSAURUS

Styracosaurus war ein quadrupeder Pflanzenfresser mit gehörntem Schädel und einer Halskrause.

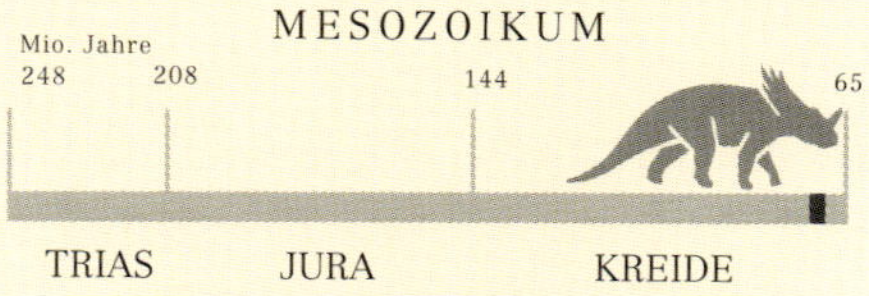

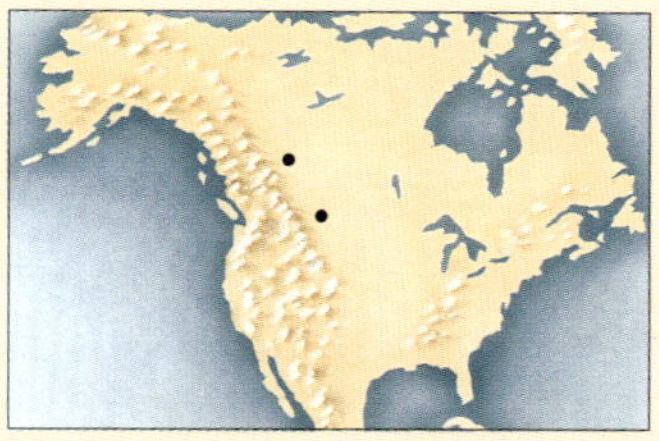

FUNDORT
Alberta (Kanada)
Montana (USA)

ZEIT
vor 75 bis 72 Mio. Jahren

NAHRUNG
Harte, faserige Pflanzen

SYSTEMATIK
Familie: Ceratopsidae
Infraordnung: Ceratopsia
Subordnung: Marginocephalia
Ordnung: Ornithischia

MASSE
Länge: 5,5 m
Gewicht: 2,7 t

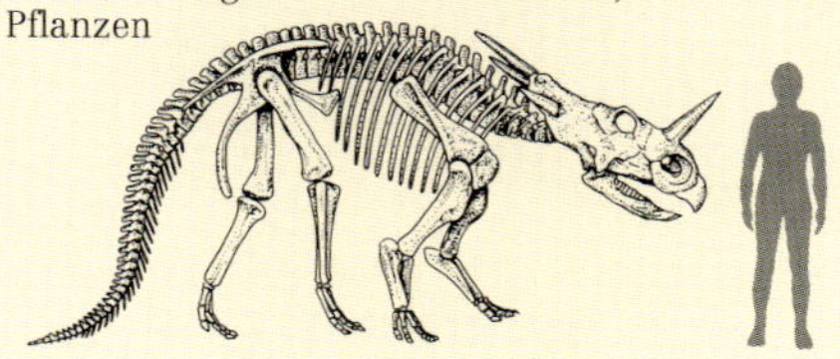

Von oben gesehen
In dieser Ansicht – der Schädel ist wie beim Angriff eines Theropoden gesenkt – erscheint der Kopf des Modells wie ein Dreieck, dessen Ecken von den Spitzen der Hörner auf Nase und Halskrause gebildet werden.

PACHYRHINOSAURUS

Pachyrhinosaurus (»Dicknasige Echse«) war ein etwa 6 m langer Ceratopsier mit einem kurzen Schnabel und einem gedrungenen »Gesicht«, das von einem kräftigen Höcker überlagert war. Möglicherweise benutzten die Männchen dieser Gattung ihren Nasenhöcker, um Territorialkämpfe auszutragen. In der kanadischen Provinz Alberta wurden knapp 1000 Pachyrhinosaurier gefunden, und auch Funde in arktischen Gebieten Alaskas belegen, daß dieser Ceratopsier ausgedehnte jahreszeitliche Wanderungen im Herdenverband machte.

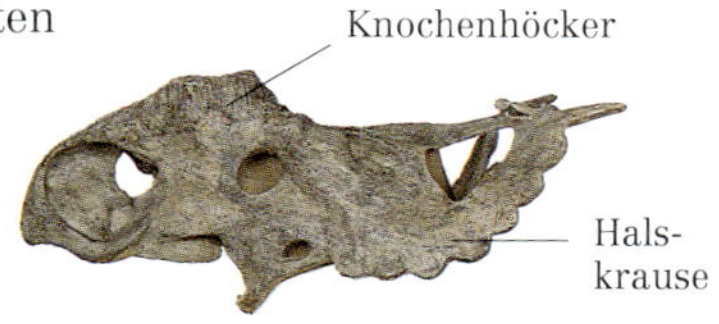

Schädel
Charakteristisch sind der mächtige Knochenhöcker, kleine Hörnchen an der Halskrause sowie manchmal ein Horn in der Mitte des Kragens.

Rekonstruktion
Ein stark gewölbter Knochenhöcker mag das Kennzeichen der Männchen gewesen sein, die Höcker der Weibchen waren vermutlich nicht so stark gewölbt.

TRICERATOPS

In den 80er Jahren des letzten Jahrhunderts wurde auf den Hochebenen der Rocky Mountains ein merkwürdiges Paar fossiler brauner Hörner gefunden. Bei weiteren Untersuchungen stellte man fest, daß sie von *Triceratops* (»Gesicht mit drei Hörnern«) stammten, einem großen pflanzenfressenden Ornithischier mit Hörnern. *Triceratops* erwies sich als der größte bekannte Ceratopside. Er besaß einen massigen Leib und einen mannshohen Schädel mit einem langen Schnabel. Der Schädel war am Hinterende mit einer breiten Knochenkrause gesäumt. Über den Augenbrauen ragten zwei lange, an der Basis hohle Hörner empor, und auf der Nase saß ein weiteres kleines Horn.

MUTTER UND KIND
Hier sieht man, wie eine *Triceratops*-Mutter schützend ihrem Jungen zur Seite steht. Sollte sich ein hungriger Tyrannosaurier der Herde nähern, dann bildeten die Ceratopsier vermutlich einen Kreis um ihre Jungen, die sie mit nach außen gekehrten Hörnern verteidigten.

HATCHER'S SPRING
An diesem vertrockneten Bachlauf im Osten Wyomings fanden Cowboys den ersten Triceratopsierschädel.

LEBENSWEISE

Als einer der letzten und wohl zahlenmäßig stärksten Vertreter der Ceratopsier bevölkerte *Triceratops* in großen Herden die (fast schon neuzeitlich zu nennenden) Wälder Nordamerikas; diese gediehen in dem damaligen kühl-trockenen Klima gut und lagen westlich des stetig kleiner werdenden amerikanischen Binnenmeers. Den schweren Kopf unmittelbar über dem Boden, fraßen die Tiere die Krautschicht ab; möglicherweise drückten sie mit ihren Stirnhörnern auch dicht belaubte Zweige herab, um dann die Blätter mit ihren scharfkantigen Schnäbeln abzurupfen oder mit Hilfe ihrer »Zahnbatterien« seitlich abzubeißen. Die gut durchblutete Nackenkrause diente möglicherweise als »Radiator«: Bei Hitze wurde überschüssige Körperwärme abgegeben, während sie bei kühler Witterung als »Sonnenkollektor« diente. Gelegentlich bestimmten wohl Machtkämpfe, welches Tier die Herde leiten würde: Zwei Männchen stellten sich dann Kopf an Kopf auf und schubsten und stießen solange gegeneinander, bis der schwächere Rivale aufgab. Ein weit oben im Schädel gelegener Hohlraum diente dabei als »Stoßdämpfer« für das Gehirn. Funde von verheilten Knochen im Bereich der Wangen und Halskrause machen deutlich, daß diese Streitigkeiten sehr erbittert ausgefochten wurden. Denkbar ist allerdings auch, daß ein Männchen durch bloßes Zurschaustellen seiner Krause ein unblutiges Imponiergehabe zeigte, um seinen Machtanspruch zu demonstrieren: Hierbei wurde der Kopf ruckartig gehoben und gesenkt, damit der Rivale die Halskrause sah; diese wurde dann seitlich hin- und hergeschwenkt, bis der Gegner die Flucht ergriff.

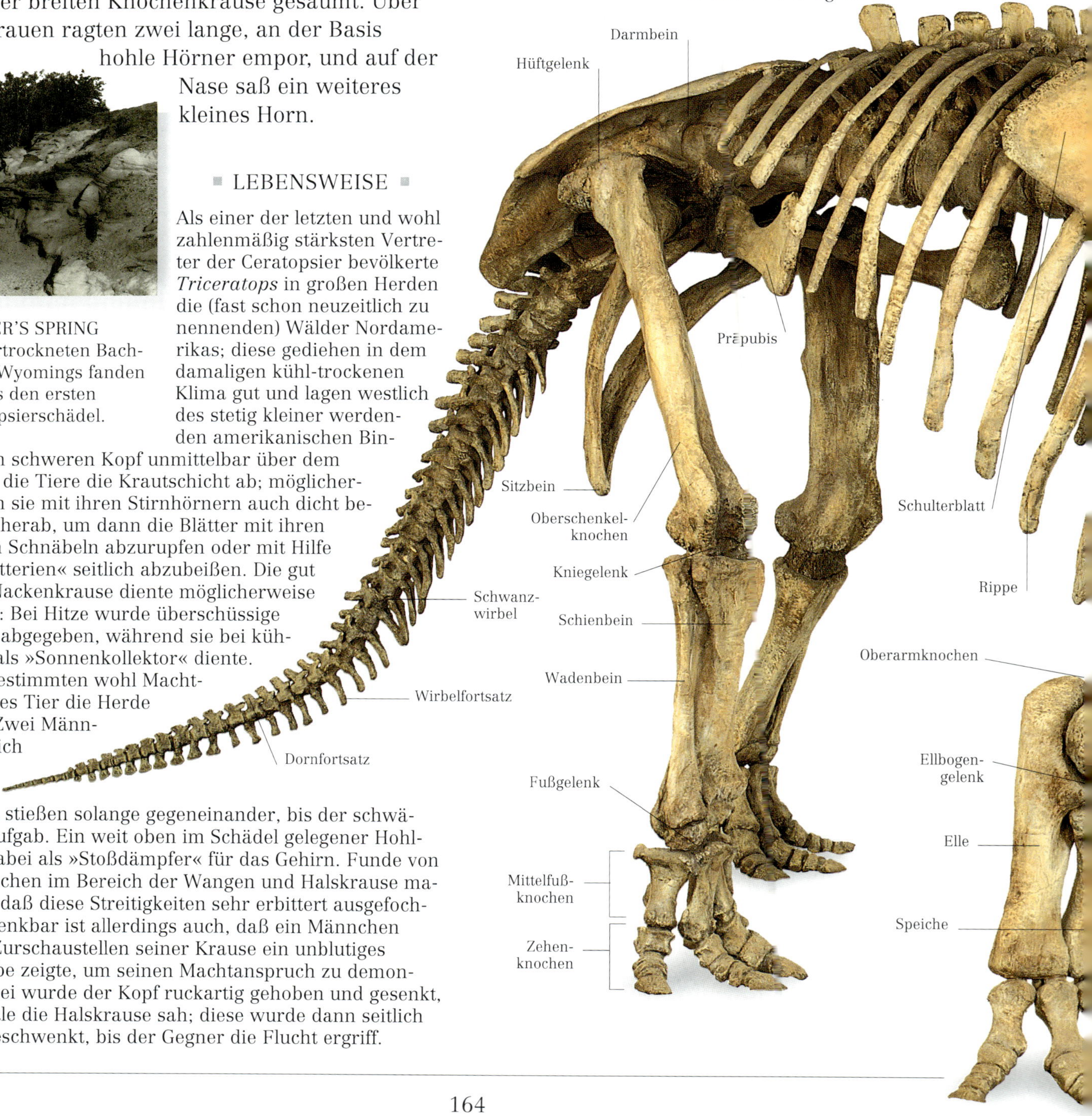

Hirnabdruck
Dieser Abdruck vom Gehirn eines *Triceratops* entstand, indem man den Schädelinnenraum als natürliche Gußform verwendete. Nach dem Trocknen des flüssigen Gußmaterials wurde der Abguß herausgenommen und vermessen, um Informationen über Form und Größe des Gehirns sowie über besonders gut oder schlecht entwickelte Hirnabschnitte zu erhalten.

Schnitt durch einen Schädel
In diesem Längsschnitt eines Triceratopsierschädels (rechts) kann man den Schädelinnenraum sehen, der als Form für den Abguß (links) verwendet wurde. Aus den Untersuchungen an Schädelinnerem und Hirnabdruck geht hervor, daß die großen Ceratopsier vermutlich schneller und beweglicher als Stegosaurier, doch langsamer als Ornithopoden und Theropoden waren. Ihr Wahrnehmungsvermögen war offenbar auch nicht sehr gut.

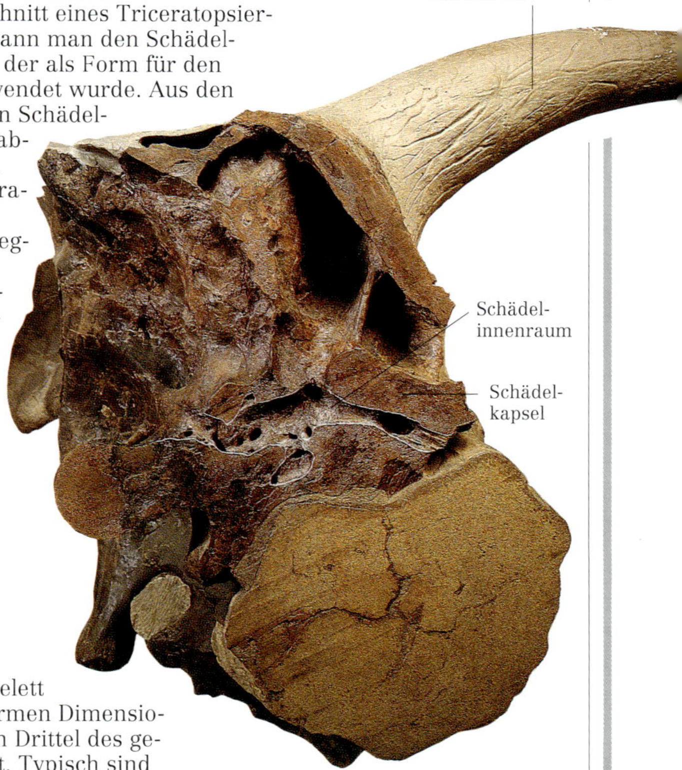

Rekonstruiertes Skelett
Aufgebaut betont dieses Skelett eines *Triceratops* die enormen Dimensionen des Schädels, der ein Drittel des gesamten Tieres ausmacht. Typisch sind auch der kurze, von einer Krause bedeckte Hals und die kräftigen, schweren Gliedmaßen. *Triceratops* war ein Zehengänger.

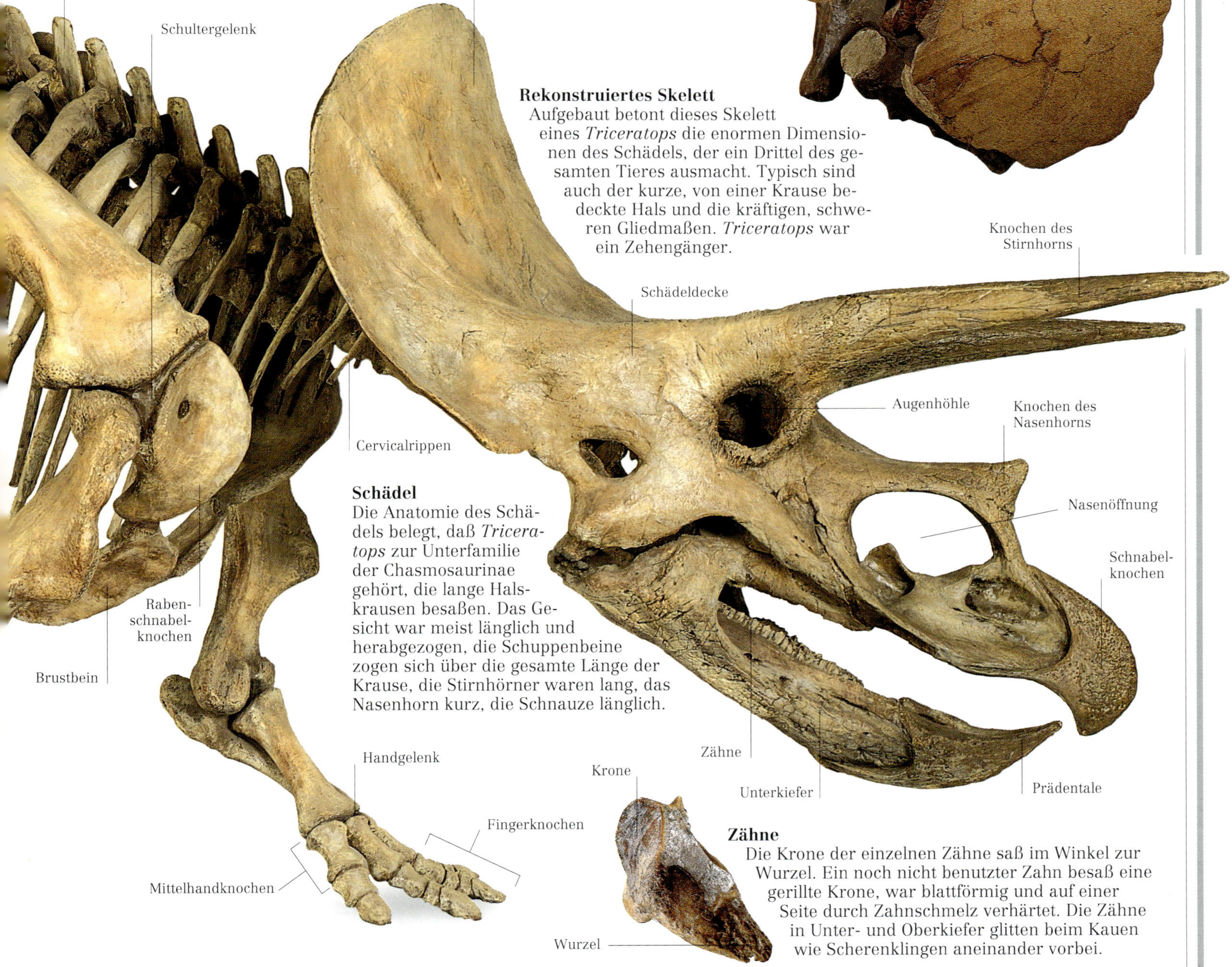

Schädel
Die Anatomie des Schädels belegt, daß *Triceratops* zur Unterfamilie der Chasmosaurinae gehört, die lange Halskrausen besaßen. Das Gesicht war meist länglich und herabgezogen, die Schuppenbeine zogen sich über die gesamte Länge der Krause, die Stirnhörner waren lang, das Nasenhorn kurz, die Schnauze länglich.

Zähne
Die Krone der einzelnen Zähne saß im Winkel zur Wurzel. Ein noch nicht benutzter Zahn besaß eine gerillte Krone, war blattförmig und auf einer Seite durch Zahnschmelz verhärtet. Die Zähne in Unter- und Oberkiefer glitten beim Kauen wie Scherenklingen aneinander vorbei.

Veränderte Systematik
Vor einiger Zeit glaubten einige Paläontologen, daß Unterschiede bei verschiedenen Triceratopsidenschädeln Beweis genug seien, 16 unterschiedliche Arten zu klassifizieren. Bei einer kritischen, neueren Durchsicht der Fossilien ergab sich jedoch, daß es sich nur um eine einzige Art handelte; mittlerweile geht man davon aus, daß es vielleicht zwei oder drei Arten gab.

URZEITLICHE LANDSCHAFT
Triceratops lebte in einer Landschaft, die von lichten Wäldern geprägt war, in der viele der damaligen Nadelgewächse und Blütenpflanzen rezenten Arten ähnelten.

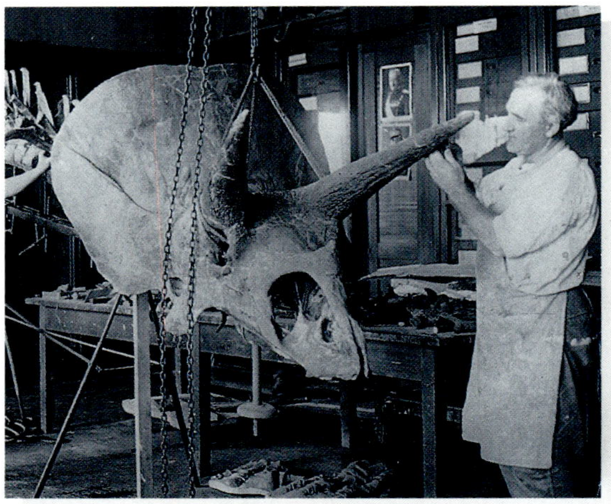

REKONSTRUKTION
Ein Museumsmitarbeiter setzt den Schädel eines *Triceratops* zusammen.

CHASMOSAURUS

Dieser mittelgroße Ceratopsier, der zu den Chasmosaurinen gerechnet wird, wurde 4,9 m groß und wog etwa 2,2 t. Mehrere einzelne Schädel dieser Art wurden im Westen Nordamerikas gefunden, wo *Chasmosaurus* mehrere Millionen Jahre vor dem nahe verwandten *Triceratops* gelebt hat. Ein Forscher behauptete, Männchen und Weibchen auseinanderhalten zu können, ferner fand er mindestens drei *Chasmosaurus*-Arten in Alberta (Kanada) sowie eine vierte Art in Texas.

Halskrause und Schädel
In der Vorderansicht des Chasmosaurierschädels kann man die schmalen Knochenbalken erkennen, die den Kragen tragen und sein Gewicht reduzieren. Zu Lebzeiten des Dinosauriers waren die fensterartigen Kragenöffnungen von Haut überzogen. Diese Halskrause ragt weit über Nacken und Schultern des Tieres hinaus.

Vorderansicht des Schädels
Von vorne betrachtet sieht man, daß dieser Ceratopside ein kleines Nasenhorn sowie zwei lange Hörner über den Brauen besaß und daher etwas an eine Kuh erinnerte.

Äußere Erscheinung
Triceratops erinnert mit seinen kurzen, stämmigen Beinen und massigem Leib an ein überdimensionales Nashorn. Unter seinen Ballen saßen vermutlich wie bei diesem Tier Fußpolster, die wie Stoßdämpfer das Gewicht beim Laufen abfingen. *Triceratops* gilt als der größte aller Hornsaurier; von ihm sind zwar 50 vollständig oder teilweise erhaltene Schädel bekannt, doch hat man bisher noch kein komplettes Skelett gefunden.

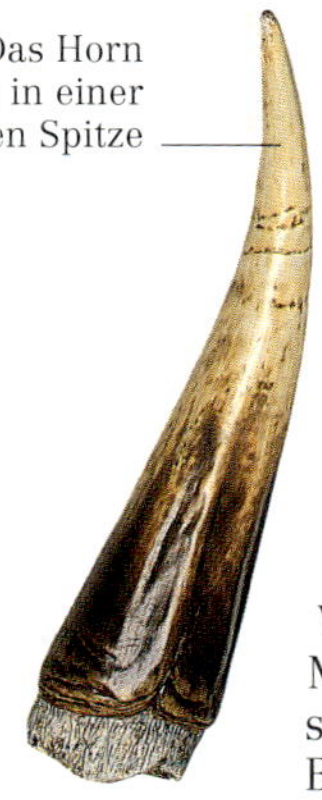

Hörner
Zu Lebzeiten der Tiere war der Knochenteil ihrer Schädelhörner noch mit einer Hornscheide überzogen. In dieser Abbildung ist ein naturgetreues Horn zu sehen (wie es vermutlich bei einem lebenden *Triceratops* aussah), das verständlicherweise viel länger, und schärfer aussieht. Diese Hörner waren eine nicht zu unterschätzende Waffe. Der Paläontologe Othniel Marsh hielt diese Knochenhörner sogar versehentlich für fossile Bisonhörner.

KURZ-INFO

TRICERATOPS

Triceratops war ein quadrupeder Pflanzenfresser mit einem massiven Schädel, auf dem drei Hörner saßen.

MESOZOIKUM

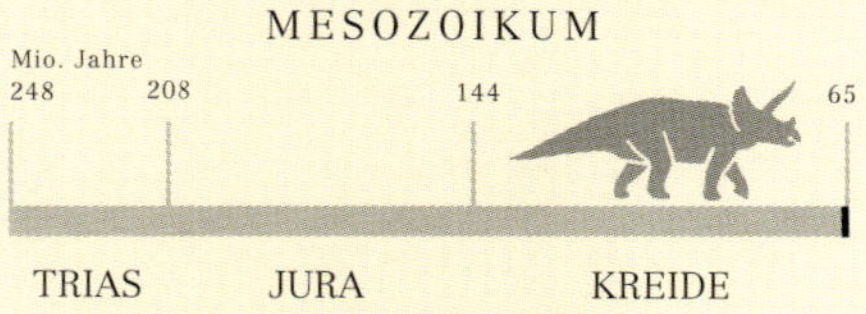

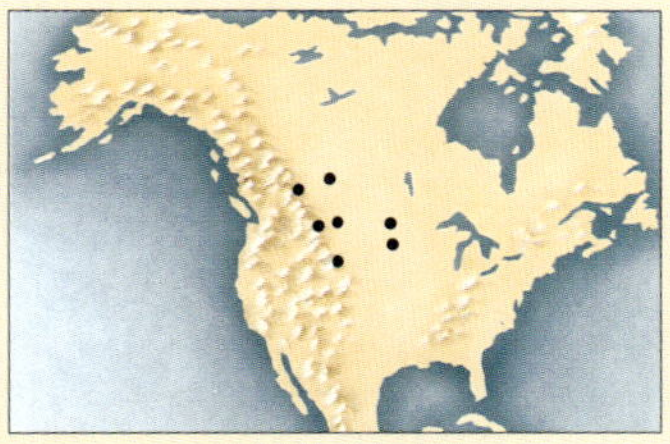

FUNDORT
Alberta, Saskatchewan (Kanada)
Montana, North Dakota, South Dakota, Wyoming (USA)

SYSTEMATIK
Familie: Ceratopsidae
Infraordnung: Ceratopsia
Subordnung: Marginocephalia
Ordnung: Ornithischia

MASSE
Länge: 9 m
Gewicht: 5,4 t

ZEIT
vor 67 bis 65 Mio. Jahren

NAHRUNG
Faserreiche Pflanzen

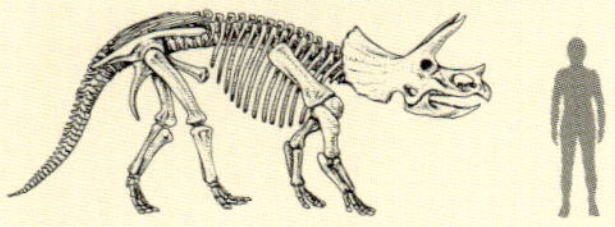

Hufbein
Die drei Finger jeder »Hand« sowie alle vier Zehen an jedem Fuß besaßen als letztes Knochenglied ein sog. Hufbein, das breit, stumpf und abgerundet war. Links ist ein solches fossiles Hufbein (Os ungulare) zu sehen. Beim lebenden *Triceratops* lag jedem Hufbein eine kleine Hornscheide auf, die den eigentlichen »Huf« bildete. Während die meisten Ceratopsiden Zehen mit solchen »Hufen« besaßen, findet man bei einigen Protoceratopsiden statt dessen scharfe Krallen.

LEXIKON DER DINOSAURIERNAMEN

In diesem Abschnitt des Buches sind alle Dinosauriergattungen aufgeführt, die zur Zeit der Drucklegung bekannt waren. Insgesamt werden 638 Namen aufgelistet, von denen sich in 170 Fällen herausstellte (bzw. es den Anschein hat), daß es sich um Doppelnennungen handelte. In jedem Jahr werden neue Dinosauriergattungen entdeckt und beschrieben, dieses Verzeichnis unterliegt also dem Fortschritt der wissenschaftlichen Forschung.

LEXIKON DER DINOSAURIERNAMEN

In diesem Lexikon erhält der Leser eine umfassende Liste aller derzeit bekannter Dinosauriernamen in ihrer wissenschaftlich korrekten Bezeichnung (Gattungsname in kursiver Schreibweise). Falls ein Dinosaurier ausführlich auf den Seiten 36 bis 167 beschrieben wurde, steht hier nur ein Seitenverweis. Unterbleibt diese detaillierte Beschreibung des Tieres, so findet man hier einige Zusatzinformationen sowie den Seitenverweis zu einem Vertreter derselben Familie. Wenn auch keine verwandten Saurier beschrieben wurden, dann findet der Leser an dieser Stelle die entsprechende systematische Einordnung (kurz: Systematik) des Tieres. Die Abkürzung *n.d.* (= *nomen dubium*) weist darauf hin, daß nur wenig über diese Gattung bekannt bzw. ihre systematische Zuordnung noch ungesichert ist. Gleichheitszeichen hinter einem Namen besagen, daß die zweite Bezeichnung wissenschaftlich korrekt ist; ist diese mit Fragezeichen versehen, so handelt es sich vermutlich um den systematisch gesicherten Namen. Wissenschaftlich nicht korrekte Bezeichnungen und Trivialnamen stehen in Anführungszeichen. Die verwendeten Fachbegriffe werden im anschließenden Glossar (S. 184) erläutert.

Abelisaurus Bipeder, carnivorer Ceratosaurier, mit *Carnotaurus* (S. 48) verwandt. Länge: 9 m. Zeit: Oberkreide. Fundort: Argentinien.

Abrictosaurus Bipeder, herbivorer Dinosaurier, ähnlich *Heterodontosaurus* (S. 134). Fundort: Südafrika.

Acanthopholis Quadrupeder, herbivorer Ankylosaurier, mit *Edmontonia* (S. 122) verwandt. Länge: 5,5 m. Zeit: Mittlere bis Oberkreide. Fundort: England. *n.d.*

Acrocanthosaurus Bipeder, carnivorer Theropode mit Rückensegel, verwandt mit *Allosaurus* (S. 52). Länge: bis 12 m. Zeit: Unterkreide. Fundort: Oklahoma und Texas (USA).

Adasaurus Bipeder, carnivorer Theropode, mit *Deinonychus* (S. 70) verwandt. Länge: 2 m. Zeit: Oberkreide. Fundort: Mongolei.

Aegyptosaurus Quadrupeder, herbivorer Sauropode, mit *Saltasaurus* (S. 106) verwandt. Länge: 16 m. Zeit: Oberkreide. Fundort: Ägypten, Niger.

Aeolosaurus Quadrupeder, herbivorer Sauropode, mit *Saltasaurus* (S. 106) verwandt. Länge: 16 m. Zeit: Oberkreide. Fundort: Argentinien.

Aepisaurus Quadrupeder, herbivorer Sauropode, genaue systematische Stellung unsicher. Länge: etwa 15 m. Zeit: Unterkreide. Fundort: Frankreich. *n.d.*

Aetonyx = *Massospondylus* (S. 88)

Agathaumas Quadrupeder, herbivorer Ceratopsier, möglicherweise ein *Triceratops* (S. 164). Zeit: Oberkreide. Fundort: Wyoming (USA). *n.d.*

Agilisaurus Kleiner, bipeder, herbivorer Ornithopode, mit *Hypsilophodon* (S. 136) verwandt. Zeit: Mittlerer Jura. Fundort: China. 1990 beschrieben.

Agrosaurus Quadrupeder/bipeder, herbivorer Prosauropode, systematische Stellung und genaue Datierung unsicher. Zeit: Evtl. Unterer Jura. Fundort: Australien. *n.d.*

Alamosaurus Quadrupeder, herbivorer Sauropode, mit *Saltasaurus* (S. 106) verwandt. Länge: Bis 21 m. Zeit: Oberkreide. Fundort: Utah und New Mexico (USA).

Albertosaurus Bipeder Carnosaurier, ähnlich *Tyrannosaurus* (S. 54). Länge: Bis 8 m. Zeit: Oberkreide. Fundort: Westl. Nordamerika.

Albisaurus (Mutmaßlicher) Dinosaurier, nur aus wenig fossilem Material aus der Oberkreide bekannt. Genaue Identität unsicher. Fundort: Tschech. Republik. *n.d.*

Alectrosaurus Bipeder Carnosaurier, mit *Tyrannosaurus* (S. 54) verwandt. Länge: Bis 5 m. Zeit: Oberkreide. Fundort: China, Mongolei.

Algoasaurus Quadrupeder, herbivorer Sauropode, (mutmaßlicher) Dinosaurier, nur aus wenig fossilem Material bekannt. Länge: 9 m. Zeit: Unterkreide. Fundort: Südafrika. *n.d.*

Alioramus Bipeder Carnosaurier mit länglichem Schädel, mit *Tyrannosaurus* (S. 54) verwandt. Länge: 6 m. Zeit: Oberkreide. Fundort: Mongolei.

Aliwalia Früher, großer, bipeder Raubsaurier, mit *Herrerasaurus* (S. 40) verwandt. Länge: Bis 11 m. Zeit: Obere Trias. Fundort: Südafrika. *n.d.*

Allosaurus siehe S. 52

Alocodon Kleiner, bipeder, herbivorer Ornithischier, von dem nur fossile Zähne bekannt sind. Zeit: Oberer Jura. Fundort: Portugal. Genaue systematische Stellung unsicher.

Altascopcosaurus Bipeder, herbivorer Ornithopode, verwandt mit *Hypsilophodon* (S. 136). Länge: 2,7 m. Zeit: Unterkreide. Fundort: Australien.

Altispinax Großer, bipeder, carnivorer Theropode, von dem nur ein einziger fossiler Zahn bekannt ist. Zeit: Unterkreide. Fundort: Deutschland. Genaue systematische Stellung unsicher. *n.d.*

Alvarezsaurus Bipeder, carnivorer Ceratosaurier, ähnlich *Struthiomimus* (S. 64), doch nicht mit diesem verwandt. Zeit: Oberkreide. Fundort: Argentinien. 1991 beschrieben. Systematik: Alvarezsauridae, Ceratosauria, Theropoda, Saurischia.

Amargasaurus Quadrupeder, herbivorer Sauropode mit Rückensegel. Länge: 9 m. Zeit: Unterkreide. Fundort: Argentinien. 1991 beschrieben. Systematik: Dicraeosauridae, Sauropoda, Sauropodomorpha, Saurischia.

Ammosaurus Quadrupeder/bipeder, herbivorer Prosauropode, mit *Plateosaurus* (S. 86) verwandt. Länge: 2,4 m. Zeit: Unterer Jura. Fundort: Connecticut und Arizona (USA).

Amphicoelias Großer, quadrupeder, herbivorer Sauropode, mit *Diplodocus* (S. 100) verwandt. Zeit: Oberer Jura. Fundort: Colorado (USA).

Amphisaurus = *Anchisaurus* (S. 84).

Amtosaurus Großer, quadrupeder/bipeder, herbivorer Hadrosaurier, von dem nur ein Schädel bekannt ist. Zeit: Oberkreide. Fundort: Mongolei. *n.d.*

Amygdalodon Großer, quadrupeder, herbivorer Sauropode, mit *Cetiosaurus* (S. 92) verwandt. Zeit: Mittl. Jura. Fundort: Argentinien.

Anatosaurus = *Edmontosaurus* (S. 144) und *Anatotitan*

Acrocanthosaurus

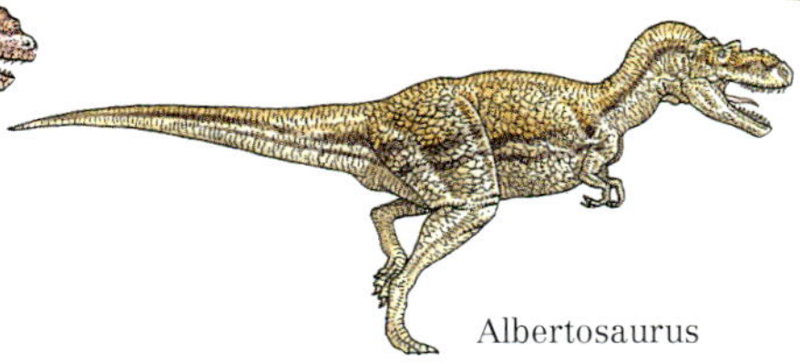

Albertosaurus

Allosaurus

Anatotitan Großer, quadrupeder/bipeder, herbivorer Hadrosaurier, mit *Edmontosaurus* (S. 144) verwandt. Länge: 12 m. Zeit: Oberkreide. Fundort: Westl. Nordamerika. 1990 beschrieben.
Anchiceratops Quadrupeder herbivorer Ceratopsier, mit *Triceratops* (S. 164) verwandt. Länge: 5 m. Zeit: Oberkreide. Fundort: Westl. Nordamerika.
Anchisaurus siehe S. 84
Andesaurus Großer, quadrupeder, herbivorer Sauropode, mit *Saltasaurus* (S. 106) verwandt. Zeit: Oberkreide. Fundort: Argentinien. 1991 beschrieben.
Ankylosaurus Ankylosaurier. Länge: 10 m. Mit *Euoplocephalus* (S. 128) verwandt. Zeit: Oberkreide. Fundort: Westl. Nordamerika.
Anodontosaurus = *Dyoplosaurus*
Anoplosaurus Ein relativ unbekannter herbivorer Dinosaurier, evtl. *Acanthopholis*. Zeit: Unterkreide. Fundort: England. *n.d.*
Anserimimus Bipeder, carnivorer bzw. omnivorer Ornithomimide (Theropodenfamilie). Verwandt mit *Gallimimus* (S. 62). Zeit: Oberkreide. Fundort: Mongolei.
Antarctosaurus Quadrupeder, herbivorer Sauropode, mit *Saltasaurus* (S. 106) verwandt. Länge: 18 m. Zeit: Oberkreide. Fundort: Argentinien.
Anthodon = *Paranthodon*
Antrodemus = *Allosaurus* (S. 52)
Apathodon = *Allosaurus*? (S. 52)
Apatosaurus siehe S. 102
Aragosaurus Großer, quadrupeder, herbivorer Sauropode, verwandt mit *Camarasaurus* (S. 96). Zeit: Unterkreide. Fundort: Spanien
Aralosaurus Bipeder, herbivorer Hadrosaurier, verwandt mit *Maiasaura* (S. 146). Zeit: Oberkreide. Fundort: Kasachstan.
Archaeopteryx siehe S. 74
Archaeornis = *Archaeopteryx* (S. 74)
Archaeornithoides Kleiner, vogelähnlicher, carnivorer Dinosaurier. Schädel erinnert an *Troodon* (S. 68) und *Baryonyx* (S. 58). Zeit: Oberkreide. Fundort: Mongolei. 1992 beschrieben. Systematik: Archaeornithoididae, Tetanurae, Theropoda, Saurischia.
Archaeornithomimus Bipeder, vogelähnlicher, carnivorer bzw. omnivorer Ornithomimide, verwandt mit *Gallimimus* (S. 62). Zeit: Oberkreide. Fundort: China.
Arctosaurus Wahrscheinlich ein Theropode. Nur durch einen Wirbel bekannt. Zeit: Obere Trias. Fundort: Arktische Regionen in Kanada. *n.d.*
Argyrosaurus Quadrupeder, herbivorer Sauropode, verwandt mit *Saltasaurus* (S. 106). Länge: 21 m; Oberschenkelknochen 2 m. Zeit: Oberkreide. Fundort: Argentinien, Uruguay.
Aristosaurus = *Massospondylus* (S. 88)
Aristosuchus = *Calamospondylus*?
»Arkansaurus« = *Archaeornithomimus*?
Arrhinoceratops Großer, quadrupeder, herbivorer Ceratopsier, verwandt mit *Triceratops* (S. 164). Zeit: Oberkreide. Fundort: Alberta (Kanada).
Arstanosaurus Name einiger Fossilien, die sich als die eines Ceratopsiers bzw. eines Hadrosauriers entpuppten. Zeit: Oberkreide. Fundort: Kasachstan. *n.d.*
Asiaceratops Kleiner, hauptsächlich bipeder, herbivorer Ceratopsier, verwandt mit *Protoceratops* (S. 158). Zeit: Oberkreide. Fundort: Usbekistan, Mongolei und China. 1989 beschrieben.
Asiatosaurus Großer, quadrupeder, herbivorer Sauropode, möglicherweise verwandt mit *Camarasaurus* (S. 96) oder *Mamenchisaurus* (S. 104). Zeit: Unterkreide. Fundort: Mongolei und China. *n.d.*
Astrodon Quadrupeder, herbivorer Sauropode ,verwandt mit *Brachiosaurus* (S. 94). Länge: 10 m. Zeit: Unterkreide. Fundort: Östl. Nordamerika, evtl. auch England und Südafrika. *n.d.*
Astrodonius = *Astrodon*
Atlantosaurus Quadrupeder, herbivorer Dinosaurier. Länge: 23 m. *n.d.*
Aublysodon Bipeder, carnivorer Theropode, ähnlich wie *Tyrannosaurus* (S. 54), aber kleiner. Zeit: Oberkreide. Fundort: Westl. Nordamerika und evtl. China. Systematik: Aublysodontidae, Tetanurae, Theropoda, Saurischia.
Austrosaurus Quadrupeder, herbivorer Sauropode, verwandt mit *Cetiosaurus* (S. 92). Länge: 15 m. Zeit: späte Unterkreide bis frühe Oberkreide. Fundort: Australien.
Avaceratops Quadrupeder, herbivorer Ceratopsier mit kleinem Nasenhorn, verwandt mit *Centrosaurus* (S. 160). Zeit: Oberkreide. Fundort: Montana.
Avimimus Siehe S. 76.
Avipes Bipeder, carnivorer Theropode, Identität fraglich. Länge: 1 m. Zeit: Obere Trias. Fundort: Deutschland. *n.d.*
Azendohsaurus Bipeder, herbivorer Prosauropode, vielleicht verwandt mit *Thecodontosaurus*. Länge: 1,8 m. Zeit: Frühe Obere Trias. Fundort: Marokko.

Bactrosaurus Bipeder/quadrupeder, herbivorer, primitiver Hadrosaurier, verwandt mit *Lambeosaurus* (S. 150). Länge: 6 m. Zeit: Oberkreide. Fundort: China.
Bagaceratops Herbivorer Ceratopsier, verwandt mit *Protoceratops* (S. 158). Länge: 1 m. Zeit: Oberkreide. Fundort: Mongolei.
Bahariasaurus Bipeder, carnivorer (evtl. auch omnivorer) Theropode, verwandt mit Struthiomimiden. Zeit: Oberkreide. Fundort: Nordafrika.
Barapasaurus Quadrupeder, herbivorer, primitiver Sauropode, verwandt mit *Cetiosaurus* (S. 92) oder anderen Familien zuzuordnen wie Barapasauridae oder Vulcanodontidae. Länge: 18 m. Zeit: Unterer Jura. Fundort: Indien.
Barosaurus siehe S. 98
Barsboldia Großer, bipeder/quadrupeder, herbivorer Hadrosaurier, verwandt mit *Lambeosaurus* (S. 150). Zeit: Oberkreide. Fundort: Mongolei.
Baryonyx siehe S. 58

Anchisaurus
Apatosaurus
Avimimus

Bagaceratops

Baryonyx

Becklespinax Großer, bipeder, carnivorer Theropode mit einem hautüberzogenen, knöchernen Rückensegel, ähnlich *Altispinax*. Zeit: Unterkreide. Fundort: England. 1991 beschrieben aufgrund der Rückenknochen. Systematik: Carnosauria, Tetanurae, Theropoda, Saurischia.

Bellusaurus Quadrupeder, herbivorer Sauropode, verwandt mit *Cetiosaurus* (S. 92). Länge: 5 m. Zeit: Mittlerer Jura. Fundort: China.

Betasuchus Bipeder Fleischfresser mit dünnen Schenkelknochen. Evtl. verwandt mit *Carnotaurus* (S. 48). Zeit: Oberkreide. Fundort: Niederlande.

Bihariosaurus Recht großer, bipeder/quadrupeder, herbivorer Ornithischier, verwandt mit *Iguanodon* (S. 138). Zeit: Oberkreide. Fundort: Rumänien. 1989 beschrieben. Systematik: Camptosauridae, Euornithopoda, Ornithopoda, Ornithischia.

Blikanasaurus Quadrupeder, herbivorer Prosauropode mit kräftigen, stämmigen Gliedmaßen. Länge: 5 m. Zeit: Obere Trias. Fundort: Südafrika. Systematik: Blikanasauridae, Prosauropoda, Sauropodomorpha, Saurischia.

Borogovia Kleiner, bipeder, carnivorer Theropode mit einer großen Kralle am zweiten Zeh, verwandt mit *Troodon* (S. 68). Zeit: Oberkreide. Fundort: Mongolei.

Bothriospondylus Großer, quadrupeder, herbivorer Sauropode, verwandt mit *Brachiosaurus* (S. 94). Zeit: Mittlerer Jura bis Unterkreide. Fundort: England, Frankreich und Madagaskar.

Brachiosaurus siehe S. 94

Brachyceratops Quadrupeder, herbivorer Ceratopsier, verwandt mit *Centrosaurus* (S. 160). Länge: 4 m. Zeit: Oberkreide. Fundort: Alberta (Kanada) und Montana (USA).

Brachylophosaurus Bipeder/quadrupeder, herbivorer Hadrosaurier, verwandt mit *Maiasaura* (S. 146). Zeit: Oberkreide. Fundort: Alberta (Kanada) und Montana (USA).

Brachypodosaurus Quadrupeder, herbivorer, gepanzerter oder plattenbewehrter Nodosaurier, Ankylosaurier oder evtl. auch Stegosaurier. Nur durch einen Oberarmknochen bekannt. Zeit: Oberkreide. Fundort: Indien. *n.d.*

Brachyrophus = *Camptosaurus*

Bradycneme = *Elopteryx*?

Breviceratops Kleiner, quadrupeder Ceratopsier, vielleicht ein Vorfahr von *Protoceratops* (S. 158). Zeit: Oberkreide. Fundort: Mongolei. 1990 beschrieben.

Brontosaurus = *Apatosaurus* (S. 102)

Bruhathkayosaurus Großer, bipeder Fleischfresser, vielleicht ein Ceratosaurier, der mit *Carnotaurus* (S. 48) verwandt war. Zeit: Oberkreide. Fundort: Indien. 1987 beschrieben. *n.d.*

Caenagnathus Kleiner, bipeder, carnivorer Theropode, vielleicht verwandt mit *Troodon* (S. 68). Zeit: Oberkreide. Fundort: Westl. Kanada. Systematik: Caenagnathidae, Tetanurae, Theropoda, Saurischia.

Calamosaurus = *Calamospondylus*

Calamospondylus Kleiner, bipeder Raubsaurier, evtl. verwandt mit *Ornitholestes* (S. 78). Zeit: Unterkreide. Fundort: England.

Callovosaurus Bipeder/quadrupeder, herbivorer Ornithopode, ähnlich *Iguanodon* (S. 138). Länge: 3,5 m. Zeit: Mittlerer Jura. Fundort: England. Systematik: Camptosauridae, Euornithopoda, Ornithopoda, Ornithischia.

Camarasaurus Siehe S. 96

Camelotia Quadrupeder, herbivorer Prosauropode, verwandt mit *Riojasaurus* (S. 90). Länge: 9 m. Zeit: Obere Trias. Fundort: England.

Camptonotus = *Camptosaurus*

Camptosaurus Bipeder/quadrupeder, herbivorer Ornithopode, ähnlich wie *Iguanodon* (S. 138). Länge: 7 m. Zeit: Oberer Jura bis Unterkreide. Fundort: Westl. USA, England, Portugal. Systematik: Camptosauridae, Euornithopoda, Ornithopoda, Ornithischia.

Campylodon = *Campylodoniscus*

Campylodoniscus Großer, quadrupeder, herbivorer Sauropode, vielleicht verwandt mit *Saltasaurus* (S. 106). Zeit: Oberkreide. Fundort: Argentinien. *n.d.*

Carcharodontosaurus Bipeder Carnosaurier, mit Merkmalen, die auch bei *Allosaurus* (S. 52) und *Tyrannosaurus* (S. 54) vorkommen. Zeit: Späte Unterkreide bis frühe Oberkreide. Fundort: Nordafrika.

Cardiodon = *Cetiosaurus*? (S. 92)

Carnotaurus siehe S. 48

Cathetosaurus Großer, quadrupeder, herbivorer Sauropode, verwandt mit *Camarasaurus* (S. 96). Zeit: Oberer Jura. Fundort: Colorado (USA). *n.d.*

Caudocoelus = *Teinurosaurus*

Caulodon = *Camarasaurus* (S.96)

Centrosaurus siehe S. 160

Ceratops Quadrupeder, herbivorer Ceratopsier, verwandt mit *Triceratops* (S. 164). Zeit: Oberkreide. Fundort: Colorado und Montana (USA). *n.d.*

Ceratosaurus siehe S. 42

Cetiosauriscus Quadrupeder, herbivorer Sauropode, verwandt mit *Diplodocus* (S. 100). Länge: 15 m. Zeit: Oberer Jura. Fundort: England und evtl. Schweiz.

Cetiosaurus siehe S. 92

Changdusaurus Großer, quadrupeder, herbivorer Stegosaurier, verwandt mit *Tuojiangosaurus* (S. 120). Zeit: Jura. Fundort: Tibet. *n.d.*

Chaoyangosaurus Kleiner, bipeder Pflanzenfresser mit hervorstehenden Backenknochen. Vielleicht ein Vorfahr von Marginocephalosauriern wie *Pachycephalosaurus* (S. 154) und *Psittacosaurus* (S. 156). Zeit: Oberer Jura. Fundort: China. Systematik: Chaoyangosauridae, Pachycephalosauria, Marginocephalia, Ornithischia.

Chasmosaurus siehe S. 166

Chassternbergia Großer, quadrupeder, herbivorer Ankylosaurier, wie *Edmontonia* (S. 122). Zeit: Oberkreide. Fundort: Alberta (Kanada) und Montana (USA). *n.d.*

Cheneosaurus = *Hypacrosaurus*.

Chialingosaurus Quadrupeder, herbivorer Stegosaurier, verwandt mit *Tuojiangosaurus* (S. 120). Länge: 4 m. Zeit: Mittlerer Jura. Fundort: China.

Chiayusaurus Großer, quadrupeder, herbivorer Sauropode; nur durch Zähne bekannt. Zeit: Oberkreide. Fundort: China. *n.d.*

Chilantaisaurus Großer, bipeder Raubsaurier, verwandt mit *Allosaurus* (S. 52). Zeit: Oberkreide. Fundort: China.

Brachylophosaurus

Camptosaurus

Carnotaurus

Chindesaurus Bipeder Fleischfresser, wie *Herrerasaurus* (S. 40). Zeit: Frühe Obere Trias. Fundort: Arizona (USA). Systematik: Staurikosauridae, Theropoda, Saurischia.
Chingkankousaurus Großer, bipeder Raubsaurier, vielleicht wie *Tyrannosaurus* (S. 54). Zeit: Oberkreide. Fundort: China
Chinshakiangosaurus Großer, quadrupeder, herbivorer Prosauropode, verwandt mit *Riojasaurus* (S. 90). Zeit: Unterer Jura. Fundort: China.
Chirostenotes Bipeder, carnivorer Theropode mit schmalen Fingern und Krallen. Zeit: Oberkreide. Fundort: Alberta (Kanada). Systematik: Elmisauridae, Tetanurae, Theropoda, Saurischia.
Chondrosteosaurus Großer, quadrupeder, herbivorer Sauropode, evtl. ähnlich wie *Camarasaurus* (S. 96). Zeit: Unterkreide. Fundort: England.
Chondrosteus = *Chondrosteosaurus*
Chuandongocoelurus Kleiner, bipeder Raubsaurier, verwandt mit *Ornitholestes* (S. 78). Zeit: Mittlerer Jura, Fundort: China.
Chubutisaurus Quadrupeder, herbivorer Sauropode, verwandt mit *Brachiosaurus* (S. 94). Länge: 23 m. Zeit: Oberkreide. Fundort: Argentinien.
Chungkingosaurus Quadrupeder, herbivorer Stegosaurier, verwandt mit *Tuojiangosaurus* (S. 120). Zeit: Oberer Jura. Fundort: China.
Cionodon Großer, primitiver, bipeder/quadrupeder, herbivorer Hadrosaurier, relativ unbekannt, vielleicht wie *Edmontosaurus* (S. 144). Zeit: Oberkreide. Fundort: Colorado (USA). *n.d.*
Claorhynchus = *Triceratops* (S. 164)
Claosaurus Primitiver, bipeder/quadrupeder, herbivorer Hadrosaurier. Länge: 3,7 m. Zeit: Oberkreide. Fundort: Kansas (USA).
Clasmodosaurus Großer, quadrupeder, herbivorer Sauropode, vielleicht verwandt mit *Saltasaurus* (S. 106). Zeit: Oberkreide. Fundort: Argentinien. *n.d.*
Clevelanotyrannus = *Nanotyrannus*.
Coelophysis siehe S. 46
Coelosaurus = *Ornithomimus*?
Coeluroides Bipeder Raubsaurier, vielleicht verwandt mit *Ornitholestes* (S. 78). Länge: 2 m. Zeit: Oberkreide. Fundort: Indien. *n.d.*
Coelurus Bipeder Fleischfresser, vielleicht verwandt mit *Ornitholestes* (S. 78). Länge: 1,8 m. Zeit: Oberer Jura. Fundort: Wyoming (USA).
Coloradia = *Coloradisaurus*
Coloradisaurus Bipeder/quadrupeder, herbivorer Prosauropode, verwandt mit *Plateosaurus* (S. 86). Zeit: Obere Trias. Fundort: Argentinien.
Compsognathus siehe S. 80
Compsosuchus Großer, bipeder Fleischfresser, vielleicht wie *Allosaurus* (S. 52). Zeit: Oberkreide. Fundort: Indien.
Conchoraptor Kleiner, vogelartiger, zahnloser Fleischfresser, verwandt mit *Oviraptor* (S. 66). Zeit: Oberkreide. Fundort: Mongolei.
Corythosaurus siehe S. 148
Craspedodon Großer, bipeder/quadrupeder, herbivorer Ornithopode, verwandt mit *Iguanodon* (S. 138). Zeit: Oberkreide. Fundort: Belgien.
Crataeomus Quadrupeder, gepanzerter Ankylosaurier. Beschrieben nach Knochen, die evtl. von *Danubiosaurus* und *Struthiosaurus* stammen. Länge: 1,8 m. Zeit: Oberkreide. Fundort: Österreich und Rumänien. *n.d.*
Craterosaurus Quadrupeder Pflanzenfresser, verwandt mit *Stegosaurus* (S. 114). Zeit: Unterkreide. Fundort: England.
Creosaurus = *Allosaurus* (S. 52)
Cryptodraco Quadrupeder, herbivorer Ankylosaurier, verwandt mit *Sauropelta* (S. 124). Zeit: Oberer Jura. Fundort: England.
Cryptosaurus = *Cryptodraco*
Cumnoria = *Camptosaurus*

Dacentrurus Quadrupeder, herbivorer Stegosaurier, wie *Kentrosaurus* (S. 118). Länge: 4,6 m. Zeit: Oberer Jura. Fundort: England, Frankreich und Portugal.
Dachongosaurus Großer, quadrupeder, herbivorer Sauropode, vielleicht wie *Cetiosaurus* (S. 92). Zeit: Jura. Fundort: China.
Dachungosaurus = *Dachongosaurus*
Damalasaurus Riesiger, quadrupeder, herbivorer Sauropode, verwandt mit *Brachiosaurus* (S. 94). Zeit: Jura. Fundort: Tibet. *n.d.*
Dandakosaurus Bipeder Fleischfresser. Zeit: Unterer Jura. Fundort: Indien. 1990 beschrieben. Genaue systematische Stellung unsicher. *n.d.*
Danubiosaurus Kleiner, quadrupeder, herbivorer Ankylosaurier, verwandt mit *Sauropelta* (S. 124). Zeit: Oberkreide. Fundort: Österreich.
Daptosaurus = *Deinonychus* (S. 70)
Daspletosaurus Großer, bipeder Raubsaurier, ähnlich wie *Tyrannosaurus* (S. 54). Zeit: Oberkreide. Fundort: Alberta (Kanada).
Datousaurus Quadrupeder, herbivorer Sauropode, verwandt mit *Cetiosaurus* (S. 92). Länge: 15 m. Zeit: Mittlerer Jura. Fundort: China.
Deinocheirus Großer, bipeder, herbivorer bzw. carnivorer Theropode, ähnelt einem übergroßen *Gallimimus* (S. 62). Länge der Vorderbeine: 2,4 m. Zeit: Oberkreide. Fundort: Mongolei. Systematik: Deinocheiridae, Tetanurae, Theropoda, Saurischia.
Deinodon = *Albertosaurus*?
Deinonychus siehe S. 70
Denversaurus Quadrupeder, herbivorer Ankylosaurier, wie *Edmontonia* (S. 122). Zeit: Oberkreide. Fundort: South Dakota (USA). *n.d.*
Dianchungosaurus Kleiner, bipeder Pflanzenfresser, vielleicht verwandt mit *Heterodontosaurus* (S. 134). Zeit: Unterer Jura. Fundort: China. *n.d.*
Diceratops Großer, quadrupeder, herbivorer Ceratopsier, wurde früher für *Triceratops* (S. 164) gehalten. Zeit: Oberkreide. Fundort: Wyoming (USA).
Diclonius Großer, bipeder/quadrupeder, herbivorer Hadrosaurier, wenig bekannt. Zeit: Oberkreide. Fundort: Montana (USA). *n.d.*

Chirostenotes

Coelophysis

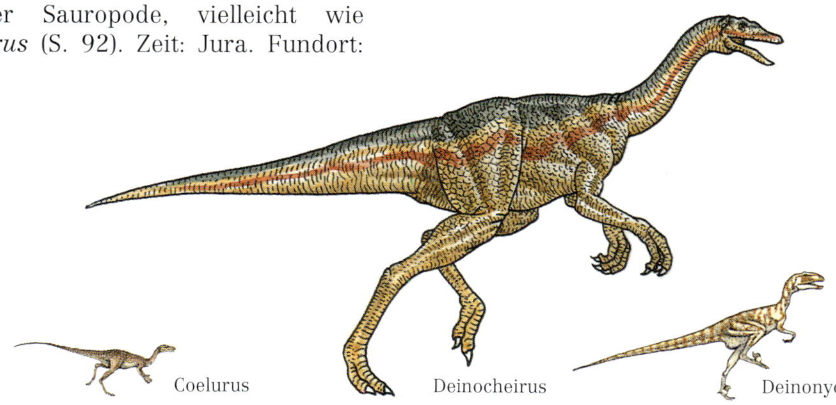
Coelurus
Deinocheirus
Deinonychus

Dicraeosaurus Quadrupeder, herbivorer Sauropode mit gegabelten Stacheln auf der Wirbelsäule. Länge: 20 m. Zeit: Oberer Jura. Fundort: Tansania. Systematik: Dicraeosauridae, Sauropoda, Sauropodomorpha, Saurischia.
Didanodon = *Lambeosaurus* (S. 150)
Dilophosaurus siehe S. 44
Dimodosaurus = *Plateosaurus* (S. 86)
Dinodocus = *Pelorosaurus*?
Dinosaurus = *Plateosaurus* (S. 86)
Diplodocus siehe S. 100
Diplotomodon Großer, bipeder Raubsaurier, nur duch Zähne bekannt. Vielleicht verwandt mit *Dryptosaurus*. Zeit: Oberkreide. Fundort: New Jersey (USA). *n.d.*
Diracodon Großer, quadrupeder Stegosaurier, vielleicht ein Nachfahre von *Stegosaurus* (S. 114). Zeit: Oberer Jura. Fundort: Wyoming (USA). *n.d.*
Dolichosuchus Großer, bipeder Fleischfresser, bekannt durch Schenkelknochen, evtl. verwandt mit *Halticosaurus*. Zeit: Obere Trias. Fundort: Deutschland. *n.d.*
Doryphorosaurus = *Kentrosaurus* (S. 188)
Dracopelta Quadrupeder, herbivorer Ankylosaurier, verwandt mit *Sauropelta* (S. 124). Länge: 2 m. Zeit: Oberer Jura. Fundort: Portugal.
Dravidosaurus Quadrupeder, herbivorer Stegosaurier, verwandt mit *Kentrosaurus* (S. 118). Länge: 3 m. Zeit: Oberkreide. Fundort: Indien. *n.d.*
Drinker Bipeder, herbivorer Ornithopode, evtl. verwandt mit *Hypsilophodon* (S. 136). Länge: 2 m. Zeit: Oberer Jura. Fundort: Wyoming (USA). 1990 beschrieben.
Dromaeosaurus Bipeder Fleischfresser, wie *Deinonychus* (S. 70). Länge: 1,8 m. Zeit: Oberkreide. Fundort: Alberta (Kanada) und Montana (USA).
Dromiceiomimus Bipeder, carnivorer oder omnivorer Ornithomimide, verwandt mit *Struthiomimus* (S. 64). Länge: 3,5 m. Zeit: Oberkreide. Fundort: Alberta (Kanada).
Dromicosaurus = *Massospondylus* (S. 88)
Dryosaurus Bipeder, herbivorer Ornithopode, wie *Hypsilophodon* (S. 136), aber vielleicht enger verwandt mit *Iguanodon* (S. 138). Länge: 4 m. Zeit: Mittlerer bis Oberer Jura. Fundort: Westl. USA und Tansania. Systematik: Dryosauridae, Euornithopoda, Ornithopoda, Ornithischia.
Dryptosauroides Großer, bipeder Fleischfresser, evtl. verwandt mit *Dryptosaurus*. Zeit: Oberkreide. Fundort: Indien. *n.d.*
Dryptosaurus Bipeder Fleischfresser mit schlanken Beinen. Länge: 6 m. Zeit: Oberkreide. Fundort: New Jersey (USA). Systematik: Dryptosauridae, Tetanurae, Theropoda, Saurischia.
Dynamosaurus = *Tyrannosaurus* (S. 54)
Dyoplosaurus Großer, quadrupeder, herbivorer Ankylosaurier ähnlich *Euoplocephalus* (S. 128). Zeit: Oberkreide. Fundort: Alberta (Kanada).
Dysalotosaurus = *Dryosaurus*
Dysganus Großer, quadrupeder, herbivorer Ceratopsier, nur durch Zähne bekannt, systematische Stellung unsicher. Zeit: Oberkreide. Fundort: Montana (USA). *n.d.*
Dyslocosaurus Großer, quadrupeder, herbivorer Sauropode ähnlich *Diplodocus* (S. 100) aber mit vier oder fünf krallenbewehrten Zehen. Zeit: Oberer Jura, möglicherweise Oberkreide. Fundort: Wyoming (USA). 1992 beschrieben.
Dystrophaeus Großer, quadrupeder, herbivorer Sauropode, wenig bekannt, evtl. verwandt mit *Diplodocus* (S. 100). Zeit: Oberer Jura. Fundort: Utah (USA). *n.d.*
Dystylosaurus Riesiger, quadrupeder Sauropode, verwandt mit *Brachiosaurus* (S. 94). Zeit: Oberer Jura. Fundort: Colorado (USA).

Echinodon Bipeder/quadrupeder, herbivorer, primitiver, evtl. gepanzerter Ornithopode, möglicherweise verwandt mit *Scelidosaurus* (S. 112) oder *Heterodontosaurus* (S. 134). Länge: 60 cm. Zeit: Oberer Jura. Fundort: England.
Edmontonia siehe S. 112
Edmontosaurus siehe S. 144
Efraasia = *Sellosaurus*
Elaphrosaurus Bipeder, carnivorer oder omnivorer Ornithomimide, aber primitiver als *Stuthiomimus*. Länge: 3,5 m. Zeit: Oberer Jura. Fundort: Tansania und evtl. Wyoming (USA).
Elmisaurus Bipeder Fleischfresser mit vogelähnlichen Füßen. Länge: 3 m. Zeit: Oberkreide. Fundort: Mongolei und Alberta (Kanada). Systematik: Elmisauridae, Tetanurae, Theropoda, Saurischia.
Elopteryx Kleiner, bipeder Fleischfresser, evtl. verwandt mit *Deinonychus* (S. 70). Zeit: Oberkreide. Fundort: Rumänien *n.d.*
Elosaurus = *Apatosaurus* (S. 102)
Emausaurus Quadrupeder, gepanzerter Pflanzenfresser, ähnlich *Scelidosaurus* (S. 112). Länge: 2 m. Zeit: Unterer Jura. Fundort: Deutschland. 1991 von Haubold beschrieben und nach dem Kürzel einer deutschen Universität benannt.
Embasaurus Großer, primitiver, bipeder Fleischfresser, von dem nur zwei Rückenknochen bekannt sind. Zeit: Unterkreide. Fundort: Kasachstan. *n.d.*
Enigmosaurus Bipeder oder quadrupeder, herbivorer oder carnivorer Saurier, verwandt mit *Segnosaurus* (S. 108). Länge: 7 m. Zeit: Oberkreide. Fundort: Mongolei.
Eoceratrops Großer, quadrupeder, herbivorer Hornsaurier, vielleicht *Chasmosaurus* (S. 166). *n.d.*
Eolosaurus = *Aeolosaurus*
Eoraptor Bipeder, carnivorer, früher Theropode, primitiver als *Herrerasaurus* (S. 40), nicht größer als ein Bernhardiner. Man nimmt an, daß er der gemeinsame »Urahn« aller Dinosaurier ist. Zeit: Obere Trias. Fundort: Argentinien. 1993 beschrieben.
Epachthosaurus Großer, quadrupeder, herbivorer Sauropode, verwandt mit *Saltasaurus* (S. 106). Zeit: Oberkreide. Fundort: Argentinien.
Epanterias = *Allosaurus*? (S. 52)
Erectopus Bipeder Fleischfresser, verwandt mit *Carnotaurus* (S. 48). Zeit: Unterkreide. Fundort: Frankreich.
Erlikosaurus Bipeder oder quadrupeder Fleisch- oder Pflanzenfresser, verwandt mit *Segnosaurus* (S. 108). Länge: 5 m. Zeit: Oberkreide. Fundort: Mongolei.
Eucamerotus = *Chondrosteosaurus*
Eucanthus = *Polacanthus*
Eucentrosaurus = *Centrosaurus* (S. 160)
Eucercosaurus Großer, wenig bekannter Pflanzenfresser; vermutlich ein Ornithopode, der mit *Iguanodon* (S. 138) verwandt ist. Zeit: Unterkreide. Fundort: England.

Dromaeosaurus Dromiceiomimus Dryosaurus Eustreptospondylus

Eucnemesaurus = *Euskelosaurus*
Euhelopus Quadrupeder, herbivorer Sauropode, verwandt mit *Mamenchisaurus* (S. 104). Länge: 15 m. Zeit: Unterer Jura. Fundort: China.
Euoplocephalus siehe S. 128
Eureodon = *Tenontosaurus*
Euronychodon Bipeder Fleischfresser, nur Zahnfunde bekannt; evtl. ähnlich *Deinonychus* (S. 70). Zeit: Oberkreide. Fundort: Portugal. 1991 beschrieben. *n.d.*
Euskelosaurus Quadrupeder, herbivorer Prosauropode, verwandt mit *Plateosaurus* (S. 86). Länge: 10 m. Zeit: Obere Trias. Fundort: Südafrika.
Eustreptospondylus siehe S. 50

Fabrosaurus Kleiner, bipeder Pflanzenfresser, Möglicherweise handelt es sich um *Lesothosaurus* (S. 132)
Fenstrosaurus = *Oviraptor* (S. 66)
Frenguellisaurus = *Herrerasaurus* (S. 40)
»Fukuisaurus« Informelle Bezeichnung für einen großen, bipeden/quadrupeden Pflanzenfresser, evtl. wie *Iguanodon* (S. 138). Zeit: Unterkreide. Fundort: Japan.
Fulengia Bipeder/quadrupeder Pflanzenfresser, evtl. verwandt mit *Plateosaurus* (S. 86). Wurde als juveniler Prosauropode neu klassifiziert. Zeit: Unterer Jura. Fundort: Lufeng (China)
Fulgurotherium Bipeder Pflanzenfresser, wie *Hypsilophodon* (S. 136). Länge: 2 m. Zeit: Unterkreide. Fundort: Australien.
»Futabasaurus« Informelle Bezeichnung für einen großen, bipeder Raubsaurier, vielleicht wie *Tyrannosaurus* (S. 54). Zeit: Oberkreide. Fundort: Japan.

Gadolosaurus Großer, bipeder/quadrupeder, herbivorer Ornithopode, verwandt mit *Iguanodon* (S. 138). Zeit: Unterkreide. Fundort: Zentralasien.
Gallimimus siehe S. 62
Garudimimus Bipeder, carnivorer oder omnivorer Ornithomimide, verwandt mit *Gallimimus* (S. 62), mit kurzen Zehen. Zeit: Oberkreide. Fundort: Mongolei.
Gasosaurus Bipeder Fleischfresser, vielleicht *Kaijiangosaurus*. Länge: 4 m. Zeit: Mittlerer Jura. Fundort: China.
Genyodectes Großer, bipeder Fleischfresser mit langen, gebogenen Fangzähnen. Zeit: Oberkreide. Fundort: Argentinien. Genaue systematische Stellung unsicher.
Geranosaurus Kleiner, bipeder, herbivorer Ornithopode wie *Heterodontosaurus* (S. 134). Zeit: Unterer Jura. Fundort: Südafrika. *n.d.*
Gigantosaurus = *Pelorosaurua* und *Barosaurus* (S. 98)
Gigantoscelus = *Euskelosaurus*
Gilmoreosaurus Recht kleiner, primitiver, bipeder, herbivorer Hadrosaurier. Zeit: Oberkreide. Fundort: China.
Giraffatitan = *Brachiosaurus* (S. 94)
Gongbusaurus Bipeder Pflanzenfresser, vielleicht wie *Hypsilophodon* (S. 136). Länge: 1,5 m. Zeit: Oberer Jura. Fundort: China.
Gorgosaurus = *Albertosaurus*?
Goyocephale Bipeder, herbivorer Pachycephalosaurier, aber flacherer Schädel als *Pachycephalosaurus* (S. 154). Länge: 2 m. Zeit: Oberkreide. Fundort: Mongolei. Systematik: Homalocephalidae, Pachycephalosauria, Marginocephalia, Ornithischia.
Gravisaurus Großer, quadrupeder, herbivorer Ornithopode, verwandt mit *Iguanodon* (S. 138). Zeit: Unterkreide. Fundort: Niger. 1988 beschrieben.
Gravitholus Bipeder, herbivorer Pachycephalosaurier, verwandt mit *Pachycephalosaurus* (S. 154). Länge: 3 m. Zeit: Oberkreide. Fundort: Alberta (Kanada).
Gresslyosaurus = *Plateosaurus* (S. 86)
Griphornis = *Archaeopteryx* (S. 74)
Griphosaurus = *Archaeopteryx* (S. 74)
Gryponyx = *Massospondylus* (S. 88)
Gryposaurus Großer, bipeder/quadrupeder, herbivorer Hadrosaurier mit Nasenhöcker, verwandt mit *Maiasaura* (S. 146). Zeit: Oberkreide. Fundort: Alberta (Kanada).
Gyposaurus = *Anchisaurus* (S. 84)

Hadrosauravus = *Gryposaurus*
Hadrosaurus Bipeder/quadrupeder, herbivorer Hadrosaurier mit Nasenhöcker, verwandt mit *Edmontosaurus* (S. 144). Länge: 10 m. Zeit: Oberkreide. Fundort: New Jersey (USA).
Halticosaurus Bipeder, carnivorer, primitiver Raubsaurier. Länge: 5,5 m. Zeit: Obere Trias. Fundort: Deutschland und evtl. Frankreich. Systematik: Halticosauridae, Ceratosauria bzw. Tetanurae, Theropoda, Saurischia.
Haplocanthosaurus Quadrupeder, herbivorer Sauropode, verwandt mit *Cetiosaurus* (S. 92). Länge: 22 m. Zeit: Oberer Jura. Fundort: Colorado und Wyoming (USA).
Haplocanthus = *Haplocanthosaurus*
Harpymimus Bipeder, carnivorer oder omnivorer Ornithomimide, verwandt mit *Gallimimus* (S. 62). Zeit: Unterkreide. Fundort: Mongolei.
Hecatasaurus = *Telmatosaurus*
Heishansaurus Wenig bekannter, quadrupeder oder bipeder Pflanzenfresser, evtl. ein Ankylosaurier oder Pachycephalosaurier. Zeit: Oberkreide. Fundort: China.
Helopus = *Euhelopus*
Heptasteornis Kleiner, bipeder, carnivorer Theropode, ähnlich wie *Troodon* oder *Dromaeosaurus*; möglicherweise *Elopteryx*. Zeit: Oberkreide. Fundort: Rumänien. *n.d.*
Herrerasaurus siehe S. 40
Heterodontosaurus siehe S. 134
Heterosaurus = *Iguanodon* (S. 138)
Hierosaurus = *Nodosaurus*?
Hikanodon = *Iguanodon* (S. 138)
»Hironosaurus« Informeller Name für großen, bipeden/quadrupeden, herbivoren Hadrosaurier. Zeit: Oberkreide. Fundort: Japan.
»Hisanohamasaurus« Informeller Name für großen, quadrupeden, herbivoren Sauropoden, vielleicht wie *Diplodocus* (S. 100). Zeit: Oberkreide. Fundort: Japan.
Homalocephale Bipeder, herbivorer Pachycephalosaurier mit flacherem Schä-

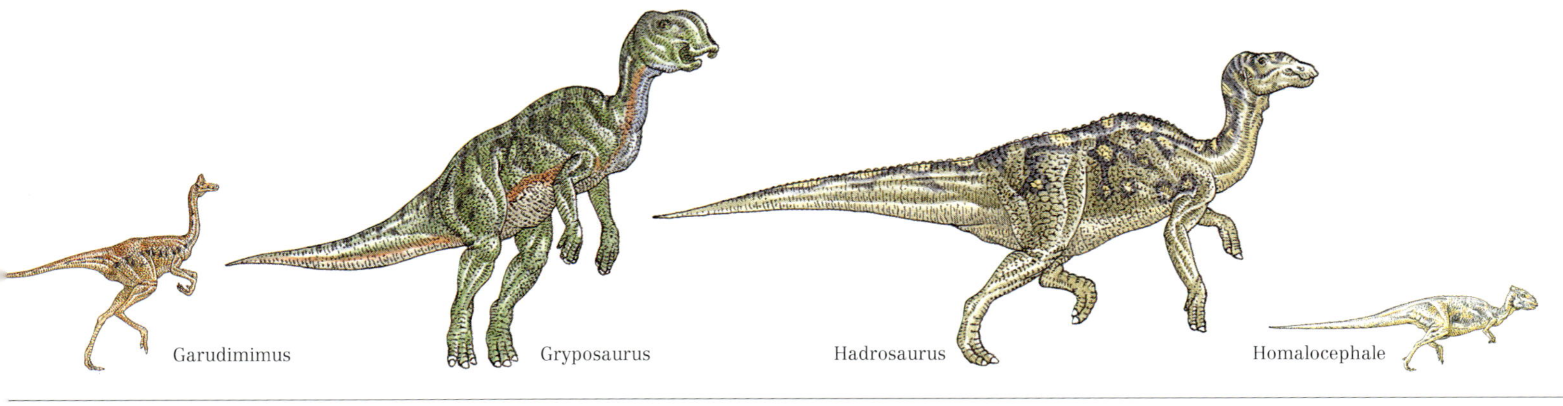

del als *Pachycephalosaurus* (S. 154). Länge: 3 m. Zeit: Oberkreide. Fundort: Mongolei. Systematik: Homalocephalidae, Pachycephalosauria, Marginocephalia, Ornithischia

Hoplitosaurus = *Polacanthus*

Hoplosaurus = *Struthiosaurus*

Hortalotarsus = *Massospondylus* (S. 88)

Huayangosaurus Quadrupeder, herbivorer, primitiver Stegosaurier mit Vorderzähnen. Länge: 4,6 m. Zeit: Mittlerer Jura. Fundort: China. Systematik: Huayangosauridae, Stegosauria, Thyreophora, Ornithischia.

Hulsanpes Kleiner, bipeder Fleischfresser, verwandt mit *Deinonychus* (S. 70). Zeit: Oberkreide. Fundort: Mongolei.

Hylaeosaurus Quadrupeder, herbivorer Ankylosaurier, verwandt mit *Sauropelta* (S. 124). Länge: 4 m. Zeit: Unterkreide. Fundort: England.

Hypacrosaurus Bipeder/quadrupeder, herbivorer Hadrosaurier, sehr ähnlich dem *Corythosaurus* (S. 148). Länge: 9 m. Zeit: Oberkreide. Fundort: Nordamerika.

Hypselosaurus Quadrupeder, herbivorer Sauropode, verwandt mit *Saltasaurus* (S. 106). Länge: 12 m. Zeit: Oberkreide. Fundort: Frankreich und Spanien.

Hypsibema Bezeichnung für Fossilfragmente eines Hadrosauriers. Zeit: Oberkreide. Fundort: North Carolina (USA). *n.d.*

Hypsilophodon siehe S. 136

Hypsirophus = *Stegosaurus* (S. 114)

Iguanodon siehe S. 138

Iguanosaurus = Iguanodon (S.138)

Iliosuchus Mittelgroßer, bipeder Fleischfresser, evtl. verwandt mit *Megalosaurus*. Zeit: Mittlerer Jura. Fundort: England.

Indosaurus Mittelgroßer, bipeder Fleischfresser, evtl. mit Horn, verwandt mit *Carnotaurus* (S. 48). Zeit: Oberkreide. Fundort: Indien.

Indosuchus Großer, bipeder Fleischfresser, evtl. verwandt mit *Abelisaurus*. Zeit: Oberkreide. Fundort: Indien.

Ingenia Kleiner, vogelähnlicher, bipeder, zahnloser Fleisch- oder Allesfresser, verwandt mit *Oviraptor* (S. 66). Zeit: Oberkreide. Fundort: Mongolei.

Inosaurus Bipeder Raubsaurier, evtl. verwandt mit *Ornitholestes* (S. 78). Länge: 2 m. Zeit: Unterkreide. Fundort: Niger. *n.d.*

Ischisaurus = *Herrerasaurus* (S. 40)

Ischyrosaurus = *Pelorosaurus*

Itemirus Kleiner, bipeder Fleischfresser, evtl. verwandt mit dem viel größeren *Tyrannosaurus* (S. 54). Zeit: Oberkreide. Fundort: Usbekistan.

Janenschia Großer, quadrupeder, herbivorer Sauropode, verwandt mit *Saltasaurus* (S. 106). Zeit: Oberer Jura. Fundort: Tansania und Simbabwe. 1991 beschrieben.

Jaxartosaurus Bipeder/quadrupeder, herbivorer Hadrosaurier, verwandt mit *Corythosaurus* (S. 148). Länge: 9 m. Zeit: Oberkreide. Fundort: Kasachstan und China.

»Jiangjunmiaosaurus« Informeller Name eines großen Fleischfressers; bisher nicht beschrieben. Vielleicht urtümlicher Verwandter von *Allosaurus* (S. 52). Zeit: Oberer Jura. Fundort: China.

Jubbulpuria Bipeder Fleischfresser. Länge: 1,2 m. Zeit: Oberkreide. Fundort: Indien. *n.d.*

Jurapteryx = *Archaeopteryx* (S. 74)

Jurassosaurus Quadrupeder, herbivorer, primitiver Ankylosaurier; das Tier besaß Knochenplatten als Schutz. Zeit: Mittlerer Jura. Fundort: China. 1992 beschrieben.

Kagasaurus Informeller Name eines großen, bipeden Fleischfressers, evtl. verwandt mit *Megalosaurus*. Zeit: Oberkreide. Fundort: Japan. Genaue systematische Stellung unsicher.

Kaijiangosaurus Großer, bipeder Fleischfresser. Zeit: Mittlerer Jura. Fundort: China.

Kakuru Bipeder Fleischfresser mit schmalen Schienbeinknochen. Länge: 2,4 m. Zeit: Späte Unterkreide. Fundort: Australien. Genaue systematische Stellung unsicher.

Kangnasaurus Kleiner, bipeder Pflanzenfresser, ähnlich *Hypsilophodon* (S. 136). Zeit: Unterkreide. Fundort: Südafrika. Systematik: Dryosauridae, Euornithopoda, Ornithopoda, Ornithischia. *n.d.*

»Katsuyamasaurus« Informeller Name für großen, bipeden Fleischfresser, evtl. verwandt mit *Allosaurus* (S. 52). Zeit: Unterkreide. Fundort: Japan.

Kelmayisaurus Recht unbekannter, großer, bipeder Fleischfresser. Zeit: Unterkreide. Fundort: China. Genaue systematische Stellung unsicher. *n.d.*

Kentrosaurus siehe S. 118

Kentrurosaurus = *Kentrosaurus* (S. 118)

»Kitadanisaurus« Informeller Name für einen kleinen, bipeden Fleischfresser, der nur aufgrund fossiler Zahnfunde bekannt ist; vielleicht verwandt mit *Deinonychus* (S. 70) Zeit: Unterkreide. Fundort: Japan.

Klamelisaurus Informeller Name für einen großen, quadrupeden, herbivoren Sauropoden, evtl. verwandt mit *Mamenchisaurus* (S. 104). Zeit: Oberer Jura. Fundort: China.

Koreasaurus Kleiner, bipeder Fleischfresser, vielleicht *Deinonychus* (S. 70). Zeit: Kreide. Fundort: Südkorea. *n.d.*

Kotasaurus Großer, quadrupeder, herbivorer Sauropode, vielleicht verwandt mit *Cetiosaurus* (S. 92). Zeit: Unterer Jura. Fundort: Indien.

Kritosaurus Großer, bipeder/quadrupeder, herbivorer Hadrosaurier mit Nasenhöcker, verwandt mit *Maiasaura* (S. 146). Zeit: Oberkreide. Fundort: Westl. Nordamerika, evtl. Argentinien.

Kunmingosaurus Großer, quadrupeder Sauropode, der herbivor lebte und recht primitiv war. Zeit: Unterer Jura. Fundort: China. Systematik: Vulcanodontidae, Sauropoda, Sauropodomorpha, Saurischia.

Labocania Großer, bipeder Fleischfresser, evtl. verwandt mit *Tyrannosaurus* (S. 48). Zeit: Oberkreide. Fundort: Mexiko.
Labrosaurus = *Allosaurus* (S. 52)
Laelaps = *Dryptosaurus*
Laevisuchus Bipeder Fleischfresser, vielleicht wie *Calamospondylus*. Länge: 2 m. Zeit: Oberkreide. Fundort: Indien. *n.d.*
Lambeosaurus siehe S. 150
Lametasaurus Das Tier wurde über Fossilien beschrieben, die von unterschiedlichen Tieren stammten; u.a. von einem großen, quadrupeden Sauropoden, der mit *Saltasaurus* verwandt ist, andere Knochen stammten von einem carnivoren Dinosaurier und einem Krokodil. Zeit: Oberkreide. Fundort: Indien. *n.d.*
Lanasaurus Kleiner, bipeder/quadrupeder, herbivorer Ornithopode, verwandt mit *Heterodontosaurus* (S. 134). Zeit: Unterer Jura. Fundort: Südafrika.
Lancangjiangosaurus Großer, quadrupeder, herbivorer Sauropode, evtl. verwandt mit *Cetiosaurus* (S. 92). Zeit: Mittlerer Jura. Fundort: Tibet. *n.d.*
Lancangosaurus = *Datousaurus*
Laosaurus Kleiner, bipeder, herbivorer Ornithopode, evtl. verwandt mit *Hypsilophodon* (S. 136). Zeit: Oberer Jura. Fundort: Wyoming (USA). *n.d.*
Laplatasaurus = *Titanosaurus*
Lapparentosaurus Riesiger, quadrupeder, herbivorer Sauropode, verwandt mit *Brachiosaurus* (S. 94). Zeit: Mittlerer Jura. Fundort: Madagaskar.
Leaellynasaura Kleiner, bipeder, herbivorer Ornithopode, verwandt mit *Hypsilophodon* (S. 136). Zeit: Unterkreide. Fundort: Australien. 1989 beschrieben.
Leipsanosaurus = *Struthiosaurus*.
Leptoceratops Hauptsächlich quadruped laufender, herbivorer Ceratopsier, verwandt mit *Protoceratops* (S. 158). Länge: 2,4 m. Zeit: Oberkreide. Fundort: Alberta (Kanada) und Wyoming (USA).
Leptospondylus = *Massospondylus* (S. 88)
Lesothosaurus siehe S. 132
Lexovisaurus Quadrupeder, herbivorer Stegosaurier, verwandt mit *Kentrosaurus* (S. 118). Länge: 6 m. Zeit: Mittlerer Jura. Fundort: England und Frankreich.
Liliensternus Bipeder, carnivorer Ceratosaurier. Länge: 5 m. Zeit: Obere Trias. Fundort: Deutschland.
Limnosaurus = *Telmatosaurus*
Lisboasaurus Krähengroßer, bipeder Fleischfresser, 1991 neuklassifiziert als Theropode, evtl. verwandt mit *Troodon* (S. 68) oder *Archaeopteryx* (S. 74). Zeit: Oberer Jura. Fundort: Portugal.
Loncosaurus Bipeder, carnivorer Theropode; nur ein einziger Zahn bekannt. Zeit: Oberkreide. Fundort: Argentinien. *n.d.*
Longosaurus Bipeder Fleischfresser, vielleicht *Coelophysis* (S. 46). Länge: 3 m. Zeit: Obere Trias. Fundort: New Mexico (USA). *n.d.*
Lophorhothon = *Prosaurolophus*?
Loricosaurus = *Neuquensaurus*?
Lufengocephalus = *Lufengosaurus* (S. 89)
Lufengosaurus siehe S. 89
Lukousaurus Kleiner, bipeder Fleischfresser, vielleicht ein Theropode, aber Systematik ungeklärt. Zeit: Obere Trias/ Unterer Jura. Fundort: China.
Lusitanosaurus Quadrupeder, gepanzerter Pflanzenfresser, verwandt mit *Scelidosaurus* (S. 112). Zeit: Unterer Jura. Fundort: Portugal.
Lycorhinus Kleiner, bipeder Pflanzenfresser mit »Hauern« oder »Stoßzähnen«, vermutlich ein Ornithopode ähnlich *Heterodontosaurus* (S. 134). Zeit: Unterer Jura. Fundort: Südafrika.

Macrophalangia = *Chirostenotes*
Macrurosaurus Großer, quadrupeder, herbivorer Sauropode, vielleicht verwandt mit *Saltasaurus* (S. 106). Zeit: Unterkreide. Fundort: England. *n.d.*
»Madsenius« Großer, bipeder Fleischfresser, noch nicht beschrieben; verwandt mit *Allosaurus* (S. 52).
Magnosaurus = *Megalosaurus*?
Magyarosaurus = *Titanosaurus*?
Maiasaura Siehe S. 146
Majungasaurus Großer, bipeder Fleischfresser, evtl. verwandt mit *Carnotaurus* (S. 48). Zeit: Oberkreide. Fundort: Madagaskar, evtl. Ägypten und Indien.
Majungatholus Bipeder, herbivorer Ornithischier, verwandt mit *Pachycephalosaurus* (S. 154). Länge: 1,4 m. Zeit: Oberkreide. Fundort: Madagaskar.
Maleevosaurus Großer, bipeder Fleischfresser, verwandt mit *Tyrannosaurus* (S. 54). Zeit: Oberkreide. Fundort: Mongolei. 1992 beschrieben.
Maleevus Großer, quadrupeder Ankylosaurier, verwandt mit *Euoplocephalus* (S. 128). Zeit: Oberkreide. Fundort: Mongolei.
Mamenchisaurus siehe S. 104
Mandschurosaurus Großer, bipeder/ quadrupeder, herbivorer Hadrosaurier, ähnelt *Gilmoreosaurus*. Zeit: Oberkreide. Fundort: China.
Manospondylus = *Tyrannosaurus* (S. 54)
Marmarospondylus = *Bothriospondylus*
Marshosaurus Bipeder Fleischfresser, ähnelt verschiedenen Theropodenarten, z.B *Coelurus*. Zeit: Oberer Jura. Fundort: Utah (USA).
Massospondylus siehe S. 88
Megacervixosaurus Großer, quadrupeder, herbivorer Sauropode, verwandt mit *Diplodocus* (S. 100). Zeit: Oberkreide. Fundort: Tibet. *n.d.*
Megadactylus = *Anchisaurus* (S. 84)
Megadontosaurus = *Microvenator*
Megalosaurus siehe S. 51
Melanorosaurus Quadrupeder, herbivorer Prosauropode, verwandt mit *Riojasaurus* (S. 90). Länge: 7,5 m. Zeit: Obere Trias. Fundort: Südafrika.
Metriacanthosaurus Bipeder Fleischfresser. Länge: 8 m. Zeit: Unterer Jura. Fundort: England. Genaue systematische Stellung unsicher.
Microceratops Hauptsächlich bipeder Ceratopsier, verwandt mit *Protoceratops* (S. 158). Länge: Unter 80 cm. Zeit: Oberkreide. Fundort: China und Mongolei.
Microcoelus Großer, quadrupeder Pflanzenfresser, vielleicht der Sauropode *Saltasaurus* (S. 106). Zeit: Oberkreide. Fundort: Argentinien.

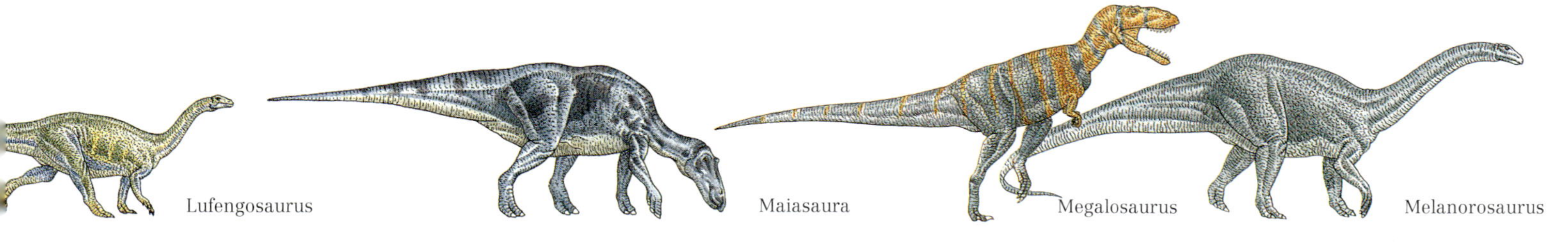

Microdontosaurus Großer, quadrupeder Sauropode oder Prosauropode. Zeit: Mittlerer Jura. Fundort: Tibet. Genaue systematische Stellung unsicher. *n.d.*
Microhadrosaurus Bipeder, herbivorer Hadrosaurier. Länge: 2,4 m. Zeit: Oberkreide. Fundort: China. *n.d.*
Micropachycephalosaurus Äußerst kleiner, bipeder, herbivorer Pachycephalosaurier mit unsicherer Systematik. Länge: 50 cm. Zeit: Oberkreide. Fundort: China.
Microsaurops = *Microcoelus*
Microvenator Kleiner, bipeder Fleischfresser, evtl. verwandt mit *Chirostenotes*. Zeit: Unterkreide. Fundort: Montana (USA).
»Mifunesaurus« Informeller Name für großen, bipeden Fleischfresser, nur durch Zahnfunde bekannt. Zeit: Oberkreide. Fundort: Japan. Genaue systematische Stellung unsicher.
Minmi siehe S. 126
Mochlodon = *Rhabdodon*
Mongolosaurus Großer Pflanzenfresser, vielleicht ein Sauropode oder ein Segnosaurier. Zeit: Unterkreide. Fundort: China. *n.d.*
Monkonosaurus Großer, quadrupeder, herbivorer Stegosaurier, evtl. verwandt mit *Tuojiangosaurus* (S. 120). Zeit: Unterkreide. Fundort: Tibet.
Monoclonius Quadrupeder, herbivorer Ceratopsier, verwandt mit *Centrosaurus* (S. 160). Zeit: Oberkreide. Fundort: Alberta (Kanada) und Montana (USA).
Monolophosaurus Großer, bipeder, carnivorer Theropode, evtl. verwandt mit *Allosaurus* (S. 52) oder *Eustreptospondylus* (S. 50). Zeit: Mittlerer Jura. Fundort: China.
Montanoceratops Quadrupeder Ceratopsier, verwandt mit *Protoceratops* (S. 158). Zeit: Oberkreide. Fundort: Montana (USA).
Morinosaurus = *Pelorosaurus*
Morosaurus = *Camarasaurus* (S. 96)
Moshisaurus = *Mamenchisaurus* (S. 104)
Mussaurus Bipeder/quadrupeder, herbivorer Prosauropode, verwandt mit *Plateosaurus* (S. 86). Länge: 3 m. Zeit: Obere Trias. Fundort: Argentinien.
Muttaburrasaurus siehe S. 140

Nanosaurus. Bipeder, herbivorer Ornithopode, möglicherweise wie *Hypsilophodon* (S. 136). Länge: 90 cm. Zeit: Oberer Jura. Fundort: Colorado und Utah (USA).
Nanotyrannus Bipeder Fleischfresser, verwandt mit *Tyrannosaurus* (S. 54). Länge: 5 m. Zeit: Oberkreide. Fundort: Montana (USA).
Nanshiungosaurus Schwergewichtiger Fleisch- oder Pflanzenfresser, evtl. verwandt mit *Segnosaurus* (S. 108) und *Therizinosaurus*. Zeit: Oberkreide. Fundort: China.
Nemegtosaurus Großer, quadrupeder, herbivorer Sauropode mit flachem Schädel. Zeit: Oberkreide. Fundort: Mongolei und China. Systematik: Dicraeosauridae, Sauropoda, Sauropodomorpha, Saurischia.
Neosaurus = *Parrosaurus*
Neosodon = *Pelorosaurus*
Neuquensaurus Großer, quadrupeder, herbivorer Sauropode, verwandt mit *Saltasaurus* (S. 106). Zeit: Oberkreide. Fundort: Argentinien.
Ngexisaurus Kleiner, bipeder Fleischfresser, verwandt mit *Ornitholestes* (S. 78). Zeit: Mittlerer Jura. Fundort: Tibet. *n.d.*
Nipponosaurus Kleiner, bipeder/quadrupeder, herbivorer Hadrosaurier, verwandt mit *Corythosaurus* (S. 148). Zeit: Oberkreide. Fundort: Sachalin (heute zu Rußland gehörig).
Noasaurus Bipeder Fleischfresser mit einziehbarer Zehenkralle. Länge: 2,4 m. Zeit: Oberkreide. Fundort: Argentinien. Systematik: Noasauridae, Ceratosauria, Theropoda, Saurischia.
Nodosaurus Großer, quadrupeder, herbivorer Ankylosaurier, verwandt mit *Edmontonia* (S. 122). Zeit: Oberkreide. Fundort: Kansas und Wyoming (USA).
Notoceratops Recht unbekannter, quadrupeder Pflanzenfresser, evtl. ein Ceratopside. Zeit: Oberkreide. Fundort: Argentinien. *n.d.*
Nouerosaurus = *Nurosaurus*
Nurosaurus Riesiger, quadrupeder, herbivorer Sauropode, verwandt mit *Mamenchisaurus* (S. 104). Länge: 26 m. Zeit: Unterkreide. Fundort: China. 1991 beschrieben.
Nuthetes Kleiner, bipeder Fleischfresser, möglicherweise ein Jungtier, verwandt mit *Megalosaurus*. Zeit: Unterkreide. Fundort: England. *n.d.*
Nyasasaurus Bipeder/quadrupeder Pflanzenfresser, vielleicht wie *Anchisaurus* (S. 84). Länge: 2 m. Zeit: Mittlere Trias. Fundort: Tansania.

Ohmdenosaurus Quadrupeder, herbivorer, primitiver Sauropode. Länge: 4 m. Zeit: Unterer Jura. Fundort: Deutschland. Systematik: Vulcanodontidae, Sauropoda, Sauropodomorpha, Saurischia.
Oligosaurus = *Rhabdodon*
Omeisaurus Quadrupeder, herbivorer Sauropode, evtl. verwandt mit *Mamenchisaurus* (S. 104). Länge: 20 m. Zeit: Oberer Jura. Fundort: China.
Omosaurus = *Dacentrurus*
Onychosaurus = *Rhabdodon*
Opisthocoelicaudia Quadrupeder, herbivorer Sauropode, verwandt mit *Camarasaurus* (S. 96). Länge: 12 m. Zeit: Oberkreide. Fundort: Mongolei.
Oplosaurus = *Pelorosaurus*
Orinosaurus = *Euskelosaurus*
Ornatotholus Bipeder, herbivorer Pachycephalosaurier, verwandt mit *Pachycephalosaurus* (S. 154). Länge: 2,4 m. Zeit: Oberkreide. Fundort: Alberta (Kanada).
Ornithodesmus Wahrscheinlich ein kleiner, bipeder Fleischfresser, vielleicht wie *Troodon* (S. 68). Wurde zunächst als Flugsaurier eingestuft, 1993 neu beschrieben. Zeit: Unterkreide. Fundort: England.
Ornithoides = *Saurornithoides*
Ornitholestes siehe S. 78
Ornithomerus = *Rhabdodon*
Ornithomimoides Wenig bekannter, großer, bipeder Fleischfresser. Zeit: Oberkreide. Fundort: Indien. *n.d.*
Ornithomimus Bipeder omnivorer Ornithomimide, ähnlich *Struthiomimus* (S. 64). Länge: bis 3,5 m. Zeit: Oberkreide. Fundort: Westl. Nordamerika.
Ornithopsis = *Pelorosaurus*
Ornithotarsus = *Hadrosaurus*

Microceratops Minmi Ornithomimus Orodromeus Ouranosaurus

Orodromeus Bipeder, herbivorer Ornithopode, wie *Hypsilophodon* (S. 136). Länge: 2 m. Zeit: Oberkreide. Fundort: Montana (USA).
Orosaurus = *Euskelosaurus*
Orthogoniosaurus Großer, bipeder Fleischfresser, bekannt durch einen sehr ungewöhnlichen Zahn. Zeit: Oberkreide. Fundort: Indien. *n.d.*
Orthomerus Großer, relativ unbekannter, bipeder/quadrupeder, herbivorer Hadrosaurier, vielleicht wie *Maiasaura* (S. 146). Zeit: Oberkreide. Fundort: Niederlande, evtl. auch Spanien und Ukraine. *n.d.*
Oshanosaurus Großer, quadrupeder, herbivorer Sauropode, evtl. wie *Cetiosaurus* (S. 92). Zeit: Unterer Jura. Fundort: China. *n.d.*
Othnielia Bipeder, herbivorer Ornithopode, verwandt mit *Hypsilophodon* (S. 136). Länge: bis 4 m. Zeit: Oberer Jura. Fundort: Colorado, Utah und Wyoming (USA).
Ouranosaurus siehe S. 142
Oviraptor siehe S. 66
Ovoraptor = *Velociraptor*

Pachycephalosaurus siehe S. 154
Pachyrhinosaurus siehe S. 163
Pachysauriscus = *Plateosaurus* (S. 86)
Pachysaurops = *Plateosaurus* (S. 86)
Pachysaurus = *Plateosaurus* (S. 86)
Pachyspondylus = *Massospondylus* (S. 88)
Palaeopteryx Relativ unbekannter, kleiner, bipeder Raubsaurier, evtl. mit *Archaeopteryx* (S. 74) oder *Troodon* (S: 68) verwandt. Zeit: Oberer Jura. Fundort: Colorado (USA). *n.d.*
Palaeoscincus Großer, quadrupeder, herbivorer Ankylosaurier, zu den Nodosauriden gehörend; nur Zähne bekannt. Zeit: Oberkreide. Fundort: Montana (USA). *n.d.*
Panoplosaurus Quadrupeder, herbivorer Ankylosaurier, verwandt mit *Edmontonia* (S. 122). Länge: 7 m. Zeit: Oberkreide. Fundort: Westl. Nordamerika.
»Parabdodon« = *Rhabdodon*
Paraiguanodon = *Bactrosaurus.*
Paranthodon Quadrupeder, herbivorer Stegosaurier, verwandt mit *Kentrosaurus* (S. 118). Länge: 5 m. Zeit: Unterkreide. Fundort: Südafrika.
Parasaurolophus Bipeder/quadrupeder, herbivorer Hadrosaurier, verwandt mit *Corythosaurus* (S. 148). Länge: 10 m. Zeit: Oberkreide. Fundort: Westl. Nordamerika, evtl. Alaska.
Parksosaurus Bipeder, herbivorer Ornithopode, verwandt mit *Hypsilophodon* (S. 136). Länge: 2,4 m. Zeit: Oberkreide. Fundort: Alberta (Kanada).
Paronychodon Bipeder Fleischfresser, vielleicht wie *Deinonychus* (S. 70). Länge: 2 m. Zeit: Oberkreide. Fundort: Montana (USA). *n.d.*
Parrosaurus Relativ unbekannter, großer, quadrupeder, herbivorer Sauropode. Zeit: Oberkreide. Fundort: Missouri (USA).
Patagosaurus Großer, quadrupeder, herbivorer Sauropode, verwandt mit *Cetiosaurus* (S. 92). Zeit: Oberer Jura. Fundort: Argentinien.
Pectinodon = *Troodon* (S. 68)
Peishansaurus Möglicherweise ein quadrupeder, pflanzenfressender Ankylosaurier, aber relativ unbekannt. Zeit: Oberkreide. Fundort: China. *n.d.*
Pelorosaurus Riesiger, quadrupeder, herbivorer Sauropode, verwandt mit *Brachiosaurus* (S. 94). Zeit: Unterkreide. Fundort: England und Frankreich.
Peltosaurus = *Sauropelta* (S. 124)
Pentaceratops Quadrupeder, herbivorer Ceratopsier, verwandt mit *Triceratops* (S. 164). Zeit: Oberkreide. Fundort: New Mexico (USA).
Phaedrolosaurus Bipeder Fleischfresser, evtl. eine ähnliche Art wie *Deinonychus* (S. 70). Zeit: Unterkreide. Fundort: China. *n.d.*
Phyllodon Bipeder Pflanzenfresser, vielleicht wie *Hypsilophodon* (S. 136). Länge: Möglicherweise nur 90 cm. Zeit: Oberer Jura. Fundort: Portugal.
Piatnitzkysaurus Bipeder Fleischfresser, evtl. verwandt mit *Allosaurus* (S. 52). Länge: 4,3 m. Zeit: Mittlerer Jura. Fundort: Argentinien.
Pinacosaurus Quadrupeder, herbivorer Ankylosaurier, verwandt mit *Euoplocephalus* (S. 128). Länge: 5 m. Zeit: Oberkreide. Fundort: China und Mongolei.
Pisanosaurus Sehr ursprünglicher bipeder, herbivorer Ornithischier. Länge: 90 cm. Zeit: Früher Oberer Jura. Fundort: Argentinien. Genaue systematische Stellung unsicher.
Piveteausaurus Bipeder Fleischfresser, evtl. verwandt mit *Megalosaurus*. Länge: Möglicherweise 11 m. Zeit: Mittlerer Jura. Fundort: Frankreich.
Plateosauravus = *Euskelosaurus*
Plateosaurus siehe S. 86
Pleurocoelus Großer, quadrupeder, herbivorer Sauropode, verwandt mit *Brachiosaurus* (S. 94). Zeit: Unterkreide. Fundort: Maryland und Texas (beide USA), sowie England.
Pleuropeltus = *Struthiosaurus*
Podokesaurus Bipeder Fleischfresser, evtl. verwandt mit *Coelophysis* (S. 46). Länge: 90 cm. Zeit: Unterer Jura. Fundort: Connecticut (USA).
Poekilopleuron Bipeder Fleischfresser mit kurzen, kräftigen Armen, evtl. verwandt mit *Megalosaurus (S. 51)*. Länge: 9 m. Zeit: Mittlerer Jura. Fundort: Frankreich.
Polacanthoides = *Hylaeosaurus*
Polacanthus Quadrupeder, herbivorer Ankylosaurier, verwandt mit *Sauropelta* (S. 124). Zeit: Unterkreide. Fundort: Isle of Wight (England) und South Dakota (USA).
Polyodontosaurus = *Troodon* (S. 68)
Polyonax = *Triceratops* (S. 164)
Prenocephale Bipeder, herbivorer Pachycephalosaurier, verwandt mit *Pachycephalosaurus* (S. 154). Länge: 2,4 m. Zeit: Oberkreide. Fundort: Mongolei.
Priconodon Großer, quadrupeder, herbivorer Ankylosaurier, vielleicht wie *Sauropelta* (S. 124). Zeit: Unterkreide. Fundort: Maryland (USA). *n.d.*
Priodontognathus Quadrupeder, herbivorer Ankylosaurier, vielleicht wie *Sauropelta* (S. 124). Zeit: Oberer Jura. Fundort: England.

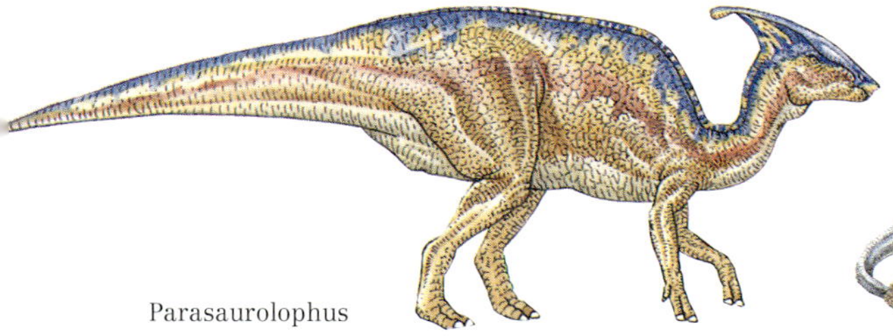
Parasaurolophus

Pinacosaurus

Plateosaurus

Probactrosaurus Bipeder/quadrupeder, herbivorer Ornithopode, verwandt mit *Iguanodon* (S. 138) und den Hadrosauriern. Zeit: Oberkreide. Fundort: China und Mongolei.
Proceratops = *Ceratops*
Proceratosaurus Mittelgroßer, bipeder Fleischfresser mit einem einzigen Nasenhorn. Zeit: Mittlerer Jura. Fundort: England. Genaue systematische Stellung unsicher.
Procerosaurus Bipeder oder quadrupeder Pflanzenfresser, evtl. *Iguanodon* (S. 138). Nur ein einziges Knochenfragment bekannt. Zeit: Oberkreide. Fundort: Tschechische Republik. *n.d.*
Procheneosaurus = *Corythosaurus* (S. 148) und *Lambeosaurus* (S. 150).
Procompsognathus Sehr früher bipeder Theropode, lebte carnivor und war verwandt mit *Ceolophysis* (S. 46). Länge: 1,2 m. Zeit: Obere Trias. Fundort: Deutschland.
Prodeinodon Großer, bipeder Fleischfresser, vielleicht *Alectrosaurus*. *n.d.*
Prosaurolophus Bipeder/quadrupeder, herbivorer Hadrosaurier, verwandt mit *Edmontosaurus* (S. 144). Zeit: Oberkreide. Fundort: Alberta (Kanada) und Montana (USA).
Protiguanodon = *Psittacosaurus* (S. 156).
Protoavis Kleiner, vogelähnlicher Fleischfresser. Zeit: Obere Trias. Fundort: Texas (USA). 1991 beschrieben. Genaue systematische Stellung unsicher.
Protoceratops siehe S. 158
Protognathosaurus Großer, quadrupeder, herbivorer Sauropode, verwandt mit *Cetiosaurus* (S. 92). Zeit: Mittlerer Jura. Fundort: China. 1991 beschrieben. *n.d.*
Protognathus = *Protognathosaurus*.
Protorosaurus = *Chasmosaurus* (S.166)
Psittacosaurus siehe S. 156
Pteropelyx Großer, bipeder/quadrupeder, herbivorer Hadrosaurier, vielleicht *Corythosaurus* (S. 148) oder *Hypacrosaurus*. Zeit: Oberkreide. Fundort: Montana (USA). *n.d.*
Pterospondylus Kleiner, bipeder Fleischfresser, vielleicht ein Ceratosaurier. Zeit: Obere Trias. Fundort: Deutschland. *n.d.*

Quaesitosaurus Großer, quadrupeder, herbivorer Sauropode, vielleicht *Nemegtosaurus*. Zeit: Oberkreide. Fundort: Mongolei.

Rapator Bipeder Fleischfresser, evtl. verwandt mit *Carnosaurus* (S. 48). Länge: 10 m. Zeit: Unterkreide. Fundort: Australien.
Rebbachisaurus Großer, quadrupeder, herbivorer Sauropode, verwandt mit *Dicraeosaurus*. Zeit: Unterkreide. Fundort: Marokko, Tunesien, Niger, Mali und Algerien.
Regnosaurus Quadrupeder, herbivorer Sauropode, wahrscheinlich aber ein Ankylosaurier, nur durch ein Kieferstück bekannt. Zeit: Unterkreide. Fundort: England. *n.d.*
Revueltosaurus Kleiner, bipeder Pflanzenfresser, vielleicht wie *Lesothosaurus* (S. 132). Zeit: Obere Trias. Fundort: New Mexico (USA). 1989 beschrieben. *n.d.*
Rhabdodon Bipeder, herbivorer Ornithopode mit Körpermerkmalen, die man auch bei *Hypsilophodon* (S. 136) und *Iguanodon* (S. 138) findet. Länge: 4 m. Zeit: Oberkreide. Fundort: Spanien, Frankreich, Österreich und Rumänien.
Rhodanosaurus = *Stuthiosaurus*
Rhoetosaurus Quadrupeder, herbivorer Sauropode, verwandt mit *Cetiosaurus* (S. 92). Länge: Über 15 m. Zeit: Mittlerer Jura. Fundort: Australien.
Ricardoestesia Kleiner, bipeder Fleischfresser, nur durch die Zahnfunde und Unterkieferteile bekannt. Zeit: Oberkreide. Fundort: Alberta (Kanada), Montana und Wyoming (USA). 1990 beschrieben. Systematische Stellung unsicher.
Richardoestesia = *Ricardoestesia*
Rioarribasaurus = *Coelophysis* (S. 46)
Riojasaurus siehe S. 90
Roccosaurus = *Melanorosaurus*

Saichania Quadrupeder, herbivorer Ankylosaurier, wie *Euoplocephalus* (S. 128). Länge: 6,6 m. Zeit: Oberkreide. Fundort: Mongolei.
Saltasaurus siehe S. 106
Saltopus Sehr kleiner bipeder, carnivorer Ceratosaurier. Länge: 60 cm. Zeit: Obere Trias. Fundort: Schottland.
»Sanchusaurus« Informelle Bezeichnung für einen bipeden, carnivoren (evtl. omnivoren) Ornithomimiden, ähnlich *Gallimimus* (S. 62). Zeit: Oberkreide. Fundort: Japan.
Sangonghesaurus Quadrupeder, herbivorer Ankylosaurier, ähnlich *Euoplecephalus* (S. 128). Zeit: Oberkreide. Fundort: China. *n.d.*
Sanpasaurus Wurde nach den durcheinandergeratenen Fossilien eines Sauropoden und eines Ornithopoden benannt. Zeit: Mittlerer Jura. Fundort: China. *n.d.*
Sarcolestes Früher, quadrupeder, herbivorer Ankylosaurier, verwandt mit *Sauropelta* (S. 124). Zeit: Mittlerer Jura. Fundort: England.
Sarcosaurus Bipeder, carnivorer Ceratosaurier. Länge: 3,5 m. Zeit: Unterer Jura. Fundort: England. Genaue systematische Stellung unsicher.
Saurechinodon = *Echinodon*
Saurolophus Bipeder/quadrupeder, herbivorer Hadrosaurier, verwandt mit *Edmontosaurus* (S. 144). Länge: 9 m. Zeit: Oberkreide. Fundort: Alberta (Kanada), Kalifornien (USA) und Mongolei.
Sauropelta siehe S. 124
Saurophagus = *Allosaurus* (S. 52)
Sauroplites Quadrupeder, herbivorer Ankylosaurier, vielleicht wie *Euoplocephalus* (S. 128). Zeit: Unterkreide. Fundort: China.
Saurornithoides Bipeder Fleischfresser, wie *Troodon* (S. 68). Länge: 2 m. Zeit: Oberkreide. Fundort: Mongolei.
Saurornitholestes Bipeder Fleischfresser, wie *Deinonychus* (S. 70). Länge: 1,8 m. Zeit: Oberkreide. Fundort: Alberta (Kanada).
Scelidosaurus siehe S. 112
Scolosaurus. = *Euoplocephalus* (S. 128)
Scutellosaurus siehe S. 113
Secernosaurus Bipeder/quadrupeder Pflanzenfresser, wahrscheinlich ein primitiver Hadrosaurier. Länge: 3 m. Zeit: Oberkreide. Fundort: Argentinien.
Segisaurus Bipeder, carnivorer Ceratosaurier, vielleicht wie *Coelophysis* (S. 46) Länge: 1 m. Zeit: Unterer Jura. Fundort: Arizona (USA).

Prosaurolophus Riojasaurus Saltasaurus Saurolophus

Segnosaurus siehe S. 108
Seismosaurus Riesiger, quadrupeder, herbivorer Sauropode, verwandt mit *Diplodocus* (S. 100). Länge: 40 m (Damit ist er der längste bekannte Dinosaurier.) Zeit: Oberer Jura. Fundort: New Mexico (USA). 1991 beschrieben.
Sellosaurus Bipeder/quadrupeder, herbivorer Prosauropode, verwandt mit *Plateosaurus* (S. 86). Länge: 6,5 m. Zeit: Obere Trias. Fundort: Deutschland.
Shamosaurus Großer, quadrupeder, herbivorer Ankylosaurier, wie *Euoplocephalus* (S. 128). Zeit: Unterkreide. Fundort: Mongolei.
Shanshanosaurus Bipeder Fleischfresser, evtl. verwandt mit *Aublysodon*. Länge: 2,4 m. Zeit: Oberkreide. Fundort: China.
Shantungosaurus Bipeder/quadrupeder, herbivorer Hadrosaurier, wie *Edmontosaurus* (S. 144). Länge: 15 m. Zeit: Oberkreide. Fundort: China.
Shunosaurus siehe S. 93
Shuosaurus = *Shunosaurus* (S. 93)
Siamosaurus Großer, bipeder Fleischfresser, vielleicht wie *Spinosaurus* (S. 60). Zeit: Oberer Jura. Fundort: Thailand.
Silvisaurus Quadrupeder, herbivorer Ankylosaurier, verwandt mit *Sauropelta* (S. 124). Länge: 4 m. Zeit: Unterkreide. Fundort: Kansas (USA).
Sinocoelurus Kleiner, bipeder Fleischfresser, nur durch Zähne bekannt. Zeit: Oberer Jura. Fundort: China. *n.d.*
Sinornithoides Kleiner, bipeder Fleischfresser, wie *Troodon* (S. 60). Bisher nicht wissenschaftlich beschrieben. Zeit: Unterkreide. Fundort: China.
Sinosaurus Bipeder Fleischfresser, wie *Herrerasaurus* (S. 40). Länge: 2,4 m. Zeit: Unterer Jura. Fundort: China. *n.d.*
Sphenospondylus = *Iguanodon* (S. 138).
Spinosaurus siehe S. 60
Spondylosoma Relativ unbekannter, bipeder Fleischfresser, wahrscheinlich ein primitiver Theropode, verwandt mit *Staurikosaurus*. Zeit: Frühe Obere Trias. Fundort: Brasilien.
Staurikosaurus Sehr ursprünglicher bipeder, carnivorer Theropode, ähnlich wie *Herrerasaurus* (S. 40). Länge: 2 m. Zeit: Frühe Obere Trias. Fundort: Brasilien. Systematik: Staurikosauridae, Theropoda, Saurischia.
Stegoceras siehe S. 155
Stegopelta = *Nodosaurus*
Stegosauroides Quadrupeder, herbivorer Ankylosaurier, vielleicht wie *Euoplocephalus* (S. 128). Zeit: Oberkreide. Fundort: China. Genaue systematische Stellung unsicher. *n.d.*
Stegosaurus siehe S. 114
Stenonychosaurus = *Troodon* (S. 68)
Stenopelix Bipeder Pflanzenfresser, evtl. ein primitiver Pachycephalosaurier. Länge: 1,5 m. Zeit: Unterkreide. Fundort: Deutschland.
Stenotholus = *Stygimoloch*
Stephanosaurus = *Lambeosaurus* (S. 150)
Stereocephalus = *Euoplocephalus* (S. 128)
Sterrholophus = *Triceratops* (S. 164)
Stokesosaurus Bipeder Fleischfresser, vielleicht verwandt mit *Allosaurus* (S. 52). Länge: 4 m. Zeit: Oberer Jura. Fundort: Utah (USA). Genaue systematische Stellung unsicher.
Strenusaurus = *Riojasaurus* (S. 90)
Struthiomimus siehe S. 64
Struthiosaurus Quadrupeder Ankylosaurier, verwandt mit *Sauropelta* (S. 124). Länge: 1,8 m. Zeit: Oberkreide. Fundort: Österreich und Rumänien. Neue wissenschaftliche Beschreibung noch nicht abgeschlossen. *n.d.*
Stygimoloch Bipeder, herbivorer Pachycephalosaurier, verwandt mit *Pachycephalosaurus* (S. 154). Zeit: Oberkreide. Fundort: Montana und Wyoming (USA).
Styracosaurus siehe S. 162
»Sugiyamasaurus« Informeller Name eines großen, bipeden, herbivoren Sauropoden, von dem nur das fossile Gebiß bekannt ist. Zeit: Oberkreide. Fundort: Japan. Noch nicht wissenschaftlich beschrieben.
Supersaurus Riesiger, quadrupeder, herbivorer Sauropode, verwandt mit *Diplosaurus* (S. 100). Länge: 30 m. Zeit: Oberer Jura. Fundort: Colorado (USA).
Symphyrophus = *Camptosaurus*
Syngonosaurus = *Acanthopholis*?
Syntarsus Bipeder Fleischfresser, verwandt mit *Coelophysis* (S. 46). Länge: 3 m. Zeit: Unterer Jura. Fundort: Südafrika, Simbabwe und Arizona (USA).
Syrmosaurus = *Pinacosaurus*
Szechuanosaurus Bipeder Fleischfresser, verwandt mit *Allosaurus* (S. 52). Länge: 8 m. Zeit: Oberer Jura. Fundort: China.

Talarurus Quadrupeder, herbivorer Ankylosaurier, wie *Euoplocephalus* (S. 128). Länge: 6 m. Zeit: Oberkreide. Fundort: Mongolei.
Tanius Bipeder/quadrupeder Pflanzenfresser, vielleicht ein primitiver Hadrosaurier. Zeit: Oberkreide. Fundort: China.
Tanystrosuchus = *Halticosaurus*
Tarascosaurus Bipeder Fleischfresser, verwandt mit *Carnotaurus* (S. 48). Zeit: Oberkreide. Fundort: Frankreich. 1991 beschrieben.
Tarbosaurus Bipeder Fleischfresser, wie *Tyrannosaurus* (S. 54). Länge: 10 m. Zeit: Oberkreide. Fundort: China und Mongolei.
Tarchia Quadrupeder, herbivorer Ankylosaurier, verwandt mit *Euoplocephalus* (S. 128). Länge: 8,5 m. Zeit: Oberkreide. Fundort: Mongolei.
Tatisaurus Quadrupeder, basaler Thyreophore, evtl. verwandt mit *Scelidosaurus* (S. 112) oder *Huayangosaurus*. Zeit: Unterer Jura. Fundort: China.
Taveirosaurus Bipeder Pflanzenfresser, der nur durch seine Zähne bekannt ist. Wird zu den Pachycephalosauriern gezählt; evtl. verwandt mit *Homalocephale*. Zeit: Oberkreide. Fundort: Portugal. 1991 beschrieben.
Tawasaurus = *Lufengosaurus* (S.89)
Technosaurus Kleiner, bipeder, herbivorer Ornithischier, ähnelt sehr *Lesothosaurus* (S. 132). Zeit: Oberer Jura. Fundort: Texas (USA). *n.d.*

Teinurosaurus Kleiner, bipeder Fleischfresser, nur bekannt durch einen Schwanzwirbel. Zeit: Oberer Jura. Fundort: Frankreich. Genaue systematische Stellung unsicher. *n.d.*
Telmatosaurus Großer, bipeder/quadrupeder, herbivorer, primitiver Hadrosaurier. Zeit: Oberkreide. Fundort: Rumänien.
Tenantosaurus = *Tenontosaurus*
Tenchisaurus = *Tianchisaurus*
Tenontosaurus Bipeder/quadrupeder, herbivorer Ornithopode mit ähnlichen Körpermerkmalen wie *Dryosaurus* und *Iguanodon* (S. 138). Länge: bis 7,5 m. Zeit: Unterkreide. Fundort: Montana, Oklahoma, Texas und Utah (alle USA).
Tetragonosaurus = *Lambeosaurus* (S. 154)
Thecocoelurus = *Calamospondylus*
Thecodontosaurus Bipeder Pflanzenfresser, der ursprünglichste aller Prosauropoden. Länge: 2,4 m. Zeit: Obere Trias. Fundort: England. Systematik: Thecodontosauridae, Prosauropoda, Sauropodomorpha, Saurischia.
Thecospondylus Dinosaurier, der nur durch ein bruchstückhaft erhaltenes Fossil bekannt ist. Zeit: Unterkreide. Fundort: England. Genaue systematische Stellung unsicher. *n.d.*
Therizinosaurus Bipeder oder bipeder/quadrupeder Fleisch-, Pflanzen- oder Insektenfresser, der nach seinen sensenartigen Krallen benannt wurde. Evtl. verwandt mit *Segnosaurus* (S. 108). Länge: Bis 12 m. Zeit: Oberkreide. Fundort: Mongolei.
Therosaurus = *Iguanodon* (S. 138)
Thescelosaurus Bipeder/quadrupeder, herbivorer Ornithopode, ähnlich *Hypsilophodon* (S. 136). Länge: 3,4 m. Zeit: Oberkreide. Fundort: Westl. USA und Alberta (Kanada).
Thespesius = *Edmontosaurus* (S. 144)?
Thotobolosaurus Großer, quadrupeder Pflanzenfresser, evtl. ein primitiver Prosauropode, verwandt mit *Riojasaurus* (S. 90). Zeit: Obere Trias. Fundort: Lesotho.
Tianchisaurus Quadrupeder, herbivorer Ankylosaurier, vielleicht wie *Euoplocephalus* (S. 128). Zeit: Mittlerer Jura. Fundort: China.(= *Jurassosaurus*?)
Tianchungosaurus = *Dianchungosaurus*?
Tichosteus Relativ unbekannter, großer, bipeder/quadrupeder Pflanzenfresser, vielleicht wie *Hypsilophodon* (S. 136). Zeit: Oberer Jura. Fundort: Colorado (USA). *n.d.*
Tienshanosaurus Quadrupeder, herbivorer Sauropode, verwandt mit *Camarasaurus* (S. 96) oder *Mamenchisaurus* (S. 104). Länge: Bis 12 m. Zeit: Oberer Jura. Fundort: China.
Titanosaurus Quadrupeder, herbivorer Sauropode, verwandt mit *Saltasaurus* (S. 106). Länge: 12 m. Zeit: Oberkreide. Fundort: Indien. (Dieser Name wurde früher auch für *Atlantosaurus* verwendet.)
Tochisaurus Kleiner, bipeder Fleischfresser, verwandt mit *Troodon* (S. 68). Zeit: Oberkreide. Fundort: Mongolei. 1991 beschrieben.
Tomodon = *Diplotomodon*
Torneria Großer, quadrupeder, herbivorer Sauropode, verwandt mit *Diplodocus* (S. 100). Zeit: Oberer Jura. Fundort: Tansania. (= *Barosaurus*?)
Torosaurus Quadrupeder Ceratopsier, besitzt den größten Kopf aller Landtiere, verwandt mit *Triceratops* (S. 164). Länge: 7,5 m. Zeit: Oberkreide. Fundort: Westl. Nordamerika.
Torvosaurus Bipeder Fleischfresser mit kurzen, kräftigen Armen, verwandt mit *Megalosaurus* (S. 51). Länge: Bis 10 m. Zeit: Oberer Jura. Fundort: Colorado (USA). Genaue systematische Stellung unsicher.
Trachodon Großer, bipeder/quadrupeder, herbivorer Hadrosaurier, der nur durch Knochen- und Zahnfragmente bekannt ist. Zeit: Oberkreide. Fundort: Montana (USA) und England. Genaue systematische Stellung unsicher.*n.d.*
Triceratops siehe S. 164
Trimucrodon Kleiner, bipeder Pflanzenfresser, evtl. verwandt mit *Lesothosaurus* (S. 132). Zeit: Oberer Jura. Fundort: Portugal. *n.d.*
Troodon siehe S. 68
Tsintaosaurus = *Tanius* (sowie nach anderen Fossilien benannt, die am Fundort verstreut waren).
Tugulusaurus Bipeder Fleischfresser, vielleicht wie *Ornitholestes* (S. 78). Länge: Über 3 m. Zeit: Unterkreide. Fundort: China.
Tuojiangosaurus siehe S. 120
Turanoceratops Quadrupeder Ceratopsier. Zeit: Oberkreide. Fundort: Usbekistan. 1989 beschrieben.
Tylocephale Bipeder, herbivorer Pachycephalosaurier, verwandt mit *Pachycephalosaurus* (S. 154). Länge: 2 m. Zeit: Oberkreide. Fundort: Mongolei.
Tylosteus = *Pachycephalosaurus* (S. 154)
Tyrannosaurus siehe S. 54

Udanoceratops Großer, quadrupeder, herbivorer Ceratopsier, verwandt mit *Protoceratops* (S. 158). Zeit: Oberkreide. Fundort: Mongolei. 1992 beschrieben.
Ugrosaurus = *Triceratops* (S. 54)?
Uintasaurus = *Camarasaurus* (S. 96)
Ultrasauros Riesiger, quadrupeder, herbivorer Sauropode, wie *Brachiosaurus* (S. 94), aber noch größer. Länge: Bis 27 m. Zeit: Oberer Jura. Fundort: Colorado (USA). Name 1991 geändert, um Namensgleichheit mit *Ultrasaurus* zu vermeiden.
Ultrasaurus Quadrupeder, herbivorer Sauropode, verwandt mit *Brachiosaurus* (S. 94) aber kleiner. Zeit: Unterkreide. Fundort: Südkorea. 1983 beschrieben. *n.d.*
Umarsaurus = *Barsboldia*
Unquillosaurus Bipeder Fleischfresser, nur durch einen Hüftknochen bekannt. Länge: 11 m. Zeit: Oberkreide. Fundort: Argentinien. Genaue systematische Stellung unsicher.
»Utahraptor« Bipeder Fleischfresser, bisher nicht wissenschaftlich beschrieben. Verwandt mit *Deinonychus* (S. 70). Länge: 6 m. Zeit: Oberer Jura. Fundort: Utah (USA).

Tarbosaurus

Thecodontosaurus

Thescelosaurus

Torosaurus

Valdoraptor Großer, bipeder Fleischfresser, vielleicht wie *Allosaurus* (S. 52). Zeit: Unterkreide. Fundort: England. 1991 beschrieben.

Valdosaurus Bipeder, herbivorer Ornithopode, wie *Hypsilophodon* (S. 136). Länge: 3 m. Zeit: Unterkreide. Fundort: England, Rumänien und Niger. Systematik: Dryosauridae, Euornithopoda, Ornithopoda, Ornithischia.

Vectensia = *Hylaeosaurus*?

Vectisaurus Großer, bipeder/quadrupeder Pflanzenfresser, wie *Iguanodon* (S. 138). Zeit: Unterkreide. Fundort: England.

Velocipes Kleiner, bipeder Fleischfresser, nur bekannt durch ein Knochenfragment. Möglicherweise ein Ceratosaurier. Zeit: Obere Trias. Fundort: Deutschland. *n.d.*

Velociraptor Bipeder Fleischfresser, wie *Deinonychus* (S. 70). Länge: 1,8 m. Zeit: Oberkreide. Fundort: China und Mongolei.

Velocisaurus Kleiner, bipeder Fleischfresser mit ungewöhnlichen Mittelfußknochen. Zeit: Oberkreide. Fundort: Argentinien. 1991 beschrieben. Systematik: Velocisauridae, Ceratosauria, Theropoda, Saurischia.

Volkheimeria Großer, quadrupeder, herbivorer Sauropode, verwandt mit *Brachiosaurus* (S. 94). Zeit: Mittlerer Jura. Fundort: Argentinien.

Vulcanodon Quadrupeder, primitiver Kleinsauropode, der herbivor lebte. Länge: 6,5 m. Zeit: Unterer Jura. Fundort: Simbabwe. Systematik: Vulcanodontidae, Sauropoda, Sauropodomorpha, Saurischia.

Wakinosaurus Großer, relativ unbekannter, bipeder Fleischfresser, vielleicht wie *Allosaurus* (S. 52). Zeit: Unterkreide. Fundort: Japan. 1992 beschrieben. *n.d.*

Walgettosuchus = *Rapator*?

Walkeria Bipeder Fleischfresser, evtl. verwandt mit *Herrerasaurus* (S. 40). Länge: über 1,2 m. Zeit: Obere Trias. Fundort: Indien. Genaue systematische Stellung unsicher.

Wannanosaurus Sehr kleiner, bipeder, herbivorer Pachycephalosaurier mit flachem Kopf, verwandt mit *Goyocephale*. Länge: über 60 cm (einer der kleinsten vielleicht). Zeit: Oberkreide. Fundort: China.

Wuerhosaurus Quadrupeder, herbivorer Stegosaurier, verwandt mit *Stegosaurus* (S. 114). Länge: 6 m. Zeit: Unterkreide. Fundort: China.

Xenotarsosaurus Großer, bipeder Fleischfresser, verwandt mit *Carnotaurus* (S. 48). Zeit: Oberkreide. Fundort: Argentinien.

Xiaosaurus Bipeder Pflanzenfresser, vielleicht ein Ornithopode, verwandt mit *Hypsilophodon* (S. 136). Länge: 1,5 m. Zeit: Mittlerer Jura. Fundort: China. *n.d.*

Xuanhanosaurus Bipeder/quadrupeder Fleischfresser mit kräftigen Armen. Länge: 6 m. Zeit: Mittlerer Jura. Fundort: China. Genaue systematische Stellung unsicher.

Xuanhuasaurus Kleiner, bipeder, herbivorer Pachycephalosaurier, verwandt mit *Chaoyangosaurus*. Zeit: Oberer Jura. Fundort: China. *n.d.*

Yaleosaurus = *Anchisaurus* (S. 84)

Yandusaurus Bipeder, herbivorer Ornithopode, verwandt mit *Hypsilophodon* (S. 136). Länge: 2 m. Zeit: Mittlerer Jura. Fundort: China. (Vgl. *Yubasaurus*)

Yangchuanosaurus Bipeder Fleischfresser, evtl. verwandt mit *Eustreptospondylus* (S. 50). Länge: 9 m. Zeit: Oberer Jura. Fundort: China. Genaue systematische Stellung unsicher.

Yaverlandia Bipeder Pflanzenfresser oder quadrupeder, gepanzerter Pflanzenfresser. Möglicherweise ein Pachycephalosaurier, oder aber ein Ankylosaurier, evtl. verwandt mit *Hylaeosaurus*. Zeit: Unterkreide. Fundort: England. *n.d.*

Yaxartosaurus = *Jaxartosaurus*

Yingshanosaurus Quadrupeder, herbivorer Stegosaurier, evtl. verwandt mit *Tuojiangosaurus* (S. 120). Zeit: Jura. Fundort: China.

Yubasaurus = *Yandusaurus* (oder umgekehrt, falls *Yubasaurus* zuerst beschrieben wurde).

Yunnanosaurus Bipeder/quadrupeder, herbivorer Prosauropode mit selbstschärfenden, spatelförmigen Zähnen. Länge: 7 m. Zeit: Unterer Jura. Fundort: China. Systematik: Yunnanosauridae, Prosauropoda, Sauropodomorpha, Saurischia.

Zapsalis = *Paronychodon*.

Zephyrosaurus Bipeder, herbivorer Ornithopode, wie *Hypsilophodon* (S.136). Länge: 1,8 m. Zeit: Unterkreide. Fundort: Montana (USA).

Zigongosaurus = *Omeisaurus*

Zizhongosaurus Quadrupeder, herbivorer, primitiver Sauropode, evtl. wie *Vulcanodon*. Länge: 9 m. Zeit: Unterkreide. Fundort: China.

Velociraptor

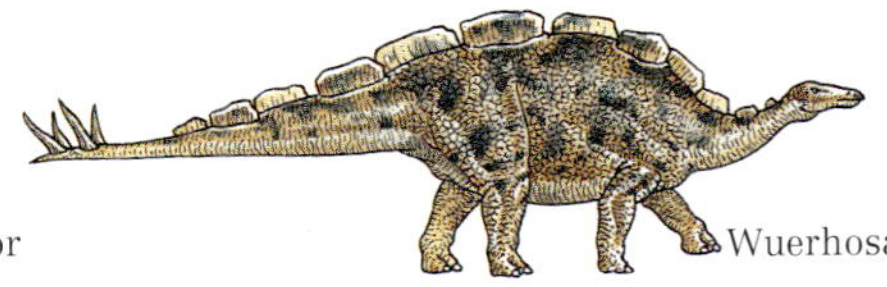
Wuerhosaurus

Yandusaurus

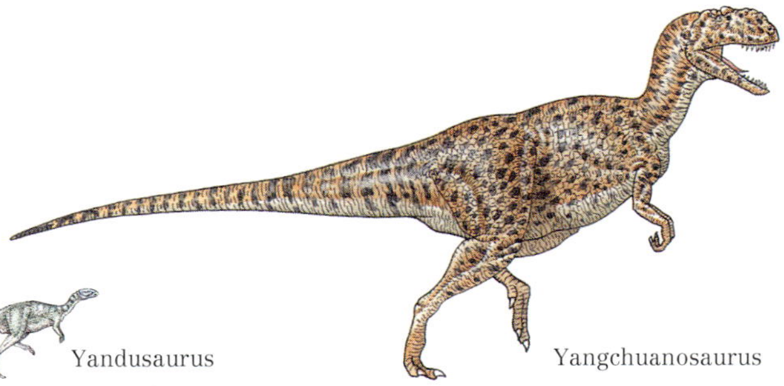
Yangchuanosaurus

FACHBEGRIFFE

Acetabulum Grubenförmige Vertiefung des Hüftgelenks
Adult Ausgewachsene, geschlechtsreife Tiere
Alveole Zahnfach, in dem der Zahn im Kiefer sitzt
Ambiensmuskel Nur bei Vögel und Reptilien vorkommender Muskel am Oberschenkel, der dem Kamm-Muskel (*Musculus pectineus*) der Säuger entspricht
Amniota Wissenschaftlicher Sammelbegriff für Säugetiere, Vögel und Reptilien, die alle während ihrer Embryonalentwicklung von einer Hülle, dem Amnion (oder Lammhaut), umgeben sind
Ancestral Altertümlich, von einem Vorfahren stammend
Ankylosaurier Gepanzerte Dinosaurier der Ordnung Ornithischier mit gelenkig verbundenen Platten (z.B. *Euoplocephalus*)
Antorbitalfenster Vor der Augenhöhle liegende Öffnung im Schädel
Aquatisch Aus dem Wasser stammend
Archosaurier Reptiliengruppe, zu der u.a. Dinosaurier, Flugsaurier und Krokodile (sowie evtl. auch Vögel) gehörten
Astragalus Sprungbein oder Würfelbein (Knochen des Fußgelenks)
Becken Auch Hüftgelenk genannt, besteht aus einem oberen, mit der Wirbelsäule verbundenen Darmbeinknochen (Ilium), einem vorderen unteren Schambeinknochen (Pubis) und dem unteren hinteren Sitzbein (Ischium). Am Vereinigungspunkt dieser drei Knochen sitzt die Gelenkgrube des Hüftgelenks (Acetabulum).
Biotop Natürlicher, abgegrenzter Lebensraum einer Biozönose mit in der Regel einheitlichen Lebensbedingungen
Biozönose Lebensgemeinschaft aller Organismen in einem bestimmten Biotop, die miteinander in Wechselbeziehung stehen
Biped Tiere, die auf zwei Beinen laufen
Calcaneus Fersenbein (Knochen des Fußgelenks)
Carnivor Fleischfresser
Carnosaurier Große Theropoden
(z.B. *Tyrannosaurus*)
Caudal Schwanzseite; von hinten (gesehen)
Ceratopsier Auch Hornsaurier; gehörnte, pflanzenfressende Ornithischier der Kreidezeit (z.B. *Triceratops*)
Ceratosaurier Eine der beiden Hauptgruppen der Theropoden
Cervicalrippe Aus den Halswirbeln (Cervicalia) entspringende Rippen
Choane Nasenöffnung
Coelurosaurier Gruppe kleinerer, systematisch ungesicherter Theropoden mit leichtem Körperbau (z.B. *Avimimus*)
Cynodonten Höher entwickelte säugerähnliche Reptilien der Trias (z.B. *Cynognathus*)
Dentale Unterkieferknochen, der Zähne trägt
Dentikel »Zahnförmige« Skulpturierung an einem Zahn
Diapsiden Reptilien mit zwei Fenstern hinter den Augenhöhlen, zu denen die Archosaurier, und somit auch die Dinosaurier, zählen
Dinosaurier Eine große, artenreiche und sehr differenzierte Gruppe der Archosaurier, aus der sehr wahrscheinlich auch die Vögel hervorgegangen sind
Distal Körperfern, vom Körper wegweisend
Dorsal Rückenseite; von oben (gesehen)
Endotherm Warmblüter. Tiere, die mit Hilfe ihres Stoffwechsels eine konstante Körpertemperatur erzeugen (z.B. Säugetiere, Vögel und evtl. einige Dinosaurier)
Evolution Permanenter Anpassungsprozeß der Lebewesen an ihre Umwelt, der durch Faktoren wie genetische Veränderungen (Mutation), natürliche Auslese (Selektion) und Zufall beeinflußt wird
Exotherm Kaltblüter, Tiere, die ihre Körpertemperatur nicht exakt regulieren können und äußere Wärmequellen (Sonnenlicht) benötigen. Beispiele hierfür sind Fische, Amphibien und Reptilien.
Familie Systematische Kategorie oberhalb der Gattung und Art, jedoch unterhalb der Ordnung. Mehrere Ordnungen können in Infra- und Subordnungen geteilt sein und bilden zusammen eine Klasse, diese wiederum einen Stamm. Der Familienname wird durch Anhängen der Endung -idae an einen Gattungsnamen gebildet. Beispiel: Die namengebende Gattung der Familie Tyrannosauridae war *Tyrannosaurus*.
Farnsamer Oder Pteridosperme, samentragende Pflanzen mit farnartigen Wedeln.
Femoral Oberschenkelknochen-
Femur (pl. Femora) Oberschenkelknochen
Foramen (pl. Foramina) fensterartige Öffnung in Knochenplatten (z.B. am Schädel)
Fossil Versteinerte Überreste von Pflanzen und Tieren, die älter als 10 000 Jahre sind. Außerdem wird »fossil« als Bezeichnung für ausgestorbene Lebewesen verwendet.
Furcula Gabelbein der Vögel, das aus den beiden fest miteinander verwachsenen Schlüsselbeinen (Claviculae) entstanden ist
Gastralia Bauchrippen
Gastrolithen Magenstein. Mehrere herbivore Dinosaurier verschluckten Kieselsteine, die im Muskelmagen das gefressene Pflanzenmaterial zermahlten.
Gondwana Südkontinent von Pangäa (Afrika, Australien, Indien, Südamerika und die Antarktis)
Habitat Standortbedingtes Vorkommen einer Tier- oder Pflanzenart, wird (in englischen Fachbüchern) oft identisch mit »Biotop« verwendet
Hadrosaurier Pflanzenfressende Ornithopoden der Oberkreide, auch »Entenschnabelsaurier« genannt, die teilweise in großen Herden lebten (z.B. *Maiasaura*)
Hallux Erste innere Fußzehe, auch »Große Zehe«
Herbivor Pflanzenfresser (z.B. alle Ornithischier)
Humerus Oberarmknochen
Hypsilophodontiden Eine Familie pflanzenfressender, sehr flinker, »gazellenartiger« Kleindinosaurier, nach *Hypsilophodon* benannt
Ichnofossil Versteinerte Spuren, Fußabdrücke oder ganze Fährten vorzeitlicher Tiere
Ichthyosaurier Schwimmreptilien, die im Mesozoikum gelebt haben, aber keine Dinosaurier waren
Iguanodontiden Pflanzenfressende Dinosaurierfamilie der Kreide, nach *Iguanodon* benannt
Ilio-, ilial Darmbein
Interdentalplatte Knochenplatte zwischen zwei Zähnen
Ischio, ischial Sitzbein-
Jugale Jochbein, ein Knochen der Schädeldecke
Jura Zweite Periode des Mesozoikums (vor 208 bis 145 Mio. Jahren)
Juvenil Jüngere, nicht geschlechtsreife Tiere
Känozoikum Jetztzeit (seit 65 Mio.Jahren); in diesem Zeitalter, das aus dem Paläogen und dem Neogen (früher Tertiär und Quartär) besteht, entwickelten sich die Säugetiere, nachdem die Dinosaurier gegen Ende der Kreide ausgestorben waren.
Kladistik Eine besondere Form der Stammbaumlehre der Organismen. Die Verzweigungspunkte (Verästelungen) ergeben sich aus Merkmalen eines jeweils letzten gemeinsamen Vorfahren. Diese Entwicklungsstammbäume werden graphisch als sog. Kladogramme dargestellt.
Kloake Größere Körperöffnung, an der sowohl die Harnröhre als auch Samenleiter bzw. Eileiter gemeinsam austreten
Knochenfische Auch Teleosteer, Fische, die – im Gegensatz zu primitiven Neunaugen oder den Knorpelfischen (Hai, Rochen) – ein komplett verknöchertes Skelett sowie hoch entwickelte Flossen und Kiemen besitzen. Typische Vertreter sind z.B. Barsche, Dorsche, Aale, Heringe und Zahnkarpfen.
Koprolithen Versteinerte Exkremente
Kreide Dritte und letzte Periode des Mesozoikums (vor 145 bis 65 Mio. Jahren); am Ende dieser Periode verschwanden die Dinosaurier, aber auch viele andere Lebewesen.
Lambeosaurier Hadrosaurier mit bizarren Knochenkämmen auf dem Schädel
Laurasia Nordkontinent von Pangäa (Europa, Asien und Nordamerika)
Lias Synonym für den Unteren Jura
Ligament Sehne, Band
Limnisch Aus dem Süßwasser (Flüsse, Teiche usw.) stammend
Mandibular- Unterkiefer-
Maniraptoria Eine Gruppe innerhalb der Coelurosaurier mit einer speziellen Handgelenkanatomie. Aus diesen Theropoden gingen nach Auffassung

einiger Paläontologen die Vögel hervor.
Marginocephalia Eine Ornithischiergruppe, in der die Pachycephalosaurier und die Ceratopsier zusammengefaßt sind
Marin Aus dem Meer stammend
Matrix Hülle; hier ist meist die äußere Gesteinsschicht um ein Fossil gemeint
Maxillar- Oberkiefer-
Maxillare Meist mit Zähnen besetzter Hautknochen des Oberkiefers
Mesozoikum Oder Erdmittelalter. Das Mesozoikum (vor 245 bis 65 Mio. Jahren) bestand aus den Perioden Trias, Jura und Kreide und endete mit dem Aussterben der Dinosaurier.
Morphologie Lehre von der (äußeren und inneren) Gestalt eines Lebewesens; beim Menschen und vielen Tieren spricht man auch von Anatomie
Mosasaurier Maasechsen, bis 12 m lange Meeres-Eidechsen der Oberkreide
Neoceratopsia Eine Gruppe innerhalb der Ceratopsier, in der die beiden Familien Protoceratopsidae und Ceratopsidae zusammengefaßt werden
Nothosaurier Mittelgroße Wasserreptilien aus der Trias
Obturatorischer Fortsatz Verlängerung des Sitzbeins
Occipital Hinterhaupt-
Omnivor Allesfresser
Ornithischier Pflanzenfressende, »vogelhüftige« Dinosaurier. Typisch war, daß im Hüftbereich das Schambein parallel zum Sitzbein verlief. Ornithischier waren z.B. Stegosaurier, Ankylosaurier, Ceratopsier und Ornithopoden.
Ornithomimiden Bipede Theropoden, die starke Ähnlichkeit mit heutigen Vögeln aufwiesen (z.B. *Struthiomimus*)
Ornithopoden Eine artenreiche Gruppe bipeder »vogelfüßiger« Ornithischier, zu denen beispielsweise Iguanodontiden und Hadrosaurier gehörten
Pachycephalosaurier Unterordnung der Ornithischier (z.B. *Stegoceras*), die einen Kopf mit besonders dicker Schädeldecke besaßen
Paläozoikum Oder Erdaltertum (vor 570 bis 245 Mio. Jahren). In diesem Zeitraum fand die Evolution vieler wirbelloser Tiere, aber auch der Fische, Amphibien und Reptilien statt.
Palmfarne Oder Cycadeen, Wüstenpflanzen, die an Palmen oder Farne erinnerten, einen knollenförmigen oder zylindrischen Stamm besaßen. Heutige Vertreter sind die Baumfarne.
Palpebrale Verknöchertes Augenlid
Pangäa Superkontinent während des Mesozoikums, umfaßte alle damaligen der Kontinente
Parasuchier Krokodilähnliche Reptilien, die in der Trias lebten
Periode Die Abschnitte eines geologischen Zeitalters, z.B. sind Trias, Jura und Kreide die Perioden des Mesozoikums
Phalanx (pl. Phalangen) Finger- bzw. Zehenknochen
Plesiosaurier Meeresreptilien des Mesozoikums mit plumpem, kräftigen Körper, zu Flossen umgewandelten Armen und Beinen sowie einem meist langen Hals, auf dem ein kleiner Kopf saß
Prädentale Vorderstes, unbezahntes Skelettelement des Unterkiefers
Prämaxillare Vor dem Maxillare liegender Knochen des Oberkiefers
Präpubis Vorderer, verlängerter Bereich des Schambeins
Prosauropoden Eine Gruppe kleiner, sehr früher Sauropoden, die zum Teil biped, zum Teil aber auch quadruped liefen
Proximal Körpernah, zum Körper weisend
Psittacosaurier Eine Familie kleiner Ceratopsier, die eine Art »Papageienschnabel« besaßen
Pterosaurier Flugsaurier; nicht direkt mit den Dinosauriern verwandte Reptilien, die mit Hilfe lederartiger Flügel fliegen konnten
Pubo- Schambein-
Quadratum Quadratbein (Knochen aus dem Gelenkanteil des Oberkiefers)
Quadruped Tiere, die auf allen Vieren laufen
Radius Speiche (Unterarmknochen)
Rauisuchier Krokodilähnliche, räuberische Landreptilien während der Oberen Trias
Reptilien Exotherme Landwirbeltiere, die mit Schuppen bedeckt sind und ihre Eier nicht im Wasser ablegen müssen. Einige Dinosaurier und Flugsaurier passen allerdings nicht in dieses Schema, da sie evtl. Warmblüter waren.
Retraktil einziehbar, zurückziehbar (z.B. die 2.Zehenkralle bei *Troodon* oder *Deinonychus*)
Rezent jetztzeitlich; das Gegenteil ist »fossil«
Rhynchosaurier Große Reptilien aus der Trias mit schnabelartigem Vorderkiefer, die zu den Diapsiden gehörten; ein heutiger eidechsenähnlicher Verwandter ist die Brückenechse (*Sphenodon*).
Rostrale Schnabelknochen
Sakralrippe Verbindungsknochen zwischen Kreuzbein (Sakrum) und Darmbein (Ilium)
Sakro-, sakral Becken-, Kreuzbein-
Saurischier Eine Ordnung »echsenhüftiger« Dinosaurier, deren Schambein und Sitzbein unterhalb der Hüftgelenkspfanne gegabelt waren, so daß das lange Schambein nach vorne zeigt. Typische Saurischier waren Sauropoden und Theropoden.
Sauropoden Eine Gruppe (meist quadrupeder) riesiger pflanzenfressender Saurischier mit äußerst langen Hälsen und Schwänzen (z.B. *Apatosaurus* und *Diplodocus*)
Sauroposiden Wissenschaftlicher Sammelbegriff für Vögel und Reptilien
Scapula Schulterblatt
Schluff Oder Silt, besteht aus mittelfeinen Bodenteilchen, ist jedoch gröber als Ton. Aus Schluff entsteht durch geologische Prozesse Schluffstein oder Schluffmergel.
Sedimentgestein Gesteine, die durch Ablagerung von feinporigem Sand, Ton, Schluff und Kies entstehen
Sexualdimorphismus Wenn beide Geschlechter einer Art deutlich unterschiedliche Formen und Aussehen haben, spricht man von Sexualdimorphismus.
Stegosaurier Ornithischiergruppe, die durch eine auf dem Rücken verlaufende (Doppel-) Reihe von Knochenplatten charakterisiert war (z.B. *Stegosaurus*)
Steinkern Von Mineralien ausgefüllter Hohlraum in einem Fossil, der vor der Auflösung der harten äußeren Skeletteile entstanden ist
Subadult Tiere, die kurz vor der Geschlechtsreife stehen
Subnarialspalte Einbuchtung am Oberkiefer zwischen Prämaxillare und Maxillare
Synapomorphie gemeinsam abgeleitetes Merkmal
Synapsiden Unterklasse der Reptilien, deren Schädel nur ein Schläfenfenster besitzt. Synapsiden werden auch als säugerähnliche Reptilien bezeichnet und kamen in zwei Ordnungen vor: Als primitivere Pelycosaurier und als höherentwickelte Therapsiden, aus denen später die echten Säugetiere hervorgingen.
Taphonomie Oder Fossilationskunde; Untersuchung aller Prozesse während der Sedimentierung und Versteinerung eines toten Lebewesens
Tarsale Fußwurzelknochen
Terrestrisch Vom Festland stammend
Tetanurae Eine der beiden Hauptgruppen der Theropoden
Tetrapode Wirbeltier mit vier Extremitäten (Beinen), die zur Fortbewegung benutzt werden; sie können auch in Flügel oder Flossen umgebildet oder völlig reduziert sein (Blindschleichen, Delphine)
Thecodontier Eine Gruppe innerhalb der Archosaurier, aus denen sich die Vorfahren der Dinosaurier, Krokodile und Flugsaurier entwickelten
Theropoden Meist bipede, räuberische Saurischier von sehr variabler Körpergröße, mit »Raubtierfuß«
Thyreophora Eine Dinosauriergruppe, zu der Ankylosaurier und Stegosaurier zählen.
Tibio-, tibial Schienbein-
Trias Die erste Periode des Mesozoikums (vor 245 bis 208 Mio. Jahren). In dieser Zeit tauchten die ersten Dinosaurier auf.
Trochanter Knochenvorsprung am oberen Ende des Oberschenkelknochens, an dem Muskeln ansetzen
Ulna Elle (Unterarmknochen)
Ventral Bauchseite, von unten (gesehen)
Vomer Pflugscharbein, ein Deckknochen im Munddach

REGISTER

Die fettgedruckten Seitenzahlen beziehen sich auf die detaillierten Angaben in den Dinosaurier-Porträts.

A

Abelisauria 39
Abelisauridae 38, 39, 48
Abelisaurus 48, 170
Abrictosaurus 170
Acanthopholis 170
Acetabulum 10, 184
Acrocanthosaurus 60, 170
Adasaurus 170
  Beckenknochen 109
Adult 184
Aegyptosaurus 170
Aeolosaurus 170
Aepisaurus 170
Aetonyx 170
Aëtosaurier 40
Afrika 29, 62, 118, 142
Agathaumas 170
Agilisaurus 170
Agrosaurus 170
Ägypten 61
Alamosaurus 106, 170
Alaska 26, 29
Alberta 29, 32, 64, 148, 151, 155, 160, 162, 163, 166
Albertosaurus 29, 57, 160, 170
  Schädel 22, 38
Albisaurus 170
Albuquerque 31
Alectrosaurus 170
Algoasaurus 170
Alioramus 170
Aliwalia 170
Alligator 140
Allosauridae 38, 39
Allosaurier 98
Allosaurus 16, 22, 38, **52, 53**, 78, 96, 170
  Becken 10, 39
  Kiefer 53
  Fundorte 53
  Fuß 52
  Kopf 52
  Rekonstruktion 53
  Rudelbildung 52
  Skelett 32, 52
Alocodon 170
Alpen 18
Altan Ula 62
Altascopcosaurus 170
Altispinax 170
Alvarez, Luis 25
Alvarez, Walter 25
Alvarezsauridae 38, 39
Alvarezsaurus 38, 170
Alveole 184
Amargasaurus 29, 170
Ambiensmuskel 184
American Museum of Natural History 32, 33, 66, 78, 98, 125, 157
Amerika 84
Ammoniten 15, 25, 74
Ammosaurus 170
Amnion 13
Amniota (= Amnioten) 12, 13
  Definition 184
  Evolution 13
Amphibien 12, 13
Amphicoelias 170
Amphisaurus 170
Amtosaurus 170
Amygdalodon 170
Anatomie 185
Anatosaurus 170
Anatotitan 171
Ancestral 184
Anchiceratops 171
Anchisauridae 82, 83
Anchisaurus 82, **84, 85**, 86, 89, 171
  Backentasche 84
  Daumenkralle 85
  Kopf 84
  Modell 84, 85
  Skelett 84
Anden 40
Andesaurus 171
Andrews, Roy Chapman 29,158
Angiospermen 142
Ankylosauria (= Ankylosaurier) 11, 18, 22, 23, 30, 106, 111, 124, 126, 128
  Definition 110, 111, 184
Ankylosauridae 111, 128
Ankylosaurus 171
Anodontosaurus 171
Anoplosaurus 171
Anserimimus 171
Antarctosaurus 106, 171
Antarktis 29
Anthodon 171
Antorbitalfenster 184
Antrodemus 171
Apathodon 171
Apatosaurus 28, 52, **102, 103**, 132, 171
  Daumenknochen 103
  Herden 102
  Hufbein 103
  Modell 102
  Skelett 102, 103
Aquatisch 184
Aragosaurus 171
Aralosaurus 171
Archaeopterygidae 39
Archaeopteryx 17, 28, 39, **74, 75**, 76, 78, 80, 171
  Feder 75
  Flugfähigkeit 75
  Körperhaltung im Tod 75
  Skelett 74, 75
Archaeornis 171
Archaeornithoides 171
Archaeornithomimus 171
Archelon 19
Archosaurier 12, 13, 14
  Definition 184
Arctosaurus 171
Argentinien 29, 41, 90, 91, 106
Argyrosaurus 106, 171
Aristosaurus 171
Aristosuchus 171
Arizona 25, 44, 45, 88, 113
Arkansaurus 171
Arktis 160
Arrhinoceratops 171
Arstanosaurus 171
Art, Definition 184
Asiaceratops 171
Asiatosaurus 171
Asien 29
Astragalus 184
Astrodon 171
Astrodonius 171
Atlantik 16
Atlantosaurus 171
Aublysodon 171
Aublysodontidae 38, 39
Australien 27, 29, 126
Austrosaurus 171
Avaceratops 171
Aves 39
Avimimidae 39, 76
Avimimus 39, **76, 77**, 171
  Ausgrabungen 76
  Kopf 77
  Modell 77
  Skelett 76
Avipes 171
Azendohsaurus 171

B

Bactrosaurus 171
Bagaceratops 171
Bahariasaurus 171
Bakterien 24
Barapasauridae 82, 83
Barapasaurus 82, 171
Barosaurier 32
Barosaurus 33, **98, 99**, 171
  Blutdruck 98
  Hals 98
  Kopf 98
  Rekonstruktion 98
  Schwanz 98
  Verteidigung 98
Barsbold, Rinchen 62
Barsboldia 171
Baryonichidae 39
Baryonyx 22, 31, **58, 59**, 60, 138, 171
  äußere Erscheinung 59
  Daumenkralle 59
  Kopfmodell 35
  Körperhaltung im Tod 59
  Schädel 58
  Skelett 58
Baumfarn 18, 86, 120, 148
  Definition 185
Bavarisaurus 81
Bayern 74, 80
Becken, Definition 184
Becklespinax 60, 172
Belgien 28, 58
Bellusaurus 172
Berlin 94, 119
Bernissart 28
Betasuchus 172
Bihariosaurus 172
Biotop 184
Biozönose 184
Biped 184
Blikanasauridae 82, 83
Blikanasaurus 82 172
Blütenpflanzen 14, 18, 24, 100, 106, 142, 166
Bonaparte, José 29, 48
Bone Cabin Quarry 78
Borogovia 172
Bothriospondylus 172
Brachiosauridae 83
Brachiosaurus 12, 42, 82, 92, **94, 95**, 172
  Anatomie der Eingeweide 95
  äußere Erscheinung 94
  Herden 94
  Herz 94
  Muskulatur 95
  Rumpfwirbel 94
  Schädel 95
Brachyceratops 172
Brachylophosaurier 144, 146
Brachylophosaurus 172
Brachypodosaurus 172
Brachyrophus 172
Bradycneme 172
Brasilien 29
Breviceratops 159, 172
Brigham Young University 33
Brontosaurus 102, 132, 172
Brown, Barnum 29
Brückenechsen 78
Bruhathkayosaurus 172
Buckland, William 28, 92
Buenos Aires 49
Buffetaut, Eric 61

C

Caenagnathidae 39
Caenagnathus 172
Calamosaurus 172
Calamospondylus 172
Calcaneus 184
Callovosaurus 172
Camarasauridae 83
Camarasaurus 28, **96, 97**, 102, 172
  Herden 96
  Körperhaltung im Tod 96
  Schädel 83, 97
  Skelett 96
  Wirbelfortsatz 97
Camelotia 90, 172
Camptonotus 172
Camptosauridae 130, 131
Camptosaurus 16, 42, 52, 130, 172
Campylodon 172
Campylodoniscus 172
Canadian Geological Survey 29
Canyon City 28
Carcharodontosaurus 172
Cardiodon 172
Carnegie Museum 31, 33, 102
Carnegie Quarry 98, 99
Carnegie, Andrew 100, 102
carnivor 22, 184
Carnosauria (= Carnosaurier) 16, 21, 22, 38, 39, 128, 156, 162
  Definition 184
Carnotaurus 29, **48, 49**, 172
  äußere Erscheinung 48
  Kopf 49
  Kuhhorn 49
  Skelett 49
  Unterkiefer 48
Catheosaurus 172
Caudal 184
Cauducoelus 172
Caulodon 172
Centrosaurinae 153, 160
Centrosaurus **160, 161**, 162, 163, 172
  Becken 160
  Beine 160
  Muskulatur 21, 161
  Schädel 160
  Skelett 21, 161
Cerapoda 11, 130
Ceratops 172
Ceratopsia (= Ceratopsier) 11, 12, 21, 22, 23, 24, 29, 54, 106, 128, 150, 152, 153, 160

Definition 152, 153, 184
Eier 66
Stammbaum 152, 153
Ceratopsidae 153, 155
Ceratosauria (= Ceratosaurier) 11, 38, 39, 134
Definition 184
Ceratosauridae 38, 39
Ceratosaurus 38, **42, 43**, 44, 96, 172
Nasenhorn 42
Schädel 42
Skelett 43
Zweikampf 43
Cervicalrippe 184
Cetiosauridae 82, 83
Cetiosauriscus 50, 172
Cetiosaurus 50, **92, 93**, 172
Fußknochen 92
Modell 93
Skelett 93
Champsosaurier 19
Changdusaurus 172
Chaoyangosauridae 152, 153
Chaoyangosaurus 172
Charig, Alan 134
Charmouth 112
Chasmosaurinae 153, 164, 165
Chasmosaurus **166**, 172
Schädel 166
Chassternbergia 172
Chatterjee, Sankar 28
Cheneosaurus 172
Chialingosaurus 120, 172
Chiayusaurus 172
Chicxulub 25
Chilantaisaurus 172
China 29, 44, 89, 93, 104, 120, 121, 152
Chindesaurus 173
Chingkankousaurus 173
Chinshakiangosaurus 173
Chirostenotes 173
Choane 96, 184
Chondrosteosaurus 173
Chondrosteus 173
Chuandongocoelurus 173
Chubutisaurus 48, 173
Chungking 104
Chungkingosaurus 120, 173
Cionodon 173
Cladus 11
Claorhynchus 173
Claosaurus 173
Clasmodosaurus 173
Clavicula 184
Cleveland Lloyd Dinosaur Quarry 53
Clevelanotyrannus 173
Coelophysidae 38, 39
Coelophysis 12, 14, 27, 44, **46, 47**, 78, 173
Ausgrabung 31
Körperhaltung im Tod 47
Rekonstruktion 46
Rudel 46
Skelett 47
Coelosaurus 173
Coeluridae 39, 78
Coeluroides 173
Coelurosauria (= Coelurosaurier) 16, 39, 79
Definition 184
Coelurus 173
Coggeshall, Arthur 99
Coloradia 173
Coloradisaurus 173
Colorado 28, 31, 53, 101, 114
Columbia University 98
Como Bluff 28
Compsognathidae (= Compsognathiden) 16, 39
Compsognathus 22, 38, 39, 78, **80, 81**, 173
Körperhaltung im Tod 81
Schädel 80
Skelett 74, 81
Compsosuchus 173
Conchoraptor 66, 173
Concornis 19
Connecticut 85
Connecticut Valley 84
Conodontentiere 12
Cope, Edward Drinker 28, 96
Corythosaurus 11, **148, 149**, 150, 173
Haut 148
Knochenkämme 149
Rekonstruktion 149
Schädel 131
Skelett 149
Zahnbatterie 149
Craspedodon 173
Crataeomus 173
Craterosaurus 173
Creosaurus 173
Crocodilier 134
Crompton, Alfred 134
Cryptodraco 173
Cryptosaurus 173
Cumnoria 173
Currie, Philip 29
Cuvier, George de 92
Cycadeen 185
Cynodonten 14
Definition 184
Cynognathus 14, 184

D

Dacentrurus 173
Dachongosaurus 173
Dachungosaurus 173
Damalasaurus 173
Dandakosaurus 173
Danubiosaurus 173
Daptosaurus 173
Darmbakterien 94, 100
Darwin, Charles 92
Dashanpu 93
Daspletosaurus 173
Datousaurus 173
Daumenkralle 60
Deinocheiridae 39
Deinocheirus 62, 173
Deinodon 173
Deinonychus 18, 22, 29, 34, 68, **70, 71, 72, 73**, 124, 173
Fundort 73
Kopf 71
Kralle 72
Modell 70
Rudel 70, 73
Schwanz 70
Skelett 71
Warmblütigkeit 73
Dentale 184
Dentikel 184
Denversaurus 173
Deutschland 118
Devon 12
Dianchungosaurus 173
Diapsiden 13
Definition 184
Diceratops 173
Diclonius 173
Dicraeosauridae 83
Dicraeosaurus 118, 174
Dicroidium 14
Dicynodonten 14
Didanodon 174
Dilophosaurus **44, 45**, 58, 174
Knochenkamm 44
Modell 45
Schädel 44
Skelett 44
Subnarialspalte 44
Dimetrodon 142
Dimodosaurus 174
Dinodocus 174
Dinosaur Provincial Park 29, 32
Dinosauria (= Dinosaurier) 11, 28
Anatomie 20, 21
Angriff 22
Ausgrabungen 30
Brutpflege 23
Definition 10, 11, 184
Eier 23
Entdecker 28, 29
Ernährung 22
erste 40
Evolution 12
Fährte 27
Fundorte 28, 29, 30
Gebißformen 22
Gruppen 11
Herz-Kreislaufsystem 21
Kladogramm 11
Lebensweise 22, 23
Modelle 34, 35
Museumsausstellungen 32, 33
Muskulatur 21
Nervensystem 21
Paarungsrituale 23
Schädel 22
Skelett 20
Untergang 24, 25
Ursprünge 12, 13
Verteidigung 22, 23
Weichteile 21
wissenschaftliche Beschreibung 33
Dinosauroide 69
Dinosaurus 174
Diplodocidae 83, 100
Fährten 100
Diplodocus 16, 42, 33, 52, 96, 98, **100, 101**, 103, 104, 105, 174
Entdeckung 101
Herden 100
Hüftknochen 83
Schädel 83, 100
Schwanz 100
Skelett 101
Wirbelfortsätze 100
Diplotomodon 174
Diracodon 115, 117, 174
Distal 184
Dodson, James 149
Dodson, Peter 149
Dolichosuchus 174
Dong Zhiming 29
Dorsal 184
Doryphorosaurus 174
Douglass, Earl 28, 98, 99
Dracopelta 174
Dravidosaurus 174
Drinker 174
Dromaeosauridae (= Dromaeosauriden, Dromaeosaurier) 22, 39, 64, 76, 124, 160
Dromaeosaurus 174
Schädel 38
Dromiceiomimus 174
Schädel 38
Dromicosaurus 174
Dryosauridae (= Dryosauriden) 42, 130, 131
Dryosaurus 16, 174
Dryptosauridae 38, 39
Dryptosauroides 174
Dryptosaurus 38, 174
Dynamosaurus 174
Dyoplosaurus 174
Dysalotosaurus 174
Dysganus 174
Dyslocosaurus 101, 174
Dystrophaeus 174
Dystylosaurus 174

E

Echinodon 110, 174
Edmontonia 22, 23, **122, 123**, 124, 174
Panzerkragen 122
Schädeldecke 123
Verteidigung 122
Zähne 123
Edmontosaurus **144, 145**, 150, 174
Gebiß 143
Haut 143
Körperhaltung im Tod 144
Nasenfalte 143
Schädel 22, 131
Skelett 144
Efraasia 174
Eidechsen 13, 18, 22, 23, 40, 46, 64, 68, 78, 80
Eisensulfid 26
Eiszeit 27
Elaphrosaurus 174
Elasmosaurus 19
Elmisauridae (= Elmisauriden) 39, 160
Elmisaurus 174
Elopteryx 174
Elosaurus 174
Emausaurus 174
Embasaurus 174
Embryo 32
endotherm 21, 38, 73
Definition 184
England 28, 50, 51, 93, 112, 136
Enigmosaurus 174
Eoceratrops 174
Eolosaurus 174
Eoraptor 29, 38, 39, 40, 174
Epachthosaurus 174
Epanterias 174
Erdkruste 26
Erdmagnetfeld 25
Erdzeitalter 12
Erectopus 174
Erlikosaurus 174
Erosionskräfte 30
Eucamerotus 174
Eucanthus 174
Eucentrosaurus 174
Eucercosaurus 174
Eucnemesaurus 175
Eudimorphodon 15
Euhelopodidae 83
Euhelopus 104, 105, 175
Euoplocephalus 22, 111, **128, 129**, 175
Angriff 128
Fortbewegung 128
Haut 129
innere Anatomie 128, 129
Modell 128, 129
Schädel 111
Schwanzkeule 128, 129
Euornithopoda 131
Euparkeria 14, 18
Eureodon 175
Eurogondwana 18
Euronychodon 175
Europa 28, 50, 80, 152
Euskelosaurus 175
Eustreptospondylus 38, 39, **50, 51**, 175
Fuß 50
Rekonstruktion 51

Eustreptospondylus oxoniensis 50
Evolution 90
  Definition 184
Exotherm, Definition 184

F

Fabrosaurus 132, 175
Familie 184
Farne 114, 118, 120, 136
Farnsamer 14
  Definition 184
Felsmatrix 31
Femoral 184
Femur 10, 184
Fenstrosaurus 175
Fische 12, 13, 58, 74, 109
Flugsaurier 13, 15, 17, 18, 24, 27, 42, 78, 88
  Definition 185
Foramen 184
Fossilien 26, 27
  Ausgrabungen 30, 31
  Definition 184
  Entdecker 28, 29
  Entstehung 26, 27
  Fundorte 28, 29, 53
Frankfurt (Main) 101
Frankreich 48
Frenguellisaurus 175
Fukuisaurus 175
Fulengia 175
Fulgurotherium 175
Furcula 184
Futabasaurus 175

G

Gadolosaurus 175
Gallimimus 38, **62, 63**, 76, 175
  Hals 63
  Hinterbein 62
  Kopf 63
  Körperhaltung im Tod 63
  Modell 20, 34, 35
  Skelett 63
Garudimimus 175
Gasosaurus 38, 175
Gastralia 184
Gastrolithen 16, 86, 88, 90, 94, 100, 117, 156, 160
  Definition 184
Gattung 184
Gendefekte 24
Genyodectes 48, 175
Geranosaurus 175
Ghost Ranch Quarry 31
Gigantosaurus 175
Gigantoscelus 175
Gila-Krustenechse 112
Gillette, David 28
Gilmoreosaurus 175
Ginkgo 14, 16, 18, 100
Giraffatitan 175
Gobi 29, 30, 62, 66, 76, 157
Gondwana 16, 18, 29, 48, 184
Gongbusaurus 120, 175
Gorgosaurus 175
Goyocephale 175
Granger, Walter 29
Gravisaurus 175
Gravitholus 175
Gresslyosaurus 175
Griphornis 175
Griphosaurus 175
Gryponyx 175
Gryposaurier 144
Gryposaurus 148, 175
Gunnarites 25
Gyposaurus 175

H

Habitat 84, 184
Hadrosauravus 175
Hadrosauridae 131, 150
Hadrosaurier 23, 29, 54, 106, 143, 148
  Definition 184
  Haut 26
  Nistkolonie 29
Hadrosaurinae 144
Hadrosaurus 28, 175
Hallux 184
Halticosauridae 38, 39
Halticosaurus 175
Haplocanthosaurus 175
Haplocanthus 175
Harpymimus 175
Hasegawa, Yoshikazu 29
Hatcher's Spring 164
Hautsegel 60
Hecatasaurus 175
Heishansaurus 175
Helmkasuar 67
Heloderma suspectum 112
Helopus 175
Heptasteornis 175
herbivor 22, 184
Herrera, Victorino 40
Herrerasauridae 11, 38, 39
Herrerasaurus 14, **40, 41**, 175
  äußere Erscheinung 40
  Schädel 40
  Skelett 41
  Unterkiefer 40
Heterodontosauridae 130, 131
Heterodontosaurus 132, **134, 135**, 175
  Entdeckung 134
  Schädel 131, 135
Heterodontosaurus, Skelett 135
Heterosaurus 175
Hierosaurus 175
Hikanodon 175
Himalaya 18
Hironosaurus 175
Hisanohamasaurus 175
Hoatzin 75
Hochland von Dekhan 25
Hohlformen 26
Holland, William J. 28
Holmes, John 35
Homalocephale 155, 175
  Hüftknochen 153
Homalocephalidae 152, 153
Honschu 29
Hoplitosaurus 176
Hoplosaurus 176
Horner, John 28
Hortalotarsus 176
Huayangosauridae 110, 111
Huayangosaurus 110, 120, 176
Huayangosaurus tabaii 110
Hulsanpes 176
Humboldt-Museum 94, 95, 119
Humerus 10, 184
Huxley, Thomas Henry 92, 136, 137
Hylaeosaurus 176
Hypacrosaurus 149, 176
Hypselosaurus 176
Hypsibema 176
Hypsilophodon 18, 23, 35, 124, 134, **136, 136**, 156, 176
  Becken 10, 109
  Entdeckung 137
  Herden 136
  Hinterbein 137
  innere Anatomie 137
  Modell 34
  Skelett 136
Hypsilophodontidae (=Hypsilophodontiden) 130, 131
  Definition 184
Hypsirophus 176

I

Ichnofossil 27, 84, 184
Ichnogenus 27
Ichthyosaurier 13, 15, 17, 19
  Definition 184
Ichthyosaurus 16
Ievers, Ian 126
Iguanodon 18, 22, 28, 35, 137, **138, 139, 140, 141**, 142, 143, 176
  Brutverhalten 140
  Daumenstachel 139
  Entdeckung 138, 140
  Fortbewegung 141
  Handknochen 138, 141
  Herden 138
  Hinterbein 141
  Hüfte 139
  Skelett 28, 139
  Zahn 30, 138
Iguanodontidae (= Iguanodontiden) 130, 131
  Definition 184
Iguanosaurus 175
Ilial 184
Iliosuchus 176
Ilium 184
Indien 29, 48
Indischer Ozean 118
Indochina 153
Indosaurus 176
Indosuchus 176
Infraordnung 184
Ingenia 66, 67, 176
Inosaurus 176
Insekten 22
Interdentalplatte 5[illegible], 184
Iridium 25
Ischial 184
Ischisaurus 176
Ischium 184
Ischyrosaurus 176
Isle of Wight 136
Italien 25
Itemiridae 38, 39
Itemirus 38, 176

J

Janensch, Werner 118
Janenschia 176
Japan 29
Jaxartosaurus 176
Jensen, James 28
Jiangjunmiaosaurus 176
Jones, Eddie 31
Jones, Vivian 31
Jubbulpuria 176
Jugale 184
Jura 12, **16, 17**, 29, 38, 39, 42, 44, 47, 50, 51, 78, 79, 82, 84, 85, 88, 89, 92, 93, 104, 110, 113, 121, 152
  Definition 184
  Fauna 16, 17
  Geographie 16
  Vegetation 16
Jurapteryx 176
Jurassosaurus 176
Juvenil 184

K

Kagasaurus 176
Kaijiangosaurus 176
Kakuru 126, 176
Kaltblüter, Definition 184
Kalzit 26
Kambrium 12
Kanada 29, 148, 150
Kangnasaurus 176
Känozoikum 25
  Definition 184
Karbon 12
Katsuyamasaurus 176
Kelmayisaurus 176
Kentrosaurus **118, 119**, 120, 176
  Fundort 118
  Hirnabdruck 119
  Schwanzknochen 118
  Skelett 119
Kentrurosaurus 176
Kielan-Jaworowska, Zofia 62
Kitadanisaurus 176
Kladistik, Definiton 184
Kladogramm 184
Klamelisaurus 176
Klasse 184
Klimaveränderung 25
Kloake 184
Knochenfische 16, 17
  Definition 184
Knorpelfische 184
Kometeneinschlag 25
Kontinentaldrift 24
Konvergenz 65
Koprolithen 27, 184
Koreasaurus 176
Kotasaurus 176
Krähe, Skelett 74
Kreide 12, **18, 19**, 73, 77, 100, 110, 155
  Definition 184
  Fauna 18, 19
  Geographie 18
  Vegetation 18
Kritosaurus 150, 176
Krokodile 13, 14, 18, 19, 24, 58
Kronosaurus 19
Kunmingosaurus 176
Kursanow, Sergej 76
Kyuschu 29

L

Labocania 177
Labrosaurus 177
Laelaps 177
Laevisuchus 177
Lambe, Lawrence 29, 155
Lambeosauridae (= Lambeosaurier) 24, 131, 148, 150
  Definition 184
Lambeosaurinae 131
Lambeosaurus 11, 148, **150, 151**, 177
  Baby 151
  Herden 150
  Kopfformen 150

Modell 151
Schädel 150
Lambeosaurus lambei 151
Lambeosaurus magnicristatus 150
Lametasaurus 177
Lanasaurus 177
Lancangjiangosaurus 177
Lancangosaurus 177
Laosaurus 177
Laplatasaurus 106, 107, 177
Lapparentosaurus 177
Laubbäume 18
Laufkuckuck 76
Laurasia 14, 16, 18, 48, 184
Leaellynasaura 177
Leguan 138
Leidy, Joseph 28
Leipsanosaurus 177
Leptoceratops 177
Leptospondylus 177
Lesothosaurus 22, 88, 130, 131, **132, 133**, 177
Herde 133
Modell 133
Oberschenkel 132
Schädel 132
Schwanz 133
Lexovisaurus 50, 177
Lias 113, 184
Libellen 74, 80
Ligament 184
Liliensternus 177
Limnisch 184
Limnosaurus 177
Lisboasaurus 177
Loncosaurus 177
London 101
Long, Robert 29
Longosaurus 177
Lophorhothon 177
Loricosaurus 177
Lufengocephalus 177
Lufengosaurus **89**, 177
Modell 89
Lukousaurus 177
Lungenfische 12
Lusitanosaurus 177
Lycorhinus 177

M

Maasechsen 19
Macrophalangia 177
Macrurosaurus 177
Madagaskar 152
Madsenius 177
Magnolien 18, 148
Magnosaurus 177
Magyarosaurus 177
Maiasaura 22, **146, 147**, 177
Baby 146
Eier 147
Herden 146
Kopf 147
Modell 146
Nistkolonie 23, 147
Skelett 146
Vorderbein 147
Majungasurus 177
Majungatholus 177
Maleevosaurus 177
Maleevus 177
Mamenchisaurus **104, 105**, 120, 177
Brutpflege 105
Schädel 105
Schwanz 105
Skelett 105
Mammutbäume 16
Mandibular- 185
Mandschurosaurus 177
Maniraptora 39
Definition 185
Manospondylus 177
Mantell, Gideon 28, 138
Marginocephalia 11, 152, 159
Definition 185
Halskrause 153
Kennzeichen 152
Schädel 153
Stammbaum 153
Stirnhörner 153
Marin 185
Marmarospondylus 177
Marokko 29, 61
Marsh, Othniel Charles 28, 99, 167
Marshosaurus 177
Massensterben 14, 24, 25
Massospondylidae 82, 83
Massospondylus 44, 82, **88, 89**, 177
äußere Erscheinung 88
Daumenkralle 88
Kiefer 88
Schädel 88
Skelett 89
Matrix 32, 185
Maxillar- 185
Maxillare 185
Megacervixosaurus 177
Megadactylus 177
Megadontosaurus 177
Megalosauridae (=Megalosaurier) 38, 39, 45, 51
Megalosaurus 28, 50, **51**, 177
Kieferknochen 28, 51
Zähne 51
Megazostrodon 16
Melanorosauridae 90
Melanorosaurus 90, 177
Melanosauridae 82, 83
Melanosaurus 14
Mesozoikum 12, 14, 28
Definition 185
Meteorit 25
Meteoritenkrater 25
Metriacanthosaurus 177
Mexiko 25, 150
Meyer, Hermann von 28
Microceratops 177
Microcoelus 177
Microdontosaurus 178
Microhadrosaurus 178
Micropachycephalosaurus 178
Microsaurops 178
Microvenator 124, 178
Mifunesaurus 178
Minmi 110, **126, 127**, 178
Entdecker 126
Skelett 127
Verteidigung 126
Minmi Crossing 126
Mochlodon 178
Mollusken 66
Molnar, Ralph 29
Mongolei 29, 30, 63, 76, 154, 157, 158
Mongolosaurus 178
Monkonosaurus 178
Monoclonius 162, 163, 178
Monolophosaurus 178
Mononykus 19
Montana 24, 56, 69, 73, 154, 155
Montanoceratops 178
Morinosaurus 178
Morosaurus 178
Morphologie 185
Morrison Formation 28, 79
Mosasaurier 19
Definition 185
Moshisaurus 178
Mtwara 118
Musculus supracoracoideus 74
Museo de Ciencias Naturales 49
Mussaurus 14, 29, 178
Mutation 184
Muttaburrasaurus 130, **140**, 178
Modell 140

N

Nanosaurus 178
Nanotyrannus 178
Nanshiungosaurus 178
Natural History Museum London 101
Nebenhirn 119
Nemegtosaurus 178
Neoceratopsia 152, 153
Definition 185
Neogen 184
Neosaurus 178
Neosodon 178
Nesthocker 147
Neuengland 28
Neuquensaurus 178
Neuschottland 47
Neuseeland 29, 31
New Jersey 28
New Mexico 31, 46, 47
New York 32, 98, 125
Ngexisaurus 178
Nipponosaurus 178
Noasauridae 38, 39
Noasaurus 38, 106, 178
Nodosauridae (= Nodosauriden) 111, 122, 126
Nodosaurier 123, 124
Definition 110, 111
Stachel 110
Nodosaurus 178
nomen dubium 170
Nordafrika 60
Nordamerika 28, 30, 42, 51, 62, 64, 88, 96, 98, 102, 106, 112, 122, 124, 128, 143, 146, 148, 150, 152, 153, 166
Nordfrankreich 58
Nothosaurier 15, 17
Definition 185
Notoceratops 178
Nouerosaurus 178
Novas, Fernando 41
Nürnberg 28
Nurosaurus 178
Nuthetes 178
Nyasasaurus 178

O

Oberkreide 28, 29, 38, 39, 66, 82, 106, 143, 152
Obturatorischer Fortsatz 152, 185
Occipital 185
Ohmdenosaurus 178
Okazaki, Yoshihiko 29
Oligosaurus 178
Olsen, Paul 47
Omeisaurus 104, 120, 178
Omnivor 185
Omosaurus 178
Onychosaurus 178
Opal 26
Opisthocoelicaudia 30
Oplosaurus 178
Ordnung 184
Ordovizium 12
Orinosaurus 178
Ornatotholus 178
Ornithischia (= Ornithischier) 11, 14, 16, 28, 40, 84, 88, 108, 111, 112, 126, 152, 164
Becken 10
Definition 185
Ornithodesmus 178
Ornithodires 13
Ornithoides 178
Ornitholestes 23, **78, 79**, 178
Beutespektrum 78
Daumenkralle 78
Modell 79
Nasenhöcker 78
Schädel 79
Ornithomerus 178
Ornithomimidae (= Ornithomimiden) 18, 20, 23, 39, 62, 64, 124
Definition 185
Ornithomimoides 178
Ornithomimosauria 39
Ornithomimus 178
Ornithopoda (=Ornithopoden) 11, 22, 48, 130, 131, 138
Beschreibung 131
Definition 130, 131, 185
Australien 131
Kennzeichen 130, 131
Schädel 131
Stammbaum 130, 131
Ornithopsis 178
Ornithotarsus 178
Orodromeus 179
Eier 69
Nistkolonie 24
Orosaurus 179
Orthogoniosaurus 179
Orthomerus 179
Osborn, Henry Fairfield 28, 54, 78, 157
Oshanosaurus 179
Osmolska, Halszka 62
Ostafrika 42, 53
Ostafrikanischer Graben 84
Ostasien 62, 152
Ostrom, John 29, 73
Othnielia 179
Ouranosaurus 60, 130, **142, 143**, 179
Lebensraum 142
Rückensegel 142
Skelett 143
Oviraptor 22, **66, 67**, 158, 179
Eizahn 66
Kamm 67
Kopfformen 67
Skelett 67
Oviraptor mongoliensis 66, 67
Oviraptor philoceratops 66, 67
Oviraptoridae 39
Oviraptorosauria 39
Ovoraptor 179
Owen, Richard 28, 92
Oxford 50, 51
Oxfordshire 50, 92
Ozonschicht 25

P

Pachycephalosauria (= Pachycephalosaurier) 11, 23, 24, 68, 152, 153
Definition 185
Stammbaum 152, 153
Pachycephalosauridae (= Pachycephalosauriden) 152, 153, 154

Pachycephalosaurus **154, 155**, 179
Arten 155
Schädelrand 155
Pachyrhinosaurus 162, **163**, 179
Herden 163
Rekonstruktion 163
Schädel 163
Pachysauriscus 179
Pachysaurops 179
Pachysaurus 179
Pachyspondylus 179
Palaeopteryx 179
Palaeoscincus 179
Paläogen 184
Paläozoikum 12, 185
Palmfarne, Definition 185
Palpebrale 185
Pangäa 14, 16, 185
Panoplosaurus 179
Parabdodon 179
Paraiguanodon 179
Paranthodon 179
Parasaurolophus 11, 148, 150, 179
Parasuchier 46
Definition 185
Parks, Williams A. 151
Parksosaurus 179
Paronychodon 179
Parrosaurus 179
Patagonien 30
Patagosaurus 179
Patagosaurus 29
Paul, Gregory 109
Peabody Museum 73
Pectinodon 179
Peishansaurus 179
Peking 104
Pelorosaurus 179
Peltosaurus 179
Pelycosaurier 185
Pentaceratops 179
Periode 185
Perle, Atangerel 109
Perm 12, 142
Phaedrolosaurus 179
Phalanx 185
Phillips, John 92
Phyllodon 179
Phytosaurier 46
Piatnitzkysaurus 179
Pinacosaurus 179
Pisanosaurier 40
Pisanosaurus 179
Pittsburgh 33, 102
Piveteausaurus 179
Placodontier 15, 17
Plateosauravus 179
Plateosauridae 82, 83
Plateosaurus 14, 28, 82, **86, 87**, 88, 89, 179
Handknochen 87
Körperhaltung 86
Schädel 21, 87
Skelett 87
Plattentektonik 26
Plesiosaurier 13, 17, 19, 24
Definition 185
Pleurocoelus 179
Pleuropeltus 179
Pliosaurier 17, 19
Podokesaurus 179
Poekilopleuron 179
Polacanthoides 179
Polacanthus 179
Polyodontosaurus 179
Polyonax 179
Prädentale 185
Präkambrium 12
Prämaxillare 185
Präpubis 10, 185
Prenocephale 154, 155, 179
Priconodon 179
Priodontognathus 179
Probactrosaurus 180
Proceratops 180
Proceratosaurus 180
Procerosaurus 180
Procheneosaurus 180
Procompsognathus 180
Prodeinodon 180
Prosaurolophus 148, 150, 180
Prosauropoda (= Prosauropoden) 11, 14, 16, 21, 22, 28, 29, 44, 82, 83, 84, 85, 86, 88, 89, 90, 108
Definition 185
Protiguanodon 180
Protoavis 180
Protoceratops 66, **158, 159**, 180
äußere Erscheinung 158
Eier 23, 158
Nester 77, 158
Nistkolonie 152
Schädel 158
Skelett 159
Protoceratopsidae 153
Protognathosaurus 180
Protognathus 180
Protorosaurus 180
Provo 33
Proximal 185
Psittacosauridae (= Psittacosauriden) 152, 153, 155
Psittacosaurier, Definition 185
Psittacosaurus 77, 152, **156, 157**, 180
Körperhaltung im Tod 156
Schädel 153, 157
Skelett 156, 157
Psittacosaurus mongoliensis 157
Pteranodon 18, 19
Pteridosperme 184
Pterodactyloidea 17
Pteropelyx 180
Pterospondylus 180
Pubis 10, 184

Q

Quadratum 185
Quadruped 185
Quaesitosaurus 76, 180
Quartär 12, 100, 184
Quarz 26
geschockter 25
Queensland 27, 126, 140
Quetzalcoatlus 18

R

Radius 185
Rapator 180
Rauisuchier (= Rauisuchiden) 40, 46, 90
Definition 185
Rebbachisaurus 60, 180
Red Deer River 29, 148
Regnosaurus 180
Reptilien 12, 21, 40
Definition 185
säugerähnliche 16, 40, 88
Retraktil 185
Revueltosaurus 46, 180
Rezent 185
Rhabdodon 180
Rhamphorhynchoidea 17
Rhodanosaurus 180
Rhoetosaurus 180
Rhynchosaurier 14, 40, 90, 185
Ricardoestesia 180
Rich, Thomas 29
Richardoestesia 180
Rioarribasaurus 180
Riojasaurus 29, **90, 91**, 180
innere Anatomie 91
Modell 90
Schädel 91
Skelett 91
Roccosaurus 180
Rocky Mountains 18, 164
Rostrale 185
Rückensegel 60
Russell, Dale 65, 69

S

Sahara 29, 30, 142
Saichania 30, 180
Sakral- 185
Sakralhirn 119
Sakralrippe 185
Salta 106
Saltasaurus 18, **106, 107**, 180
Haut 106, 107
Rückenpanzer 107
Schwanz 106
Saltasaurus australis 106
Saltasaurus loricatus 106
Saltasaurus robustus 106
Saltopus 180
San Miguel de Tucumán 91
Sanchusaurus 180
Sangonghesaurus 180
Sanpasaurus 180
Sarcolestes 50, 180
Sarcosaurus 180
Sarcosuchus 18, 142
Säugetiere 13, 14, 24, 68, 80, 88
Sauraechinodon 180
Saurer Regen 25
Saurischia (= Saurischier) 11, 14, 28, 40, 82
Becken 10
Definition 185
Saurolopher 144
Saurolophus 180
Sauropelta **124, 125**, 180
Knochenzapfen 124
Skelett 125
Verteidigung 124
Saurophagus 180
Sauroplites 180
Sauropoda (= Sauropoden) 11, 12, 18, 22, 23, 28, 42, 52, 82, 83, 91, 92, 96, 98, 102, 104, 106, 118, 124
aquatische Lebensweise 104, 105
Definition 82, 83, 185
Eier 28
Stammbaum 82, 83
Sauropodomorpha 11, 82, 83
Kennzeichen 82, 83
Stammbaum 83
Sauropsiden 13
Definition 185
Saurornithoides 180
Saurornitholestes 180
Saurosuchus 40
Scapula 185
Scelidosauridae (= Scelidosaurier) 11, 23, 110, 111
Scelidosaurus 16, 22, 23, 110, **112, 113**, 180
äußere Erscheinung 113
Fußknochen 112
Haltung 112
Haut 112
Knochenhöcker 112
Schädel 111, 112
Skelett 113
Schaben 80
Schachtelhalm 58, 136, 138
Schambeinfuge 152
Schildkröten 13, 14,19, 88
Schlangen 13, 18
Schluff 26, 185
Schopfhuhn 75
Schuppentannen 16
Scolosaurus 180
Scutellosaurier 44
Scutellosaurus 110, 112, **113**, 180
Schildpanzer 113
Secernosaurus 180
Sedimentgestein 26, 185
Seeley, Harry Govier 28
Segisaurus 180
Segnosauria (= Segnosaurier) 11, 22, 108
Segnosaurus 82, **108, 109**, 181
äußere Erscheinung 109
Beckenknochen 109
Theropodenmerkmale 108
Seismosaurus 29, 32, 82, 83, 181
Selektion 184
Selektionsdruck 90
Sellosaurus 181
Senckenberg-Museum 101
Sereno, Paul 41, 130, 152
Sexualdimorphismus 185
Shamosaurus 181
Shangshaoximao Formation 120
Shanshanosaurus 181
Shantungosaurus 181
Shot-Blasting-Verfahren 32
Shunosaurus 23, 29, **93**, 181
Schwanzkeule 93
Skelett 93
Shuosaurus 181
Siamosaurus 181
Sibirien 29
Silt 185
Silur 12
Silvisaurus 181
Sinocoelurus 181
Sinornis 19
Sinornithoides 181
Sinosaurus 181
Smithsonian Museum 31
Solnhofen 75
South Dakota 56
Sphenodon 185
Sphenospondylus 181
Spinosauridae 39
Spinosaurus 39, **60, 61**, 181
Kaltblüter 60
Kieferfragment 61
Rückensegel 60
Spondylosoma 181
Spurenfossilien 27, 84
Spurengattung 27
Stamm 184
Staurikosauridae (= Staurikosaurier) 29, 38, 39, 46
Staurikosaurus 14, 38, 181
Stegoceras 152, 154, **155**, 181
Schädel 153
Skelett 155
Stegopelta 181

Stegosauria (= Stegosaurier) 11, 18, 23, 31, 110, 111, 112, 118, 120, 124
Definition 185
Platten 110
Stegosauridae 110, 111
Stegosauroides 181
Stegosaurus 16, 22, 30, 42, 110, **114, 115, 116, 117**, 119, 120
Stegosaurus, Backenzahn 115
Ernährung 114
Hüftknochen 111
Knochenplatten 116, 117
Schädel 111, 116, 117
Rekonstruktion 116, 117
Schwanz 114
Skelett 114, 115
Wärmeregulation 116
Stegosaurus stenops 116, 117
Steinkern 26, 185
Stenonychosaurus 181
Stenopelix 181
Stenotholus 181
Stephanosaurus 181
Stereocephalus 181
Sternberg, Charles 29
Sterrholophus 181
Stokesosaurus 181
Strahlung 25
Strauß (Vogel) 62, 64, 65
Strenusaurus 181
Streptospondylus 50
Stromer von Reichenbach, Ernst 61
Struthiomimus 63, **64, 65**, 124, 181
Körperhaltung im Tod 65
Schädel 64
Skelett 65
Struthiosaurus 181
Stygimoloch 155, 181
Styracosaurus 152, **162, 163**, 181
Modell 163
Schädel 162
Skelett 162
Systematik 162
Subadult 185
Subnarialspalte 44, 185
Subordnung 184
Südafrika 29, 88, 90, 133, 134
Südamerika 28, 29, 40, 48, 106
Sugiyamasaurus 181
Supersaurus 82, 181
Surrey 58
Symphyrophus 181
Synapomorhie 11, 13, 153
Definition 185
Synapsiden 13, 134
Definition 185
Syngonosaurus 181
Syntarsus 181
Syrmosaurus 181
Szechuanosaurus 104, 105, 181
Szetschuan 29

T

Taiwan 34
Talarurus 181
Tanius 181
Tansania 29, 42, 98, 118
Tanystrosuchus 181
Taphonomie 27, 185
Tarascosaurus 181
Tarbosaurus 57, 181
Tarchia 181
Tarsale 185
Tatisaurus 110, 181
Taveirosaurus 181
Tawasaurus 181
Technosaurus 14, 46, 181
Teinurosaurus 182
Teleosteer 184
Telmatosaurus 182
Tenantosaurus 182
Tenchisaurus 182
Tendaguru Hills 118
Tenontosaurus 70, 73, 182
Termiten 108
Terrestrisch 185
Tertiär 12, 184
Tetanurae 11, 38, 39
Definition 185
Tethys-Meer 14, 16
Tetragonosaurus 182
Tetrapoden 13
Definition 185
Texas 166
Thailand 153
Thecocoelurus 182
Thecodontier 13, 14, 185
Thecodontosauridae 82, 83
Thecodontosaurus 84, 182
Thecospondylus 182
Therapsiden 185
Therizinosauridae 39
Therizinosaurus 62, 182
Theropoda (= Theropoden) 11, 12, 14, 18, 21, 22, 23, 25, 27, 28, 29, 34, 38, 39, 40, 44, 50, 58, 66, 68, 70, 73, 76, 78, 80, 84, 86, 88, 90, 96, 100, 103, 106, 108, 114, 124, 126, 128, 138, 146, 161
Definition 38, 39, 185
Kennzeichen 38, 39
primitive 38
Rückensegel 60
Stammbaum 38, 39
Therosaurus 182
Thescelosaurus 182
Thespesius 182
Thotobolosaurus 182
Thyreophora 11, 110, 111, 112
Definition 185
Kennzeichen 110
Stammbaum 111
Tianchisaurus 182
Tianchungosaurus 182
Tibial 185
Tichosteus 182
Tienshanosaurus 182
Titanosauridae (= Titanosaurier) 23, 83, 106
Titanosaurus 182
Tochisaurus 182
Tombali, Salim 118
Tomodon 182
Torneria 182
Torosaurus 18, 182
Torvosaurus 51, 182
Trachodon 182
Treibhauseffekt 25
Trias 12, **14, 15**, 28, 38, 40, 82, 86, 91
Definition 185
Fauna 14, 15
Geographie 14
Vegetation 14
Triceratops 12, 24, 26, 27, **164, 165, 166, 167**, 182
äußere Erscheinung 167
Brutpflege 164
Herden 164
Hirnabdruck 165
Hörner 164, 167
Hufbein 167
Modell 166
Schädel 153, 165
Systematik 166
Zahnbatterie 164, 167
Trimucrodon 182
Trochanter 10, 185
Troodon 20, 28, **68, 69**, 146, 182
äußere Erscheinung 68
Beutespektrum 68
Eier 69
Sägezähne 68
Skelett 69
Troodontidae 39
Trossingen 86
Tsintaosaurus 182
Tübingen 86
Tugulusaurus 182
Tuojiangosaurus 118, 119, **120, 121**, 182
Schwanzstacheln 120
Skelett 121
Zahnformen 121
Turanoceratops 182
Tylocephale 182
Tylosteus 182
Tyrannosauridae (= Tyrannosauriden, Tyrannosaurier) 18, 22, 23, 38, 39, 64, 80, 122, 123, 146, 160
Tyrannosaurus 18, 22, 24, **54, 55, 56, 57**, 143, 162, 182
Arm 56
Hand 56
Hinterbein 10, 57
Hirnabdruck 53
Schädel 53, 54
Skelett 21, 56
Zahn 53
Tyrell, Joseph 29

U

Udanoceratops 182
Ugrosaurus 182
Uintasaurus 182
Ulna 185
Ultrasauros 182
Ultrasaurus 182
Umarsaurus 182
University Museum Oxford 51
University of Alaska 29
University of California 29, 45
University of Chicago 149
University of Pennsylvania 149
Unquillosaurus 182
Unterkreide 28, 29, 124, 152, 153
Urvogel 74
USA 28, 29
Utah 33, 52, 53, 98
Utahraptor 182

V

Valdoraptor 183
Valdosaurus 183
Vectensia 183
Vectisaurus 183
Velocipes 183
Velociraptor 77, 158, 183
Velocisauridae 38, 39
Velocisaurus 38, 183
Venedig 143
Ventral 185
Viren 24
Vögel 12, 13, 17, 25, 39, 74, 80
Volkheimeria 183
Vomer 185
Vulcanodon 183
Vulcanodontidae 82, 83
Vulkanausbrüche 25

W

Wakinosaurus 29, 183
Walgettosuchus 183
Walker, Alick 50
Walker, William 31, 58, 59
Walkeria 183
Wannanosaurus 183
Warmblüter 38
Definition 184
Weidesukzession 150
Welles, Samuel 45
Weston, Thomas Chesmer 29
Wiffen, Joan 31
Williams, Jesse 45
Williston, Samuel 101
Wirbeltiere 13
Evolution 13
Wuerhosaurus 183
Wyoming 28, 73, 78, 101, 164

X

Xenotarsosaurus 48, 183
Xiaosaurus 183
Xuanhanosaurus 183
Xuanhuasaurus 183

Y

Yale University 73
Yaleosaurus 183
Yandusaurus 183
Yang Zhengjan 29
Yangchuanosaurus 104, 105, 183
Yaverlandia 183
Yaxartosaurus 183
Yingshanosaurus 183
Young, C.C. 29
Yubasaurus 183
Yunnan 89
Yunnanosauridae 82, 83
Yunnanosaurus 82, 183

Z

Zapsalis 183
Zephyrosaurus 183
Zigong 121
Zigongosaurus 183
Zizhongosaurus 183
Zypressen 148

DANKSAGUNGEN

DORLING KINDERSLEY MÖCHTE FOLGENDEN PERSONEN UND INSTITUTIONEN DANK SAGEN:

Museen und anderen Institutionen: Mary Dawson, Pam Pochapin und Betty Hill, Carnegie Museum of Natural History, Pittsburgh, Pennsylvania; Professor W.-D. Heinrich, Museum für Naturkunde, Humboldt-Universität, Berlin; Paul Howard und Stuart Ogilvy, Yorkshire Museum, York; Margherita und Gilda Majani, Erizzo Editrice, Venedig; John Martin, Leicestershire Museum, Leicester; Dr. Jaime E. Powell, Instituto Miguel Lillo, Universidad Nacional de Tucumán; Dr. Teresa Maryanska und Dr. Wojciech Skarzynski, Polnische Akadmie der Wissenschaften, Warschau; Mark Norell und Barbara Mathe, The American Museum of Natural History, New York; Kevin Padian, Museum of Paleontology, University of California in Berkeley; Dr. Philip Powell, Oxford University Museum, Oxford; Dr. Monty Reid, Royal Tyrrell Museum of Paleontology, Alberta, Kanada; Dr. G.W. Rougier, Museo Argentino de Ciencias Naturales, Buenos Aires; Professor Rosanov und Dr. S.M. Kursanov, Paläontologisches Museum, Moskau; Raymond Rye, Caroline Newman, Pamela Baker und Chip Clark, National Museum of Natural History, Smithsonian Institution, Washington; Dr. Charles R. Schaff, Museum of Comparative Zoology, Harvard University, Massachusetts; Bruce Selyem, Museum of the Rockies, Montana State University, Bozeman, Colorado; Mary Ann Turner, Lynnette Jordan, Eric Hoag und Barbara Narenda, Peabody Museum, Yale University, New Haven, Connecticut; Hiromi Yamazaki, Fuji Television Network Inc. Tokio; Professor Dong Zhiming, Institut für Wirbeltierpaläontologie und Paläoanthropologie, Peking.
Weitere paläontologische Berater: Tracy Ford, William Lindsay, Jack Macintosh und George Olshevsky
Weitere Design-Assistenten: Paul Calver, Dirk Kaufman, Gwyn Lewis, Salim Qurashi, Chris Walker und Bryn Walls
Weitere Editorial-Assistenten: Mike Darton, Paul Docherty, Ellen Dupont, Martyn Page, Mukul Patel, Cathy Rubinstein und Louise Tucker
Englischer Index: Sue Bosanko
Retuschierer: Roy Flooks, Selwyn Hutchinson und David Pugh
Forschung USA: Mary Ann Lynch
Besonderer Dank an Susannah Massey für ihre Koordination in Rußland und ihre Übersetzung ins Russische.
Design des »Essential Dinosaur« von Clare Shedden

ILLUSTRATOREN
(Die folgenden Abkürzungen bedeuten: r = rechts; l = links; c = Mitte; a = oben; b = unten; t = ganz oben)
Simone Boni/L.R. Galante: 26-27, 152 tr, 160 cr, 162 tc, 166 bl
Roby Braun: 21 mr, 50-51, 60-61, 66-67, 77 c, 79 c, 104-105, 114-115, 150-151, 160-161
Simone End: 10 tr, 10 bl, 10 br, 24 tr, 39 bl, 64 bc, br, 78 cr, br, 83 tr, 84 bc, 86 tr, 88 br, 91 bc, 92 tr, 109 br, 111 tr, 116 c, 121 tr, 123 tc, 131 tr, 144 c, cra, 153 tl
John Holmes: 20 c, 59 br, 89 tr, 93 crb, 105 br, 120 tr
Dave Hopkins/Ian Fleming Associates: 56tl, 164tr
Andrew Hutchinson: 108-109 c, 110 tr, 112-113
Steve Kirk: 43 tl, 46 c, 60 tr, 65 b, 67 tl, tc, tr, cra, 74 tr, cr, br, 113 tc, 162 bc
Janos Marffy: Kladogramme, Stammbäume sowie Skelette und Schattenrisse für die »Kurz-Info«-Box, 44 tr, 79 br, 80 tr, 111 c, ca, bc, 143 tl, tr
Ikkyu Murakawa: 155 tl
Andrew Robinson: 40 bc, 77 tl, 106 br, 108 tr, 109 tl, tc
Collin Rose: 12 (großes Bild), 53 tl, cla
Graham Rosewarne: 12 (kleine Bilder), 13 (kleine Bilder), 14 c, 17 tm, 19 tm, 46 tr, 60 c, 66 bl, 76 tr, 82 tr, 124 tr, 126 tr, 133 tl, 134 br, 158 tr, 161 tr, 161 br, 163 br
John Sibbick: 6 (gesamte Seite), 11 tr, 15 r, 17 r, 18 c, 19 r, 22 br, 23 tr, 38 tl, 40 tr, 42 bl, 47 tr, 62 bl, 68 cr, 70 bc, 82 bl, 95 tr, 102 br, 110 bl, 130 tr, 138 br, 139 tr, 142 tr, 150 bc, br, 151 bl, 152 tr
John Temperton: 50 tr, 51 bc, 60 br, 72 cl, bc, 88 tr, 90 bc, 93 ca, 96 tr, 102 tr, 106 tr, 118 tr, 154 tr

MODELLMACHER
Roby Braun: 38 bl (*Allosaurus*, *Compsognathus*), 40-41, 44 c, 45 br, 48-49, 48 tc, 49 tl, 52 mr, br, 53 br, 56 cr, 63 tl, 80-81, 81 r, 84-85, 84 cr, 85 br, 106-107, 116 t, bm, 117 c, 130 bl (*Iguanodon*), 132-133, 133 tr, 136-137, 140 t, 152 bl (*Styracosaurus*), 154-155, 162-163, 163 bl
Centaur Studios: 54 tr, 54-55, 58-59, 94 cr, 94-95, 98-99, 140-141, 148-149, 166-167
David Donkin: 14 tr, 16 tr, 18 tr
John Holmes: 34-35 (*Gallimimus* ganze Serie), 38 bl (*Gallimimus*), 63 bc, 128-129, 130 bl (*Hypsilophodon*), 137 tc

SKELETTE UND FOSSILES MATERIAL
American Museum of Natural History, New York: 23 br, 32-33, 32 bl, cb, 33 cl, tr, 57 br, 98 tr, 149tr, 157tr, 158 br, 159 bc, 160 tr, 162 tr, 166 bc
Institut und Museum für Geologie und Paläontologie der Universität Tübingen: 86 bc, 86-87, 87 bc, 117 tc, tl, 118-119, 119 tl
Instituto Miguel Lillo, Universidad Nacional de Tucumán: 40 cr, 41tc, 90-91, 91tc, 106 ca, 107cra
Leicestershire Museum, Leicester: 92-93
Museo Argentino de Ciencias Naturales, Buenos Aires: 48 bc, 49 tr
Museum für Naturkunde, Humboldt-Universität, Berlin: 75 tr, 95 tl
The Natural History Museum, London: 24 br, 26 br, 42 tr, 52-53, 58 tr, br, 59 tl, 82 cra, 88-89, 92 b, 92 bc, 100-101 c, 112 cr, br, 113 c, 120-121, 124 br, 132 tr und bc, 136 t, 138-139, 144-145,165 bc, 167 tc
Naturmuseum Senckenberg, Frankfurt/Main: 55 br, 56-57, 100-101, 139 bc
Oxford University Museum, Oxford: 50 c, cr, bc, 51 cl
Peabody Museum, Yale University, New Haven, Connecticut: 70-71, 72 tl, 84 tc, 85 r, 102 cr
Queensland Museum, South Brisbane: 26 mr;
Bruce Cowell (Fotograf) 127 tc, 140 bl
Royal Tyrrell Museum of Paleontology, Alberta: 20tr, 21tl, 21br, 23 mr, 38tr, cr, crb, 44-45, 47bc, 55 cr, 56 tc, 64 ca, 64-65, 87 cra, 129 br, 131 cl, 135 cr, 146-147, 150 cra, tr, 152 bl, 155 tr, cr, 163 crb, 164-165
Abteilung Wirbeltierfossilien, Carnegie Museum of Natural History, Pittsburgh, Pennsylvania: 10 bm, 102-103, 103 cr, 115 tc
Smithsonian Institution, Washington: 24tl, 27ml, 30-31, 42-43, 83 cla, 96-97, 97 tr, 100 tr, 145 tc, 148 tr, 165 tr
Staatsmuseum für Naturkunde, Stuttgart: 52 tr
Yorkshire Museum, York und Institut für Wirbeltierpaläontologie und Paläoanthropologie, Peking: 89 cra, 93 br, 120 c, 121 cr

BILDNACHWEIS
Courtesy Department of Library Services, American Museum of Natural History, New York: 26 tl (Neg. no. 356084); 125 tc (Neg. no. 314802); 125 ca (Neg. no. 314803); 148 cl (Neg. no. 13547); 158 cla (Neg. no. 410764)
Stuart Baldwin, Witham, Essex (aus *Dinosaur Stamps of the World*): 9 tc, 37 tc, 169 tc
The Hulton Deutsch Collection: 166 cl
The Bridgeman Art Library: 100 br
Bristol City Museums and Art Gallery, Bristol: 112 ca, tr
Dr. Eric Buffetaut, Laboratoire de Paléontologie des Vertèbres, Paris: 61 br
Bruce Coleman Limited/Jane Burton: 73 tc, 80 bl
Canadian Museum of Nature, Ottawa: 69 tr (Modell des Dinosauroiden von Ron Séguin in Zusammenarbeit mit Dr. Dale A. Russell)
Abteilung Wirbeltierfossilien, Carnegie Museum of Natural History, Pittsburgh, Pennsylvania: 31 tr (Neg. no. 8P25); cra (Neg. no. 18P26); 33 br (Neg. no. B376); 46 ba (Neg. no. 10P26); 78 tr (Neg. no. 1086); 98 cl (Neg. no. 1095); 99 bc (Neg.no. 1012); 99 br (Neg. no. 170); 100 cl (Neg. no. C1058); 164 cl (Neg. no. 61)
Fuji Television Network Inc. Tokio und **Paläontologisches Museum, Moskau:** 76 cr, 156-157
Robert Harding Picture Library: 25 bl
Dr. Ian Ievers und **Dr. Ralph E. Molnar, South Brisbane, Australia:** 126 cb, bc
Dr. S.M. Kursanov /Paläontologisches Museum, Moskau: 76 clb, bc
Ligabue Studien- und Forschungszentrum-Archiv, Venedig: 142 cla, cb, 142-143, 151 cr, 158 cr, 159 tc
Museo Argentino de Ciencas Naturales, Buenos Aires: 29 bc
Museum für Naturkunde, Humboldt-Universität, Berlin: 75 cl, 94 cl, 118 c, cr
Museum of the Rockies, Montana: Bruce Selyem (Fotograf) 145 tr
National Museum of Natural Science, Taichung, Taiwan: 34 tr, 75 tl
The National Museum of Wales, Cardiff und **Institut für Wirbeltierpaläontologie und Paläoanthropologie, Peking:** 29 tc, ca, 104 bc
The Natural History Museum Picture Library, London: 35 c, cra, crb, 54 bc, 58 c, 72-73, 74 bl, 89 tr (John Holmes), 93 crb (John Holmes), 94 tr, 96 cl, 105 br (John Holmes), 120 tr (John Holmes), 122 c, tr, 123 br, 129 cra, crb, 134 c, 136 c, 137 cl, 138 tc, 139 tl, 144 bc, 166 tr
John Ostrom/Peabody Museum, Yale University, New Haven, Connecticut: 28 tr, br, 73 cra, crb
Oxford Scientific Films: 25 br
Paläontologisches Museum, Universität Uppsala: Christer Bäck (Fotograf) 105 c, cr
Dr. Jaime E. Powell, Instituto Miguel Lillo, Universidad Nacional de Tucumán: 29 bc, 48 bl
Queensland Museum, South Brisbane: 140 bm
Wojciech Skarzynski, Institut für Paläobiologie, Polnische Akademie der Wissenschaften, Warschau: 30 bl, 30 tr, 62 tr
Smithsonian Institution, Washington: 31 br
South African Museum, Kapstadt, und **Museum of Comparative Zoology, Harvard University, Massachusetts:** Al Coleman (Fotograf) 134-135